COLETTE

OUVRAGES DE CLAUDE PICHOIS

DANS LA « BIBLIOTHÈQUE DE LA PLÉIADE » :

Œuvres complètes et *Correspondance* de Baudelaire (en collaboration avec Jean Ziegler), 4 volumes.
Œuvres complètes de Gérard de Nerval (en collaboration avec Jean Guillaume), 3 volumes.
Œuvres de Colette, 3 volumes parus.

À LA LIBRAIRIE JOSÉ CORTI :

L'Image de Jean-Paul Richter dans les lettres françaises.
Philarète Chasles et la vie littéraire au temps du romantisme, 2 volumes.

AUX ÉDITIONS DE LA BACONNIÈRE :

Baudelaire, études et témoignages.
Littérature et progrès : Vitesse et vision du monde.

AUX ÉDITIONS ARTHAUD :

Le Romantisme, 1843-1869, t. XIII de la collection « Littérature française », dirigée par Claude Pichois.

AUX ÉDITIONS FAYARD :

Charles Baudelaire, biographie (en collaboration avec Jean Ziegler).
Gérard de Nerval, biographie (en collaboration avec Michel Brix).
Auguste Poulet-Malassis. L'éditeur de Baudelaire.

CLAUDE PICHOIS   ALAIN BRUNET

COLETTE

Éditions de Fallois

PARIS

22, rue La Boétie, 75008 Paris

ISBN 2-87706-345-3

À MARGUERITE BOIVIN,
dont l'amitié exigeante
nous a accompagnés
au long de ces années.

À MICHEL REMY-BIETH,
dont la générosité
a permis la composition
de ce livre.

AVANT-PROPOS

Colette appartient à la catégorie d'écrivains dont la vie tient étroitement à l'œuvre qui les a fait connaître, ce qui rend plus difficile l'approche biographique. Son œuvre se présente avec un si fort degré d'autobiographie – autobiographie fictive ou fiction autobiographique – qu'à partir d'elle on se croit autorisé à écrire la vie ; plus prudemment Robert Phelps a composé, avec les textes mêmes de Colette, une *Autobiographie tirée de ses œuvres* (Fayard, 1966), qui reste la meilleure... anthologie de l'œuvre. Ensuite, si de la vie on retourne à l'œuvre, on ne peut qu'être satisfait de voir celle-ci éclairée, expliquée par celle-là. À ce compte, *Chéri* n'est que l'histoire de Colette et de Bertrand de Jouvenel, et Alain, dans *La Chatte*, n'est que le masque de Colette, qui aimait ses chats et particulièrement la Chatte dernière. Contresens. Deux romans expriment le renoncement à l'amour : *La Vagabonde* et *La Naissance du jour*. Mais quand paraît *La Vagabonde*, en novembre 1910, Colette est à Naples avec Auguste Hériot. Et dans *La Naissance du jour*, si Vial est aimablement, mais fermement congédié, Maurice Goudeket est l'amant de Colette qui, en février 1928, avait d'abord tracé cette dédicace, laquelle disparut des épreuves : « À Maurice. / "Viens, aurore, / Je t'implore, / Je suis gay quand je te voy"... (Henri IV et Colette). »

Il faut aussi se méfier du vieillissement de la mémoire. Colette déclare à André Parinaud, en 1950, à propos de la mort de Sido et de la naissance de sa fille : « Je n'étais pas absolument sûre, dans les commencements, de porter un enfant. Pour ne pas décevoir Sido... je ne lui avais rien dit. Quand elle est morte, elle l'ignorait. Pourtant, cela lui aurait été, je crois, bien agréable[1]. » L'ignorance de Sido est compréhensible : elle est morte le 25 septembre 1912 et ce n'est que le 3 juillet 1913 que naîtra la petite Colette. Celle-ci a donc été conçue après la mort de Sido.

Ces simples remarques imposent aux biographes une extrême rigueur, même s'il est impossible de s'interdire complètement le recours aux textes, lorsque font défaut les documents extérieurs à ces textes. Ce recours, nous le signalerons chaque fois qu'il sera nécessaire, afin que le lecteur puisse prendre ses distances. D'ailleurs, où s'arrête le document, où commence le texte ? Les lettres se situent dans cet espace incertain.

Ce livre est donc une *biographie critique*. Critique parce que nous soumettons les textes et les documents à un jugement comparable à celui que les historiens portent sur les objets de leurs études. Critique aussi parce que nous nous refusons au culte de « sainte Colette » : il y a une sainte Colette dans les *Acta sanctorum* et qui n'a besoin ni d'une sœur ni d'un double ; nous nous refusons à nous incliner devant l'image stéréotypée de « la bonne dame du Palais-Royal » : nous croyons plutôt à l'existence d'une femme qui fut souvent peu délicate avec ses proches dans les affaires d'intérêts, et aussi parfois méchante, et qui devait l'être pour nourrir si bien sa substance de tous ceux qui l'entourèrent. En quoi elle est comparable à ce gentil Proust qui vidait de leur substance ceux qui croyaient lui faire l'aumône de leur accueil et de leur présence. La profonde admiration que nous avons pour l'écrivain n'a pu nous engager à renoncer à la vérité, à l'âpre vérité que nous devons à la femme. Sans prendre parti, nous ne pouvons oublier les propos que Francis Carco, un de ses amis, tenait en 1942 à Jean Davray, lequel faisait l'éloge de Colette : « " Elle est merveilleuse, dis-je, quelle sensibilité, quelle douceur ! " Et Carco, son ami de chaque jour, me regardant, surpris, répliqua : " Merveilleuse, Colette, oui ; mais douce, mais sensible, non ! Colette, c'est une vache ! " » Davray veut lui faire dire que l'expression a dépassé la pensée : « " Mais enfin sa sensibilité, sa délicatesse... — Non, non, reprit Carco, furieux et pour bien montrer que ses mots ne l'avaient pas trahi, Colette est une vieille vache [2] ! " »

Nous avons tenu compte des livres qui ont été publiés avant celui-ci. Mais notre règle a été de faire vivre un être sur qui nombre de documents nouveaux nous ont permis de projeter des lumières nouvelles, notamment de nombreux inédits, et parmi ces inédits nous comptons les périodiques si rarement consultés et d'ailleurs souvent si difficiles d'accès.

Nous sommes conscients d'avoir laissé des zones d'ombre, et donc des découvertes à faire par nos successeurs. Ainsi, nous ne savons pas quand et comment Jean-Albert Gauthier-Villars et Jules Colette se sont connus, et nous n'avons pu nous en tirer par une pirouette. Nous ne savons pas non plus pourquoi Sido a été mise en nourrice à Mézilles. Pas plus que nous ne savons pour quelle raison Colette signe « Marie » la publication en feuilleton de *Mitsou* dans *La Vie parisienne* en 1917.

Dans les lacunes – et comme l'on sait, toute lacune est regrettable –, il faut signaler la correspondance de Colette avec Georgie Raoul-Duval, peut-être détruite. Et cent cinquante lettres environ de Colette à la marquise de Belbeuf (Missy) qui se trouvaient chez un marchand d'autographes qui fut lié de près au pouvoir. Ce ne sont pas les seules.

La recherche de la vérité qui nous a animés ne doit pas faire oublier que c'est en raison même de l'intérêt, de l'intérêt passionné que nous éprouvons pour son œuvre, que nous avons voulu mieux connaître l'auteur.

1

LA FAMILLE DE COLETTE

La famille de Colette ressemble à un petit nombre de familles françaises qui ne pratiquaient pas l'endogamie villageoise, cantonale ou régionale. La mère est une Française de Belgique ; le père est né à Toulon, mais il est d'origine lorraine. C'est par un concours de circonstances qu'ils se sont rencontrés à mi-chemin, dans le village de Saint-Sauveur-en-Puisaye, Yonne.

La famille de Sido est à la fois plus connue, par ceux qui l'ont illustrée, et plus mystérieuse que celle des Colette. Pourquoi les Landoy, champenois, se sont-ils fixés en Belgique et pourquoi Sido s'est-elle mariée à Saint-Sauveur-en-Puisaye et s'y est-elle fixée ?

On trouve les Landoy établis depuis 1640 environ dans un petit village agricole du pays rémois, La Neuville près Cormicy. Quatre générations de manouvriers et laboureurs s'y succèdent, jusqu'à ce que la cinquième, en la personne de Robert (1768-1838), émigre à Charleville. C'est là que naît Henri Marie (1792-1854), le grand-père de Gabrielle Colette. Les auteurs d'une récente biographie de Colette [1] ont montré que des Landoy s'étaient rendus et fixés aux Antilles, pour revenir en France, mais n'ont pu démontrer par un tableau généalogique que Henri était le descendant d'un Landoy blanc et d'une jeune fille de couleur. D'autre part, si l'épouse de Robert, Anne Marie Mathis, est née à Grandpré, les registres paroissiaux de cette commune des Ardennes ayant été détruits lors de la Première Guerre mondiale, nous sommes privés d'informations sur son ascendance. Colette, contemplant un daguerréotype qui représentait son grand-père, voyait en celui-ci un « "homme de couleur" – quarteron, je crois –, [...], le nez long au-dessus de la lippe nègre qui lui valut son surnom » : le Gorille [2]. Si la preuve n'a pas encore été administrée, il n'est cependant pas tout à fait exclu que Henri Landoy ait été un sang-mêlé.

Henri Landoy* commença par aider ses parents dans leur commerce. La conscription impériale l'envoya dans un régiment de cavalerie à Versailles. C'est dans cette ville qu'il épousa Sophie Châtenay[3] (1792-1835), fille d'un maître-horloger dont il aura de nombreux enfants (sans compter ceux qu'il a semés hors mariage), parmi lesquels Henri *Eugène*, Jules Paulin, dit Paul, Irma, tous trois cités dans *La Maison de Claudine*, et Adèle *Sidonie*. Démobilisé après Waterloo, il regagne Charleville. Il y est commis, puis marchand épicier, commis voyageur ; en bref, il fait tous les métiers du négoce alimentaire. En 1834, il est au Havre ; en 1835, à Paris, où meurt sa femme. Il quitte ensuite Paris avec Eugène et Paul pour échapper à ses créanciers et devient négociant à Molenbeek Saint-Jean, faubourg ouest de Bruxelles. En janvier 1837, il épouse à Bruxelles Thérèse Leroux, veuve, mère de trois enfants, propriétaire d'une fabrique de chocolat, rue Longue-Neuve ; il la liquide en 1844-1845 et retourne habiter Molenbeek Saint-Jean. Sa seconde femme, trompée, ruinée, l'a quitté. En 1846, il est à Saint-Josse-ten-Noode, agent de la Caisse des familles, puis commissaire en marchandises. En 1854, poursuivi par des créanciers, il est rentré en France, où il meurt à Lyon le 17 janvier, d'une crise cardiaque. Une vie tumultueuse, digne d'un roman picaresque...

Colette a eu par ce grand-père une famille belge qu'elle évoquera dans un article de *Paris-Soir* le 13 octobre 1938. Dans ses lettres à sa fille, Sido avait elle-même évoqué maintes fois les membres de cette famille.

Deux d'entre eux intéressent particulièrement la littérature : Eugène et son fils, Raphaël**. Le premier, né à Charleville en 1816 et mort dans l'agglomération bruxelloise, à Saint-Josse-ten-Noode, en 1890, épousa en premières noces Cécile Van der Elst (1823-1852), dont il n'eut pas d'enfant, en secondes Caroline Félicie Cuvelier (1824-1904), de qui il eut trois enfants***. Il se rendit jeune à Paris où il entra dans une fabrique de perles. Mais il opta bientôt pour le journalisme et fit ses premières armes

---

* Voir les tableaux généalogiques, p. 559-566.

** Paul, frère cadet d'Eugène, fit aussi du journalisme, avant de prendre la direction du Kursaal d'Ostende.

*** Suivant en cela une tradition familiale, Valère Gille, lorsqu'il reçut Colette à l'Académie royale de Belgique, fit de Mlle Cuvelier (enfant naturel) la fille de Cuvelier de Trie (1766-1824), fécond auteur de mélodrames qu'on surnomma « le Corneille du boulevard ». Cette filiation n'a jamais été prouvée ; il est même probable qu'elle est inexistante.

dans les salles de rédaction parisiennes, avant de gagner Bruxelles. Dans la préface de son *Salon de 1842* (le Salon de Bruxelles), il déclare habiter depuis sept ans le quartier des Marolles. En tout cas, il est éditeur à Bruxelles depuis 1840, année où il publie le *Guide* de M.-J. Duplessy sur les chemins de fer belges, qui connut plusieurs éditions enrichies, et d'autres livres dont le choix implique des convictions républicaines. Il est en même temps journaliste et chroniqueur. Pour le *Salon de 1845* (un autre Salon bruxellois), il prend le pseudonyme d'« une Guêpe exilée », hommage à Alphonse Karr, dont il n'a cependant pas toute la verve attique. En 1848, il salue l'avènement de la deuxième République dans l'*Histoire de la Révolution française de 1848*, petit livre où il professe un humanitarisme déiste et dit son admiration pour Lamartine : « À la révolution de février, Dieu a donné M. de Lamartine » (air connu...). Il a conservé ses relations parisiennes : de 1850 à 1853 il publie six articles dans *L'Illustration*, et voici qu'il accède à la notoriété : la *Revue des Deux Mondes* du 15 octobre 1851 insère son (unique) article : « Les Arts en Belgique et l'Exposition de Bruxelles ». Landoy est assez sévère pour les peintres belges qui n'ont pas su conquérir leur indépendance ; sont exceptés de ce jugement Gallait, premier peintre d'histoire, Leys, premier peintre de genre, et les frères Stevens « en voie de devenir des maîtres », les autres n'étant que des artisans, des spécialistes, qui des cuisines, qui des marchandes de poisson, etc. C'est à peu près ceux que Baudelaire sauvera lorsqu'il séjournera à Bruxelles. Landoy, d'autre part, collabore assidûment, pendant les années cinquante et soixante, au *Journal de Gand* où il utilise souvent le pseudonyme de Bertram qu'il devait rendre célèbre, et à *L'Office de publicité* fondé par le père d'Adolphe Lebègue. Le premier de ces périodiques est « libéral », au sens belge, c'est-à-dire anticlérical et pro-maçonnique. On n'est donc pas étonné de voir qu'en 1863 Landoy prit parti dans la question des cimetières qui a divisé la Belgique comme l'école libre l'a fait en France, en attaquant le clergé catholique. À cette époque, il se fixait à Gand, étant devenu le rédacteur en chef du *Journal de Gand*.

Journaliste, il a été vraiment populaire dans son pays d'adoption : ses chroniques y étaient attendues. Camille Lemonnier l'estimait. Louis Hymans déclarait qu'il était « un maître dans l'art difficile de la chronique ». Mais Landoy savait que c'est là une œuvre éphémère et il aurait souhaité survivre comme critique d'art. C'est peut-être en pensant à ce regret de son frère que Sido écrira le 31 octobre 1910 à sa fille qui venait de lui annoncer le début de sa collaboration au *Matin* : « Tu prends un engagement bien lourd avec *Le Matin.* C'est la fin de tes œuvres littéraires, tes romans. Rien n'use les écrivains comme le journalisme [4]. » Quand il mourut, nombreux furent les regrets exprimés sur sa tombe. *L'Office de publicité* parut avec sa première page encadrée d'un filet de deuil et contenant, avec les discours, un éloge bien senti dû à Adolphe Lebègue, le fils du fondateur.

Raphaël Landoy (1856-1923), fils aîné de Bertram, fut lui aussi journaliste et rédacteur en chef du *Matin* d'Anvers. Il avait choisi le pseudonyme de Rhamsès II. Il s'entendra bien avec Willy au moment du mariage (15 mai 1893) ; dans le magazine belge *Le Diable au corps* il publie alors pendant l'été des récits un peu lestes, dont l'un est dédié « À mon cousin Willy ». Et celui-ci signe des textes de même farine.

Sido naît à Paris, cité d'Orléans (V^e^ arrondissement ancien), le 12 août 1835. Sa mère meurt quelques semaines après, le 2 octobre, peut-être d'avoir été accablée d'enfants. Le bébé est mis en nourrice chez la femme d'un charron de Mézilles, village proche de Saint-Sauveur-en-Puisaye, la raison du choix de la localité étant inconnue, à moins qu'il ne faille la chercher dans la bonne réputation des nourrices de l'Yonne. Rien dans le comportement de Sido ne permet de penser qu'elle a été traumatisée par sa condition d'orpheline de mère, et, bien qu'il fût vivant, d'un père distant. Au reste, elle fut élevée par son frère Eugène, son aîné de près de vingt ans, sans doute d'abord à Gand. On sait peu de chose sur sa jeunesse. Cependant, il n'est pas besoin de beaucoup d'imagination pour deviner qu'elle grandit dans un milieu de journalistes et d'artistes. Dans une lettre à sa fille, le 16 juin 1911, elle rappellera des vacances à Ostende passées en la compagnie de son frère Eugène. Il y avait sur la plage une jolie Anglaise, frêle, blonde et fine, gardée par un dogue. « C'était un tableau digne d'un bon peintre. Nous étions en compagnie d'Alfred Stevens, justement, qui aurait bien voulu faire un croquis de ce groupe, mais il était difficile de demander à la jeune personne de le laisser faire. » Ce milieu était anticlérical et même antireligieux, apparenté à la franc-maçonnerie. Dans *La Fleur de l'âge*, Colette écrira que sa mère était « athée » et qu'elle ne se rendait même pas à la messe de minuit. Plus tôt, dans *La Maison de Claudine*, elle avait usé d'un mot moins absolu : « Ma mère, mécréante [5], [...]. »

Si l'on en croit Colette [6], c'est à l'occasion d'une visite que

Sido fit dans la Puisaye à sa nourrice que Jules Robineau-Duclos aperçut cette jeune fille blonde, « pas très jolie et charmante, à grande bouche et à menton fin, les yeux gris et gais, portant sur la nuque un chignon bas de cheveux glissants, qui coulaient entre les épingles, une jeune fille libre, habituée à vivre honnêtement avec des garçons, frères et camarades », une jeune fille qui le changera des servantes qui défilaient dans son lit. Colette date la rencontre de « vers 1853 ». Elle est certainement plus tardive. On en suit les étapes grâce au journal de Marie-Louise Lacour qui habite Saint-Fargeau, à dix kilomètres de Mézilles. Le 6 novembre 1856, celle-ci note qu'elle a passé une partie de la journée avec Mlle Adèle Landoy (c'est le prénom qu'elle lui donne) et, le 7, que la jeune fille a dîné chez elle avec les Bourgoin*. Le 9, elle retourne à Mézilles. Le 18, Mme Lacour se rend dans ce village pour y déjeuner chez les Bourgoin avec Mlle Landoy et les Boyer ; elle ajoute : « On parle beaucoup de marier cette demoiselle avec M. Jules Robineau, quelle horreur ! » Adèle, Iphigénie. Le 21 : « Mlle Landoy vient passer quelques jours avec moi. » Les 24 et 25, Mme Lacour passe son temps avec Mlle Landoy « à lire, à travailler, à regarder des gravures ». Le 25, la jeune fille part pour Mézilles. Le 5 décembre, elle regagne Bruxelles, suivie de peu par Jules Robineau. Les choses vont vite, car le contrat de mariage est signé le 7 janvier 1857 à Schaerbeek, « faubourg de Bruxelles », devant Me Jacques Langendries ; il tient en une page. La fiancée, domiciliée à Schaerbeek, signe « A. Landoy ». Le mariage est célébré le 15 janvier dans cette même commune. Ce n'est évidemment pas un mariage d'amour : Sido n'a pas de dot ; la famille de Jules Robineau veut le ranger et le sevrer de la boisson. Ensuite, le couple regagne Saint-Sauveur.

Claude *Jules* Joseph Robineau-Duclos, né le 9 février 1814, donc âgé de plus de vingt et un ans que Sido, était comme le seigneur de Saint-Sauveur. Selon Colette, il était « fils de gentilshommes verriers** ». Pourtant, il habitait la maison bourgeoise (la maison de Colette) qui, rue de l'Hospice, tient un peu d'une ferme. Jules avait une sœur, Louise Julie, née en 1820. Leur père, Joseph Robineau, dit Robineau-Duclos, car il y avait

---

* Les Bourgoin, de Mézilles, sont des alliés des Robineau.

** C'est là une légende comme le prouve la généalogie établie par Marguerite Boivin. Les Robineau sont des notables [7].

plusieurs branches, décida en 1836, après avoir perdu sa femme et se trouvant gravement malade, d'émanciper la jeune fille pour qu'elle ne tombât pas sous la coupe de son frère Jules, déjà adonné à l'alcool. Un conseil de famille désigna un cousin, Charles Givry, comme curateur de Louise. Joseph Robineau mourut peu après. Givry ne demanda pas le partage des biens : il désirait marier son fils Raymond à Louise (le mariage eut lieu le 14 août 1837) ; Givry pensait aussi que l'alcool aurait rapidement raison de Jules et que la fortune entière des Robineau-Duclos irait à la jeune femme, une fortune importante de treize fermes, évaluées par l'enregistrement à 500 000 francs de l'époque. Espoir trompé, car les autres parents de Jules avaient immédiatement fait exiger par lui la cessation de l'indivision, accordée dès avant le mariage de Louise par le tribunal d'Auxerre : Mme Givry n'était ainsi que la moitié de Raymond.

Jules se consola en prenant pour concubine une chambrière, Marie Miton, qui, en 1843, lui donna un garçon. Redouté, mais non détesté, il résistait et résistera à l'alcool même s'il avait parfois de telles crises de délire que les autorités lui retirèrent ses armes. C'était un monstre, un magnifique monstre, qu'on finit par préférer à ces cafards bourgeois. Son histoire aurait dû avoir un Balzac écrivant une autre *Rabouilleuse*. En 1856, une demande d'interdiction formulée par Raymond Givry fut contrebattue en justice, et Jules Robineau conserva sa liberté et l'administration de ses biens.

Au moment de son mariage (1857), voici l'énumération des dits biens. Lui appartiennent les domaines de la Guillemette, à Mézilles ; la Forge, à Moutiers ; les Lamberts, à Moutiers ; Massue, à Champignelles ; les Choslins, à Saint-Sauveur, rachetés à sa sœur Mme Givry de Donzy (pourquoi pas ?) grâce à un emprunt fait, le 14 juillet 1853, à Rosine Caroline Deslandes, épouse d'Ambroise Amédée Beaujean, professeur au lycée Louis-le-Grand. À quoi s'ajoutent des bois sur le territoire de Champignelles et de Villeneuve-les-Genêts, ainsi que les Grivaults à Ronchères ; des terres et des prés épars sur les communes de Saint-Sauveur et Moutiers ; une maison, des terres et bonnes vignes à Perreuse ; et la maison de la rue de l'Hospice, son habitation de Saint-Sauveur. Les biens mobiliers sont ceux qui se trouvent dans cette maison et dans la maison de Perreuse, plus les voitures, animaux, grains, vins, le tout est estimé 18 200 F, à quoi s'ajoutent 34 000 F de créances. Viennent en déduction les dettes qui s'élèvent à 77 200 F.

Les époux ont contracté mariage sous le régime de la communauté et ont déclaré ne pas être tenus des dettes, l'un de l'autre, antérieures au mariage. Il convient de remarquer et même de souligner que les biens de Jules Robineau n'ont pas été évalués : d'après le chiffre indiqué plus haut, on peut les estimer à environ 250 000 F. Silence sur les dettes. En cas de décès de Jules Robineau, le contrat stipule que sa veuve aura le « droit d'user, de jouir des biens à la charge d'en garder la substance », c'est-à-dire de les entretenir et conserver.

Sido prenait chat en poche. La situation était moins brillante qu'il n'y paraissait. Et on ne peut dire que la joie régnait rue de l'Hospice. Du moins a-t-elle retrouvé Mme Lacour et s'est-elle liée avec Adrienne Jarry, sœur du notaire Adrien Jarry, qui épousera en 1861 le docteur Napoléon Piétresson de Saint-Aubin. Les jeunes femmes se rendent à Perreuse. Sido écrit à Mme Lacour : « Voyez-vous, tout bien cherché, c'est vous en qui je trouve la manière de penser la plus large et je trouve que vous avez bien du mérite, car il est on ne peut plus rare de trouver une personne ayant habité longtemps un petit pays sans se laisser influencer par ses petites mesquineries et ses petites méchancetés. » On lit dans cette même lettre [8] :

> Mon mari est toujours le même... il se porte bien. Je fais tout mon possible pour atténuer son affreux penchant... Depuis un mois il est assez tranquille. Mon Dieu ! ce n'est pas de sa faute, c'est un vice inné et il en mourra ! mais comme ce vice me fait souffrir ! Je n'ai pas le droit de me plaindre puisque je l'ai voulu.

L'avait-elle vraiment voulu ? En tout cas, elle a été d'abord fidèle à la promesse que constituait le mariage civil (il n'y a pas trace, semble-t-il, d'un mariage religieux). Ce qui ne faisait pas d'elle une épouse soumise, si l'on en croit ce qu'elle confie à sa fille le 13 février 1909 (donc à un moment où Colette a besoin de montrer ses griffes) : « Quand j'ai vu que Jules Robineau, mon mari, se riait du chagrin qu'il me faisait, eh bien j'ai pris tout ce qui me tombait sous la main, et le lui ai jeté à la tête ! Il s'en est allé en terre avec une belle cicatrice à la figure ! » Deux mois après le mariage [9] !

Sido et Adrienne étaient aussi tendrement unies. Pierre Piétresson de Saint-Aubin, fils aîné d'Adrienne, écrira à Colette le 9 juillet 1929 : « [Ma mère] se souvenait qu'elle avait offert son sein à votre bouche et que vous aviez bu en elle quelques gorgées de ce lait dont j'ai été nourri, une dizaine d'années plus tôt. » Il confirme dans une lettre du 1er octobre suivant la triste vie de Sido :

> Votre mère, vous le savez trop bien, n'était pas heureuse dans son premier mariage : elle avait à supporter beaucoup de scènes violentes, beaucoup de spectacles lamentables, elle m'a dit à moi-même que personne ne pouvait s'imaginer ce qu'avait été alors sa vie, et ce qu'il lui avait fallu supporter. – Les choses allèrent parfois si loin qu'elle ne se trouvait plus en sûreté chez elle ; elle n'osait plus y rester avec son mari, et elle venait demander asile chez ma grand-mère Jarry, où elle retrouvait son amie Adrienne. Ma mère m'a raconté que la vôtre vint plus d'une fois passer ainsi la nuit auprès d'elle et que ces jours de souffrance et de dégoût se reproduisaient souvent. Il en résulta naturellement que l'amitié entre la jeune femme et la jeune fille devint de plus en plus étroite et comme une tendresse de sœurs. Ma mère n'a jamais oublié cela, et jusqu'à ses derniers jours [Adrienne est morte après Sido, en juin 1916] elle parlait de son amie d'alors comme si elle l'avait eue encore devant les yeux...

Le 14 août 1860 naît à Saint-Sauveur Héloïse Émélie *Juliette* Robineau-Duclos, son premier enfant. Cinq jours avant, le capitaine Colette, nommé percepteur, prêtait serment à l'empereur à Auxerre, préfecture de l'Yonne, et s'installait à Saint-Sauveur. Sido est heureuse que sa petite fille soit très brune et ait des yeux noirs [10].

L'arrivée du Capitaine apporte sans doute une note de gaieté dans la petite commune, plus peuplée qu'elle ne l'est aujourd'hui (elle avait environ 1 700 habitants). Sido, qui s'ennuyait dans ce bourg et qui en redoutait les mesquineries et les méchancetés, dut y être sensible. Elle y était l'étrangère, celle que l'on épie. Peu après la mort de Jules Robineau, le juge de paix du canton, Crançon, se fera l'écho des bruits malveillants répandus sur Sido, bruits sans doute provoqués et entretenus par le clan Givry : dans un rapport adressé (de sa propre initiative ?) au procureur impérial du département, il écrit que Mme Robineau « a passé d'abord pour être la maîtresse de Me Adrien Jarry, qui ne s'en défend, dit-on, qu'à demi. Mais si on peut conserver des doutes sur cette liaison, il n'en existe guère sur les relations avec M. Colette et il n'y a pas une personne à Saint-Sauveur qui ne soit convaincue que le second enfant de Mme Robineau ne soit l'œuvre de M. Colette [11] ». Beaucoup de personnes avaient eu, ont la même conviction. Et Gabrielle Colette sentira obscurément qu'Edme Jules *Achille* Robineau-Duclos, né le 27 janvier 1863 à Saint-Sauveur, « mon demi-frère de sang », était son « frère tout entier par le cœur, le choix, la ressemblance [12] ». En cette matière, la conviction n'est rien, sauf pour celui ou celle qui tient le chandelier. Et qui à Saint-Sauveur pouvait se flatter de le tenir ? L'adultère, sport favori des Français, accepte mal pour terrain une bourgade. En tout cas, Sido est restée muette. En janvier 1863, elle n'avait pas encore 28 ans : ce n'est ni une preuve, ni une contre-preuve. Robineau était un ivrogne invétéré ; le Capitaine était un unijambiste.

Il n'y a pendant le mariage que trois petites opérations immobilières à signaler : la vente de 96 ares de vignes et de terres à Perreuse (1 000 F), celle des terres et prés à Moutiers (600 F) ; l'acquisition à Saint-Sauveur de 3 ares 25 ca de jardin rue Derrière-les-Murs (rue des Vignes) et de trois parcelles de chemins dépendant des Choslins (483 F). Cela ressemble à des opérations de régularisation, l'acquisition faite à Saint-Sauveur étant destinée à agrandir le jardin de la maison. Mais les fermiers payaient-ils régulièrement les fermages et entretenaient-ils les intérieurs des bâtiments ? Robineau-Duclos lui-même entretenait-il le gros œuvre de ces fermes ?

Jules Robineau mourut le 30 janvier 1865, terrassé par « une attaque d'apoplexie foudroyante [...] dans une chambre écartée où [...] sa femme le laissait coucher seul ». Selon Crançon, dont nous citons encore le rapport, Sidonie avait « complètement abandonné » son mari « après sa liaison avec M. Colette et avec l'espoir très probablement qu'il ferait bientôt place à celui qui le remplaçait par anticipation. Elle avait cessé de coucher avec lui et l'avait confiné loin de son appartement sous prétexte qu'il ronflait trop fort et qu'il l'empêchait de dormir [13] ». Inutile de recommander la prudence devant de telles assertions.

Il y avait deux enfants mineurs : Juliette et Achille. Le 11 février, le tribunal d'instance d'Auxerre nomme Sidonie Robineau administratrice provisoire des biens de son mari. Puis est constitué le conseil de famille. Sont nommés, du côté maternel : Eugène Landoy, demeurant à Gand, représenté par Fleury, propriétaire à Mézilles ; Jules Paulin Landoy, demeurant à

Bruxelles, représenté par Blanchet, ancien magistrat, demeurant à Saint-Fargeau ; César Nicolas Précy*, demeurant à Mézilles, ami de la famille de Mme Robineau ; – du côté paternel, Me Aimé Cherest, avocat à Auxerre, gendre de Givry et cousin des enfants mineurs, représenté par Me Roslin de Fourolles, notaire à Saint-Sauveur ; Givry, le mari de la sœur de Robineau-Duclos, représenté par Vivien, licencié en droit, domicilié au château de Ratilly, commune de Treigny ; Henri Thomas Lachassagne, médecin à Saint-Fargeau, cousin ; Jean-Louis Robineau-Bourgneuf, propriétaire à Saint-Sauveur, cousin au sixième degré. Le conseil se réunit le 12 mars devant Crançon, juge de paix du canton de Saint-Sauveur. Sidonie demande la nomination d'un subrogé tuteur, désigné en la personne de Robineau-Bourgneuf (Givry, à qui revenait cette fonction, étant en mauvaise santé), et qu'il soit procédé à l'inventaire des biens dépendant de la communauté ayant existé entre elle et son mari.

Cet inventaire montre que les domaines sont restés en possession des Robineau-Duclos, mais que les fermiers n'ont pas acquitté tous les fermages dus, qui sont portés en créance pour un total de 4 438 F** ; le cheptel est estimé à 8 393 F ; les maisons avec le mobilier, à 8 605 F ; à quoi s'ajoutent 1 418 F en espèces.

Les dettes diverses, emprunts et intérêts dédits, factures non payées, gages, etc., s'élèvent à 97 163 F. Dans cette somme sont compris 10 000 F dus à Marie Miton, devenue épouse Cèbe. En effet, le 10 février 1865, Me Jarry, notaire, a communiqué à Sidonie le testament olographe de son époux, que vient de lui apporter l'ex-servante. Robineau lègue cette somme à Marie Miton « en récompense de ses bons services », plus des meubles, du linge et dix hectolitres de blé : des 10 000 F, elle doit jouir comme usufruitière, la somme devant retomber après sa mort sur son fils, Antonin Miton, enfant naturel né le 7 janvier 1843 (Sido n'avait pas 8 ans). De plus, les héritiers légitimes doivent continuer à payer les annuités de l'assurance qui repose sur la tête d'Antonin.

---

* Yvonne Jollet, la grande et fidèle amie de Colette, épousa en 1898 Raoul Précy, ingénieur de l'École centrale, fils du docteur Précy, médecin à Pourrain (Yonne). Ils sont sans doute parents de ce César Nicolas Précy.

** Les chiffres sont arrondis au franc supérieur ou inférieur. On constate, d'autre part, que les habitations de la Forge et de Massue n'ont pas été entretenues et sont en mauvais état.

Surprise doublement choquante pour Sidonie. Le conseil de famille se réunit de nouveau le 24 mai et décide à l'unanimité qu'il y a lieu de se refuser au paiement de tout legs au profit de Mme Cèbe-Miton et de son fils, au risque d'un procès, qui eut lieu. La « belle lavandière », comme la désigne Colette [14], avait de l'esprit et de la ténacité. Elle fit arrêt sur les fermages et gagna son procès en instance, puis en appel, et ce n'est qu'à partir du 27 novembre 1866 que mainlevée sera donnée et que les fermiers pourront (devront !) payer les fermages. La situation présente de Sido n'en avait pas été améliorée.

Dans sa réunion du 24 mai 1865, le conseil avait aussi décidé de mettre en vente toutes les possessions de Perreuse et des biens situés à Saint-Sauveur et à Moutiers. Cette vente, approuvée par le tribunal d'Auxerre, produisit en juillet 49 400 F, somme qui devait permettre de payer les dettes les plus urgentes et d'élever les enfants.

On a sans doute donné à croire à Sido qu'elle avait épousé un bon parti et peut-être l'a-t-elle cru en 1857. En 1865, il lui faut se rendre à l'évidence : l'argent disponible est insuffisant. Il eût été nécessaire de vendre davantage de terres et même des fermes pour assainir la situation financière et ne plus traîner une séquelle de dettes qui portaient intérêts. Elle se sent étrangère dans ce bourg : « Personne ici ne me connaît ni ne me comprend – a-t-elle confié à Mme Lacour, du vivant de son mari, ajoutant : – Je brûle de me trouver dans *ma* famille. » Il y a des commérages ; il y en aura bien plus lorsqu'on apprendra qu'elle va épouser M. Colette, le percepteur, alors que le délai coutumier de viduité n'est pas respecté, si le délai légal l'est.

Les Colette, parfois Collette, voire Collète, sont originaires de Puttelange-aux-Lacs, département de la Moselle, village près de l'actuelle frontière allemande ; ils s'installent à Fénétrange, petite ville située sur la Sarre à une vingtaine de kilomètres de Sarrebourg, entre 1738 et 1751 *. Jacques Colette y est né en 1768, mais il a épousé Marie Rose Tallet née à Berre (Bouches-du-Rhône). Ce terrien s'est engagé dans la marine et a trouvé la mort le 4 mai 1807 sur la goélette *Red Bridge* prise aux Anglais en 1803 et depuis intégrée à la flotte française ; il était simplement canonnier. Son fils, Jean Joseph, est né à Toulon en mars 1799 ; capitaine d'armes dans l'infanterie de marine, il y mourra

* Voir p. 560 le tableau généalogique des Colette.

à l'hôpital maritime le 17 octobre 1870. Les Colette sont devenus toulonnais. Jean Joseph a épousé Marie-Thérèse Adélaïde Funel en mai 1821 à Toulon, où elle est née en janvier 1803, où elle mourra en mai 1877. Le couple a deux enfants, tous deux toulonnais : Magdeleine Adélaïde née le 5 avril 1822, puis notre *Jules* Joseph né le 26 septembre 1829. Magdeleine épousa Alexis Platel, né en 1807, capitaine d'infanterie de marine, dont elle eut trois filles. Elle mourra le 27 novembre 1863. Par leur fille Joséphine les Platel sont alliés à l'académicien Jean Aicard et ils ont une descendante en la personne de Simone Sirieix. Mais on verra que les deux branches ne s'entendirent pas, lorsque Joséphine Platel réclama sa part d'héritage, ce qui provoqua la mise en vente de la maison du Mourillon.

On ignore quelles furent les études secondaires de Jules Colette, mais on sait qu'il entre à Saint-Cyr en décembre 1847 [15]. Un an après, il est rayé des contrôles de l'École pour cause d'indiscipline, ce qui peut être interprété en termes d'opinions politiques de gauche, et il est rétrogradé comme soldat au 3e régiment d'infanterie de marine, ce qui lui permet de revoir Toulon. C'est en tant qu'« ancien élève de Saint-Cyr, soldat au 3e régiment de marine » qu'il signe (ou qu'on lui fait signer : J. Collète) une « Note sur quelques formules de trigonométrie sphérique et sur le quadrilatère sphérique inscrit » que publient en 1849 les *Nouvelles annales de mathématiques*. Sans doute est-ce pendant ces mois de pénitence qu'il fut envoyé en Guyane où stationnait un détachement de ce régiment de marine ; séjour qu'il évoqua, le 4 mars 1896, sur la tombe d'un sous-officier au cimetière de Châtillon-sur-Loing et que, d'après lui, sa fille évoquera dans « Un zouave », texte que recueillit *Les Heures longues*. Le 23 décembre 1849, il était réintégré à l'École spéciale militaire. Il en sortit sous-lieutenant le 1er octobre 1850 et entra au 38e régiment de ligne, d'où, le 25 février 1852, il passa au 1er régiment de zouaves et servit en Kabylie à partir du 23 mars 1852 et pendant l'année 1853. En 1854-1855, il est de l'armée d'Orient, étant passé directement d'Alger en Turquie ; il est blessé d'un coup de feu à la poitrine, lors de la bataille de l'Alma, le 20 septembre 1854, et nommé lieutenant le 21 décembre suivant. « Beaux soldats ! » disait-il des Russes, lui que sa fille voyait tout ressemblant à un cosaque : « nez court et ouvert », « sourcils hérissés sur de clairs et terribles petits yeux de chat ». Capitaine le 17 mars 1856, on le retrouve en Afrique du 10 mai 1856 au 26 avril 1859.

La guerre d'Italie devait mettre fin à sa carrière. Quatre jours après Magenta, à Melegnano, que nous appelons Marignan, le 8 juin 1859, il est blessé à la cuisse gauche par un boulet autrichien, qui lui fracasse le col du fémur. On doit l'amputer. Il est nommé chevalier de la Légion d'honneur, puis il est rapatrié. Proposé pour la retraite le 10 décembre, ses services sont arrêtés à la date du 31 décembre.

Lorsque le capitaine Godchot publie en 1898 *Le Premier Régiment de zouaves*, où son nom est plusieurs fois cité, il est l'un des souscripteurs. C'est après la publication de son livre que Godchot apprit par Fournès comment le blessé s'était comporté, récit qu'il inclut dans *Ma revue* en février 1930, sous cette forme :

> Au moment où le capitaine Fournès et le zouave Lefèvre le rapportaient au milieu des zouaves qui se battaient, Lefèvre lui dit : « Où faut-il vous mettre ? » Réponse sublime : « Au milieu de la place ! Sous le drapeau ! »

Ce récit, qu'on retrouvera dans *Sido* [16], Godchot le transmit au Capitaine, qui lui envoya cette rectification, consignée dans le même numéro de *Ma revue* :

> La légende de mes paroles sur la perte de ma jambe est exacte, [...], sauf que les mots sont un peu différents (mais – ajoute Godchot – il ne les donne pas). J'ai ajouté : « C'est fini de danser ! » Il faut dire que j'ai été à ma période de sous-lieutenant et de lieutenant au 1er zouaves un danseur fantaisiste très renommé... Au bal de Blidah ! j'attirais une foule énorme.

Il fallait trouver une situation à ce soldat infortuné, mis à la retraite. Michon, percepteur à Saint-Sauveur-en-Puisaye, est nommé à Vézelay, poste plus important ; il est remplacé par Destutt de Blannay, percepteur à Villefargeau, commune située à environ quatre kilomètres d'Auxerre. Colette est nommé percepteur de 3e classe à Villefargeau. Telles sont les dispositions prises par le ministre des Finances le 26 mai 1860. Mais celui-ci, le 2 juin, rapporte les dispositions du 26 mai. Destutt de Blannay est maintenu titulaire de la perception de Villefargeau. Sans doute n'a-t-il pas voulu la quitter : il avait à gérer sept communes, Saint-Sauveur n'en ayant que cinq. Une ou des recommandations ont pu jouer en sa faveur. Voilà donc Jules

Colette percepteur de 3e classe à Saint-Sauveur. Il doit verser une caution : 8 900 F comme percepteur, 4 500 F comme receveur municipal et 500 F au titre du bureau de bienfaisance ; au total 13 900 F. Le 17 mai 1863, un arrêté nomme Ferdinand Pichon, venant de Beaugy (Cher), à Saint-Sauveur, Colette étant appelé à une autre destination, qu'on ignore. Mais, le 29 mai, le directeur du personnel mande au préfet :

> Vous avez été informé de la nomination de M. Pichon à la perception de Saint-Sauveur en remplacement de M. Colette envoyé dans un autre département.
>
> D'après une démarche qui vient d'être faite auprès de moi en faveur de ce dernier comptable je me propose d'examiner à nouveau sa situation et je crois devoir en attendant faire surseoir à l'exécution de l'arrêté qui vous a été notifié.

Le 13 juin, un autre arrêté maintenait Colette à Saint-Sauveur. On devine que l'intéressé dispose à son tour d'amicales influences auprès de qui il peut faire jouer son infirmité, les relations qu'il a nouées dans le bourg et les alentours et ses opinions apparemment loyalistes (il n'est plus la tête chaude de 1848, mais il reste républicain de cœur). Ajoutons, *in petto*, que Sido est à Saint-Sauveur depuis 1857...

En 1864, ses supérieurs lui reprocheront de la négligence dans sa gestion, ce qui peut s'expliquer par son inexpérience, mais l'année suivante : « Le service de ce comptable est dans une bonne situation. » En 1873 il sera élevé sur place, ce qui n'est pas coutumier, à la 2e classe*. En mars 1880, il sera admis à faire valoir ses droits à la retraite.

Robineau est mort le 30 janvier 1865. Le 19 décembre de la même année, devant le conseil de famille, sa veuve déclare qu'elle va contracter mariage avec Colette et demande à conserver la tutelle de ses enfants mineurs et de nommer Colette

---

* Cette promotion ne signifie pas nécessairement une appréciation élogieuse du travail du percepteur. Celui-ci pouvait obtenir de la commune un complément de traitement (un dixième, en général). Lorsque le fixe et le complément atteignaient le traitement de la classe supérieure, le percepteur accédait à cette classe. Il est important de remarquer cette dérogation dans le cas du Capitaine dont la gestion ne semble pas avoir été exempte de toute critique.

cotuteur desdits enfants. Le conseil accepte, à l'exception de deux membres, le juge de paix Crançon et le notaire Roslin de Fourolles, mandataire de Me Cherest. Le jour suivant, le contrat est signé devant Me Roslin de Fourolles, qui ne dut pas faire de difficultés à encaisser les honoraires. Le régime est celui de la communauté de biens ; les dettes contractées antérieurement au mariage sont exclues de la communauté. L'apport du Capitaine consiste en habits, meubles, bibliothèque et armes, le tout estimé 12 000 F, et une somme de 5 000 F, montant d'une partie du cautionnement versé par lui au Trésor en sa qualité de percepteur. L'apport de Sidonie ne consiste que dans ses effets personnels et dans les droits mobiliers et immobiliers dans la communauté Robineau-Landoy jusqu'à la liquidation à intervenir entre elle et ses enfants, ainsi que dans les fruits et revenus déterminés par cette liquidation ; le capital est absent.

Le même jour, 20 décembre 1865, Sidonie épouse Jules Colette à 8 heures du soir, comme il convient à une veuve. Le 18, le Capitaine avait demandé au préfet l'autorisation de s'absenter [17], le mariage religieux devant avoir lieu à Bruxelles. Le mariage fut, en effet, célébré le 23 en la cathédrale des Saints-Michel-et-Gudule, en présence d'Eugène et de Paul Landoy [18]*. Puis, le nouveau marié s'installa à Saint-Sauveur dans la maison de la rue de l'Hospice.

On a peu d'informations sur la vie familiale avant et après la guerre franco-prussienne. Celle-ci n'a pas laissé indifférent l'ancien zouave, qui s'enflamme au premier grondement des hostilités et qui publie, le 12 août 1870, chez Lachaud un appel intitulé : *À l'Armée, au Peuple de France, aux Chambres, par J. Colette, ancien capitaine au 1er régiment de zouaves*, avec cette épigraphe empruntée à Michelet : « L'Armée de France, c'est la déesse du monde. » Il y prodigue les conseils les plus vains et rêve de faire du camp de Châlons « le plus vaste camp retranché [...] de toute l'Europe [...], pouvant largement abriter cent mille vieux soldats et cinq cent mille volontaires [19] »... Le 1er décembre 1870, il prie Paul Bert d'appuyer la demande qu'il a adressée au ministre de la Guerre pour obtenir le commandement d'un camp d'instruction :

* Si le mariage a lieu à la cathédrale, c'est parce que Sido a dû se domicilier chez son frère Paul qui habite rue du Marché-au-bois, sur le territoire de la paroisse qui a pour église la cathédrale.

> J'ai en grande pitié tout ce que font, en ce moment, beaucoup de gens qui ne connaissent ni le métier des armes, ni la guerre ; aussi je ne veux sortir de mon coin, de ma studieuse retraite, que pour *commander*.
>
> Je me sens tout ce qu'il faut pour produire, dans un camp d'instruction, un résultat utile à la grande cause, mais je ne veux pas de position subalterne.

Les Prussiens, comme on les appelait, ont occupé Saint-Sauveur, y ont procédé à des réquisitions et ont frappé le bourg d'une amende. Le 1er octobre 1871, le conseil municipal vote un emprunt de 7 000 F destiné en partie à indemniser ceux qui avaient souffert des réquisitions (3 220 F) et à faire face à l'amende de 1 000 F. Les Colette sont remboursés de 200 F[20].

La lettre que le Capitaine avait adressée à Paul Bert prouve qu'il y avait, dans cet homme d'ailleurs courageux, du Tartarin. Il eût mieux fait de s'occuper de l'administration des affaires familiales. Les ventes de 1865 avaient été insuffisantes pour payer les dettes existant lors du décès de Jules Robineau. Le 11 mars 1867, le conseil de famille décide de procéder à d'autres ventes, avec l'autorisation du tribunal d'Auxerre. L'adjudication du 28 avril 1867 rapporte 46 960 F, ce qui ajouté au produit des ventes de 1865 forme un total de 96 360 F, d'où il faut déduire des frais ainsi que les droits de succession. Restent 90 733 F, ce qui ne couvre pas entièrement le passif qui était, rappelons-le, de 97 163 F. D'autre part, les Colette procèdent à quelques achats : 700 F pour une parcelle rue des Vignes (14 février 1867), un hectare 62 ares de prés au « Pré long », c'est-à-dire au bord du Loing pour 6 420 F (18 août 1869), et une très belle commode à la vente après décès du curé Sicard : 1 500 F (16 juin 1870), dépense somptuaire. Pour fixer les idées, il est bon de rappeler qu'à l'époque un instituteur touche entre 1 000 et 1 500 F par an ; un receveur des postes, de 900 à 1 800 F.

C'est dans la maison de la rue de l'Hospice, actuellement rue Colette, que vont naître deux autres enfants de Sido : Léopold Jean Colette, qu'on appellera Léo, le 22 octobre 1866, et, le 28 janvier 1873, « à dix heures du soir[21] » – avis aux amateurs d'horoscopes ! – Sidonie Gabrielle Colette.

2

LA JEUNESSE DE COLETTE

1873-1893

Sur l'enfance et l'adolescence de Colette, nous disposons de tout ce qu'elle a écrit, dans *La Maison de Claudine* et nombre d'autres textes. C'est beaucoup ; c'est trop, selon nos principes qui cherchent à écarter la biographie de l'autobiographie. Nous n'avons pas l'équivalent des lettres du collégien Baudelaire, ni celles de Victor à sa fiancée Adèle ; nous n'avons pas l'équivalent du journal de Marie Bashkirtseff. Nous sommes donc réduits à d'infimes éléments extérieurs ou, quelquefois, presque extérieurs, qui ne contredisent pas la légende dorée d'une famille heureuse [1].

Diminué par sa mutilation – nous sommes à la fin du XIXe siècle –, le Capitaine cherche à se grandir. S'il a demandé sa retraite de percepteur en mars 1880, c'est pour s'engager dans l'action politique. En juillet, il pose sa candidature aux élections du conseil général de l'Yonne pour le canton de Saint-Sauveur [2]. L'un de ses adversaires lui reproche d'avoir en 1874 soutenu l'élection d'un bonapartiste contre un républicain ; il se défend mal, répondant qu'il avait alors courbé la tête, en fonctionnaire obéissant. Ce qui ne l'empêche pas de proclamer pendant sa campagne, en s'en prenant aux autres candidats républicains : « Le vieux républicain, le vieux démocrate, c'est celui qui était à l'hôtel de ville à côté de Lamartine, Arago et de Ledru-Rollin, *et qui signe cette lettre.* / C'est celui qui protesta contre le coup d'État *et qui signe cette lettre* ; c'est celui qui a été déplacé violemment en 1862, qui donna sa démission sous l'ordre moral. » Etc. Il avait peut-être une vocation de martyr, mais ses titres sont minces. En 1863, non en 1862, il a failli être déplacé, mais il est resté à Saint-Sauveur. En 1873, sous l'ordre moral, aucune trace d'une tentative de démission.

Sa fille Gabrielle l'accompagne dans ses tournées et devient son « meilleur agent électoral », jusqu'à ce que Sido s'aperçoive que « tournée » avait un deuxième sens et empêche la fillette de sortir[3]. Le premier tour de scrutin, 1er août 1880, oppose trois candidats républicains (Colette, Hérold, Merlou) à un bonapartiste (Gonneau) qui arrive en tête. Jules Colette, deuxième des républicains, se retire. Au second tour, le 8 août, est élu le docteur Pierre Merlou, qui s'était établi médecin à Saint-Sauveur en 1878 ; *inde ira*, une irritation qui caricaturera Merlou en Dutertre dans *Claudine à l'école*, où son image est noircie, mais en partie fidèle à sa vie sentimentale agitée. Merlou était au commencement d'une carrière qui allait faire de lui le maire de Saint-Sauveur en 1886, un député de l'Yonne de 1889 à 1906, un sous-secrétaire d'État aux Finances de 1901 à 1905, enfin un ministre des Finances en 1905-1906*. Colette devra se contenter d'un siège au conseil municipal. En 1882, délégué cantonal depuis 1879, il sera révoqué pour protestation « outrageante » au préfet et à l'inspecteur d'académie.

Son échec, le « four » de 1880, diminua la considération dont il pouvait jouir. Pour se remettre en selle, il organise une conférence, toujours animé par le désir de promouvoir les connaissances de ses concitoyens. Mme Piétresson de Saint-Aubin (Adrienne Jarry) le juge sévèrement en écrivant à son fils Pierre, le 9 décembre : « La conférence de M. Colette n'a pas eu de succès ; ils étaient dix-huit. Il a lu simplement un article de géographie. L'ambition de la mairie perce sous ces réunions-là et M. Colette est plus que jamais impopulaire. Cela tient à son four des élections dernières et au ridicule qu'il a de s'occuper de tant de choses mesquines, ce qui n'a pas échappé aux ouvriers. » Le 19 décembre : « M. Colette continue de conspirer avec Landré qui a toujours l'air digne de quelqu'un qui a fréquenté le château. Je vois entrer chez lui quelques figures qui me font l'effet d'être payées pour la propagande et voilà tout. Au fond, M. Colette sait bien que tout cela c'est de la comédie et une forte blague – il le dit – mais il veut absolument être quelque chose. Bien moins philosophe que son prédécesseur feu

* Merlou sera ensuite ministre plénipotentiaire à Lima et mourra en 1909. André Gaucher a lancé contre ce radical-socialiste un pamphlet violent : *Son Excellence monsieur Merlou*, Société nouvelle d'éditions parisiennes, 1906. Au contraire, Jean-Bernard (*La Vie de Paris, 1909*, Alphonse Lemerre, 1910, p. 491-493) insiste sur le désintéressement de Merlou qui ne laissait « même pas de quoi payer son cercueil ». Jules Colette était un républicain modéré.

Robineau-Duclos qui se contentait d'aller à la cave et de se dire : « Si tu le bois, tu mourras ! mais si tu ne le bois pas, tu mourras aussi », et il le buvait ! ou bien d'arpenter son jardin la nuit et de dire entre ses dents : « J' vois ben quèque chose[4]. » » En 1882, elle constate que Colette a « perdu beaucoup de son influence sur les électeurs », ce qu'elle attribue au fait qu'il « boit le champagne avec Landré, à sa table, entre Mme et Mlle Colette ». En 1883, Mme de Cadalvène* le soupçonne de vouloir retarder le mariage de Juliette avec le docteur Roché afin d'obliger celui-ci à soutenir sa candidature à la mairie, qui lui échappera aussi ; « il est certain – ajoute-t-elle – que dans cette maison, rien ne se fait comme autre part ».

Il obtient de petites compensations à Paris. Son nom apparaît, ainsi que celui de l'éditeur Jean-Albert Gauthier-Villars, dans la « Liste des membres fondateurs (15 janvier 1884) » que publie cette année-là le premier numéro du *Bulletin de la Société internationale des électriciens* qu'édite la librairie Gauthier-Villars ; il y a peut-être là un point de contact entre les deux familles. Le Capitaine s'était persuadé qu'il avait fait les campagnes de Crimée et d'Italie avec J.-A. Gauthier-Villars, qui fit en effet ces campagnes, mais sans qu'ils se rencontrassent. Et Colette partageait elle-même cette persuasion, puisque, le 6 octobre 1943, elle apprenait à Marguerite Moreno que, dans son enfance, lorsqu'on avait vidé l'étang de Chassaing pour le curer et qu'on y avait trouvé un brochet de 1,30 m, le Capitaine l'avait acheté pour l'envoyer « à son camarade de Crimée Gauthier-Villars ». C'est la librairie du quai des Grands-Augustins qui favorisa leur rencontre**. En 1884, le Capitaine avait été nommé membre de la Société de géographie il signait ainsi sa lettre de remerciement :

* Mme de Cadalvène est née Piétresson de Saint-Aubin. Elle est donc la belle-sœur de l'amie de Sido, Mme Adrienne Piétresson de Saint-Aubin.

** C'est ce qui ressort des notes manuscrites de Pierre Varenne, écrites en vue d'une biographie de Willy (coll. Michel Remy-Bieth). Le Capitaine s'est rendu, flanqué de sa fille Gabrielle, à la maison Gauthier-Villars pour acheter des livres scientifiques. Il est reçu par Willy, à qui il apprend que sa jambe de bois datait de Melegnano. Willy lui demande s'il n'a pas connu là-bas son père. Le Capitaine répond affirmativement. Willy va chercher son père qui ne reconnaît pas le visiteur, mais ils ont participé aux mêmes combats et cela suffit pour les rapprocher. Le Capitaine revient souvent (?) à la librairie et, encore selon P. Varenne, Colette est séduite par l'esprit de Willy.

J. COLETTE
ancien capitaine d'Infanterie
Chevalier de la Légion d'honneur
Ancien Percepteur des finances
Conseiller municipal
Membre de la Société Internationale
des Électriciens
Ancien Collaborateur aux Nouvelles
Annales de Mathématiques etc. etc.[5].

Quelques décennies plus tard, on lirait dans « etc. etc. » abonné au gaz. Trois fois « ancien », c'est beaucoup pour un homme qui cherchait à affirmer sa vitalité dans la politique. Le 30 novembre 1888, Mme Piétresson de Saint-Aubin, qui vient d'avoir la visite de Mme Colette, signale à son fils Pierre que le Capitaine a reçu à la Sorbonne une médaille « pour ses travaux topographiques ».

Il est en termes familiers avec Paul Bert (1833-1886), savant physiologiste et député de l'Yonne, apôtre de l'enseignement laïque et donc farouche adversaire de l'enseignement catholique ; familiers au point qu'ayant appris qu'un certain général pourrait être nommé ministre de la Guerre, il lui exprime son indignation : cet officier « jouit dans l'armée d'une admirable réputation de la plus vulgaire médiocrité ».

> Ce Monsieur a épousé, il y a quelques années, une vieille gourgandine qui, sortie d'un Bordel d'Alger, a fait la vie pendant plus de 10 ans dans la province où elle a immortalisé son nom – ou plutôt son surnom.
>
> Il n'est pas absolument indispensable, pour donner à notre armée la *cohésion*, l'esprit de *Corps* qui lui manque un peu, [qu']il y ait, aux soirées du ministre de la guerre, 4 ou 500 officiers qui aient couché, pour 10 francs, avec la femme du ministre[6].

Quand, le 11 novembre 1888, fut inauguré, au cimetière d'Auxerre le monument élevé à Paul Bert, J. Colette composa une ode en l'honneur du défunt ; elle ne semble pas avoir été lue, peut-être en raison de sa longueur, vingt-deux quatrains, où triomphe l'adjectif[7].

Plus tard, Jules Colette confiera au colonel Godchot qu'il avait prononcé quelques paroles d'adieu sur son vieux chef de

Crimée, le maréchal de Mac-Mahon, et qu'il avait résolu d'écrire une biographie de ce brave soldat*. Un de ces nombreux projets qui se réduisaient à ces titres dont Colette s'est affectueusement moquée dans le chapitre « Le Capitaine » de *Sido* et parmi lesquels on trouve « Le Maréchal de Mac-Mahon vu par un de ses compagnons d'armes ». Autre titre de cette liste : « Chansons de zouave ». Le Capitaine n'avait pas besoin de les écrire. Il en faisait retentir la maison de Saint-Sauveur. Chansons, mais aussi mélodies et romances. Ainsi, *Page, écuyer, capitaine*, poésie de Ch. Scapre, mélodie d'Edmond Membrée, dont Colette cite un passage dans « Papa et Mme Bruneau [8] », et *L'Îl' d'Amour* :

C'est un amour d'île
Chouett' séjour
Du gai troubadour.
Flâneurs de la ville
V'nez à l'Îl' d'Amour
  Rafla, rafla
C'est un chouett' séjour
  Rafla, rafla
V'nez à l'Îl' d'Amour
  Rafla [9] !

Chansons, musique. « Tous étaient musiciens dans ma famille », dira-t-elle à André Parinaud [10]. Et lecteurs. La bibliothèque est riche et la petite Colette est une liseuse vorace comme Sido. Il n'y a pas lieu de mettre en doute les titres qu'elle a énumérés dans ses livres ou indiqués à son interviewer : le théâtre de Labiche, Alphonse Daudet *(Jack)*, Mérimée *(Chronique du règne de Charles IX)* ; et déjà Balzac qui l'accompagnera toute sa vie et dont elle usera plusieurs exemplaires [11]. Peu de goût pour le Hugo des *Misérables*, peu de goût pour Dumas père, dont elle retiendra non *Les Trois Mousquetaires*, mais un peu *Le Collier de la reine*. Une seule répulsion : *La Joie de vivre* de Zola [12]. Curieusement, elle s'attache à Taine, notant dans ses tardives *Éphémérides* : « Taine meurt en 1894.

---

* Mac-Mahon est mort le 17 octobre 1893 au château de la Forest (Loiret), non loin de Châtillon-Coligny. *L'Illustration* du 28 octobre 1893 (p. 368) montre le Capitaine prononçant son discours. – Sur le projet voir l'interview du colonel Godchot par A.-A. Sprecher, *Candide*, 21 août 1930 : « Il était pourtant assez difficile de l'amener à écrire ses souvenirs »...

Que mon enfance a donc chéri cet écrivain, pourtant si peu dédié à l'enfance. » Quand elle sera présentée à Mme Arman de Caillavet, elle étonnera celle-ci : « La caustique amie d'Anatole France me savait gré d'avoir, singulièrement, lu dès mon enfance Edmond About, Michelet, Arsène Houssaye, maint autre... À la vérité, un roman comme *Madelon* mérite qu'on se souvienne de lui, de ses 400 pages, de son héroïne minutieusement dissolue [13]. » (Nous avons sur son conseil lu *Madelon*, près de 600 pages ! et ne partageons qu'à demi le sentiment de Colette ; c'est du sous-Balzac.) En février 1930, elle remercie Jean-Guy Deschamps de lui avoir procuré *M. Tringle* de Champfleury, récit fantastique et humoristique des mésaventures d'un célibataire : « Je ne peux pas dire combien de premiers chocs optiques – et sentimentaux – sont nés de mon contact avec "Monsieur Tringle". Je ne me souviens pas d'un temps où je ne l'ai pas connu. » Elle renâcle devant Saint-Simon dont Sido est friande. Elle condamne les livres pour enfants, qui infantilisent grands et petits. Si elle a eu entre les mains les *Contes* de Perrault, ce fut par admiration pour les illustrations de Gustave Doré. Et si elle recherche un exemplaire des *Contes* d'Andersen, « les seuls contes qu'ait aimés mon enfance », c'est aussi en raison des illustrations de Daniel Vierge.

De ses moments de liberté on ne saura jamais que ce qu'elle a bien voulu nous dire, dans *Claudine à l'école*, *La Maison de Claudine*, *Sido*, et dans de nombreux textes qu'elle n'a pas tous recueillis en volume.

Dès qu'elle put franchir la clôture ou escalader la grille qui donnait sur la rue des Vignes, la jeune Gabrielle s'échappa du domaine sur lequel régnait Sido : la maison et le jardin. « Jardin d'En-haut, jardin d'En-bas [...] nous laissaient sortir clandestinement, le mur enjambé, et clandestinement rentrer. » Elle suivait alors ses frères pour cueillir « la mûre, la merise ou la fleur » et battre « les taillis et les prés gorgés d'eau ». Elle acquit un savoir qu'elle se plaisait à comparer à celui de son père, qui n'aimait « le renard, le muguet, la baie mûre, l'insecte » que dans les livres : il « disait leurs noms scientifiques, et dehors les croisait sans les reconnaître... » La forêt, « la libre forêt », et les champs constituaient ce que l'écrivain qualifiera « mon domaine incontrôlable », entendons : le domaine où elle savait qu'elle n'était plus contrôlée, surveillée. Lieux de liberté, les champs, les bois, la forêt deviennent aussi un espace infini où l'enfant puise mille joies : goûter les sources, celle qui a « le goût de feuille de chêne » et celle qui sent « [le] fer et [la] tige de jacinthe », observer la couleuvre qui nage à la surface de l'étang, ramasser « la châtaigne, la noix et les noisettes, l'alise, la corme, la cornouille, la faîne [14]... », surprendre la caille apeurée ou la reinette.

Mais est-il vrai que Gabrielle, comme elle l'affirma plusieurs fois, obtînt que sa mère l'éveillât avant l'aube pour lui permettre de vagabonder ? Une fois peut-être, et comme une récompense. Si l'on en reste à l'autobiographie, ces courses ne s'accordent pas avec la peur d'une mère qui sursautait la nuit quand le cauchemar lui montrait l'enlèvement de la petite, par un chemineau, un romanichel, peut-être un don juan précoce [15].

Cette légende dorée – qui, comme telle, contient des éléments certains – ne tient pas compte de Noël, fête religieuse à laquelle est substitué le Jour de l'an, mais mentionne Pâques, à cause des œufs, symboles païens du renouveau printanier. Ce qui n'empêchait pas Sido d'aller à la messe. Son missel, que nous avons vu [16], correspond bien à la description qu'en donna Colette : de missel il n'avait que la couverture de cuir noir frappée d'une croix sur les deux plats, le contenu étant celui d'un volume du théâtre de Corneille [17]. Sido était déjà assez originale, extravagante même, pour qu'elle puisse, dans ce bourg où la bourgeoisie pratiquait, alors que la campagne était indifférente ou incroyante et superstitieuse, se dispenser des signes extérieurs. Ainsi, elle fit – ou plutôt ils firent – baptiser Gabrielle, sans hâte (on n'a pas trace d'un ondoiement), le 11 avril 1874, l'enfant, née le 28 janvier de l'année précédente, par le curé Blondel, prédécesseur du curé Millot. Parrain : le colonel Désandré, plus tard général, un ancien du 1er zouaves, de Sébastopol et de Melegnano, qui était entré à Saint-Cyr en même temps que Jules Colette ; marraine, l'épouse de celui-ci ; absents tous deux, ils étaient représentés par Achille et Juliette Robineau, les aînés de Gabrielle. Puis, Sido n'osa détourner sa fille du chemin qui s'ouvrait : Gabrielle alla au catéchisme, fit sa première communion et eut sa « période de religiosité [18] ». Elle n'avait pas la foi et, comme George Sand, ne croyait pas à l'Enfer. Dans une prosopopée, elle écrira du curé Millot : « Et je vous écoutais parler de votre enfer, en songeant à l'orgueil de l'homme qui, pour ses crimes d'un moment, inventa la géhenne éternelle [19]... »

Sido, selon sa fille, qu'ici, semble-t-il, on peut croire, traitait ses enfants en adultes : « Elle leur laissait courir la chance de la rejoindre, de la reconnaître derrière une allusion, une raillerie, des jeux de mots ; ainsi elle nous faisait agiles d'esprit, un peu méprisants[20], [...]. » Méprisants : un mot hautement significatif. Si ce mépris, ou ses analogues, n'était pas inscrit dans le tempérament de Colette, elle le tiendrait de sa mère, avec, pour corollaire, une vigoureuse volonté de domination qui efface autrui à son profit. Qu'on se rappelle les portraits-caricatures du père dans *La Maison de Claudine* (« Propagande », « Le Manteau de spahi »), la phrase de *La Naissance du jour* : « Je m'accuse d'avoir voulu, dès le jeune âge, briller – non contente de les chérir – aux yeux de mes frères et complices. C'est une ambition qui ne me quitte pas... », et à la même page : « La volonté de séduire, c'est-à-dire de dominer, [...] », à la fin de sa vie, dans *Le Fanal bleu*, au sujet du feu : « Je veux avec lui avoir le dernier mot, vieux besoin de dompteur, acquis dans le commerce des bêtes[21]. »

Inversement, il y a des traits de Sido qu'on ne retrouve pas dans Colette : « ma mère secrètement fantasque et qui n'aimait nulle règle[22] ». Sa fille n'a rien de fantasque ; elle s'est créé ses propres règles à l'intérieur de l'amoralisme. Sido était dépensière : « J'aime le luxe », lui fait écrire sa fille[23], qui la montre revenant de Paris « lourde de chocolat en barre, de denrées exotiques et d'étoffes en coupons, mais surtout de programmes de spectacles et d'essence à la violette, [...]. Elle rapportait un manteau modeste, des bas d'usage, des gants très chers. [...] Elle n'a jamais su qu'à chaque retour l'odeur de sa pelisse en ventre-de-gris, [...] m'ôtait la parole et jusqu'à l'effusion. » Ce n'est pas que Colette n'eût pas le goût du luxe, mais sa jeunesse, puis ses deux premiers mariages, enfin la « Crise » lui imposèrent des contraintes que Sido ne connut que trop tard, quand elle fut à peu près ruinée.

C'était un événement que l'apparition d'un cirque ou d'une troupe de théâtre : ainsi Gabrielle assista à 9 ans à une représentation du *Bossu*, pièce tirée du roman de Paul Féval, peut-être à celle de *La Tour de Nesle* et à un opéra-comique. On se serait cru reporté à l'époque de Scarron : « Les acteurs étaient, comme on disait dans mon pays, des "voituriers", une troupe venue dans des roulottes, avec ses costumes, son matériel, une dame-caissière énorme, des enfants auxquels je portais envie, un singe, un orchestre de quatre musiciens-acteurs... La dame-caissière faisait aussi la cuisine pour toute la troupe[24]. » Dans la même salle du théâtre, quand elle avait 15 ans, elle chanta des vers de Victor Hugo, accompagnée au violon par le père du professeur

Lian[25]. Les vacances se passaient à Saint-Sauveur, où les passent maintenant les Parisiens qui sont assez riches pour ne pas se mêler aux troupeaux migrateurs qui vont aux Seychelles ou aux Caraïbes. Les voyages étaient rares. Cependant, puisque Sido a de la famille en Belgique, elle y emmène Gabrielle en 1879, ce qui autorise une escale à Paris. Le Capitaine a des amis dans la capitale : Gabrielle y séjourne en 1884 et voit le grand acteur comique Hyacinthe au Palais-Royal dans *Le Train de plaisir* de Hennequin, Mortier et Saint-Albin[26]. Elle y reviendra en 1888 pour visiter le Salon de la Nationale, grande manifestation artistique ; en montant l'escalier, elle mit le pied sur le bout de ses nattes et tomba. Et en 1889, l'année de l'Exposition universelle, de l'achèvement de la tour Eiffel et de la naissance de... Maurice Goudeket. Elle aurait alors rencontré Willy.

À Saint-Sauveur elle aura passé dix-huit ans et demi d'une vie simple et sédentaire qui lui a donné la force dont elle aura besoin pour affronter les épreuves de la vie.

Il ne faut pas voir la jeune Colette en Claudine. Elle n'a pas été ce poison qui empêche les institutrices de dormir. Certes, elle a montré son indépendance par quelques foucades, sans insolence, mais sa relation avec Mlle Terrain n'a rien de comparable au rôle que Claudine s'est adjugé dans le premier des *Claudine*. Et malgré ce roman, qui mit la directrice dans une situation délicate, celle-ci déclarera plus tard à Jean Larnac que Gabrielle était « une aimable jeune fille, *très* intelligente, parfaitement douée en français, nulle ou à peu près en sciences, très musicienne, et espiègle et spirituelle[27]... » Le mot « espièglerie » est sans doute celui qui caractérise le mieux le comportement de Colette à l'école. Mlle Terrain écrivait aussi à J. Larnac : « À part son espièglerie, rien à reprendre dans la tenue de Colette qui se plaisait avec nous, nous aimions ses reparties de gavroche, [...]. » Colette n'a pas été l'enfant prodige et supérieure qu'on imagine d'après le roman. Yvonne Jollet – la meilleure amie de Colette, d'une amitié qui durera jusqu'à leur mort – disait au grand poète Marie Noël qu'elle ne paraissait pas « avoir aperçu dans son amie Gabrielle une fille extraordinaire, simplement une compagne "tellement agréable" [...]. Nous étions deux gamines comme les autres[28] ».

Les relations étaient bonnes aussi entre la famille Colette et la directrice de l'école, comme le montre cette poésie composée par le Capitaine et lue ou récitée par sa fille[29] :

Août 1888
à Mademoiselle
Olympe TERRAIN
ses élèves

Pour ce nouvel anniversaire,
Nous voudrions – rare bonheur –
Trouver un mot sorti du cœur,
Simple mais vrai, doux et sincère.

Hélas ! comment nous exprimer,
Cœurs trop pleins, mais esprits arides ?
Pardonnez aux enfants timides,
Ils ne savent que vous aimer.

Patience que rien ne lasse ;
Bonté que rien ne peut voiler ;
Talent qui sait tout révéler,
C'est notre maîtresse de classe.

Elle sait être avec douceur,
Pour la jeune une tendre mère
Et professeur jamais austère,
Pour la grande, une grande sœur.

Pour ce nouvel anniversaire
Puissions-nous – rare bonheur –
Avoir trouvé le mot du cœur,
Simple mais vrai, doux et sincère.

La première lettre connue de Colette serait une commande adressée à un artisan ou marchand d'Auxerre : une glace ovale encadrée de bois noir, « le plus sculpté possible [30] », un cadeau pour l'institutrice.

Deux examens lui permirent d'obtenir la sanction de bonnes et solides études. En 1885, le certificat d'études primaires ; en 1889, le brevet élémentaire. Mais auparavant elle avait, le 27 février 1885, participé à un concours organisé dans le canton pour améliorer la lecture à haute voix et elle avait obtenu le deuxième prix : une lettre de Voltaire à Cideville (celle du 9 janvier 1763 ou plutôt celle du 26) et une poésie de Béranger, *Le Feu du prisonnier*. De celle-ci, dans *Le Fanal bleu*, Colette reproduit le premier quatrain, gravé en sa mémoire, sans qu'elle se souvînt de l'auteur : « Au fait, ils sont peut-être de moi, ces médiocres vers. » Et la lettre établissant le lien, elle croit avoir lu la prose de Mme de Sévigné[31]. Voltaire et Béranger : nous sommes bien à la « laïque », mais si le second est médiocre et indigne de faire accéder à la vraie poésie, le premier est un maître de langue. Quelques mois plus tard, le 25 juin, elle se présente à l'écrit du certificat dans l'école des garçons de Saint-Sauveur : 9 en dictée, 10 pour les problèmes et seulement 3 en rédaction, ce qui ne l'empêcha pas de dépasser la moyenne. Ce 3 n'était pas une exception ; il résultait du sujet : « Vous avez eu l'occasion de voir une carte allemande, où la province de Bourgogne, dont l'Yonne fait partie, était représentée comme ayant appartenu et devant faire retour à l'empire d'Allemagne. Dites quels souvenirs cette vue évoque en vous, quels sentiments, quelles réflexions, quelles résolutions elle vous a inspirés. » Sujet incongru, mais qu'il faut situer dans le contexte des relations franco-allemandes de l'époque, ainsi que l'explique É. Charleux-Leroux. L'oral eut lieu le 31 juillet à Saint-Sauveur. Colette eut 9 en lecture expliquée, 8 pour l'analyse d'une phrase, 7 1/2 en histoire et géographie.

Les aînés avaient été mis en pension à Auxerre pour la suite de leurs études et en souffrirent[32]. La petite resta à Saint-Sauveur et dut peut-être aussi cette faveur aux difficultés financières de sa famille. Au reste, elle allait pouvoir préparer le brevet sur place, sous la direction de Mlle Terrain qui apparut en octobre 1887 en même temps qu'était créé le cours complémentaire. Il est probable que de 1885 à 1887 l'adolescente put muser, dans les champs et dans la bibliothèque. Elle passera le brevet aux tout premiers jours de juillet 1889 à Auxerre et obtiendra en rédaction la meilleure note de la session : 17 sur 20 ; elle eut 16 en orthographe, 11 en écriture, 9 en arithmétique, ce qui à l'écrit lui donnait 53 points pour une moyenne de 40. À la deuxième série d'épreuves, dessin et couture, elle eut 12 et 17. À l'oral, 10 en lecture expliquée, 10 en histoire naturelle, instruction civique et géographie, 15 en arithmétique, 6 en sciences et 10 sur 10 en solfège. Total général de 133 points pour une moyenne de 105[33]. Huit élèves sont reçues sur vingt-six présentées. Du même coup, elle obtenait le certificat d'études primaires supérieures, qui se confondait avec le brevet, mêmes épreuves, mêmes correcteurs, la seule différence étant l'addition d'une épreuve d'anglais.

Colette restait attachée à son école et, le 28 septembre 1890, elle faisait partie de la théorie des jeunes filles qui, à mi-chemin du bourg en liesse et de la gare, accueillirent les officiels venus inaugurer le nouveau groupe scolaire de Saint-Sauveur, dont une pierre d'angle porte : « Cette pierre a été frappée par M. Merlou, conseiller général, maire de Saint-Sauveur, le 14 juillet 1887. » Ces officiels étaient le ministre de l'Agriculture, le préfet, le général, les sénateurs et députés, etc., environ deux cents invités (qui assisteront ensuite au banquet). Aux trois premiers les jeunes filles offrirent des bouquets :

> l'une d'elles – rapporte un journaliste de *L'Indépendant auxerrois* – a fait un compliment qui ne pouvait manquer d'être gracieux et bien accueilli. Parmi ces jeunes filles, nous en avons remarqué une dont les cheveux blonds flottant en liberté la couvraient jusqu'aux talons d'un véritable manteau. Le ministre a embrassé l'aimable orateur, puis le cortège a continué sa marche pendant que notre excellente fanfare jouait un pas redoublé.

L'Yonne rapporte que, quand le ministre embrasse la jeune personne, le général « remarque plaisamment : j'en aurais bien fait autant ». La jeune orateur, c'est Gabrielle Colette. Si on la voit encore à l'école en 1890, c'est qu'elle pensait peut-être à préparer son brevet supérieur sous la direction de Mlle Terrain, un projet qui ne pourra avoir de suite [34].

Ce furent donc une enfance et une adolescence heureuses, jusqu'au premier exil, marqué par le départ, durant l'automne de 1891, de la famille pour Châtillon-sur-Loing. Mais Colette était assez avertie pour se rendre compte des difficultés qu'avaient traversées ses parents.

Exagère-t-elle lorsque, bien plus tard, elle rappelle qu'elle a dû porter à 14 ans, « quand ma famille connut la ruine », « un petit blouson taillé dans les parties non mitées d'un ancien frac de mon père, en drap d'Elbeuf [35] » ? 14 ans : 1887. En fait, les difficultés avaient commencé bien avant. On aura une idée de l'interprétation que Sido et, sous l'influence de celle-ci, Colette en ont donnée par l'affaire du Mourillon [36].

Jean Joseph Colette et son épouse Adélaïde, née Funel, les parents du Capitaine, avaient acheté le 5 juin 1858, pour 678 F, une parcelle située à Toulon, faubourg du Mourillon, 71 *bis*, boulevard Saint-Louis, maintenant boulevard Eugène-Pelletan, tout près du bord de la mer. Ils y firent construire une maison « composée d'un étage sur rez-de-chaussée avec mansardes par-dessus », avec une cour-jardin, un puits et des bassins. Jean Joseph Colette étant mort en octobre 1870, sa veuve continua à habiter cette maison ; elle avait eu une fille Magdeleine, épouse Platel, décédée en 1863, et trois petites-filles, dont une seule compte, Joséphine, épouse Allègre. C'est elle qui demanda en 1873 la liquidation de la communauté et provoqua ainsi la vente du mobilier et de la maison. La conséquence était l'obligation faite à la mère du Capitaine de quitter la maison où elle avait vécu avec son mari. Elle avait droit à la moitié de l'actif de la communauté, le reste étant à partager entre le Capitaine, pour la moitié de la moitié, et les deux petites-filles (une était morte). Aux enchères publiques, les 8 et 20 août 1873, le Capitaine se porta acquéreur du mobilier pour 1 200 F et de la maison pour 5 000 F. De la liquidation de la communauté, le Capitaine recevait 1 368,80 F. On ne peut dire qu'il avait alors fait une bonne affaire et l'on comprend qu'il n'avait aucune raison de conserver des relations cordiales avec les Allègre. Il n'avait pas voulu que sa mère fût mise à la rue ou fût simplement privée de la maison dans laquelle elle avait vécu. Elle morte, le 25 mai 1877, pourquoi l'aurait-il gardée ? Le 17 août 1880, il donna procuration pour la vente de la maison à Charles Chaix, de Toulon, « aspirant au notariat ». Celui-ci la vendit, le 29 janvier 1881, à François Lagnet, mécanicien de la Marine, pour 5 500 F. Le Capitaine rentrait dans ses frais, après avoir accompli une bonne et filiale action.

Il est donc difficile d'acquiescer au jugement porté par Sido sur feu son mari, en avril 1910. Avec une tournée Baret, Colette est à Toulon.

> Te voilà à Toulon... le berceau de la famille de ton père. Ah ! ce papa ! il a trouvé moyen de dissiper une jolie campagne que ta grand-mère était si heureuse de posséder et une maison boulevard du Mourillon... Hélas [37] !

Y avait-il aussi une « campagne » ? Dans cette région, « campagne » signifie une maison modeste hors les murs. Or c'est ce que semble être la maison du boulevard. Les actes notariés ne disent mot d'une « campagne ». Ce n'était sans doute que la vigne qui entourait la maison. Si elle n'existait pas, cela ajouterait à ce cruel besoin que Sido avait de charger son cher mari d'autres « dissipations » dont, comme on le verra, elle était elle-même coresponsable. Les sentiments qu'elle portait à sa belle-mère ne coïncident pas avec ceux qu'elle se prête dans le passage de la lettre que nous avons cité : « Pour l'avoir approchée trois fois, Sido gardait de sa belle-mère une terreur qu'elle avouait[38]. »

Les biens laissés par Jules Robineau-Duclos sont restés indivis depuis la mort de celui-ci. Il est temps, en 1884, de procéder au partage et d'établir les comptes de tutelle, puisque Achille devient majeur le 27 janvier et que Juliette, qui va se marier cette année-là, l'est depuis trois ans.

Leur éducation a été relativement coûteuse : Achille a été pensionnaire au collège municipal d'Auxerre et Juliette, dans la même ville, à la pension Ravaire ; Léo les suivra. De plus, Achille commence ses études à la faculté de médecine de Paris où il sera fait docteur le 12 février 1890 ; après quoi il s'établira à Châtillon-sur-Loing. Il a fallu l'entretenir, du moins au début de ses années parisiennes.

Les Colette emploient quatre domestiques, dont un garde pour les bois. Ensuite trois ; au recensement de 1891 ils ne seront plus que deux.

Tout en approuvant le compte de tutelle, le conseil de famille remarque que « M. et Mme Colette ont pendant leur gestion dans le but d'augmenter la valeur du fonds fait des dépenses qui ont dépassé les revenus réels des propriétés sans y avoir été préalablement autorisés par [lui]. » Aux achats que nous avons déjà mentionnés il faut ajouter les importantes réparations faites à la maison de la Forge qui la transforment en une véritable maison de maître dont le fronton s'orne de cette inscription : « La Forge 1872* ». Il a fallu entretenir la maison de la rue de l'Hospice qui ne l'avait pas été depuis longtemps. N'oublions pas enfin que les fermages et les coupes de bois étaient irréguliers, et que l'époque a connu des crises économiques qui ont touché particulièrement les propriétaires terriens.

Les recettes ont commencé à diminuer lorsque, en 1880, le Capitaine a pris sa retraite de percepteur, à 51 ans..., pour se présenter aux élections du conseil général ; il était loin d'avoir les années de service requises pour avoir droit à une retraite confor-

---

* La pierre où se trouve l'inscription est dans une frise composée de briques rouges et bleues. À deux pas de la maison, l'étang de Moutiers.

table. De 4 500 ou 5 000 F* il tombait à 1 447 F, à quoi s'ajoutaient sa pension militaire de 1 600 F et celle de la Légion d'honneur, 500 F. En tout, 3 547 F par an. Ses revenus ont donc baissé de moitié. Il avait lâché la proie pour l'ombre, ce qui est bien de lui.

Avant le partage, les revenus des fermes et des bois devaient rapporter (devaient, car il faut rappeler les retards et les manques à payer) 14 300 F, d'où l'on déduit 1 600 F de contributions et 1 000 F pour l'entretien des fermes ; résultat : 11 700 F. Les terres sont plutôt ingrates, à l'exception de celle de Massue. Après la retraite du Capitaine en 1880, les revenus : 3 547 F + 11 700 F, tombent à 15 247 F. Il y avait de quoi vivre avec cette somme à un moment où un traitement de professeur à la Sorbonne ne dépassait pas 12 000 F. C'était ne pas compter avec l'endettement qui rendait la situation angoissante. Néanmoins, en application de la loi de finances du 26 janvier 1892, la pension militaire sera portée à 3 300 F.

Le 28 avril 1883, les Colette et leur fille Juliette avaient emprunté à Toutée, banquier à Saint-Fargeau, 20 000 F pour trois ans à 5 %, emprunt assorti d'une hypothèque sur tous les biens Robineau. Moins d'un an après, en mars 1884, les Colette empruntent la forte somme de 120 000 F au Crédit foncier[39]. On comprend la cause de cet emprunt : il fallait une dot à Juliette. Donc 40 000 F pour elle, 40 000 F pour Achille qui doit continuer ses études et s'établir, 40 000 F pour leurs parents, pressés par les créanciers, en attendant qu'ils puissent vendre les biens qui permettront de rembourser le Crédit foncier.

Devant ces sommes, doit-on penser à des spéculations boursières douteuses auxquelles le Capitaine se serait adonné dans les petites banques locales, qui existaient ? Explication charitable, qui n'est pas opposée au caractère optimiste et vaniteux du Capitaine. Mais il n'y a pas la moindre trace de la prise de tels

* Il est difficile de préciser le chiffre net du traitement en raison des éléments qui le composent, national et municipaux. *L'Annuaire des percepteurs et receveurs municipaux pour 1879* publié par le *Journal des percepteurs* (Paris, 1879) indique que la troisième classe comprend les emplois d'un produit de 3 601 à 5 000 F ; la deuxième, les emplois d'un produit de 5 001 à 8 000 F. Une seule certitude : la *pension* de percepteur du Capitaine, 1 447 F. – Le 10 novembre 1981, la Direction du personnel et des services généraux du ministère de l'Économie et du Budget, interrogée par M. Jean Ziegler, lui répondait que les recherches faites pour retrouver le dossier du Capitaine percepteur étaient « demeurées infructueuses ». Avaient-elles été réellement faites ?

risques. Une explication plus simple résulte des dettes contractées par Robineau, puis par les Colette, et qui par les intérêts font boule de neige. Le 23 janvier 1909, Sido se plaindra à son « Minet chéri » ; selon son gendre, le docteur Roché, elle devrait avoir gardé de la succession Robineau de quoi subsister : « Il sait bien que non. J'ai payé, à cause de sa conduite envers papa et moi, plus de deux fois les sommes dues, puisque papa empruntait à des taux usuraires et, sans Achille qui, pendant quinze ans, a donné tout ce qu'il gagnait, nous n'aurions pu nous libérer[40]. » De toute manière, les Colette vivaient au-dessus de leurs moyens. Lorsque, bien plus tard, Claude Chauvière se rendit à Saint-Sauveur pour s'informer *in situ*, elle put interroger Ernest Chocat qui, lui montrant la maison, lui dit : « Voyez la remise. Ils avaient un attelage. Ils dépensaient trop[41]. »

Le 8 mars 1884, le conseil de famille établit les comptes de tutelle et prépare sous seing privé le partage des biens. Le 15 avril, Juliette épouse le docteur Charles Roché, médecin à Saint-Sauveur. C'est lui qui va exiger la part d'héritage de Juliette. Le 26 juillet, Mme de Cadalvène informe, déjà, son neveu, Pierre Piétresson de Saint-Aubin, du possible départ des Colette. Le partage devient effectif, définitif le 4 septembre. Les Colette et les Roché vont s'éloigner les uns des autres. Juliette – « ma sœur aux longs cheveux[42] » – était une personne peu avenante et sujette à des pulsions de mort. Gabrielle et elle avaient plus de treize ans de différence et elles n'étaient pas du même père. Juliette pensait-elle qu'elle n'était que le seul enfant de Robineau-Duclos (ce qui est possible, mais, nous l'avons dit, il n'est pas prouvé qu'Achille n'était pas son frère), se sentait-elle exclue du clan familial des Colette ? Elle eut une fille, Yvonne. Ce qui ne l'empêcha pas de se donner la mort en s'empoisonnant, le 9 septembre 1908, à Charny[43]. Le frère du docteur Charles Roché avait été médecin à Charny. Charles Roché vendit son cabinet de Saint-Sauveur et reprit la clientèle de son frère, sans, dit-on, indemniser sa belle-sœur. Après la brouille, Sido et Juliette s'étaient réconciliées.

En 1884, trois parts ont été faites d'environ 100 000 F chacune. À Sido revenaient le domaine et les bois de la Forge ainsi qu'une partie des bois des Lamberts ; à Juliette le domaine et les bois de la Guillemette ainsi qu'une partie des bois des Lamberts ; à Achille le domaine et les bois des Choslins, le domaine et une partie des bois des Lamberts ainsi que la maison de Saint-Sauveur. Quant au domaine et aux bois de Massue (commune de Champignelles), ils avaient été affectés à la garantie de l'emprunt de 120 000 F contracté au Crédit foncier et seront vendus de 1885 à 1889 (la somme est inconnue) ; les Choslins seront vendus par Achille le 21 décembre 1889 pour rembourser l'autre partie de l'emprunt : ces biens qui avaient été achetés par Jules Robineau 26 000 F sont vendus 34 500 F. La Forge et une partie des bois des Lamberts, biens de Sido, sont vendus le 15 mai 1888 pour 56 000 F.

On le constate : le partage de 1884 a réduit les Colette à la portion congrue et après la vente de la Forge en 1888 ils n'ont plus que de maigres ressources à ajouter aux pensions du Capitaine. Mauvaise gestion du patrimoine qui, rappelons-le, était déjà échancré à la mort de Robineau. Cette mauvaise gestion a été imputée par Sido, puis par sa fille au Capitaine.

Que le Capitaine, rêveur, insouciant, généreux jusqu'à la prodigalité, aveuglé par une « confiance enfantine[44] », n'ait pas été l'homme de la situation, on en convient aisément. Mais Sido, qui avait le goût du luxe, nous l'avons dit*, Sido, cette femme de tête, avait été propriétaire de ces biens ; si le « cher papa » était un incapable, pourquoi n'a-t-elle pas pris conseil auprès d'un notaire ou de toute autre personne ? L'historique de cette décadence ne peut mener qu'à cette conclusion : la responsabilité de l'échec est au moins partagée entre Sido et le Capitaine. Ce qui rend difficilement explicables les reproches dont Sido accable son cher mari et que Colette prolongera. Sont appliqués au Capitaine les mots « inertie », « incurie » ; lui sont reprochés son imprudence, ses emprunts à des taux usuraires. Le 3 mars 1910, Sido écrit à sa fille sur du papier à en-tête de Jules Colette :

> Tu vois ce papier ? Tu le reconnais ? Tu peux voir que ce papier a été d'un format bien plus grand. J'espère que tu ne pousseras pas la ressemblance jusqu'à rapetisser tout ! tout ! ce qui lui passait par les mains. Tu te souviens que je lui disais souvent : tout ce que tu touches diminue comme la – Peau de chagrin – de Balzac. Comme c'était vrai[45]**.

* Voir p. 36.

** Autre écho du jugement de Sido dans une lettre à Mme Desfrançois-Donnot, 27 février 1953 : « au mariage de ma demi-sœur [Juliette] ma mère avait encore tous ses fermiers ! [...] De beaux domaines, que mon père ruinait... » (coll. part.).

On a ici en quelque sorte le germe du texte accablant que constitue « Le Manteau de spahi » dans *La Maison de Claudine*. Mais on peut aimer un prodigue, et les pages que Nicole Ferrier a consacrées au père sont vraiment neuves et justes : « " C'est à moi qu'il accorda le plus d'importance [46] [...] " : l'écrivain ne pouvait pas donner plus nettement la clé de cet amour intense. Car n'est-ce pas le Capitaine, et lui seul, qui sut entendre et satisfaire le cri narcissique qui renvoie le plus justement au cœur même de la personnalité de l'enfant ? »

Et la « douzaine de tomes cartonnés », remplis de papier vierge, n'étaient-ils pas préparés pour accueillir les chefs-d'œuvre de la prose française : « Vous représentez ce qu'il aurait tant voulu être sur la terre, dit la voyante à Colette. Vous êtes justement ce qu'il a souhaité d'être. Lui, il n'a pas pu [47]. »

Dépossédés de leur (apparente) fortune, quelle figure les Colette pouvaient-ils faire dans la petite société bourgeoise de Saint-Sauveur ? Le 4 mai 1885, Mme de Cadalvène note pour son neveu : « Les pauvres Colette sont fort tristes. Ils doivent partout et ne paient nulle part. » Sido ne se sentait bien que lors des parties de campagne : « Loin du coup de sonnette importun, loin de l'anxieux fournisseur impayé, loin des voix cauteleuses [48] [...]. » Une seule décision à prendre : partir. Ce qu'ils feront en 1891, vraisemblablement à la Toussaint [49]. N'oublions pas qu'ils ne sont ni l'un ni l'autre du cru et que les pertes qu'ils ont subies ne donnent pas d'eux une image favorable.

Après la légende du Capitaine seul dissipateur, il faut détruire celle de la vente de la maison de Saint-Sauveur. Colette n'a rien écrit à ce sujet, ni Maurice Goudeket dans *Près de Colette*. La première indication fausse figure dans le très bon livre de Mme Raaphorst-Rousseau [50] : « l'infortunée famille » est « obligée de quitter la maison vendue par autorité de justice ». Les autres biographes lui ont emprunté le pas.

La maison de la rue de l'Hospice est d'abord restée la propriété d'Achille qui l'avait reçue lors du partage de 1884. À la mort d'Achille (1913), les propriétaires en devinrent sa veuve et ses deux filles, Geneviève et Colette. Celles-ci la vendirent en 1925 à M. Francis Ducharne, négociant en soieries, et à son épouse, tous deux grands admirateurs de Colette. L'année suivante, ils firent donation de l'usufruit à Colette. Enfin, le 21 décembre 1950, Mme Colette et M. et Mme Ducharne vendront la maison au docteur et à Mme Pierre Muesser, Alsaciens d'origine, qui s'étaient réfugiés dans le centre de la France en 1940 et qui étaient locataires de la maison depuis 1946. Elle est actuellement la propriété de leurs enfants. La légende de la maison vendue aux enchères publiques ajoutait une note mélodramatique bien adaptée à l'image de la perte du foyer.

Si la maison n'a pas été vendue, en revanche les meubles l'ont été, en partie du moins, et dix-sept mois avant le départ : le dimanche 15 juin 1890, à 1 heure précise, eut lieu la « vente mobilière par adjudication volontaire et pour cause de départ », annoncée par un journal [51] ; précisons : par adjudication volontaire, et non par décision de justice. Le besoin d'argent n'en était sans doute pas la seule cause ; les Colette auront pensé qu'ils seraient plus petitement logés à Châtillon-sur-Loing. Achille, déjà installé là-bas avec Léo, avait dû emporter les meubles qu'il tenait de son père. Sido ne voulait certainement pas vivre loin de son fils. Quelle que soit la raison objective de cette vente, on doit penser avec Nicole Ferrier que les visites qui la précédèrent et les propos qui l'entourèrent provoquèrent sur la jeune fille un effet de choc, d'autant plus fort qu'elle n'y fait allusion qu'une fois dans *Mes apprentissages* [52].

Les Colette arrivent donc à Châtillon à la fin de l'année 1891 ; ils passent de l'Yonne dans le Loiret. Colette y restera moins de deux ans. Le paradis était perdu, « la maison sonore, sèche, craquante comme un pain chaud ; le village... Au-delà, tout est danger, tout est solitude [53]... » Le paradis qu'elle ne retrouvera que grâce à la création.

3

LE MARIAGE AVEC WILLY

1893

Achille Robineau-Duclos, docteur en médecine depuis le 12 février 1890 avec une thèse sur *Les Incisions chirurgicales du rein*, soutenue à la faculté de Paris et dédiée à sa mère, est encore domicilié à Saint-Sauveur le 20 février 1890 ; le 16 avril, il l'est à Châtillon-sur-Loing, qui deviendra Châtillon-Coligny en 1896[1]. Il remplace d'abord le docteur Hacquart, malade ; puis, il achètera la clientèle du docteur Montignac (décédé le 2 février 1897) afin d'éviter qu'il y eût trois médecins dans le bourg. Au recensement de 1891, antérieur à l'arrivée des Sansalvatoriens, Achille et Léo, clerc de notaire, sont 9, rue de l'Égalité, où ils ont deux domestiques. Lorsqu'ils arrivent à Châtillon, vers la Toussaint de 1891, les Colette se logent rue de l'Égalité avec Léo, tandis qu'Achille s'installe 20, rue de l'Église. Celui-ci se mariera, le 2 mai 1898, avec Jeanne de La Fare, née le 23 novembre 1877 *, dont il aura deux filles : Geneviève, née en 1899, qui deviendra Mme Viot, et Colette, née en 1901, qui deviendra Mme Wyler ; leur tante, notre Colette, marraine de la petite Colette, ne s'occupera pas excessivement d'elles.

---

* Le contrat de mariage a été signé le 1er mai 1898 à Châtillon en l'étude de Me Billard. – Jeanne de La Fare survivra jusqu'au 3 janvier 1964. Colette et sa belle-sœur étaient restées en relations comme le prouvent des lettres de la collection Michel Remy-Bieth. Colette en 1923 intervint auprès de directeurs de théâtre, Edmond Roze, Max Maurey, Gustave Quinson, en faveur de sa filleule, qui fit une petite carrière au music-hall. Jeanne et Colette se virent encore pendant la maladie de Léo (1939-1940). Quant au jugement porté sur la distance établie par Colette la tante avec sa filleule, c'est de celle-ci que nous le tenons.

Achille mène la dure vie du médecin de campagne et du médecin de famille, qui se partage entre les malades de Châtillon et ceux des villages environnants : Adon, Sainte-Geneviève-des-Bois, Saint-Maurice-sur-Aveyron, Montbouy, Montcresson, Dannemarie-sur-Loing. Un médecin qui ne connaissait pas le repos et qui devait être disponible jour et nuit, sept jours sur sept. Un médecin à qui l'on faisait confiance et qui connaissait comme un confesseur les secrets des familles ; un médecin désintéressé qui ne demandait pas toujours à être payé. Très attaché à sa famille, qu'il entretenait[2], il se trouvait en proie aux tiraillements qui opposaient sa mère et sa femme. Mme Achille était une jolie femme, fille du vicomte, puis comte Paul de La Fare, d'une famille ancienne qui s'était établie à Adon au milieu du XIXe siècle, et de Marie Valentine Zénobie de Chergé, d'une famille qui a compté dans l'histoire de la Touraine, du Poitou et de l'Angoumois, et qui est bien représentée aujourd'hui.

Les Colette ont été acceptés dès leur arrivée à Châtillon par les notables, banquier, notaire, avocat, et le Capitaine se lia avec les combattants de 1870, mettant tout en œuvre pour qu'un monument fût érigé à la gloire des vétérans, ce qui, à l'inauguration, lui donna l'occasion de prononcer un discours[3].

Quand vers la fin de 1912, Achille se sentit malade, il alla consulter à Paris son directeur de thèse, le professeur Trélat, en lui exposant le cas d'un patient qui avait tel et tel symptôme et en lui déclarant qu'il avait besoin d'une confirmation de diagnostic. Le professeur lui répondit : « Il a un cancer du rein et on ne pourra rien pour lui ; mais il peut venir à Paris, on verra[4]. » Rentré à Châtillon, Achille prit ses dispositions pour vendre sa clientèle, reprise par le docteur Lefèvre, et s'installa avec sa famille à Paris, 16, boulevard Voltaire, où il mourut le 31 décembre 1913. Son beau-père était mort en 1905 ; sa mère en septembre 1912, au 10, rue de l'Égalité, où elle s'était logée en octobre 1908.

Achille emporta avec lui un mystère : qu'avait-il fait des lettres que Colette avait adressées à sa mère ? Nous avons la contrepartie, depuis 1905 seulement, mais ne subsiste de l'autre important volet que les cartes postales que Colette envoyait à sa mère pendant ses tournées et ses voyages de 1905 à 1912. Achille les a-t-il détruites, parce que Colette n'était pas venue aux obsèques de Sido ? parce qu'elles contenaient des propos désagréables pour son épouse ? Ou est-ce Jeanne, sa veuve, qui les aurait ensuite détruites ? Puisqu'elle avait conservé les cartes postales, on ne voit pas que Sido les ait brûlées. Ont-elles disparu lors des déménagements ?

Quelques semaines après l'installation à Châtillon, l'influenza s'abat sur Sido et Gabrielle, à qui le Capitaine sert de garde-malade et de femme de ménage. Sido écrit à Juliette, le 24 janvier 1892 :

> [...] M. Gauthier-Villars est arrivé le [21 ?] avec... son petit garçon ! Il l'a mis en nourrice tout à côté de chez moi et sous la protection d'Achille[5] [...].

On a vu que le Capitaine et Jean-Albert Gauthier-Villars s'étaient rencontrés, à Paris. Mais, en 1892, Willy ne songe pas à faire une fin. Le 28 janvier, Gabri a 19 ans. Que faire à Châtillon, où elle ne peut continuer ses études ? Il est probable que ses parents pensaient à la marier.

Quelques mois plus tard, en avril, elle passe deux ou trois semaines à Paris chez la générale Cholleton, rue Gaston-de-Saint-Paul, dans le quartier de l'Alma. Claude Cholleton (1830-1890) était entré à Saint-Cyr en 1849 et il avait servi en Crimée et en Algérie : c'était donc un compagnon d'armes du Capitaine[6]. Si les Colette, provinciaux à peu près ruinés, ne faisaient pas bonne figure, la veuve du général Cholleton, chaperon de Gabri, devait inspirer confiance à la famille Gauthier-Villars, honorablement connue à Paris par la maison d'éditions scientifiques et l'imprimerie et, comme la plupart des familles parisiennes, ayant de solides racines dans un terroir provincial, à Lons-le-Saunier.

Est-ce pendant ce séjour que Gabri, étant allée au théâtre avec Willy, aurait accepté ou même souhaité de terminer la soirée à la brasserie Pousset, 14, boulevard des Italiens, et, éméchée par un peu d'asti, se serait jetée à sa tête en lui faisant part d'une sensuelle affection ? L'anecdote, contée par Willy dans les années 1920 et recueillie dans *Indiscrétions et commentaires*, ressemble si fort à un épisode de *Claudine à Paris* qu'il convient de se demander si elle n'est pas passée du roman à la fiction biographique[7]. Willy fut le seul témoin, et c'est dans le recueil de ses souvenirs un témoin à charge. Que Colette eût envie d'échapper à Châtillon, on le comprend. Qu'elle eût pris ce chemin, voilà qui n'est pas prouvé.

Il est probable que du séjour d'avril 1892 datent des fiançailles officieuses*. Autres séjours en novembre, puis en décembre. Sido à Juliette, le 28 novembre : « Gabri part quelques jours avec son père pour Paris et être présentée à la famille G. Villars et quand ils seront revenus de Paris nous irons vous voir[8]. » Un peu plus tard : « Gabri revient ce soir. Elle aura sans doute beaucoup à me raconter. Willy lui a fait la surprise de lui montrer son futur appartement tout emménagé jusqu'aux casseroles rangées et brillantes comme si on allait faire la cuisine dedans demain. Garde ça pour toi. » À situer dans le contexte moral de l'époque. Willy n'avait pourtant pas montré le lit. Le mariage projeté a été accompagné d'un cortège de lettres anonymes, dont l'origine est à chercher soit à Saint-Sauveur, soit à Châtillon même : là, des ennemis de la famille ; ici, un amoureux éconduit[9] ? Et l'on devine que ces fiançailles ne furent pas de tout repos puisque, le 28 novembre, Sido confie à Juliette : « Non, on n'a plus reçu de lettres anonymes. Je crois bien que la rupture supposée du mariage a dû satisfaire la personne qui les commettait... » Et dans la lettre suivante : « Mais si, on a encore envoyé des lettres anonymes à Willy et moi-même, j'en ai reçu une sous forme de coupure de journal où on abîmait Willy, mais toujours expédiées de Roubaix ! » À quoi s'ajoutera un entrefilet, bien entendu anonyme, inséré dans le *Gil Blas* du 4 mai 1893, à quelques jours du mariage : « On jase beaucoup à Châtillon, du flirt intense dont un de nos plus spirituels clubmen parisiens poursuit une exquise blonde, célèbre dans toute la contrée par sa merveilleuse chevelure. / On ne dit pas que le mot mariage ait été prononcé. / Aussi nous engageons fort la jolie propriétaire de deux invraisemblables nattes dorées à n'accorder ses baisers, suivant le conseil de Méphistophélès, que "la bague au doigt"[10]. » Ainsi, elle était blonde alors. Elle sera châtain plus tard.

* Renée Hamon (sur elle, voir le chapitre « Une belle maturité », p. 387 et suiv.) note dans son journal, à la date du 17 avril 1943, ce propos fielleux et incontrôlable, sinon controuvé, de Colette : « Sans la famille des Gauthier-Villars, profondément honnête, il ne m'eût pas épousée, après trois ans de fiançailles. Sido le détestait [!] : ce sera le malheur de toute ta vie (car elle croyait à la durée du mariage autant que dure la vie). Que veux-tu ! je n'avais pas le choix : ou rester vieille fille, ou devenir institutrice ? Je lui apportais mes vingt ans, ma fraîcheur et 1 m 58 de cheveux. Ça l'a amusé un temps » (BN, N. a. fr. 18711, f° 219). Dans *Noces*, texte à peu près contemporain, elle insiste par deux fois (*OCF* VII, 247 et 248) sur de longues fiançailles, impossibles à expliquer et à justifier : il l'appelait « camaro » « depuis ma seizième année » ; « deux longues années de fiançailles ».

Qui était donc le célèbre « clubman » qui allait épouser la sauvageonne de Saint-Sauveur et de Châtillon-sur-Loing ?

Henri Gauthier-Villars est né à Villiers-sur-Orge (Essonne) le 10 août 1859, fils aîné de Jean-Albert Gauthier-Villars (1828-1898). Celui-ci fils et petit-fils d'imprimeurs de Lons-le-Saunier, était entré à l'École polytechnique en 1848 et fit d'abord carrière dans l'administration du Télégraphe. Puis, avec l'aide de sa famille, il acheta en 1864 la librairie-imprimerie Mallet-Bachelier et créa la maison Gauthier-Villars qui allait devenir la première maison d'édition française pour les travaux scientifiques. En 1888, J.-A. Gauthier-Villars s'associa ses deux fils, Henri et Albert (né en 1861), qui sortait lui aussi de Polytechnique, de quoi donner un complexe à Henri, lequel adorna son prénom d'un y. Celui-ci eut en partage la maison d'édition du 55, quai des Grands-Augustins, son frère cadet, l'imprimerie.

Après de bonnes études classiques et scientifiques, au lycée Fontanes, au collège Stanislas et à l'école Monge, Henri se lança dans la littérature en publiant dès 1880 un recueil de sonnets, dont il voudra ensuite détruire les exemplaires [11], s'intéressa au mouvement musical et, faisant semblant d'avoir une activité scientifique, publiera en 1887 trois ouvrages sur la photographie, dont deux traduits de l'allemand. La partie sérieuse de sa production continua à porter le patronyme. La littérature facile et souvent la critique musicale furent signées de pseudonymes : Willy, l'Ouvreuse du Cirque d'été, Maugis. Parallèlement à celle de l'Ouvreuse, Willy avait dans *L'Écho de Paris*, puis dans *Comœdia*, une chronique musicale « sérieuse » signée Henry Gauthier-Villars. En 1882, il donna une conférence sur *Les Parnassiens* qu'édita la maison Gauthier-Villars ; il n'y est pas tendre pour Banville, Leconte de Lisle, Catulle Mendès, Mallarmé, qui « a produit des vers totalement incompréhensibles », les décadents. Il est intéressant de noter qu'il a de l'estime pour Joseph de Maistre et Louis Veuillot, ce qui n'est pas sans relation avec les convictions qu'il ne tardera pas à exprimer. Et il admire Wagner, ce qui, à l'époque, s'accorde mal avec son nationalisme. La conférence de 1884, publiée chez le même éditeur, est moins insolente et plus intéressante : elle traite de Mark Twain, dont Willy résume ou cite des nouvelles, notamment *The Jumping Frog*, qui lui a fourni le pseudonyme de Jim Smiley. Grâce à ce portrait du prince de l'humour on voit ce qui a maintenu Willy à l'écart des parnassiens, des décadents et des symbolistes, des naturalistes enfin. Mallarmé et Zola sont attaqués, ainsi que le Sâr Péladan. Cependant, entre Mallarmé et Willy la musique de Wagner finit par tisser un lien [12].

Littérairement, il faut situer Willy dans le domaine, vaste alors, des fantaisistes et de tous ceux qui revendiquent la liberté dans l'art. On l'imagine dans le cercle des Hydropathes, que présida Émile Goudeau, puis au Chat noir, le cabaret que Rodolphe Salis ouvrit en 1881, boulevard Rochechouart, et qu'il transféra en 1885 rue Victor-Massé ; il pouvait y rencontrer le maître suprême : Alphonse Allais. Dès 1882, il commence à donner sa prose à de nombreuses revues et il est sans doute plus facile d'établir la liste des périodiques où il n'a pas publié que de recenser ses articles ; on est loin d'une bibliographie exhaustive ! Dans sa jeunesse, il est, en effet, prolifique. Avant son mariage, il collabore à *La Nouvelle Rive gauche* qui devient *Lutèce*, à *Art et critique*, où il donne des comptes rendus des concerts, à *L'Écho de Paris*, dont il restera longtemps le critique musical attitré et redouté, à la *Revue d'aujourd'hui*, au *Mercure de France* que vient de fonder (1889) Alfred Vallette, à la *Revue bleue*, à *La Plume* et nous en oublions. Et il a créé en 1892 *L'Année fantaisiste*. Dans cette production domine la critique musicale dont, en 1890, il recueille les éléments dans les « Lettres de l'Ouvreuse », puis sous des titres volontiers calembouriques ; ainsi *Bains de sons* (1893), que suivront, entre autres, *La Mouche des croches* (1894), *La Colle aux quintes* (1899) et *La Ronde des blanches* (1901). Willy a un goût sûr ; il n'a cessé de célébrer le dieu Wagner et s'est plusieurs fois rendu à Bayreuth (notamment pendant l'été de 1892) ; il a défendu Vincent d'Indy, Dukas, Chabrier, Chausson, Gabriel Pierné, Debussy, plus tard Stravinski et Poulenc. Il déteste pour des raisons qui ne sont évidemment pas musicales Mendelssohn et Meyerbeer. Il place Massenet, représentant de l'art officiel et pompier, au-dessous de toute portée, non loin de Saint-Saëns. Son refus d'Erik Satie, « ce Debussy qui aurait passé par Charenton [13] », est corrélatif de l'éloignement qu'il ressent à l'égard de la Décadence. Il a des connaissances techniques et il a surtout des amis qui le conseillent : Alfred Ernst, à qui l'on doit des versions françaises de plusieurs opéras de Wagner, Pierre de Bréville et Émile Vuillermoz. En 1892, Félix Fénéon, juge sévère, écrivait : « En faisant tourbillonner autour de la *Tétralogie* et de *Parsifal* ses plus effarants coq-à-l'âne, l'Ouvreuse du Cirque d'été a célébré Wagner mieux que ne firent jamais Hans de Wolzogen, Stuart Chamberlain ou Teodor de Wyzewa [14]. » Willy n'a pas encore tâté du roman. C'est là qu'il va se heurter à une difficulté, heureuse difficulté, puisque nous lui devons les *Claudine.* Un mauvais esprit dirait que la force créatrice lui a manqué au moment où il se mariait. En tout cas, les railleries sur cette impuissance à écrire ne commenceront qu'après 1893.

Après une vie sentimentale sans doute un peu agitée, Willy s'était épris de la femme d'Émile Cohl, de son vrai nom Émile Courtet (1857-1938), dessinateur, caricaturiste, photographe et l'un des pionniers du dessin animé (il est mort un jour avant Méliès[15]). Un duel eut lieu entre le mari et l'amant, le 25 octobre 1886, que Willy racontera bien plus tard. Émile Cohl publiait dans *Les Hommes d'aujourd'hui* d'amusantes caricatures à la manière d'André Gill. « Un jour, je soutins à ce disciple fervent que les meilleures poésies de *La Muse à Bibi* étaient dues, non pas à son signataire Gill, mais à Louis de Gramont. Ce brave garçon s'indigna. Je tins bon... Peut-être bien qu'une vague histoire de femme aigrissait l'atmosphère[16]... » Willy en fut quitte pour une égratignure à la paupière. En 1889, Willy vivait 22, rue de l'Odéon avec *Marie* Louise Servat, qui n'avait pas encore obtenu son divorce d'avec son mari en titre. C'est là que leur naquit, le 19 septembre, un fils, *Jacques* Henri (on remarque le second prénom) qui reçut le nom de Gauthier-Villars. Puis, la compagne de Willy tomba gravement malade. Il fallut mettre le bébé en nourrice : Châtillon le reçut où se trouvaient Achille et ses parents. On n'a jamais expliqué le lien qui unissait Henry Gauthier-Villars et les Colette, mais il y en a un, sinon pourquoi Châtillon ? Sido écrit à Juliette le 24 janvier 1892 :

> C'est un beau bébé de 28 mois dont la mère est mourante. Il n'est reconnu que par son père parce que sa mère était en procès de divorce avec son mari quand l'enfant est venu au monde et quand le divorce a été prononcé Gauthier-Villars n'a pas voulu qu'il fût reconnu par sa mère... C'est un enfant qui doit faire entrer par la grande porte Gabri dans la famille Gauthier-Villars parce que le grand-père est fou de ce petit et il faudra qu'il consente au mariage de son fils avec une jeune fille sans dot à cause de ce petit, sans cela je crois qu'il faudrait les sommations respectueuses.

Le raisonnement peut paraître étrange ; il l'est moins si l'on pense que Gabri épousant Gauthier-Villars deviendrait la mère adoptive de l'enfant, ce qu'elle fut parfois. Mais restent plusieurs questions. Sido, le 24 janvier 1892, croit que Marie Servat est mourante. Or elle est morte le 31 décembre 1891 (non rue de l'Odéon, mais 99, boulevard Arago). Henri Gauthier-Villars (même domicile) est l'une des deux personnes qui déclarent le décès. D'autre part, pourquoi Willy n'a-t-il pas épousé la mère de Jacques, à qui il semble avoir été fort attaché, après qu'elle eut obtenu le divorce ? Parce que, dans sa famille, on n'épousait pas une divorcée ? Enfin, dans la famille Courtet on pense que Marie Servat s'est détruite : se jugeait-elle incurable ou craignait-elle que Willy ne lui fût infidèle* ? Une autre énigme.

Jacques Gauthier-Villars resta environ six mois à Châtillon. Le 21 juillet 1892, Sido écrit à Juliette que l'enfant a quitté Châtillon : « Ses grands-parents, qui ne le connaissent pas, ont enfin daigné le réclamer » (ce qui contredit le texte précédent), et, indiquant que « l'amoureux de Gabri », alors à Bayreuth, est « bien malade », elle ajoute : « Je crains bien que ça ne finisse pas bien tout ça ; aussi suis-je très tourmentée[17]. » Malade, Willy, malade d'amour ? Plutôt de mélancolie, car il aurait été très attaché à Marie Servat.

Deux lettres qu'il adresse à son frère cadet, Albert, laissent entendre que son mariage avec Gabri ne fut pas conclu dans l'enthousiasme[18]. Le 21 avril 1893 :

> J'épouse la fille du Capitaine Colette (de Châtillon), heureux de témoigner ma reconnaissance à une famille qui a été, pour Jacques, d'une bonté absolument touchante. Elle n'a pas de dot, d'ailleurs, ce qui ne réjouit pas nos Parents. [...] En conscience, je ne pouvais agir autrement

---

* L'affaire peut se compliquer par deux lettres de Willy qu'on verse ici au dossier. À ?, s. d., il se qualifie de « pauvre ironiste décuirassé, offert à toutes les flèches. À l'instant, j'accompagne au champ de navets une pauvre petite amie, douce, gentille et câline, qu'une méningite, en quelques heures, a nettoyée » (catalogue Charavay, n° 369, mai 1907). À l'éditeur Léon Vanier, s. d. : « J'adorais cette charmante petite femme, confiante et douce, et c'est un coup bien cruel ! » (Librairie Fais ce que voudras, cat. n° 2, 1995, pièce 461.) Un trait commun : la douceur. Mais la méningite ne correspond pas à la femme « mourante ». Est-il vraiment question de Marie Servat ? Émile Courtet se remaria et a des descendants. Ils nous ont appris qu'un faire-part du décès de Marie Servat aurait été retrouvé par Jacques Gauthier-Villars après la mort de Willy ; Marie Servat y portait le nom de Germaine Villars, ce qui traduit l'attachement de Willy à sa maîtresse. Il est probable que les faire-part n'ont pas été envoyés. Nous remercions M. Pierre Courtet et M. Michel Legros d'avoir répondu à nos questions.

> que je fais. [...] je ne fais pas, oh non ! un mariage d'argent. Que si je m'interroge, pour savoir jusqu'à quel point j'ai le droit de prononcer le mot « mariage d'amour » je me répondrai peut-être non aussi. L'amour, le grandiose et le cuisant et le perforant, c'est, je crois bien, une blague de romancier. Et, quand c'est des fragments de cette chose idéale, on les enfouit à Bagneux*, on ne les remplace pas, mon cher vieux...

Entre le 21 avril et le 15 mai 1893 :

> Enfin, tu dis que je me marie sans grande joie. – Tu as raison, c'est vrai, je n'y peux rien, tout le monde croit que je me suis secoué les oreilles comme un chien mouillé, après le coup que j'ai reçu, et que tous jugent oublié ; c'est peut-être un peu faux.

Mais à Marcel Schwob, à peu près au même moment, il s'exprimait moins sombrement. Il est alors à Châtillon, « songeant au mariage et tout à fait abruti surtout par la grâce voltigeante de ma jolie petite Colette [19] ».

Gabri voulait certainement se marier pour échapper à Châtillon et non moins certainement elle avait de la sensualité à revendre. Willy, malgré sa tristesse, ne pouvait pas être insensible, à l'âge, à la grâce de sa fiancée. Vingt ans, trente-quatre ans. Willy était sans doute un bon pédagogue. Colette dira à mots discrets sa découverte : « Le lendemain, mille lieues, des abîmes, des découvertes, des métamorphoses sans remède me séparaient de la veille [20]. »

Le 5 mai, Sido donnait procuration à son mari pour la représenter à Paris où, en l'étude de Me Masson, devait être signé le contrat de mariage ; le Capitaine devait aussi, en son nom et au nom de son épouse, consentir au mariage, puisque Gabrielle était encore mineure. La signature du contrat eut lieu le 9. Le régime fut celui de la communauté de biens réduite aux acquêts, les futurs époux ne pouvant être tenus responsables des dettes de l'un ou de l'autre. Henri Gauthier-Villars apportait 3 000 F représentant ses vêtements, meubles, etc., 2 000 F en deniers

* C'est au cimetière de Bagneux que Marie Servat fut d'abord inhumée. Ses restes furent transférés au Père-Lachaise le 5 janvier 1898.

comptants et 100 000 F en créance sur la Société en nom collectif « Gauthier-Villars et Fils ». Colette, 5 000 F de trousseau, d'après « l'estimation amiable qui en a été faite par les parties » et... rien d'autre*. Le projet de contrat, rédigé par un clerc, contenait cet élément de phrase : « Et une somme de [un blanc] en deniers comptants », qui a été biffé. Sans dot.

Le mariage fut célébré avec simplicité à Châtillon le 15 mai 1893. Simplicité ne signifie pas intimité : le village était présent. Après le mariage à la mairie, une simple bénédiction, à 4 heures de l'après-midi, remplaça la messe. La famille Gauthier-Villars ne s'était pas déplacée. Colette avait pour témoins son cousin germain, Jules Landoy, fils de « Bertram », employé de ministère à Bruxelles, et son frère Achille ; Willy, Pierre Veber, que nous retrouverons bientôt, et Adolphe Houdard**, déjà parrain du petit Jacques. Sido dut être déçue, elle qui écrira à sa fille, le 13 février 1909, à propos du mariage de la fille du pâtissier de Châtillon : « J'aime assez que les forfaits, tels qu'un mariage, soient entourés de fleurs, de musique et de belles madames en toilette ! ça aide à dorer la pilule[22]. » Pour Colette, qui a raconté dans *Noces* cette journée, la pilule fut facile à avaler. Une photographie d'amateur nous a conservé l'image du cortège, en tête duquel marchent le Capitaine et Gabrielle[23]. Pas de banquet, un repas de famille, qui suivait des propos bien parisiens. La nuit de noces. Le lendemain, départ pour Paris avec les témoins du marié.

L'appartement qu'elle avait décrit à Sido et celle-ci à Juliette, « tout emménagé jusqu'aux casseroles rangées et brillantes », est-ce le « Venusberg », la garçonnière de son mari, deux chambres au dernier étage du 55, quai des Grands-Augustins, au-dessus des Éditions Gauthier-Villars ? Le séjour qu'elle y fit ne dura que quelques semaines. À la fin de juin 1893, le couple emménagea dans un appartement du 28, rue Jacob, trois pièces au troisième étage, entre deux cours[24]. Colette à Paris...

---

* Sido est merveilleuse qui, le 20 janvier 1907, rappellera à sa fille : « Tu te souviens que tu as cinq mille francs à reprendre sur ton contrat ? » (*LSF*, 68).

** Adolphe Houdard a ces qualités : conseiller municipal, rentier, demeurant à Neuilly. C'est certainement le parent d'un autre Houdard, Charles, graveur spécialiste de l'estampe en couleurs inspirée des maîtres japonais, à propos de qui Paul Morand écrivait à Ginette Guitard-Auviste : « Je l'ai connue [Colette] avant 1900 ; elle accompagnait Willy chez mon parrain, le graveur en couleurs Ch. Houdard[21]. »

4

MADAME GAUTHIER-VILLARS

1893-1900

Gabrielle devint rapidement célèbre à Paris : n'avait-elle pas pour mari le plus doué des cornacs, qui recevait de sa jeune femme un surcroît de célébrité ?

Il ne faut pas, pour les premières années du mariage, adopter le ton plutôt triste sur lequel elle les a évoquées dans *Mes apprentissages* ; elle les noircit pour mieux se venger de Willy et comme pour se morigéner elle-même de l'avoir trop aimé. Ce n'est pas que celui-ci ait été un mari fidèle. Avant comme après le mariage il semble avoir eu une liaison avec Louise Willy, au nom prédestiné. C'était une mime qui fit la plus grande partie de sa carrière au théâtre de l'Olympia. En 1895, elle atteint à une certaine célébrité en jouant *Le Coucher de la mariée*, saynète où, pour la première fois, une femme se déshabillait sur scène – le geste était affriolant, non le résultat puisque le maillot était de rigueur ; elle se déshabilla ainsi pendant plus de trois cents représentations*. De la scène ce spectacle passa à l'écran[2]. Colette reçut une lettre anonyme qui rendait compte d'un propos tenu par Alcanter de Brahm, ami de son mari et auteur des *Chansons poilantes*[3], et qu'elle transmit ainsi :

---

* Louise Willy était née à Valenciennes et avait reçu une bonne éducation. En octobre 1892, elle était figurante au théâtre des Nouveautés[1]. *L'Album comique*, en octobre 1907, lui consacre une notice, ainsi qu'à Wague et à Colette ; la fin de la notice : « Il est à souhaiter que les dons précieux d'une artiste de cette valeur ne restent pas longtemps inemployés », ne prouve pas qu'à cette date elle ait fait une brillante carrière. Cependant, avec Georges Wague, vrai mime, elle interprète le *Mariage de Pierrot* (Cercle militaire, 6 mars 1906) et crée *La Lime* (Monte-Carlo, juin 1909). Mariée à un comédien de l'Odéon, elle joue aussi dans des pièces et, en 1912, elle tourne dans *L'Homme nu*, film où Raimu apparaît pour la première fois à l'écran.

Tiens, regarde, Willy, ce qu'on m'a envoyé ce matin, c'était sous une enveloppe tout seul, et je ne connais pas l'écriture. Si Alcanter dit ça, c'est que c'est vrai, sûrement, il ne l'avait pas inventé. Oh ! Willy, pourquoi m'as-tu dit que ce n'était pas vrai, quand je te demandais si tu avais des droits sur Louise Willy – tu me l'avais juré, sur ma bouche, pourtant, et j'avais si bien cru que tu ne mentais pas. – J'aurais pourtant dû me douter que si elle s'appelait Louise Willy, c'était parce qu'elle était ta maîtresse, il n'y a pas quatorze Willy à Paris. – Bon, c'est fini, j'ai trop, trop de chagrin, pourquoi as-tu fait ça ? – Elle ne t'aime pas tant que moi, va, celle-là, – elle est donc bien plus jolie ? Oh, Willy, j'ai tant, tant de chagrin ! je ne sais donc pas si bien t'aimer qu'elle ? ce n'est pas ma faute, – et puis ce n'est pas vrai ! mais c'est parce que je ne peux pas être avec toi tout le temps, et tu m'oublies avec d'autres, et je t'adore tant ! à présent comment veux-tu que je me console, j'ai tant de chagrin, Willy !

Rien qu'à toi

COLETTE.

Quelques mois plus tard, et si étonnant que cela paraisse quand on pense à la beauté de Colette, à sa sensualité [4] et à son esprit, autre liaison : Willy s'est épris, peut-être dès janvier 1894, de Charlotte (« Lotte ») Kinceler, qu'il connaissait depuis 1892 au moins. Une autre lettre anonyme avertit Colette qui se rend chez ce drôle de petit bout de femme et qui l'y trouve en compagnie de son mari. Il n'y a pas lieu de mettre en doute le récit qu'elle a donné de cette entrevue dans *Mes apprentissages*. Et non plus les conséquences de ce choc sur sa santé morale et physique : elle tombe malade, soignée pendant deux mois par le docteur Jullien, qui avait appelé Sido au secours * ; le Capitaine se morfondait à Châtillon. Elle passera sa convalescence, de juin au début de septembre, au Palais, à Belle-Île-en-Mer, encore sauvage, avant que Sarah Bernhardt ne civilise la Pointe-des-Poulains [5]. Elle découvre l'Océan. Willy l'a accompagnée et reste quelque temps avec elle ; venant d'apprendre l'assassinat du président Carnot (24 juin 1894), il écrit à Alcanter de Brahm : « Ma petite Colette

* Il est probable que la cause de la maladie de Colette était d'ordre psychosomatique : la transplantation d'un milieu provincial à Paris, la découverte de la sensualité, le choc provoqué par l'infidélité.

revient, esquintée, après avoir patrouillé quatre heures durant et s'être roulée sur le sable d'une petite anse délicieusement solitaire. Espérons qu'elle s'en trouvera bien, la pauvrette. Mais je la trouve bien faible encore [6]. » Elle a surtout pour compagnon et confident Paul Masson, ancien magistrat à Chandernagor, le type même de l'humoriste triste, qui allait se donner la mort en 1896. Les pages qu'elle lui a consacrées [7] constituent un portrait émouvant qui font revivre celui qu'elle avait silhouetté dans le personnage de Masseau de *L'Entrave* et introduit dans *Le Képi*. Elle ne revint à Paris que pour aller passer quelques jours à Châtillon en compagnie de sa mère.

De cet épisode elle écrira que lui vinrent, non seulement des doutes sur l'homme à qui elle s'était fiée, mais surtout « l'idée de tolérance et de dissimulation, le consentement aux pactes avec une ennemie [8] ». Consentement qu'elle accordera aussi aux maîtresses de son deuxième mari et qui trouvera son illustration littéraire dans *La Seconde*. Au reste, elle devint à peu près l'amie de Lotte Kinceler, bien que Willy n'eût pas mis fin à sa liaison, comme le prouve une lettre d'amour qu'il lui adresse le 13 novembre 1896 [9]. Le 30 octobre 1896, ayant appris que Lotte était souffrante, Colette lui écrit : « Rassurez-vous au moins, j'ai eu tout mon intérieur si endommagé, il y a deux ans et je suis si bien guérie, que je crois fermement à la même heureuse issue de vos maux. » Et, ce qui prouve que les bonnes relations étaient récentes : « Je vous en prie, ne m'appelez pas Madame, vous voyez que je vous en donne l'exemple, avec un peu de sans-gêne. » Il ne faut qu'une semaine pour que le ton soit tout à fait libre ; Colette silhouette Willy en robe de chambre : « Pacha à neuf queues ? non, mais “ Une seule suffit, pourvu qu'elle soit bonne ”. » Peut-être cette liaison persistante est-elle la cause d'une rechute, des « crises nerveuses extrêmement violentes » qui obligeaient Colette à « rester dans une chambre fermée, sans lumières ». Mais Willy n'était certainement pas homme à n'avoir qu'une seule maîtresse.

Colette eut des compensations. Malgré ce qu'elle était en droit de craindre, la famille de son mari lui fit bon accueil : au bal de Polytechnique, en 1894 ou 1895, elle parut au bras de son beau-père, « dans une belle robe vert d'eau à berthe de dentelle, chef-d'œuvre d'une couturière batignollaise [10] ». Et, Bourguignonne, elle se plut dans le chalet des Sapins que les Gauthier-Villars avaient près de Lons-le-Saunier : les photographies qui ont été conservées [11] ne respirent pas l'ennui. Willy et elle s'y trouvent en septembre 1894 : « Il y a sept enfants, dont Jacques. Tout ce monde est toujours à mes trousses[12]. » « M'aimèrent-ils ? Ils me suivaient... » Caractéristique ! Ce sont les neveux et nièces, qui ont adopté tante Colette, Jacques étant le fils de Willy. Ils y sont encore pendant l'été de 1895, sur le chemin de Bayreuth. En 1896 ou 1897, c'est une auberge de Champagnole, à un peu plus de trente kilomètres[13]*, qui les reçoit, avant qu'ils ne descendent sur Lons-le-Saunier, où le chalet les accueillera pendant d'autres étés jusqu'en 1900, année où Willy acquiert à l'intention de Colette les Monts-Bouccons, près de Besançon. Il devait d'ailleurs être difficile d'aller dans le Doubs sans rendre visite au Jura, quatre-vingts kilomètres environ d'une maison à l'autre, à une époque où les chemins de fer ne se mettaient pas en grève. Outre le Jura et le Doubs, il y a les visites à faire à Sido qui, de Châtillon, appelle sa fille, et un séjour à Uriage en 1896 (pour lui, pour elle ?) en compagnie de Liette, la femme du compositeur Louis de Serres. Et les inévitables pèlerinages d'été au gazomètre wagnérien. Mme Bulteau, qui tient à Paris un important salon littéraire**, s'est rendue à Bayreuth ; elle mande à Maxime Dethomas, le 16 août 1899 : « Les Gauthier-Villars sont là aussi, lui dans un état nerveux impossible avec des tics plein la figure, les yeux pleins de sang et l'air très malade, elle toujours demoiselle de magasin qui sait des tas d'histoires[14]. » Portraits dénués d'aménité.

1896, c'est l'année du passage de la rive gauche à la rive droite. Willy et Colette quittent la rue Jacob et s'installent dans un atelier de peintre, au sixième étage du 93, rue de Courcelles[15], en deçà de la place Pereire (place du Maréchal-Juin), près du boulevard de Courcelles. Avant de gagner, à la fin de 1902, un autre immeuble de la rue de Courcelles, ils se logent quelque temps dans le même quartier à l'Imperial Residence ou Imperial-Voyage Hôtel, 15, rue Margueritte, deux pièces. Alphonse Séché, l'un des nombreux collaborateurs de Willy, lui apporte des épreuves, de la copie, des factures d'imprimerie :

* Le commentaire de Colette est révélateur, de son désir d'enténébrer ces années : « C'est Champagnole, dans le Jura, qui me sauva – 1896 ? 1897 ? – de la salamandre encore une fois, de la pénombre, de la résignation. » Le ralentissement provoqué par les dates placées entre tirets suggère au prime abord qu'elle était sur le point de mourir...

** Mme Bulteau recevait le dimanche avenue de Wagram ; elle donnait au *Figaro* des chroniques qu'elle signait Fœmina. Elle a aidé le jeune Toulet.

> Willy me reçut en pyjama. [...] Assis à sa table, [il] tournait le dos à la chambre. J'étais debout près de lui. À un moment donné, je me retourne et, dans la glace de l'armoire au fond de la chambre, j'aperçois Colette toute nue. Je ris, Willy regarde, rit aussi et dit : « Vous savez que Séché vous voit dans la glace ? »
> — J'espère qu'il ne s'en plaint pas, répond Colette sans s'émouvoir [16].

Ensuite, les Willy s'installent 177 *bis*, rue de Courcelles encore, mais au-delà de la place Pereire, non loin des « fortifs ». Ce sera le quatrième et dernier domicile de leur vie conjugale : le second étage d'un hôtel particulier dont le premier était habité par le prince Alexandre Bibesco ; au-dessus, un atelier dont Colette fit une salle de gymnastique, fortifiant son corps, et donc son âme, pour les luttes à venir.

Colette était devenue une personne recherchée en sa qualité de sauvageonne, épouse d'un homme d'esprit parisien. On l'aperçoit à Longchamp, au Palais de glace, au concert, au cirque, aux premières des théâtres. Elle est invitée dans les salons et aux dîners que donnent ces dames : Mme Aubernon, Mme de Saint-Marceaux, Mme de Saint-Victor, Mme de Pierrebourg, la princesse Armande de Polignac, qui mettra en musique *La Petite Sirène*, un conte lyrique de Willy [17], chez Judith Gautier, la fille de Théo, chez Rachilde, la femme de Vallette, et chez l'inévitable Madeleine Lemaire, plus connue par Proust, à qui elle offrira en 1904 un des exemplaires sur hollande des *Dialogues de bêtes*. On devine que jeune, jolie, piquante, Colette fait, comme on dit, sensation et que sans doute elle a déjà silhouetté Mlle Sergent et les fillettes de Saint-Sauveur. Elle s'est adaptée sans trop de peine à ces milieux. Au début, elle avait éprouvé quelque difficulté à montrer sa peau ; Sido à Juliette, 6 novembre 1893 : Gabri « me dit que ça lui cause une émotion de montrer ses épaules ainsi sous le nez de chacun et qu'elle va être bien embarrassée parce que ce sera la première fois [18] ». Il n'y a que la première épaule qui coûte. Robe pour le bal de Polytechnique, robe du soir décolletée pour les dîners, on s'étonne que Colette n'ait pas eu de manteau et que Sido ait dû, pendant l'hiver de 1894 ou le suivant, lui en acheter un, d'urgence, après avoir jeté un regard sauvage sur son gendre [19].

Mme Arman de Caillavet est pleine de sollicitude pour Colette qu'elle est venue visiter pendant sa maladie et Anatole France prendrait volontiers la place de Willy. Au début de 1895 il envoie les épreuves non encore corrigées du *Puits de sainte Claire* « à Madame Willy avant les autres ». S'est-il rencontré avec Jules Renard qui, le 6 novembre 1894, voyait au théâtre de l'Œuvre « Mme Willy traînant la corde à puits de ses cheveux ». En 1895, France récidive ; un exemplaire du *Jardin d'Épicure* unit les époux : « Amitié, culte, tresses noires[20] » ; noires ? non ; M. France est troublé. La dixième historiette du *Puits de sainte Claire* est dédiée « à Henry Gauthier-Villars » : Dona Maria, épouse de Venosa, aime le duc d'Andria ; les amants sont assassinés par le mari. Y a-t-il la moindre intention dans la dédicace ? Willy, signant en toutes lettres, rendit compte favorablement du recueil dans *La Plume* du 1er avril, sans mentionner le texte qui lui était dédié.

C'est très tôt, aux mercredis de Mme Arman de Caillavet, avenue Hoche, que Colette a rencontré un Proust, le Proust des *Plaisirs et les Jours*. Elle avait assisté avec Willy, le 28 mai 1895, chez Madeleine Lemaire, à la lecture des « Portraits de peintres », médaillons poétiques consacrés à Albert Cuyp, Paul Potter et Watteau, sur un accompagnement de Reynaldo Hahn, ce qui valut à l'auteur une lettre de Colette un peu alambiquée, pour laquelle Willy lui avait laissé des notes. Rencontre manquée, qui aura son prolongement négatif dans *Claudine en ménage* où apparaît « un jeune et joli garçon de lettres » (« un jeune youpin de lettres », lit-on sous la rature dans le manuscrit[21]), qui, par les comparaisons antiques dont il use pour louer la jeune femme, fait penser au Bloch d'*À la recherche du temps perdu*. Il faudra attendre la veille de la Première Guerre pour que Louis de Robert lui découvre le vrai Proust. Leurs relations ont été compliquées par l'accusation que, pendant l'hiver de 1896-1897, Mme Arman portait contre Willy, accusé de faire la cour à Jeanne Pouquet qui était devenue Mme Gaston de Caillavet en 1893[22]. Ce n'est pas une accusation à rejeter. Mais c'était peut-être une manière d'éloigner de France la séduisante Colette... Proust voulut intervenir auprès de Mme Arman, comme il l'expliquera par deux fois à la fin de novembre 1913 à Louis de Robert ; Willy avait prétendu « que la douleur avait presque fait perdre la vue à sa femme[23] ». Son intervention, comme on devait s'y attendre et comme le dit très bien J.-Y. Tadié, contribua à « envenimer » la situation. À la suite de quoi, l'antisémitisme aidant, Willy se déchaîna contre Mme Arman, qu'il traita de chouette, et son mari, à qui il décerna le titre de « conservateur du collage de France * ».

1895, c'est le début des écritures de Colette, la première version de *Claudine à l'école* ** et sa collaboration à *La Cocarde*, pendant les mois où ce quotidien est dirigé par Maurice Barrès, qui a appelé auprès de lui, dans un esprit nouveau, une équipe remarquable composée de socialistes et d'autres intellectuels, au premier rang de ceux-ci Charles Maurras. Lorsque Maurras évoquera ses souvenirs, il enverra un exemplaire du livre [24] « À Madame Colette Willy, en souvenir de *La Cocarde*, hommage d'admiration ». Elle y put lire : « Le béret basque sur l'oreille, la natte battant les talons, tout en feignant de corriger les épreuves de son mari, Mme Willy écoutait quelquefois ces doctes déluges ; ni *Claudine à l'école* ni *Claudine à Paris* ne diront jamais de quel air. » Si elle corrigeait les épreuves de son mari, elle corrigeait aussi les siennes, car en février 1895 elle a publié dans ce journal six chroniques musicales signées « Colette Gauthier-Villars », seule attestation de cette signature. (« Gabrielle » était réservé à la famille ; Willy, dès avant le mariage, parlait à ses amis de sa « petite Colette ».) Elle a reçu les conseils de Willy, comme elle l'écrit à Maurras :

> Merci, cher Monsieur, de protéger mes débuts avec cette bonne grâce. Je danse de joie à la vue de mon nom imprimé. Vous pensez bien, n'est-ce pas, que Willy m'a aidée, surtout pour les appréciations musicales, je n'aurais pas su toute seule dire des choses si précises, et surtout l'audace m'aurait manqué. Ça viendra peut-être [25].

C'est venu assez rapidement… Si les précisions techniques sont de Willy, l'expression est bien celle de Colette, moins tarabiscotée et calembourique que celle de son mari. À noter, le 20 février, un

---

* Colette confiera en 1943 à Henri Mondor (propos rapporté par lui dans *Le Figaro littéraire* du 30 novembre 1957) une autre cause de la brouille : l'origine aurait été la publication par Léon Daudet en 1895 de : *« Les Kamtchatka », mœurs contemporaines* (« Bibliothèque Charpentier ») ; dans ce roman, Anatole France était mis en scène sous le nom de Gréveuille et était racontée sa liaison avec Mme Toupin des Mares sous l'œil complaisant et pervers du mari. France était convaincu que Daudet devait ces indiscrétions à Willy. En tout cas, celui-ci reprendra ces noms : Mme Toupin des Mares et son gigolo académicien deviendront des personnages de Willy (*Maugis amoureux* et *À draps ouverts*, 1904) ; dans *Un vilain Monsieur !* (1898), on voyait déjà Mme Moupet des Tares et Végreuille.

** Voir le chapitre « Madame Colette Willy », p. 85 et suiv.

éloge du *Wallenstein* de Vincent d'Indy, qui, le 11 décembre précédent, avait écrit à la jeune femme une lettre pleine d'enjouement où il lui demandait d'indiquer un ténor pour *Fervaal* ; et comme par voie de conséquence un éreintement du *Déluge* de Saint-Saëns.

Ces premiers essais peuvent apparaître comme des consolations offertes à Colette. En relation avec l'esquisse de *Claudine à l'école*, un voyage à Saint-Sauveur pendant l'été de 1895, à l'occasion de la distribution des prix, dont Willy se promet beaucoup de plaisir : « Ça m'amuse follement, et mon exquise vicieuse gosse aimante s'en amuse encore davantage[26]. » Colette évoque pour Marguerite Moreno ce touchant spectacle, Willy couronnant des petits des deux sexes et leur disant des blagues. (On avait l'esprit large à Saint-Sauveur...) « Il posait un laurier vert sur la tête d'un gosse de douze ans et lui disait gravement : " Allez, mon enfant, et continuez, le travail, c'est la liberté, le travail, c'est l'avenir ! — Voui, M'sieur ", dit le petit, bleu sous son laurier vert[27]. » Les Willy auraient pu loger chez Juliette et chez le docteur Roché ; ils préférèrent être hébergés à l'école, où les accueillit Mlle Terrain. Celle-ci ne savait pas à quoi elle s'exposait, au futur.

> Pour cause d'étroitesse de lit, Willy a couché tout seul dans une chambre, et j'ai couché deux nuits au dortoir, mon 'ieux, avec les petites filles, trop amusant ! Y avait là deux petites créoles, 14, 15 ans, le doigt de la Moreno d'il y a quelque temps en aurait tourbillonné. Et le matin, irruption de Willy dans le dortoir, s'installant sur les lits et distribuant des bonbons. Paternité !

En janvier 1896, Mlle Terrain fit aux Parisiens un envoi de gibier. Voici la réponse de Colette :

> Nous sommes tout le temps dehors, dîners en ville, déjeuners itou, soirées, théâtres, etc. ; j'y récolte des migraines pitoyables. J'ai découvert une jeune fille épatante, savez-vous quoi ? C'est exactement moi avant le mariage ! Vous me direz que le mariage m'a si peu assagie... c'est pas vrai, d'abord. Elle est peut-être pire, plus échevelée, plus toquée et plus mal élevée et plus jolie. Nous faisons des concours de culbutes, et avant-hier, toutes seules ici chez moi, nous avons battu, roué de coups et couturé de griffes, et jeté dans l'escalier deux petits amis à nous, qui n'ont que 21 et 22 ans. N'est-ce pas que c'est bien ? Du coup, un de ces

martyrs a contracté une passion folle pour ma petite amie. J'en conclus que les coups qu'il a reçus étaient des coups de foudre[28].

Certes, Colette se force un peu pour conserver sa réputation d'enfant terrible, mais cette lettre, la part faite d'espièglerie voulue, ne respire pas la mélancolie.

En 1896, Colette et son mari déclinent l'invitation de Mlle Terrain, à qui Willy écrit[29] :

Chère Mademoiselle,

Colette vous a-t-elle écrit ? Je pense bien que non. Cette ahurie ! En tout cas, j'ai le gros regret de vous dire que nous n'irons pas à la distribution des prix cette année, et que nous nous y faisons représenter par trois modestes bouquins.

Pourquoi ? Certes, ce n'est pas l'envie qui nous en manque et j'ai gardé, pour ma part, un souvenir joyeusement reconnaissant de votre hospitalité si charmante. Mais il nous faut aller dans le Jura, à Châtillon, partout, et puis... et puis.

Et puis, on a eu la bêtise de dire à Colette que notre tenue avait scandalisé Saint-Sauveur. La gosse a eu du chagrin ; moi personnellement, j'ose dire que je m'en f... (je ne sais pas si je me fais bien comprendre) étant depuis longtemps blasé sur les appréciations de mes contemporains ; mais, je le répète, ma Colette a eu gros cœur. Voilà pourquoi votre fille est muette, je veux dire voilà pourquoi nous nous priverons d'assister à la répétition, privation qui nous est assez amère, je vous l'affirme.

Veuillez bien me croire, chère mademoiselle, votre respectueusement dévoué.

WILLY.

P.-S. Pouvez-vous me rappeler au souvenir, fugace, des Odile, Duduche, et autres *scolastic beauties*...

À cette abstention n'y aurait-il pas une autre raison : la caricature, déjà écrite, de la directrice en Mlle Sergent ? Ce qui confirmerait la date de la première version de *Claudine à l'école*.

Le 20 février 1896 a été organisé au d'Harcourt « un banquet homérique » pour lancer la revue *Le Centaure* : Pierre Louÿs qui, le 26, en écrit à son frère l'ambassadeur, Régnier, Hérold, Tinan, Lebey, Valéry, Henri Albert, cinquante-cinq personnes « et parmi elles Mme H. G.-V. (jeune femme d'un journaliste récent dont tu reconnaîtras peut-être les initiales) et qui disait à son voisin : "Dites donc à P. L. que j'ai autant de cheveux que Chrysis." Tu vois le ton de cette soirée[30]. » Se comparer à Chrysis, la courtisane d'*Aphrodite* (roman qui paraît la même année), dont l'opulente chevelure d'or voile la nudité, cela donnait le ton, en effet. Colette a-t-elle ensuite accompagné les dîneurs au bal Bullier et est-elle revenue avec eux faire *médianoche* au d'Harcourt ? Elle est d'un autre banquet, le 18 mai 1896, pour fêter la publication du premier volume ; sur les pages de garde d'un exemplaire on lit sa signature et celles de Marguerite Moreno, Debussy, Alfred Douglas, Léon-Paul Fargue, Pierre Louÿs, Stuart Merrill, Marcel Schwob, Alfred Vallette, Jean de Tinan et Valéry qui y a publié « Vue » et « Été ».

Aux mondanités auxquelles elle aurait pu se complaire Colette a toujours préféré les amitiés. Et celles-ci ne lui ont pas manqué, que ce soit parmi les collaborateurs de Willy ou dans un cercle plus large.

En 1894, Willy est devenu romancier avec *Une passade* ; en fait, il avait écrit ce roman ou cette nouvelle avec Pierre Veber qui, sur le point de le voir publier, mais aussi de se marier (il devenait le beau-frère de Tristan Bernard), craignit de choquer sa belle-famille et demanda à son ami de le signer seul. *Une passade* reparaîtra sous leurs deux noms[31]. Willy avait besoin de confirmer sa réputation : ce furent en 1897 *Maîtresse d'esthètes**, en 1898 *Un vilain Monsieur !* dont est aussi responsable Jean de Tinan, écrivain d'un talent délicat. Tels sont les trois romans qui précèdent *Claudine à l'école* (1900) et auxquels il faut ajouter une série de nouvelles écrites en collaboration avec Andrée Cocotte, pseudonyme d'André Trémisot, et publiées sous le titre de l'une d'elles : *L'Argonaute*. Ces œuvres ont en commun de mettre en scène des femmes fatales destructrices des hommes qu'elles vampirisent, comme d'ailleurs Willy le sera par Colette. C'est l'obsession de l'impuissance. Le milieu est celui de la Déca-

* En cette année 1897, du 23 janvier au 4 septembre, Willy, fidèle à sa jeunesse, est rédacteur en chef de la revue *Le Chat noir*, où l'on trouve une opinion de Colette sur les chapeaux (elle préfère la toque) et une poésie satirique d'Angelin Ruelle (?) sur les salons de peinture à elle dédiée (6 mars et 8 mai 1897).

dence, qui a aussi exploité ce thème et que pourtant Willy déteste. Il y a sans doute lieu de mettre en relation cette crainte de l'impuissance avec la nécessité pour Willy de s'adjoindre des « nègres ». C'est de cette époque que date la fabrique Willy qui pourvoit le public en objets faits main. C'est de cette époque que commencent à dater les innombrables billets, parmi lesquels les pneumatiques (qu'on appelait des « « petits bleus »), dont Willy accablait les ouvriers de son équipe – demande d'une page, d'un chapitre, d'un raccord, d'une refonte – et qui, mis bout à bout, constitueraient plusieurs volumes. Dix petits bleus plutôt qu'une page originale. Cette difficulté, voire cette incapacité à créer a provoqué des mots cruels qu'a enregistrés Jules Renard dans son *Journal* ou qui sont siens. Willy refusait de signer une protestation de *La Revue blanche* : « C'est la première fois, dit Veber, qu'il refuse de signer quelque chose qu'il n'a pas écrit » (17 février 1898) ; « Willy : son verre n'est pas grand, mais il boit dans celui des autres » (30 juin 1902) ; « Willy dans une voiture de maître, avec son chapeau à bords plats. S'il le changeait, on ne distinguerait plus Willy de ses collaborateurs » (2 novembre 1904) ; « Willy *ont* beaucoup de talent » (21 janvier 1905). Ernest La Jeunesse : « J'ai fait comme tout le monde, j'ai commencé par m'appeler Willy[32]. » Ce qui n'empêchait pas le patron de prévoir plans et scénarios, de surveiller attentivement la production, d'en corriger les défauts, d'en harmoniser les éléments parfois hétéroclites, car le même livre pouvait avoir plusieurs auteurs qu'il importait de laisser dans l'ignorance les uns des autres, qui devaient tous servir aussi les inimitiés du maître. Et il y avait une marque de fabrique : le jeu de mots. Willy et les siens ont porté le calembour à la hauteur où les fanatiques de la déconstruction n'ont pu l'élever. Ce n'est plus la fiente de l'esprit : c'en est la quintessence...

Avec les « nègres » de Willy, à la troupe desquels elle va se joindre, Colette entretient des relations d'amicale espièglerie : Pierre Veber, Auguste Germain, Curnonsky, Marcel Boulestin, Paul Acker, Henri Albert et bien d'autres.

Une place particulière doit être faite à Jean de Tinan, grand ami de Pierre Louÿs. Colette et Willy le rencontrent au d'Harcourt, boulevard Saint-Michel, où il tient ses assises au milieu de gracieuses créatures. Tinan n'est pas seulement le collaborateur anonyme de Willy ; il est surtout l'auteur de *Penses-tu réussir !* et d'*Aimienne* (Mercure de France, 1897 et 1899)[33]. C'est dans ce roman que Tinan a silhouetté le couple :

Silly est marié. Il appelle sa femme Jeannette… vous croyez que c'est parce qu'elle s'appelle Jeanne ? pas du tout, elle s'appelle Renée ; Jeannette est son nom de famille. En échange elle l'appelle Silly comme tout le monde… Personne n'a jamais su le prénom de Silly. Elle l'appelle aussi « le doux Maître », « le gros Chat », « la Doucette » et « le Bleu »… Ces appellations conviennent à des circonstances particulières… Jeannette est gracieuse et jolie.

C'est un ménage de camarades. Les gens grincheux les trouvent « un peu bohèmes », les autres les trouvent charmants. Je crois que les premiers sont jaloux.

Un couple moderne, un ménage d'artistes*. Dans *Mes apprentissages*, Colette se souviendra de ce passage qu'elle situera dans *Penses-tu réussir !* ; elle a de l'affection pour Tinan, elle est sensible à sa délicatesse et à son originalité railleuse. Et l'on devine qu'il éprouvait pour elle une amitié amoureuse, sentiment que devaient lui porter plusieurs autres membres de l'équipe, avec qui il ne lui déplaisait sans doute pas de jouer les allumeuses. Elle se serait dépensée en pure perte avec Marcel Boulestin, qui fut pour elle un bon compagnon. Elle l'a évoqué dans *Le Pur et l'Impur* et dans *Mes apprentissages*[34]. Lui-même a raconté comment, ayant envoyé à Willy un manuscrit, il fut invité par celui-ci à le rencontrer :

> Je sonnai de bonne heure à la porte de son appartement de la rue de Courcelles pour trouver ce que je n'attendais pas : une demi-douzaine de personnes devant un buffet abondamment garni, parlant à une jeune femme, mais pas de Willy [qui était dans son cabinet].
>
> La dame ne sembla pas se douter un instant que j'ignorais qu'elle était la maîtresse de maison. Je n'étais préparé ni à cet accueil, ni à cette assemblée. Elle me dit très vite en roulant les « r » : « Bonjour, Monsieur, et qui êtes-vous ? » Et moi tout plein de mon livre et de ma jeune importance je répondis : « Je suis Boulestin. » Elle resta une seconde interdite puis reprit en riant : « Eh bien ! voilà, c'est Boulestin. » Elle n'avait évidemment jamais entendu

* C'est dans la collection « Ménages d'artistes » que Jean de La Hire publie en 1905 son *Willy et Colette* (Bibliothèque indépendante d'édition).

parler de moi ; elle ajouta : « Prenez quand même quelque chose* ! »

Les Willy recevaient le dimanche au 177 *bis* de la rue de Courcelles, comme le note aussi Henri Albert pour Maxime Dethomas à propos de Henri de Régnier :

> On s'est rencontré le dimanche chez les Willy. Une vraie ménagerie. Des gens invraisemblables à côté de « noms illustres ». Le traditionnel « qu'est-ce que tu veux boire ? » de Colette. La poignée de mains échangée entre Léon Daudet et Jean Lorrain était un spectacle qui valait la peine d'être vu. Et l'on prétend que l'Affaire a divisé des gens[35] !

Au-delà du cercle des collaborateurs, Colette a de grands amis. Et déjà celle qui lui restera fidèle jusqu'en 1948, date de sa mort : Marguerite Moreno. De deux ans l'aînée de Colette elle avait été la maîtresse de Catulle Mendès, chez qui Colette l'avait rencontrée en 1894 ou 1895, puis elle fut la femme de Marcel Schwob. En 1890 elle avait obtenu les deux premiers prix de tragédie et de comédie et avait été engagée au Théâtre-Français où elle fit une carrière sans éclat, à l'exception d'un succès dans *Le Voile* de Rodenbach en 1894. C'était une admirable diseuse de vers. Schwob l'aimait passionnément et l'épousa à Londres en 1900 ; elle le soigna avec un tendre dévouement jusqu'à sa mort précoce en 1905. Esprit encyclopédique, parfait écrivain et homme de goût, Schwob « aimait tendrement » Colette, « la taquinait avec cruauté et l'admirait sans réserve[36] ». Elle le connaissait dès 1893 : en décembre, elle lui envoie une lettre de condoléances très personnelle : il venait de perdre son amie Louise. Elle lui écrit plusieurs lettres de Belle-Île-en-Mer pendant l'été de 1894. Il lui a envoyé *Le Livre de Monelle* qu'elle lit pendant ce séjour et elle lira *Mimes, Vies imaginaires, Spicilège*, la traduction de *Moll Flanders* et l'adaptation française de la pièce de l'Américain

---

* X. M. Boulestin, *À Londres, naguère...*, Fayard, 1946, p. 22 ; la scène se passe au 93, rue de Courcelles. Boulestin deviendra anglomane, tiendra un restaurant réputé à Londres entre les deux guerres et publiera des ouvrages de gastronomie. Il mourut sous l'Occupation. Ses souvenirs ont été publiés posthumes. Page 25, il rapporte que Colette lui a dit s'être trouvée dans Piccadilly Circus le soir de la victoire de Mafeking, remportée le 17 mai 1900 par Lord Baden-Powell. Une lettre à J.-M. Sert confirme ce voyage, sans apporter plus de précision. Était-elle allée voir Jacques, le fils de Willy ?

F. M. Crawford, *Francesca da Rimini*. Elle signe ses lettres du prénom qu'il lui a donné : Lolette, plus doux, et elle cherche et trouve un ton un peu enfantin agrémenté de quelques petites insolences [37], flattée, d'autre part, de se voir traitée par cet érudit en personne sensée. À lui et à Moreno, elle confie, le 20 décembre 1902 : « Depuis trois semaines, je subis Willy, et ses menaces de suicide ou de départ à l'étranger. Connaissez, Moreno et Schwob, les tourments ridicules qui n'attirent point la pitié des hommes. » À ce qu'écrivait Marguerite Moreno des sentiments de Schwob pour Colette répond ce que celle-ci écrivit à Moreno au lendemain de la mort de Schwob :

> J'ai un tel regret de ne pas avoir revu Schwob encore vivant, encore méchant, lui dont l'affectueux mépris m'était si doux. Tu sais, toi, que j'aimais si particulièrement Marcel...

Marcel Schwob fut l'un des rares êtres qu'elle ait vraiment aimés et qui lui en imposait, tout en s'imposant peut-être un peu trop à elle et à Willy, si l'on en croit Léon Daudet [38]. Elle qui transperçait les êtres de son regard acéré, elle trouva en lui une profondeur attrayante et résistante. Elle résumait son impression-souvenir de Schwob en désignant le seul portrait ressemblant, celui qu'a dessiné Sacha Guitry [39] : « Le plus menaçant visage qui pût couvrir, comme un masque de guerre et d'apparat, les traits mêmes de l'amitié. » Lolette pour Schwob, elle est Collerette pour Sacha Guitry, alors mari de Charlotte Lysès, et dont elle va bientôt jouer une pièce. Et en septembre 1894 elle signe Comète une lettre qu'elle adresse du chalet des Sapins à Jane Catulle Mendès et « Ta Comète » à Marguerite Moreno. Il n'est pas impossible que la comète et l'étoile aient eu des conjonctions. Mais Moreno fut avant tout, et jusqu'à sa mort, une femme à hommes.

Un grand événement dans la vie de Colette en 1900 : après la publication de *Claudine à l'école* en mars, qui ne l'intéresse pas directement, puisque le volume ne porte pas son nom, Willy achète, en septembre, pour le plus grand plaisir de sa femme, la propriété des Monts-Bouccons (ou Boucons), qu'il agrandira en août 1902 par l'achat de la ferme voisine et d'un pré. La maison, à 3 kilomètres de Besançon, est jolie ; elle voudrait se faire passer pour une folie de la fin du XVIIIe siècle, mais elle date sans doute de la Restauration. Il y a un grand parc entouré de petits bois, sapins, cèdres du Liban, frênes-pleureurs, marronniers, tilleuls, etc. Dans un des sous-bois un petit pont de pierre surplombe un ravin en forme de grotte[40]. Pour parcourir ses quatre ou cinq hectares, Colette aura un cheval. Avant, pour elle, rien n'avait compté que sa Puisaye natale. Elle est si heureuse d'avoir maison et parc qu'elle se fait imprimer du papier à en-tête : « Domaine des Monts-Bouccons / par Besançon / (Doubs) ». Elle écrit à José-Maria Sert, qui a un bateau :

> Mon bateau, ç'a été une vieille maison de mon enfance, où des souvenirs sont embusqués dans tous les coins et vous sautent à la figure quand on passe. Et je me disais toujours que si ma sœur qui est plus riche venait à l'acheter, je tuerais ma sœur ou je brûlerais la maison. Mais je suis plus sage à présent, parce que Willy m'a donné une autre maison pour essayer de me guérir. C'est une maison en Franche-Comté, elle est vieillotte, basse et humide, assise à côté de grands arbres qui ont l'habitude de donner beaucoup de fruits. [...] vous viendrez dans la maison un été pour voir comme la campagne me va bien.

Elle s'y épanouit, alors que Willy, le Parisien : « Willy – écrit-elle à Mme Jeanniot, épouse du peintre* – me révolte. Il craint les mille bêtes de l'aube. » Quand elle est à Bayreuth, en service commandé, elle n'a qu'une idée : « quitter tout pour la pauvre et médiocre solitude des Monts-Bouccons[41] ». Ce lui fut un autre paradis, d'été et d'automne, de 1901 à 1905, cinq saisons seulement, mais qui ont pris une place exemplaire dans la psyché de Colette. C'est là qu'elle écrivit *La Retraite sentimentale* où les Monts-Bouccons sont devenus « Casamène », maison aimable, aimable entre toutes. Ni Rozven, ni la Treille muscate ne pourront atteindre à ce prestige du souvenir[42].

En septembre 1903, avant la représentation à Besançon d'*Un p'tit jeune homme*, dont Willy est l'un des auteurs, un reporter vient l'interviewer ; Willy est absent, mais voici « une délicieuse vision » :

---

* Georges Jeanniot (1848-1934) a illustré de nombreux ouvrages (en 1924, *Chéri* dans la collection « Le Livre de demain » de Fayard) et dirigé *Le Journal amusant*. Son épouse, une des femmes les plus élégantes de Paris, exposait sous des pseudonymes pour ne pas avoir l'air de profiter de la célébrité de son mari. Jeanne Blanchenay (Jeanne Muhlfeld), écrit qu'elle était « connue pour ses nombreuses aventures » (*Visages de mon temps*, Ides et Calendes, 1955, p. 14).

De grandeur moyenne, mais gracieuse de silhouette, la taille nonchalamment prise dans une robe flottante aux couleurs vives, deux poches de poupée accrochées à un minuscule tablier, le visage mutin encadré de cheveux blonds, touffus, coupés court, surmonté d'un rustique « panama », un râteau à la main, telle m'apparut Mme Willy, sous un charmant berceau de feuillage et de plantes.

Légère, vive, courant à moi : — Un reporter à Besançon ! C'est une trouvaille ! mais vous êtes le bienvenu, entrez donc et causons à notre aise.

Et cela fut dit spontanément, avec je ne sais quel entrain qui plaît et attire[43].

C'est des Monts-Bouccons qu'elle adresse, en 1901, 1903, 1904, plusieurs lettres à Robert d'Humières avec qui elle se lie d'amitié et qu'elle invite à la rejoindre. Né en 1868, il fit Saint-Cyr, ainsi qu'il convenait au descendant d'une famille de vrais aristocrates, démissionna après en être sorti, devint un grand voyageur, fut fasciné par l'Inde, dirigea le théâtre des Arts, et, bon connaisseur de la langue et de la littérature anglaises, obtint par ses traductions de Rudyard Kipling une vraie réputation qu'auraient aussi pu valoir à cet homme discret ses œuvres personnelles. En août 1914, il parviendra à se faire réintégrer dans son grade de lieutenant et, en avril 1915, affecté au 4e régiment de zouaves, il sera blessé mortellement. Pour lui écrire, Colette a adopté un style analogue à celui de ses lettres à Marcel Schwob, un ton badin, qui « correspond en partie chez [elle] à une forme de pudeur : la plaisanterie grivoise lui est plus facile que la confidence intime[44] ».

Le portrait au pastel, merveilleusement tendre et tendu, par Emilio Della Sudda[45] se trouvait encore il y a quelques années aux Monts-Bouccons : faut-il penser qu'il y fut exécuté ? Il y fut plutôt transporté, car l'Ouvreuse dans un article du 5 avril 1897, repris dans *Accords perdus*, écrit de Colette : « C'est une petite collègue à moi qui s'est fait, en outre, pastelliser par Emilio Della Sudda. » Celui-ci était un protégé de José-Maria Sert et un ami de Colette, qui écrivait à d'Humières à la fin de l'été de 1901 : « J'ai vu le petit Emilio, pâle et charmante [au féminin]. » D'origine turque, tuberculeux ou cancéreux, aussi talentueux que pauvre, il avait dessiné la couverture de *Claudine à l'école*[46].

La fabrique Willy ne cesse de se développer et engage d'autres employés qui n'ont qu'à imiter les objets déjà lancés dans le commerce. Armory aurait collaboré à *La Môme Picrate* (1904). Colette elle-même doit écrire *Minne* (1904) et *Les Égarements de Minne* (1905) qu'elle s'appropriera ensuite en les fondant dans *L'Ingénue libertine* (1909). À Rachilde qui a regretté dans le *Mercure de France* d'août 1904 que l'héroïne en soit réduite « à rêver sur un cloaque », Colette répond que *Minne* « eût été une nouvelle charmante en 150 pages au moins, mais la dureté des temps oblige vos amis Willy et Colette à l'étirer, jusqu'au roman, hélas[47]... » Dès 1905, *Minne* devient une opérette, sous le nom de Willy, musique de Justin Clérice, jouée à la Boîte à Fursy, rue Pigalle, du 6 au 20 février. *Maugis amoureux* (1905) et *Maugis en ménage* (1910), roman auquel Willy se disait le plus attaché, bien qu'il ait été écrit par Curnonsky à l'exception de deux chapitres écrits par P.-J. Toulet, sont des « remakes » des *Claudine*. Toulet est alors journaliste, romancier, nouvelliste ; il n'est pas encore connu comme l'auteur de *Contrerimes*. Pour s'être attiré l'amitié efficace de Tinan et de Toulet, il fallait que l'homme Willy eût un charme. Autre victime consentante et grand ami de Toulet, Curnonsky (Maurice Sailland) qui collabore à *Chaussettes pour dames. Défense et illustration du mollet féminin* (1905) et à *Une plage d'amour* (1906) où il a pour compagnon de galère, Marcel Boulestin. Selon Cur, Colette disait : « Cur et moi, nous avons été les deux principaux collaborateurs des Ateliers Willy. Nous n'avons jamais travaillé ensemble. Mais nous avons bougrement travaillé pour mossieu Willy[48]* ! » Et Cur d'ajouter qu'il garde un dossier de trois cents lettres de Willy qui confirment cette affirmation**. Dans une lettre de 1953, Colette évoquera leur longue amitié (Cur a un an de plus qu'elle) sans nuage, qui commença rue Jacob, dont il fut le commensal. Juliette, la vieille cuisinière des Willy, un cordon bleu, faisait l'éloge de sa maîtresse : « C'est surtout Madame qu'il faut féliciter. Malgré ses vingt-trois ans, elle en sait autant que moi, et même davantage lorsqu'il s'agit des vins et des fromages. » Colette fit découvrir à Cur la « flognarde ».

Avec Pierre Louÿs (1870-1925) Colette eut d'abord, on en a eu un exemple, des relations cordiales et distantes, difficiles à préciser et qui s'affirmeront plus tard. N'oublions pas que Louÿs

* Cur se disait aussi l'auteur d'*Un petit vieux bien propre*. Sous des apparences très cordiales, Willy en voulait à Cur, celui-ci ayant aussi une nette tendance à s'approprier des textes.

** Ces lettres sont conservées dans les archives de la Société des gens de lettres.

avait déjà une grande réputation moins discutable que celle de l'auteur des *Claudine*, obtenue avec les *Chansons de Bilitis* (1895) qu'un savant allemand prit pour la traduction d'un original grec, *Aphrodite* (1896) et *La Femme et le Pantin* (1898). En 1916, elle reçut « Poétique » (extrait du *Mercure de France*) avec cet envoi : « à Madame Henry de Jouvenel / pourquoi ? évidemment pour / lui apprendre à écrire – / et, d'avance, avec toute / l'admiration de son vieil ami / PIERRE LOUŸS [49]. » Dans le jardin de Natalie Clifford Barney, Colette interprétera avec Eva Palmer un *Dialogue au soleil couchant* de Louÿs. En 1908 (?), elle écrit du Crotoy, où elle est avec Missy, qu'elle rêve « d'une petite sœur inférieure » de Bilitis et lui demande s'il aurait « le loisir d'écrire la toute petite comédie, le beau dialogue grec que vous m'aviez, dans le Jardin de Natalie, presque promis ». Ainsi, le lien entre Colette et Louÿs semble surtout dater des curiosités homosexuelles de la première.

Très tôt, Colette a fréquenté le salon d'Alfred Vallette et de Rachilde, son épouse, critique et auteur de romans (*Monsieur Vénus*, 1884) qu'on remet à l'honneur. Le *Mercure de France*, dont Willy est un collaborateur, a commencé sa carrière en 1889 au 15 de la rue de l'Échaudé-Saint-Germain avant d'installer ses bureaux et salon 26, rue de Condé. Peu de lettres ont subsisté parmi celles, vraisemblablement fort nombreuses, que Willy et Colette leur ont adressées [50]. Les Éditions du Mercure ont publié *Claudine en ménage*, *La Retraite sentimentale* et les *Dialogues de bêtes*. Rachilde a été la première femme à affirmer l'originalité de *Claudine à l'école* dans le *Mercure* de mai 1900. Quand vint pour Colette le succès, Rachilde en conçut quelque jalousie et elle fera en 1930 un portrait très sympathique de Willy [51]. À la fin de leur vie, les deux femmes reprirent des relations apparemment amicales.

Fréquenter le Mercure, c'est rencontrer les familiers de la maison. Ainsi, Alfred Jarry, de qui Colette est curieuse. Durant l'été ou l'automne de 1896, elle le remercie de lui avoir envoyé les *Minutes de sable mémorial* et *César Antéchrist* [52]. Elle en profite pour lui demander de ne pas l'oublier quand on jouera *Ubu Roi*. La pièce va être créée au théâtre de l'Œuvre le 10 décembre 1896. Colette, à qui Jarry avait promis des places pour la répétition, ne voyant rien venir, les réclame à Vallette et à Rachilde. On notera l'audace de son goût : elle a 23 ans. Plus tard, elle suivra son propre chemin, à l'écart de ceux qui explorent des voies nouvelles ; le surréalisme, entre autres, lui sera lettre morte.

Autre salon littéraire, celui des Muhlfeld. Lucien Muhlfeld a joué dans la littérature un rôle considérable, moins par ses propres œuvres – où il faut cependant remarquer *La Carrière d'André Tourette* (1900) – que par la sûreté du goût avec lequel il exerça son magistère de secrétaire de la rédaction et de critique attitré de la *Revue blanche*, créée en 1889 comme le *Mercure de France* et aussi importante que lui par la qualité de ses collaborateurs, d'Apollinaire à Willy, de Barrès à Verlaine, de Claudel à Mallarmé. Il y entra en 1891, à 21 ans, et la quitta en 1897 pour succéder à Henri Bauër comme critique dramatique à *L'Écho de Paris*[53], tandis que Léon Blum prenait sa succession à la *Revue blanche*. Il fut brutalement enlevé aux lettres en 1902 par une fièvre typhoïde. Sa femme, Jeanne, lui survécut un demi-siècle, devint Mme Pierre Blanchenay et reçut dans son salon de la rue Georges-Ville Valéry, Gide, Fargue, Cocteau. Aux Muhlfeld[54], qu'elle appelle les Mundoë, Colette se confie, leur demande conseil, toujours sur le ton qu'elle affectait d'une insolente et tendre gaminerie.

Dans une de ses lettres à Jeanne Muhlfeld*[55], nous avons une autre image de la vie point trop désagréable que menait notre héroïne, qui, plus tard, s'est voulue si mélancolique. Les Willy ont déjeuné chez le journaliste Léon Bailby (1867-1954), alors directeur de *La Presse*, avec Jean Lorrain et le couple que formaient le dramaturge Henry Bataille et Berthe Bady. « Ils se sont eng...trapés à propos de Rodin, des *Demi-Vierges***, des jupes collantes, de l'honnêteté théâtrale, du temps qu'il fait. Mais ils sont tous tombés d'accord pour dire, lyriquement, que votre menton est digne de la courbe de vos joues, et que vos yeux sont généreux et palpitants. » Bady a été l'interprète de Bataille, lequel fut un des meilleurs dramaturges du début du siècle et un poète de talent, qui ni l'un ni l'autre ne méritent le silence où l'ignorance les ensevelit. En 1904, Bataille et Bady allaient connaître un de leurs plus grands succès avec la création au Vaudeville, le 8 novembre, de *Maman Colibri*.

Jean Lorrain – qui était normand et s'appelait Paul Duval (1855-1906) – s'était créé un personnage dont Colette a fait elle-même un personnage en lui donnant une place importante dans

---

* Jeanne Muhlfeld, décédée en 1953, était la sœur de Mme Paul Adam et de Mme Cappiello.

** Le roman de Marcel Prévost (1894) qui a fait scandale. On y voit des jeunes filles émancipées qui seraient maintenant des jeunes filles modèles.

Le Pur et l'Impur et dans *Mes apprentissages*. Écrivain de classe, styliste pratiquant l'écriture artiste, il a traité des sujets étranges ou à la limite de l'interdit : *Monsieur de Bougrelon*, 1897 ; *Monsieur de Phocas*, 1901 ; *Le Vice errant*, 1902 ; *La Maison Philibert*, 1904, et il fut un chroniqueur plein de vie et de vivacité, qui ne craignait pas les duels.

En 1897, Jean Lorrain offre à Colette ses *Contes pour lire à la chandelle* qui viennent de paraître au Mercure de France. Elle se trouve « beaucoup plus digne de les lire qu'un tas d'autres ». Raison :

> j'ai passé ma jeunesse, jusqu'à ce que ce Willy vienne m'y chercher, dans une de ces maisons vieilles et vastes, que vous chérissez.

Notons que Willy n'est pas allé chercher Colette à Saint-Sauveur, mais à Châtillon. Elle ajoute, pour rendre la maison inquiétante et rencontrer le goût et la curiosité de Lorrain :

> De prestigieux greniers qui contenaient tout, tout, surtout une armoire délabrée pleine de vieux poisons, parfaitement, rien que des poisons, je ne sais pas d'où ils venaient, décomposés, cristallins, verdis, – ils avaient pour moi la figure de poisons qui ont servi [56].

Seule indication connue... Faut-il penser que Léo pour la rédaction de ses épitaphes avait besoin de cadavres ?

En octobre 1902, ils se sont retrouvés à Marseille où Polaire jouait *Claudine à Paris*. Comme il ne veut pas voir Willy, il écrit à Colette le 15, le 16, le 17, le 18. Ce sont les lettres qu'elle cite dans *Mes apprentissages* après les avoir remaniées, comme elle a fait des lettres de Sido dans *La Naissance du jour*. Colette est une adepte des belles infidèles [57].

Dans une autre lettre de Colette aux Muhlfeld apparaît le nom de François de Nion. Cet écrivain racé, proche de Henri de Régnier par les thèmes et l'expression, publie en 1900, aux Éditions de la *Revue blanche*, *Les Derniers Trianons, roman d'une amie de Marie-Antoinette,* et un recueil de contes et nouvelles, *Histoires risquées des Dames de Moncontour.*

Curieusement, alors qu'ils ont des relations amicales avec les Muhlfeld, Willy et Colette ne mentionnent pas dans leurs lettres Misia Godebska, alors épouse de Thadée Natanson, qui est le propriétaire de la *Revue blanche*, dont Lucien Muhlfeld est l'un des animateurs. Non moins curieusement dans leur biographie de *Misia*, Arthur Gold et Robert Fizdale observent le même silence sur les Muhlfeld[58]. C'est plus tard que Colette rencontrera Misia, au moment où celle-ci sera, en troisièmes noces, la compagne de José-Maria Sert.

On voit aussi les Willy dans leur salon. Lucie Delarue-Mardrus (1880-1945), l'épouse du traducteur des *Mille et Une Nuits*, avait rencontré Colette chez Natalie Barney, avec qui elle aura une liaison de novembre 1902 à août 1903 ; aux Éditions de la *Revue blanche* elle avait publié en 1900 un recueil de poésies et en 1902 un autre recueil, *Ferveur*. Elle se rappellera sa première visite chez une jeune femme qui était « perpétuellement en train de jouer la centième de *Claudine* » et qui l'accueillit ainsi : « Qu'est-ce qu'il y a Ferveur ? Vous avez envie de faire pipi[59] ? » Apostrophe caractéristique d'une certaine manière d'être de Colette. Ce qui ne les empêchera pas de rester en relations cordialement aigres-douces.

Dans une société où se mêlent l'ancienne aristocratie et la riche bourgeoisie, Colette n'a pas trop de mal à s'orienter. Sa famille n'avait-elle pas été aux franges de plusieurs mondes ? Elle sait adapter son expression à ceux qui, sans déchoir, ont daigné, et ardemment souhaité, être écrivains. Ainsi la comtesse de Mirabeau-Martel, *alias* Gyp, l'auteur du célèbre *Mariage de Chiffon* (1894) : depuis les Monts-Bouccons, Colette l'entretient de son cheval qu'elle tient à chevaucher comme un homme et elle reçoit en cadeau un stick. Elle ne joue pas à la petite fille ; elle est une jeune bourgeoise qui a de l'originalité, mais qui ne cherche pas à en revendre. Willy vient de tirer une pièce du roman *Le Friquet*, pièce qui va être jouée au Gymnase à la fin de 1904, avec Polaire dans le rôle principal ; c'est une monnaie d'échange[60]. Le comte Robert de Montesquiou-Fezensac, l'auteur des *Hortensias bleus* (1896), appartient au même monde. Willy lui offre un exemplaire sur hollande de *Claudine à Paris* auquel le destinataire joindra une lettre plus tardive où Colette lui dira son admiration pour Aubrey Beardsley, « une passion presque coupable, tant les dessins de ce très jeune homme un peu fou répondent à ce qu'il y a de caché en moi, tant j'ai souhaité vivre, rien qu'une heure, devant cette coiffeuse " à guirlandes ", dont le miroir refléterait derrière mon épaule le loup noir de l'être masqué qui a les doigts si pointus[61] ». En 1908, elle le remercie de l'envoi d'*Assemblée de notables* qui contient un essai sur les chats, « Mylord Chat », et elle n'a pas de peine à trouver la formule du graphisme de son correspondant : « votre belle écriture qui a une grâce végétale », justifiant ainsi l'épithète : « Connaissez-vous une jolie plante qu'on appelle chez nous l'*osier fleuri* ? Elle ressemble à votre écriture. » Qu'il devait être difficile d'être à la fois le baron de Charlus, un homme titré et un poète et écrivain de talent, à qui l'on aurait rendu hommage, s'il n'avait eu les autres qualités… Et quelle délicatesse dans le remerciement et le compliment de Colette, à qui le ton un peu bohème et gavroche ne réussissait pas toujours aussi bien.

À la limite du « monde » et des ateliers, les Saint-Marceaux. Marguerite Jourdain[62] avait épousé en secondes noces le sculpteur René de Saint-Marceaux (1845-1915), qui ne vivait pas des revenus de son art ; Jourdain n'est pas loin de Verdurin : ce salon, 100, boulevard Malesherbes, a fourni des éléments à Proust, dont la société communique avec celle dans laquelle par Willy Colette avait pénétré. La maîtresse de maison n'aimait d'ailleurs pas Colette qu'on avait surnommée « Culotte » et qu'elle qualifiera de « femme de génie et de vice », déclarant ressentir à son égard un « grand dégoût »[63]. Saint-Marceaux a fait de Colette une tête en plâtre la représentant en faune. Autre sculpture, le buste aux seins nus par Fix-Masseau, présenté à la Galerie du Champ-de-Mars en 1896, puis à l'Exposition nationale des Beaux-Arts en 1897. Ferdinand Humbert, portraitiste très recherché, bientôt membre de l'Institut, l'a peinte de profil ; il a exposé ce portrait au Salon des artistes français en 1899. Fix-Masseau et Humbert ont accepté de lui donner l'air pensif, presque triste, qu'elle se prêtait déjà pour la postérité, alors qu'elle était rieuse, moqueuse, spontanée. Penchée, pensive, avec de plus l'air revenu de tout, elle est aussi, dans la toile d'Eugène Pascau (1875-1944), élève de Bonnat, qui l'a représentée assise, près de Willy, debout, impressionnant de suffisance ; le couple a posé devant le tableau, qui figura au Salon de 1903, et l'on imagine la satisfaction qu'aurait donnée à Willy une série de miroirs placés devant la photo du portrait et des portraiturés. Avec le portrait dû à Emilio Della Sudda, l'œuvre la plus attachante est le portrait peint par Jacques-Émile Blanche en 1905, qui a été exposé au Cercle de l'Union artistique et reproduit le 15 février 1906 en couverture du mensuel *La Vie heureuse*. Intitulé *La Bourguignonne au sein bruni*, il est au musée de Barcelone, par lequel José-Maria Sert le fit acquérir. Gravé, il est devenu le frontispice de *Sept dialogues de bêtes*. Colette, décolletée, y pose jusqu'à l'affectation[64]. Une note de Colette nous a conservé un souvenir de ces séances de pose au cours desquelles elle pouvait rencontrer Maurice Barrès[65] :

> J'ai posé assez fréquemment pour Jacques Blanche, qui peignit d'après moi jusqu'à trois portraits qu'il détruisit de sa main, sauf celui que sauva en l'acquérant le musée de Barcelone. Chez Jacques Blanche pendant les longues séances de pose, c'est le portrait de Marcel Proust qui occupait mon attention [...]. [...] je n'obtins jamais que Blanche abordât le ton abandonné, la familiarité de modèle à peintre et de peintre à modèle. Je crois qu'il n'aima ni ma jeunesse, ni la tristesse qu'il y pressentait et que peut-être il lui est advenu de plaindre.

Mais plutôt que les peintures et les sculptures, ce sont les photographies de l'époque qui donnent d'elle l'image la plus séduisante d'une femme d'une réelle beauté.

Ses portraitistes sont les amis du couple, ainsi que José-Maria Sert[66]. Ce Catalan est arrivé à Paris en 1899 ; il sera des amis de Georgie Raoul-Duval, et même un peu plus, car celle-ci n'est pas exclusive. D'où, de petits accès de jalousie de Colette, et aussi de petites étincelles perverses, comme : « Adieu, je vais me déshabiller pour être plus belle », ou, évoquant un voyage à Bayreuth : « Je n'avais jamais couché en sleeping. La joie de me sentir en chemin de fer toute nue dans des toiles m'a tenue éveillée une partie de la nuit. Non loin de moi, Willy, dans la même situation, étouffait de rage, de chaleur et de haine pour ces draps étrangers. »

Sert devait la peindre en Mademoiselle de Maupin, ce qui eût été piquant, mais l'idée resta à l'état de projet : « Pour la pose définitive de Maupin – lui écrit-elle en 1900 ou 1901 – je suis à vous pendant quatre jours la semaine prochaine. » Et elle termine ainsi une autre lettre : « Je vous embrasse et suis votre modèle dévoué. » Lorsqu'il travaille à la décoration de la cathédrale de Vich, il lui montre des cartons : elle lui explique ensuite que, s'il l'a trouvée « démesurément cruche » devant ces œuvres, c'est qu'elle a la pudeur de son admiration. Facile à dire. Avec qui la voit-on en relation parmi les peintres ? Avec Antonio de La Gandara (1861-1917), Parisien de père espagnol, ami de Robert de Montesquiou, recherché par la High Society pour son talent de portraitiste : il a offert à Colette une *Couronne d'hortensias*, qui n'est pas un chef-d'œuvre de modernité. Boldini, rival de La Gandara, n'a pas fait son portrait, mais il a peint Willy et Liane de Pougy.

À tout prendre, les artistes qu'elle fréquente dans sa jeunesse n'appartiennent pas plus que ceux qui seront les familiers de son âge mûr et de sa vieillesse à ce que la peinture et la sculpture ont offert à Paris et au monde de plus important. Colette a ignoré Picasso, Braque, Juan Gris, Brancusi, Modigliani ; Matisse sera seul sauvé, mais bien plus tard[67]. Elle n'a pas la fibre artiste, ce qu'elle avoue en quelque sorte à J.-M. Sert. Peut-être parce que Willy ne l'avait pas lui-même, si l'on en juge par ses fréquentations comme par les couvertures illustrées de ses livres.

L'article sur le Salon d'automne qu'elle publiera dans *Le Matin* du 27 novembre et qui sera repris dans *La Paix chez les bêtes* (1916) indique bien ses limites. Elle se moque des cubistes, qui ont chassé l'air de leurs toiles, et leur oppose – brumes, ciels, eaux – Corot, Turner, Monet. Elle n'a que mépris pour le portrait de l'éditeur Figuière par Albert Gleizes que dans *L'Intransigeant* du 14 Apollinaire avait salué comme une « fantaisie pleine d'une joie débordante et saine[68] ».

Avec les musiciens, au contraire, elle est dans son milieu, par son éducation et sa famille, et dans le milieu de Willy. Elle a d'ailleurs collaboré avec lui en donnant au *Gil Blas*, de janvier à juillet 1903, des comptes rendus intitulés « Claudine au concert », puis « Claudine au Conservatoire », en tout trente-trois textes, que Willy a signalés et résumés dans « Claudine musicographe », article publié dans le *Mercure de France* du 15 décembre 1927. Rappelons qu'elle s'était déjà essayée dans ce genre en 1895. De là à conclure, comme on l'a fait, que Claudine est Colette et seulement Colette[69]...

Celle-ci avait un vrai talent de musicien. Liane de Pougy, qui n'est pas l'indulgence faite femme, note qu'elle a entendu Colette Willy jouer *Le Noyer* de Schumann « d'un bout à l'autre, sans une fausse note », mais elle a tort d'ajouter que la pianiste « n'avait jamais appris[70] ». Même étonnement quand, se trouvant à Rozven, Germaine Beaumont accompagne Colette dans une maison amie :

> La jeune sœur de la maîtresse de maison avait une belle voix naturelle, et Colette désirait l'entendre chanter des mélodies de Duparc. Mais quand nous arrivâmes, ce fut pour apprendre que l'accompagnatrice, malade, ne pourrait venir. Il y eut un moment d'embarras et de déconvenue, puis Colette proposa de se mettre au piano, ce qu'elle

fit. La façon dont elle posa ses mains sur le clavier m'est encore présente. Elle joua et la jeune fille chanta. Puis Colette continua de jouer seule dans un silence profond qui semblait s'étendre à toutes choses par delà la banalité de la demeure, du jardinet et de la rue, par delà la ville, par delà la mer.

Cela dura très longtemps jusqu'à ce que Colette s'éveillât de ce songe, et, avec une brusquerie aimable, revînt parmi nous. Personne ne dit mot, comme si nous avions assisté à un spectacle qui ne nous était pas destiné. On goûta dans le bourdonnement des guêpes et le tintement des cuillers. On se sépara. La voiture de location qui nous ramenait, Colette et moi, vers Rozven roulait dans le frais crépuscule de l'été déclinant. Je murmurai étourdiment : « Mais, Colette, je ne savais pas que... » Colette posa sur mon genou une main qui m'enjoignit le silence, et nous rentrâmes dans la maison sans piano, avant de regagner, en octobre, une autre maison au piano toujours fermé. Mais j'en savais assez pour comprendre un des secrets du style de Colette, et sa musicale infaillibilité. Peut-être est-ce aussi la poursuite d'une cadence intérieure, le recommencement de telle phrase aussi obsédante que celle de la sonate de Vinteuil, qui tient parfois Colette dans un grand repos aux paupières closes, qui n'est pas le sommeil [71].

Si Willy a été un wagnérien fanatique, il a été aussi le défenseur de la musique moderne, en compagnie de ceux qui l'aidaient à écrire ses chroniques, Pierre de Bréville, Émile Vuillermoz, Louis Laloy, et de compositeurs comme Louis de Serres et Déodat de Séverac, au premier rang de qui se trouvaient Gabriel Fauré et Claude Debussy. Colette les a silhouettés dans *Mes apprentissages* [72]. Plus tard, elle sera la collaboratrice de Maurice Ravel pour *L'Enfant et les Sortilèges* et l'amie de Francis Poulenc.

De tous les musiciens qu'elle a rencontrés, c'est Debussy qu'elle a préféré. On ne peut en douter lorsqu'elle le montre le soir de la première de *Schéhérazade*, prolongeant le concert en imitant les instruments parce qu'il n'est pas encore rassasié de Rimski-Korsakov [73]. Elle le voit en faune, elle, la faunesse. Et quelle fête en mai 1901 lorsque Louÿs arrive chez les Willy pour leur apprendre qu'Albert Carré a décidé de monter *Pelléas et Mélisande* à l'Opéra-Comique : Colette envoie aussitôt Vuillermoz chercher du champagne pour fêter l'événement [74]. *Pelléas*, c'est

Debussy ; c'est aussi et d'abord Maeterlinck. Et Georgette Leblanc qui a été la cause de la rupture entre le dramaturge et le compositeur. Lorsque Maeterlinck et Georgette, en 1896-1897 ? s'installent à la villa Dupont, impasse qui donne dans la rue Pergolèse, ils y reçoivent Colette : « Sa mine pointue retenait des rires, elle portait un béret et un col marin ; sur sa poitrine deux nattes tombaient verticales[75]. » Comment ne pas penser aux cheveux de Mélisande qui descendent de la tour jusqu'à Pelléas ?

La passion que Colette eut dans sa jeunesse pour la musique, au point qu'elle rêva d'être compositeur plutôt qu'écrivain, se lit dans un passage des souvenirs de Camille Mauclair sur Samain :

> La première fois que j'ai vu Albert Samain, c'était dans une soirée musicale chez mon cher et toujours regretté ami Ernest Chausson tandis qu'Ysaye jouait du Bach. Il contemplait profondément une jeune femme qui, en face de nous, écoutait avec passion, une jeune femme à la bouche un peu triste, aux yeux inouïs, mieux que belle, toute revêtue d'une grâce farouche et semblant garder sur elle au milieu de tant de clartés un mystère crépusculaire. Samain – fragile et fin – me dit tout bas : « Cette jeune femme là-bas est la seule qui écoute avec son âme. Que son visage est grave et délicieux ! Savez-vous qui elle est ? » C'était Mme Colette Willy. Ce morceau achevé, je lui présentai Samain[76]*.

En 1893, Colette est inconnue. Dix ans plus tard, elle a trente ans, elle s'est fait la réputation d'une jeune femme moderne, émancipée, pourtant fidèle épouse, un peu extravagante et tenant des propos libres. Elle n'apparaît pas comme une femme de lettres, puisque les *Claudine* sont signés Willy et que seules quelques personnes devinent qu'elle en est le vrai auteur. Mais elle sait, elle, que c'est à elle-même que le succès de ces livres est dû. Elle n'a jamais manqué de confiance en elle. Maintenant, sa confiance est affermie. À un moment difficile à déterminer, entre 1900 et 1903, elle a pris conscience qu'elle était un écrivain, un écrivain exploité qui devait se produire au grand jour. L'avenir s'ouvre à elle.

---

* Colette avait conservé un exemplaire de cet article, sur lequel elle avait écrit (pour qui ?) : « Je ne m'en souviens pas du tout, figure-toi ! » (BN, N. a. fr. 17808, f° 298).

5

MADAME COLETTE WILLY

1900-1903

Colette a raconté par deux fois, dans *Mes apprentissages* (1935 et 1936) et dans la préface aux quatre *Claudine* écrite pour l'édition des *Œuvres complètes* du Fleuron (1948), comment, un an, dix-huit mois, deux ans (elle ne peut préciser) après son mariage (mai 1893), relevant d'une grave maladie et s'ennuyant, elle reçut de Willy le conseil d'écrire ses souvenirs sur l'école primaire. Ce qui peut assigner le début de la composition de *Claudine à l'école* à l'automne de 1894, mais aussi bien à l'automne de 1895 [1]. Ayant lu le manuscrit, Willy le trouva négligeable et le jeta au fond d'un tiroir où il le retrouva « deux ans après » (texte de 1948), en se reprochant d'avoir été assez bête pour ignorer la valeur de l'œuvre.

On voit dans les commentaires de Paul D'Hollander combien d'invraisemblances entourent cette naissance de *Claudine*. La moindre n'est pas que, selon un procédé habituel aux ateliers Willy, le manuscrit ait été envoyé pour révision et réduction à Curnonsky, lequel, en 1955 ! se rappelait qu'il comptait 656 pages... Que Willy, après le refus de Cur, ait alerté un autre collaborateur ou qu'il ait lui-même remanié le texte, c'est certainement une mise au net qu'il porta à Paul Ollendorff, après avoir, dit-il, éprouvé le refus de plusieurs éditeurs. On sait seulement par un « pneu » de Lucien Muhlfeld à Willy, du 10 janvier 1900, qu'Ollendorff est alors prêt à signer le contrat : « Valdagne, lecteur de confiance, donne l'avis suivant à ses patrons : "C'est bien, c'est même bien fait et très spirituellement documenté. Seulement ça fera hurler (*sic*), ce qui n'est pas une mauvaise chose, au contraire (re-*sic*)" [2]. » Pierre Valdagne, le 1er février, ne conteste que la préface : « Elle a le grand défaut de laisser croire que le roman n'est pas de vous. » La préface cherche en effet à rendre à Colette ce qui appartient à Claudine. Ce simple subterfuge, si commun à la rhétorique de tant d'œuvres trouvées ou reçues, Willy ne se rendait pas compte qu'on pourrait le retourner contre lui.

Claudine à l'école fait irruption dans la littérature française alors que s'ouvrent le siècle – si l'on veut bien accepter qu'il s'ouvre en 1900 – et l'Exposition universelle de Paris. La verdeur de la première phrase « Je m'appelle Claudine, j'habite Montigny ; j'y suis née en 1884 ; probablement je n'y mourrai pas », tranche sur la grisaille ou le mauve des œuvres de la Décadence et de la littérature « fin de siècle ». Un ton nouveau est trouvé, ou presque trouvé. On ne voyait pas d'antécédents à Claudine, personnage que caractérise une insolence acidulée, jusqu'à ce que nous lui découvrions une sœur aînée et peut-être deux, Catherine Duval, de *Princesse*, et Irène de Léoty, d'*Un grand mariage*, deux récits, deux journaux intimes tenus par d'indomptables jeunes filles, créées par Ludovic Halévy, l'auteur de *Monsieur et Madame Cardinal* et des *Petites Cardinal*[3].

À ce ton nouveau les critiques attitrés ne sont pas tous sensibles. Mais des esprits libres ont su reconnaître l'originalité : André Beaunier dans la *Revue bleue*, Charles Maurras dans la *Revue encyclopédique*, Rachilde dans le *Mercure de France* et Henri Ghéon dans la *Revue blanche*[4]. Au fond ce livre déconcerta encore plus qu'il n'étonna. C'était un produit nouveau et original de la fabrique de romans Willy et Cie. On n'y reconnaissait qu'imparfaitement et parfois seulement la marque que Willy savait imposer aux œuvres portant sa signature, même s'il n'en était pas l'auteur. Il est malheureux que le manuscrit de cette *Claudine* et de la suivante aient disparu, peut-être à tout jamais ; ils auraient été détruits sur l'ordre de Willy par Paul Barlet, son secrétaire, qui était aussi l'ami de Colette et qui suspendit la destruction[5]*. Ce premier manuscrit nous aurait renseignés sur ce que Colette ne devait qu'à elle-même et sur ce qu'elle devait

---

* Sous le pseudonyme de Paul Héon, suscité par ses moustaches impériales, P. Barlet a publié un compte rendu élogieux de *Claudine à Paris* dans *Le Figaro* du 13 avril 1901. On le retrouvera en 1913 éditeur de Colette à la Librairie des lettres. Une note de Pascal Pia glissée dans l'exemplaire des *Lettres à ses pairs* (Flammarion, 1973, p. 184) à propos de la lettre de Colette à Barlet, qui est, en fait, de septembre 1913, met en doute l'honnêteté de Barlet, dans d'autres affaires, ce qui peut expliquer aussi les condamnations portées contre lui par Willy (coll. Pascal Pia, bibliothèque de l'université Vanderbilt, Nashville). Chaffiol-Debillemont disait en septembre 1965 à Cl. Pichois que Barlet, joueur invétéré, se serait donné la mort vers 1930.

à celui qui fut en quelque sorte le maître de cette jeune femme très douée et qui avait reçu une excellente instruction. Peut-on, au reste, mentionner le « premier manuscrit » de *Claudine à l'école* ? Quand on connaît le travail opéré par Colette sur ses textes, ses innombrables corrections, on croira difficile qu'il n'y ait pas eu des états successifs sur lesquels on aurait pu voir de nombreuses interventions de Willy.

Si l'on s'en réfère aux manuscrits de *Claudine en ménage* et de *Claudine s'en va*, et si l'on conclut de ceux-ci aux deux premiers – ce qui peut n'être pas tout à fait pertinent, car l'expérience a parlé –, Willy s'est borné à quelques conseils et à quelques retouches de style, à l'introduction de calembours, de perfidies contre les confrères, de salacités diverses et, plus tard, de commentaires sur Wagner. On peut le créditer aussi d'avoir incité sa femme à pimenter le texte d'épisodes saphiques, légers dans *Claudine à l'école*, tandis qu'ils seront appuyés dans *Claudine en ménage* : l'homosexualité féminine est alors acceptée et même approuvée par les mâles, qu'elle titille. Colette disait se rappeler les encouragements que lui donnait son mari, lorsqu'il fallut enrichir la première version et pour cela « échauffer un peu ce... ces enfantillages », lui conseillant de plus de ne pas plaindre le patois [6].

Ce qui appartient à Colette, ce sont, bien entendu, les souvenirs de sa vie à l'école, sur lesquels elle brode, et l'emploi des expressions dialectales empruntées au poyaudin et appropriées à la sauvageonne qui va devenir une curiosité parisienne : dans la préface de *Claudine à l'école*, Willy souligne que l'héroïne « est presque l'enfant de la nature ». Mais la Nature n'existe pas ; c'est Colette qui la crée. À elle appartient aussi la pitié pour les humbles, pour celles qui, comme Mlle Aimée, veulent entrer à l'école normale d'institutrices pour éviter la triste vie des filles de paysans ou d'ouvriers [7]. Willy a-t-il jamais pris le parti des opprimés, si ces opprimés n'étaient pas des fêtards tombés dans la dèche ? À Colette encore, la délicate notation, qui rappelle les pervenches de Rousseau et annonce les manifestations de la mémoire involontaire qui structurent *À la recherche du temps perdu* : Claudine, tombée malade à Paris, est bouleversée par l'odeur du bouquet de violettes que lui apporte son père, odeur qui lui restitue instantanément son Montigny natal. *A contrario*, ce qu'il peut y avoir de répugnant dans les romans de l'autre production de Willy est absent des *Claudine* : les pustules purulentes de la femme de l'ingénieur dans *En bombe*, le caleçon sale du « héros » qui occupe son esprit et un tiers de *La Maîtresse du prince Jean.*

Dans l'école communale de Claudine, qui n'est pas toutes les écoles communales ! règnent la corruption et le libertinage. La première *Claudine*, qui paraît à un moment particulièrement fébrile des luttes entre les partisans de l'école publique et ceux de l'école libre, peut donc être considérée comme un pamphlet contre « la laïque » et elle a été utilisée comme tel[8]. Mais, d'autre part, si Willy est nationaliste et anti-dreyfusiste, rien n'apparaît en faveur de l'armée et du clergé. Cette neutralité partielle est caractéristique de Colette que sa mère, libérale, n'aura pas encouragée à fréquenter assidûment l'église et dont le père, patriote, portait le stigmate de la guerre.

Claudine à l'école est aussi un pamphlet contre le village natal de Colette, Saint-Sauveur-en-Puisaye, transformé en Montigny-en-Fresnois et plus tard métamorphosé en paradis perdu. Grâce aux remarquables recherches d'Élisabeth Charleux-Leroux et Marguerite Boivin, consignées en 1995 dans leur répertoire *Avec Colette, de Saint-Sauveur à Montigny*, les masques, pour elles parfois transparents, ont été levés. C'est à un jeu de massacre que Colette s'est livrée. Rares sont les personnes qui, ayant lu le roman, n'avaient pas à s'irriter – mais rares aussi, sans doute, dans ce bourg les vrais lecteurs et les lectrices. Parmi les personnes indemnes, Claire, en qui on reconnaît Yvonne Jollet, camarade de classe de Gabrielle, qui restera en termes amicaux avec elle jusqu'à l'année de leur mort (1954). Mais une autre, Odile Boully, écrira le 11 février 1955 à M. Lescail, qui avait épousé une camarade de classe de « la grande Anaïs » : « Avec vous j'admire la grande Colette écrivain, mais je ne lui pardonne pas les si injustes calomnies que – plus ou moins – elle a déversées sur ses humbles condisciples d'autrefois, ainsi que sur sa directrice, Mlle Sergent, qui s'est vraiment montrée trop indulgente à son égard[9]. » L'institutrice, Mlle Olympe Terrain, eut du mal à se remettre de la caricature que Colette faisait d'elle sous le nom de Mlle Sergent. Née en 1863, nommée en octobre 1887 directrice de l'école de Saint-Sauveur, à laquelle s'ajoutait un cours complémentaire d'enseignement primaire supérieur, elle restera en fonction jusqu'au 30 septembre 1918, date de sa retraite qu'elle vécut à Saint-Sauveur ; elle ne mourra qu'en 1943. Sa vie avait été assez libre : elle eut un enfant naturel ; elle fut protégée par le docteur Pierre Merlou à qui elle dut sa nomination à Saint-Sauveur, mais elle avait les titres nécessaires et son dossier ne contient aucune plainte. Il est donc exclu qu'elle se soit conduite avec son adjointe comme Mlle Sergent avec Aimée Lanthenay, en qui l'on reconnaît Emma Duchemin, arrivée à Saint-Sauveur en même temps que Mlle Terrain. Et Merlou, qui eut une vie sentimentale agitée, est Dutertre. Colette défigure son père en malacologue indifférent dans *Claudine à l'école* tout en le vengeant dans ce même livre d'avoir été évincé en 1880 du conseil général par ce médecin-politicien qui avait mis fin à une carrière rêvée et qui avait, reconnaissons-le, d'autres aptitudes administratives que le Capitaine.

Ce n'est certainement pas en pensant à Dutertre que dans *Mes apprentissages* elle se reprochera « l'insouciance de nuire [10] », reproche qui a trait surtout à la caricature de Mlle Terrain. Celle-ci fut d'autant plus ulcérée de la perfidie que, en 1895, elle avait amicalement reçu son ancienne élève mariée à Willy. Elle aurait songé à donner sa démission. « Radicale » comme Merlou, ses ennemis politiques profitèrent de ce portrait pour l'attaquer. En 1928, André-Armel Sprecher, venu pour l'interviewer sur Colette, a le tort d'évoquer d'abord le livre maudit :

> Par petits mots acerbes et pointus, « Mademoiselle » m'exprime l'amertume que lui a laissée cette satire qu'elle affirme excessive, cette manière de pamphlet « dirigé contre l'école laïque et ses plus illustres défenseurs »... Je tente de la ramener à l'œuvre immense de Colette. Inutile. La fierté condescendante de l'institutrice, qui s'exprimait si généreusement tout à l'heure, a disparu pour faire place au plus aigre ressentiment... / [...] / Le jour où je voudrai avoir l'opinion de « Mademoiselle » sur l'œuvre de son élève, je n'évoquerai plus *Claudine à l'école* [11].

Vers 1932, dans une lettre à Marise Querlin, elle tend à excuser Colette qui aurait été pervertie par Willy, Polaire et Missy et elle lui reconnaît pour seul mérite d'avoir désavoué les *Claudine* [12]. Des lettres de Colette à Mlle Terrain ont été conservées qui prouvent de bonnes relations entre les deux femmes, dans la dernière partie de la vie de l'institutrice [13]. Colette qui, en 1895, signait « Votre ex-fléau » termine une lettre de 1929 par « Votre élève déférente et affectueuse ». En 1931, elle a le projet d'aller voir Mlle Terrain avec la petite Colette. En 1935, elle l'informe de son mariage. Reste que l'insouciance dont elle s'accusait correspond déjà, dans ce premier livre, à une autre caractéristique de Colette, affirmée dans la suite de ses œuvres : le sentiment de sa supériorité, qui ne va pas sans la volonté d'abaisser les autres, un sentiment dont elle a besoin pour compenser la perte du paradis et aussi pour se défendre de et contre Willy. On remarque que, si le père est diminué, la mère est absente : « si j'avais une maman », dit seulement Claudine [14]. Silence pieux, en attendant…

Le succès de la première *Claudine*, renforcé par la publication en 1901 de *Claudine à Paris*, a été considérable, au sens quantitatif et commercial. Le personnage a suscité ce que Colette appellera des « aspirantes-Claudine », Musidora, Marcelle Rossat*, assez rossement portraiturée dans *Mes apprentissages* pour n'y figurer que sous une initiale [15], et Marguerite Maniez, qui deviendra Meg Villars, épousera un temps Willy et restera jusqu'à la fin une amie de Colette. Et du nom de la piquante héroïne sont baptisés le col qu'elle portait et qui va agrémenter de nombreux cous plus ou moins jeunes, une lotion, un parfum, un chapeau, une glace du pâtissier Latinville, des cigarettes, des plaques et du papier pour la photographie, etc. Colette n'est pas connue, encore moins reconnue comme auteur. C'est donc le masque de Claudine qui se colle à son visage. Catulle Mendès (mort en 1909), qui connaissait l'identité du véritable auteur, lui affirma : « Dans vingt ans, trente ans, cela se saura. Alors vous verrez ce que c'est que d'avoir, en littérature, créé un type. Vous ne vous rendez pas compte. Une force, certainement, oh ! certainement ! mais aussi une sorte de châtiment, une faute qui vous suit, qui vous colle à la peau, une récompense insupportable qu'on vomit [16]… »

Si Colette a exprimé plusieurs fois le regret d'avoir écrit les *Claudine* – du moins d'avoir composé ces romans dans les conditions dans lesquelles elle fut contrainte de le faire –, elle n'en a jamais renié le personnage principal. Et même, elle a toujours accepté qu'on l'assimilât à elle – quand elle n'a pas favorisé elle-même la confusion. Les exemples, bien postérieurs aux *Vrilles de la vigne*, ne manquent pas. En 1936, quand on lui demande si elle est superstitieuse, elle réplique : « Non, je ne crois pas être superstitieuse. Voyons, réfléchissons : je renverse quotidiennement du sel par terre et j'adore les chats noirs. Claudine n'aimait

---

* C'est Marcelle Rossat qui pose, avec Marcel Boulestin, pour les photographies qui illustrent *En bombe* de Willy (ce n'est pas Colette).

pas passer sous les échelles, mais depuis... » Alors qu'elle a près de quatre-vingts ans, à une autre enquête aussi passionnante (« La question du jour » : « Que pensez-vous de... la rentrée ? ») elle a la patience de répondre : « Tout cela est bien loin ! [...] mais, je vous le répète, à présent, Claudine est trop loin[17]... »

Elle-même, en tant qu'auteur, n'a pu se débarrasser vraiment du personnage. Il est bien symptomatique que le premier livre de souvenirs d'enfance soit intitulé en 1922 *La Maison de Claudine.* En 1937, plus de trente ans après les autres volumes du début du siècle, Claudine resurgit dans *Claudine et les contes de fées*, telle qu'elle était dans la « tétralogie » puisque ces pages étaient censées avoir été retranchées de *Claudine s'en va.* Ce n'est pourtant qu'en 1941, sous l'Occupation, que Claudine fit ses adieux, dans un sketch de la *Revue du Michel* : *Claudine revient.* Le titre aurait pu laisser penser que ce retour était en fait un départ pour de nouvelles aventures, mais il n'en fut rien. On peut presque le regretter. Claudine avait sinon vieilli du moins mûri, tout en ayant cependant gardé son indépendance d'esprit. Le sujet était badin comme l'impose le genre, mais Colette avait su instiller à son personnage de music-hall des traits du caractère de la première Claudine qui avaient fait son charme*.

Colette dans *Mes apprentissages*, puis dans la préface à la série de ses quatre premiers romans réunis au début de ses *Œuvres complètes*, déclare ne pas aimer les *Claudine*, et encore moins *Claudine à Paris* et *Claudine s'en va* où le personnage de Renaud lui apparaît léger et creux. À l'exception du père, de Dutertre et des adjoints de l'école, ridiculisés, il n'y avait pas d'homme dans *Claudine à l'école.* Le premier amoureux que Colette crée, Renaud, est, en effet, sans substance. Marcel en a plus que lui. Les successeurs n'en auront pas beaucoup plus. Mais Renaud aura un rôle piquant dans *Claudine en ménage*, roman qui frôle le scandale et que Jean Lorrain qualifiera ainsi dans *Le Journal* du 29 mai 1902 : « *Les Liaisons dangereuses* du vingtième siècle, par un Laclos modern style ».

C'est en partie grâce à Polaire que Claudine a pris cette étonnante dimension. Willy, vrai Barnum, avait compris tout ce qu'il

---

* N'oublions pas les trois chansons du film *Claudine à l'école*, éditées chez Cavel et Cie, en 1938. Elles sont signées « Jacques Constant et Colette Willy » ! La première, *Filles et garçons*, ressemble à la chanson de *Claudine revient.*

pourrait tirer d'une association entre Colette et Polaire, entre Colette et Claudine, transformées en *twins* et destinées à piquer de vicieuses curiosités. D'autant plus que *Claudine en ménage* allait mener l'héroïne aux rivages de Lesbos avec une certaine Rézi. Une anecdote a été colportée qui suggérait cette liaison de Colette avec Polaire : « Lors d'un dîner donné par J.-M. Sert pour des gens de théâtre (avec Willy) dans un cabinet particulier, Colette avait fait une entrée tardive et remarquée au dessert : portée par quatre valets en livrée, sur un grand plat d'argent, un gâteau immense ; au milieu d'une montagne de crème fouettée, deux minois pointus émergeaient. Toute nue, blottie contre Polaire, Colette riait aux éclats et de ses pieds roses faisait voler les œufs battus en neige*. » En fait, Polaire était « pour hommes ».

De grands yeux noirs aux pointes remontantes, une grande bouche, un petit nez frissonnant entre des pommettes saillantes, des cheveux « châtains et non noirs » (précise Colette dans *Le Fanal bleu*), courts, crépus, indisciplinés, rejetés en arrière, Polaire offrait aux portraitistes – La Gandara et même Toulouse-Lautrec – et aux caricaturistes une silhouette et un visage de choix[18]. La cible n'a pas été manquée par André Rouveyre (*Le Sourire*, 17 mars 1900), Léandre, Camara, Jack Abeillé, etc. ; elle a même été cruellement atteinte par Sem. Le chef-d'œuvre est dû à Cappiello (*Le Rire*, 14 avril 1900) qui a bien marqué la taille mince enviée par beaucoup de femmes[19]. « Comme tour de cou – dira Willy – j'ai 44 centimètres[20], exactement ce que mesure la taille de Polaire ; la créatrice de *Claudine à Paris* pourrait donc se ceinturonner avec mon faux col, si jamais elle en exprimait le désir. » N'oublions pas non plus l'extrême vivacité de son corps et son accent, faubourien jusqu'à la vulgarité.

Laide ? Son impresario américain (elle se rendit aux États-Unis en 1910) fit ainsi la publicité : « La femme la plus laide du monde ». Laide, peut-être, mais d'une laideur intéressante, à laquelle on ne pensait pas en admirant son talent et dont elle savait tirer parti.

Cocteau se rappelait Polaire au Palais de glace – un feu d'artifice provoque un autre feu d'artifice :

---

* Denise Tual (*Le Temps dévoré*, Fayard, 1980, p. 112) rapporte cette anecdote d'après un souvenir de son père. Voilà un exemple typique des excentricités dont on charge Colette.

Alors surgissait une créature dont le nom, déjà, dans cette enceinte était un chef-d'œuvre : Polaire ! Une tête plate de serpent jaune tenant en équilibre les huîtres portugaises de ses yeux clignotants de nacre, de sel, d'ombre fraîche, les traits bridés, tendus, noués sur la nuque *[sic]* par un catogan noir de percheron, le feutre à la renverse au-dessus de la frange, une bague de Lalique en guise de ceinture, la jupe de gommeuse découvrant des chaussettes et des bottines à boutons aux patins cruels, l'actrice, violente comme une insulte en langue juive, se tenait au bord du ring, droite et raide, dans une pose d'attaque de nerfs.

Un regard d'enfant enregistre vite. Plus tard, il développe l'épreuve. Je revois, comme si c'était hier, cette silhouette de génie juchée sur ses patins, sur ses cothurnes de théâtre javanais. Elle domine la mode. Elle déroute les femmes. Elle énerve les hommes. Sem et Cappiello se disputent son profil jaune[21]...

Émélie Marie Bouchaud est née à Alger ou en Algérie le 14 mai 1874* ; elle n'aurait donc qu'un an de moins que Colette. Elle était la petite-fille de François Milandre, tailleur de pierres, condamné le 14 février 1852 par le conseil de guerre de Clamecy pour faits insurrectionnels, suite au coup d'État du 2 décembre précédent. Ce républicain, lui-même fils d'un flotteur de bois, devait être envoyé à Cayenne, mais fut « transporté » en Algérie quand on s'aperçut qu'il avait passé les sept ans de son service militaire en Guyane et que sa connaissance du pays pouvait lui faciliter son évasion et celle de ses camarades**. D'où venait à Polaire ce « visage de fellahine, avec des yeux noirs allongés jusqu'aux tempes et des cils palpitants d'Orientale[22] » ? Son père et sa mère étaient français de France. Elle était algéroise, non algérienne, malgré les traits métisses qu'on peut trouver dans son visage.

---

* Selon l'acte de décès. La date de naissance est incertaine. Marguerite Boivin pense que Polaire pourrait être née le 5 décembre 1876. Lorsque Polaire est admise à l'hôpital Beaujon en 1938, elle se dit née le 13 mai 1883. À la Société scientifique et artistique de Clamecy elle est connue sous le nom de Bouchard. Elle-même dans *Polaire par Polaire* dit s'appeler Bouchaud (p. 13) et Bouchard (p. 68) ou laisse imprimer les deux graphies.

** Milandre ne devait pas être bien important : il est ignoré du répertoire de Maitron.

Selon ses souvenirs, elle arriva à Paris en 1889, alors que l'Exposition universelle touchait à sa fin, et sans avoir suivi un enseignement régulier, devant tout à son instinct, elle débuta au café-concert l'Européen. Puis elle passa aux Ambassadeurs et de là grimpa à la Scala où Jean Lorrain l'apprécia :

> Le petit bout de femme que vous savez, une taille douloureuse de minceur, mince à crier, mince à se briser, dans un corsage étroit jusqu'au spasme, la plus jolie maigreur ! et, dans l'auréole d'un extravagant chapeau de gommeuse, un galurin orange empanaché de feuilles d'iris, la grande bouche vorace, les immenses yeux noirs, cernés, meurtris, bleuis, l'incandescence des prunelles, l'éperdue chevelure de nuit, le phosphore, le soufre et le poivre rouge de cette face de Goule et de Salomé qu'est l'agitante et l'agitée Polaire !
>
> Mais cela n'est rien. Quelle satanée mimique, quel moulin à café et quelle danse du ventre ! Haut troussée de jaune, gantée de bas à jours, Polaire gambille, se trémousse, frétille, balle des hanches, des reins et du nombril, mime toutes les secousses, se tord, se cambre, se cabre, tortille du..., fait des yeux blancs, miaule, pâme et... s'évanouit... sur quelle musique et sur quelles paroles !
>
> La salle figée de stupeur, en oublie d'applaudir ; seuls, les vieux messieurs enthousiasmés, rappellent.
>
> *Hildebrandt, Hildebrandt,*
> *Comm' t'es excitant !*
> *Tu joues toujours dans le vif !*
> *Ah r'dis moi ton motif !*

Elle allait bientôt s'illustrer sur d'autres planches. Marguerite Moreno la désigna, un peu après 1895-1896, à Colette qui l'accompagnait avec Mendès à la Scala : « Tu vas voir – se rappelait Colette[23] – une curieuse petite créature qu'un directeur devrait arracher à elle-même, à un tour de chant imbécile. Jusqu'à son nom d'affiche qui est ridicule. Mais elle est d'une si gracieuse laideur, et elle a l'air d'inventer ses danses. » Moreno, Colette, Willy. Celui-ci se laissa convaincre par Polaire qu'il allait grâce à elle pouvoir incarner sur scène « son » héroïne et renforcer, prolonger le succès des deux premiers romans. Associé avec Lugné-Poe et Charles Vayre, réunis sous le pseudonyme de Luvey, il composa ou fit composer une comédie, *Claudine à*

Paris, créée aux Bouffes-Parisiens le 22 janvier 1902 avec un grand succès. Les trois actes furent précédés, à partir du 16 avril, d'un prologue, *Claudine à l'école*. D'autres pièces vont mettre en scène la jeune fille de Colette mais aucune n'aura le succès de celle de Willy et Luvey, qui atteignit le nombre exceptionnel à l'époque de 123 représentations et si elle ne dépassa pas alors ce nombre, c'est parce que le directeur avait pris un engagement pour une autre pièce qui se révéla être un four... *Claudine à Paris* connaîtra des reprises avec ou sans Polaire, avec ou sans Colette, et sera représentée en province. La pièce avait mauvaise réputation dans les milieux catholiques. Willy va jouer un de ses plus subtils tours [24] en faisant imprimer dans un journal catholique de longues citations d'articles élogieux sur la pièce. Pour cela il avait fait charger une quelconque Christiana – probablement un de ses amis – d'exprimer son indignation dans une lettre adressée à *La Croix de Reims et l'Avenir* ; ce quotidien la publia le 10 octobre 1903, alors que la pièce avait été présentée à Reims et à Épernay : « Cette Claudine est une malpropreté qui se promène à travers la France. » Pourquoi *La Croix* ne s'élève-t-elle pas contre la pièce à laquelle les journaux délivrent « un certificat de moralité » ? Et de citer très longuement plusieurs critiques de journaux qui font l'éloge de cette *Claudine*. « Et voilà – conclut-elle – la cause des mœurs bien servie ! Il paraît que pour endiguer le torrent qui nous emporte le plus sûr moyen c'est de le suivre. »

Polaire faisait croire qu'elle avait l'âge de la « gobette » ; elle portait bottines, chaussettes et sarrau noir. Colette a reconnu en 1937 que le succès avait été dû en bonne partie au talent créateur de l'actrice : « C'est Polaire qui eut l'idée d'habiller son personnage en Poulbote [...] », et Polaire enchaîne : « Vous rendez-vous compte, qu'à cette époque on ignorait la jupe courte et le chapeau Jean Bart, [...]. Tout ! J'ai lancé tout ça ! au plus fort de l'orage des falbalas, des avalanches de tresses à la Maeterlinck, et robes Sarah, style Renaissance, cloutées de turquoises... et jusqu'au cake-walk [25] ! » Les compères profitèrent de l'accueil fait à leur comédie pour donner à Claudine une sœur : Pierrette dans *Le P'tit Jeune Homme*, que Polaire créa le 29 avril 1903 aux Bouffes-Parisiens. L'année suivante, ce sera non plus Willy, ce sera Henry Gauthier-Villars qui, au Gymnase, signera *Le Friquet*, adaptation du roman de la comtesse de Martel, *alias* Gyp : le Friquet, c'est encore Polaire. Quelques plans du film tourné en 1912 d'après la pièce ont été sauvés et restaurés ; ils permettent de voir Polaire dans ce qui fut un très grand succès. Il est probable que c'est à la demande de Willy que Colette accepta de couper sa ou ses nattes, durant l'automne de 1902 ; la version officielle répandue par Willy était qu'une lampe à alcool avait brûlé « d'adorables tresses [26] ». Mais Sido était persuadée du contraire, qui écrivait à sa fille : « Et tes beaux cheveux d'or qui tombaient jusqu'à terre ? J'ai toujours pensé que c'était Willy qui t'avait suggéré de les couper, par jalousie [27]. » Sido était indignée. De son indignation on a un reflet dans « Ma filleule », texte du *Matin* où Colette prête à sa nièce Colette Robineau-Duclos, future Mme Wyler, l'étonnement qu'elle ressentit elle-même quand sa mère lui reprocha d'avoir porté la main sur *ses* beaux cheveux [28]. En fait, Willy-le-chauve n'était pas jaloux. Il avait une autre idée publicitaire : métamorphoser sa Colette et Polaire en *twins* vêtues de tailleurs de même tissu et de même coupe et coiffées du même feutre « sport ». « Elles s'affichent, murmurait-on partout. Ce n'est pas étonnant que Willy arrive à s'y tromper [29] ! » C'est de là que provient la légende des relations saphiques entre les deux jeunes femmes. Mais Mistinguett confirmera que Polaire « n'approuvait ni la littérature, ni la drogue, ni les plaisirs frelatés [30] ».

Polaire était très courtisée ; elle était couverte de bijoux, elle roulait en voiture automobile, elle avait un petit hôtel particulier (celui qu'avait habité Mme Tallien) à Paris et une villa, la villa Claudine, à Agay. Elle allait encore connaître un succès avec *Les Hannetons* de Brieux qu'elle joua en 1906 à la Renaissance avec Lucien Guitry. À partir de la guerre, sa carrière fut faite de hauts et de bas, surtout de bas. En 1926, en rentrant des courses, elle est gravement blessée dans un accident de voiture ; en 1928, le fisc fait saisir et vendre, « sans la prévenir », affirme-t-elle, sa villa d'Agay et ses meubles [31]. Ruinée, elle dut revenir aux planches, au tour de chant. Colette salua son courage dans *La République* du 7 janvier 1934 : « La voilà dénuée, redevenue farouche, tremblante sous les regards humains. Il faut que nous la rassurions. » Peut-être Colette éprouvait-elle le regret de n'avoir pas soutenu d'une préface la publication de *Polaire par Polaire*, paru l'année précédente chez Eugène Figuière, livre dans lequel l'actrice mentionne bien rarement l'auteur des *Claudine* *. Sans doute un

* En septembre 1932, après avoir reçu Polaire, Colette écrit à Hélène Jourdan-Morhange : « La pauvre créature va publier ses mémoires, et me demande une préface. Je ne lui ferai pas une préface, je lui donnerai un petit papier qui ne parlera pas du volume. Car je prévois que ces mémoires, écrits "pour pousser un cri", dit-elle, vont la brouiller avec tout le monde. »

froid s'était-il glissé entre elles. *Le Journal* du 2 février 1938 évoque un accident survenu à Polaire et laisse entendre qu'il s'agit peut-être d'une tentative de suicide… Du 12 avril au 25 juillet 1938, elle est hospitalisée à Beaujon pour une tuberculose pulmonaire[32]. Elle meurt à Champigny-sur-Marne, peu après la déclaration de guerre, le 11 octobre 1939, le jour où les théâtres rouvraient.

Colette s'était modérément attachée à Polaire, dont elle fit un des personnages de sa galerie, notamment dans *Mes apprentissages*[33]. Peut-être ne conservait-elle pas un très bon souvenir de l'épisode des *twins*. Dans une lettre à Moreno, écrite des Monts-Bouccons, le 6 octobre 1903, elle rapporte quelques propos de Polaire, à qui « il reste toute une parure de sauvagerie enfantine qui touche ». Cela donne la mesure de cet attachement. Mais elle lui rendit partielle justice dans *Trait pour trait* et dans *L'Étoile Vesper*, deux textes où elle évoque la mort de l'actrice[34]. Dans le second, elle cite la lettre que Polaire lui adressa de l'hôpital Beaujon peu de temps avant de réintégrer sa maison pour y mourir[35]. Dans l'hommage posthume que Colette lui rend dans *Trait pour trait*, la fin sonne comme une excuse :

> Pour ceux qui l'ont bien connue, rien, de Polaire, n'est oubliable. Ils regretteront, comme moi, une douce créature, une artiste singulière à qui personne ne ressemblera. Elle aimait les bêtes et les faibles. Elle chérit, d'un amour sans limite, le théâtre. Elle avait imaginé le scénario d'une pièce dont la figure principale était une femme méconnue, heureuse de se sacrifier, d'aimer sans récompense, et qui mourait pauvre, dans un abandon affreux.
>
> Cette femme-là, c'était Polaire. Mais nous le savions pas[36].

Si Colette ne savait pas, n'aurait-elle pu deviner ? Mais elle ne l'a pas cherché, comme on s'en rend compte par ce qu'elle a écrit à son amie d'enfance, Yvonne Précy-Jollet : « Oui, la pauvre Polaire !… Heureusement, je ne l'ai pas vue pendant ses derniers mois, on m'a dit que son aspect était désolant. La passion du jeu ne lui a rien laissé, tout a fondu sur les tapis verts[37]*. » Deux

---

* Autre oraison funèbre, un propos tenu devant Renée Hamon et consigné dans le Journal de celle-ci : « Elle ne travaillait plus. Elle est morte parce qu'elle était douce, indignée de toutes les cochonneries. »

des principaux artisans du succès de la pièce *Claudine* sont donc morts du mal qui n'était pas seulement le mal du XIXe siècle.

Claudine en ménage a été mis en vente par le Mercure de France le 15 mai 1902. Pendant l'été, Willy reçoit aux Monts-Bouccons une proposition alléchante d'un périodique qui a été jusqu'à présent oublié dans les bibliographies : *Le Supplément* ; il a paru de 1873 à 1941 les mardis, jeudis et samedis, dans le format d'un quotidien et ne publiait que des contes, des nouvelles et des feuilletons, agrémentés de quelques illustrations. Il est édité par *La Lanterne*, dont il ne reflète pas les opinions politiques et dont il n'apparaît pas comme le supplément ; il porte pour sous-titre : « Grand journal littéraire illustré ». Une littérature qui est plutôt frivole et qui est apparentée à celle de Willy et de ses amis.

Willy est tout ébaubi de recevoir du *Supplément* la proposition de 1 000 F ferme pour la reproduction de *Claudine en ménage*. Il interroge un ami[38] pour la forme, et le roman est publié du 22 novembre 1902 au 24 février 1903. L'importance de la somme traduit bien le succès des *Claudine* et particulièrement du troisième ainsi que le glissement du périodique vers la gaudriole * et la polissonnerie, évolution qui avait été visible dans *La Vie parisienne*, de ses sérieux débuts où on voyait apparaître les signatures de Baudelaire et surtout de Taine jusqu'au tournant du siècle où s'exhibent et s'étalent les petites femmes. En 1900 et les années suivantes, Willy donne des textes brefs au *Supplément*, qui publie aussi en feuilleton (18 décembre 1900-19 février 1901) *Un vilain Monsieur !* et qui, le 15 mai 1902, jour de la mise en vente, offre en primeur à ses lecteurs les bonnes feuilles du début de *Claudine en ménage*. Mais c'est à partir du milieu de 1902 que Willy et *Le Supplément* semblent être faits l'un pour l'autre. Le 18 novembre, *Le Supplément* a annoncé *Claudine en ménage* dans les termes les plus flatteurs. Sera de même annoncé *Claudine s'en va* qui paraîtra du 20 juin au 12 septembre 1903.

Le 29 décembre 1903 paraît un texte curieux signé Willy : « Le Rendez-vous de Claudine ». Une jolie blonde, dont le mari est en

---

* *La Gaudriole* est d'ailleurs le titre d'un autre périodique ; *Claudine à l'école* y est repris en feuilleton du 3 juillet au 11 décembre 1902. Les autres *Claudine* furent annoncés, mais n'y parurent pas ; il est probable que ce fut *Le Supplément*, qui avait publié simultanément *Claudine à Paris* (19 juillet-28 octobre 1902), qui eut la préférence.

voyage, attend impatiemment la visite de Claudine pour connaître des sensations inédites, mais Claudine ne vient pas, ne viendra pas. Le récit est fait des lettres qu'elles échangent et dont la dernière se termine ainsi :

> Je respire longuement, dans votre lettre déroutante, ô Claudine inattendue, la senteur de ce qui aurait pu être. Et vous me remplissez d'un regret tout plein de reconnaissance, parce que vous êtes la seule qui ayez su ne pas toucher à ce qui était tentant, ne pas effleurer le duvet du fruit à point, pour le plaisir d'y mordre – jusqu'au noyau.
>
> Et pourtant, le fruit serait peut-être si savoureux à manger ! Ne pourrions-nous, après l'avoir épargné, ne pourrions-nous le cueillir, dites, Claudine ?

Mais Claudine ne répondit plus. Willy, Colette, un nègre de Willy ? Ce refus de l'acte, accompagné, certes, de quelque délicate perversité, est lui aussi inattendu et méritait d'être mentionné.

À partir du 25 février 1904, *Le Supplément* annonce la publication d'un roman « inédit » de Willy : *Maugis amoureux.* « Dans cette œuvre nouvelle de notre célèbre collaborateur, nos lecteurs retrouveront avec plaisir les principaux personnages avec lesquels ils ont fait connaissance dans la série des fameuses *Claudines.* » Le roman est publié du 19 mars au 23 juin 1904. De la reproduction on est passé à la « création ». Le lecteur se prend la tête à deux mains : lit-il une œuvre nouvelle ou la fabrique Willy s'est-elle contentée de reprendre les intrigues et les personnages des œuvres précédentes ? Lorsqu'on voit Annie volant les lettres de la Chassenet à Alain Samzun (10 mai 1904), se trouve-t-on devant une suite ou devant une reprise de *Claudine s'en va* ? *À draps ouverts*, roman de Maugis, régulièrement évoqué dans *Maugis amoureux*, succède à ce roman et paraît du 8 octobre au 24 décembre 1904. Retour à la reproduction avec *Minne* et *Les Égarements de Minne* que *Le Supplément* publie du 25 février au 25 avril 1905 et du 10 octobre au 19 décembre 1905.

Colette est encore présente en octobre 1905 dans *Le Supplément* puisque, le 7 et le 19, « Paméla, *marchande de frivolités* » s'en prend à une correspondante bordelaise qui signe Colette et qu'elle croit être l'épouse de Willy. Le 21, des Monts-Bouccons, où elle fait son dernier séjour, la vraie Colette proteste. Ainsi, Colette qui n'a publié que les *Dialogues de bêtes* est déjà connue d'un certain public – qui n'est pas le grand public. Le

21 novembre suivant, « Le maillot de Claudine », signé Willy, fait penser au « Rendez-vous de Claudine » publié le 29 décembre 1903 ; lorsqu'il sera de nouveau publié dans *Le Supplément* du 30 octobre 1906, le titre sera simplement « Le maillot », le nom de Claudine disparaît aussi du corps du texte et l'introduction est différente. Coupure, rupture ? Une fois encore on pense à Colette. Claudine vient acheter un maillot qui lui permettra de se déguiser en « petit esclave grec ou byzantin » dans un bal costumé. Elle doit se déshabiller entièrement devant le marchand pour enfiler le maillot, qui sera ensuite retouché, puis se rhabiller sous les yeux de plus en plus extasiés du vendeur. On ne voit guère qu'une femme pour décrire les parties du vêtement et les fanfreluches qui l'accompagnent.

Après la fin de 1905, Willy continue à collaborer au *Supplément*, mais moins activement, et Colette s'éloigne de Willy comme de ce périodique où elle a peut-être laissé des traces qui ne seraient pas indignes de nombreuses pages des *Claudine*.

C'est *Claudine en ménage* qui en 1902 a permis à Willy de renforcer sa présence dans *Le Supplément*. De la série des *Claudine*, c'est le volume le plus épicé.

Ce roman transpose un épisode de la vie de Colette, une passade lesbienne provoquée par l'usure de la vie conjugale, la curiosité de la jeune femme et la perversité de Willy. Rézi Lambrook que Colette fait viennoise n'est autre qu'une Américaine de Paris [39], et non une Américaine à Paris, Jenny Urquhart, épouse de René Raoul-Duval.

Jenny, qui préférera à son prénom celui de Georgie, appartient à une riche famille de la Louisiane, négociants et propriétaires terriens qui avaient notamment un domaine à St. Joseph, un peu au nord de Natchez, mais sur la rive droite du Mississippi. Son père, le colonel David Urquhart (1828-1890), né à La Nouvelle-Orléans, avait épousé en 1854 Augusta Slocomb qui lui donna quatre enfants : David (1858-1931), Cora, Ann Cox, qui épousa un membre de la famille de Boigne, enfin Jenny. Cora (1859-1936), née à La Nouvelle-Orléans, devint en 1877 Mrs. James Brown Potter et c'est sous le nom de son mari, dont elle divorça en 1903, qu'elle se fit une réputation comme actrice, un peu aux États-Unis, davantage en Angleterre et pendant des tournées qui la conduisirent jusqu'en Extrême-Orient [40].

Jenny Urquhart est née à Paris, 6, rue de Presbourg (XVIe arrondissement), le 3 juillet 1866. On ignore quelles furent ses études, mais on peut assurer qu'elle fut bilingue. On ne sait rien d'elle jusqu'à son mariage en 1891. Elle épouse le 23 septembre en la mairie du VIIIe arrondissement René Raoul Raoul-Duval, né le 23 juin 1864 au Pecq (en face de Saint-Germain-en-Laye), ingénieur des Mines. Celui-ci appartient à une riche famille de notables. Son grand-père, témoin au mariage, Charles Edmond Raoul Duval, avait été procureur général près les cours d'appel de Dijon, puis d'Orléans et avait terminé sa carrière comme premier président à la cour d'appel de Bordeaux. C'est sans doute lui qui a lié Raoul à Duval par un trait d'union. Il eut deux fils, Edgar, l'ami de Flaubert[41], et Fernand, le père du marié, ingénieur civil, régent de la Banque de France. Les Raoul-Duval sont alliés aux Say, et c'est ainsi que l'autre témoin du marié est son oncle, Léon Say (1826-1896), député, ancien ministre, fils de l'économiste et lui-même économiste, ardent partisan du libre-échange.

Le contrat de mariage a été reçu, le 22 septembre, par Me Georges Bertrand. Le futur époux reçoit une dot considérable, de 200 000 F environ (trousseau, argent liquide, actions), alors que Jenny se contente d'apporter 6 000 F d'objets personnels ; le mot « Dot » est biffé dans la rubrique « Apport et Dot de la future épouse »[42]. Elle avait, comme on dit, des espérances.

La mariée est « sans profession », « domiciliée à St. Joseph » comme ses parents et résidant à l'hôtel de Hollande, rue de la Paix. Ses témoins sont David Urquhart, son frère, 33 ans, directeur d'établissement industriel, chevalier de la Légion d'honneur, et Robert McLane (1815-1898), homme politique, juriste, diplomate, qui avait été de 1887 à 1889 ministre des États-Unis en France et qui était resté à Paris, où il avait d'ailleurs passé un an comme adolescent au collège Bourbon (aujourd'hui lycée Condorcet) ; il avait épousé à Paris en 1841 Georgine Urquhart, fille de William Urquhart, négociant de la Louisiane ; il était donc de la famille. Peut-être Jenny a-t-elle préféré Georgie à son prénom par attachement à Georgine.

L'adjoint au maire du VIIIe arrondissement adressa à l'épouse ce compliment :

> Madame,
>
> N'étiez-vous pas déjà un peu Française par votre naissance au cœur de Paris, par les séjours qu'y font vos parents, par cette Louisiane même où nos ancêtres ont déposé les premiers germes de la civilisation ? Vous venez

> de prendre vos lettres de grande naturalisation, en épousant un de nos jeunes hommes ; vous serez bonne Française puisque c'est par l'inclination du cœur que vous le serez devenue.
>
> Veuillez agréer dans votre nouvelle patrie les souhaits de bienvenue de la municipalité [43].

Le mariage religieux eut lieu le lendemain, 24 septembre, au temple de l'Étoile, avenue de la Grande-Armée. *Le New-York Times* en rendit compte dès le 25, soulignant que ce temple avait été édifié en 1874 grâce à la générosité de la famille Duval. Lis et roses dispensaient leur parfum. La mariée portait une robe de Worth, de satin blanc avec de la dentelle anglaise, et une guirlande de fleurs d'oranger. Son voile de dentelle descendait jusqu'à la traîne. Dans la coiffure des fleurs d'oranger et, çà et là, quelques éclats de diamant. Sont aussi décrites, dans le style de la Belle Époque, les robes de la mère, de Mme Brown Potter, la sœur aînée, de l'autre sœur, et de la princesse Hatzfeld, née Clara Huntington, de New York.

Suivirent une réception chez les Urquhart dans leur appartement de l'hôtel de Hollande et une autre chez les Raoul-Duval, rue François-Ier, après quoi les jeunes époux gagnèrent Amboise pour y passer leur lune de miel. (Enfin, un peu d'originalité.) Sont cités les Américains présents aux réceptions, énumérés les cadeaux offerts, notamment une broche de diamants envoyée par le prince de Galles. *Le New-York Times* insiste sur la richesse des jeunes mariés : René Raoul-Duval est crédité d'un revenu d'un million de francs (200 000 dollars) ; d'autres ne lui accordent que 50 000 F. La vérité doit être intermédiaire. En tout cas, il était le capitaine d'une équipe de polo et le propriétaire d'une meute en Touraine. Les époux habiteront 107, rue de la Pompe, puis 27, quai d'Orsay.

On n'a aucune preuve que Jenny se soit émancipée avant le mariage, lequel dut l'affranchir. Cependant, la première « affaire » connue date du début de notre siècle : sa liaison avec Colette. Robert Fleury emprunte au portrait de Rézi par Colette les éléments de ce portrait de Georgie :

> Cette grande jeune femme, aux épaules larges et au torse gracile, est remarquablement callipyge. Son visage est mangé par une magnifique chevelure fauve et ondulée, [...]. Mais ce qu'on remarque le plus dans ce visage qui

> pourrait être banal, ce sont ses yeux aux longs cils ambrés, d'une mobilité inquiète, défiante et tendre selon Colette, ou le regard menteur et vague d'après Willy.
>
> Elle a beaucoup de charme. Tous ses gestes, volte des hanches, flexion de la nuque, balancement de la taille, tracent des courbes voisines du cercle. Colette pour l'évoquer ne trouve que : spirale, courbe, girations, arabesques [44]...

On ne connaît d'elle, actuellement, qu'une photographie, en buste, qui ne dément pas une partie de ce séduisant portrait [45].

Jenny n'a pas seulement un grand charme physique. Elle est cultivée et publiera trois ouvrages. Il faut y joindre une pièce de théâtre dont on connaît seulement le titre et qu'elle a signée du pseudonyme significatif de « George Daring ». *The Golden Light* a été représenté au Savoy Theater de Londres dont Mme Brown Potter était devenue la directrice et la principale actrice. C'est elle qui interpréta la pièce de sa sœur en octobre 1904, mais la lumière ne tarda pas à s'éteindre, après seulement trois représentations ; « un four sinistre », écrira Colette à Robert d'Humières vers le 15 octobre [46]. Échec qui, malgré les effets de robes de l'actrice, montra que celle-ci n'avait pas l'étoffe d'un vrai directeur. Georgie eut sans doute plus de chance en venant au récit.

« *Shadows of Old Paris* by G. Duval, illustrated by J. Gavin * », a été publié en 1911 à Philadelphie par la J. B. Lippincott Co. L'auteur y raconte l'histoire de Paris aux Américains et autres Anglo-Saxons qui hantent la capitale, une histoire qui est écrite sur les murs et dans la pierre, tout en soulignant les cruautés et les destructions de certaines révolutions, de la grande en particulier. Elle promène donc ses lecteurs au Palais-Royal – sans pouvoir deviner que Colette allait donner à celui-ci un lustre nouveau –, au couvent des Carmes, à la place des Vosges, à Saint-Gervais, où elle évoque le mariage de Scarron, au bord de la Seine et dans l'île de la Cité ; elle évoque à propos d'anciens cabarets les ombres de Villon et de Rabelais, consacre un

* Cet illustrateur, qui n'est pas sans talent, est ignoré de Thieme et Becker comme de Bénézit. Mais James Patty a trouvé dans Simon Houfe, *The Dictionary of British Book Illustrators and Caricaturists, 1800-1914* (Woodbridge, Suffolk, The Antique Collector's Club, 1978, p. 314) une brève notice sur Miss Jessie Gavin, auteur de frontispices. C'est elle qui a illustré le volume de Georgie ; elle a travaillé de 1903 à 1914. La suite de sa vie n'a pas été malheureuse : elle est devenue la seconde Mme René Raoul-Duval.

chapitre à Mme Tallien, « Notre Dame de Thermidor », nous entraîne sur les quais, nous emmène rue des Rosiers et rue Mouffetard, grimpe jusqu'à Montmartre, ce qui lui est l'occasion de mentionner Gérard de Nerval, comme plus loin Baudelaire, à propos de l'île Saint-Louis. Les Folies ont droit à un chapitre. Ninon de Lenclos, la marquise de Brinvilliers, la Voisin ne sont pas oubliées. En 1913, à Philadelphie encore, est publié par The John C. Winston Company « *Written in the Sand* by G. R. Duval, author of *Shadows of Old Paris* ». G. Duval ; G. R. Duval ne sont pas des pseudonymes, mais c'est tout comme lorsque l'on cherche ces livres dans les catalogues des bibliothèques. *Written in the Sand* est dédié *« To my dear companions of camp-fires and marches in Sahara »* en souvenir du voyage dangereux qu'elle a accompli aux confins du Sahara tunisien et de la Libye. Son héroïne, Lady Rosalind Karth, anglaise donc, y rencontre dans un poste isolé le capitaine Éric Lagarde, immédiatement séduit par elle, qui écrit peu après sur le sable qu'elle l'aime. Éric demande à être affecté à Paris pour la retrouver. Mais elle a quitté la capitale pour l'Italie. Il tombe malade, est soigné par une carabine russe, apprend que Rosalind aime un prince italien et demande à être de nouveau envoyé dans la région où il a déjà servi. Il y retrouve le duc de Talmont qui organise dans le Sahara une expédition que le gouvernement colonial veut rendre impossible. Un ami tunisien avertit Éric que la communauté juive de Tunis veut se venger de Talmont qui a eu en France une activité antisémite. Éric ne veut pas abandonner Talmont, qui, informé, persiste dans son projet. Des Touaregs dressent une embuscade ; Talmont est tué ; Éric, blessé, va mourir dans le désert. Très tardivement, il a reçu une lettre que Rosalind lui avait écrite avant qu'il ne regagne l'Afrique. Elle lui disait qu'elle l'aimait et l'invitait à venir la voir… Ce roman fait penser à Joseph Peyré.

Faisant son portrait, Georgie s'est-elle un peu déguisée ? Elle s'attribue ou elle attribue à son héroïne des yeux violets ; ceux de Rézi sont « d'un gris ambré et variable ». Georgie ou Rosalind a une *« bright brown hair »* ; Rézi est blonde. Les trois ont sans doute en commun la grâce souple des membres. Plus important : Rosalind est *« a thoroughly modern woman »*.

> Elle s'était libérée de son éducation conventionnelle et pendant les dernières années elle avait vécu d'une manière beaucoup plus indépendante et hardie que la plupart des femmes de sa catégorie.

> Elle était de ce type de femmes qui existe maintenant : qui décident de connaître la vie et le monde tels qu'ils sont, qui désirent n'accepter ni obligations ni contraintes. D'une nature passionnée, elle ne voulait ni s'attacher aux autres, ni qu'ils s'attachent à elle, et la pensée d'être liée à un mari et à des enfants pour le reste de sa vie lui était très désagréable *.

Si ce n'est le portrait de Georgie, c'est au moins son souhait. Une femme moderne, Colette n'a jamais prétendu vouloir l'être. Elle l'a été. Dans des circonstances difficiles. Rosalind-Rézi-Jenny-Georgie, affublées ou non d'un mari, pouvaient s'autoriser bien des libertés, celles que permet l'argent. Être une femme moderne en ayant des fins de mois difficiles à boucler, là est le défi.

En 1914, peu après la mort de Georgie, sera publié à Édimbourg un « In memoriam » : *Little Miss, An Unfinished Story, « privately printed at the Ballantyne Press »*, signé *« G. R. Duval, author of "Shadows of Old Paris", "Written in the Sand", etc. »* Ce volume de 265 pages se termine sur des poésies de Georgie, 246 pages étant consacrées au roman inachevé qui, après la guerre de Sécession, nous promène de la Louisiane, des bords du Mississippi, jusqu'à Tientsin, en passant par Londres, Paris, le Japon. Little Miss est la fille d'un planteur de la Louisiane qui a perdu la plus grande partie de sa fortune, mais à qui ses anciens esclaves restent attachés ; l'auteur les fait parler « petit nègre », ce qui prouve qu'elle a vécu un temps dans la propriété de St. Joseph. Le héros est un Écossais qui s'éprend de la jeune fille et qu'on voit ensuite amoureux d'une énigmatique « Blue Lady ». Aucune indication sur ce qu'aurait pu être la fin.

Les Willy ont rencontré Georgie dans le salon de Mme Muhlfeld. La liaison de Colette avec Georgie dut commencer en mars 1901, au moment de la publication de *Claudine à Paris* et se dénouer dès octobre 1901 [47]. Willy, qui y avait pris part, était alors déjà brouillé avec Georgie et songeait à une autre *Claudine* dont le sujet lui venait tout naturellement de cette expérience.

Une seule certitude de nature chronologique : Colette, Willy et Georgie firent ensemble le voyage de Bayreuth et y séjournèrent

* Nous traduisons.

en août 1901 : en témoignent une lettre et deux cartes envoyées alors de Wagnéropolis par Colette à Jeanne Muhlfeld, la signature de Georgie figurant sur ces deux cartes [48]. Dans *Claudine en ménage* Rézi est soupçonnée d'avoir un peu par jeu séduit Claudine, puis de l'avoir trahie. Selon Willy, « c'est [Colette] qui, séduite [autre sens] dès leur première entrevue chez les Muhlfeld, fit la cour à Rézi, une cour ardente, brutale, tenace et qui scandalisa par son impudence, les Paul Adam, les Henri de Régnier, tous les ménages littéraires [49]. » Voire ? Cela est écrit bien plus tard, quand Willy cherche à se venger de Colette. La rupture ayant été doublement consommée, on voit se dessiner une vengeance. Colette à Jeanne Muhlfeld, premières semaines de 1902 : « Ce garçon rancunier [Willy], brouillé sérieusement avec G. R.-D., est en train de transformer, à coup de retouches trop brutales, la Rézi de Claudine en Georgie. Elle y est, – elle y serait ! effroyablement reconnaissable. C'est un procédé indigne de lui et presque de tout le monde. Je m'inquiète, vous le voyez, surtout pour lui. J'ai des raisons pour m'intéresser moins à... l'amie de Claudine [50]. » Les Muhlfeld, bien au fait de l'affaire Georgie, et qui recevaient les Raoul-Duval comme ils étaient reçus par eux [51], sont intervenus. Willy leur mande le 30 avril 1902 :

> J'ai vainement tenté de concilier chèvre et chou, de corriger en maintenant, d'apporter des modifications qui ne changent rien – je m'y suis usé. Je cède. C'est à vous que je cède, à vous deux, mes amis, et je supprime tout... avec un petit peu de regret, sottement vaniteux, parce que, tout de même, ça vivait. Seulement ça vivait trop...
>
> Vous valez mieux que moi. Je m'en doutais déjà. Colette aussi vaut mieux. Je crois que, décidément, je vaux moins que tout le monde.
>
> Le roman, flou désormais, ne m'intéresse plus du tout ; il ne se vendra que fort peu. Mais j'aurais eu tort de m'entêter contre votre gré... Au fond, vous avez surtout épargné un ennui à votre amie (mais l'aurait-elle ressenti ?). Et vous avez bien fait. Quant à lui en vouloir, moi, quelle idée ! Et lui en vouloir de quoi, grands dieux ! D'ailleurs, je n'en veux à personne [52].

Avant ou après s'être payé de cette défaite, Willy leur exprime son désappointement : « Entre nous, si Mme R.-D. écrivait des romans, et que j'y fusse menacé de caricatures, me défendriez-vous contre elle avec la même ferveur ? Hein ? Non, ne répondez pas... » Le manuscrit, conservé, mais ce n'en est pas nécessairement le premier état, loin de là, ne porte pas trace d'un essai d'aggravation et non plus de son effacement. Notons que les Muhlfeld ne pouvaient être dupes de la signature qui ornait les *Claudine* et s'ils ont relu la lettre de Willy en date du [15 ?] décembre 1900 : « Je transpire sur une seconde *Claudine* qui ne vaudra même pas la première ! Fichu métier ! », ils ont eu le droit de sourire. Si Georgie est reconnaissable en Rézi, la responsabilité en incombe bien à Colette.

C'est bien un roman-vengeance qui fut proposé à Paul Ollendorff, éditeur des deux premières *Claudine*, sous le titre de *Claudine amoureuse*, qui correspondait plutôt bien au contenu. Les épreuves furent envoyées à Willy pour correction*, en même temps qu'un refus apeuré de le publier. Willy : « Bien vite, j'appris la vérité. Plusieurs personnes avaient lu le manuscrit, reconnu l'héroïne – assez ressemblante pour qu'un Parisien ne s'y trompât point – et l'avaient obligeamment prévenue. Mme Raoul-Duval [...] s'en fut trouver Mendel [l'un des responsables des éditions Ollendorff] et lui offrit la forte somme (ces Américaines ne doutent de rien) pour qu'il supprimât ce bouquin trop indiscret. L'individu accepta et se garda d'avertir l'Américaine que j'en serais quitte pour publier autre part ces bavardages révélateurs, ce que je fis, après avoir exigé de cette crapule cordiale un fort dédommagement[54]. » Subsistent quelques rares exemplaires de cette *Claudine amoureuse*, au plus une demi-douzaine. Peu importe, puisque le texte fut porté par Willy à Vallette, fondateur et directeur du *Mercure de France* et de ses éditions. Les *Claudine* avaient eu trop de succès pour que celle-ci ne fût pas d'emblée acceptée, d'autant que Rachilde, la femme de Vallette, avait salué la première, désignant ainsi l'héroïne : « C'est une personne vivante et debout, *terrible.* » *Claudine en ménage* parut donc au Mercure, au début du printemps de 1902, avec un texte très légèrement différent de celui qui avait été remis à Ollendorff. Ces corrections, d'ordre stylistique, ne modifiaient ni le portrait, ni la conduite de Rézi. Pourtant, aucune plainte ne fut entendue. C'est, naturellement, Willy, seul

---

* L'imprimeur compose les placards du 31 décembre 1901 au 21 janvier 1902 ; Willy signe le « bon pour mise en pages » le 20 février[53].

auteur connu, qui avait négocié avec les deux éditeurs, sans se brouiller avec le premier, lequel publiera en 1903 le quatrième volume, *Claudine s'en va (Journal d'Annie)*. Le sous-titre exprime assez bien l'usure : c'est par les yeux d'Annie que nous voyons Claudine pour la dernière fois dans cette série.

L'épisode Rézi a laissé d'autres traces et ne correspond pas à ce que disait Renaud, avant, il est vrai, le passage à l'acte. Renaud n'y voyait alors qu'une « diversion », déclarant « qu'à certaines femmes il faut la femme pour leur conserver le goût de l'homme [55] ». L'épaulette de la chemise de Rézi se retrouve dans le Prologue de *La Retraite sentimentale* ; Rézi y est évoquée deux autres fois [56], puis elle devient « la belle Suzie », qu'aimait Renaud et que celui-ci voulut emmener à Bayreuth avec Claudine, « l'été de cette même année 19... », séjour qui verra la belle décourager Renaud par son cynisme et ses gaffes. La caricature respire la vengeance. Suzie « plaît par un américanisme à la portée des plus médiocres romanciers français ». Certes « de hautes jambes fines », mais sur lesquelles se dressent « une carrure d'officier prussien » et « une petite tête simplement et brutalement construite » ; « ses ancêtres, les Peaux-Rouges, lui ont légué le goût invétéré de la plume derrière l'oreille, à défaut de l'anneau dans la narine... » Renaud-Willy est donc sot d'avoir désiré pareil oiseau. Ainsi, la vengeance est double.

Georgie s'était sans doute amusée aux dépens du couple, qu'elle oublia plus facilement qu'ils ne l'oublièrent. Elle s'intéressa de près au peintre José-Maria Sert dont Willy écrira qu'elle fut la maîtresse [57]. Voici des extraits de lettres, malheureusement non datées, de Colette à Sert qui prouvent que celle-ci n'avait pas oublié Georgie ; les deuxième et troisième sont des Monts-Bouccons, donc d'entre 1901 et 1905 :

> J'ai dû aussi faire partir Georgie, que l'absence proche rendait singulièrement expansive et émotive et communicative, et... il y a comme ça d'autres jolis adjectifs dans la même terminaison.

> Je sais que vous avez dû voir une dangereuse amie le jour de notre départ. Je ne dis point ici « dangereuse » ni pour vous, ni pour moi. Cet adjectif exprime un état chronique. Elle est dangereuse comme la rose est parfumée, comme le sandwich est aux anchois.

> Georgie est à Paris ou le sera demain. Irez-vous la voir ? Nous avons échangé, elle et moi, depuis mon départ *deux* lettres. Je vous le dis sincèrement, Sert, je tiens plus à votre correspondance qu'à la sienne.

Sert voudrait faire le portrait de Colette. Elle accepte de poser et lui propose d'aller voir avec lui une exposition de tableaux :

> Je vous le demande, menez-moi les voir avant d'y conduire Georgie, qui voudrait y aller avec vous avant moi. Mais je vous sais assez mon ami pour consentir à ce que je souhaite et pour y venir avec moi d'abord. Car j'incline à croire qu'elle désire les voir avant moi, avec vous, et non seulement par amour du « Grand Art », symbolisé pour elle, à jamais, par Édouard Detaille[58].

Les goûts artistiques de Colette étaient-ils vraiment supérieurs à ceux de Georgie ?

Après Sert, c'est à Marie de Régnier que va surtout la fougue amoureuse de Georgie. Robert Fleury a raconté leur liaison que Marie afficha ouvertement[59]. Georgie jeta ensuite son dévolu sur Catherine Pozzi, qui a de l'affection pour elle ; mais Schwob et Marguerite Moreno la mettent en garde[60]. Les conquêtes se succèdent ; Georgie brûle sa propre vie et meurt le 2 novembre 1913. Mais son fantôme lui a survécu et a eu une belle carrière littéraire.

Proust meurt en novembre 1922. Le premier des trois volumes à paraître pour compléter *À la recherche du temps perdu* est *La Prisonnière* qui voit le jour en novembre 1923. Impossible d'ignorer le titre. C'est pourtant ce que semble faire Édouard Bourdet lorsqu'il intitule *La Prisonnière* sa « pièce » créée au Théâtre Fémina le 6 mars 1926, avec Sylvie et Pierre Blanchar, et publiée en 1928. Une pièce forte, qui se souvient des audaces du théâtre naturaliste – n'est-elle pas dédiée à André Antoine ? Albertine, la prisonnière du narrateur, n'a rien à voir avec Georgie, d'autant plus qu'il faut la comprendre au masculin. Mais l'Irène de Bourdet est bien la prisonnière de Mme d'Aiguines (faut-il penser à un jeu sur les mots ?), laquelle ressemble fort à Georgie* ; elle est autrichienne,

* N'oublions pas que Bourdet avait épousé Catherine Pozzi qui connaissait bien le milieu de Georgie et de Colette.

viennoise, comme Rézi, et devrait faire une croisière avec Irène sur un yacht américain. Irène refuse d'accompagner son père qui a été nommé ambassadeur à Rome. Elle prétexte son amour pour un ami d'enfance, Jacques Virieu, qui ne s'est pas encore déclaré. Jacques accepte d'être l'alibi et apprend qu'Irène est la maîtresse de Mme d'Aiguines. Irène le prie de la protéger contre elle-même ; ils se marient et font le tour du monde. Mais l'instinct ramène bientôt la récente mariée (elle a maintenant 28 ou 29 ans) à ses anciennes amours, sur fond de bouquet de violettes. Cette femme fascinante et dominatrice sera évoquée en 1955 par Jean Cocteau dans son discours de réception à l'Académie royale de langue et de littérature françaises de Belgique, où il succédait à Colette. Le trio des années 1900 est présent ; Colette, Willy :

> Et puis, il y avait une femme mystérieuse que, bien des années après, je devais connaître par son fils, mon camarade d'études chez M. Dietz, une femme dont Édouard Bourdet fit l'Arlésienne invisible de sa *Prisonnière*, une femme qui méritait qu'un des personnages de la pièce [Irène] l'honorât de cette petite phrase : *« Elle ne ment jamais »*, une femme si noble que cela explique pourquoi sous le nom de Rézy *[sic]* son allure n'oblige jamais Colette à lui chercher des excuses et annonce tous les personnages qui vont suivre, personnages dont le niveau d'âme suffit pour que Colette les absolve.

Cette phrase est étonnante. Quel besoin de revenir au début du siècle et de mentionner Rézi devant Maurice Goudeket, présent à Bruxelles et qui n'aimait pas qu'on se souvînt de tels épisodes de la vie de sa femme ? D'autant plus que Cocteau permettait ainsi d'identifier Rézi avec l'invisible Mme d'Aiguines et – pourquoi non ? – Irène avec Colette, qui en 1901 avait le même âge qu'Irène. Colette ne pouvait rien penser du discours de son ami Jean. Mais de la pièce de son autre ami, Édouard Bourdet ? Elle en dira son sentiment lors de la reprise (en 1926, elle ne tenait pas de chronique dramatique) en 1935 à la Michodière, Irène était incarnée par Annie Ducaux. Bel éloge. Il est intéressant de noter qu'elle prétend en 1935 n'avoir pas vu la représentation de 1926 ; elle était pourtant à Paris. Avait-elle craint d'y assister ? Quant à Édouard Bourdet, à qui Cocteau avait posé la question : « si le modèle de la femme qui hante la pièce était bien Mme X... », il répondit affirmativement[61].

Dans *Claudine en ménage* passe une autre silhouette de Gomorrhe. Lorsque Claudine s'étonne que Renaud éprouve le besoin d'aller tous les soirs au théâtre, son mari lui répond que c'est pour voir si, entre autres curiosités, Annhine de Lys « marche encore » avec miss Flossie. La première est l'héroïne d'*Idylle saphique*, roman de Liane de Pougy paru en 1901 ; la seconde est Natalie Clifford Barney qui a pris Liane d'assaut et qui voudrait bien en user de même avec Colette, avant ou après son séjour aux États-Unis, de juillet 1901 à juin 1902[62]. La relation que Colette eut avec celle-ci n'a sans doute pas été aussi exaltante. Il faut deviner à partir de quelques lettres. Willy à Natalie, 10 novembre 1902 :

> Je reçois une longue lettre, inquiète et fiévreuse de la chère Georgie. Elle ne me dit pas un mot de Colette, pas un seul ! Faut-il qu'elle y pense ! [...] / Puisque Colette n'a pas besoin de se ménager, n'allant pas à la première ce soir, si vous lui disiez d'aller rue La Pérouse, cet après-midi, au lieu de venir la prendre ici ?

Miss Barney habite alors l'hôtel La Pérouse. Du même à la même, peut-être à la fin de cette même année 1902.

> Vous disiez vrai, très vrai, trop vrai, au sujet de ce souvenir mal tué, qui s'obstine à revivre. Hier soir, en me parlant de vous, avec une tendresse reconnaissante, on vous a nommée – dans la petite fièvre du bavardage encore émoustillé – on vous a nommée Georgie par deux fois ! / Ces yeux vifs, cette voix lente, ce meneo onduleux, je comprends qu'on ne les oublie pas aussi vite qu'on le souhaiterait, – et cette souplesse câline...

Colette à Natalie, sans date :

> Flossie trois fois (c'est peu !) charmante, que de fruits, de la part de Votre Stérilité ! Je serai à la Cascade à *3 h moins le quart*, tu boiras un verre d' vin en m'attendant si tu arrives la première. Mais attends-m'y ! Merci pour l'oranger, ça me suffit parfaitement comme jardin d'Italie, et il est luisant comme une croupe bien pansée. Je t'embrasse aussi adroitement que je sais.

De la même à la même, en 1905 :

> Je jouerai chez toi ce que tu voudras, et à tout ce que tu voudras.

Bien plus tard, sans doute en mars 1906, Colette à Natalie : « Je t'embrasse avec politesse et indiscrétion. » Un billet, non daté, relatif à un dîner, contient : « Et laisse-moi l'espoir que je me sentirai moins inférieure à moi-même que je ne le fus hier [63]. » Ce qui pourrait corroborer ce qu'écrira Willy bien plus tard : Colette ne pardonnait pas à l'Amazone « de l'avoir prise en passant, sans s'y attacher [64] ». Colette avait sans doute pardonné puisque sa relation avec Natalie devint une amitié – une amitié sans complaisance, comme le prouvent les *Souvenirs indiscrets* de l'Américaine, où d'ailleurs n'apparaît pas cet épisode. On sent que Colette subit l'ascendant de Natalie, comme celui de Schwob et celui de la comtesse de Noailles. C'est assez rare pour être mentionné.

Est-il possible de conclure ? Colette eut sans doute plus de goût pour Georgie, et peut-être, malgré l'épisode Missy, n'était-elle pas douée pour les relations saphiques de quelque durée.

La liaison de Colette, de Willy et de Georgie avait été brève ; mais le résultat en a été presque considérable, en raison du parfum pervers et pimenté dont elle empreint *Claudine en ménage*. Ollendorff s'était cru obligé de refuser la publication du manuscrit. Vallette, plus hardi, fit une bonne affaire. Le contrat a été conservé : l'auteur devait toucher 500 F pour le premier mille et autant pour le deuxième, 600 du troisième au cinquième, 700 du sixième au dixième, 800 à compter du onzième, l'ouvrage étant vendu 3,50 F [65]. 1905 vit paraître la 114e édition, ce qui représentait cinquante-sept mille exemplaires, puisqu'une édition valait cinq cents exemplaires ; Willy aurait alors perçu 43 200 F en quatre ans, qui ne restèrent pas dans son portefeuille (ni dans celui de Colette) et qui allèrent sur des tables de jeu. Une autre comparaison instructive ; elle porte sur les années 1908, pour les deux premiers titres, et 1907 pour les deux derniers :

Claudine à l'école	108e édition	54 000	exemplaires
Claudine à Paris	110e –	55 000	–
Claudine en ménage	120e –	60 000	–
Claudine s'en va	80e –	40 000	–

C'est cette *Claudine en ménage* qui aurait permis à Vallette de quitter la rue de l'Échaudé-Saint-Germain et de s'installer rue de Condé[66]. Lorsqu'on pense aux *Claudine*, on a généralement tendance à privilégier la première. C'est peut-être littérairement la meilleure, mais c'est la troisième qui a connu le plus grand succès. Et c'est sans doute celle qui a provoqué le plus de grivoiseries en dehors de nos frontières, si elle n'a pas été publiée à autant d'exemplaires traduits que la première. Dès 1902, les trois premières *Claudine* ont été traduites en allemand[67]. D'où l'indignation du vertueux Romain Rolland : « *Claudine à Paris* est, je crois – avec *L'Aiglon* de Rostand –, le livre français qui a eu le plus d'éditions en Europe depuis dix ans[68]. »

Avec *Claudine en ménage* on était à la limite de l'outrage aux bonnes mœurs, mais cette limite n'était pas franchie. Aussi l'auteur du roman ne pouvait-il être poursuivi. *La Maîtresse du prince Jean*, du même Willy, allait plus loin et, lors de la publication en feuilleton dans *La Vie en rose* du 16 novembre 1902 au 6 juin 1903, permit à la justice de s'en prendre à l'auteur, dont le roman contenait surtout quelques pages répugnantes*. C'est une ligue de vertu qui avait averti le Parquet. Willy fut défendu par Me Henri-Robert et par Me J. Paul-Boncour, deux vedettes du barreau. C'est la plaidoirie de ce dernier qui servit de préface à l'édition en volume (Ollendorff, 1903). Paul-Boncour, dès l'exorde, montra « qu'en réalité, derrière l'auteur éphémère, inconnu, de *La Maîtresse du Prince Jean* dont seules les poursuites ont fait connaître l'existence au public, on a pensé atteindre [...] l'auteur des Claudine *[sic]*, lues de tous et non poursuivies », surtout l'auteur de *Claudine en ménage*. Des témoins de moralité avaient déposé en faveur de l'inculpé : Huysmans, l'historien Frantz Funck-Brentano, Casimir Stryenski, professeur d'université et excellent critique. D'autres, parmi lesquels Catulle Mendès et Jules Renard, avaient envoyé des lettres. Certes, déclare Paul-Boncour, il y a dans la troisième *Claudine* des passages audacieux, mais aussi des « pages très saines et où apparaît l'enraciné robuste, le fils du terroir que dérobe Gauthier-Villars sous son masque de Parisien gouailleur et d'analyste pervers ». Vieux topos que celui de la fin morale. Argument plus récent que celui des racines provinciales, qui sauva Flaubert lors du procès intenté à l'auteur de *Madame Bovary*, tandis que Baudelaire le Parisien était condamné. L'inculpation tomba. Colette, rendue à une certaine innocence, dut rire sous la cape de Willy.

---

* Et aussi au périodique : *La Vie en rose* avait déjà eu maille à partir avec la ligue du sénateur Bérenger, le Père la Pudeur.

6

SÉPARATION ET SCANDALE

1903-1907

1903 : dix ans de mariage. Le couple paraît uni. Malgré les traits que Willy a faits à sa femme, malgré l'attrait que celle-ci a eu pour Georgie, en le partageant d'ailleurs avec Willy. Mais le mariage s'use et use. Pourtant, elle était fort attachée, physiquement, à Willy, l'initiateur, on en aura plus tard des preuves inédites. Entre 1902 et 1906, lors d'une maladie de son mari, elle écrit à Yvonne Jollet (Mme Précy), sa « sœur de communion » : « Toi qui sais que j'ai mis ma vie dans cet homme-là, tu peux juger si je suis gaie. » En 1903, il n'avait que 44 ans, ce qui n'était pas la vieillesse, même à l'époque. Elle le dira plus tard non pas « énorme, mais bombé [1] ». À quelques indices on devine qu'à 30 ans elle rêvait sans doute d'un partenaire plus jeune. Rêve qu'on déchiffrera dans *Mitsou* quand l'amoureuse qui n'a connu que l'Homme Bien cède au Lieutenant bleu et voit « pour la première fois l'ombre d'un torse de cavalier nu, mince à la ceinture, large aux épaules, courbé sur sa cavale invisible [2]... » Et dans *Mes apprentissages* quand Colette raconte la raclée que Pierre L*** a infligée à Polaire, raclée suivie d'une réconciliation, « spectacle inconnu » qui la laisse en proie à un malaise, peut-être à la jalousie : « l'amour dans sa jeunesse et sa brutalité, un amant offensé, son torse nu, la douce peau féminine sous laquelle jouaient ses muscles exemplaires, les creux et les saillies de son corps indifférent et fier, la manière assurée dont il avait enjambé, puis ramassé, le corps terrassé de Polaire [3]... » Willy était à la fois infidèle et jaloux, deux qualités qui ne sont pas inconciliables : le 8 septembre 1904, des Monts-Bouccons Colette écrivait à Gyp (et, bien sûr, il faut tenir compte de la psychologie de celle-ci) : « Je vais demain au manège pour la dernière fois, parce que Willy ne veut pas que je sorte seule avec un écuyer (!) [4]. »

Un écart s'est creusé entre nos deux écrivains, visible dans la publication, en 1904, l'année des *Cinq Grandes Odes* ! de *La Môme Picrate*, d'*En bombe, roman moderne*, et moderne en effet, par la technique matérielle*, de *Maugis amoureux*, signés Willy, mais écrit, ce dernier, avec la participation de Colette, et de *Dialogues de bêtes*, signé Colette Willy, et paru aux Éditions du Mercure de France. Colette a trouvé le pseudonyme qu'elle va utiliser pendant quelques années.

Ces *Dialogues*, mis en vente entre le 20 et le 26 mars 1904, sont à l'origine de deux amitiés. Colette en envoie un exemplaire à la comtesse de Noailles, un autre à Francis Jammes, qui vit, retiré, à Orthez et dont elle sollicite le jugement. Il lui répond le 30 avril en joignant à sa lettre des anémones rouges, expliquées ainsi :

> Permettez-moi de faire silence sur ce livre sur qui je me suis penché avec tendresse. Mais que ce silence soit celui qu'observe l'Anémone lorsque penchant la tête, elle lit dans le sillon qu'elle aime.
>
> Je ne veux point que vous veniez vers moi du fond de votre légende parisienne, avec votre grâce un peu amère et votre esprit qui rit moins qu'il ne sanglote [5].

La « légende parisienne », c'est bien vu. Colette avait participé à sa création... Jammes pourtant n'avait aucune hostilité envers Willy et il collaborait abondamment au *Mercure de France* depuis 1893. Mais au-dessous de la légende Colette restait fidèle à la jeune fille qu'elle avait été, amoureuse des bois et des champs, et retrouvant dans les nouvelles de Jammes, *Clara d'Ellébeuse* (1899) et *Almaïde d'Étremont* (1901), ses premiers émois. Elle fut d'abord réticente puisque dans *Claudine à l'école* sont mentionnées les « berceuses bredouillées » du poète (qui deviendront « murmurées », bien plus tard) ; dans *Claudine à Paris* l'héroïne éprouve pour lui « une passion imprévue » : « Ce poète saugrenu comprend la campagne, les bêtes, les jardins démodés et la gravité des petites choses stupides de la vie [6]. » À la lettre d'Orthez elle répond par l'envoi des deux livres qu'on vient de citer : elle attend qu'il les lui signe. Puis, ils échangent leurs portraits. Jammes lui adresse les épreuves de *Pomme d'Anis*, *L'Église habillée de feuilles* et *Pensées des jardins*. Il prépare une préface pour une nouvelle édition des

---

* *En bombe* est illustré de photographies découpées et complétées de décors à la gouache, en sorte que ces photographies peuvent déborder le texte. Voir le chapitre « Mme Colette Willy », p. 90.

Dialogues de bêtes qui en 1905 vont passer de quatre à sept. Ce texte est selon la destinataire la « *Réhabilitation de Colette Willy* ». En effet, il oppose à l'image légendaire une image tout aussi fausse, mais qui compense la première :

> Mme Colette Willy n'a jamais cessé d'être la *femme bourgeoise* par excellence qui, levée à l'aube, donne de l'avoine au cheval, du maïs aux poules, des choux aux lapins, du séneçon au serin, des escargots aux canards, de l'eau de son aux porcs. À huit heures, été comme hiver, elle prépare le café au lait de sa bonne, et le sien. Il ne se passe guère de journée où elle ne médite sur ce livre admirable :
>
> LA MAISON RUSTIQUE DES DAMES
> par
> Mme Millet-Robinet[7]
>
> Le rucher, le verger, le potager, l'étable, la serre n'ont plus de secrets pour Mme Colette Willy. Elle a refusé, dit-on, de livrer son secret pour la destruction des courtilières à *un grand homme d'État qui la priait à genoux*[8].

À l'exception de l'article que, en 1911, Jammes demande à Colette d'écrire pour *Les Tablettes* et qu'elle écrivit sous la forme d'un hommage, cette amitié resta discrète. « Le retour de Francis Jammes à une pratique fervente de la religion coïncida chronologiquement avec les débuts de Colette sur les planches. Les rapports épistolaires entre le poète qui fondait un foyer et l'actrice qui jouait des rôles de faune s'espacèrent, puis cessèrent, avant qu'ils eussent trouvé l'occasion de se rencontrer[9]. » Colette notait dans *Les Tablettes* : « Je n'ai jamais vu Francis Jammes, je n'ai pas besoin de le connaître, je sais mieux que vous comment il est. » Quand, au cours d'une tournée, s'offrit l'occasion d'une rencontre, elle refusa[10].

Dans son discours de réception à l'Académie royale de Belgique, où elle succédait à Mme de Noailles, Colette se rappelait l'avoir aperçue pour la première fois à une fête chez Robert de Montesquiou, à une date non précisée. Leur connaissance réelle date de la publication de *Dialogues de bêtes* dont Colette lui adresse un exemplaire au début de 1904. Mme de Noailles, déjà célèbre par son recueil *Le Cœur innombrable* (1901), répondit une lettre fort aimable. Les relations ne seront jamais étroites mais elles seront toujours empreintes d'une estime mutuelle ; à l'une la prose, à l'autre la poésie, même si la comtesse publie des romans. Elles échangent leurs livres. Trois lettres de Mme de Noailles, deux de Colette en 1904 et 1905. La correspondance connue ne reprend qu'en 1920 et durera jusqu'en 1932 ; la comtesse meurt l'année suivante, n'ayant que 57 ans.

Francis Jammes, Mme de Noailles, par eux Colette échappe au milieu Willy sans pour autant rompre avec les collaborateurs. Elle se donne de l'air.

Willy a perdu son père le 5 février 1898. La déclaration du décès a été faite par Albert Gauthier-Villars, fils du défunt, imprimeur-éditeur, chevalier de la Légion d'honneur, et par Étienne Sainte-Claire Deville, fils du grand chimiste et gendre du défunt, chef d'escadron d'artillerie, chevalier de la Légion d'honneur. On remarque l'absence à cette déclaration de Henri Gauthier-Villars. Il est possible que celui-ci ait reçu une partie de l'héritage et que cette somme lui ait permis d'acheter les Monts-Bouccons, car, en septembre 1900, les droits d'auteur sur les ventes de *Claudine à l'école* devraient être encore minces. Willy perd sa mère au début de décembre 1904. Colette va perdre son père le 17 septembre 1905.

On ne sait rien des sentiments de Colette à ce moment. Willy et elle, qui avaient utilisé une voiture, arrivèrent en retard, ayant eu trois pneus crevés. Colette décrira ainsi à Natalie Barney sa part d'héritage paternel : « un ruban de Crimée, une médaille d'Italie, une rosette d'officier de la Légion d'honneur, et une photographie [11] ». Achille, nous dit-on, n'avait pas voulu qu'on prévînt les Roché. C'est Sido qui éprouva un profond chagrin.

Le 1er mai 1905, la séparation de biens intervient entre Willy et sa femme. Ce qui s'explique par l'héritage que faisait le premier des biens de sa mère [12]. N'oublions pas que le contrat de mariage signé douze ans plus tôt reconnaissait à Willy 100 000 F en créance sur l'affaire familiale. De toute manière, il y eut un jour où Willy, s'excluant de la firme Gauthier-Villars, dut recevoir l'équivalent de sa part. En tout cas, la séparation de biens n'empêcha pas les époux d'être poursuivis conjointement et solidairement par le couturier Redfern et d'être condamnés, le 24 avril 1906, au paiement de 625 F et des frais du procès [13].

Si 1904 avait encore été une année paisible, 1905 est la première d'une série houleuse. Le 10 janvier 1905, du 177 *bis*, rue de Courcelles, Willy envoie un « pneu » à Curnonsky : « Si tu veux me voir mercredi, va 93 avenue Kléber (le métro du Trocadéro), demande M. Taillandy à 4 h 1/4, pas plus tard. (Et ne parle pas de cette adresse à Diard, pas encore[14].) » Taillandy : le félon de *La Vagabonde*, Colette n'a pas eu longtemps à chercher pour le nommer, c'était l'un des noms sous lequel Willy se cachait. Sans doute venait-il de rencontrer Meg Villars, comme Colette allait rencontrer la marquise de Morny. Meg Villars, de son vrai nom Marguerite Maniez, née à Londres en 1885, et donc de douze ans la cadette de Colette, avait été élevée en Angleterre, d'où le « Miss » qui précède son nom. Précoce lectrice des *Claudine*, elle était de ces aspirantes Claudine qui venaient s'offrir à Willy, lequel a toujours aimé les jeunes filles et rêvé d'avoir avec elles des rapports quasi incestueux : elles l'appelaient « Papa » tandis que toutes, de Charlotte Kinceler à Madeleine De Swarte en passant par Colette et Meg Villars, furent un jour ou l'autre, sa fille. Il cherchait aussi à recréer les *twins*. C'est en sollicitant de lui un autographe que Meg Villars fit sa connaissance ; elle devint bientôt sa maîtresse. Ils s'épousèrent en 1911 et divorcèrent en décembre 1920 ; elle épousa en secondes noces Charles Catusse, secrétaire des Folies-Bergère, et mourut en 1960. Elle était comédienne, danseuse, chanteuse – Willy encouragea ses débuts parisiens au music-hall –, traductrice, des *Dix petits nègres* d'Agatha Christie, et journaliste de talent. Comme telle, elle donna au *Tatler* jusqu'en 1959, sous le pseudonyme de Priscilla, des « Letters from Paris ». En janvier 1911, elle publia, ou plutôt ils publièrent, *Les Imprudences de Peggy* ; auteur : « Meg Villars (Traduit par Willy) », roman-vengeance qu'on retrouvera au chapitre suivant. Colette, passé une légitime irritation, ne lui en voulut pas trop : les deux femmes furent souvent amies. On reconnaît bien là cette inclination de Colette à être l'amie des maîtresses et des femmes de ses maris.

Le 27 mars 1907, on voit les Willy au Cercle Victor-Hugo ou Cercle des arts et de la mode (4, villa d'Eylau ou 44, avenue Victor-Hugo), où Charles Doury, le directeur d'une nouvelle revue, publiée par ce Cercle, *Le Damier*, donne un dîner. Ils y assistent en compagnie des Philippe Berthelot, de Vallette et de Rachilde, de Toulet et de Curnonsky, d'Eugène Marsan (le dandy, auteur, bientôt, des *Cannes de M. Paul Bourget*, 1909), de Victor Margueritte et, entre autres, de Gabriel de Lautrec, poète, conteur, traducteur de Mark Twain et « prince des humoristes ». L'enseigne de ce lieu couvre un tripot bien fréquenté qui s'était d'abord appelé la Ferme (la Ferme des jeux) : Mme de J... y tenait table ouverte à qui lui était présenté ; pas d'addition à la fin du repas, mais l'invitation à passer dans un salon où l'on jetait un ou deux louis sur une grande table, des louis que la chance pouvait restituer au dîneur... On avertit la dame que ce chemin de fer-là pouvait la mener assez loin. C'est ainsi qu'elle transforma la Ferme en Cercle avec un comité directeur et une revue. Willy était un joueur invétéré, ce qui explique sa présence ainsi que ses constants besoins d'argent et plus tard son élection de domicile à Monaco.

> Il y eut des soirées brillantes. C'est au cours de l'une d'elles que la marquise de Morny et Mme Colette furent présentées l'une à l'autre, au grand amusement de Willy qui surveillait le baccara en faisant des mots [15].

Dans le numéro d'avril 1907 de la revue, « Colette Willy » publie une lettre écrite de Montigny par Claudine à Renaud – on voit qu'elle entretient elle-même le mythe. Thème : la jalousie. « Par la seule force de votre jalousie vous avez ressuscité l'ombre de femme qui est debout entre nous deux : Rézi... » Le lointain Renaud, ou le proche Willy, dut s'émouvoir en lisant :

> Oui, je l'ai aimée, si c'est aimer que de désirer jusqu'à la brûlure, que souhaiter – oh ! passagèrement – la mort d'une créature pour toutes les autres, que songer – passagèrement, je vous dis ! – à la fuite avec elle, à sa séquestration voluptueuse...
>
> Je l'ai aimée... mais je ne l'aime plus. Je puis sourire sans feinte, mon jaloux, quand vous me jetez son nom à la figure, brutalement, pour voir si je pâlirai, si je tressaillirai... Cher écolier en jalousie, à ce nom transparent et acide, qui sent la groseille : « Rézi », je vois du blond, du blanc, un regard ambré qui vacille... attendez !... je vois mieux : le velours d'une pêche a caressé mes doigts... un menteur et simple parfum d'iris blanc élargit en cercles ses ondes autour de moi... adieu ! elle est partie, traînant l'or de ses cheveux en queue de comète...
>
> Mais dans le jardin, ce matin, un iris blanc a fleuri à côté de moi, soudain ; j'ai entendu son déchirement léger de soie... mais sur l'espalier, contre le mur chaud brodé de lézards, une pêche mûrit, inexplicablement hâtive, et son

duvet tente les doigts... mais le champ de maïs secoue au vent mille chevelures d'or verdissant [16]...

« Souffrez, mon chéri – ajoute Claudine, souffrez un bon coup ! [...] Tout cela, c'est pour vous punir d'être loin de moi. » Voire. L'accent de ce poème d'amour en prose est tel qu'on se demande s'il exprime un regret ou un projet. Est-il impossible que cette déclaration annonce l'entrée en scène d'une créature moins féminine que Rézi ? En tout cas, il est symptomatique que ce texte ait été publié dans la revue d'un cercle où Lesbos était bien représentée.

L'article du *Damier* n'est que l'une des manifestations de l'activité littéraire de Colette Willy qui collabore en 1905 au *Mercure musical* sous la rubrique « Les Vrilles de la vigne », tous les textes ainsi publiés n'étant pas repris dans le recueil qui portera ce titre en 1908. L'un d'eux (15 juin 1905) prolonge celui du *Damier*, mettant de nouveau en scène Rézi et montrant comment par ses prétentieuses ignorances de la musique elle décourage et écarte d'elle Renaud.

La marquise Mathilde de Morny, Missy pour les intimes, puis pour les autres, née à Paris le 26 mai 1863, avait dix ans de plus que Colette [17]. Elle était le quatrième et dernier enfant du duc de Morny, frère utérin de Napoléon III, et de la princesse Sophie Troubetzkoï qu'il était allé épouser à Saint-Pétersbourg. Mariée au marquis Jacques de Belbeuf en décembre 1881, elle divorça en décembre 1903 et reprit son nom de jeune fille tout en conservant son titre de marquise. À quarante ans passés, elle s'acharnait à avoir la pire des réputations, et elle l'obtint. Sans doute voulait-elle rompre avec son milieu, dont cependant elle utilisait les ressources, et elle y parvint. C'est elle qui, dit-on [18], aurait servi de modèle à Rachilde pour sa *Marquise de Sade* (1887). Habillée en homme, parfois grimée en homme, à une époque où les femmes devaient être autorisées à porter l'habit masculin, le visage quelque peu empâté quand Colette la rencontra, cheveux courts coiffés d'un melon ou de quelque autre chapeau masculin*, il y avait

* Missy a conté à Colette une savoureuse anecdote au sujet de sa mère qui avait dispersé ses cheveux sur le cercueil du duc de Morny : « Pendant deux ans elle a embêté mon père pour qu'il lui permette de porter les cheveux courts, il le lui avait formellement interdit. Elle a trouvé le bon truc ! » (*L'Étoile Vesper*, *OCF* XIII, 265). – Sur l'aspect hommasse de Missy, un souvenir de Mme Colette Wyler, fille d'Achille et filleule de Colette. Missy lui offre une poupée et s'entend remercier : « Merci, Monsieur. »

certainement en elle des qualités de cœur sans lesquelles on ne comprendrait pas l'attachement que lui témoigna Colette. Elle était bien entendu une des cibles favorites de la presse satirique.

Colette est tentée, sera toujours tentée par la scène, et même par l'écran. Elle s'était produite chez Robert de Montesquiou. En 1905-1906, elle se produit en petit comité sur d'autres scènes privées dans ce qui est plutôt tableaux vivants que pantomimes. *La Vie parisienne* du 17 juin 1905 rend compte d'une présentation qui eut lieu à Neuilly, 25, rue du Bois-de-Boulogne, en face de l'île de Puteaux, chez Natalie Barney, dont le petit hôtel particulier jouxte celui qu'habite son amie, Américaine elle aussi, Eva Palmer. Une vingtaine d'invités. Un fragment de *Pelléas*, puis « l'inévitable danseuse hindoue », enfin une « pantomime de niaise affabulation » due à Willy et dans laquelle joue Colette. Pourquoi rendre compte de cette niaiserie ? À cause de la jeune Américaine.

> Qui n'a vu ce corps d'enfant voilé à peine de trois draperies de mousseline en camaïeu vert, cette petite tête fine et candide qui succombe sous une cascade étonnante, merveilleuse, unique, de cheveux couleur de feu qui tombent jusqu'aux orteils, a manqué l'un des rares spectacles d'art qu'il soit donné de voir. / Elle a racheté de sa grâce ingénue la faiblesse de la pantomime. Un berger (Coll...e*) s'endort sur la prairie ; passent des bouquetières (Mlle Rivi...e et Miss X...) qui s'efforcent d'attirer son attention en lui jetant des fleurs. (En passant, comme les bouquetières, notons l'art avec lequel l'une d'elles a su viser le dos du berger et lui planter une rose exactement...) Mais le berger ne s'éveille pas. Il n'ouvrira un œil, puis les deux, qu'à l'apparition de Miss E... P..., la nymphe des forêts. Duo d'amour, accompagné par des violons mal cachés derrière un massif ; don de l'anneau nuptial. Exit le berger. Rentrée des bouquetières. Jalousie. Troc de l'anneau, dont la nymphe ignore la valeur, contre deux colliers de fausses perles. Le berger revient. Colère. Il épousera la bouquetière qui a la bague au doigt et la nymphe s'effondre de douleur dans l'herbe, ajoutant ainsi un nouveau ton de vert à ceux de ses écharpes.

---

* Colette, malgré les deux l. Puis, peut-être la fille du baron de Rivière. Miss X nous est inconnue.

Quelques jours plus tard[19], le 23 juin 1905, Colette se produit de nouveau dans le jardin de Natalie, interprétant le *Dialogue au soleil couchant* de Pierre Louÿs, avec, encore, Eva Palmer, ce qui valut aux actrices – selon le souvenir consigné dans *Mes apprentissages* – un remerciement ironique de l'auteur à propos de leurs accents : « Je viens d'avoir une des plus fortes émotions de ma vie, [...]. L'impression inoubliable de m'entendre interprété par Mark Twain et par Tolstoï[20]. » C'est lors de cette réunion qu'apparut Mata Hari, nue. D'autres représentations de ce genre ont été données en mars 1906 à Nice chez Renée Vivien, à une date inconnue chez les Delarue-Mardrus ; en juin 1906, chez Natalie, elle joue dans une *Sapho* où elle dialoguait avec Marguerite Moreno. Renée Vivien habitait à Nice la villa Cessole. Celle-ci, après le départ de Colette, écrivit à Natalie, le 26 mars 1906 : « Lorely, veux-tu, si tu rencontres un jour Colette, lui donner ce poème qu'elle m'inspira. Son geste douloureux et pudique au moment où les nymphes reviennent et où elle se dérobe m'a fait entrevoir cet orgueil du petit faune qui ne veut pas que l'on surprenne sa musique. » Ce poème est celui que contiennent les *Poésies complètes* sous le titre « La flûte qui s'est tue » et qui a perdu sa dédicace, laquelle figurait dans le recueil *Flambeaux éteints* de 1907, dont elle a donné un exemplaire « Au petit Faune avec mon souvenir amical[21] » :

Je m'écoute, avec des frissons ardents,
Moi, le petit faune au regard farouche.
L'âme des forêts vit entre mes dents
Et le dieu du rythme habite ma bouche.

[...] Nymphes des halliers ! Ne m'approchez pas !
Allez rire ailleurs pendant que je joue !

Car j'ai la pudeur de mon art sacré,
Et, pour honorer ma Muse hautaine,
Je chercherai l'ombre et je cacherai
Mes pipeaux vibrants dans le creux d'un chêne.
[...]

Vivien lui a aussi offert un exemplaire du livre dans lequel elle a évoqué ses amours avec Natalie : *Une femme m'apparut*, publié en 1904. *Du vert au violet* (1903) porte cet envoi : « À mon cher petit sphinx aux beaux yeux égyptiens. À mon petit faune qui joue et enfin à ma très admirable et chère petite Colette[22]. »

Colette est entrée dans cet univers, dans lequel elle avait fait une incursion, avec le consentement de Willy, si elle en avait encore besoin, en tout cas avec sa complicité. Il était l'ami de Natalie, qui régentait cet univers, et de Vivien. Il avait joué à l'apprenti sorcier. Natalie, Vivien, Eva ; Colette est aussi en relation avec Liane de Pougy qui lui offre en 1906 *Yvée Jourdan* : « en hommage à votre joli regard, qui, à travers tant d'esprit, laisse aussi pressentir tout votre cœur[23]* ». Ce monde, même si elle le côtoie plus qu'elle n'y appartient, car ce n'est pas encore l'époque Missy, lui permet d'échapper à un ménage morose.

Et la scène, d'échapper à la servitude littéraire où Willy voulait la maintenir, même s'il lui laissait la liberté de signer des œuvres qui ne devaient rien à la fabrique. Elle n'a d'abord joué qu'en privé. Elle a reçu à la fin de 1905 des leçons de Georges Wague, avec Étienne Decroux le rénovateur de la pantomime et le trait d'union entre les Deburau et Paul Legrand, d'une part, Jean-Louis Barrault et Marcel Marceau, d'autre part. Elle devient peu après la partenaire et l'amie de Wague. Elle a cultivé ce corps dru et musclé que beaucoup, des deux sexes, convoitent. Elle a des agrès au 177 *bis*, rue de Courcelles où elle emménage à la fin de 1902. Elle a aux Monts-Bouccons « dans un rond d'arbres cachée toute une machinerie de trapèze, de barres, de perche et d'échelles ».

> Je fais sur tout cela – écrit-elle à Moreno en octobre 1903 – les voltiges timides d'une dame qui craint de se casser quelque chose et d'être battue par son mari. Pourtant les barres parallèles marchent, et je m'admire particulièrement dans un mouvement au trapèze.

Ce qui lui permet de se comparer à un écureuil. « La cage est charmante et la porte ouverte[24]. » Elle ne peut se livrer à ces exercices que depuis qu'elle a coupé sa natte et ses nattes, car elle en avait parfois une, parfois deux.

---

* Les sentiments de Liane devenue princesse Ghika changeront du tout au tout. Dans *Mes cahiers bleus* (Plon, 1977) plusieurs passages témoignent d'une vive hargne, qui n'est d'ailleurs pas toujours dépourvue de lucidité ; elle y accuse notamment Colette d'une « infernale méchanceté ».

Elle a fait ses débuts sur une vraie scène, le 6 février 1906, à 11 heures du soir, au théâtre des Mathurins, provisoirement dirigé par Georgette Leblanc : elle joue le rôle d'un faune dans *Le Désir, la Chimère et l'Amour*, mimodrame de Francis de Croisset et Jean Nouguès. La pièce, qui est donnée en complément de *La Mort de Tintagiles*, drame musical de Maeterlinck et Nouguès, est jouée jusqu'au 27 février. Puis, elle l'interprète les 12, 13 et 14 mars au Palais des beaux-arts de Monte-Carlo, alors qu'elle séjourne chez Renée Vivien. *L'Éclaireur de Nice et du Sud-Est* fait état, le 14, du succès de la mime : « puissance d'expression et de sentiment », « talent très personnel, intrépide et nerveux », et indique l'argument :

> Faune égaré dans un délicieux jardin, situé sur la lisière d'un bois, que fréquentent des couples amoureux, Mme Willy se substitue au dieu de marbre dont la beauté séduit les jeunes femmes. Dans sa rigide immobilité, le Faune reçoit à son tour les hommages et les baisers de tout un monde galant venu pour admirer la statue ; et finalement il parvient à faire la conquête d'une des jeunes filles qu'il entraîne au fond du bois.

Au retour, elle joue, du 30 mars au 6 avril dans *Aux innocents les mains pleines*, fantaisie en un acte de Willy et Andrée Cocotte (A. Trémisot) : c'est l'une des cinq pièces représentées au Théâtre Royal ouvert par Paul Franck en septembre 1905 rue Royale et qui allait ce même mois d'avril 1906 tomber sous la pioche des démolisseurs pour être remplacé par la brasserie Weber[25]. N'oublions pas que, à l'exception de *Claudine à Paris*, les pièces dans lesquelles Colette se produit sont brèves et ne constituent qu'une partie du spectacle. Aussi, par les éloges qu'on fait d'elle, au détriment silencieux d'autres acteurs jouant dans d'autres pièces, a-t-on une idée de l'intérêt qu'elle suscite. Dans *Aux innocents les mains pleines*, Colette obtint, pour ses débuts d'actrice, « un gros succès », selon l'article de Henri Fransois dans la *Revue théâtrale* d'avril 1906. « Un très déluré coquebin, tourmenté en sa puberté, enferme son précepteur, et fait, en cabinet particulier, la conquête d'une femme inconnue. Inconnue ! non : elle est l'épouse du pion – qui survient... est prié de partager le repas, tolère le cours complémentaire – tant il s'enivre. » Colette tenait le rôle du coquebin énamouré ; Boulestin, celui du garçon de restaurant. On restait si bien en famille que le *Gil Blas* du 6 avril 1906 annonce pour le 7 une soirée unique où les auteurs interpréteront leur pièce : Willy, soi-même ! se montrera sous les traits séduisants du patron d'hôtel. L'accent poyaudin de Colette dut surprendre les Parisiens. Charles Brun, ami et conseiller littéraire de Renée Vivien, lui donnera en 1907 son volume *Les Littératures provinciales* avec cet envoi : « À Madame Colette Willy, pour son accent bourguignon, terriblement bourguignon. » C'est sans doute à l'occasion de cette pièce qu'elle écrit à Natalie Barney la lettre suivante sur un papier orné de papillons :

> Flossie charmante, ce papier symbolique me semble assez bien choisi. Il est peint by hand par deux jeunes missessis que je n'ai jamais vues, mais qui m'aiment. Dépêche-toi d'expédier Pauline [mot qui désigne une infirmité féminine] et viens nous voir au Royal d'abord parce qu'on fait salles combles, ensuite parce qu'on nous chahute terriblement, la seconde représentation n'a été qu'une longue tempête, on ne nous a pas laissé placer un mot ! On me traite en artiste, ma chère ! Il y avait là des visages venimeux qui étaient amusants à voir – comme tu penses, bien que le chahut ne m'inquiète guère[26].

Paul Acker prend la défense des Willy dans le *Gil Blas* du 1er avril 1906 : « À une époque où il y a comme une folie de la réclame, je féliciterais plutôt les Willy d'avoir eu la franchise de porter cet art de la réclame à l'extrême limite que personne n'atteindra et le courage de se moquer du qu'en dira-t-on [...]. »

Lugné-Poe, qui la connaissait depuis 1902, était assez averti pour apprécier le talent de la mime Colette. Au printemps de 1906 il lui offrit le rôle de Paniska dans le *Pan* de Charles Van Lerberghe, pièce qu'il allait créer au théâtre de l'Œuvre (qui avait élu domicile au théâtre Marigny) ; la générale aura lieu le 28 ; les représentations les 29 et 30 novembre.

> Aucune hésitation possible, je la ferai travailler, ce sera Colette, alors Colette Willy, mon excellente amie ! Elle est en forme de toutes les manières. Déjà, elle a mimé sur quelques scènes. Quant à sa diction, je m'en charge... Paraître au dernier acte en Paniska presque nue, le front lourd de pampres, dansant en tête d'un cortège bachique, dionysiaque, et qu'importent quelques réminis-

cences d'accent nivernais !... Qui sait si un matin, dans la campagne de Pouilly, Pan n'apparut pas[27] ?...

Pan, « drame satyrique en trois actes, en prose », publié en 1906 au Mercure de France, est la seule pièce vraiment littéraire à la création de laquelle Colette ait participé. « Pan est mort », criait une voix sur la mer, selon ce que rapporte Plutarque. Non, il n'est pas mort, nous apprend Van Lerberghe ; la preuve en est qu'il entre dans l'humble maison d'un couple dont il va aimer immédiatement la fille, Paniska, qui le lui rendra bien ; ils s'unissent sans être passés devant M. le bourgmestre et M. le curé : les autorités civiles et religieuses sont bafouées. Un printemps anormal et exubérant salue cette union contractée sous les auspices du libre amour. On veut imposer à Pan un concordat aux termes duquel il pourrait rester dans la commune. Il le refuse. Le rideau tombe sur son triomphe.

Paniska n'est pas un rôle écrasant. Au début, des gipsies, qui ont précédé Pan, leur dieu, lui retirent la peau de panthère qui la recouvrait et « jettent sur elle un voile diaphane et scintillant » « sous lequel elle apparaît cependant toute nue » ; c'est ainsi qu'elle quitte la maison avec Pan. À la dernière scène, c'est nue, selon le texte, qu'elle célèbre le triomphe du dieu. À la représentation, Colette sera, dans cette scène, non pas nue, mais légèrement vêtue, sans doute de la peau de panthère qu'elle portait au premier acte. Il y avait toutefois de quoi admirer son académie. Quelques jours après les représentations parisiennes, le 4 décembre 1906, *Pan* fut donné à Bruxelles au théâtre du Parc, devant un public bourgeois, nombreux. La curiosité de voir les jambes de l'actrice l'emportait de loin sur l'intérêt pour la littérature. « On n'a guère vu les jambes, ni le reste. Paniska était beaucoup moins nue que les dames des loges... bien des personnes furent assez désillusionnées de voir que ce n'était pas *aussi dégoûtant que ça*[28]. » Bruxelles était puritain, dominé alors par le parti prêtre. Christian Beck notait : « Paniska, nue à Paris sous une peau de fauve, portait à Bruxelles un maillot et une robe[29]. »

Mais qui tenait le rôle de Pan ? Selon le *Gil Blas* du 29 novembre, ce serait « X. Y. Z. » ces initiales pouvant désigner la marquise de Morny, le champion de boxe Gaucher ou Georges Wague[30]. Finalement, le rôle échut à celui-ci. On imagine mal Missy en proie à un délire orgiaque.

Il n'y a pas de chronologie précise de la rupture avec Willy, qui s'est faite progressivement, ni du début de la liaison avec

Missy, qui en ce printemps de 1906 s'intéresse de plus en plus à Colette. C'est alors que la séparation réelle aurait eu lieu. L'été réunit Missy et Colette au Crotoy. Celle-ci a encore sa mère, mais Sido a vieilli, elle est loin, elle vit dans un bourg étriqué, comme le montrent ses lettres. Colette trouve alors dans la marquise une mère de substitution. C'est ce dont elle va être consciente, c'est ce qu'elle écrira à Mme Haendler pendant l'été de 1909 : « Je n'ai qu'elle [Missy] au monde – car Maman se fait très vieille (74 ans) et je vis loin d'elle[31]. » En octobre 1908, Missy et Colette projetteront de tester chacune en faveur de l'autre. Mais la loi ne reconnaît ce droit qu'à Missy. Colette a encore un héritier réservataire, sa mère[32].

À la rentrée de 1906, Willy et Colette sont séparés de domiciles. Il a pris un appartement, 6, rue Chambiges, près de la place de l'Alma, où Meg Villars viendra le rejoindre. Elle, au 44, rue de Villejust (rue Paul-Valéry depuis 1946), mais on la trouve aussi souvent 2, rue Georges-Ville, chez la marquise : elles sont à quelques pas l'une de l'autre. Le temps pour Colette de gagner l'avenue Victor-Hugo et de la traverser. Les convenances, au moins domiciliaires, étaient respectées. Colette a meublé et décoré son appartement avec des meubles et des bibelots qui viennent sans doute de Châtillon et que son frère Achille lui loue huit cents francs par an[33]. La presse, la petite surtout, continue de s'intéresser à cet étrange ménage. « Oui ou non le torchon brûle-t-il ? » demande l'un des rédacteurs de *Paris-Théâtre* qui, au moment de mettre sous presse le numéro des 17-23 novembre 1906, reçoit le billet suivant :

> Monsieur,
>
> Une toute petite rectification, s. v. p. S'il est parfaitement exact que nous demeurons, Willy et moi, les meilleurs camarades du monde, cela ne prouve pas que le *nid* de la rue Chambiges me soit destiné. Que dirait une charmante petite Anglaise que je connais ?
>
> Vous qui savez tout, apprenez encore que, s'il y a un *dormoir* rue Chambiges, il n'est pas destiné à
>
> COLETTE WILLY.

Selon Colette, Willy lui aurait donné son congé, ajoutant « Rien ne presse... », et, avec chien et chat, de la rue de Courcelles elle serait allée rue de Villejust. C'est la version de *Mes apprentis-*

sages[34]. Il faut sans doute nuancer en tenant compte d'un passage du Journal de Léautaud : selon lui, lors de la séparation, Kiki-la-Doucette était morte (depuis 1903) ; restait Toby-Chien : « Ni Willy, ni Colette n'ont pu se résoudre à le prendre et à le priver, lui, d'elle, elle, de lui. Ils l'ont placé chez le secrétaire de Willy [Paul Barlet], et le chien est là, comme un enfant de divorcé est au collège, Willy et Colette allant le voir chacun à leur jour[35]. » En tenant compte aussi d'une lettre de Willy à Missy écrite de la rue Chambiges ; Max est Missy et Tétette, Colette[36] :

> Mon cher Max,
>
> Je comprends – mieux vaut tard que jamais – que vous avez pu vous blesser du ton, sans doute trop vif, que j'ai employé avec vous, oubliant trop que je m'adressais à une femme...
>
> Dès le lendemain, j'ai eu avec Tétette, rue de Villejust, une explication, assez pénible, au cours de laquelle elle m'a exprimé le désir de ne plus me voir !! (*C'est pour moi un chagrin que vous comprendrez, mieux qu'elle-même, et qui vient s'ajouter aux emmerdements (pardon) innombrables, ignorés d'elle, qui me tombent sur le poil. Je n'ai pas l'habitude de me cramponner, je ne commencerai pas à 48 ans. Seulement, puisqu'elle reste avec vous, je vous demande non seulement de ne pas l'exciter contre moi – ce qui n'est pas dans votre caractère – mais d'empêcher autant que possible qu'elle ne s'aigrisse trop contre un homme qui a été plus fou que méchant, et que vous appeliez autrefois
>
> Votre ami
>
> WILLY.

En tenant compte enfin et surtout du jugement de séparation de corps prononcé le 13 février 1907 et qu'on trouvera résumé pages 143-144 : Colette avait quitté le domicile conjugal, et Sido le savait. Nuancer ? Non. Il faut s'inscrire en faux contre la version donnée dans *Mes apprentissages*, même si ce départ est explicable par les infidélités de Willy.

Colette Willy avait déjà quelque célébrité. Avec Willy le ménage était devenu hollywoodien ; que dire du trio qui va se former avec Missy ? À partir de l'automne de 1906 quelle cible ! Il est vrai

* Parenthèse non fermée.

que la marquise fit tout pour s'attirer des flèches empoisonnées. Ayant pris elle aussi des leçons de Wague, elle voulut monter sur la scène. Dès la rentrée, Colette avait été la Romanichelle dans une pantomime de Paul Franck, musique d'Édouard Mathé, représentée à l'Olympia durant tout le mois d'octobre et, sans relâche, jusqu'au 2 novembre. La publicité avait été bien organisée : dans son numéro des 6-12 octobre, *Paris-Théâtre* (« Échos » par Jean Desloges) avait rapporté l'émoi des proches de Colette, qui avait disparu une quinzaine de jours auparavant et qui, rentrée, avait gardé le silence sur sa fugue : elle s'était fait « conduire en automobile sur la grande route nationale de Paris à Marseille et ne s'arrêta que lorsqu'elle eut rencontré un campement de Romanichels bien pittoresques. Elle renvoya alors son véhicule et durant quarante-huit heures vécut de la vie des bohémiens ». S'étant documentée, elle rentra... À l'Olympia, elle apparut donc « sous la forme charmante, mais inattendue, d'une petite bohémienne capricante et sauvage, à peine vêtue de loques qui laissent voir sa nudité blanche... » Curnonsky, à qui l'on doit cet instantané[37], craignait la réaction du public « devant une de ces salles de *grande première*, où la présence des amis suffit à créer une atmosphète hostile. / Elle a paru... et tout d'abord sans que nul songeât à le déplorer, les spectateurs se sont étonnés que la débutante ne portât point de maillot ». Mais elle n'est pas la première à s'affranchir de cette contrainte : « Toutes les danseuses qui ont de jolies jambes n'en portent plus », et « tout Paris put constater que la débutante est belle, d'une beauté étrange, expressive et personnelle ». « Si tous les adorateurs de Claudine et de Minne vont applaudir l'admirable artiste dans son nouvel avatar, l'Olympia ne désemplira pas d'ici longtemps ! » Le reste du spectacle est expédié en quelques lignes.

Le 27 novembre, au Cercle des arts et des sports, 4, rue Charras, cette pantomime fut représentée avec Colette dans le même rôle, mais Missy tenait le rôle du Peintre que Franck avait tenu à l'Olympia*. Le 15 décembre, *La Romanichelle* fut repré-

* Voir *Gil Blas*, 27 novembre 1906, qui, annonçant les représentations au Cercle, indiquait que, après Yssim et Colette, viendrait Meg Villars, les répétitions ayant été conduites par Willy lui-même. Le 28, Willy proteste, il n'a pas conduit les répétitions de *La Romanichelle* ; mais, ajoute un journaliste, il est vrai que la soirée « s'est terminée par les chansons et les danses singulièrement troublantes et suggestives de Miss Meg Villars ». On admirera la vitalité de Colette : le lendemain 28, elle devait tenir son rôle à la dernière répétition, puis, le soir même, à la générale de *Pan*.

sentée au Moulin-Rouge lors d'une redoute organisée par le journal *Les Sports*, qui avait dans ses numéros précédents fait beaucoup de publicité à cette fête. Il y avait onze numéros, la pantomime passant en huitième. Contrairement à ce que prétendit *Le Rire**, il n'y eut pas de scandale. La marquise était cambrée « dans son complet de velours noir », Colette était jambes nues, « troublante dans sa guenille de bohémienne ». Le journaliste des *Sports*, dans son compte rendu du 17 décembre, rapporte aussi : « Le rideau se baissa dans une tempête de bravos et les deux vaillantes interprètes furent deux fois rappelées. » Il s'était embusqué derrière un portant pour recueillir leurs impressions : « Yssim est d'un calme parfait » et déclare n'avoir pas eu le trac une seconde. « Colette, elle, éclate de rire quand je lui demande si son cœur bat plus vite. [...] Je dois déclarer que la menotte de Colette est fraîche et ne trahit pas le moindre émoi. »

Willy et Colette vivant chacun de son côté, la petite presse s'empare de l'événement. *Le Cri de Paris*, 28 octobre 1906 : « On annonce la séparation de Willy et de Colette. / Voilà de la bonne copie sur la planche, une Claudine nouvelle, *Claudine divorcée...* » En fait, on n'en était pas encore à la séparation légale et on était loin du divorce. Même gazette, 25 novembre, pendant une représentation ; entracte :

---

* Le 29 décembre 1906, sous la signature de « Snob » *Le Rire* s'acharne contre Colette et Missy qu'il a déjà attaquées les 13 octobre, 17 novembre, 15 décembre, et qu'il attaquera de nouveau le 30 mars 1907. Pour comprendre l'attaque du 29 décembre, il convient de savoir que Footit, le célèbre clown, devait passer après Colette et Missy. Selon « Snob », le public réclamait sur l'air des lampions : « La Marquise ! la Marquise ! » C'est Footit qui entre en scène : « Il y eut un moment d'erreur, à cause du visage enfariné et du costume masculin ; mais ce n'était pas la marquise. Et elle parut enfin, un peu mûre, en cheveux courts, frisés au petit fer, plus pâle que jamais, avec le nez long et mince, pointant au-dessus de la lèvre exsangue. "Yssim" lutta, à main plate, avec une bohémienne, peu vêtue, tandis que, de tous côtés, dans la salle, les cris partaient : "Vas-y, ma vieille Yssim ! Prends-la ! mais prends-la donc !" Décidément, l'amoureux était bien plus amusant que Footit, en marquise sereine-Yssim. Et quand la bohémienne partit – pour retrouver le système Polaire, peut-être – Yssim s'affala en sanglotant ; et toute la salle, dans un touchant élan de solidarité sympathique, s'associa à cette douleur, en poussant des cris et des gémissements. Ce fut vraiment très drôle, et il n'y eut, pour siffler dans la salle, que les derniers représentants de la corruption impériale. » Selon *Paris-Théâtre* (29 décembre 1906-4 janvier 1907), « Snob » avait des raisons personnelles d'étriller la marquise ; le journaliste menaçait de les dévoiler, car si on les connaissait, « les rieurs pourraient changer de côté ». Hélas pour nous, il ne les dévoila pas.

Colette, aux premiers rangs des fauteuils, reçoit les salutations de quelques amis.

— Et Willy ? lui demande-t-on.

— Il est là-bas derrière, avec Petite Amie.

— ???

— Mais si, vous la reconnaîtrez facilement. C'est mon contraire – une belle fille blonde, bien en chair.

Sur ces entrefaites « Petite Amie » vient serrer la main de Colette, tandis que Willy apporte une boîte de fruits. On les mange en famille. Le spectacle continue...

L'échotier aurait été bien plus étonné s'il avait lu les lettres de Meg Villars à Colette, où elle se déclare « hypnotisée » par celle-ci. Dès le 2 juillet 1905, elle signait ainsi : « Ton Meg, qui n'est pas très fixée sur son sexe[38]... » Willy n'était-il pour elle qu'un pis-aller ?

C'était, en effet, un spectacle que le couple Willy-Colette, et qui rapporte aux échotiers. *Paris-Théâtre* a signalé durant l'automne que Willy a passé quelques jours à Biarritz afin d'adapter à la scène « son » roman *Une plage d'amour*. Dans son numéro des 3-9 novembre 1906, il y revient, annonçant que les époux se séparent, à l'amiable. « Ils ont bien trop d'esprit pour s'adresser aux tribunaux ! On allégua, comme cause de cette séparation, l'engagement de Colette à l'Olympia. Il faut peut-être remonter plus haut. / Le folâtre auteur des *Claudine* aurait eu, cet été, sur une petite plage nouvelle, des relations... amicales, avec une blonde fille d'Albion... à quand les Claudines à Londres ? / Colette, elle, pour se consoler sans doute, avait pour confidente une grande dame très connue dans le monde select. / Il faut espérer que tout rentrera bientôt dans l'ordre normal. » Mais le numéro suivant imagine ce dialogue :

> « Vous m'avez trompée, mon ami, dit-elle. Je vous rendrai la pareille. / — Mais... / — Oh, rassurez-vous, j'éviterai les accidents. » / Et là-dessus l'épouse outragée déserta le domicile conjugal. / Lui a-t-elle vraiment rendu la pareille ? Les mauvaises langues prétendent que non, et pour que Madame se soit bien vengée de Monsieur... il eût fallu quelque chose de plus.

La querelle faisait autant de bruit que le divorce de Le Bargy et de Mme Simone, ce qui n'est sans doute pas beaucoup dire à la majorité de nos contemporains. Le *Gil Blas* du 17 novembre 1906 trouvait ce schisme conjugal plus important que la séparation de l'Église et de l'État.

Le Cri de Paris du 25 novembre 1906 contient cette information :

> La direction du Moulin-Rouge a offert quinze cents francs par jour à Mme Colette Willy pour jouer dans la revue, en compagnie de l'ex-marquise de Belbeuf.
>
> Seulement, Mme de Belbeuf a refusé sous prétexte qu'elle ne peut chanter.
>
> — J'ai, répète-t-elle, un chat dans la gorge.
>
> Cela passera...

Où l'on voit qu'une négociation était engagée, qui aboutira.

Colette prit la peine de répondre au *Cri de Paris*, le 25 novembre 1906 ; sa lettre fut insérée dans le numéro du 22 décembre :

> Je lis vos entrefilets avec plaisir, un plaisir fréquent, car depuis quelque temps vous me gâtez. Quel dommage que vous ayez intitulé « En famille » l'un des plus spirituels ! Cela nous donne, à Willy, qui est mon ami, à la marquise et à moi, à cette tranquille et gentille danseuse anglaise que Willy nomme Meg, un air de louche phalanstère... Vous avez chagriné sûrement trois d'entre nous. Ne réunissez pas si... intimement dans l'esprit de vos nombreux lecteurs [ironie !], deux couples qui ont arrangé leur vie de la façon la plus normale que je sache, qui est celle de leur bon plaisir.

Il faut admirer Colette revendiquant son droit à la liberté sur un ton qu'aucune femme française, à l'exception peut-être de Rachilde, n'aurait alors eu le courage de prendre publiquement.

Le 15 décembre 1906, c'est au tour de la marquise d'être attaquée par un « vitrioleur », qui signe ainsi, courageusement, son article de *Fantasio*. Jeune, « on l'eût volontiers comparée à Diane chasseresse ou à une héroïne de Barbey d'Aurevilly ». « Son teint lilial aux transparences d'hostie, ses yeux fascinateurs aux reflets d'aigues-marines, son profil de jeune dieu que nimbaient de courtes bouclettes de la teinte du tabac d'Orient, ses lèvres aux retroussis dédaigneux sur quoi elle semblait avoir écrasé tout un bâton de fard, et où flottait un pâle sourire désenchanté, son torse souple et élancé qui se libérait du corset, auraient plu aussitôt à Helleu et à La Gandara, les portraitistes reconnus des Dames de Perversion et de Beauté. » Aujourd'hui, « Missy » n'est plus que « l'ombre d'elle-même ». On montre aux étrangers, dans l'allée des Acacias, dans les bars et les tripots, « cette désexuée au regard fixe d'éthéromane et de nyctalope, aux lèvres mortes et qui est invariablement coiffée d'un chapeau d'entraîneur et sanglée dans un veston de drap noir ». Des photographies illustrent l'attaque : la marquise y est présentée en costume masculin ; au-dessous Colette (« Pantomime au théâtre ») et encore la marquise (« Pantomime à la ville »). Missy assigna *Fantasio* en diffamation. Elle demandait quinze mille francs de dommages-intérêts et n'obtint que vingt-cinq francs, le périodique étant de plus condamné à vingt-cinq francs d'amende. Les considérants reconnaissaient que la plaignante « avait donné prise aux plus vives critiques » et mentionnaient la lettre au *Cri de Paris* dans laquelle Colette « affichait sans vergogne son genre d'existence »[39].

Colette n'a cure de tels blâmes. Elle va s'afficher avec Missy dans des boîtes à femmes. N'oublions pas que le vitrioleur de *Fantasio*, le 15 décembre 1906, indiquait que l'on rencontrait Missy dans les bars et les tripots. Avant la séparation d'avec Willy, le couple avait été invité à La Potinière, rue Pigalle. « On y voit – écrivait-elle à José-Maria Sert – des... dames pour femmes et un petit théâtre d'ombres, Adam et Ève, avec des détails. Curieux détails, oui. » Et elle avait fait une conquête, une demoiselle de 60 ans... Avec Missy on la voit Chez Palmyre, 5, place Blanche, qui deviendra le Liberty's, puis Chez Tonton, un Tonton, Gaston Baheux, à qui elle restera fidèle et chez qui elle retrouvait Marguerite Moreno après le spectacle. Palmyre dans *La Vagabonde* est Olympe qui, dans le manuscrit, était Sémiramis. Renée Néré rejoint un soir Brague à l'Olymp's-bar. Dans *L'Envers du music-hall*, c'est au Sémiramis-bar que la narratrice retrouve la triste Gitanette. Valentine reproche à Colette de fréquenter cet endroit et même d'y aller dîner seule[40]. En mai 1909, *Fantasio* attaquera méchamment l'« Almire » : « Voici les divinités du lieu. La *Marquise* qui, au dire de la matrone, *porte l'habit comme pas un homme* ; *Lucienne*, au nez faubourien, à la voix vulgaire et bêbête ; *Colette*, fléchissant sur ses ergots, comme un jeune coq récemment chaponné (*tant... um ergo*, auraient dit les Latins, qui bravaient l'honnêteté) ; voici *Otéro*, [...]. » « Ces dames tentent bien de valser. Mais leurs minauderies sont simplement grotesques[41]. » Louis Delluc y mène le grand comédien de Max et l'y fait évoquer Colette :

> On y voyait Colette, qui aurait donné tous ses futurs volumes pour une gaminerie de plus. Elle était bizarre, jolie, impossible, charmante, mélange d'ironie et d'abandon, la plus invraisemblable de nos gloires parisiennes. Cette célébrité était d'ailleurs inconnue de tout ce monde, et plus particulièrement d'elle-même[42].

Un grand coup se prépare. La marquise peut être à la fois auteur et actrice. Elle a composé le scénario d'une pantomime, *Rêve d'Égypte*, qu'elle jouera avec Colette au Moulin-Rouge et dont elle a demandé la musique à Édouard Mathé, la mise en scène étant due à Henri Roy, directeur du music-hall, et à Max Viterbo, les danses étant réglées par Georges Wague[43]*. L'argument est simple, comme il se doit. « Dans un intérieur quelconque, un homme en complet marron consulte un vieux livre. Au fond, un sarcophage laisse apercevoir une momie. » Celle-ci s'anime et vient mimer une scène d'amour avec l'égyptologue, vers qui elle s'avance, quêtant le baiser qui doit la rendre à la vie[44].

Le *Gil Blas* avait ainsi annoncé la représentation – autrement dit, un numéro du spectacle du Moulin-Rouge – le 28 décembre : « Le Blason sur les planches », et, le 30 décembre, il signalait les « démarches pressantes [...] faites par des personnalités du faubourg Saint-Germain pour empêcher la marquise de paraître sur les planches. » Le 1er janvier 1907, Colette est interviewée au sujet des projets théâtraux de la marquise. Le journaliste lui dit : « Et le monde, et ses relations, et ses préjugés ? » Colette bondit :

> La marquise de Morny est libre de tous ses actes et elle débutera avec moi le 3 janvier, je vous le jure, sur la scène du Moulin-Rouge. Cette nouvelle dût-elle occasionner une révolution. Elle ne cédera ni aux prières ni aux menaces. Elle aime le théâtre. Elle fera du théâtre et voilà tout. [...]
>
> [...] Il serait ma foi trop bizarre que le fait d'appartenir à la noblesse française puisse empêcher une femme de

---

* Il y avait une troisième actrice, une comparse, Mlle Dusson. Lors de la représentation, c'est, semble-t-il, Vuillermoz qui était au piano.

> faire ce que bon lui semble. La marquise est résolue à braver toutes les tempêtes [...].

Le 3 janvier, le *Gil Blas* inséra une lettre par laquelle la marquise déclarait que son apparition ne revêtait aucun caractère de bravade contrairement à ce que prétendaient des journaux : « Notre pantomime est... une pantomime, simplement – sur le côté *artistique* de laquelle je me permets d'insister. »

Sans conteste, la marquise voulait – pourquoi ? – braver le monde auquel elle appartenait par sa naissance, mais elle y fut involontairement aidée par la direction du Moulin-Rouge. L'affiche qui annonçait les dix représentations se voulait aguichante, qui indiquait ainsi les noms des deux interprètes : « ? Yssim ? » et « Colette Willy », et celui de l'auteur de la pantomime : « Mme la Marquise de Morny ». « Yssim » n'était compréhensible que pour les intimes – lesquels n'avaient pas tous respecté l'intimité – qui appelaient Missy la marquise de Morny. Mais l'affiche, à l'insu de celle-ci, fut complétée des blasons des Morny et des Belbeuf, en sorte que la marquise fut la victime du marchand de spectacles qui dirigeait le Moulin-Rouge. Elle voulait jouer ; elle avait été jouée. D'où la lettre qu'elle adressa à Pierre Mortier, directeur de la rubrique théâtrale du *Gil Blas*, qui l'inséra le 6 janvier :

> Lorsque j'ai signé avec le Moulin-Rouge, j'ai formellement exigé de ne jouer que sous le pseudonyme d'Yssim.
>
> C'est donc contre ma volonté et dans un but exagéré de réclame que l'administration du Moulin-Rouge s'est permis d'imprimer sur les affiches les armes de ma famille. On m'a d'ailleurs caché ces affiches jusqu'au jour de leur apposition *.
>
> Ceci explique, sans l'excuser d'ailleurs, la protestation du public, qui voyait un défi là où j'avais pensé jouer tranquillement une petite pantomime pas plus bête que bien d'autres.

* Pierre Bossuet dans « Le Courrier des théâtres » de *Paris-Théâtre*, numéro des 12-18 janvier 1907, fait écho à cette indignation de la marquise et ajoute qu'elle intente un procès à Roy, directeur du Moulin-Rouge. – Dans une lettre à G. Wague, Colette, qui espérait revenir sur la scène du Moulin-Rouge, craignait cependant la conséquence de l'assignation de Roy par la marquise (BN, N. a. fr. 18708, f°s 5-6).

> Je regrette beaucoup de ne pas avoir les moyens de vendre des automobiles comme M. de Dion dont vous me proposez le noble exemple* : un essai de commerce d'automobile *[sic]* l'an dernier ne m'a pas réussi, financièrement parlant. Il est vrai que j'y étais aidée par l'un de mes deux frères, – c'est tout dire.

Cette fin permet de deviner ce qui poussait la marquise à braver sa famille, plus ouvertement d'ailleurs qu'elle ne l'aurait voulu.

Les places avaient été louées d'avance. La soirée allait se dérouler à guichets fermés. « On s'attendait à une séance houleuse ; elle dégénéra en tempête[45]. » Le numéro de Missy et de Colette passait dans la seconde partie. Quand il fut annoncé, « Ce fut, durant une demi-heure, d'interminables vociférations, des insultes qu'il nous est impossible de reproduire, un public déchaîné, furieux, comme enragé[46]. » Les bonapartistes, les amis de la famille Morny, accompagnés de quelques hommes de main, s'indignaient de la prostitution de l'une des leurs : huées, sifflets, horions. Une nouvelle tempête se déchaîna quand le public hostile découvrit, ou feignit de découvrir, Willy installé dans une avant-scène avec Meg Villars, un Willy qui, murmurait-on, n'était pas tout à fait étranger à *Rêve d'Égypte.* Interviewée par Georges Michel pour le *Gil Blas* du 30 décembre 1906, la marquise avait confié : « Willy nous a donné des conseils… Il a même écrit deux mesures de la musique… Et nous sommes persuadés *[sic]* que ces deux mesures seront notre porte-veine… » Willy démentit dans le numéro du 31, mais… Affamé de publicité, il en fut rassasié ce soir-là, traité de Sganarelle, conspué, menacé par une horde, il faisait partie du spectacle, « spectateur amusé et complaisant d'une pantomime qui a pu passer pour une reproduction de scènes trop réelles de la vie intime de ces trois personnages[47] ».

> Il a fallu que M. Willy sorte de son avant-scène, sur les injonctions des spectateurs ; il a fallu qu'il quitte la salle poursuivi jusqu'à la porte de leurs huées et de leurs invectives.

* La marquise répond à un article précédent de P. Mortier. Albert de Dion (1851-1946) avait créé avec son associé Bouton la société De Dion-Bouton de construction de voitures. Il fut l'un des fondateurs de l'Automobile-Club de France.

Ces lignes ont été publiées, le 7 janvier, dans *L'Éclair* de Montpellier à qui elles avaient été envoyées par Félicien Pascal. L'affaire du Moulin-Rouge prenait une dimension nationale ! Et c'est à *L'Éclair* que Willy adressa cette rectification, insérée dans le numéro du 15 janvier :

> Le compte rendu, publié par *L'Éclair*, de l'échauffourée du Moulin-Rouge, n'est pas entièrement exact ; votre courtoisie me permettra, sans doute, de rectifier certains détails.
>
> [...] il n'est pas vrai que j'ai « dû sortir » de mon avant-scène ; j'en suis sorti de mon plein gré, parce que la pantomime était terminée (une pantomime bien innocente, sans rien d'osé, je vous l'affirme). Cent cinquante, peut-être deux cents hommes de cœur ont alors fait mine de m'assaillir, c'est vrai ; mais comme, aussitôt, une demi-douzaine d'amis, râblés et résolus, se sont bénévolement constitués mes gardes du corps, les cent cinquante ou les deux cents paladins, s'estimant sans doute trop peu nombreux, et peut-être insuffisamment rémunérés, ont renoncé à livrer bataille. Ils ont, du moins, crié très fort, c'est encore vrai ; mais enfin, des vociférations ne sont pas des raisons, et j'attends que l'on m'explique pourquoi l'on feint de me rendre responsable des faits et gestes de Mme Colette Willy, de qui je suis séparé, en fait, en attendant qu'une décision de justice confirme, en droit, cette scission.
>
> Que si vous trouvez que j'ai eu le tort (et je ne m'en reconnais point d'autre, en l'espèce) d'assister à la première de *Rêve d'Égypte*, voici mon excuse : J'ai reçu quelques heures avant la représentation, un « petit bleu » courageusement anonyme et rédigé en termes fort injurieux, où l'on me défiait, sous peine de voir endommager ma « sale... figure », d'aller ce soir-là au Moulin-Rouge. Alors, j'y suis allé.

La presse parisienne du 4 et du 5 fit une grande place à l'événement. Le *Gil Blas* et *L'Intransigeant* lui donnèrent la vedette : première colonne de la première page. Gaston Calmette, directeur du *Figaro*, se réjouit, en première page aussi de son journal de « l'exécution d'hier » :

> Si des personnes ne comprennent pas que leurs associations d'un ordre trop spécial ne doivent pas être offertes à

> l'admiration publique, il est bon que Paris le leur fasse parfois entendre, fût-ce par les moyens élémentaires du sifflet[48].

Henri Rochefort profite de l'événement pour brocarder « les plus forcenés bonapartistes » obligés d'avouer « que la nièce de Badinguet nous a servi là une belle fin d'Empire[49] ». Devant la provocation, inutile, et la riposte, démesurée, Pierre Mortier, ami de Willy, jugeait, dans le *Gil Blas* du 5, qu'il eût été préférable de répondre à celle-là par le silence et l'indifférence.

Willy n'est pas sorti grandi de cette folle soirée, bien qu'il écrivît à Curnonsky, le 3 ou le 4 : « Le plus fort, c'est que j'ai été engueulé aussi, moi victime innocente[50]. » Ce sont les deux femmes qui ont reçu des éloges : « Il faut reconnaître la bravoure, la jolie impertinence, le dédain souriant et calme avec lesquels Mme la marquise de Morny et Mme Colette Willy tinrent tête à l'assistance. Cela ne manqua tout de même pas d'une assez belle allure[51]. »

Dès le 4 janvier, un reporter est allé interviewer les héroïnes qui n'ont pas perdu leur calme[52] :

> Le vestibule du 2 de la rue Georges-Ville où habite Mme de Morny, est rempli de fleurs ; ce sont des marques de sympathie.
>
> Je trouve les deux débutantes au saut du lit. La marquise est en robe de chambre, Colette, jolie comme un amour avec ses yeux si allongés, est en peignoir rose.
>
> Voici notre conversation :
>
> COLETTE. – Violents, allez, violents ces incidents ! N'ayez pas peur de le dire. J'en suis ennuyée pour la marquise. Moi, vous savez, je suis tout à fait calme. D'ailleurs, c'était préparé à l'avance.
>
> LA MARQUISE. – J'avais même été avertie dans la journée.
>
> MOI. – Pourquoi n'avez-vous pris aucune précaution ?...
>
> LA MARQUISE. – Quelles précautions vouliez-vous prendre ?...
>
> COLETTE. – Oh ! et puis pouvait-on vraiment supposer ?...
>
> LA MARQUISE. – Jamais de la vie !
>
> COLETTE. – La salle était bien composée, vous savez ! Des larbins d'abord, du beau monde ensuite.

LA MARQUISE. – Le prince M... avait loué toute une rangée de baignoires. Quant à cette femme qui lançait des coussins et des cigarettes, c'est Mlle X..., qu'on trouve toujours au Bois, qui eng... toujours *(sic)* les gens : c'est une manie. On la voit toujours à califourchon...

COLETTE *(riant)*. – Comme moi...

LA MARQUISE. – Sur un cheval. Elle s'habille en homme.

COLETTE. – On lui a même donné un sobriquet : la *panthère*.

« La Panthère » aura droit à un article de « Léopard » et à sa photographie dans *Fantasio* du 1er janvier 1908 ; elle est brune et ne se confond pas avec une autre panthère, Isabelle de Comminges, qui, d'un blond tirant sur le roux, mena la vie dure à Henry de Jouvenel et Colette en 1911.

> Certain jour – rapporte Léopard – chez la femme d'un de nos sportsmen les plus illustres, elle envoya la chemise de nuit laissée chez elle par le mari, rebelle à payer ses factures. / Certain autre soir, au Moulin-Rouge, contre une marquise qui débutait, elle mena le vacarme. / « Pourquoi ? / — Parce qu'elle déshonore le nom qu'elle porte. »

Elle aime faire du cheval. « Après une journée de sport, comment voulez-vous que je fasse *de l'homme* avec plaisir ? »

Le journaliste de *L'Intransigeant* demandait ensuite à Colette et à la marquise si elles continueraient à jouer. Bien entendu, répondit Colette, et la marquise : « Dame, il le faut bien. » N'oublions pas qu'elles étaient engagées pour dix représentations. Colette « paraissait extrêmement calme, même gaie. Elle jouait avec un chat qu'elle maniait en tous sens. La marquise paraissait un peu plus affaissée ». Toutes deux l'invitent à se rendre à la représentation du soir, c'est-à-dire du 4.

La marquise ne parut pas le 4 au soir sur la scène du Moulin-Rouge. Le directeur, Henri Roy, avait demandé à Georges Wague de reprendre le rôle tenu par Missy. Mais si *Songe d'Orient* se substitua ce soir-là à *Rêve d'Égypte*, le public crut, malgré une annonce du régisseur, que c'était encore Missy qui incarnait le personnage de l'archéologue – il y avait de quoi s'y tromper... – et les huées et les hurlements reprirent. Le préfet de police Lépine, qui avait interdit à la marquise de reparaître sur scène, interdit définitivement le spectacle[53]. Et, deux jours plus tard, Henri Roy remplaçait, dans la *Revue du Moulin*, le numéro interdit par une scène nouvelle : « L'Agent censeur au Moulin-Rouge ».

On a vu que, le 3, Meg Villars accompagnait Willy. Voici le récit qu'elle fit à Jacques, le fils de Willy, de cette épique (et ridicule) soirée, en anglais ; la traduction est due à Paul D'Hollander[54] :

Mon cher fiston,

J'ai peur que tu ne te sois inquiété... mais le chahut ne nous a causé aucun mal !

Je vais tout te dire à ce propos.

Tout d'abord. Le Moulin-Rouge était comble des gens les plus chics de Paris. Tous les amis du prince Murat et du parti bonapartiste étaient là ; tous, scandalisés de voir une *de Morny* sur les planches. Quand papa et moi sommes arrivés, tous les spectateurs se sont levés et ont fixé notre loge en grondant.

Alors la pantomime a commencé ! Il y avait 40 musiciens et même quand ils jouaient *fortissimo* il était impossible d'entendre une seule note tant le bruit était fort ! Toute la salle sifflait, soufflait dans des trompettes et criait « à bas les gousses ! » [en français dans le texte]. Toute seule je me suis levée dans ma loge et j'ai applaudi ! (naturellement papa ne pouvait pas le faire car il aurait semblé être encore avec elle). Je l'ai fait non pas parce que je pense que Colette est une bonne actrice (car elle *ne* l'est *pas*) et la marquise est très mauvaise... mais simplement parce que tout le monde sifflait et que cela m'amusait de leur montrer que je n'avais pas peur !

Personne n'a rien dit tellement ils étaient surpris. La pantomime continua, les cris et les hurlements de même et ils commencèrent à jeter sur la scène les petits coussins ainsi que les boîtes à bonbons... mais ni Colette ni Missy ne furent touchées !

Enfin, le rideau est retombé et alors toute la salle a hurlé contre *nous*. « Cocu ! cocu ! », criaient-ils à papa qui naturellement frappa à coups de canne le premier qu'il put atteindre. En une seconde tous les rangs du parterre hurlèrent contre nous – contre moi aussi, donnant des coups de cannes ! Le policier de service accourut et se mit d'un côté de papa ainsi que quatre amis… de bons boxeurs et tu sais combien je suis forte ! Nous nous sommes frayé un chemin jusqu'à la porte ! J'ai cogné des poings comme un homme ! L'un de ceux que j'ai frappés culbuta, et je lui ai donné un swing du droit qui l'a atteint à la bouche ! La bague que j'avais au doigt m'est entrée dans la main – alors tu penses ce qu'il a dû sentir sur la figure !

Depuis ce jour-là toute la ville dit que je boxe comme un homme et au *Gil Blas*, tous ont bu à ma santé ! Mais la terrible conséquence du scandale causé par Colette c'est que Papa a perdu sa place à *L'Écho de Paris* ! Tu peux t'imaginer ce que cela signifie pour nous, surtout depuis que nous avons perdu notre argent. Hier soir, il l'a dit à Colette. Elle est terriblement égoïste ; elle s'est bornée à remarquer : « Oh, je regrette » et a continué à parler de ses propres affaires. Et cependant elle sait que c'est bien sa faute ! Elle m'a complètement dégoûtée et même la marquise a paru « gênée » de la voir si indifférente. Eh bien, c'est tout ! Je peux te dire que nous avons à peine été touchés ! J'ai reçu un mauvais coup au talon et j'ai un bras ankylosé, mais papa n'a rien du tout.

Tu nous manques beaucoup, cher !

Sois un brave garçon et tire profit de tes cours parce que cela coûte plutôt cher et que tu sais que nous sommes vraiment très pauvres.

Je t'embrasse très affectueusement, mon petit Jacquot.

Elle termine ainsi :

Ta sœur qui loves you

MEG.

Colette avait été crâne le 3 comme le 4 ; mais sa remplaçante auprès de Willy n'avait peut-être pas tort de la taxer d'égoïsme. Willy, dont on avait l'habitude de trouver la « Lettre de l'Ouvreuse » le lundi dans *L'Écho de Paris*, perdit, en effet, immédiatement sa collaboration et celles qu'il signait de son propre nom.

Les époux se lancèrent publiquement quelques piques. Le grave *Temps* du 18 janvier 1907 imprima dans ses « Informations diverses » : « *M. Gauthier-Villars divorce.* – On annonce comme devant être prochainement plaidé le procès en divorce que M. Gauthier-Villars intente contre sa femme, Mme Colette Willy. L'assignation vient d'être enregistrée et la comparution en conciliation doit avoir lieu dans deux ou trois jours. » *Le Temps* se trompait, la demande en séparation de corps était déjà prévue, on s'en est rendu compte plus haut. Et il n'était pas alors question de divorce. Ce que Willy confirme à Mendel, de la Librairie Ollendorff, dans une lettre qui date de septembre ou octobre 1906, où il lui explique ses difficultés financières : « Songez que j'ai dû, assez brusquement, me résoudre à une séparation, devenue inévitable. Il a fallu chercher un nouvel appartement pour moi, sous-louer le mien, m'occuper – malgré tout – des intérêts de Colette... toutes choses tristes et coûteuses. / D'ailleurs, quoi qu'on en ait dit, *je ne divorce pas*[55]. »

À Châtillon Sido reçoit *Le Temps* et n'est pas étonnée de la nouvelle : « Willy n'invoquera, comme je le pensais d'ailleurs, que ton départ du domicile conjugal et cela est préparé de longue date, comme je le pensais. [...] Il faut que je te parle intérêts à présent, si ennuyeux que ce soit. Vous avez donné dix mille francs sur la maison [de Saint-Sauveur], mais c'est Willy qui a signé le reçu. Comment arranger cela pour que cette maison te reste ? Ça m'embêterait que cette maison que tu aimes et où tu as passé ton enfance tombe en d'autres mains[56]. » La maison restait la propriété d'Achille, mais les 10 000 F donnés par Willy et sa femme sont une énigme, qui ressortit peut-être à la difficulté qu'a Sido de comprendre les affaires d'argent ; où les Willy auraient-ils pris cette somme ? N'est-ce pas dans la lettre suivante, du 20 janvier, qu'elle demande à Colette de ne pas oublier son droit de reprise sur les 5 000 F que lui reconnaissait le contrat de mariage ; cette somme représentait son trousseau, dans le langage du notariat : des hardes* !

La séparation de corps est prononcée le 13 février 1907 aux torts réciproques des époux. Réciproques, parce que Colette avait introduit une demande reconventionnelle : elle avait quitté le domicile conjugal, « donné à son départ le caractère d'une

---

* Voir le chapitre « Le Mariage avec Willy », p. 58. – La maison de Saint-Sauveur avait été hypothéquée le 10 décembre 1896 pour garantir un emprunt de 16 500 F fait conjointement par Achille et les Colette à deux habitants de Châtillon. Cet emprunt, dû à l'installation d'Achille, était contracté pour six ans. À la fin de 1902, l'hypothèque était donc levée.

rupture définitive et publique, marqué son intention irrévocable de ne plus revenir au domicile conjugal et publié sa volonté de vivre désormais selon son bon plaisir[57] », mais Willy s'était rendu coupable d'infidélités et avait une maîtresse en titre.

Colette, le 11 janvier 1907, avertit Mendel qu'elle reprend sa part de collaboration à un roman (en fait, c'est tout le roman), *La Vagabonde*, pour le publier chez un autre éditeur avec qui elle a un traité, le Mercure de France. « Je n'ignore pas, ajoute-t-elle, que Willy vous devait un roman et je ne doute pas qu'il vous le donne par la suite ; le mien est prêt, je l'emporte, c'est un match où j'arrive première, voilà tout[58]. » Cette *Vagabonde* n'est pas celle de 1910 ; en 1906-1907, Colette n'avait pas encore l'expérience des tournées théâtrales. Ce titre, auquel elle est attachée et qui la qualifie si bien, aurait pu coiffer *Claudine s'en va*. En 1907, il désigne *La Retraite sentimentale* : quatre des cinq cahiers conservés qui constituent le manuscrit portent deux titres ; le premier, *La Vagabonde*, est biffé. Le second est : *La Retraite sentimentale*[59].

C'est le roman de la solitude ou plutôt de la pause et du bilan. Colette s'est dédoublée, étant surtout Claudine, mais aussi un peu Annie. Renaud, personnage sans consistance, « l'inconsistance même », écrira Colette dans *L'Étoile Vesper*, s'y efface et meurt, figure souhaitée d'un Willy à qui elle restera plus attachée qu'elle voudra le faire croire. Ce qu'il y avait d'excellent dans les *Claudine* était ce qui échappait aux recettes de la fabrique. Si l'on voit encore des cabochons dans *La Retraite sentimentale*, comme les amours d'Annie et la caricature de Marcel, ce sont des soldes de la fabrique. Bien plus tard, Colette dira qu'elle était attachée à ce qui est à peine un roman par le « côté paysagiste[60] ». L'expression est faible : c'est toute la nostalgie des Monts-Bouccons qui est évoquée dans cette œuvre. Nostalgie, car depuis la fin de 1905 Colette ne s'y rend plus. Willy a décidé ou est obligé de vendre la propriété et Colette doit se rendre le 31 décembre 1907 à Besançon pour la préparation de l'acte qui sera signé le 7 janvier suivant. Elle doit annuler sa participation au théâtre des Arts à une lecture par Robert Eude de « Lettres d'amour de femmes célèbres » ; elle y aurait mimé une lettre[61].

La perte des Monts-Bouccons après celle de Saint-Sauveur…

7

« RIEN N'EST BANAL DANS TON EXISTENCE »

1907-1910

On aurait pu croire que tout était fini entre Colette et Willy et qu'ils étaient devenus ennemis. En fait, ils regrettaient l'un et l'autre de s'être éloignés l'un de l'autre. Tout pouvait rentrer dans un certain ordre. On s'en rend compte grâce aux lettres qu'avec patience et passion a réunies Michel Remy-Bieth.

Le 20 janvier 1907, elle félicite Willy, qu'elle appelle « Ma chère Doucette », d'un article qu'il a publié dans le *Mercure*, ajoutant :

> Vous savez, Doucette, quand il m'arrive de vous écrire des méchancetés, il ne faut pas trop m'en vouloir, c'est que je les pense au moment où je les écris. [...] / Non je ne vous écrirai pas tous les jours, c'est une mauvaise habitude, que je prendrais d'ailleurs facilement. [...] Ah ! je vous embrasse bien ainsi que Meg, et Missy et tante Coco vous envoient mille amitiés à tous 2.

Willy ne sera pas en reste si l'on en juge par une lettre, non datée, mais qui, un peu plus tardive, appartient à la même époque. À son « Vieux Cur », confident et intermédiaire :

> Cette Colette est vraiment exquise. Mais ne répands pas le bruit que nous nous aimons elle et moi. C'est si ridicule, en 1907, d'aimer autre chose qu'un fafiot de 50 louis.
>
> D'ailleurs – entre nous – il est fort possible qu'à la rentrée d'octobre, j'envoie faire f. toute considération, et que je me remontre en public avec cette folle charmante, qui me manque et à qui je manque. Naturellement, je ne supprimerai pas Meg ! Et pourquoi la supprimer ?

Elle prendrait, elle a pris l'habitude d'écrire fréquemment à Willy en ce mois de février 1907. Elle lui écrit, en effet, le 13, le 14, le 17 ; sur d'autres lettres non datées Willy a noté qu'il les a reçues le 17, le 18 et le 20 ! Le 13, la séparation de corps est prononcée aux torts réciproques. *Le Matin* et *Le Journal* informent les populations. Dans ses lettres, Colette entretient celui qui reste son époux de ses visites chez le dentiste, de la préparation des *Vrilles de la vigne* (qui paraîtront en novembre 1908), des représentations qu'elle va donner ou qu'on lui propose de donner. Le 14 : « Ô pauvre Doucette ! il y a des années et des années ([...]) si vous aviez fait attention que vos nerfs étaient vos maîtres [1], il fallait... mais ce que je dis est si idiot. Et comme il me sied, à moi, de préconiser ce remède rétrospectif. » Le 17, Willy reçoit à Menton cette autre lettre :

> Oui, je vous reconnaîtrais après un an d'absence. Je vous reconnaîtrai surtout quand vous voudrez bien être un vieux Monsieur qui n'aura plus besoin autour de lui d'*aucune* "fille" équivoque, sauf d'une *amie* qui sera moi, et nulle autre. Et Missy n'en prendra pas ombrage, d'abord parce qu'il n'y aura pas de quoi, et ensuite parce que nous avons fait fausse route avec Missy, qui maladivement scrupuleuse s'inquiète des responsabilités entières, ou qu'elle croit telles, et qui ne s'effarouche pas de ce qu'on nomme généralement du ménage à trois. Je crois parfois entendre ce qu'elle pense, et je crains de deviner qu'elle aurait trouvé aussi propre, plus humain, bref plus *normal* que vous fussiez resté avec moi, ou moi avec vous. Qui l'eût cru, ô Doucette, que vous et moi pouvions penser sur ce point plus austèrement que Missy et le commun des mortels ! Nous serions restés ensemble, et le public vous aurait traité avec indulgence de voluptueux marlou, en souriant, et moi de petite intrigante "qui sait y faire", et tout eût été pour le mieux dans le meilleur des demi-mondes. Enfin !... il y a un arrangement à tout, mais... je n'en vois pas de possible actuellement.

Le lendemain, le ton monte, la proposition se fait plus précise, et Willy, toujours à Menton, reçoit cette autre lettre, la plus étonnante :

Il y a trop de femmes dans votre vie, Doucette, et la *seule* qui vous convienne vous fait défaut maintenant, comme me fait défaut le *seul* homme avec lequel je pouvais vivre. Ô Doucette ! je valais – je vaux encore ! – que vous disiez à *toutes* les jupes qui vous bruissent aux oreilles : « Foutez-moi le camp ! je garde celle-ci. » Si la vie matérielle redevient meilleure, redevient possible et à peu près assurée pour vous, chère Doucette, voici le coupable arrangement que je vous propose en secret : Revenez, revenez auprès de moi, dans un appartement qui sera si près du mien que ce serait presque le même. Foutez-vous des gens, de tous les gens, comme je le ferai moi-même. Et je continuerai à travailler de mon côté, et vous du vôtre. Et je coucherai avec Missy qui ne demande pas mieux. Et ceux qui nous blâmeront trop haut ne nous blâmeront pas deux fois. Mais il faudra, si cet arrangement vous souriait un jour, que vous ne gardiez *nulle* femme, hors moi. Est-ce impossible ? Avez-vous donc de ces sens impérieux qui obligent à avoir sous la main à toute heure, une compagne ? Si oui, vous me trouverez. Et Missy, encore une fois, n'y [trouvera : *biffé*] verra rien à redire. Il faut que vous soyez fou, et moi folle pour avoir organisé l'arrangement actuel. Comme si vous pouviez vous passer de moi ! et moi me détacher de vous ! Réfléchissez longtemps, car rien ne presse, et rien n'est possible pour vous, tout de suite ; et pour moi, je sais fort bien être sage, et s'il m'arrive de pleurer, c'est quand le gaz est éteint, soyez tranquille. Et, si cela est possible dans un avenir lointain – ou proche – soyez assuré que nous aurons encore plus de gens pour nous que contre nous, on nous sait, au fond, une telle paire inséparable. Il faudrait – j'insiste trop – jeter par-dessus bord jusqu'aux ultimes Megs, jusqu'aux plus classiques claudines. Ce n'est pas un marché que je vous mets à la main, chère Doucette, c'est que je ne saurais, physiquement et sentimentalement, supporter qu'il en fût autrement. Et Missy retrouverait son cher et rassurant et habituel ménage à trois, au dehors duquel elle est dépaysée et soucieuse d'une trop grosse responsabilité, – et puis, quoi, elle sent, elle devine des choses obscures… Enfin, j'ai tout dit, et j'en suis bien aise. Ne répondez à tout ceci sans vous presser, que rue de Villejust, sous double enveloppe à Francine. […]. Je vous chéris et vous embrasse, / COLETTE.

Quelques jours après, Willy reçoit *La Retraite sentimentale* avec cet envoi éloquent qui commence à l'encre noire et se poursuit à l'encre violette : « À mon cher Willy / sa fidèle amie / Colette Willy / et sa fille qui l'aime / de tout son cœur / Fille », signature qui se termine en queue de chat[2].

On voit la difficulté : « je ne supprimerai pas Meg » ; « *nulle* femme hors moi. [...] jeter par-dessus bord jusqu'aux ultimes Megs ». Colette conserve Missy et refuse Meg à Willy. On voit aussi où était la solution, que l'exclusivisme féminin rendait impossible...

Le 16 février, Missy avait elle-même écrit à Willy, en faisant d'abord allusion au scandale du Moulin-Rouge[3] :

Mon cher Willy,

Colette interprète à sa façon ma manière d'être et mon humeur morose, mais quand on a reçu un coup de massue sur la tête (qui pénètre très loin, plus loin encore !) on ne peut pas être gai.

Je ne comprends pas toujours vos deux caractères et au commencement j'ai souvent déploré votre besoin d'afficher notre situation (bien voulue par vous) et qui aurait pu être tout aussi nette mais plus discrète.

Colette se plaint de mes pensées de derrière la tête (pour les connaître il faut être encore plus fine qu'elle ne l'est, ce qui serait peut-être impossible), mais en effet toute ma vie j'ai évité les responsabilités les craignant par-dessus tout. Pourtant quand vous avez mis Colette dans mes bras et puis tout à fait ! j'ai bien envisagé ce que vous désiriez et je n'ai pas reculé ayant pourtant vu et au delà de ce qui pouvait nous arriver à tous trois. Je crois donc n'avoir pas mérité les reproches de Colette ; qui est une enfant étourdie et sans beaucoup de sens moral, mais cela n'est certes pas sa faute ! Je comprends qu'elle s'ennuie avec ma mélancolique et vieille personne, je m'en veux, mais il n'est pas donné à l'être humain de se changer.

Dans toute cette histoire au commencement un peu de discrétion n'aurait pas nui, et ensuite un peu plus de déférence à mes conseils aurait je crois obtenu un meilleur résultat.

Enfin « c'était écrit » soyons fatalistes, cela n'arrange rien, mais console un peu.

Je suis désolée que vous soyez malade et souffrant et je ne connais rien comme le Midi pour influer sur le cerveau et les nerfs aigris. Je n'ai pas l'âme bien portante non plus mais à quoi bon se plaindre, ce qui est fait, est fait ! Il n'y a pas à y revenir.

Tendresses affectueuses à Meg. Nous sommes tous de pauvres chiens sur cette terre peu gaie et em....dante.

Je vous envoie mes affectueux mais tristes souvenirs. Ne m'en veuillez pas de ce que je vous écris. Rien ne vaut la peine de se faire du mauvais sang.

Toute à vous

MISSY.

« ... sans beaucoup de sens moral », écrivait Missy qui, malgré les apparences, en avait donc plus que Colette. On devine les termes de la réponse de Willy à celle qu'il appelait son cher Max par la lettre qu'il reçut de Colette le 20 février : « Missy me fait lire votre lettre et pour une fois, savez-vous, on ne vous reprochera pas de manquer de logique et de clarté. Le mot "sens moral" est un mot privé de signification pour moi et je ne l'avais pas vu sans étonnement éclore sous la plume de Missy. Laissons tout ça. »

Devant cette situation étrange, Sido, le 16 février 1907, avait exprimé un étonnement analogue à celui de Missy ; elle écrit à sa fille :

> Tu aimes Willy et beaucoup dis-tu et il part en compagnie d'une jeune et jolie femme ? Je puis t'assurer que nous nous ressemblons sur beaucoup de choses, comme nous nous ressemblons de visage mais tu as une mentalité en ce qui concerne les relations conjugales qui est loin d'être la mienne, et c'est ce qui fait que je juge Willy tout autrement que toi et que je te fais de la peine en te parlant de lui comme je le fais, mais c'est, sans doute, que tu ne me confies pas tes secrètes pensées et, puisque tu ne le fais pas, c'est que tu ne le veux pas. J'ai donc écrit à Willy aussi affectueusement que possible, je n'ai pas sa réponse. Tu me dis qu'il est parti pour Capri. C'est un beau voyage [4].

C'est sans doute à cette époque, joliment qualifiée par Pierre Varenne de « lune de miel de la rupture [5] », que Willy envoie à

Francine, la servante, un pli urgent qu'elle devra remettre « à Madame pour qu'elle le lise aux W. C. et le jette tout de suite » (afin que la marquise ne le voie pas ?) :

> Je ne comprends plus du tout ! / Nous avons eu un entretien à la suite duquel vous ayant accordé ce que vous désiriez, légitimement – je nous croyais revenus à une bonne entente affective, quoique officiellement brouillés. / Or, depuis ce jour, vous ne m'avez pas écrit une seule fois, vous me téléphonez sur un ton agressif. Alors quid ? / *Nous sommes donc ennemis* ? Dire que c'est Willy qui est obligé de poser cette question à Colette ! La vie est bizarre. / Pourtant, je ne me suis pas trompé, l'autre jour, quand vous m'avez dit, avec cette tristesse d'enfant à laquelle je ne sais pas résister et ces larmes qui me bouleversent : « Je ne veux pas vivre dans la même ville, ainsi séparés, j'aime mieux aller au Brésil... » Chaviré par cette grosse peine de Fille et profondément heureux, en même temps, je suis parti ivre, oui Totette, ivre – bâtissant des projets, etc. / Ils s'écroulent. Soit. Mais je vous demande nettement quelles sont vos intentions, non celles de façade, puisque nous sommes tenus, vous et moi, d'arborer cette zizanie. Mais, au fond, qu'y a-t-il ? J'ai le droit de savoir ; écrivez-moi un mot précis. Ou dites-moi d'aller vous trouver, et, une fois pour toutes, décidons ce qui sera. Je n'en puis plus. / Et ne craignez pas de jérémiades, bon dieu ! Si vous me dites « C'est fini. Ne gardons plus rien l'un pour l'autre, même en secret » ne redoutez aucune scène de mélo. / Je voudrais une prompte réponse télégraphique, pour plusieurs motifs. / Dans le doute, je ne m'abstiens pas de vous dire – c'est peut-être la dernière fois – *Tendresses* / W [6].

En 1907, on a donc l'impression d'une querelle de ménage qui pourrait s'apaiser, ou d'un arrangement qui tourne mal, mais l'engrenage s'est déclenché, d'une manière irréversible, en partie sous l'effet d'une brouille, d'une zizanie affectée qui amuse le public. Au reste, des tiers vont s'en mêler pour l'attiser.

Il ne faut pas négliger une autre cause de cette séparation : l'impossibilité où était Willy, en raison de sa passion du jeu, de subvenir aux besoins du ménage ou, si l'on veut, d'entretenir Colette. Comme on pouvait le deviner d'après la lettre du

18 février 1907*, la question financière a été déterminante dans la séparation. Dans une lettre à Curnonsky, d'octobre 1906, à propos de *La Romanichelle* qu'elle joue à l'Olympia, Willy regrette qu'elle « s'exhibe dans de telles foutaises ! Ah ! si j'avais de la galette à lui donner, elle ne jouerait pas les œuvres de Franck, vrai[7] ! » Et le 14 septembre 1907, au même : « Pourquoi je souffre ? Tout bêtement parce que je suis loin de la seule femme que je puisse complètement aimer. Et puis, je la croyais heureuse, je l'espérais, du moins, et *je sais* maintenant qu'elle s'embête, elle me l'écrit sans ambages : "Allons-nous-en loin, tous deux." Or je ne puis vivre avec elle sur le pied de 40 sous par jour. Ici [nous ignorons où il était], on vit pour rien et Meg chante, danse, gagne sa vie – quel tourment de toutes les heures ! » En revanche, Colette profite de la fortune de la marquise, et si bien que celle-ci dira que Colette l'a « dépouillée[8] ».

Le printemps et l'été de 1907 ne voient pas naître de nouvelles complications. En mars, Colette se rend à Nice ; elle séjourne, sans doute avec Missy, chez Renée Vivien et, du 13 au 16, elle joue dans *Rêve d'Égypte*, pantomime qui a retrouvé son calme hiératique. Au retour, elle écrit à Georgette Leblanc : « Je reviens de Nice, où j'ai si bien dansé, si tu savais », lui demande de lui préparer quelque chose à danser ou à mimer pour la saison prochaine et lui annonce qu'elle va jouer au théâtre Marigny dans *Marigny Revue*, 12 tableaux et 44 numéros concoctés par Jules Oudot, Paul Briollet et Léo Lelièvre**. « Une revue, c'est des calembours avec des petites femmes autour. » Colette y figure avec Toby-Chien, dans le *Duo de Coquelin et Colette* qu'elle interprète (?) avec un certain Miller ; on espère, puisque zoologie il y a, que talent et plastique sauvèrent cette ânerie :

---

* Voir p. 147 : « Si la vie matérielle redevient meilleure, redevient possible... »

** La revue, dont la vedette était Mme Tariol-Baugé, a été jouée, du 2 mai au 31 juillet 1907. On ne sait si le numéro de Colette a fait partie de toutes les représentations. On sait seulement qu'elle est de la revue pendant le mois de mai. Léo Lelièvre (1872-1956) a été le collaborateur de Varna au Casino de Paris et le président de la SACEM. Il est l'auteur, avec P. Briollet, de *La Matchiche* (1905). Jules Oudot est l'un des nombreux « faiseurs » d'opérettes et de revues de ces années-là. – La définition de la revue est due à Willy et elle est citée par Madeleine De Swarte dans ses souvenirs inédits, « À l'école de Willy », dactyl., f° 86 (coll. Michel Remy-Bieth).

COQUELIN : Allons ma belle / N'sois pas cruelle / Je t'adore vois-tu / Pour moi dépouille ta vertu.

COLETTE : Pens' tu, turlututu.

COQUELIN : J'ai beau ramage / Brillant plumage / On m'adore partout, / Pour toi belle poule / Je perds la boule.

COLETTE : Moi, j' perdrai rien du tout.

COQUELIN : Cocorico ! Laisse-moi mon coco / Te donner un p'tit bécot.

COLETTE : Cott, cott, cott, cott.

COQUELIN : Quand un' poul' me botte / Je ne fais jamais fiasco / Cocorico / Laisse-moi mon coco / Te prendre un p'tit bécot.

COLETTE : Cott, cott, cott, cott.

ENSEMBLE : Puisque tu n' me bottes / Tu peux rentrer tes ergots.

Oui tu me bottes / Et je me dress' sur mes ergots [9].

Avant de jouer sur de grandes scènes et d'entreprendre de longues tournées, et même après, elle a fait plusieurs fois « le cachet en ville [10] », dansant ou mimant chez des richards, indifférents, amusés ou ironiques ; redoutables moments, elle se sent prisée comme une bête. Elle réclame pour ces soirées, parfois très tardives, le concours pianistique, partition et exécution, d'Émile Vuillermoz, qu'elle a connu comme collaborateur de Willy [11]. Il y avait des organisations comme celle de Jean Battaille qui offraient des programmes artistiques aux particuliers et leur procuraient, selon son *Album des soirées mondaines*, chansonniers, chanteuses à diction, chanteuses de café-concert, comédiennes, danseuses, mimes. (Pendant la saison 1909-1910, son programme de mimodrames comprendra notamment *La Chair*.) Et l'on voit Colette se proposer elle-même à Robert de Montesquiou en une lettre qui peut être de l'automne 1907 et qu'on a déjà mentionnée plus haut [12] :

> Je voudrais bien connaître le nom de la dame à qui plut le faune ? J'ai si peu d'amis, Monsieur. – Ceci n'est pas une plainte, certes non ! mais je vis, m'assure-t-on, d'une manière inusitée et je sais qu'on me blâme beaucoup surtout parce que je n'explique pas assez mes raisons de rompre avec presque tout ce qui est sage ou ce qui passe

> pour l'être. Mais je vous assure que je ne suis pas vilaine, et qu'il n'y a pas un seul motif bas à ma conduite ! Cela vous est égal, mais je n'aime pas être méconnue par une certaine qualité de gens. / J'ai inventé pour moi une jolie danse lente. S'il vous plaisait une fois de voir danser un ex-faune aux beaux muscles, devant une petite idole ambrée sous des voiles couleur de nuit, je serais heureuse de me mettre à votre disposition, pour vous remercier d'aimer mon livre.

À la fin d'avril 1907, elle commence à publier dans *La Vie parisienne* dont elle va devenir une importante collaboratrice : ce sont ses dialogues de bêtes et des textes qui seront recueillis dans *Les Vrilles de la vigne*. Charles Saglio, homme cultivé, distingué, vient d'acquérir ce périodique et lui conservera son double caractère : parisien (petites femmes en chemise) et littéraire. Colette et Saglio se lient d'une amitié qu'on suit jusqu'en 1953 [13].

Pendant l'été, le phalanstère *, pour reprendre l'expression de la réponse de Colette au *Cri de Paris*, se reforme, au Crotoy : elle et Missy dans une villa, où elles se rendent en voiture, ce qui inquiète Sido, Willy et Meg dans une autre villa.

La proximité entraîne la collaboration **. Sido à Colette, 12 septembre 1907 : « Donc, tu travailles pour Willy. Que veux-tu que je te dise... ? Rien n'est banal dans ton existence. » Colette n'a accepté de travailler que contre rémunération : 1 000 F pour des pages de paysage, ce n'est pas mal payé. Willy écrit ou plutôt fait écrire par Curnonsky *Un petit vieux bien propre*, dont la scène est la principauté de Monaco. Colette n'accepte de collaborer qu'à condition que le cadre soit franc-comtois, ce qui eut pour résultat que, sur épreuves, on voyait la mer depuis Besançon – on se rappelle une des plus amusantes pages de *Mes apprentissages*. Paul D'Hollander a retrouvé le passage, bien entendu modifié, et il a aussi inscrit au crédit de

---

* Le mot « phalanstère », qui sera de nouveau utilisé par Colette dans *L'Envers du music-hall* (*Pl. II*, 270), puis pendant la Première Guerre, était-il entré dans la langue commune ? Appartenant au vocabulaire fouriériste, il n'est pas impossible que Colette le connaisse par sa mère. Sido avait pour belle-sœur, Caro, une amie de Victor Considerant (sans accent) qui lui offrit un... cercueil en ébène ; voir *La Naissance du jour*, *Pl. III*, 369.

** Ce qui ne signifie pas que la collaboration décrite ci-dessous prit place au Crotoy. Selon Colette, Willy lui aurait télégraphié [14].

Colette une lettre de Claudine à Maugis, qui fera dire à Sido : « C'est ce qu'il y a de mieux dans ce bouquin, quoiqu'il fourmille de mots spirituels à la manière de Willy. » Bon juge, elle ajoute : « Mais quand il y a une lettre de lui [comme les lettres de « Maugis »] dans les livres que tu écris, et qu'il y en a une de toi dans les siens, ça me fait toujours l'effet de cheveux dans la soupe, tant ça jure de se trouver ensemble [15]. »

Willy a vite fait de rentrer dans son argent. Le 30 septembre 1907, il vend forfaitairement à Vallette les droits de *Claudine en ménage* pour 2 400 F. Et, le 19 octobre, à Ollendorff ceux des trois autres *Claudine* pour 5 000 F. Ce qui signifie que Colette était privée de tous les droits annuels sur la vente des *Claudine*, droits qui allaient d'ailleurs à Willy puisque ces romans étaient signés de lui seul. Ce qui signifie aussi, la vente ayant été tenue secrète, contrairement à ce que Colette écrira dans *Mes apprentissages* où elle croit avoir apposé sa signature au bas de deux contrats [16], qu'elle fut privée du produit immédiat de cette vente. C'est en 1909 seulement qu'elle constatera le vol, sinon légal, du moins moral.

★

Nous voici loin des seconds mais vrais débuts de Colette dans la pantomime avec *La Chair* qui a été son grand succès. Les premiers avaient eu lieu avec *La Romanichelle* à l'Olympia en octobre 1906. Entre-temps, en octobre 1907, au Tréteau-Royal, sorte de café-théâtre de la rue Caumartin, elle remplace une actrice dans *Le Crin*, comédie en un acte de Sacha Guitry. C'est le 1er novembre 1907 qu'elle joue pour la première fois *La Chair*, à l'Apollo, 18-22, rue de Clichy (« Les dames ne sont admises avec des chapeaux que dans les avant-scènes et baignoires. » C'est la guerre des chapeaux). Le scénario est dû à Georges Wague et Léon Lambert, la musique à Albert Chantrier. La pantomime avait été créée avec la belle Imperia le 16 mai 1907 au Casino de Paris. C'est alors plutôt une série de tableaux vivants comme on en produisait sur d'autres scènes parisiennes et qui permettaient aux « artistes » de faire admirer leur académie [17]. Avec Colette, la pantomime devient un mimodrame. Elle interprète Yulka. Wague est Hokartz, le contrebandier ; Marcel Vallée, qui cédera ensuite son rôle à Christine Kerf, Yorki. Les représentations dureront jusqu'au 30. Le 16 novembre, elle signe un reçu de 1 000 F pour ses appointements de la première quinzaine. Voici l'argument tel qu'on le lisait dans le programme, un argument nécessaire :

> Yulka vit avec le farouche contrebandier Hokartz qui l'aime de toute la force de son âme sauvage, mais Yulka lui est infidèle de toute la force de sa beauté. Elle reçoit en l'absence d'Hokartz, les visites d'un jeune sous-officier dont elle est amoureuse.
>
> Le contrebandier surprend leur rendez-vous, et surgit tout à coup : il désarme et assomme à moitié le séducteur, qu'il jette ensuite dehors.
>
> Restés seuls, l'amant exige une explication, il veut savoir. Yulka reste muette ; il la tuerait peut-être si, dans la lutte, son vêtement se déchirant, ne laisse apparaître « La Chair » dont il est sauvagement épris.
>
> Yulka fuit, épouvantée, tandis que dans la folie de son désespoir et l'impossibilité de la posséder encore il se tue devant la porte irrévocablement fermée.

On sait que le succès de curiosité a été provoqué par le déchirement de la robe qui faisait jaillir le sein, que le préfet des Alpes-Maritimes, André de Joly, interdit [18]* alors qu'ailleurs les titis réclamaient la vue des jumeaux, qui ne leur fut pas toujours refusée. Sido, qui n'était pas bégueule, s'étonnera, le 6 mars 1908, en recevant une photo : « Comment oses-tu poser ainsi presque nue ! " On lui voit tout à ma tante, dit Geneviève [fille d'Achille] ". » Et le 8 avril suivant : « Je viens de lire dans *Le Temps* que la police va interroger les femmes qui se montrent nues dans Music-Haal. On cite entre Music-hall l'Appollo. Vas-tu être du nombre de ces dames nues ? Ce serait bien fâcheux [19]... » Le sénateur Bérenger, dit le Père la Pudeur, avait porté plainte contre la belle Aymos qui s'était produite à l'Olympia, parce que rien ne masquait son « entière nudité ». Pourtant, écrit Georges Normandy [20], elle était apparue « entre les nuées, dans les plis de longs voiles qu'elle manie avec art » et elle portait « un triangle de soie rose sur lequel s'agraf[ait] une ceinture d'orfèvrerie ».

Nombre de personnes des deux ou trois sexes se sont excitées sur Colette danseuse nue. Il faut s'entendre sur l'adjectif. Au début du siècle, une danseuse nue est une artiste qui ne sait pas

* Elle prouve le succès de *La Chair* lorsqu'elle écrit à Missy : « Et pourtant à Nice, on ne se déshabille pas. Je défais le haut du corsage et c'est tout » (coll. Michel Remy-Bieth).

danser et qui n'est pas nue dans le sens où on l'entend aujourd'hui, car elle porte un maillot, arbore des voiles ou est couverte de lourds accessoires. Vers 1935, montrant à sa nièce Colette, danseuse aux Bouffes-Parisiens, une photo d'elle dans un costume qui passait alors « pour “ très nu ” et pour égyptien », elle s'attira cette réponse : « C'est joli, mais c'est vrai qu'il en fallait dans ce temps-là des trucs qui engoncent ! » Colette ajoute : « Avec un mot comme ça on ruine une légende[21] ! » Cette image de la « danseuse nue » a pourtant nui à la réputation de Colette parmi les Arsinoés et les Tartuffes. Dans *La Chair* elle se contentait le plus souvent de ne montrer qu'un sein, parfois les deux*. Exceptionnellement, elle se montra toute, l'espace de quelques secondes, lors de la répétition générale du 1er novembre 1907 et lors d'une représentation à l'Eldorado de Marseille en juin 1909. Si elle a dansé vraiment nue – reste à le prouver –, ce fut à l'occasion de représentations privées, chez Natalie Barney ou chez des amies de celle-ci. D'autre part, elle s'est libérée du maillot, qui asexuait la femme, s'enveloppant de gazes, se posant debout de profil et laissant voir cuisses, des cuisses assez fortes, hanches et un hémisphère bien attaché, ou couchée sur et sous des peaux de bêtes. Là-dessus, les professeurs de morale la trouvent plus affriolante. Colette ne pensait, elle, qu'au culte de la beauté du corps, débarrassé des contraintes du corset. Avec, toutefois, une arrière-pensée : sa réputation favorisait les recettes grâce au parfum de scandale qui la précédait dans ses apparitions.

La Chair a eu un vrai succès. Lorsque le mimodrame sera donné le 23 juin 1911 à l'Apollo-Théâtre de Genève avec Wague et Colette, l'affiche sera fière d'indiquer qu'il y a eu deux cents représentations à Paris. Et le spectacle est si couru que, prévu pour trois jours, il est prolongé jusqu'au 29[22]. Deux cents représentations à Paris ? En France, car le sein de Colette a beaucoup voyagé. Ainsi, en février 1908 on le voit à Monte-Carlo et on le devine à Nice ; en avril, de nouveau à l'Apollo de Paris ; puis à Bordeaux, Royan, Vichy, Rouen ; en 1909, il se fait voir à Marseille, Lyon, Saint-Étienne, et à la Gaîté-Rochechouart**.

---

* Selon une coupure d'un catalogue Morgand (référence incomplète), Rasimi, directeur de music-halls à Lyon, était venu lui demander « d'enlever aussi sa chemise » sur scène. Sans doute lorsqu'elle joua *La Chair* au Casino-Kursaal (19-25 octobre 1909).

** Voir p. 567-570 l'annexe « Colette Willy sur scène », liste des représentations auxquelles Colette a participé de 1906 à 1912.

Quand elle joue *La Chair* au Kursaal de Lyon du 19 au 25 octobre 1909, Maurice Chevalier fait partie du même spectacle et il la contemple : « Colette était un splendide échantillon de la belle femme de 1908. Bien en chair. Larges épaules. Un peu trapue, dodue sans graisse indésirable, elle avait le sein lourd, plein, bien attaché. Le sein le plus... oh tant pis !... le sein le plus appétissant du monde. » Il tombe amoureux, mais n'ose rien lui dire, bien qu'un soir elle s'adresse à lui avec « une expression de sympathie charmante » : « Pourquoi avez-vous toujours l'air si triste ? » Il répond qu'il n'avait pas « tellement de raisons de trouver la vie gaie ». Elle réfuta cette plainte : il devrait avoir honte ; il « avait toute la vie pour s'intéresser à tout », « la vie était bien plus belle qu'elle n'en avait l'air, mais il fallait savoir s'en occuper... » « Bref, je ne lui avouai rien et l'engagement se termina pour moi par un de ces béguins rentrés [...]. » Dans ces mêmes souvenirs, il se plaint du portrait qu'elle fit de lui dans *La Vagabonde* sous le nom de Cavaillon, à qui elle reproche d'être ladre, ce qui était, dit-on, le péché peu mignon de Chevalier. Colette dira plus tard qu'elle regrettait que celui-ci ne se fût pas enhardi un peu[23].

En février 1910, *La Chair* fait partie des spectacles parisiens invités pour l'inauguration des Folies-Bergère de Bruxelles. Le mimodrame est représenté ensuite à Grenoble et Nice. Après la seconde tournée, Colette la joue à Ostende (la plage chic) ; pendant l'automne, Dijon, Marseille, Biarritz ; en décembre la Gaîté-Montparnasse. Il y aura d'autres représentations en 1911, la dernière que nous connaissons étant celle du 20 novembre. *La Chair* avait été exportée à New York et donnée en décembre 1908 au Manhattan Opera House, où le sein restait couvert, le public devant se contenter de la nudité d'un bras. Christine Kerf était la seule actrice qui eût appartenu à la distribution française[24]. Auparavant Caroline Otero en avait voulu à Wague de ne pas lui confier le rôle de Yulka. C'est suggérer l'importance de ce mimodrame, perceptible aussi dans l'annonce fréquente de l'augmentation du prix des places et de la suppression des billets de faveur. *Le Progrès de Lyon* du 18 décembre 1910 résume l'impression que laisse le spectacle : « *La Chair* ne dure que quelques minutes à la scène, mais laisse un souvenir inoubliable. »

Colette va tenir un rôle, qui avait été créé en novembre 1910 par Christine Kerf, dans un autre mimodrame, *Aux Bat. d'Af.*, scénario de Wague tiré d'un roman d'Aristide Bruant et Arthur

Bernède, musique de Chantrier, repris du 28 août au 11 septembre 1911 à Ba-Ta-Clan (50, boulevard Voltaire), music-hall que Mme Rasimi vient d'acheter ; mais du 12 au 18 septembre, on reprend *La Chair*. Le 1er décembre 1911, elle est de la création, à la Gaîté-Rochechouart, de *L'Oiseau de nuit*, mimodrame en un acte de J. Alène et Wague, qui ont pris pour cadre le Pays basque, musique de Chantrier, danses réglées par Mme Cernusco. Ce titre, suggéré par Colette en juin, remplace *Vagabonds*.

Colette a donc à son actif plusieurs pantomimes ou mimodrames, mais aucun ne peut rivaliser avec *La Chair*. De plus, elle a repris en mai 1908 à Parisiana le rôle de Claudine que Polaire avait créé en 1902 dans *Claudine à Paris*, pièce qu'elle modifie un peu ; elle la joue en novembre 1908 à l'Alcazar de Bruxelles, où elle donne quinze représentations, puis, en décembre, à la Scala de Lyon[25], où elle a un grand succès, avant de l'emporter dans la longue tournée d'avril-mai 1909. Elle joue dans d'autres pièces, notamment dans *C'te pucelle d'Adèle !...*, comédie en un acte et deux tableaux de Sacha Guitry, créée le 19 novembre 1909 à la Gaîté-Rochechouart. Elle y est Adèle, une fille de fermier. Un collaborateur de *Paris qui chante* fait, le 5 décembre, son éloge : « Elle remplit ce rôle bizarre de sa fantaisie gamine et sincère et arrive à lui donner l'apparence de la vérité et de la vie. Le jupon court et la chemisette que gonfle une poitrine libre et ronde à souhait font valoir la perfection de ses formes et cette beauté étrange qui n'est qu'à elle – et qui lui va si bien ! » Malgré leur désaccord, qu'il mentionne, Henry Gauthier-Villars ne manque pas de saluer le succès de sa femme dans *Comœdia* le 20 novembre. L'année suivante, le texte paraîtra avec cette dédicace : « À Colette Willy, l'auteur des "*Claudine*", des *Dialogues de bêtes*, des *Vrilles de la vigne*, je dédie cette petite machine, faible hommage de mon admiration pour elle. »

D'où lui vint ce désir d'être mime, danseuse, actrice ? De la tendance, profonde en elle, de se montrer et de s'affirmer, une tendance à laquelle s'opposait Willy, qui ne voulait pas la voir sur les planches. Et de deux autres raisons qu'elle exprime dans les notes prises pour une conférence : « Parce qu'il me fallait gagner ma vie, – et aussi parce que je choisissais le lieu le plus tranquille[26]. » Il est de fait qu'au music-hall elle se sentait chez elle et en sécurité. Et elle gagne assez bien sa vie si l'on en juge par les quelques chiffres qui nous sont parvenus. On a vu plus haut qu'elle avait reçu 1 000 F, le 16 novembre 1907, pour la première quinzaine de représentations de *La Chair*. En septembre 1908, elle dit avoir touché 973 F pour deux représentations. En 1909, elle exige des cachets de 150 F dans Paris, de 200 hors de Paris. En 1912, elle touche 1 400 F à Ba-Ta-Clan pour dix-huit représentations de *L'Oiseau de nuit*[27]. Il faut rapprocher ces chiffres de ce que, selon *L'Envers du music-hall*, gagnent les figurantes : 180 ou même 160 F par mois[28] ; un « tour de chant » touche 7 F par jour[29]. Par contraste, chanteurs et cantatrices à l'Opéra ont des ponts d'or : Alvarez reçoit 8 000 F par mois, Mlle Bréval, 7 500 ; Mme Héglon 43 200 F pour six représentations, ce que rapporte *Claudine en ménage* en quatre ans. Notons, à l'autre extrémité, qu'une ouvrière gagne alors 4,25 F par jour à Paris et 2,15 en province ; une dactylo de 70 à 80 F par mois[30]. Un petit employé, tel Louis Pergaud à la Compagnie des Eaux, en 1907, gagne « par mois 130 francs + 30 francs en moyenne de travaux supplémentaires, total : 160 francs » ; en 1912, à la Préfecture de Paris, il peut espérer 158 F, lesquels « sont presque insuffisants pour équilibrer [s]on budget si modeste qu'il soit[31] »...

Fut-elle à un moment placée devant un choix : la scène *ou* l'écritoire ? Sido déplorait : « Quel dommage, quand on a un talent d'écrivain comme le tien, d'aller danser au théâtre. » Puis, constatant de nouveau le succès littéraire de sa fille : « Tu ne devrais faire que cela, mais tu n'en prends pas le temps et même ta cohabitation avec Missy te prend un temps considérable, avoue-le[32]. » Colette a un génie domestique de l'organisation pratique. Elle n'a pas voulu choisir, jusqu'au moment où, visiblement enceinte, aux premiers mois de 1913, elle dut quitter la scène. Elle a su établir un équilibre entre l'écriture solitaire et le contact presque charnel avec le public des salles de théâtre et de music-hall. Elle a nourri son œuvre de son expérience. Son cher et grand Balzac descendait dans les rues pour alimenter sa création. La mime Colette a obtenu de nombreux suffrages, ceux des connaisseurs qui appréciaient la beauté des attitudes, ceux des humbles aussi qui s'effrayaient ou s'attendrissaient aux moments mélodramatiques. Voici un reportage pris sur le vif par Henry de Forge pour *Excelsior* du 6 décembre 1910 ; le titre en est : « Colette Willy devant le “ Peuple ” ».

> Colette Willy joue la pantomime à la Gaîté-Montparnasse, devant un peuple vraiment nature. Il est peu d'établissements populaires aussi fréquentés par les petites

> crémières lasses de servir leurs fromages, les garçons épiciers sans psychologie, les midinettes au cœur prompt et les gentilshommes en casquette, au geste plus prompt encore. Étonnant mélange où l'admiration est facile à déchaîner de même que les quolibets. / Il y avait là de quoi tenter la mime Colette Willy. Et voilà pourquoi elle a joué, en compagnie de ses excellents camarades Georges Wague et Christine Kerff *[sic]*, le célèbre mimodrame *La Chair,* au concert de la rue de la Gaîté. / Afin de mieux nous rendre compte, nous prîmes pour dix-huit sous un inénarrable fauteuil de poulailler, étroit et mal rembourré, au milieu d'une atmosphère où l'odeur du tabac, celle de l'orange et d'autres plus subtiles se mêlaient agréablement. [...] Avouons, à la honte de Colette Willy, que dans ces hauteurs paradisiaques, on n'avait sur elle que de vagues données. La tripière nous chuchota bien des choses qu'elle savait sur les chanteurs : / — *C' qu'il est comme il faut, ce Kambon ! — Mamzelle Cambardi est bien gentille, mais elle a un frère qu'est un amour. Il fait son service militaire, monsieur, dans les dragons.* / Mais ce nom de Colette Willy l'effarait. — *Probable, Eugénie, que c'est une gambillarde anglaise. Y a un double V dans son nom !* / Tout de même, Eugénie, sa digne mère et les autres n'en perdirent pas une bouchée. / La musique, fort belle, de Chantrier, empaumait ce simple public. / *Est-elle gironde !* murmura-t-on à l'entrée de Colette. / La formule silencieuse de la pantomime les déroutait. Tout de même, très vite, ils s'y accoutumèrent, et Eugénie, judicieuse, déclara : / *Ça ressemble à du cinéma !* / La scène tragique de la fin déchaîna, par contre, l'enthousiasme, surtout quand Wague s'ouvrit une veine avec son poignard. / — J' te dis qu' c'est du vrai sang ! fit la tripière, qui, apparemment, s'y connaissait. / Des acclamations sans fin, des acclamations comme en font seuls ces spectateurs de faubourg accueillirent les artistes.

Les gens de goût se rallièrent certainement à cet avis d'un bon juge, lui-même grand artiste. Au début de 1913, Louis Delluc la mettait au-dessus de Mistinguett, de Polaire et de la belle Otero :

> Pour moi la plus originale des mimes, la plus vraie, est Colette Willy. Vagabonde, elle éparpille un peu son talent en incartades qui sont des œuvres d'art. Mais en tout ce

qu'elle fait elle reste elle-même et la mime se souvient de l'écrivain, spontané et incisif. La chair ! Elle nommerait volontiers toute son œuvre vécue et vivante de ce titre. Elle a célébré la chair impérieuse, la chair traîtresse, la chair lasse ou triomphante, la chair sacrée. Mais, de plus en plus, elle s'élève, elle s'épure. Elle voit beau. Elle verra grand. Ses poses plastiques sont d'une intellectuelle, mais elles n'ont rien d'étrange, d'ennuyeux. Elle donne à la fois l'impression de l'impudeur et de la naïveté ; il y a dans son visage quelque chose de chaste. Est-ce la bouche, les yeux, le front ? Il y a aussi quelque chose d'avidement sensuel. Mais là non plus on ne sait pas quoi. Tout d'elle est ainsi... Elle joue avec un grand voile blanc, où elle se roule, où elle se drape, où elle se sculpte ; elle a des pieds et des jambes parfaits, sa gorge s'offre droite, et puis toute sa nudité harmonieuse se livre. Et nous ne savons pas si nous sommes troublés, ou si nous admirons simplement. Car elle veut être émouvante et peut-être perverse, et nous nous laissons dominer par sa volonté, mais nous sentons qu'il y a en elle quelque chose d'inexplicable et de très pur[33].

Paul Margueritte ne craint pas de la rapprocher de la Loïe Fuller et d'Isadora Duncan. Il la voit dans une danse improvisée, puis dans *La Chair* :

C'est une danse presque sans gestes ; le jeu libre du corps y prolonge un long et lent rythme ondulant, un thème de mouvements cadencés où palpite ce mystère des lignes qui spécialisent un être : flexions du buste, houle des épaules, pivotement des hanches, arc tour à tour bandé ou détendu des jambes ; l'émouvante liturgie d'une mimique criant sourdement la passion, à travers la souple amphore d'argile blanche qu'est la femme.

Telle dansa ce jour-là Colette Willy. Ce fut original. Poignant presque.

Tout autre m'apparut-elle, un soir, dans la fumée d'un music-hall, interprétant le mimodrame *La Chair*. Là, aux coups de gong d'un orchestre qui la brisait en hystériques torsions, la figeait en cataleptiques poses, l'on vit soudain s'ébattre une frénésie joyeuse, l'envolée en battant de cloche des jambes, le ressaut brusque des reins, l'éperdue vitalité d'un jeune animal d'amour.

> Et là aussi, ce fut neuf.
>
> Il existe certainement d'autres Colette Willy exprimant par leur danse la nostalgie du cœur et les appels du désir, les énergies obscures ou conscientes de la vie ; je ne les connais pas, et qu'importe ? Ce peu déjà m'avère la personnalité certaine de cette si curieuse artiste qui, lorsqu'elle daigne prendre la plume, s'affirme un si parfait écrivain, par sa vision directe et son style d'aiguë vérité *.

Autre admirateur, Léon Werth :

> Ce que mime Colette Willy, c'est elle-même. Elle n'a pas le corps solennel des tragédiennes, qui meuvent leurs bras, comme on déclame. Son corps a cette intelligence qui n'abandonne jamais les plantes, les animaux, les enfants et les femmes qui n'ont pas courbé leur instinct. Elle a le mouvement des femmes qui sont sur les sarcophages d'Égypte. On n'y prend pas garde, parce qu'elle ne stylise pas. Ses bras ne sont pas attachés à des ficelles comme ceux des poupées javanaises. Ses bras sont attachés à son instinct. Leur force est à l'épaule et leur subtilité au poignet. Ils n'ont pas de rondeur morte. Les bras des autres femmes semblent en étoffe chair, couturée grossièrement aux ressorts du poignet et du coude. Quand les bras de Colette Willy tremblent à leur source, près de l'épaule, on dirait la palpitation d'une aile avant le vol.
>
> Ses bras sont vivants et ses mains sont vivantes. Pourquoi ne leur trouverais-je pas une signification ?

Perversité, pureté, ce sont des qualités qu'on trouve souvent associées chez ceux qui rendent compte avec sérieux du jeu de Colette mime. Le « charme pervers » se complète d'une « souplesse féline [34] », ce qui la prédestine à incarner *La Chatte amoureuse*. Elle est, dans *Pan*, « onduleuse, sauvage, désordonnée » : « Qui n'a pas su comprendre ses attitudes félines et ses

---

* *Le Courrier français*, 7 janvier 1911. Paul Margueritte (1860-1918) est le frère de Victor, l'auteur de *La Garçonne*. Il fit partie du groupe de Médan, puis s'en sépara après la publication de *La Terre* et fut l'un des premiers membres de l'Académie Goncourt. – Léon Werth (1878-1955) publie son article « Ingres, Marquet, Colette Willy » dans *Paris-Journal* du 3 mai 1911. Werth, essayiste, romancier, critique d'art, était un écrivain d'inspiration libertaire, ami de Larbaud et de Ch.-L. Philippe ; Saint-Exupéry lui a dédié *Le Petit Prince*.

bonds harmonieux ne sera jamais digne d'apprécier la suggestion des attitudes et le sens profond de la danse[35]. » D'autres insistent sur le jeu de l'actrice qui, dans *Aux innocents les mains pleines*, « déconcerte le public parisien par sa grâce nerveuse, d'éphèbe tourmenté de salacité[36] ».

Cependant, l'admiration n'était pas partagée par tous. La pruderie du critique du *Journal de Genève* (6 décembre 1906) est offensée par la représentation de *Pan* : « [...] Paniska, c'est Mme Colette Willy, la Colette de l'illustre pornographe qui affiche des prétentions à la critique d'art [?]. [...] Elle ne sait pas marcher, ni se tenir tranquille, ni entrer, ni sortir, ni danser. Mais elle sait tout mieux que parler français ; jamais on n'entendit charabia plus invraisemblable. » Ce charabia n'est pas de Colette... L'auteur de la musique est un jeune compositeur de Genève, Haas. « On lui a reproché d'avoir été un peu bruyant, jusqu'à couvrir les voix. Quel grand service il a rendu là à Mme Colette Willy, et à nous qui ne l'avons que trop entendue ! » Cet anonyme, on dirait d'un amoureux éconduit.

André Rouveyre qui avait dessiné la caricature de Colette profite en 1926 de la reprise de *Chéri* aux Mathurins, avec l'auteur dans le rôle de Léa, pour évoquer malignement dans le *Mercure de France* des souvenirs vieux de vingt ans.

> Sous le prétexte d'une faunesquerie quelconque à la Catulle Mendès, elle tâchait à cabrioler sans rien d'aucunement aérien ni significatif. Ses pieds nus recevaient lourdement chaque chute de saut, avec un bruit mat, claqué du talon et de la plante sur le plateau froid, tandis que les jambes, fléchissant un peu sous le choc, ainsi l'amortissaient. Il y avait là beaucoup d'ignorance et de présomption vis-à-vis de cet art de la danse qui ne se pénètre tout de même pas comme on apprend à sauter à la corde*.

* *Mercure de France*, 1er juin 1926, p. 428. Par Léautaud (*Journal* aux dates des 21 mai et 17 juin 1926) on sait que Rouveyre envoyait Victor Bouillier voir les pièces à sa place, les remarques consignées dans l'article qui concernent les représentations de *Chéri* sont donc dues à ce dernier ; mais ici, c'est bien Rouveyre qui a vu Colette danser avant la Première Guerre. Il est d'ailleurs tout à fait favorable à l'écrivain.

Peut-être le succès de Colette tenait-il à la beauté et à l'expressivité de son corps, plutôt qu'à ses gestes et danses. Et encore faut-il distinguer la mime, qui avait un réel talent, la danseuse, qui en avait moins, et l'actrice, qui intéressait par le fait même qu'elle était un écrivain connu, mais dont l'accent poyaudin ne pouvait charmer le public parisien.

Robert d'Humières et ses collaborateurs font appel à elle, entre autres, pour célébrer au théâtre des Arts, en mars 1908, le jour de la mi-carême, la cent vingt-cinquième représentation du *Grand Soir*, pièce de Leopold Kampf adaptée par le directeur. Au son de la musique d'un orchestre tzigane, sur un palanquin porté par quatre hommes presque nus, Colette, « la figure expressive, volontaire et étrange », apparut « légèrement vêtue, les seins cerclés d'or et de pierreries [37] ». Les spectateurs étaient déguisés : Willy, Meg Villars, Missy et beaucoup d'autres, parmi lesquels se retrouvera Colette dans une loge, « enveloppée de peaux de bêtes qui constituaient tout son costume de petit faune, donnant le bras à Mlle Lilian Greuze, drapée dans une étole de blanches hermines d'une pureté pareille à son regard [38]… »

Mime, danseuse, actrice, Colette est aussi auteur. Elle a, dès janvier 1907 (donc au moment même où elle envoie à Willy les lettres citées au début de ce chapitre), écrit une pièce en deux actes qu'elle a intitulée *En camarades* et qui précisément est créée au théâtre des Arts le 22 janvier 1909, en complément d'une pièce prétentieuse, *La Tour du silence* de Collijn, dans laquelle elle danse et à la création de laquelle assistent Gide aussi bien que Willy. Dans sa pièce, Colette tient le principal rôle féminin. Reprise à la Comédie-Royale, rue Caumartin, du 5 février au 1er mars suivant et encore en février 1912 au théâtre Michel. Deux époux vivent en camarades, tels, plus tôt, Colette et Willy : « C'est un ménage de camarades », avait écrit Jean de Tinan*. C'est un couple moderne.

> Au premier acte, le mari se plaît à dire des choses énormes à une amie de sa femme assez bête d'intelligence et assez fine d'instinct pour les prendre au sérieux. Quant à la maîtresse de maison, elle n'est point là ; elle habille son gosse – ah ! les enfants ! – dans un cabinet de toilette

* Voir le chapitre « Madame Gauthier-Villars », p. 70.

> voisin. Toute la journée, elle s'occupe de ce gosse ! Enfin la voilà qui fait son entrée dans le salon accompagnée d'un jeune homme élégant et sentimental qu'elle traîne derrière elle. / Les quelques personnes qui possèdent la clef de ce langage spécial n'en sont point étonnées, mais les braves spectateurs à qui l'on annonce depuis vingt minutes *un gosse* l'attendent toujours et n'y comprennent rien ; leur stupéfaction s'accroît lorsque, tranquillement, chacun dans un coin du même salon, les deux groupes se mettent à flirter le plus gentiment du monde et à se donner, pour le lendemain, les rendez-vous les plus précis. / Le mari ne le fait point méchamment, mais évidemment parce qu'il pense que cela ne tire pas pour lui à conséquence ; malheureusement cette petite entorse aux conventions tacites n'est point tout à fait dans les règles du jeu et, comme dans la vie la plus bourgeoise, sa camarade ne pense plus qu'à se venger en en faisant réellement autant le lendemain. / Au second acte, tout s'arrange. Il n'était que temps pour *la camarade* et pour le public. Dans la garçonnière du gosse, la camarade, et le gosse lui-même, perdent toute assurance. Devant la galerie on pouvait braver les conventions sociales, les fouler aux pieds, mais lorsqu'on est seul cela devient infiniment plus gênant : hésitations, conversation glaciale de part et d'autre, interrompue par l'arrivée du mari qui, lui aussi, averti à temps – par qui ? on le devine – ne joue pas, lui non plus, et veut enfoncer toutes les portes dans un esprit de massacre évident. / Le gosse s'éclipse dans une pièce voisine, les *camarades* ont une explication orageuse d'abord, puis attendrie, ils boivent inconsciemment le thé et les liqueurs du gosse et s'en vont tout doucement, suivis du chien Bull, innocent témoin de cette débauche intellectuelle.

En fait, c'est la chienne bull Poucette, qui avait les honneurs de l'affiche.

G. de Pawlowski, à qui nous empruntons ce résumé[39], juge que le dialogue est « vif, alerte, plein d'esprit et de naturel », mais souhaite à l'auteur « un peu plus d'habileté, de dissimulation et d'hypocrisie vis-à-vis du public », ajoutant : « Il est dommage que certains marchands de ficelles théâtrales qui n'ont que cela à vendre ne puissent point dès maintenant lui en céder un tout petit écheveau. » Adolphe Brisson, l'un des grands maîtres de la chronique théâtrale, critiqua dans *Le Temps* du 15 février 1909, moins l'auteur que l'actrice : « Mime experte [...], elle n'est pas encore rompue à la discipline du métier d'artiste ; sa voix n'est pas mélodieuse, sa diction n'est pas naturelle ; elle roule les r à la façon des vieux comédiens de l'Ambigu, son allure est contrainte, sa physionomie inexpressive. » Tout en reconnaissant à l'auteur des « qualités originales », Brisson exprimait un regret : « Il y a dans son petit ouvrage l'embryon d'une comédie, de fines idées, des ébauches de caractères qu'elle n'a pas su ou voulu développer. C'est dommage. »

La pièce a été reprise il y a quelques années à la Potinière. Par rapport aux premières représentations, elle manquait du piquant que lui donnait la présence de Colette sur scène, des épices biographiques savourées par des spectateurs que la rumeur publique avaient informés de l'union et de la désunion d'un couple ayant joué avec le feu. En outre, à la Potinière la pièce était le seul spectacle de la soirée, alors qu'en 1909, ce n'était qu'un complément du programme.

Grâce à cette pièce, Colette fut reçue adhérente stagiaire à la Société des auteurs et compositeurs dramatiques, le 26 mars 1909 ; elle sera reçue sociétaire, grade suprême, le 5 octobre 1923, après qu'elle aura adapté *Chéri* (1921), puis *La Vagabonde* (1923) pour la scène. En ce début de 1909, Colette Willy est une mime et une actrice reconnue. L'image de l'épouse de Willy s'efface, et ses images à elle se multiplient. Écrivant du Crotoy, en 1909, à Georgette Leblanc qui avec son illustre compagnon est en train de monter *Macbeth* à Saint-Wandrille, elle osera poser la question : « Pourquoi – ô mégalomanie ! Maeterlinck ne me ferait-il pas un petit drame mimé et dansé ? »

Les éloges allaient de pair avec les railleries, puisque Colette prêtait le flanc, si l'on peut dire, en s'affichant avec Missy. Dans une frise de 9 mètres, Sem et Roubille avaient notamment montré les deux femmes dans une voiture à cheval conduite par Willy ; légendes : « Le mariage mornigatique » ; « L'ouvreuse cochère ». Willy chargea un huissier de faire sommation aux caricaturistes de retirer de leur frise le véhicule et il écrivit à *Paris-Théâtre* qui inséra sa lettre dans le numéro du 12 octobre 1907 : « Je vis maintenant tranquille et retiré, loin des potins et des manifestations ; j'ai le droit d'exiger dans ma retraite le bénéfice d'une paix complète. Était-ce, autrement, la peine de me séparer de Colette ? » Un exemple entre beaucoup d'autres, car celle-ci a été, avec la marquise, une des cibles favorites des caricaturistes et des auteurs de revues.

À suivre la vie de Colette pendant ces années, on ne peut qu'éprouver de l'admiration : représentations, tournées, conférence, lecture de textes, participation à des spectacles divers, articles et livres [40]. Elle est au Crotoy avec Missy en septembre 1908 quand elle apprend que l'immeuble du 44, rue de Villejust doit être démoli. Lorsqu'elle apprend la mort de sa sœur Juliette (9 septembre), elle refuse de quitter la villa qu'elle a louée avec Missy et elle écrit à son frère Léo, le 10 : « Cher vieux, nous rentrons le 15. Je pense que tu as reçu la nouvelle de l'événement survenu à Charny ? J'ai reçu de Maman une dépêche me pressant instamment de venir à Charny ! ! ! Alors, je n'ai pas hésité, – je suis restée au Crotoy [41]. » Mais la rue de Villejust ? Colette est obligée de rentrer à Paris pour s'occuper de son « diabolique déménagement », selon ce qu'elle écrit à Wague. Elle s'installe dans le quartier des Ternes (XVIIe arrondissement) au 25, aujourd'hui le 9, d'une voie nouvellement ouverte dans le prolongement de la rue Torricelli, entre les rues Bayen et Laugier, partie, qui, par décret du 2 décembre 1909, prendra le nom de rue Saint-Senoch. Un rez-de-chaussée, trois fenêtres de façade, dont une, abaissée, devint une entrée particulière [42]. C'est sans joie qu'elle s'y logea. Remarquons qu'elle s'éloignait un peu de la rue Georges-Ville où elle se rendait si rapidement depuis la rue de Villejust. Au reste, Missy venait souvent aux Ternes ; il n'est pas impossible qu'elle eût un appartement dans le même immeuble. En décembre 1908, Colette joue à la Scala de Lyon ; ses camarades voudraient prolonger le spectacle, mais « ils ne se doutent pas que la meilleure raison, pour moi, la seule qui compte, elle est rue Torricelli, et elle [a] des cheveux cendrés et des yeux mordorés qui paraissent presque noirs [43]... »

Colette va bientôt abandonner provisoirement son nouveau logis. Comédienne auréolée d'une légende, elle accepte de figurer dans une tournée Baret qui va lui faire traverser la France avec *Claudine à Paris*, précédées, elle et la comédie, d'une affiche dessinée par Sem. Elle conclut ses *Notes de tournée* [44], où elle décrit ce voyage harassant, sur cette invocation : « Ô Baret, prince des tournées, prends-moi de nouveau sur ta roue éternelle ! » Tous ceux qui vivent en province ou près des frontières de la France et même plus loin ont assisté à des représentations, en général du registre boulevardier, données par cette organisation qu'il avait créée et qui a été la providence de beaucoup d'artistes et de très nombreux spectateurs.

Charles Baret, dont la mort, à 74 ans, sera annoncée le 22 novembre 1934, eut une activité prodigieuse qu'il dissimulait sous l'air de celui qui a tout son temps. Pour le programme de la tournée de 1909, Colette a écrit un texte où, montrant le second aspect, elle faisait deviner le premier. Déterminer les étapes, s'entendre avec les directeurs des salles, recruter les artistes, parer aux défections, obtenir la cohésion d'acteurs qui sont facilement jaloux les uns des autres, il faut être doué d'un optimisme et d'une bonne humeur sans faille. Tel fut Baret, qui fut aussi acteur (il incarna plus de douze cents fois le cardinal dans *Primerose* de De Flers et Caillavet) et auteur de plusieurs vaudevilles et de livrets d'opérette[45]. Il a laissé des souvenirs, en particulier les *Propos d'un homme qui a bien tourné*[46]. Il s'y adresse à un débutant qui voudrait exercer le métier d'imprésario. Il y détaille les principaux articles d'un règlement qui est rigoureux : l'artiste fournit les costumes, les costumes d'époque exceptés ; les amendes vont de 5 à 100 F en cas d'ivresse ou « de tous autres faits qui seraient de nature à compromettre le bon renom de la Tournée » ; les frais d'hôtels et de séjour sont à la charge de l'artiste, etc. D'autre part, on le voit déplorer les conditions dans lesquelles jouent les acteurs : « Partout la plus franche saleté ne cesse de régner. – Je pourrais citer cinquante scènes où le souci de l'hygiène imposerait aux acteurs l'obligation de jouer tout le répertoire en scaphandres ! [...] / Les loges d'artistes pourraient servir de modèles pour la construction de logements insalubres [...] / [...] Et partout les décors sont en lambeaux, les meubles branlants, et les accessoires hors d'usage ; [...]. » De ce réquisitoire sont exclus les théâtres belges et suisses.

Baret n'était pas un exploiteur. Colette s'est néanmoins élevée dans l'article de *Comœdia* (1er novembre 1910), « Caf' conc' », déjà signalé, contre les servitudes dont étaient victimes les plus humbles artistes, obligés de signer des contrats léonins ; en 1909, le même journal avait organisé une fête dont les bénéfices devaient permettre la création d'une caisse destinée à financer le rapatriement des artistes abandonnés en province ou à l'étranger par des imprésarios malhonnêtes... Et l'on peut considérer que, sur un autre mode, *L'Envers du music-hall* (1913) est une plaidoirie pour ses compagnes et compagnons de tournée, « ces abeilles pauvres et sans butin » : « C'est – dit Colette par la bouche de l'Accompagnatrice – comme si j'étais seule à connaître l'envers de ce que les autres regardent à l'endroit*. »

Le 14 avril 1909, Colette Willy, ayant pour partenaire Simon-Max, commence sa tournée par Nevers ; elle va jouer dans trente-deux villes, parcourant l'Est de la France, puis le Midi, le Sud-Ouest, la Bretagne, la Normandie, enfin le Nord avec une incursion à Liège. Le voyage s'achève à Saint-Quentin le dimanche 16 mai. Son succès a été réel, provoqué sans doute autant par son talent – dans *Claudine à Paris* son accent ne détonne pas – que par la curiosité que provoque sa légende de femme un tantinet scandaleuse et de danseuse « nue ». À son retour, elle préside, le 25 juin, un dîner de Faveur, c'est-à-dire une réunion d'acteurs, artistes, écrivains. Avant d'aller passer une partie de l'été au Crotoy, elle écrit à Wague : « Pense activement à la nouvelle panto faunesque ! » Pour la placer, elle est prête à aller voir Alfred Edwards, le millionnaire redouté, ancien directeur du *Matin*, et qui dirigeait le Casino de Paris. Sur le point de gagner Aix-les-Bains et Genève, elle demande une avance à un de ses éditeurs : « Je cours toujours après l'argent, hélas[47] !... »

Une autre tournée Baret va parcourir la France du 5 avril au 4 mai 1910 : trente villes. Colette y est accompagnée de Missy et de Paul Barlet. Trois pièces figurent à l'affiche : *La Bigote* de Jules Renard, *La Cruche ou J'en ai plein le dos de Margot* de Courteline et Pierre Wolff et *La Peur des coups* de Courteline ; elle joue dans la deuxième et la troisième et regrette que Baret ait choisi *La Bigote* qui éloigne des représentations le public clérical. Comme elle touche un cachet fixe sans intérêt sur la recette, elle se moque du manque à gagner, mais voilà une bonne leçon pour Baret, qui n'a pas voulu prendre la pièce de Colette, *En camarades*[48].

Elle a éprouvé un réel plaisir à travailler, à répéter avec Courteline : « Ce grand écrivain se double, vous le savez, d'un acteur inimitable, dont les moindres indications, les moindres intonations sont pour nous des traits de lumière. Avec lui, on travaille avec joie, avec fierté, sans effort. Je vous assure, mon ami, qu'en sortant de ses mains, j'aurai du talent[49] ! »

---

* *Pl.* II, 279. Colette n'a pas épuisé le thème avec *L'Envers du music-hall*. Elle y revient dans *Femina* de novembre 1928, « Variations sur le café » : les comédiens se passent de tout, sauf de café, et dans *L'Intransigeant* du 9 décembre 1930 à propos des cartes que l'on tire pour prédire l'avenir : « Quand on a fait des tournées, que l'on a attendu dans les gares, passé des journées dans les trains, on sait tirer les cartes. »

Les années 1909-1910 sont remplies, jusqu'aux colonnes des journaux, par les démêlés des époux, même après que le divorce aura été prononcé, à leur demande et à leurs torts réciproques, le 21 juin 1910. À l'origine de cette décisive série d'hostilités, il y a la découverte par Colette de la vente des *Claudine* et des *Minne* aux éditeurs.

Voici ce qu'elle écrit le 25 février 1909 à Willy :

> Aujourd'hui j'ai vu quelqu'un de la maison Ollendorff ; est-il vrai, est-il possible que toutes les *Claudines [sic]* et les deux *Minne* soient à présent la propriété des éditeurs ? est-ce possible que tout cela soit à jamais perdu pour vous et pour moi ? Au nom du ciel, dites-moi pour une fois la vérité, est-il possible que ces livres qui me sont si chers soient à jamais perdus[50] ?

Colette, à la fois spoliée et bafouée, entreprit alors de se rapproprier son œuvre. Dans un premier temps elle exigea la reconnaissance du travail qu'elle avait effectué pour *La Petite Jasmin* et retint le manuscrit qu'elle détenait jusqu'à ce qu'elle obtînt satisfaction, le 24 mars. La comédie, signée Willy et Georges Docquois, avait été reçue au Vaudeville dès 1906, mais elle ne sera jouée qu'au Théâtre Impérial, rue du Colisée, en 1912, du 21 septembre au 20 octobre environ. Elle met en scène, d'une part Mme Jasmin et sa fille Renée, d'autre part Rosebon et son jeune ami Laliette. Rosebon a des vues sur Mme Jasmin, mais celle-ci ne veut pas se remarier tant que sa fille n'aura pas trouvé un parti. Rosebon leur présente son ami Laliette. Après quelques scènes de genre, le spectateur assiste à un chassé-croisé : Laliette préférera épouser Mme Jasmin tandis que Rosebon trouvera des charmes à la jeunesse de Renée[51]. Modestement, Willy reconnaît que « *La Petite Jasmin* n'est pas, certes, une bonne pièce[52] » ; ce qu'il ne dit pas, c'est que la pièce lui permet de s'intéresser, alors qu'il vient d'épouser Meg Villars (15 juin 1911), à un nouveau tendron, Andrée Mielly, la « petite Jasmin »…

Colette n'eut pas de difficulté non plus pour s'entendre avec Willy à propos des *Minne*, puisque dès avril 1909 elle prépare *L'Ingénue libertine* qui condense les deux romans ; elle signe un contrat avec la maison Ollendorff le 24 juin et travaille encore à la réfection dans le courant de l'été ; le roman est publié en novembre. Il n'est pas impossible que cette nouvelle version doive son titre à l'opérette « galante » de Louis Artus et Claude Terrasse, jouée avec succès aux Bouffes-Parisiens à la fin de 1907 et au début de 1908, *L'Ingénu libertin*.

Autre fut la question des *Claudine*, lesquelles représentaient un enjeu important pour Willy : chaque roman qu'il publiait était annoncé comme étant de « l'auteur des *Claudine* ». Colette usa alors d'une arme que Willy lui avait fournie. Pour en apprécier la portée, il faut remonter à l'origine d'une ténébreuse et sordide histoire, peut-être postérieure à la séparation de corps (13 février 1907), peut-être antérieure, une histoire qui ne se terminera vraisemblablement qu'en 1911. Voici la version de Colette, sous la forme d'une longue lettre, accompagnée de copies de messages de Willy, adressée le 1er décembre 1910 à un avocat ami. Le début et la fin sont de la main de Colette, le corps, de Paul Barlet, qui est passé du camp de Willy à celui de Colette. Willy avait été l'amant de Mme de Serres, surnommée Liette, épouse de l'ami de Willy, le compositeur Louis de Serres, à qui Colette a dédié un texte des *Vrilles de la vigne*[53]. En juillet 1896, Liette est avec les Willy à Uriage ; on la trouve aussi aux Monts-Bouccons entre 1901 et 1905. Willy emprunte ses traits physiques pour les donner à Marthe Payet dans *Claudine s'en va* (1903)[54].

Mme de Serres avait confié à Willy une somme importante qu'il aurait placée dans les Éditions Gauthier-Villars, dirigées par son frère Albert. Mme de Serres se contentait d'un revenu fixe, Willy conservant, en rémunération du service rendu, le surplus du revenu produit par l'argent déposé dans la maison d'édition. Toujours selon la lettre accusatrice, Willy, en 1908, voulut utiliser Colette dans cette affaire ; il lui joua « une grande scène d'attendrissement rejetant sur Mme de Serres la responsabilité de [leur] désunion, affirmant qu'elle avait été sa maîtresse presque malgré lui (!) et, en outre, qu'elle n'avait cessé de [la] dénoncer comme menant une conduite déplorable, de [lui] attribuer d'innombrables amants, avec tant de ténacité et un tel luxe de détails qu'il avait fini par la croire, se détacher [d'elle], et finalement [la] "lâcher" ». Ainsi, il fallait châtier Mme de Serres, ne pas lui restituer l'argent confié et cesser même de lui en servir les intérêts, enfin la ruiner. De plus il fallait que Mme de Serres acceptât cette ruine sans oser protester. Le moyen de l'en empêcher ? Colette devait tenir le rôle de l'épouse outragée, « prête à déchaîner tous les scandales et tous les drames ». Willy lui remit un paquet de lettres de Mme de Serres : « Quand elle saura que vous avez cela et que vous êtes prête à le porter au mari, elle filera doux. » Selon Colette ces lettres ne prouvaient pas que Mme de Serres avait été la maîtresse de Willy, mais elles étaient redoutables pour la femme qui les avait écrites. Il n'est pas sûr que ce soit Willy qui lui ait remis ces lettres, peut-être Colette, avec l'aide sinon la complicité de Paul Barlet, les a-t-elle elle-même subtilisées, probablement en mars 1909. Le 30 avril (toujours selon Colette) et alors qu'elle est en tournée, Willy lui écrit que Mme de Serres lui réclame son argent et veut l'anéantir ; cependant, il n'a pas encore cédé sur la question des *Claudine* et il lui demande, en toute ingénuité, de le prévenir si elle veut lui intenter un procès. Mme de Serres, qui a rencontré Albert Gauthier-Villars, comprend ce qui s'est passé. Willy prend peur : « Si elle me fait un procès, je suis perdu. *C'est la prison !* » Pourquoi, alors qu'il s'était si peu soucié de ses autres créanciers ? C'est qu'il ne s'agissait pas d'un prêt, mais d'un dépôt, d'une somme confiée, qu'il devait restituer à la première réquisition. Ce qu'il aurait énoncé dans une lettre à Mme de Serres.

D'où l'on déduit, ce qui est suggéré au début de la lettre de Colette, que jamais l'argent n'avait été placé dans la maison Gauthier-Villars, le frère de Willy n'ayant pas besoin d'une commandite et étant fort désireux d'être maître chez lui. Willy avait abandonné ses fonctions dans la maison en 1893, l'année de son mariage ; en 1898, Albert avait succédé à son père. Willy avait probablement reçu des parts quand il entra dans la maison en 1888, puis à la mort de son père (1898) et de sa mère (1904). Mais tout aussi probablement il les avait monnayées, peut-être à son frère [55]. En tout cas, il n'avait plus d'influence dans la maison. Au reste, voici ce qu'il écrivait, le 17 juillet 1910, à Paul Desachy, devenu haut fonctionnaire après avoir été journaliste, puis secrétaire général du Théâtre libre *.

Mon cher ami,

Je suis bien malheureux.

Mon ex-femme (envers qui je reconnais avoir eu des torts, mais qui me les a rendus avec usure) me poursuit

* Desachy est l'auteur de quelques plaquettes de vers patriotiques, d'ouvrages sur l'affaire Dreyfus ; il a publié des lettres inédites de Michelet. En rendant compte de l'*Électre* de Giraudoux (23 mai 1937, *La Jumelle noire*, *OCF* X, 433), Colette le cite tout à coup : « "Printemps éclate !" s'écriait Desachy. » Étrange surgissement.

d'une haine inexpiable. J'ai pu parer plusieurs attaques dangereuses. Mais me voici acculé.

Une de ses ennemies intimes, appelons-la Mme de S., qui était ma maîtresse, m'a remis il y a une dizaine d'années une assez grosse somme d'argent, en me disant « Boursicote avec ça, tu me serviras les intérêts ; d'ailleurs, tout ce que j'ai est à toi, etc. etc. » Cet argent, je l'ai perdu, avec le mien, car je n'ai plus rien, littéralement, rien vous le savez.

Or, avec une habileté diabolique, Colette s'est rapprochée de Mme de S. et lui a dit « Willy ne t'a jamais aimée, il n'aimait que moi – en voici la preuve : les lettres qu'il m'écrivait, me parlant de toi – Donc, venge-toi, poursuis-le ».

Cette femme, haineuse, et qui ne demandait qu'à se laisser convaincre, me poursuit donc, pour abus de confiance, détournement, etc. Je ne puis me servir de ses lettres d'amour (quelle piètre littérature, d'ailleurs) et le juge d'instruction Boucard, qui m'a déjà convoqué une fois, pour me lire la plainte de Mme de S., me reconvoque pour mardi. Qu'est-ce que je vais devenir ?

S'il y a procès, public, je suis à jamais déshonoré ; mon pauvre garçon, qui a 19 ans, que j'ai fait élever en Angleterre et en Espagne reviendra dans quelques jours à Paris, juste à temps pour apprendre cette situation affreuse par les journaux qui ne tarderont pas à être renseignés. Que faire ? Vous qui connaissez tout le monde, pouvez-vous m'aider, mon cher Desachy ? C'est dur de se tuer quand on a un garçon (je l'ai reconnu, sa mère est morte) et quand – j'en ai un peu honte étant si vieux – on aime une très jeune femme, beaucoup trop jeune pour moi, hélas !

Et pourtant, le moyen de vivre, après avoir été en prison, pour une telle cause ! Personne ne voudrait plus me connaître !

Allez-vous me tourner le dos après une telle confession ? Ce serait bien votre droit. Mais j'espère encore. Si vous saviez comme je suis seul et sans amis, mon cher Desachy. Dites, parlez au ministre...

Desachy, je suis bien malheureux !

N'abandonnez pas votre pauvre

WILLY
« auteur gai ».

Je ne me relis pas, j'ai la tête lourde comme un pavé. Vous pensez bien que je ne songe pas à soigner ma « copie » en un pareil moment[56] !

À la fin de sa lettre rétrospective du 1er décembre 1910, Colette précise qu'elle n'a plus eu avec Willy qu'un seul entretien, en présence de M. Berthelot, commissaire aux délégations judiciaires, sous la protection de qui, à la suite d'« incidents » sans rapport avec cette affaire, elle avait été obligée de se placer. Et l'on conçoit qu'elle ait écrit du Crotoy à Mme Haendler pendant l'été de 1909 : « La seule vue de son écriture me donne de justes angoisses, le contenu de ses lettres est si pénible à lire, ou injuste, et à la fois si extravagant et si astucieux[57] ! »

On ne connaît la suite de l'affaire de Serres que par bribes, et grâce à Sido, que sa fille tenait au courant, et qui lui écrit le 2 juillet 1910 : « Je pensais bien que Mme de S. prendrait le parti de tout dire à son mari. » Et le 5 octobre suivant : « De Serres prend le parti de sa femme alors ? C'est bien, c'est très bien quoiqu'elle n'en soit pas digne. » Elle se demande comment Willy va trouver l'argent et pense qu'il se fera aider par son frère, ce qui arriva sans doute[58]. Cependant, la lettre de Colette à l'homme de loi est du 1er décembre 1910 : rien n'est réglé.

Il n'est pas certain qu'il faille lier l'affaire Willy-Mme de Serres et la restitution morale des *Claudine* par Willy. Toutefois, on ne peut s'empêcher de rapprocher les dates. Nous avons vu que Colette entre en possession des lettres de Mme de Serres au début de 1909, peut-être en mars ; à partir de ce moment elle a un moyen de pression. Y a-t-il relation de cause à effet avec ce qui suit ? Le 19 mars elle écrit à Alfred Vallette qu'elle a eu ce jour une longue conversation de plus de deux heures avec Willy à propos des *Claudine* et qu'ils se sont entendus pour que les nouvelles éditions portent la double signature et un avertissement qui devra figurer en tête des volumes ; elle demande à Vallette d'obtenir la signature de Willy. Willy confirme l'accord le 23 mars[59]. C'est à partir de la 123e édition que *Claudine en ménage* porte, comme les trois autres romans de la série, la double signature et le liminaire :

La collaboration Willy-Colette *ayant pris fin, il devenait indispensable de rendre à chacun la part qui lui est due, et de remplacer la signature unique de ces volumes par celle de*

WILLY et COLETTE WILLY

Des motifs purement typographiques ont voulu que mon nom fût placé avant celui de Colette Willy, alors que toutes les raisons littéraires et autres eussent exigé que son nom fût à la première place.

WILLY[60].

Signatures et avertissement seront maintenus dans les différentes éditions jusqu'en 1946, 1947 ou 1949 selon les titres. En et après 1948, le nom de Willy disparut et seul apparut celui de « Colette ». C'était aller autrement à l'encontre de la vérité. Jacques Gauthier-Villars intervint auprès des Éditions Albin Michel, qui avaient acquis le fonds Ollendorff, pour faire rétablir le pseudonyme de son père : les *Claudine*, y compris *Claudine en ménage* (Mercure de France), sont signées « Willy et Colette » depuis 1955.

La reconnaissance officielle de la part prise par Colette dans la création des *Claudine* intervenait très tardivement et encore était-elle certainement trop limitative. La « collaboration » toutefois était devenue très rapidement un secret de Polichinelle. Dans *La Vie en rose* du 16 novembre 1902, Georges Barrou qualifiait déjà Colette de « collaboratrice du grand homme ». Aux Monts-Bouccons où vient l'interviewer un journaliste de *La Dépêche républicaine de Franche-Comté** – l'article paraîtra le 23 septembre 1903 –, elle répond : « Mais oui, je l'avoue ; je m'en suis longtemps défendue, car j'aurais préféré que Willy en fût reconnu le seul père. Mais il crie si obstinément à tous les échos ma participation que je dois m'incliner. »

Cette reconnaissance lui permit, le 5 juillet 1910, de revendiquer la moitié des droits qui avaient été jusque-là octroyés à Willy pour l'adaptation de *Claudine* en opérette. Ce jour-là, elle écrit au président de la Société des auteurs et compositeurs dramatiques et à l'éditeur de musique Heugel et Cie. Tout sera réglé avant la fin d'août[61]. L'opérette sera créée au Moulin-Rouge le 14 novembre[62]. Le livret sera signé de Henri Cain, Édouard Adenis et Henri Moreau ; la musique, de Rodolphe Berger**. Un peu plus tard, à l'occasion d'une tournée de

* Voir le chapitre « Madame Gauthier-Villars », p. 73-74.

** Dans *Les Heures longues*, Colette s'en prendra au musicien : « S'il signait et touchait beaucoup, [il] composait peu » (*Pl.* II, 579). En fait, Rodolphe Berger (1864-1916) composait, mais il faisait faire les orchestrations par le « savant et discret » Edmond Missa (1861-1910).

Colette à Nice, Willy répondra à Georges Maurevert venu l'interviewer : « Aujourd'hui [...] la loi (zut pour elle !) nous a séparés, et la prochaine réédition des *Claudine* paraîtra avec notre double signature. C'est même d'une cocasserie amèrement mélancolique, n'est-ce pas ? cette réunion des deux noms survenant après que les époux sont disjoints[63] ?... »

En 1907, la séparation paraissait à chacun des époux une erreur, qu'ils n'arrivaient cependant pas à réparer ; en 1908, ils semblaient avoir trouvé une sorte de *modus vivendi* ; en 1909, à partir du 25 février, la rupture devient inévitable. Les crises vont se succéder, même bien après le divorce, chacun continuant à épier l'autre. La première escarmouche survient à l'automne de 1909.

Le 16 octobre, « A. R. » fait l'éloge de Colette dans *Paris-Théâtre*, énumère ses publications et indique que trois cent mille exemplaires des *Claudine* ont été vendus* :

> (Il est vrai que la majorité du public ignorait alors qu'elle fût l'auteur de ces romans célèbres, dont il est juste de lui restituer la gloire, si elle n'en a pas eu le profit.)

Willy proteste dans le numéro suivant, du 23 octobre, maladroitement : il a proclamé cette collaboration. Réplique de Colette, dans cette même feuille, numéro du 6 novembre – un retard d'une semaine, dû à une négociation qui a échoué, Colette exigeant l'insertion de sa réponse :

> M. Gauthier-Villars vous écrit qu'en maintes publications il m'a rendu hommage. Je préférerais qu'il rendît hommage, simplement, à la vérité : il proclamerait alors non pas que je « participai » aux quatre *Claudine*, à *Minne* et aux *Égarements de Minne*, mais que sa collaboration, à lui, ne dépassa guère celle d'un secrétaire, d'un secrétaire pas très soigneux, soucieux surtout d'ajouter à mon texte quelques calembours, des gravelures et des rosseries destinées à satisfaire ses rancunes personnelles ; il confesserait que le maintien de sa signature à côté de la mienne, sur la nouvelle édition des *Claudine*, lui fait encore la part trop

* Voir le chapitre « Madame Colette Willy », p. 112 : nous n'en comptons qu'à peine un peu plus de deux cent mille au début de 1908 – le reste est licence journalistique.

> belle, et que, par cette concession suprême, j'avais cru acheter de lui la paix à forfait [64]...

Willy, le 13 novembre, réplique à la réplique.

Autre erreur de Willy : avoir laissé Meg Villars, qui joue à la Cigale dans une revue, « court bouclée comme Colette et Polaire », se prendre pour une « nouvelle incarnation de la célèbre Claudine ». Ces expressions se lisent dans l'interview de la miss que publie *Paris-Journal* le 30 octobre 1909. En y lisant que Willy et elle pourraient donner une suite aux *Claudine*, Colette, le 1er novembre, explose et écrit au directeur : « Claudine est un personnage créé par moi, qui m'appartient, et ne peut appartenir en même temps ni à Mlle Villars, ni à M. Willy. » Colette a maintenant bec et ongles.

La première quinzaine de novembre est cruciale. Le 13, Willy est assigné en référé par Colette. Le 15, c'est Paul Barlet qui l'assigne, en paiement de 3 828 F pour solde d'une reconnaissance de dette (dont on ignore l'origine). Willy touche 450 F mensuels pour sa collaboration à *Comœdia* et comme il ne peut faire la preuve que cette somme lui est indispensable pour assurer son existence, c'est sur ce revenu que seront prélevées les sommes destinées à éteindre la dette. Ce jugement sera confirmé le 21 juin 1911 [65]. Personne n'est dupe de la collusion des deux affaires, et dans sa Lettre du 20 novembre 1909, l'Ouvreuse fait allusion à « plusieurs procès » que Colette Willy intente à son « ex-mari », tandis que *Le Courrier français*, « willyste », évoque un procès intenté par la même pour « recherche de paternité [littéraire] ».

En ce mois de novembre, les hostilités sont allées jusqu'au chantage et aux menaces. Le 2 :

> *[Ajout au haut de la lettre :]* Écoutez-moi, Colette, / Vous voulez la paix / Je la désire aussi. / *[Texte :]* Carmona me communique votre lettre, mais que peut avoir à faire dans une entrevue qui ne regarde que vous et moi, M. Monnier (pour ne parler que de cette notabilité). / Choisissez les témoins que vous voudrez, le lieu de rendez-vous, le jour et l'heure, cinq minutes suffisent, et je puis vous affirmer que vous n'aurez pas à le regretter. / Si vous ne voulez pas m'écrire directement, Carmona me fera connaître votre réponse que j'accepte d'avance [66].
>
> H. GAUTHIER-VILLARS
>
> WILLY.

Colette à Georges Wague, avant le 19 novembre 1909 :

> Il y a trois jours, Willy m'a envoyé Carmona, dit Beau-Mec. Celui-ci, après m'avoir demandé si nous étions seuls (Missy et Paul Barlet invisibles et présents, tu penses !) a tiré de son sein un papier et s'est mis à me lire, de la part de Willy, une petite sentence de mort, comme quoi la marquise et Paul Barlet auraient cette semaine chacun une balle dans la tête *si je persistais à dire la vérité* au sujet du [piano ?] volé *et* des Claudine !!! Ça a l'air d'un mauvais feuilleton, hein ? Je l'ai renvoyé à Willy, après des paroles... un peu vives, et j'ai couru chez le procureur de la République, qui m'a promis de les faire appeler tous deux, Meg et Willy, chez Berthelot, le commissaire aux délégations judiciaires. Hein ? Depuis trois jours, j'ai encore eu la visite, trois fois, de Carmona, porteur tantôt de menaces, tantôt de supplications. Je ne cède pas, tu penses ! je ne céderais pas devant la gueule d'un canon.

À la fin de l'année, alors que les événements ne se sont pas apaisés mais se sont du moins calmés, Willy écrit à son fils. Il lui dit que s'il ne doute pas de son affection, il sait toutefois que celui-ci n'a eu que le « son-Colette », et il tient à lui présenter sa version : il ne veut pas servir de bouc-émissaire, les torts sont partagés, surtout il accuse Paul Barlet de fourberie et de traîtrise, le rendant responsable de l'impossibilité d'une réconciliation. Cependant, il accuse aussi Colette :

> Pour le moment, Colette exerce un chantage abominable sur Mme de Serres, dont elle possède des lettres, volées chez moi par elle et par Paul Barlet. Elle lui dit : « Liette, empêche Willy de faire ceci, ou je livre à ton mari tes lettres que j'ai volées. » Si un homme agissait ainsi, je le guérirais très vite de cette vilaine habitude. Avec une femme, on hésite. On a peut-être tort. En tout cas, j'ai prévenu la préfecture de police.

Il met Jacques en demeure de choisir : « Tu ne peux plus continuer à voir elle et moi. » Et, vraie perfidie : « Colette ne t'a jamais aimé [67]. »

Colette aussi avait pris Jacques à témoin ; elle l'appelle « Mon

Loup ». Une longue lettre affectueuse, écrite entre le 8 et le 10 juin 1909, prouve que Willy a eu tort de prétendre que Colette n'aimait pas le jeune homme – qui, après tout, n'était pas son fils. Elle y fait l'éloge de Missy, laquelle ajoute un post-scriptum amical.

> Missy va bien, grâce à Dieu. C'est toujours la Missy que tu connais, le même compagnon fidèle et honnête, et tendre, qui m'a sauvée, retiens-le, du désespoir, du suicide sans doute, ou peut-être, ce qui serait pis, de la triste vie des « femmes entretenues »...

Rien, dans cette lettre, contre Willy. Rien non plus dans une lettre du 15 février 1910 qu'elle a tardé à écrire :

> Sous l'empire du chagrin ou de la colère, j'aurais pu me laisser aller à des sincérités, propres seulement à te peiner, et je voyais là une sorte de délation, aussi, à laquelle je répugne entièrement. / [...] / Donc, mon loup, en ce qui concerne ton père, je me tais.

Toutefois elle lui conseille habilement de se fier plutôt à son oncle Albert.

Pour l'amusement de la galerie, qui procédait à des identifications, les hostilités s'accompagnèrent de romans-vengeance. *La Vagabonde* est sans conteste un beau roman ; n'empêche que c'est aussi un roman-vengeance qui paraît dans *La Vie parisienne* du 21 mai au 1er octobre 1910, mois pendant lesquels est prononcé le divorce. L'écrivain Willy ne pouvait pas ne point se reconnaître dans le portrait du peintre Adolphe Taillandy*. Willy avait déjà prévu une réplique, puisque le 2 juillet 1910, Sido écrivait à sa fille qu'elle voudrait savoir ce que Willy osera dire dans « son bouquin *Sidonie ou la Paysanne pervertie*[68] », seule mention connue de ce titre. La vengeance prit une autre forme : *Lélie, fumeuse d'opium*, roman écrit en collaboration avec P.-J. Toulet et publié en 1911 chez Albin Michel. Willy voulait en appeler l'héroïne la baronne Gousse de Bize, mais renonça à ce transparent. Bastienne de Bize n'en est pas moins caricaturée, dans son anatomie, sa prononciation, son style. Un

---

* Sur ce nom, voir le chapitre « Séparation et scandale », p. 119.

exemple : « Épaisse, sa taille courte roulait sur des hanches évoquant la gourde plutôt que l'amphore, et les lacis de la patte d'oie tiraient vers les tempes kalmouckes deux yeux gris aux paupières mâchurées de khol, des yeux madrés de paysanne, du plus amusant contraste avec la bouche toujours entrouverte par une moue enfantine assidûment travaillée devant l'armoire à glace[69]. » Si le roman *Les Imprudences de Peggy*, prétendument traduit par Willy, est effectivement dû à Meg Villars, trois pages, à n'en pas douter, sont à porter au crédit du « traducteur »*. Ce sont celles où Robert Parville évoque une de ses relations anciennes, Vivette Wailly. Pas un lecteur ne s'y sera trompé : Vivette est Colette, et Willy brosse à gros traits un portrait-charge de son ex-épouse. Il raconte notamment que Vivette était impossible à marier dans son pays, « depuis qu'elle avait lâché la maison paternelle pour travailler, chez un professeur de musique d'Auxerre, la fugue... avec divertissement » (on voit l'origine de la calomnie) ; que, devenue parisienne, elle ruina son mari, Taillandy, l'ami de Robert Parville, puis qu'elle « s'acoquina publiquement à une vieille morphinomane qui s'habillait en homme, la baronne de Louviers ». « Quand Vivette comprit qu'elle était définitivement abandonnée pour une femme plus jeune, plus aimée qu'elle, son orgueil ulcéré lui inspira les plus ignobles vengeances : avec l'aide d'un ancien secrétaire de son ex-mari, un petit jeanfoutre papelard qu'elle habillait avec les vieux complets d'homme de la baronne, elle vola les lettres – et les meubles – de Taillandy, elle l'accusa d'avoir empoisonné une de ses maîtresses, elle réussit (à propos d'une malheureuse affaire d'argent dans laquelle elle l'avait entraîné pour en profiter presque seule), elle réussit à le salir d'un procès scandaleux... » On trouverait d'autres perfidies dans d'autres productions de la fabrique Willy. Colette resta silencieuse ; elle recuit sa vengeance jusque après le décès de Willy, habilement, cruellement portraituré dans *Mes apprentissages*.

Avant que le divorce soit prononcé, le 21 juin 1910, Colette a

* Meg Villars, *Les Imprudences de Peggy*, « traduit par Willy », Société d'éditions et de publications parisiennes, s. d. [décembre 1910] ; Vivette Wailly n'apparaît qu'aux pages 176-179 (il n'est pas impossible que ces pages aient été ajoutées au tout dernier moment, car elles font allusion au différend à propos des meubles ; voir plus bas). Notons, en outre, que la tante de l'héroïne, et que Peggy déteste, s'appelle Sidonie-Gabrielle-Anastasie Leroi.

encore l'occasion de blesser Willy. Pour parer à une éventuelle saisie de ses meubles Willy avait mis ceux-ci au nom de Colette, probablement après la séparation de biens (1905). Au moment de la séparation définitive, Colette s'en souvint. Elle réclama à Willy « ses » meubles, ce dont il se plaint dans la lettre à son fils de la fin de 1909 que nous avons déjà citée, et encore en juin 1910 : « [Colette] me réclame *mes* meubles (y compris le bureau sur lequel écrivait grand-père). » Colette s'acharne et poursuit son ex-mari en justice ; le 3 mai 1911, la 5e chambre tranche en sa faveur. De ce trait mesquin Willy gardera un ressentiment persistant.

Ceux qui ont connu le couple au temps des *Claudine* sont sincèrement désolés de cet épilogue. J.-F. Louis Merlet, le directeur-rédacteur unique de *Propos*, exprime ce désappointement quand, le 15 janvier 1910, il rend compte de *L'Ingénue libertine* ; il a remarqué la présence des deux avertissements et soupire : « Toutes ces explications masquent mal une infinie tristesse. Ah ! la vie, la vie des ménages parisiens, la douloureuse vie !!! » Le 28 mai suivant, alors que le divorce n'est pas encore prononcé, l'échotier de *Paris-Théâtre* annonce la mise en route de la procédure et se souvient : « Et nous pensons au bon temps de l'entente de Willy et de Colette, au tendre ménage de la rue Jacob, aux réceptions de la rue de Courcelles. – Ce que la vie fait des êtres, tout de même ! / Tout vient, tout passe, tout casse ! » La semaine suivante, dans le même magazine, c'est René Le Gentil (le bien nommé) qui s'interroge : « pourquoi faut-il que des influences étrangères aient brouillé ce ménage si parfait jusqu'alors [...] ? »

★

Pendant ces années, Colette s'est fait de nouveaux amis, tout en conservant de bonnes relations avec les collaborateurs de Willy. Elle s'est un peu liée avec Caroline Otero dont elle fait un portrait coloré et mouvementé au début de *Mes apprentissages* et qui possédait un hôtel particulier, rue Fortuny, près de la place Malesherbes, ce qui indique la fortune et les protections de cette danseuse, mime et demi-mondaine. Willy la stigmatise ainsi : « cette vieille espagnole d'Auvergne, garce méchante et qui a fait tout le mal possible à Colette [70] ». On se rappelle qu'il y avait eu concurrence entre elles pour jouer avec Wague. De celui-ci Colette reste la partenaire ; il fut aussi pour elle en voyage le meilleur des compagnons*, ainsi que sa femme Christiane Mendelys, elle-même mime.

Elle a rencontré Claude Farrère par Willy en 1902 et malgré les liens qui les unirent Farrère resta toujours fidèle à Willy, reprochant à Colette d'avoir été ingrate à l'égard de celui qui lui avait appris le métier d'écrivain[71]. La première entrevue fut aigre-douce, Colette ayant pris la mouche sur un compliment fait à ses yeux, comme si elle était n'importe quelle femme. Puis, il fut gêné, lorsqu'ils étaient tous les deux sur la Côte, d'être obligé de dîner avec elle en présence de Missy. Autre gêne : en quittant le Midi pour Paris en 1911 elle lui télégraphia qu'elle allait passer par Toulon. En gare, « elle se montra à la portière, accompagnée cette fois de l'épais Auguste Hériot et de la menue vicomtesse de Raines** ». Néanmoins, le courant passa. Colette admirait le beau Claude et celui-ci était sensible à la sensuelle beauté de Colette***. Il y eut entre eux une tendre agressivité, née de leur franchise, en un mot une amitié amoureuse dont ils purent regretter, l'une et l'autre, qu'elle ne se traduisît pas en tendre amitié.

Au plus tard en 1908, Colette a fait la connaissance de Léon Hamel, de quinze ans son aîné, qui restera son ami jusqu'à sa mort en avril 1917. Il fut pendant une dizaine d'années son confident et son conseiller silencieux. Il fut le dédicataire d'un chapitre des *Vrilles de la vigne* et l'Hamond de *La Vagabonde* et de *L'Entrave*. Vivant alors de ses rentes, distingué, dilettante, il avait voyagé en Europe et dans l'Extrême-Orient, avant de prendre un poste en Égypte dans un organisme qui gérait les propriétés de l'ex-khédive Ismaïl Pacha, fortement endetté envers le Crédit foncier. Lui aussi, il éprouva pour Colette une amitié amoureuse. Il poussa la délicatesse jusqu'à détruire les lettres qu'elle lui avait envoyées, mais dont il avait copié le texte dans un cahier semblable aux manuscrits de plusieurs œuvres de celle qu'il

---

* Vers 1911, lorsqu'elle est à Genève au cours d'une tournée, Colette écrit à Charlotte Lysès : « Wague ne m'a jamais été aussi précieux comme compagnon de route. »

** Voir le chapitre « Tumultes », p. 194 et suiv.

*** Si l'on en croit une page d'« Amitié », il l'aurait vue nue à une réception nocturne donnée par une excentrique, elle-même nue sous une peau de panthère. « Elle [Colette] était une statue vivante, belle comme Praxitèle. Heureusement qu'elle parlait toujours, et il [Farrère] dut, pour l'écouter, secouer l'envoûtement sensuel qui rayonnait de sa nudité. »

admirait[72]. Ses propres lettres sont inconnues : avait-il demandé à la destinataire de les détruire ?

Notons qu'elle est en bonnes relations avec Octave Mirbeau à qui elle offre *La Vagabonde* « en témoignage de sympathie et d'admiration » et *L'Entrave* « en témoignage d'amitié » ; selon George Besson, Mirbeau aimait à proclamer que « les trente dernières pages de *La Retraite sentimentale* sont belles comme *L'Ecclésiaste* ». Il est plus difficile d'imaginer la rencontre de celle par qui le scandale arriva parfois et de l'auteur du *Mystère de la charité de Jeanne d'Arc* ; pourtant Louis Gillet écrivait de Péguy à Romain Rolland en 1911 : « Le voilà très lancé. Il est au mieux avec un monde extraordinairement hétéroclite : Simone, la comtesse de Noailles, Colette Willy, des archevêques, Hervieu, Claude Casimir-Perier, quelle salade ! » Seule attestation[73].

Colette a conçu une vive admiration en lisant *Le Roman du malade* de Louis de Robert que *Le Figaro* publia en feuilleton en août et septembre 1910. Cet écrivain discret et délicat (1871-1937), dont l'œuvre est méconnue, a écrit là un chef-d'œuvre qui parut au même moment que *La Vagabonde*, ce qui lui vaut des lettres qui l'étonnent, ainsi qu'il le confie à Paul Faure. Elle lui mande que le début est admirable, puis qu'il ne pourra jamais dépasser cette œuvre, puis encore : « Si je pouvais être vilainement jalouse, je ne le serais que de vous » ; enfin : « C'est à Dijon que j'ai lu la fin de votre roman, j'ai éprouvé un petit élan hostile et défiant que me donnent si rarement ceux qui s'emparent un peu trop de ma sensibilité. » Témoignages que L. de Robert transcrit pour son ami, ajoutant : « Eh bien ! maintenant, lis l'admirable fin lyrique de *La Vagabonde*, et dis-moi si cette créature n'est pas capable, si elle veut, de faire une œuvre impérissable. Ses louanges m'enorgueillissent, mais combien je suis humilié quand je la lis[74] ! » Une rencontre qui n'a pas été éphémère puisque c'est Louis de Robert qui fera revenir Colette sur la mauvaise impression qu'elle avait eue du jeune Proust, en lui faisant découvrir *Du côté de chez Swann* (1913). L'admiration que L. de Robert portait à l'auteur de *La Vagabonde* fut dépassée au moins une fois par celle qu'il portait à la femme. Un jour de 1910 ou 1911, conduite par Auguste Hériot, elle se rend à Sannois chez son admirateur :

> Ô ma Missy, quelle visite ! J'en suis sortie horrifiée, révoltée, apitoyée aussi, un peu bouleversée, mais... complètement intransigeante. Ma Missy, cet homme qui a les mains

> moites, l'haleine malade, des boutons de fièvre à la bouche, et qui me veut absolument, qui essayait de me barrer le passage, qui sanglotait désespérément, ridiculement, hélas ! Tu sais, tu sais quelle horrible chose est le dégoût physique, tu sais qu'on ne transige pas avec lui, je contenais ma fureur et quand il m'a suppliée de l'embrasser j'ai failli le brutaliser.

L. de Robert lui déclare qu'il mourra si elle se refuse [75].

> On ne se donne pas par pitié. On se donne par amour, d'abord. On peut se donner aussi par appétit, gaiement, comme on satisfait une faim ou une soif*, et cela n'est pas bien grave, mais se donner par pitié, – et à un homme, tu sais bien qu'on ne peut pas, quand le dégoût est la cause du refus [76].

« … et à un homme. » Le passage est à double entente : on pense, bien sûr, au mariage subi de Missy avec le marquis de Belbeuf ; et une femme peut-elle se donner par pitié à une femme ?

L'affection que lui ont vouée quelques hommes et surtout Léon Hamel prouve qu'il y a en Colette une qualité d'âme que son amoralisme, ses manières souvent rudes et provocantes et même sa méchanceté, dénoncée par plusieurs, ne doivent pas cacher et que sans doute elle dissimulait par pudeur, sauf à de rares personnes.

L'œuvre s'est développée harmonieusement depuis 1907. Un volume par an, tous signés « Colette Willy » : elle conservera ce pseudonyme même après le divorce et il faudra attendre le 30 octobre 1913 dans la presse et l'automne de 1922 en librairie pour que Colette se débarrasse de la seconde partie. Il convient de remarquer aussi que Colette n'a pas d'éditeur attitré, et elle n'en aura jamais, ce qui compliquera la réunion de ses œuvres pour constituer les *Œuvres complètes. La Retraite sentimentale* paraît au Mercure en 1907, mais *Les Vrilles de la vigne*, en 1908, aux Éditions de *La Vie parisienne*, revue dont elle est la collaboratrice régulière, *L'Ingénue libertine*, en 1909, chez Ollendorff, et *La Vagabonde*, en 1910, également chez Ollendorff qui, par le

* Voir Baudelaire, *Mon cœur mis à nu* (III, 5) : « La femme a faim et elle veut manger. Soif, et elle veut boire. / Elle est en rut et elle veut être foutue. »

contrat relatif au précédent volume, s'était réservé « le droit de préemption sur le premier roman inédit » de l'auteur. *L'Ingénue libertine* résultait de la refonte par Colette seule de *Minne* (1904) et des *Égarements de Minne* (1905), publiés chez cet éditeur. Ce qui peut expliquer les faibles droits qui lui étaient consentis : 60 centimes par exemplaire (vendu 3,50 F), *seulement* à partir du quatrième mille et 70 pour les tirages suivants. Pour *La Vagabonde*, au contraire, elle reçut 60 centimes jusqu'au septième mille, 75 au-delà[77]. *L'Ingénue libertine* ferait un peu tache dans cet ensemble si l'on ne pensait qu'elle représente ce que Colette pouvait sauver de ses derniers travaux pour la fabrique Willy.

Les Vrilles de la vigne est un merveilleux recueil de poèmes en prose qui ont paru dans *Le Mercure musical*, dans le *Mercure de France* et surtout dans *La Vie parisienne* de 1905 à 1908. Tous les textes ont des dédicataires, à l'exception du premier, qui donne son titre au volume, et de « Le Miroir », qui ne pouvait avoir de dédicataire qu'elle-même..., et où elle prend congé de Claudine, au moins provisoirement. Après le texte initial, trois morceaux, « Nuit blanche », « Jour gris », « Le Dernier Feu », portent cet envoi transparent : « Pour M... » Colette les a d'ailleurs réunis dans une plaquette intitulée *Pour Missy*, tirée à un seul exemplaire, imprimée chez un autre imprimeur que celui du recueil et portant l'achevé d'imprimer du 21 décembre 1908, illustrée d'aquarelles originales de Gustave Fraipont ; ce fut sans doute le présent offert à la compagne maternelle pour le jour de l'an. « Nonoche » est dédié à Willy ; Toby-Chien parle à « Miss Meg V... » Le phalanstère est au complet. D'autres textes ont pour destinataires Paul Reboux, le fantaisiste, qui fera une conférence sur elle, Sacha Guitry, Louis de Serres (l'époux de Liette...), Charles Saglio, le directeur de *La Vie parisienne*, Henry Bataille, Léon Hamel, Renée Vivien, qui va mourir l'année suivante, Serge Basset qui tenait le « Courrier des théâtres » au *Figaro*, où il avait eu l'occasion de passer des échos favorables à Colette, et quelques autres dont on ignore les relations précises avec Colette : la comtesse de Caix, Ernest Leblanc, Georges Richard. On note que Sido et Achille sont absents. Sans doute ne voulait-elle pas prostituer les choses de la famille. Les dédicaces ont disparu des éditions suivantes, dont la composition a été modifiée, et même des réimpressions de l'originale. À propos du rossignol qu'on entend aux premières pages, André du Fresnoy demandait finement dans *Akademos* du 15 février 1909 : « Il ne nous appartient pas de percer le symbole ni de chercher si la délivrance fut pénible. Mais pouvons-nous déplorer une souffrance qui t'a révélé ta voix, oiseau, ton génie, poète ? » Colette détruira l'harmonie de ce recueil en 1934.

De Bordeaux, où elle était en tournée, le 1er mai 1908, Colette écrit à son frère Léo que le milieu du music-hall, « très curieux, n'a pas été assez décrit [78] ». Elle s'emploie donc à le décrire, et dès après sa première tournée Baret, en publiant deux articles dans *Akademos* (1909). Puis de nombreux articles du *Matin* vont composer *L'Envers du music-hall*, publié la même année que *L'Entrave* (1913) qui appartient au même registre puisque c'est la suite de *La Vagabonde*. Ce roman, elle l'a commencé dès le 31 août 1909, selon la confidence qu'elle fait à Léon Hamel. Elle s'aventure d'abord dans la forme épistolaire * à laquelle elle renonce après une cinquantaine de pages pour revenir à la narration à la première personne, qui conservera cependant des lettres, nécessaires pages relatives à la tournée. Le roman paraît dans *La Vie parisienne* en vingt livraisons, du 21 mai au 1er octobre 1910, le volume étant mis en vente le mois suivant. Par un aspect, c'est une autre « retraite sentimentale ». Pensant au portrait de Taillandy, Sido écrit, le 10 décembre 1910 à Minet-Chéri : « Mais c'est une autobiographie ! Tu ne peux le nier. [...] Est-ce vrai que tu as tant souffert et sans jamais m'en rien dire ? » Par un autre aspect, sans doute plus important, c'est la découverte offerte au lecteur d'un univers coloré, mouvementé, laborieux, où la vie en commun doit effacer les différences et empêcher les différends. Colette a ainsi conquis un nouvel espace à la littérature. De jeunes écrivains de la génération qui suit la sienne, tel Jean Pellerin, vouent une grande admiration à l'auteur, notamment, de *L'Envers du music-hall.*

La Vagabonde salue de loin le pays de son enfance, à la fois dans les *Notes de tournée* et dans le roman [79]. Une enfance, une adolescence à laquelle elle reste aussi fidèle par la présence en elle des classiques et de leur mètre favori, l'alexandrin, puisqu'un lecteur [80] attentif a pu constituer un petit poème avec des vers trouvés par lui dans le roman :

> Sa réserve n'a point quêté nos confidences,
> Chacun dans ma maison semble s'en souvenir.
> À force d'hésiter je choisis le silence.

---

* Ce manuscrit est encore inédit.

Il n'y a de réel que rythmer sa pensée.
L'approche de l'orage a chassé tout intrus.
Un jour, promets-le-moi, nous y viendrons ensemble.
Je pourrai donc finir paisiblement ma vie.

La réputation de la cascadeuse des *Claudine* et celle de la danseuse « nue » ne nuisent pas trop à celle de l'écrivain, dont la valeur est de mieux en mieux reconnue. Voici quelques jalons de nature diverse. Le 1er novembre 1906, dans *Fantasio*, Franc-Nohain saluait l'apparition d'« une nouvelle étoile » littéraire. Un jury littéraire, les « Quarante-Cinq », la nomment au premier tour de leur vote de 1908 ; c'est Henri Duvernois, futur collaborateur des « Contes des mille et un matins », qui emporte le prix[81]. Le 10 mars, présentée par Laurent Tailhade*, elle fait une conférence au théâtre des Arts, pour l'auditoire du Centre Femina. Le 17 octobre, son ami Sacha Guitry déclare dans *Comœdia* : « J'incline à croire que, parmi les femmes vivantes qui écrivent, Colette Willy est la plus mystérieusement douée. » Le 15 décembre[83], dans *La Phalange*, André du Fresnois : « Madame Colette Willy est un grand poète, et c'est dans [...] *Les Vrilles de la vigne* qu'elle se montre le plus complètement, le plus purement poète. » Le 21 janvier 1909, Paul Reboux parle, au théâtre Michel, de l'auteur des *Dialogues de bêtes* et des *Vrilles de la vigne*[84]. En mars, Apollinaire, grand ami de Willy, y va de son éloge, sous le masque de Louise Lalanne, et est le premier à signaler dans *Les Marges* que Colette « ne distingue pas entre le bien et le mal et se préoccupe peu de l'édification de son prochain ». Le 8 décembre, jour où le prix Goncourt, qui avait alors une valeur littéraire, est décerné à Louis Pergaud pour *De Goupil à Margot*, *La Vagabonde* est remarquée par le jury et obtient deux voix au premier tour ; Apollinaire et Marguerite Audoux sont également nommés. Colette fut déçue. Le 24 novembre *L'Intransigeant*, dirigé par Léon Bailby, a ouvert une enquête : « Quelles sont les trois Françaises qui vous semblent se recommander plus particulièrement aux choix de nos immortels ? » Le 15 décembre, à la clôture, Colette arrive en troisième position, après Gérard d'Houville – fille de José-Maria de Heredia et femme de Henri de Régnier – et de la comtesse de Noailles. Dans ce choix, les particules traduisant la

* Laurent Tailhade avait été pour Willy l'objet de plaisanteries onomastiques faciles. Il se vengea en traitant les *Claudine* de « puantes ordures », ne sachant pas qu'elles n'étaient pas de Willy[82].

situation sociale ne sont pas sans importance, comme ne l'est pas la réputation douteuse de Colette. Si l'on fait abstraction de ces deux éléments, peut-être arrive-t-elle première ?

Au reste, elle va bientôt se coiffer d'une baronnie.

Il ne convient pas d'oublier en 1909 un petit livre de Leben-Routchka, publié à Bruxelles à la librairie du Sablon, *Pointes sèches*[85], où l'on trouve des croquis de « Willy and Soda » (après le départ de son esclave, il va être réduit à mettre de l'eau dans son vin...) et de « Gicolette » dont sont loués les *Sept dialogues de bêtes* et *La Retraite sentimentale* : il y apprécie « des pages dignes d'un Flaubert ou d'un France ».

> Que nous importe après cela cet amour de ses prochains qu'on lui a si souvent reproché ?
>
> Et voyez d'ailleurs l'ironie : Mme Colette Willy est une des rares femmes de lettres qui ne soit pas féministe.
>
> C'est peut-être après tout parce qu'elle connaît les femmes.

Quand elle écrit *La Vagabonde*, Maurice Dekobra, qui allait se faire connaître par des romans populaires, vient l'interviewer et pose ainsi la dernière question :

> — Êtes-vous féministe ?
>
> — Moi, féministe ?
>
> — Oui... au point de vue... social, naturellement.
>
> — Ah non ! Les suffragettes me dégoûtent. Et si quelques femmes en France s'avisent de les imiter, j'espère qu'on leur fera comprendre que ces mœurs-là n'ont pas cours en France. Savez-vous ce qu'elles méritent, les suffragettes ? Le fouet et le harem...
>
> Comme vous avez raison, Colette Willy ! Vous souvenez-vous de cette caricature américaine qui représentait une horrible mégère édentée et barbue, aussi dépourvue de charme que la prose de M. Jacques Dhur, une suffragette en un mot, qui, dans un meeting à Hyde Park, s'écriait :
>
> « Refusons nos faveurs aux hommes et ils nous accorderont tout ce que nous exigeons... C'est par notre abstinence qu'il faut dresser les mâles[86] ! »

On peut douter que, si elle eût encore la parole, Colette ait donné raison à la suffragette...

8

TUMULTES

1910-1914

Les années qui précèdent la guerre témoignent de l'extraordinaire énergie de Colette et de sa non moins étonnante capacité d'adaptation. Elle n'a peur de rien : baptême de l'air en ballon, en dirigeable, en avion ; dans *Flore et Pomone*, elle rappellera l'ascension qu'elle fit avec Léon Barthou (le frère du ministre), vice-président de l'Aéro-Club [1]. Mais elle doit lutter contre la réputation qui lui a été faite et qu'elle n'a peut-être pas assez découragée. À une date qui se situe un peu avant 1910, François Mauriac témoigne de l'opinion qu'on avait d'elle dans son milieu ; il rencontre une demoiselle Chausson : « Je ne pense pas sans frémir – écrit-il à une correspondante [2] – au monde qui fréquente chez sa mère (Georgette Leblanc... et même Colette Willy !)... » Ensuite, à sa mère : « J'avais un peu exagéré : Mme Chausson ne voit plus Colette Willy. Elle voit aussi du monde très bien. » Il va changer d'opinion. Le 16 février 1910, au fameux 104, rue de Vaugirard, tenu par les Maristes, où la bourgeoisie provinciale envoie ses fils en espérant qu'ils échapperont au pavé glissant de Paris, il doit présenter René Bazin sur qui Pierre Audiat va faire une conférence. Le trac ? un repas un peu trop arrosé ? Il ne peut articuler aucun son. Pour mettre une frontière entre son « déshonneur » et lui, il prend le train de Bruxelles. Là-bas, Colette jouait *La Chair* aux Folies-Bergère.

> J'errai seul – se rappelle Mauriac – à travers cette ville inconnue et échouai, le soir, dans un music-hall. Colette y parut au cours d'une pantomime. Elle était déjà l'auteur des *Claudine* et d'un livre que j'aime entre tous : *La Retraite sentimentale*. Une foule bruyante buvait de la bière et fumait. Colette dansa dans le nuage qui montait des pipes. Des rires, des réflexions ignobles fusaient autour de

> moi. Je souffrais. J'aurais voulu lui crier : « Moi, je vous connais, je sais qui vous êtes... » J'aurais voulu jeter mon manteau sur ses épaules nues et l'entraîner dans les ténèbres. Je ne pensais plus à René Bazin ni à ma honte. Après tant d'années, il m'est difficile d'imaginer que j'ai été ce garçon errant, la nuit, dans les rues de Bruxelles, en pensant à Colette, d'un cœur déchiré. Mais ce dont je suis sûr, c'est que je ne rentrai pas en France aussi aveugle que j'en étais sorti. / [...] / Mais le désastre de cette conférence Bazin, puis la vision d'un de nos plus grands écrivains livré en pâture à une affreuse plèbe, me permirent de mesurer l'horreur que j'avais de l'échec, ma lâcheté devant les coups durs, le retentissement qu'ils risquaient d'avoir sur ma vie intérieure et donc sur mon œuvre[3].

C'était le début d'une amitié qui s'affirmera sous l'Occupation et pendant les dernières années de la vie de Colette.

Celle-ci poursuit sa carrière théâtrale. En décembre 1910, elle est à Nice où sa venue a été annoncée par Georges Maurevert, qui est de ses amis et des amis de Willy, dans *L'Éclaireur de Nice et du Sud-Est*[4]. Au théâtre des Capucines, les 21, 22 et 23 décembre, elle joue dans *Claudine à Paris*, puis, du 24 décembre au 4 janvier 1911, *Xantho chez les courtisanes*, de Jacques Richepin (fils de Jean), musique de Xavier Leroux, « pièce scabreuse et spirituelle qui a été montée avec un grand luxe de décors et de costumes » et où elle danse « dans un costume des plus légers des danses lascives* » ; c'est *Daphnis et Chloé*... un peu corsé. Puis, ce sont d'autres représentations de *La Chair* à l'Étoile-Palace en janvier, à la Gaîté-Montparnasse en avril, à Genève et à Lausanne en juin ; d'*Aux Bat. d'Af.*, puis de *La Chair* à Ba-Ta-Clan (28 août-10 septembre, 11-18 septembre) ; de *La Chair* aux Folies-Bergère du Havre, le 30 septembre, à l'Étoile-Palace encore en novembre. Le 1er décembre, elle est de la création de *L'Oiseau de nuit*, joué jusqu'au 20. Le 8 février 1912, au Cercle de l'Union artistique, elle parle du café-concert et exécute une « Danse assyrienne » *(sic)* et une « Danse montmartroise » avec Christine Kerf. Le

* Colette dira son estime pour cette pièce dans *L'Éclair* du 3 mars 1918 : « pièce légère, brève – jeu aisé d'un poète voluptueux ». Elle était alors jouée par Cora Laparcerie, l'épouse de l'auteur et la créatrice du rôle.

15 février, elle reprend, jusqu'au 28, *En camarades* au théâtre Michel. Ensuite, elle gagne Nice.

Elle va enfin connaître son dernier grand succès avec la revue *Ça grise* de Ba-Ta-Clan, qui lui sera l'occasion d'une rencontre importante. La revue était composée de vingt-cinq tableaux conçus par Celval et Charley, musique de Roger Guttinguer. La répétition générale eut lieu le 4 avril 1912. Colette Willy, qui avait la vedette, fut à l'affiche jusqu'au 4 mai et figurait dans le dix-huitième tableau, *La Chatte amoureuse*, « pantomime humoristique », mise en scène par Georges Wague* : « un bijou d'humour, de fantaisie et de légèreté », lit-on dans *Comœdia* du 6 avril sous la plume de Joë Bridge – lequel était aussi le secrétaire général du music-hall… Pour Colette, c'était une consécration ; elle donnera ses « impressions de chatte » dans *Fantasio* du

* Plaquette et programme de la revue sont conservés à la bibliothèque de l'Arsenal, dans le fonds Rondel (Ro 18287). Par contrat du 1er février 1912, signé avec la directrice de Ba-Ta-Clan, Mme Bénédicte Rasimi, Colette avait « droit à la première vedette [femme biffé] aux affiches et programmes ». Elle reçut 67,50 F par représentation. Voici l'argument de *La Chatte amoureuse* tel qu'on pouvait le lire dans le programme : « L'action se passe sous Périclès dans un intérieur grec, que les dessins et les recherches de l'humoriste Kuhn Regnier ont permis de reconstituer avec exactitude. Le statuaire Pygmalion est amoureux de sa statue Galathée. Il passe son temps à faire des déclarations passionnées à ce marbre insensible, tandis que son esclave Ganymède se livre à son sport favori : la Paresse. / Paresseux, gourmand et voleur, Ganymède a substitué *[sic]* Myrrha, la chatte de la mère Myclès la concierge, afin d'en faire une gibelotte, et il a caché la petite bête dans le socle de la statue de Galathée, convaincu que personne n'oserait aller la chercher à cet endroit. Dame Myclès, affolée par la perte de sa chatte, viole la consigne de l'atelier de Pygmalion et aperçoit le sculpteur en extase devant sa statue. Pour se faire pardonner son indiscrétion, elle conseille [à] Pygmalion d'aller consulter un célèbre empirite américain (il y en avait déjà !) qui habite la maison, le docteur Pulsoconn. Ce dernier a inventé un appareil électrique qui donne, paraît-il, de l'élasticité aux membres les plus engourdis. Mandé en hâte, Pulsoconn, par le pouvoir de son appareil, anime le marbre de Galathée et fait de la statue une femme. Mais Myrrha, la chatte oubliée dans le socle où elle était enfermée, a subi elle aussi le pouvoir de l'appareil du Docteur ; elle a pris la taille humaine, tout en conservant son apparence de chatte. De plus, elle est amoureuse de tous les hommes et de Ganymède en particulier. Rivale de Galathée qui s'est amourachée du bel esclave, elle emploie toute sa perfidie sournoise à déranger les amants, à interrompre leur tête-à-tête, griffant Galathée quand elle le peut, revenant par la fenêtre quand on la chasse par la porte, etc. Mais comme Galathée et Ganymède, malgré les efforts de Myrrha, sont arrivés à leurs fins, cette dernière pour se venger s'arrange de façon à la faire surprendre par Pygmalion. Transporté de fureur, le sculpteur veut châtier les coupables qui s'enfuient. Il invoque les Dieux, la foudre éclate et Pygmalion voit Galathée redevenir statue, tandis que la mère Myclès s'empare de Myrrha redevenue une véritable chatte. »

1er mai. La « révélation de la soirée », écrit aussi Joë Bridge, fut Musidora, qui jouait dans quatre tableaux de la revue. De son vrai nom Jeanne Roques (1884-1957), elle avait emprunté son pseudonyme à une romance de l'époque de Louis-Philippe et fut des aspirantes-Claudine ; elle aurait tenu le rôle dans *Claudine à Paris* lors d'une tournée théâtrale en province organisée par J. Prévost. Elle eut une passion pour Colette qui eut sans doute une passade avec elle*. André Warnod, qui n'est pas le plus fiable des mémorialistes, et qui de toute manière se trompe en rapportant au carnaval de 1914 cet épisode qui peut dater de 1910, 1911 ou 1912 ; Warnod, qui avait perdu de vue Musidora, la rencontre au bal costumé de l'Opéra :

> Nous allions partir ensemble quand, soudain, la porte d'une loge s'ouvrit brusquement ; une femme parut, qui prit Musidora par le bras et l'attira vivement en disant : / — Je te défends de sortir avec des gigolos ! / La femme c'était Colette, le gigolo c'était moi[5] !

Cette relation passionnée, si elle est avérée, se transformera en une amitié qui trouvera sa belle expression quelques années plus tard dans le cinéma.

La réputation littéraire de Colette grandit. Le 21 janvier 1911, son portrait par Delannoy orne la couverture des *Hommes du jour* ! Un article de ce numéro, signé « Sketch », fait l'éloge de l'écrivain, un éloge d'autant plus crédible que, si *La Vagabonde* est mise sur le même plan que les *Confessions* de Jean-Jacques, l'auteur déclare qu'il « sied de faire toutes réserves sur *L'Ingénue libertine* » qui, croit-il, fut une erreur. Le 22 mars 1912, Colette est cette fois à la couverture des *Femmes du jour*, dans une caricature de « A. W. », sans doute André Warnod. Autre caricature, un peu plus tard, et plutôt féroce par André Rouveyre, qui a demandé l'autorisation à sa victime, qui était depuis plusieurs années son amie : « M'offenser, cher ami ? Toutes les interprétations de ma figure m'amusent. Et les vôtres montrent si bien de quel côté je penche. Il n'y a pas de caricature offensante, si le dessinateur n'y occupe pas le personnage " chargé " à une action injurieuse. Croyez-nous tous deux amicalement vôtres. / COLETTE DE JOUVENEL[6]. »

---

* Voir les souvenirs de Musidora recueillis dans les *Cahiers Colette*, n° 14, 1992, p. 34 : « Je n'ai pas honte d'avouer que c'était un bien grand amour que j'avais pour Colette. Très grand et chaste amour. » Elle était « folle de Colette et de son talent. Pas autre chose… », écrivait-elle encore (p. 36).

De 1906 à 1910, Colette passe une partie de l'été avec Missy au Crotoy : des vacances laborieuses. Missy ébauche en 1909 un buste de Colette, mais la matière, la plastiline, ne résiste pas à l'air humide et salin[7]. Cette partie de la côte de la Manche, proche de la mer du Nord, peut être parfois fraîche et pluvieuse. En juin 1910, elles ont exploré la côte cancalaise, d'un climat plus doux, dans les parages de Saint-Malo et de Saint-Coulomb. Missy découvre une villa qui lui plaît, sur le territoire de cette dernière commune : « Roz-Ven », la rose des vents, que Colette le plus souvent écrira en un seul mot. Elle appartient à la baronne du Crest qui refuse de la lui vendre parce que Missy s'habille en homme[8]. C'est donc Colette qui se porte acquéreur, avec l'argent de Missy, le 21 juin. Missy, qui l'a fait meubler, n'en jouira pas longtemps. Si Colette l'y rejoint à la fin de février 1911, puis pendant une quinzaine, du 28 mars au 12 avril, alors que Paul Barlet, qui est resté le fidèle ami de Colette, y séjourne aussi, si Colette l'y rejoint encore en mai, l'année suivante Missy aura quitté Rozven, dont elle emporta les meubles. Elle a acheté à un négociant de Rennes la villa Bénétin, à proximité de la première, et l'a baptisée villa Primerose. Colette va s'attacher à Rozven et y passer des étés amoureux avec Jouvenel. La villa est « située au fond du joli vallon qui descend à la plage de la Touesse » et elle est « cachée dans un bouquet de verdure, de troènes odorants ». C'est dans ce paysage de la côte cancalaise qu'il faut imaginer l'action du *Blé en herbe*. Le chemin qui mène de la villa à la plage a d'ailleurs reçu le nom de Chemin du *Blé en herbe*. Colette restera attachée à ce lieu jusqu'au moment où, sous l'influence de Maurice Goudeket, elle préférera la Méditerranée à la Manche. Et dans *L'Étoile Vesper* elle dira son regret d'avoir perdu « cette parcelle d'Armorique qui fondit entre mes mains imprudentes[9] ». Ce qui ne manque pas de piquant si l'on pense à la manière dont Rozven fut acquis par… elle, que les scrupules n'étouffaient pas ; elle n'en éprouva pas davantage pour s'approprier les meubles de Willy et la demeure du boulevard Suchet, et s'inviter chez Simone Berriau.

Quand Colette voulut vendre Rozven, elle l'estima 400 000 F, chiffre qui figure dans un descriptif écrit à l'intention d'un agent immobilier et dont voici l'essentiel :

> Neuf hectares d'un seul tenant en bordure de mer, d'un cap à un cap, formant golfe peu creusé. Plage de sable, beaux rochers, pêche, crevette, homard, etc., etc. La plus

> jolie situation qu'on puisse souhaiter, point de voisinage visible. À deux kilomètres et demi de Saint-Coulomb (approvisionnements, télégraphe, téléphone), à dix et douze de Paramé et Saint-Malo. Verger très bien planté, potager. [...] Plusieurs points de vue très beaux, sur la mer. Plantations d'essences variées, bois tout près de la mer, prés, culture. Pour n'avoir pas de terres cultivées sous les yeux, j'ai fait laisser en pré une grande partie des terres, utilisables comme terres à primeurs comme beaucoup de terres de la région.
>
> Dans le verger, une SOURCE magnifique, dont le niveau n'a pas baissé pendant les sécheresses. Je ne me suis servie de la source que pour assurer, par des moyens rudimentaires, l'eau à la cuisine et aux w. c., mais sa situation élevée peut approvisionner les deux bâtiments d'habitation.
>
> Ces deux bâtiments, sur une terrasse au midi, sont placés à angle droit.
>
> La maison contient un hall (salon-salle à manger), six ou sept chambres à coucher, remise-hangar, logement de jardiniers. « Mobilier presque tout en ancien rustique [10]. »

En 1910, on voit apparaître dans la vie de Colette un jeune homme, dont l'identité était jusqu'à présent plutôt vague. Colette a d'ailleurs contribué à donner de lui une image fausse, en le décorant de sobriquets.

Auguste Hériot n'avait rien d'un minet. Robuste et courageux, fort cultivé, faut-il lui reprocher d'avoir été richissime ? Sa famille appartenait à la bourgeoisie conquérante, au monde que Zola a présentée dans *Au bonheur des dames*, et peut-être Octave Mouret doit-il quelques traits à l'oncle de l'amant de Colette, prénommé Auguste lui aussi [11]. Lorsque Émile Pereire, en vue de l'Exposition universelle de 1855, fit construire en 1854-1855 le Grand Hôtel du Louvre occupant le quadrilatère compris entre la place actuelle du Palais-Royal, les rues de Rivoli, de Marengo et Saint-Honoré, il fit aménager sous les arcades des magasins dont il confia l'exploitation à Chauchard, qui avait été vendeur au « Magasin du Pauvre Diable », à Faré, directeur de « La Belle Fermière », et à Auguste Hériot, qui avait déjà créé son magasin dans le quartier du Palais-Royal et qui avait une bonne connaissance des affaires. Les magasins envahirent vite l'hôtel qui dut émigrer de l'autre côté de la place, dans la partie appelée maintenant et justement place Colette, où nous le voyons encore. Ainsi furent créés les Grands Magasins du Louvre, appartenant à une société dont étaient actionnaires les trois mousquetaires et certainement Émile Pereire. À la mort d'Auguste Hériot, son frère très cadet Olympe (1833-1899) hérita de 172 des 440 parts de la Société des Grands Magasins du Louvre. Il était alors chef de bataillon, étant passé par Saint-Cyr, où il avait été le camarade de promotion du général Boulanger, avec qui il resta lié d'amitié et à qui il dut l'idée de fonder à La Boissière (maintenant La Boissière-École, Yvelines) un orphelinat pour les fils de militaires décédés sans fortune. En 1879, Olympe donna donc sa démission et, connu sous le nom de « Commandant Hériot », il se consacra aux magasins du Louvre ; en 1885, il y succéda comme directeur à Chauchard. Il avait trois enfants : Auguste (le nôtre), Olympe (n° 2) et Virginie. Olympe s'occupa surtout de La Boissière. Virginie (1890-1932) se fit un grand nom dans le yachting à voile et triompha même du roi d'Angleterre aux régates de Cowes ; elle avait épousé France de Saint-Senoch, dont elle eut un fils, Hubert, puis divorça. (Saint-Senoch, encore une rencontre topographique avec Colette, qui, obligée de quitter la rue de Villejust, s'était installée, on se le rappelle, rue Torricelli prolongée, le prolongement recevant le nom de Saint-Senoch, puisque c'est sur un terrain appartenant à cette famille que la rue fut prolongée.)

Auguste Hériot, le neveu, né à Paris le 13 février 1886, entra le 4 octobre 1905 comme cavalier de 2e classe au 13e régiment de cuirassiers [12] ; il ne sort pas d'une école militaire. En mai 1906, il est « en mission hydraulique au Maroc », en sorte que son incorporation ressemble à une formalité qui lui permettait d'officialiser son travail. C'est lui, en effet, qui fit les frais de la mission, dite « mission Hériot », de 1906 à 1908, et ses états de service tiennent compte de ces deux ans et demi comme d'années de campagne. Cependant il est promu brigadier, puis maréchal des logis. À son retour, il passe dans la réserve, mais reste affecté au régiment de cuirassiers stationné à Paris. Il est promu sous-lieutenant le 27 mars 1913 et il aura pendant la guerre une conduite héroïque. Un général le qualifie de « jeune preux ». Dans sa citation à l'ordre de la Ve armée, il est qualifié d'« officier d'une bravoure et d'un courage légendaires ». Il est trois fois blessé et est fait chevalier, puis officier de la Légion d'honneur à titre militaire.

Paul Morand l'a mal jugé. Il le rencontre le 12 novembre 1916, après qu'Hériot a été blessé au front, le 8 août, à Verdun : « Enfant riche, gâté, naïf et roué ; amateur de drogues [déjà ?].

[...] S'est très bien battu, mais est si bluffeur que personne ne croit à son courage. » Six semaines plus tard, au Ritz : « Genre blessé élégant pour couverture de *La Vie parisienne* : plaque d'identité de chez Cartier ; disant : " ma prochaine blessure sera en mars ", " moi qui ne demande jamais de convalo..." et autres fanfaronnades[13]. » Irritation d'un pékin ?

Après la guerre, il servit en Syrie, où il organisa et commanda le « bataillon assyro-chaldéen », en Afrique occidentale française et en Indochine, apprécié partout pour « ses brillantes qualités militaires et son éducation parfaite ». Le 26 août 1924, le gouvernement général de l'Indochine demande au ministre des Colonies, pour transmission au ministre de la Guerre, que le capitaine Hériot soit promu chef de bataillon. Comme sa dernière promotion était encore récente, il ne deviendra commandant que le 14 juin 1928. Sa carrière était terminée.

Soldat exemplaire, beau mâle, c'est un sportif bien musclé que montrent les photographies pour lesquelles il a posé sans vergogne ni affectation ; c'est un gentleman qui a une excellente culture. Il connaît très bien l'anglais, ce qui lui a permis d'être officier de liaison avec les troupes anglaises. Dans une lettre au ministre de la Guerre (9 février 1915), alors qu'il est sous-lieutenant au 2e spahis, il excipe d'une « connaissance, sinon parfaite, du moins moyenne de la langue arabe ». Il connaît aussi l'allemand. Selon Jacques Decourt, il aurait voyagé aux États-Unis et dans l'Extrême-Orient (on l'a vu en Indochine) où il aurait pris le goût de l'opium, ce qui expliquerait son manque de détermination après la guerre, ce qui, en tout cas, le rapproche de Chéri.

Pourquoi s'est-il intéressé à Colette ? Peut-être parce qu'elle le changeait des femmes du monde et du demi-monde auxquelles il était habitué ; peut-être aussi et surtout parce qu'elle avait des talents et qu'elle gagnait sa vie avec ses talents. En 1908, il était l'amant de Liane de Pougy, en même temps que le prince Georges Ghika : Colette les reconnaît à Monte-Carlo. C'est ensuite qu'elle devint sa maîtresse ; Liane de Pougy : « Elle essaya de s'en faire épouser. Le dépit lui inspira *La Vagabonde*[14]. » Le dépit est plutôt celui de Liane. On ne sait quand commença la liaison de Colette avec Hériot. Quoi qu'il en soit, on les trouve à Naples en novembre 1910 : ils visitent Positano, Pompéi, Capri. « Mon compagnon est très gentil, d'ailleurs », écrit-elle à sa mère[15] ; l'adverbe final ne fait penser qu'à un engouement passager. En octobre ou en décembre 1910, elle joue *Claudine* à Nice*. Il est avec elle à l'hôtel Royal sur la promenade des Anglais : « Pendant la matinée, le gosse a pris le train avec sa suite. Il m'a laissé une lettre folle, écrite tout en *i* comme parle Sacha, où il a dit qu'il va faire l'impossible pour revenir avant la fin de mon séjour. » En février 1911, ils sont pour quelques jours à Beaulieu et à Monte-Carlo. Quand elle joue à Nice la pièce de Richepin, elle est avec lui au Majestic. Sido a cessé de s'étonner. Elle est maintenant amusée :

> Le luxe de ton camarade ? J'y ai contribué pour une part, car je suis une cliente des Magasins du Louvre, dès leur ouverture et, singulière coïncidence, j'ai laissé, pour t'écrire, un ouvrage que je suis en train de confectionner. C'est un reste d'une robe de soie noire que papa m'avait fait venir des Magasins du Louvre, pour le jour de ta naissance. N'est-ce pas étrange [16] ?

Hériot apparaît dans les lettres de Colette à Missy [17], avec qui il a de bonnes relations. Après tout, peut-être Colette le tient-elle de Missy, qui aura vu un moindre mal dans cette présence masculine.

Le gosse, le petit serin, l'andouille, tel le voit Colette. La dernière appellation est injustifiable mais les autres sont explicables : Auguste Hériot a treize ans de moins que sa maîtresse, qui, en effet, se conduit en maîtresse. Pour Sido, il est Chérubin, surnom qui ne lui convient pas mieux. Mais Sido avait sans doute compris que sa fille se trompait en le dédaignant. Dans *La Naissance du jour*, Sido n'est pas enchantée que Colette aime « ce M. X. », en qui on devine Jouvenel :

> « [...] J'aimais mieux, tiens, l'autre, ce garçon que tu mets à présent plus bas que terre.
>
> — Oh ! maman !... Un imbécile !
>
> [...]
>
> — Que tu écrirais de belles choses, Minet-Chéri, avec l'imbécile... L'autre, tu vas t'occuper de lui donner tout ce que tu portes en toi de plus précieux [18]. [...] »

---

* Colette a joué *Claudine* à Nice le 22 octobre 1910 et les 21, 22, 23 décembre 1910. Le séjour devrait s'entendre d'une villégiature.

Colette, quittée par Jouvenel, exprime-t-elle un regret ?

Un jour, elle revient avec Jean Guitry (frère de Sacha) de Pont-de-l'Arche : elle a été reçue chez les Olympe Hériot dont elle décrit le château (Olympe, « ce nom me rend malade »). Un autre jour, Auguste Hériot l'emmène à Sannois où elle doit voir Louis de Robert, l'auteur du *Roman du malade* ; il l'attend docilement dans sa voiture*. Avec sa volonté de domination, Colette a tendance à ravaler non seulement ses congénères, mais aussi les hommes qu'elle n'aime pas d'un amour sensuel, charnel. On penserait que Dufferin-Chautel, le « grand serin », est le reflet d'Hériot, si *La Vagabonde* n'avait été commencée le 31 août 1909, date à laquelle on ne peut faire remonter la liaison. Riche et oisif, Chéri (et Clouk, son demi-frère) tient peut-être quelques traits de lui ; la différence d'âge entre Léa et Chéri évoque aussi celle qui séparait Colette d'Hériot. Mais Chéri n'a que les connaissances nécessaires pour vérifier les carnets de l'office. Hériot est cultivé. Celui qui a le plus de ressemblance avec ce dernier, c'est Gaston Lachaille. Peut-être a-t-elle ainsi absous Auguste Hériot d'avoir été trop jeune pour elle, et trop amoureux d'elle ?

Lorsqu'ils étaient à Nice en février 1911, Colette et Hériot y avaient été rejoints par une créature étrange, pour nous presque diaphane : Lily de Rême, dont le nom ressortit plutôt aux annales de la guerre en dentelle qu'à celles du *Bottin mondain*[19]. Peut-être la May de *L'Entrave* devra-t-elle quelque chose à cette créature évaltonnée, que Colette décrira sans complaisance dans *Le Matin* du 5 mai 1911[20]. « Ces deux enfants – écrit-elle à Hamel – amoureux de moi sont singuliers, – par le seul fait qu'ils m'aiment. Je les gave et je les fais dormir. Mon amour-propre se satisfait maternellement de leur appétit et de leur mine fraîche. Mais je ne suis pas bien contente du petit H[ériot]. Combien de fois j'ai hésité à vous en parler, cher Hamel ! Et à qui parlerais-je de cela à cœur ouvert, si ce n'est à vous ? Le sort en est jeté et c'est à vous que je demanderai le secret et des conseils, car l'aventure me paraît grave surtout pour lui, je ne suis pas moralement en danger[21]. » Est-ce pour dégager sa responsabilité que Colette provoque une brouille avec son amoureux, qui se rend à Rozven chez Missy ? Et, après être allée voir Missy à Rozven, c'est avec Lily de Rême seule qu'elle

* Voir le chapitre « Rien n'est banal dans ton existence », p. 183.

s'embarque le 6 mars à Marseille sur le *Carthage*. Elle restera une quinzaine de jours en Tunisie, jouant *Claudine à Paris* et *Xantho chez les courtisanes*, visitant Carthage, Zaghouan et Sidi-Bou-Saïd. Dans *Xantho* elle est la danseuse Daphnis ; *Comœdia* du 25 mars la félicite de son interprétation voluptueuse. Mais *Le Courrier français*, qui compte Willy et ses amis dans la rédaction, lui décoche, le 9 avril, un écho fielleux : Colette joue le rôle « dans un costume plus sommaire encore [que dans *La Chair*], puisqu'en somme elle n'a qu'un bout de ficelle autour des particularités de son sexe » ; « les pachas contemplent, avec une satisfaction toute musulmane, ce frétillement abdominal, qui n'est que l'imitation de la danse du ventre, en honneur depuis quelque mille ans chez les fils du Prophète. / Et ils acquièrent ainsi la conviction que les mœurs de la Tunis vaincue ont conquis la capitale du vainqueur ». Sa compagne est insupportable : « Lily n'est pas possible en pays musulman, elle y est comme dans un bar de Montmartre, chantant dans la rue et se payant la tête des indigènes, que je trouve beaucoup mieux élevés qu'elle. » « L'andouille, ajoute-t-elle pour Missy, était bien mieux en voyage. D'abord c'est moi qui dirigeais tout et puis il ne fait presque jamais de bruit[22]. » Et dans une lettre qui date sans doute du retour à Paris, vers le 26 mars : « Rien de l'andouille sauf un coup de téléphone. Lily me dit qu'il n'ouvre pas la bouche de moi, mais qu'il ne tarit pas en éloges enthousiastes de Missy. Peut-être médite-t-il ta conversion. » Apparence : Hériot est vraiment épris.

Puis, Colette gagne de nouveau Rozven pour retrouver Missy. Elle en revient en voiture avec Hériot, le 8 mai ; ils déjeunent à Alençon et envoient une carte postale à Sido[23].

La liaison n'a duré que quelques mois, un an au plus. La rupture fut sans conséquence pour Colette, on l'a constaté, mais Hériot en a souffert. Après la guerre, il épousa une Autrichienne, une comtesse selon J. Decourt : Hilda Caroline Johanna Maria Auersperg, dont il divorça le 14 janvier 1937. Le 29 septembre 1942, il épousa Marie Catherine Marguerite Fanny Ernestine Baudet, qui était née dans le Middlesex en 1895. Il avait eu un hôtel particulier rue de la Faisanderie, puis, avant et après avoir habité Vienne, il préféra sa propriété de Ville-d'Avray dont l'adresse était 12, rue Balzac. Sa santé était délabrée ; insomniaque, il abusait des narcotiques. Beaucoup plus jeune que Colette, il mourut trois ans avant elle, le 12 juin 1951. Il venait assez souvent rendre visite à Colette au Palais-Royal[24]. Les lettres qu'il avait reçues de celle-ci ont été détruites après sa mort. Il est permis de se demander si le cours de cette vie, brillante d'abord, triste ensuite, n'a pas été infléchi par la rencontre manquée avec Colette. Auguste Hériot repose dans la crypte de l'extraordinaire mausolée familial qui domine le cimetière et le village de La Boissière-École, proche de Rambouillet[25]. On regrette que Colette n'ait pas jugé bon de reposer aussi dans ce pharaonique tombeau.

C'est pendant le printemps de 1911 que les relations avec Missy s'altèrent. Lassitude de Colette, qui s'éloigne d'elle, mais sans vouloir rompre. Elle désire faire de Missy sa confidente. Il y a maintenant un homme dans sa vie. En juin, Missy essaie de provoquer sa jalousie et se trouverait à Paris « avec une jeune fille blonde », qu'elle a imaginée, reprochant ensuite à sa compagne d'y avoir cru. Hériot est à Alger, d'où Colette craint de le voir revenir « à une seule fin de constater que je ne cohabite pas avec un autre salaud ». Elle n'est pas d'humeur à le voir[26].

C'est vraisemblablement au *Matin* qu'elle a rencontré Henry de Jouvenel. S'il avait été son amant avant qu'elle n'y collabore, on devinerait au moins sa présence avant mai-juin 1911. Depuis au moins janvier 1910, elle écrit dans *Paris-Journal*. C'est en décembre 1910 qu'elle commence à collaborer au *Matin*, dont Jouvenel est l'un des deux rédacteurs en chef. Ainsi, on ne sait quand la liaison a exactement commencé.

Lorsqu'elle arrive à Rozven au début de mai 1911, elle confie à Wague : « Quelle arrivée ! C'est dur, – c'est arrangeable, mais c'est dur. » Et elle le prie de lui écrire pour lui demander quand elle pourra répéter *L'Oiseau de nuit*[27]. Alibi, qui lui permettra de revenir à Paris. Elle est ou elle va devenir la maîtresse de Jouvenel.

Du 23 juin au 2 juillet 1911, on se le rappelle, elle a joué *La Chair* à Genève et à Lausanne. Jouvenel la rejoint à Ouchy après avoir été blessé dans un duel, conséquence d'une querelle entre *Le Matin* et *Le Journal*. Il lui déclare « qu'il ne pouvait ni ne voulait plus vivre sans [elle][28] ». Jouvenel a encore pour maîtresse Isabelle de Comminges que l'on surnommait la Panthère, une très belle panthère, aux yeux bleus, à la chevelure tirant sur le roux[29]. Colette est encore convoitée par Hériot, et Missy lui reste attachée. Voici ce qu'elle écrit, avec beaucoup de verve joyeuse, à Léon Hamel le 31 juillet 1911 :

Savez-vous qu'en rentrant à Paris, Jouvenel avoue à la Panthère qu'il aimait une autre femme ? Là-dessus, elle déclare qu'elle tuera cette femme, quelle qu'elle soit. Éperdu, Jouvenel me transmet cette menace, à quoi je réponds : « J'y vais. » Et j'y vais. Et je dis à la Panthère : « C'est moi, la femme. » Là-dessus elle s'effondre et me supplie. Courte faiblesse, car deux jours après, elle annonçait à Jouvenel l'intention de me zigouiller. Re-éperdu, Jouvenel me fait enlever par Sauerwein * en automobile et m'accompagne, avec Sauerwein toujours, à Rozven où nous trouvons Missy glaciale et dégoûtée, qui venait de recevoir des nouvelles par la Panthère. Puis mes deux gardiens me quittent et Paul Barlet monte la garde, revolver au poing, autour de moi. Missy, toujours glaciale et dégoûtée, f... le camp à Honfleur. Peu de temps (trois jours) après, Jouvenel me rappelle auprès de lui par téléphone, et Sauerwein vient me prendre en auto, parce que la Panthère rôdait pour me trouver, armée aussi d'un revolver. Ici commence une période de semi-séquestration à Paris, où je fus gardée comme une châsse précieuse par la Sûreté et aussi par Jouvenel, Sauerwein et Sapène, ces trois colonnes du *Matin*. Et croyez-moi si vous voulez, cette période vient seulement de prendre fin, close par un événement inattendu, providentiel et magnifique ! Las de s'exercer chez Gastinne-Renette, M. Hériot et Mme la Panthère viennent de s'embarquer sur le yatch *Esmerald*, pour une croisière de six semaines au moins, après avoir étonné le Havre, port d'attache, par des soulographies notoires. Est-ce bien ? est-ce théâtre ? un peu trop n'est-ce pas ?

Colette n'avait pas besoin de revolver pour se défendre et attaquer : elle avait ses muscles et ses poings, et, au début de 1912, on la voit prendre des leçons de boxe, ainsi que Christiane Mendelys, avec Émile Maitrot : Colette est « à présent un boxeur redoutable, qui possède le "punch" le plus vicieux qu'il soit possible de souhaiter [30] ». Mais il ne fallut pas en arriver aux mains, et l'on ne s'étonnera pas, pour l'avoir constaté dans

* Il y a deux Sauerwein au *Matin* : Charles, qui venait d'être l'un des témoins de Jouvenel lors de son duel, et Jules, qui sera à partir de 1914 chef des services politiques.

d'autres circonstances, que les relations entre Colette et Isa soient plus tard devenues cordiales.

De Paris, pendant sa « période de semi-séquestration », Colette mande à Missy :

> Ma chérie, je persiste à t'écrire, malgré ton silence. Je suis gardée, officiellement et policièrement, ni plus ni moins qu'un monarque en déplacement. [...] Elle [la Panthère] comptait, dans quel but ? abrutir son amant par tous les moyens et lui administrait elle-même à des doses extravagantes, les stupéfiants et... les femmes. L'opium avait aussi beaucoup de succès. [...] Maman m'écrit ceci : « Je n'ai pas osé te dire combien de télégrammes j'ai reçu d'Hériot, le dernier date de cinq jours [31]. »

Et elle conclut : « Adieu, Missy toujours chère. *Rien* ne pourra faire que tu ne me sois toujours chère. »

Les relations sont apparemment interrompues*. Elles reprennent vers 1928 pour s'arrêter en 1940. Ont été conservées pour ces années de nombreuses lettres de Colette, parfois longues, des lettres affectueuses qui témoignent d'une confiance et d'un intérêt réciproques et qui font allusion à des rencontres (une fois, Pauline signale à sa maîtresse que pendant son absence « Monsieur de Morny » est passé). La publication en 1932 du *Pur et l'Impur*, où la marquise lut le délicat portrait de « la Chevalière », constitue un point névralgique de ces relations. Missy se récrie en le voyant. Colette lui affirme qu'il n'y a eu aucune modification entre le jeu d'épreuves qu'elle lui a soumis et le texte publié dans *Gringoire* : « Tu me blesses, Missy, car tu mets en doute (outre mon affection), ma conscience et mon honnêteté d'écrivain, que personne n'a mis *[sic]* en cause, en quarante années, bientôt, de travail. » Un nuage qui ne tarde

---

* La liaison de Colette et de Missy sera cruellement transposée par Pierre Veber, grand ami de Willy, dans *La Vie parisienne* du 24 août 1918 (« Vie de Mme de Torys, amoureuse »). À Paris, Mme de Torys fait la connaissance de la marquise de Millevache (on pense à Belbeuf), grande prêtresse du culte de Sapho, qui l'initie, puis elle tombe amoureuse de Mlle Phryné, qui danse quasi nue dans un café-concert et qui lui préférera des hommes (s'agit-il d'une charge contre Musidora : depuis le début de 1918 Willy s'opposait véhémentement au tournage d'une adaptation de *Claudine* par Musidora ?). Parmi les dessins qui illustrent le texte, un portrait de Colette...

pas à se dissiper. Écrivant à Hélène Jourdan-Morhange le 15 septembre suivant, Colette lui transmet l'expression des « meilleurs sentiments » de l'« oncle ». Adrien Fauchier-Magnan la rencontre chez Colette lorsque celle-ci habite le Claridge ou l'immeuble Marignan : il a été frappé de l'extrême petitesse de ses pieds qui contrastait avec le costume masculin qu'elle portait, mais nullement par sa conversation « assez insignifiante [32] ».

Ces relations, même espacées, n'étaient pas du goût de Maurice Goudeket, l'un des auteurs de ce livre peut l'affirmer. C'est sans doute pour lui complaire qu'elle laissa Missy mourir dans la misère et la solitude, encore qu'un égoïsme bien compris ait pu avoir part dans cette mise à distance : pendant l'Occupation, Colette pense avant tout à son mari. Pierre Varenne, frère de Germaine Beaumont, qui a fréquenté la marquise à la fin de la vie de celle-ci, se rappelait :

> Jamais la marquise ne me parla de Colette. Mais je savais qu'avec d'autres amis elle n'observait pas toujours la même réserve et qu'elle la jugeait sans ménagements. Par contre, elle me demandait quelquefois des nouvelles de « mon ami » Willy…
>
> La marquise de Morny n'avait plus guère pour relations que des commerçants de Passy, restaurateurs, modistes, manucures, marchandes de frivolités. Dégoûtée de la faune littéraire, elle préférait parler de la pluie et du beau temps, ou du coût, dur pour elle, de la vie. On la voyait dans les cinémas de quartier. Elle faisait surtout de longues stations, presque prostrée, dans un salon de coiffure de la rue Franklin, regardant de beaux visages féminins renversés dans le casque luisant des séchoirs.
>
> Elle mourut le 4 juillet 1944, âgée de 86 ans, munie des sacrements de l'Église ; Paris était encore, pour peu de jours, occupé par les Allemands. Les obsèques eurent lieu à Saint-Honoré-d'Eylau. À son enterrement, il y avait en tout douze personnes, huit femmes et quatre hommes, dont Sacha Guitry qui, depuis deux ans, réglait sa note au petit bistrot de la rue des Eaux où elle prenait ses repas. Deux mois auparavant, la pauvre femme avait essayé de s'asphyxier par le gaz. La seconde et dernière tentative vint aisément à bout de ses faibles forces. On déclara sa mort accidentelle [33].

★

Aux tout premiers jours d'août 1911 Colette part avec Jouvenel pour Castel-Novel, la gentilhommière des Jouvenel qui domine le bourg de Varetz, à proximité de Brive. Retour le 15 août pour répéter *Aux Bat. d'Af.* à Ba-Ta-Clan, où elle obtient un franc succès qu'elle annonce à Christiane Mendelys, la femme de Wague. Celle-ci lui ayant demandé si elle négligeait la culture physique, bien nécessaire à l'art des mimes : « Et puis qui te dit, au fait, que je néglige la culture physique ? j'ai une nouvelle méthode, voilà tout. La méthode Sidi. Excellente. Pas de cours publics. Leçons particulières, – bougrement particulières [34]. »

Elle écrit cette lettre de l'hôtel Meurice, rue de Rivoli, car elle a quitté la rue Saint-Senoch ; elle attend que soit aménagé pour elle le chalet suisse où, en septembre-octobre 1911, elle va s'installer chez Jouvenel, 57, rue Cortambert, à Passy ; dans le jardin elle aura toute une ménagerie [35]. Elle y vécut la première partie de sa vie avec Jouvenel et y restera jusqu'à l'automne de 1916. Sous une forte pluie, une partie du fragile chalet s'effondra, et elle fut ainsi poussée vers le 69 du boulevard Suchet, à la limite d'Auteuil et du bois de Boulogne. Il n'est plus question de Missy, d'Hériot, de Mme de Comminges pendant cet automne de 1911. Elle vit conjugalement avec Jouvenel dans le chalet, lui accaparé par son métier de journaliste, elle écrivant et jouant dans *L'Oiseau de nuit*, puis dans *La Chatte amoureuse*, satisfaits l'un de l'autre, la chair heureuse. Colette libre avait retrouvé une entrave. Ce fut le rythme de sa vie.

Né à Paris en 1876, Henry de Jouvenel avait donc trois ans de moins que Colette, ce qui ne manquera pas de compter après la fin de la Première Guerre. À une époque où l'aristocratie avait encore la première place apparente, l'arrière-grand-père de Henry, Bertrand Joseph Jouvenel, né en 1786 en Corrèze, expert géomètre, qui appartenait lui aussi, mais à un moindre degré, à la bourgeoisie conquérante, de province, avait été fait baron par ordonnance royale du 16 mai 1817. Mais le rattachement des Jouvenel de Corrèze à l'illustre Juvénal des Ursins, lui-même se rattachant aux princes Orsini, est illusoire. Léon, le grand-père de Henry, fut député de la Corrèze à la fin de la monarchie de Juillet et sous le second Empire ; c'est lui qui devint propriétaire de Castel-Novel. Le père, Raoul, fut préfet et mourut à Castel-Novel en 1910 [36].

Jouvenel fit des études au collège Stanislas où il a pour condisciple Anatole de Monzie, lui aussi originaire du Sud-Ouest, avec qui il se lie d'une fraternelle amitié qui ne cessera qu'à la mort du premier. En 1902, ils abordent l'un et l'autre la politique : Monzie devient chef de cabinet du ministre de l'Instruction publique ; Jouvenel a le même poste à la Justice. Puis, Monzie prend de l'avance : en 1904, il est élu conseiller général du Lot, dont, après un honorable échec en 1906, il deviendra le député pour l'arrondissement de Cahors en 1909, son adversaire étant mort. Il reste député du Lot jusqu'en 1919 ; battu cette année-là, il est élu sénateur du même département en 1920. Jouvenel, en 1906, c'est-à-dire à l'époque du Bloc des gauches, avait été directeur du cabinet du ministre du Commerce. Puis il fut appelé à la direction du *Matin*, dont il fut jusqu'au début de 1924 l'un des deux rédacteurs en chef. En 1920, Monzie le convainc d'entrer dans la politique active : Jouvenel est élu sénateur de la Corrèze le 9 janvier 1922 ; il conservera ce siège jusqu'à sa mort, survenue le 5 octobre 1935.

Républicains et démocrates, Monzie et Jouvenel ne sont pas faciles à classer. Leur originalité politique est de n'être pas d'un parti. Ce sont des hommes d'idées, des hommes politiques, non des politiciens. Par leurs racines régionales et bourgeoises, ils appartiennent au radicalisme ou au radical-socialisme, si leurs tempéraments ne contredisaient ce qu'il y a de terne dans ces options. Ce sont par nature des indépendants, au vrai sens du mot.

Jouvenel a reçu le surnom de « Sidi » (le portait-il avant de rencontrer Colette ?), justifié ainsi par Arlette Louis-Dreyfus, qui épousa Renaud, l'un des deux fils de Jouvenel : « La peau mate, l'œil de velours, le nez légèrement fort et assez busqué, une lèvre très sensuelle. Avec une gandoura il aurait parfaitement pu passer pour un Arabe[37]. »

Colette a déjà fait la connaissance de la mère de son nouveau compagnon. Née en 1857, Marie Dollé était apparentée par sa mère à la famille Perier, celle du ministre de Louis-Philippe, des banquiers et du président de la République. Elle avait épousé Raoul de Jouvenel en 1874, mais après quelques lustres le ménage avait périclité, pour employer un mot qui étonna la jeune Gabrielle. Le divorce fut prononcé en 1901. Marie avait donné naissance en 1899 à une fille, Édith Damase, déclarée à l'état civil comme enfant de père et de mère non dénommés. En fait, elle était la fille d'Armand Chevandier de Valdrôme, qui la reconnut en 1905. Celui-ci était diplomate, promis à une belle carrière, lorsque, agent diplomatique et consul général de France à Tanger, il fut, au début de 1914, assassiné par son cuisinier français, un ivrogne invétéré [38]. Édith, que sa mère n'avait pas reconnue, n'eut pas plus de chance : mariée en 1919 à René Ziegler, elle mourut à Aigle (canton de Vaud) dès 1920. Elle était donc la demi-sœur de Henry, et de Robert que l'on va voir apparaître.

La future belle-mère de Colette, « Mamita », était une nature vigoureuse, devant qui beaucoup tremblaient : « Ce vieux tison ! Quel feu destructeur ! » écrira Colette à Marguerite Moreno, le 3 janvier 1928. Elle mourra l'année suivante.

Frère cadet, et très aimé, de Henry, Robert de Jouvenel (1882-2 juillet 1924) fut un brillant journaliste, collaborateur de Gustave Téry à *L'Œuvre* hebdomadaire puis quotidienne. Deux de ses ouvrages méritent la lecture. *La République des camarades* (Grasset, printemps de 1914) est toujours d'actualité : c'est un tableau sans complaisance de la vie politique française... *Le Journalisme en vingt leçons* (Payot, 1920) est plein de conseils utiles aux débutants comme aux vétérans. Les Jouvenel ont tous un beau brin de plume, comme l'a aussi prouvé Henry dans *La Vie orageuse de Mirabeau* et dans ses ouvrages de réflexion politique tel *Pourquoi je suis syndicaliste*, tous deux publiés en 1928. À Robert mort trop tôt, la presse, G. Téry, son ami fraternel, en tête, a rendu unanimement hommage, soulignant son talent et son honnêteté [39].

Colette voit les enfants de Henry : Bertrand, né en octobre 1903, issu de son premier mariage avec Claire Boas, dont il est divorcé, et Renaud, né en octobre 1907, fils d'Isabelle (« Isa ») de Comminges. Claire Boas continue de se faire appeler Mme de Jouvenel, ce qui provoquera des quiproquos quand il y aura bientôt une seconde femme à porter le même nom... Comme Isabelle de Comminges *, elle est cultivée ; elle publie, à tirage confidentiel et sous le pseudonyme d'Ariel, *Quelques règles du jeu de la vie*, préface de Paul Valéry [40].

Août 1912 : Sido réclame sa fille à Châtillon. Colette obtempère, de mauvaise grâce. « [...] je pars pour Châtillon – écrit-elle à Georges Wague le 26 août –, où ma sainte mère est insupportable, non qu'elle soit plus gravement malade, mais elle a une

* Si Colette, après la tempête, éprouva des sentiments cordiaux pour Isa de Comminges, dont témoigne leur correspondance, elle n'éprouva le plus souvent pour Claire Boas « de Jouvenel » que de l'irritation.

crise de "je veux voir ma fille"[41]. » En fait, Sido est plus gravement malade : elle mourra un mois plus tard. Mais Colette a une autre préoccupation : sa liaison avec Henry de Jouvenel, qui ne lui accorde que trois jours d'absence. Elle veut s'attacher son amant. Sido meurt le 25 septembre. Colette à Léon Hamel, deux jours plus tard : « Je continue à jouer *L'oiseau [de nuit]* et à vivre comme d'habitude, ça va sans dire[42]. » Elle ne se rend pas aux obsèques et ne porte « aucun deuil extérieur ». On ne l'imagine pas pèlerinant plus tard sur la tombe de sa mère : « Une tombe, ce n'est rien qu'un coffre vide. Celui que j'aime tant – ajoutait Claudine[43] – tient tout entier dans mon souvenir, dans un mouchoir encore parfumé [...]. » Cependant, lorsqu'elle apprend la mort de sa mère, Colette confie à Hamel qu'elle est victime d'« une crise d'inflammation... interne qui est bien douloureuse ». Elle souffre à l'idée qu'elle ne pourra plus écrire à sa mère, et elle lui fera dire : « À qui [quand je ne serai plus] écriras-tu deux fois par semaine, mon pauvre Minet Chéri[44] ? » Deux fois, c'est Colette qui le prétend. Si ses lettres ont disparu, les cartes qu'elle envoyait pendant ses tournées depuis 1905 ont été conservées, et publiées en reproductions et en transcriptions par Michel Remy-Bieth[45]. À des cartes postales il est difficile de confier des choses vraiment personnelles. Y avait-il d'intimes confidences dans les lettres qui ont été détruites ? On en peut douter, car Sido dans ses propres lettres se plaint du manque de confiance de sa fille et elle doit les emplir de la chronique, peu passionnante, de la vie quotidienne à Châtillon-Coligny. Est-il sûr que les textes littéraires, *La Maison de Claudine* et *Sido*, traduisent fidèlement les sentiments de Colette à l'égard de sa mère vivante ?

L'union des amants est presque conjugale si l'on en juge par une scène qui s'est déroulée pendant l'été de 1912 et que Colette a, en bon auteur de théâtre, contée au fidèle Hamel[46], avec ce commentaire : « Je ne désespère pas de le traiter aussi légèrement qu'Hériot, vous savez ? » Mais l'attachement charnel, de part et d'autre, maintient l'union. Une union qui repose sur une gymnastique érotique ne saurait être de longue durée. Colette chercha à la renforcer : à la fin de 1912, elle était enceinte. De quoi répliquer, trop tard, à Sido qui lui répétait : « Tu n'es même pas bonne à faire un enfant[47]* ! » La petite

* En 1911 Colette prête ce propos à l'une des filles d'Achille (dans « Ma nièce », *Comœdia*, 9 octobre 1911). On remarquera que tant que Sido vit, Colette ne la met jamais en scène et qu'elle prête à des bouches innocentes les reproches maternels (voir le chapitre « Madame Colette Willy », p. 96).

Colette naîtra le 3 juillet 1913 à Paris. Elle a donc été conçue à peu près au moment de la mort de Sido (25 septembre 1912), sans doute pendant le séjour, du 7 au 22 octobre, à Castel-Novel avec Henry, Robert, Édith et Mamita : à la fois substitution d'une vivante à une morte et ciment d'une difficile union. Le mariage est intervenu, avant que la grossesse ne devînt apparente : le 19 décembre 1912, à la mairie du XVIe arrondissement. Témoins : pour Colette, Léon Hamel, le confident par excellence, pour Jouvenel, Jean Sapène et Georges Abric, directeur des services politiques du *Matin*. Pas de mariage religieux, à supposer que les nouveaux époux s'en souciassent : ils étaient tous deux divorcés. Voici Colette baronne de Jouvenel. Juste avant de coiffer son tortil, la mime avait joué *L'Oiseau de nuit* à l'Apollo-Théâtre de Genève. Juste après, la baronne assiste à l'élection de Raymond Poincaré à la présidence de la République. Colette est devenue grand reporter au *Matin*. Une photo prise au congrès de Versailles le 17 janvier 1913 paraît dans *Femina* le 1er février, ainsi légendée : « Une table littéraire réunissait M. et Mme Paul Reboux, Mme Colette Willy, M. et Mme Nozières et Mme Berthelot. » Pour la presse, Colette était encore « Willy ».

★

Pendant plusieurs semaines, du 2 décembre 1910 au 13 janvier 1911, les lecteurs des « Mille et un matins », la rubrique du *Matin* où sont publiés les contes, ont pu être intrigués par un masque, un masque de théâtre posé à la place de la signature de l'auteur ; le premier texte était précédé de cette annonce : « Le conte que publie aujourd'hui *Le Matin* est signé d'un masque. Sous ce loup énigmatique se cache, par caprice, une des femmes de lettres qui comptent *[sic]* parmi les meilleurs écrivains de ce temps et dont le talent si personnel, fait d'exquise sensibilité, d'observation aiguë, de fantaisie gamine, vient de s'affirmer, une fois de plus, dans un roman sentimental qui est le succès du jour*. » Le 27 janvier le masque tombait et l'auteur se dévoilait : « C'est moi : Colette Willy. » Colette achevait alors la période d'essai que lui avait imposée la direction générale, peu encline à engager une saltimbanque. C'est Charles Sauerwein

* Allusion à *La Vagabonde*.

qui avait convaincu René Maizeroy, responsable des contes, et Jean Sapène, tout-puissant au journal dont il avait affermé la publicité, de faire un essai avec Colette. Peut-être le baron Toussaint (1856-1918) – « René Maizeroy » n'étant qu'un de ses pseudonymes –, parce qu'il y avait assisté, se souvenait-il de la redoute organisée par le journal *Les Sports* au Moulin-Rouge, le 15 décembre 1906*... Pourtant la collaboration qui commençait ainsi dans l'anonymat allait être une des plus fructueuses pour Colette, tant sur le plan professionnel (elle accomplit au *Matin* les tâches les plus diverses : auteur de contes, reporter, critique dramatique, directrice littéraire), privé (son deuxième mariage est la conséquence de son entrée au *Matin*, et la séparation sera la cause de son départ) que littéraire (elle publia au *Matin* les préoriginales de *Prrou, Poucette et quelques autres*, *L'Envers du music-hall*, d'une partie des *Heures longues*, *Dans la foule*, mais aussi de *La Maison de Claudine* et du *Blé en herbe*).

Lorsque Colette arrive au *Matin*, le journal faisait partie de ce que les gens de presse appelaient « le consortium », c'est-à-dire les quatre ou cinq grands journaux qui se partageaient, déjà, la manne publicitaire : *Le Matin*, *Le Journal*, *Le Petit Journal*, *Le Petit Parisien* (on cite parfois aussi *L'Écho de Paris* et *Gil Blas*). Il avait été fondé en 1882 et avait changé plusieurs fois de formules, jusqu'à ce que Maurice Bunau-Varilla, entrepreneur de travaux publics, en prît la direction, en 1903. Ses méthodes journalistiques furent parfois contestées, notamment par un de ses anciens collaborateurs, Fr.-I. Mouthon, qui les critiqua dans *Du bluff au chantage* (1907), mais il sut attirer les lecteurs : de deux cent quatre-vingt mille exemplaires en 1902 le tirage passa à près d'un million d'exemplaires en 1913. L'immeuble du 6, boulevard Poissonnière, peint en couleur sang de bœuf, et que l'on appelait communément « la maison rouge », était connu des Parisiens : le rez-de-chaussée était en verre et les passants pouvaient suivre la fabrication du journal. Deux rédacteurs en chef se succédaient de quinzaine en quinzaine : Jouvenel et Stéphane Lauzanne.

Jusqu'à la déclaration de la guerre, Colette alimente la chronique de façon régulière, parfois tous les quinze jours, à d'autres moments, de façon hebdomadaire – Sido met en garde

* Voir p. 130-131. La présence de Maizeroy est signalée dans *Les Sports* du lendemain (16 décembre 1906).

sa fille : « Donc, tu vas écrire un article tous les huit jours pour le Matin ? C'est beaucoup et je le déplore car le journalisme c'est la mort du romancier et c'est dommage en ce qui te concerne – ménage, ménage ton talent mon chéri : il en vaut la peine[48]. » Dans un premier temps, c'est l'auteur des *Dialogues de bêtes* et de *La Vagabonde* qui a été sollicité – *La Vagabonde* ayant été perçu comme un reportage sur le music-hall et non comme un roman sentimental autobiographique. Les textes que Colette donne alors concernent soit l'un soit l'autre sujet, et quand elle les réunit en volumes, en 1913, ils forment d'une part *Prrou, Poucette et quelques autres* et, d'autre part, *L'Envers du music-hall*. Mais elle ne se limite pas à ces deux domaines, et de temps en temps elle crayonne quelques croquis pris sur le vif. Le premier de ce genre est « Dans la foule... » (2 mai 1912), évocation de l'ambiance qui règne à Choisy-le-Roi, en banlieue parisienne, le dimanche 28 avril, lorsque la police donne l'assaut de la maison-garage où s'est retranché Jules Bonnot, le chef de « la bande ». Les curieux désertent l'église où l'on célèbre la première communion pour assister à l'événement. La presse a été avertie, Colette est présente – elle aurait pu y rencontrer Léon Daudet[49]. Ce n'est pas à l'action de la police qu'elle s'intéresse – de là où est maintenue la foule, elle ne peut rien voir, elle le reconnaît en concluant son texte : « Je m'en vais à mon tour vers Paris, pour y savoir à quel drame je viens d'assister[50] » –, mais au caractère exceptionnel qui se dégage du lieu en cette fin de matinée ; elle ne raconte pas la scène comme le ferait quelqu'un qui domine, par quelque moyen que ce soit, mais comme le fait un individu pris dans une foule : il lui faut d'abord se frayer un chemin dans la masse humaine, jouer des coudes, supporter les quolibets que suggère en pareille situation sa petite taille. C'est le mouvement même, ce sont les bruits, c'est la vie de la foule qu'elle enregistre, et qu'elle restitue. L'expérience la marqua : « J'appris comment, pendant les jours sanglants où l'on commença à capturer la bande à Bonnot, ceux qu'on nommait les bandits tragiques – j'appris qu'il faut être au premier rang, ou ne pas s'en mêler, qu'il faut ensemble batailler avec une ruée de foule et se laisser porter par elle jusqu'à toucher la bicoque où l'on enferme deux bêtes sauvages, qu'il faut suffoquer et rôtir un peu quand les flammes éclatent, qu'il faut *voir* et non inventer, qu'il faut palper et non imaginer, car en regardant on constate que sur des draps ensanglantés le sang frais est d'une couleur qu'on ne saurait inventer, une couleur de fête et de joie, car en touchant on apprend qu'il y a, dans le contact d'un mort qu'on emporte et qui vous bouscule au passage, un étrange secret de rigidité à la fois et d'élasticité sans expression, une nouveauté enfin dont un vivant, pour l'avoir ressentie, reste plein de défiance et d'horreur[51]... »

Colette assiste ainsi à des événements divers qu'elle évoque toujours sous l'angle de l'anonyme qui ne sait pas à quoi il assiste mais qui devine qu'une atmosphère particulière se dégage là où il est ; l'évocation de la cohue froufroutante qui se presse à Versailles pour l'élection du président de la République ne ressemble en rien à celle d'une autre foule ailleurs à un autre moment : les « Impressions de foule » notées à l'occasion d'un combat de boxe (30 mai 1912) ne sont pas celles de « La Foule le soir des élections » (30 avril 1914). Cette acuité a frappé le dramaturge et romancier André Obey (1892-1975) qui écrit à Émile Vuillermoz, en janvier 1923, dix ans après que le texte qu'il évoque a paru dans *Le Matin* :

> Colette écrit en profondeur. Son stylo vibre comme le diapason, comme l'antenne de T. S. F., happe comme l'objectif de prise de vues. L'écrivain des jours qui viennent ne doit plus écrire, il doit *diaphragmer*. La psychologie, c'est triste, lent, artificiel. Il n'y a qu'une chose vraie, c'est l'image et le son. Colette écrit : “Combat de boxe. / ... Pour mes médiocres yeux, c'est un amusement que de les voir (les boxeurs) si mal, simplifiés, légers – l'air de jouer, avec leurs gros gants, en chats qui roulent des pelotes... mais, ensuite, j'isole, dans le médaillon rond de la lorgnette, un groupe athlétique et si proche maintenant que je distingue le grain des joues rasées...” / Merveilleux, hein ? Vue d'ensemble, simplification caricaturale, gros plan, choix du détail, choix des contrastes. Images et images. Et admirable cinégraphie. Colette est un grand homme. Si elle voulait, elle serait le premier scénariste, le premier metteur en scène du monde[52].

André Obey avait alors la charge de la chronique « Le Style sportif » dans l'hebdomadaire *L'Impartial français* ; il y publiait des extraits de textes consacrés aux sports[53], nouvelle vogue chez les intellectuels ; Vuillermoz tenait la chronique radiophonique dans le même journal. Nous ne savons si Obey connaissait l'anecdote que rapporte André Billy ; nul ne doute que dans ce cas son enthousiasme eût atteint le paroxysme :

> On cite, de Colette, ce trait : / Elle était dans un compartiment de chemin de fer, en route pour le Midi. C'était la nuit. Colette dormait. Son compagnon de voyage la réveilla. / « Voyez donc, lui dit-il, le magnifique clair de lune. » / Une nuit de velours mauve et d'argent baignait la vallée du Rhône. / Colette ouvrit un œil, fit entendre une sorte de petit grognement, et se rendormit. / Voici le matin, l'arrivée à Marseille, la chambre d'hôtel et la nécessité d'écrire un conte pour un journal. Colette s'attable, il le faut, devant l'encre et le papier. Allons, un peu de courage... Deux heures après, elle signait une de ses pages les meilleures, et c'était la description d'un clair de lune sur la vallée du Rhône, une description d'une précision, d'une plasticité qu'eût enviée Chateaubriand s'il avait connu Colette et si son orgueil ne l'eût empêché de se comparer à qui que ce fût. / Pourquoi cette anecdote m'est-elle revenue à l'esprit tandis que je lisais *Les Heures longues* ? Obstinément, l'image d'une Colette tout engourdie par une nuit de chemin de fer, dominant pourtant le désarroi, le dépaysement éprouvé devant l'accueil glacé d'une chambre d'hôtel, et travaillant, peinant, luttant contre la fatigue et la fièvre, et atteignant sans cesse, et comme si elle se jouait, à la réussite parfaite de la phrase, au choix juste et neuf de l'épithète, obstinément cette image me hantait [54].

Ces qualités de perception particulières incitent les responsables du journal à l'envoyer assister aux procès retentissants de ces années d'avant-guerre, non pas pour faire le compte rendu des débats – des journalistes qualifiés font ce travail – mais pour en évoquer les à-côtés. C'est ainsi qu'elle suit, à la fin de juin 1912, le procès de Paul Houssard, à Tours. Ce dernier – défendu par Me Henri-Robert (1863-1936), ce qui montre l'importance que revêtait ce procès – est accusé d'avoir tué le mari de sa cousine, dont il était amoureux, sous l'influence de celle-ci. Mme Guillotin, la veuve, était en fait le sujet de toutes les conversations, et nombre de journaux avaient envoyé des journalistes mondains ou des écrivains pour suivre les débats, et surtout pour rendre compte des faits, gestes, attitudes et émotions de Mme Guillotin. Si le portrait physique permet que l'on se représente l'héroïne du procès, il ne laisse surtout aucun doute sur la force de caractère de celle-ci. Mme Guillotin fait front et, avec une pointe d'admiration, Colette s'écrie : « Que c'est solide une femme [55] ! » – Elle le prouvera dans ses romans : Edmée, Camille, Alice, Julie de Carneilhan sont de cette trempe.

En février 1913 c'est au procès de « la bande » qu'elle assiste. Depuis l'« affaire de la rue Ordener » (21 décembre 1911), où des bandits blessent un garçon de recette et se sauvent en automobile après avoir tiré sur la foule, la « bande à Bonnot » fait parler d'elle, créant une véritable psychose ; dans chaque grosse voiture roulant un peu trop rapidement on croit reconnaître Jules Bonnot ou ses acolytes, Édouard Carouy et Octave Garnier. Bonnot avait fréquenté les milieux anarchistes, mais ses méthodes illégalistes – ainsi que l'on disait alors dans ces milieux – (vols, avec assassinat s'il le fallait) l'avaient éloigné du mouvement ; Garnier était plus assassin qu'anarchiste alors que Carouy était un anarchiste qui s'était laissé entraîner. Quelques crimes retentissants, perpétrés à l'aide d'une automobile, avaient suscité un intense sentiment de peur dans la population. Jules Bonnot fut tué lors de l'assaut de Choisy-le-Roi, et Garnier, un peu plus tard. La police arrêta Carouy et quelques comparses, mais aussi d'autres anarchistes qui n'avaient rien à voir avec Bonnot et qui même avaient désapprouvé les méthodes violentes, tel Kilbatchiche (ou Kibaltchiche) – qui deviendra Victor Serge. Tous furent jugés, et condamnés : Carouy, qui devait être exécuté, préféra se donner la mort, Callemin (dit Raymond la Science) et André Soudy (un « pas-de-chance ») furent guillotinés, Victor Serge resta en prison jusqu'en 1917, Eugène Dieudonné s'échappa du bagne, inspira à Albert Londres *L'homme qui s'évada* et publia *La Vie des forçats* (1930). Colette assiste donc au procès. Son passé de femme divorcée, obligée d'affronter les sarcasmes de la société à laquelle elle avait appartenu, puis de danseuse de music-hall – certains se sont retenus pour ne pas dire aussi « de mauvaise vie » – pourrait laisser imaginer qu'elle éprouva quelques sympathies pour d'autres compagnons d'infortune, pour certains, malheureux, qui avaient souffert, eux aussi, de ne pouvoir s'insérer, malgré le désir qu'ils en avaient. Il n'en fut rien. Dans *Le Matin* du 23 février 1913, elle témoigne d'un aveuglement qui lui est peu commun ; il est rare qu'elle se laisse à ce point influencer dans son jugement sur les êtres par l'« air du temps ». Elle trouvera plus de charmes à Landru. Mais pour « la bande », elle ne discrimine pas : assassins par tempérament et anarchistes de cœur ont droit, pour Colette aussi, au même banc d'infamie. Elle charge les portraits à gros traits – se libérant ainsi d'une peur qu'elle aurait elle aussi éprouvée ? –, sans un mot de sympathie ou même de compréhension pour ceux qui, comme elle mais d'une autre façon, avaient mis en doute, sinon en cause, le bel ordre établi.

À partir du 30 octobre 1913, ses textes sont coiffés d'un surtitre : « Le Journal de Colette ». Il avait déjà servi dans *La Vie parisienne*, du 5 octobre 1907 – c'est-à-dire dès les premières collaborations dans des journaux – au 14 août 1909. Il surmonte ici les deux ou trois textes qu'elle donne de façon hebdomadaire jusqu'au 15 février 1915, puis ceux de *La Vie parisienne* à nouveau, du 14 octobre 1916 au 3 novembre 1917, et d'*Excelsior*, du 20 novembre 1917 au 18 septembre 1918 ; Colette le réutilisera à la fin de sa collaboration au *Matin*, du 6 octobre 1923 au 16 février 1924, et elle s'en souviendra encore lorsqu'elle s'essayera à tenir une chronique quotidienne dans *La République*, du 15 décembre 1933 au 23 janvier 1934 – en fait, au bout de quelques jours, le titre deviendra « Mon journal » –, et, ultime résurgence, dans *Le Petit Parisien*, « Le Journal de Colette » deviendra « La Chronique de Colette », du 6 novembre 1940 au 11 décembre 1941. Ainsi, pendant plus de trente ans, Colette, égocentrique mais pourtant peu « diariste », aura tenu un journal dans la presse, dans lequel elle aura exprimé son opinion sur de nombreux sujets (« L'Opinion d'une femme » fut le titre d'une de ses chroniques), mais elle n'aura jamais tenu un journal personnel, malgré les titres qu'elle a utilisés : *Journal intermittent*, *Journal à rebours*.

Colette écrivain est aussi un grand journaliste, dès ses débuts. Gaétan Sanvoisin aura raison de rappeler ce titre lorsqu'on célébrera le quatre-vingtième anniversaire de la dame du Palais-Royal : « Le grand ouvrier des Lettres françaises qu'est Sidonie-Gabrielle Colette [...] mérite que ses titres de journaliste ne soient pas tus en cette date[56]. »

Ses titres d'écrivain se multiplient en 1913, alors qu'elle n'a pas publié de livre en 1911 et 1912. Au début de 1913, la collection « To the happy few » de l'éditeur Dorbon annonce dix ouvrages « prêts ou sur le point de l'être » ; parmi eux, *Impressions* de Colette Willy, projet qui ne fut pas réalisé. Mais, au même mois de mars, Flammarion publie *L'Envers du music-hall* et la Librairie des lettres, *Prrou, Poucette et quelques autres* ; cette maison va aussi publier en octobre *L'Entrave*.

La Librairie des lettres, 12, rue Séguier, est dirigée par Paul Barlet. Il a tenu la critique théâtrale dans *Le Chat noir* et en 1901 il a publié un roman, le seul livre paru sous son nom, *Trois semaines d'amour*, chez H. Simonis Empis, préface de Willy. La liste des ouvrages « du même auteur » est révélatrice et fait penser à Paul Masson inventant les titres qui manquent à la Bibliothèque nationale : « La Bosse des mathématiques chez le chameau, *épuisé*. / De l'influence de la chute des cheveux sur celle des empires, aperçu sur le règne de Charles le Chauve, *épuisé*. / Don Juan chez la Marquise, *épuisé*. / *En préparation* : Le Chef-d'Œuvre attendu, roman. » Un confiseur de province, époux d'une femme acariâtre, vient à Paris à l'occasion de l'Exposition universelle de 1900 pour mettre en évidence ses caramels demi-mous. Il tombe, bien entendu, dans les rets d'une créature qui lui soutire son argent. Il joue aux courses (sans doute comme Willy...) et perd tout ce qu'il ne veut pas. Sa femme, avertie par une lettre anonyme qu'a envoyée la créature, laquelle veut se débarrasser de lui, tombe furibonde au milieu d'un sabbat. Il s'en sort très bien : il vient tout juste de gagner aux courses plus d'argent qu'il n'en avait apporté à Paris et il va racheter l'affaire d'un concurrent dangereux. Les interventions d'auteur sont nombreuses et presque toujours amusantes. Ce roman se lit avec plaisir, d'une traite, et est supérieur à la moyenne des productions de la fabrique Willy. Dans sa préface, Willy désigne ainsi Barlet : « mon ami et mon secrétaire ». Lorsque, en mai 1912, Colette est atteinte d'une pleurésie qui l'empêche de jouer à Ba-Ta-Clan, elle envoie à Mme Rasimi un mot que lui porte Barlet, « mon secrétaire et ami ». Parfaite symétrie. Il avait changé de camp – ainsi que nous l'avons vu dans le chapitre précédent.

De *Prrou, Poucette et quelques autres* il a fait un beau livre, une édition pour bibliophiles tirée à trois cents exemplaires sur papier vergé de Hollande, épuisée (cette fois au vrai sens) selon la quatrième page de couverture de *L'Entrave* qui paraît quelques mois plus tard. L'exemplaire n° 4 a été « Imprimé spécialement pour M. Léon Hamel, ancien inspecteur de la Daïra Sanieh de S. A. le Khédive / qui fut l'ami de presque tous les héros de ce livre, et à qui l'auteur offre sa déjà vieille et fidèle affection[57] ».

L'Entrave a eu une histoire mouvementée dont le texte se ressent, de même qu'il se ressent d'être une suite. Voici, en effet, comment se présentent la couverture et la page de titre :

« Colette / (Colette Willy) / L'Entrave / suite de *La Vagabonde* * ». C'est sans doute Barlet qui a trouvé le premier le vrai nom de l'écrivain ! À propos de ce roman, dans un article très élogieux de *Comœdia illustré* (« Colette et *L'Entrave* », 20 novembre 1913), Louis Delluc attache au nom de Colette cette note : « Colette, qui fut Mme Colette Willy et qui est Mme Henry de Jouvenel. »

Un début de *L'Entrave* fut écrit sous le titre *Le Raisin volé*, qui sera abandonné ; quelques pages, illustrées par Bonnard, en ont été publiées dans *Les Cahiers d'aujourd'hui* de décembre 1912. Puis, Colette se remet au travail et avance péniblement, bien qu'elle ait promis le roman à *La Vie parisienne*. Elle a raconté elle-même dans *L'Étoile Vesper* comment, étant sur le point d'accoucher, elle dut suspendre la rédaction : « L'enfant et le roman me couraient sus, et *La Vie parisienne*, qui publiait en feuilleton mon roman inachevé, me gagnait de vitesse. L'enfant manifesta qu'il arrivait le premier, et je vissai le capuchon du stylo[58]. » La revue dut interrompre la publication, bientôt reprise, et la fin parut en même temps que le livre, au mois d'octobre.

La petite Colette était née le 3 juillet 1913, après la mort de sa grand-mère (25 septembre 1912), avant la mort de son oncle Achille (31 décembre 1913).

Le 15 janvier 1914, *Femina* publie le texte que l'on connaît sous le titre de « Maternité[59] » et que la revue intitule « Impressions de maman. Les premières heures » en le faisant précéder de ce « chapeau » : « *Femina* est heureuse de signaler à ses lectrices le début de la collaboration de Colette, l'éminent écrivain dont les romans et les articles, profondément humains et qui révèlent une sensibilité si aiguë jointe aux plus précieux dons du style, sont unanimement admirés. La belle page que nous publions est un véritable poème de la maternité ; seule une plume féminine était capable d'une description et d'une analyse aussi justes, relatant avec autant de délicatesse le réveil émouvant de la jeune mère qui, au sortir du lourd sommeil artificiel, va contempler enfin le cher petit visage inconnu de l'enfant nouveau-né ; nous sommes certains que nos lectrices comprendront toute la pure beauté de ces lignes remarquables. N. D. L. R. » Colette s'irritera du titre et adressera au directeur, qu'elle connaissait bien : il avait été l'amant de Polaire lorsque celle-ci jouait Claudine, en 1902, et il sera mentionné dans *Mes apprentissages* sous la forme « Pierre

* La page de titre est simplifiée : « Colette / (Colette Willy) / L'Entrave / roman ».

L*** [60] », cette lettre que *Femina* s'empressera de publier dans son numéro du 1er février :

Mon cher Pierre Lafitte,

Je voudrais bien qu'il fût rendu à *Femina* ce qui est à *Femina*, et à moi ce qui est à moi. J'ai écrit pour *Femina* un article. Vous y avez ajouté des illustrations qui lui font beaucoup d'honneur, et un titre qui m'en fait moins. Les illustrations, on peut être sûr qu'elles ne sont pas de moi*. Le titre on pourrait me l'attribuer. Imaginez-vous que je n'y tiens pas.

Que je sois mère, cela ne regarde pas le lecteur. Je lui donne une œuvre que je souhaite littéraire, c'est *l'auteur* qui paraît devant lui, ce n'est pas la femme, et s'il a le droit de me juger comme écrivain, son droit s'arrête là. Or, la rédaction de *Femina* semble lui en attribuer un autre, en intitulant l'article : *Impressions d'une jeune maman***.

Il y a là une nuance, et un peu plus qu'une nuance. Vous êtes trop fin, cher ami, pour ne pas l'avoir aperçue.

Croyez-moi bien sincèrement vôtre.

COLETTE.

L'incident, un peu grossi par Colette, est révélateur du soin qu'elle apportait à sa création et du statut d'écrivain qu'elle revendiquait. Il mit provisoirement fin à cette collaboration, ce qui n'empêcha pas *Femina*, quelques semaines plus tard, d'interviewer Colette sur les superstitions et sur la vie aux champs.

Les sept premiers mois de l'an de grâce 1914 ne présentent rien de plus saillant. Colette assiste avec son mari à des répétitions générales, notamment à celle de *La Pèlerine écossaise*, comédie de Sacha Guitry, jouée par lui et par Charlotte Lysès ; elle participe à une soirée chez Natalie Barney avec son mari, Léon Barthou, Robert d'Humières, la baronne Deslandes. Elle donne des conférences au théâtre Femina sur Molière, à Tournai sur les bêtes. Elle aménage Rozven et séjourne à Castel-Novel.

1er août : « Dans Saint-Malo, où nous courions chercher des nouvelles, un coup de tonnerre entrait en même temps que nous : la Mobilisation Générale [61]. »

---

* Les trois dessins, dont un en pleine page, qui illustrent le texte, sont de Raymond Woog (d'après Bénézit : né en 1875, élève de Gustave Moreau).

** C'est le titre qui était donné en couverture.

9

LA PREMIÈRE GUERRE
1914-1918

Les premières affiches annonçant la mobilisation générale furent apposées sur les murs de Paris le soir du 1er août. La mobilisation commença le 2. L'Allemagne déclara la guerre à la France le 3. Après un bref moment d'euphorie, les troupes françaises durent se replier devant les troupes allemandes qui avançaient à grands pas vers Paris et qui ne furent stoppées qu'à la fin de la bataille de la Marne (12 septembre).

Colette était à Rozven avec Musidora, avec qui nous la retrouverons à Paris, puis à Rome en 1917. En raison de la gravité de la situation, Henry de Jouvenel était rentré à Paris le 15 juillet. Dès que la mobilisation fut décrétée, Colette, le temps de voir, le 2 août, que la mer se « constellait de méduses à frange mauve [1] », décida de regagner la capitale en voiture [2]. Elle évoquera dans *Le Journal* du 4 avril 1937, à propos de départs en vacances, ce premier exode des Parisiens qu'elle croisa sur la route. Elle rentrait à temps pour voir son mari avant que, mobilisé comme sous-lieutenant au 44e régiment d'infanterie territoriale, il fût employé à la défense de Verdun. Le 12 août, il écrit à Monzie : « Mon cher vieux, / Pas pu te voir. Je pars. Je compte bien revenir. Mais on ne sait jamais. Si par hasard je restais là-bas, je t'en prie, occupe-toi des miens [3]. » Il devait être aussi préoccupé par le sort du *Matin* qui aurait pu être supprimé en son absence [4].

L'avance des Allemands faisait fuir les Parisiens vers Bordeaux. Colette à Christiane Mendelys, le 30 août : « Quand j'y serai *contrainte*, je quitterai Paris, où je place encore quelques petits papiers dans *Le Matin* (il faut vivre), [...] [5]. » Le 18 septembre, elle donne des nouvelles des Jouvenel à Hamel : le 8, Robert de Jouvenel a été blessé au pied et évacué. Sidi, le 9, a vu un officier d'ordonnance tué à côté de lui, il a sauté pour éviter les éclats et, tombant dans un fossé, il a eu le pied endommagé[6]. Guéri, il est retourné au feu. Il a été félicité par un de ses chefs qui a déclaré que son attitude sous les obus était celle d'un grenadier du premier Empire. Modeste, il se disculpe en écrivant à sa femme : « Tu sais, il dit ça, mais je sais bien que j'avais peur[7]. » N'oublions pas que ce début de la guerre a été particulièrement meurtrier : Charles Péguy a été tué à Villeroy (Seine-et-Marne) le 5 septembre ; Alain-Fournier, près de Verdun, le 22 septembre ; Charles Muller, le collaborateur de Reboux pour les *À la manière de...*, le 1er octobre. Les Taubes *(sic !)* ont fait leur apparition dans le ciel parisien dès le 30 août ; ce ne sont pas de douces colombes, et non plus les zeppelins.

Colette a retrouvé le chalet de la rue Cortambert. Un petit groupe de femmes inquiètes et courageuses se forme, que Colette appelle le phalanstère ; Léon Hamel et Gustave Téry y sont admis. Y appartient de droit Annie de Pène qui habite non loin, villa Herran, une impasse qui ouvre 85, rue de la Pompe*. Écrivain de talent, elle est la compagne de Téry, directeur de *L'Œuvre*, qui est mobilisé près de Paris comme garde-voie ; elle est l'auteur de *L'Évadée* (1911) qui montre avec tact et talent comment une femme peut se libérer des liens du mariage pour affirmer sa personnalité. Marguerite Moreno habite rue Jean-Bologne. Musidora avait emménagé dans une enclave de la rue Decamps, mais les soirs d'alerte elle venait rue Cortambert ; « dans le jour elle faisait le marché et cuisinait. Je balayais – ajoute Colette – et lavais. Quelle bonne escouade de femmes[8] ! » Ces semaines d'août-septembre ont laissé à Colette un souvenir lumineux.

La petite Colette a d'abord été laissée à Rozven. Elle passera ensuite la plus grande partie de la guerre à Castel-Novel sous la surveillance de sa nurse, Miss Draper, qui donne ses soins à la fillette « pendant sept ans[9] ».

Arrive la rentrée scolaire. Le lycée Janson-de-Sailly, rue de la

---

* Il est possible qu'elles se connaissent depuis juin 1909 : dans *Comœdia*, le 25, Annie de Pène s'en prend à la mode qui abandonne la « Ligne » pour le sac écourté ; le 29, en réaction au précédent article, Colette attaque le style Tanagra, le corset, demandant qu'on rende « la liberté aux gorges en pommes qui respirent et dansent sous la dentelle, aux hanches spirituelles, aux croupes surtout, aux croupes agressives, expressives, personnelles qu'humilie et ravale le corset Tanagra ».

Pompe, non loin de la rue Cortambert, est transformé en hôpital au début d'octobre, c'est le « collège-hôpital » mentionné dans *Les Heures longues*[10]. Colette s'y fait infirmière et, comme les gardes de nuit ne sont pas recherchées, elle se porte volontaire : « C'est un terrible métier, confie-t-elle à Musidora[11] Huit "grands blessés" dans la salle, *tous* les soins à leur donner et, dans les intervalles, il faut être devant les fourneaux à gaz pour assurer la provision d'eau bouillie pour la journée du lendemain... Il faisait bien chaud et bien froid quand je suis rentrée avant-hier à 8 h. [du matin] et le bain, le lit prennent un prix... » Elle conserva ces fonctions bénévoles et harassantes pendant trois semaines. Le 16 octobre, elle écrit à Hamel : « À partir de la semaine prochaine le service de nuit sera assuré par des infirmiers, et j'aurai un travail de jour. » Une activité qui lui permet de gourmander une cible de choix, Valentine, qui est une femme comme il faut, ainsi que beaucoup de ses sœurs, une femme que Colette ne veut pas être[12].

La guerre brise le rythme quasi hebdomadaire du « Journal de Colette ». Le premier affolement passé, une nouvelle organisation se met en marche dans les journaux. Et, à partir du 25 août, *Le Matin* publie les « Propos d'une Parisienne », anonymes, propos qui font preuve d'un optimisme volontariste, comme il se doit. C'est parce que certains de ces billets ont été repris dans *Les Heures longues*, en 1917, que nous avons su qu'ils étaient de Colette. Les espoirs d'une guerre rapide se sont éventés dès septembre. Le pays est schématiquement divisé en trois : l'arrière, le front et les régions au-delà du front, celles dont on a peu de nouvelles, celles qu'on évoque rarement.

L'arrière commence à panser l'hémorragie de main-d'œuvre partie pour le front. Par la force des choses, les habitudes sociales sont bousculées. Colette témoigne : elle enregistre les faits anodins, telle la réouverture du premier café-concert, comme les conséquences graves, traumatisantes que la guerre a sur les individus et dans les mentalités*. Elle réunira ces textes dans *Les Heures longues* (1917) et dans *La Chambre éclairée* (1921).

* Voir notamment « L'Enfant de l'ennemi » (*Pl.* II, 508-509). Ce titre sera repris par l'historien Stéphane Audouin-Rouzaud pour couvrir son étude sur la répercussion qu'eurent dans les consciences les naissances des enfants issus du « viol boche » (Aubier, 1996).

Quand elle écrivait à Hamel, le 16 octobre, il y avait soixante-quatre jours qu'elle n'avait pas vu Sidi ! Cet éloignement lui pesait. Elle décida de le faire cesser en se rendant elle-même à Verdun, ce qui lui était parfaitement interdit : elle passe avec naturel devant les gendarmes ; elle n'est pas la femme d'un officier ; elle se dissimule sous le nom d'Anna Godé*. Elle a retrouvé Jouvenel dès avant le 20 décembre, date à laquelle elle écrit à Hamel, et elle loge avec lui chez les Lamarque, 15 *bis*, rue d'Anthouard, à l'extérieur de la citadelle. Adrien Lamarque est un sous-officier de carrière, dont la femme Louise devient pour Colette une présence amicale, bien nécessaire, car la visiteuse doit rester cloîtrée pendant la journée, ayant pour seule distraction de faire du pastel[13] ; elle attend son mari qui part le matin à son dangereux travail. Une vie de harem ; elle se dit séquestrée, « en cellule ». Le soir, elle s'aventure le long du canal, devinant, plus qu'elle ne voit, l'eau, l'hôpital, la citadelle. Contrairement aux odalisques, elle fait néanmoins quelques rencontres. Ainsi, à la veille de la Seconde Guerre elle se rappellera avoir vu le futur président Albert Lebrun**, ainsi que Charles Humbert, le directeur du *Journal*, Jacques Bousquet, Me de Moro-Giafferi, Léon Abrami*** : ils trouvaient rue d'Anthouard « un feu de charbon, l'amitié, la table mise, un menu où le bœuf de l'Intendance rencontrait un fastueux panier de truffes envoyé par Anatole de Monzie, des chocolats et du beurre frais venus avec moi de Paris, un dessert explosif, chargé d'une grêle de dragées, inventé par le confiseur local Bracquier, et baptisé "bombe de Verdun". » La population civile qui restait « ramenait ses préoccupations à un seul souci : le ravitaillement ».

Avant Apollinaire, Colette est sensible aux beautés visuelles de la guerre. Elle apprécie dans la nuit « les éclairs roses » des canons, « le feu rose du départ du projectile », les « flocons ronds, petits, éclatants, immobiles » provoqués par les explosions des

---

* Anna Godé était en fait le nom d'une femme de chambre qu'elle avait eue à son service « pendant des années » (selon une lettre inédite à Marguerite Moreno ; coll. part.).

** « J'ai connu Albert Lebrun pendant la guerre à Verdun », *Paris-Soir*, 27 mars 1939. C'est dans cet article que Colette dit s'être cachée, « munie de faux papiers, sous le nom d'Anna Godé ».

*** Jacques Bousquet, revuiste, était le collaborateur de Rip et l'auteur de pièces de théâtre. – Léon Abrami (1879-1939), député depuis 1913, sera sous-secrétaire d'État à la Guerre dans le ministère Clemenceau du 17 novembre 1917 (voir la note de Fr. Dugast dans LAPB, p. 46).

projectiles que les canons français tirent contre un avion allemand[14], « la chute florale des fusées éclairantes, qui crèvent la nuit[15] ».

Elle a passé Noël à Verdun et le Jour de l'an en Argonne, à Rampont, à Auzéville, à Clermont-en-Argonne où elle a vu les enfants dans les ruines[16]. Au début de janvier 1915, elle est de retour à Paris, mais à la fin du mois ou au début de février elle est de nouveau à Verdun, et de nouveau encore à la mi-mai[17]. Et chaque fois elle se réjouit d'être cloîtrée, prisonnière, « derrière des jalousies », dans « le harem » : « J'y suis très bien. Je goûte le calme des gens qui ont atteint leur but dans l'existence[18]. » Il y a vraiment en elle un rêve de harem[19], si étrange que soit le contraste avec sa vie intensément active. Il est vrai que son sultan est alors très épris. Il lui avait mandé de Verdun, le 23 avril :

> Mon cher amour, / J'ai recommencé à monter à cheval, à faire de l'épée. Je suis à la recherche d'une hygiène [...]. Il y a des périodes où il ne faut pas mépriser l'abrutissement parce que seul il vous fait trouver la vie supportable [...]. Oh ! bienheureuses les bêtes en ces jours ! Ce défilé de femmes et de mères qui sanglotent, ces pères qui viennent redemander le corps de leurs fils et auxquels on ne peut pas le rendre, ces lettres de ces réfugiés qui implorent le retour dans leur village, même sous les obus, et auxquels je n'ai le droit de rien accorder, tout cela compose une atmosphère affreuse. Mon cher amour, tu es toujours là, n'est-ce pas ? Tu m'aimes toujours ? [...] Il y a ça heureusement.
>
> Et puis Belgazou[20]...

Il n'était pas facile pour elle d'aller à Verdun et d'y séjourner. Louis Pergaud écrit à sa femme, le 24 février 1915 : « Le Gouverneur a donné les ordres les plus sévères pour que ni officiers ni soldats ne puissent recevoir leur femme. Colette qui était venue voir son mari, [...], officier d'ordonnance du gouverneur, a été expulsée et il s'en est fallu de peu qu'elle ne fût reconduite à la gare entre deux gendarmes. Ces vieux aux c... ramollies ne veulent rien entendre ni rien savoir[21]. »

Changement de paysage en juin 1915. Le 23 mai, l'Italie est entrée en guerre contre l'Autriche-Hongrie (elle ne déclarera la guerre à l'Allemagne que le 27 août 1916). *Le Matin* envoie Colette comme reporter à Rome. Elle passe par Modane et à

Turin elle poste une carte pour Annie de Pène. À la même, 26 juin, autre carte de Rome : « Je verse des notes pêle-mêle, mais je sais bien que je ne travaillerai qu'en revenant. » Elle conservera ses « Notes d'Italie » qu'elle publiera en 1949 dans *Journal intermittent.* Pour les publier dans *Le Matin* à la fin de juillet et au début d'août 1915 sous le titre : « Mes impressions d'Italie », et les reprendre dans *Les Heures longues* en 1917, elle les a élaborées[22]. Les toutes premières impressions sont d'abord confiées aux lettres qu'elle adresse à Annie de Pène et à Léon Hamel. On ne s'étonnera pas qu'elle s'intéresse beaucoup plus à la vie contemporaine qu'aux ruines de l'Antiquité et à la Rome des papes. De même, elle s'intéressera beaucoup moins à l'histoire du Palais-Royal qu'à ceux qui y vivent. Elle « vomit » les basiliques, déteste Saint-Pierre et Sainte-Marie-Majeure et si Saint-Jean-de-Latran n'avait pas son cloître... Elle sauve Santa Maria in Cosmedín, mais cette « adorable petite église secrète » reste confinée dans la lettre à Hamel du 28 juin et dans les « Notes d'Italie » ; elle n'apparaît pas dans les articles du *Matin* ni, par conséquent, dans *Les Heures longues*. *Le Matin* n'a pas envoyé Colette en *cicérone* de l'art antique et chrétien.

Elle n'a eu qu'une mauvaise surprise : elle avait été précédée par Claire Boas qui continuait à se faire appeler Mme de Jouvenel, en sorte que la nouvelle Mme de Jouvenel passa une fois pour une aventurière. Mais la rencontre du comte Primoli – Gégé Primoli – arrière-petit-neveu de l'Empereur, de D'Annunzio, qu'elle avait déjà vu à Paris, du peintre Albert Besnard, directeur de la Villa Médicis, et de Robert de Billy, l'ami de Proust, alors premier secrétaire de l'Ambassade de France, la console de cet incident. Avec D'Annunzio elle s'est promenée « dans les *Osterias* du Transtévère » et elle gardait un vif souvenir de ces promenades puisqu'elle les évoque devant l'abbé Mugnier qui note dans son *Journal* à la date du 17 novembre 1928 : « Voilà ce que j'aurais aimé à voir : Colette et D'Annunzio, à travers les ruines de la Ville éternelle ! Après Goethe, Chateaubriand, Lamartine, Louis Veuillot, l'auteur du *Feu*, le futur romancier de *Chéri* ! »

Au début de juillet 1915, elle est à Venise, qui « ne ressemble à rien de ce qu'on a lu[23] ». Par Milan, elle gagne Lugano, où elle rencontre un inoffensif prince de Hohenlohe. « J'appris, note-t-elle, [...] qu'une reporteresse doit prendre, en pleine guerre, le chemin de l'Italie, munie du viatique "Débrouillez-vous" pour atteindre à Lugano, derrière la f[rontière ?] suisse, un petit hôtel

Portrait de groupe, en 1882. *Debout, de gauche à droite* : Léopold Colette (Léo), M. Légée, le docteur Pomié, Raphaël Landoy, un ami d'Achille, Achille Robineau-Duclos, M. Donnot. *Assis, de gauche à droite* : Juliette Robineau-Duclos, Mme Légée, Sido, le capitaine Colette, Berthe Landoy (épouse de Raphaël), Mme Pomié, Mme Donnot. *Assise, à terre* : Gabrielle Colette.

Le capitaine Colette prononçant un discours sur le cercueil du maréchal de Mac-Mahon (Montcresson, 22 octobre 1893). Dessin de Charles Morel, « Discours d'un vétéran de Crimée » (*L'Illustration*, 28 octobre 1893, p. 368).

Gabrielle Colette, vers 1884.

De gauche à droite: Jacques Gauthier-Villars (?), Colette, Willy, en 1904, lors d'un séjour aux Monts-Bouccons.

«M. et Mme Gauthier-Villars» (1898), par Jacques-Émile Blanche. La toile a été détruite par l'artiste.

Musidora dans *La Vagabonde*
(film italien de L. Perego, 1917).

Léon Hamel.

Colette et Georges Wague dans *Aux Bat. d'Af.*, à Ba-Ta-Clan
dessin de René Martel (*Le Courrier français*, 10 septembre 1911).

Léopold Marchand.

Marguerite Moreno.

Germaine Beaumont.

Hélène Picard.

Henry de Jouvenel, vers 1910-1914.

tranquille où vivait, désolé d'ailleurs d'avoir quitté son palais italien, un prince de Hohenzollern *[sic]* et rapporter une interview sensationnelle[24]. » Ensuite Paris, et immédiatement après un bref séjour à Rozven : Verdun, où elle est le 14 juillet et où elle reste jusqu'au 23 environ. Les lettres à Hamel et à Annie de Pène font alors défaut, les premières jusqu'au 13 septembre 1916, les secondes jusqu'au 3 avril 1916. On ne connaît donc pas la vie de Colette pendant les derniers mois de 1915. Elle aura certainement passé la fin de l'été à Castel-Novel où était sa fille, qui poussait dru et à qui son gazouillis avait valu le surnom que sa mère avait elle-même reçu, de Bel-Gazou. C'est aussi au second semestre de 1915 qu'il faut rapporter des nouvelles que Pierre Louÿs donne à son frère Georges Louis : « Hier, nous étions six à Boulainvilliers [rue où habitait Louÿs] vers 2 h. du matin. Singulière assemblée. Il y avait là une femme de génie, Colette Willy, une actrice, Jeanne Iribe, une chanteuse, Damia, une danseuse, Musidora, et un fameux dessinateur, Iribarnegaray, plus connu sous le nom de Paul Iribe[25]*. » Étonnante conjonction.

Cette année 1915 a été cruelle, pour Colette et aussi pour Willy qui ont perdu des amis, et pour nous qui déplorons la mort de Louis Pergaud (8 avril). En août 1914, Robert d'Humières avait demandé à être réintégré dans son grade de lieutenant ; en raison de ses connaissances, il devint interprète auprès des troupes anglo-indiennes. Enfin, après avoir été mis en congé pour rhumatisme, il obtint de servir dans le 4e régiment de zouaves : il fut gravement blessé le 26 avril 1915 et mourut le lendemain[26]. Le 5 juillet suivant, ce fut le tour de Jean-Marc Bernard, dont on n'a pas oublié le poème prémonitoire, *De profundis*[27]. Georges Wague (né en 1874) n'est pas mobilisé ; il a été réformé. Elle est intervenue pour lui et elle est heureuse de lui transmettre à la mi-janvier 1916 la lettre par laquelle Jean d'Estournelles de Constant, chef du bureau des théâtres au sous-secrétariat des Beaux-Arts, annonce qu'il est chargé, à titre provisoire et pendant toute la durée de la guerre, de la classe de pantomime nouvellement fondée au Conservatoire d'art dramatique[28]. Les contrats de Wague seront reconduits jusqu'au

* Iribe épousera Chanel. Une autre lettre, de date proche, du même au même, fait part d'une invitation « aux Ambassadeurs avec plusieurs personnes dont Colette Willy... et Musidora !!! » Les points de suspension et d'exclamation peuvent avoir leur intérêt.

11 juin 1934. Le poste est alors supprimé. Le ministre de l'Éducation nationale accepte que les professeurs dont les postes ont été supprimés « assurent gratuitement le service de leurs classes » ; Wague ironise : c'est-à-dire « à titre onéreux pour moi ».

La collaboration de Colette au *Matin* s'interrompt une première fois en janvier 1916 ; elle ne reprendra que le 2 janvier 1919. Sa signature apparaît à partir de juin dans *Excelsior*, lancé le 16 novembre 1910 par Pierre Lafitte, qu'on a déjà rencontré en 1914 comme directeur de *Femina*. Celui-ci, « un des types les plus accomplis du snob », selon Paul Reboux[29], avait voulu composer pour les Parisiens du « grand monde » un quotidien illustré à la mode de Londres, mais il n'atteignit en fait qu'un lectorat populaire. Il fallait vivre, et Colette y collabora jusqu'en septembre 1918. Elle y donne, le 19 février 1918, ses impressions sur les retours tardifs du centre de la capitale jusqu'à Auteuil où elle habite ; lorsqu'on a manqué le tramway, le métro, l'autobus, reste le chemin de fer de ceinture où l'on retrouve acteurs, figurants, spectateurs – choses vues de Paris en guerre. Parallèlement, on pouvait suivre « Le Journal de Colette » dans *La Vie parisienne*.

25 janvier 1916, Paul Léautaud note dans son journal : « Il paraît que le ménage Colette-Henry de Jouvenel ne va plus très bien [...]. Jouvenel a toujours pour elle une grande admiration littéraire, mais la passion est finie et il ne se gêne plus pour se distraire ailleurs[30]. » C'est un bruit, ce n'est pas encore la réalité.

Au printemps de 1916, Colette séjourne à Rozven ; durant l'été, à Castel-Novel, où Pauline Vérine, treize ans, entre à son service pour y rester jusqu'à la mort de sa maîtresse. Henry de Jouvenel a été affecté à une unité qui mène l'offensive contre les Autrichiens sur le Carso. De septembre à la fin d'octobre, elle s'installe non loin de lui, au bord du lac de Côme, à Cernobbio, dans le Grand Hôtel Villa d'Este. C'est après cette villégiature qu'elle rentre à Paris pour déménager. Elle doit quitter la rue Cortambert, où le chalet menace ruine. Elle avait déjà remarqué le domicile qui lui conviendrait, 69, boulevard Suchet. « Une maison basse d'Auteuil me fit signe. Elle cachait un jardin, et devant elle verdoyait le fouillis, le taillis, le ravin luxuriant et souillé des fortifications. Par-delà le ravin, c'était le Bois[31]... » Elle a raconté comment elle avait été accueillie dans cette maison par la grande actrice Ève Lavallière, menacée de cécité et qui allait prendre un entresol aux Champs-Élysées. Elle y emménagea en novembre 1916, puis, en décembre, elle regagna l'Italie. Le 16 décembre, elle écrit à Alfred Vallette : « Mon mari est dans la neige au front italien [32]. »

Il va bientôt troquer l'uniforme pour le complet-veston et être nommé délégué à la conférence, qui se tenait à Rome, de ce qui allait devenir en 1920 la Petite Entente, alliance groupant les États balkaniques favorables aux Alliés et dont la première réunion eut lieu le 6 janvier 1917. Colette et son mari sont descendus au Palace Hotel et ont donc passé les « Fêtes » dans la Ville éternelle. Le jour de Noël elle se rend à l'église Santa Maria d'Aracoeli pour y entendre les enfants prêcher :

> Un prédicateur de quatre ans et une prophétesse de huit ans nous ont causé une profonde impression, la dernière surtout, en raison de son peu de sincérité, de son culot monstre, de l'instinct théâtral et empesé qui fait d'une enfant une vieille comédienne. Mais l'escalier de l'église, une colline de plus de cent degrés, est une joie. Des milliers d'enfants vendent et achètent jouets et bonbons, ce lieu et ce jour leur appartiennent [33].

Elle retrouve Santa Maria in Cosmedín ; elle aime le petit jardin des chevaliers de Malte et Trinità dei Monti ; elle se promène à la villa Borghèse et sur le Palatin, pendant que Jouvenel accompagne Briand, Lyautey, Albert Thomas « et je ne sais combien de Berthelots [34] » venus à la conférence. Elle s'attarde, car, si Jouvenel doit repartir pour Paris, elle attend Musidora qui vient tourner à Rome une première version de *La Vagabonde*. Elle ne manque pas de relations. Jean et Nelly Carrère : Jean est un journaliste influent, ami de D'Annunzio ; Nelly a séduit Sidi. Et un autre Carrère, René, le peintre qui dans son portrait de Colette exprime la belle maturité de la femme [35] et qui brossera les décors du film de Musidora, *Pour Don Carlos* (1920). Elle préface le catalogue de l'exposition que présente à l'hôtel Excelsior Caterina Barjansky, sculpteur qui exécute en cire des statuettes dans le genre Tanagra [36]. Elle s'amuse des prétentions de la baronne Deslandes, Ossit en littérature, qui, à 50 ans passés, se cherche de jeunes fiancés [37]. Un séjour qu'elle se rappellera avec plaisir dans *Flore et Pomone* : « J'eus la chance de passer à Rome quatre mois de décembre 1916 à mars 1917 [38]. » Pendant ce séjour, elle a aussi d'excellentes relations avec la marquise Lisa Casati, une évaporée de la *High Society* peinte par Boldini comme par Van Dongen et amie de Robert de Montesquiou. Cocteau la voit intime avec Colette[39], mais cette intimité n'a pas à être interprétée.

Les Italiens sont très fiers de leurs actrices. Mais Musidora arrivera précédée de la célébrité que lui ont value les rôles de vamp que lui avait confiés Louis Feuillade dans ses *Vampires* et *Judex* et qui convenaient parfaitement à son nom de guerre anagrammatique : « Irma Vep ». En fait, elle milite pour le naturel et sur ce point comme sur d'autres, s'entend parfaitement avec Colette, comme au beau temps du phalanstère. C'est très tôt que Colette, qui s'épanouit dans la pantomime, s'intéresse au cinéma, lequel, muet, se prête, en effet, fort bien au filmage de cet art[40]. Il y avait un projet en l'air qui lui fera demander à Georges Wague, le 10 janvier 1907, une semaine après le scandale, de suspendre toute espèce de pourparlers, car on lui propose « quelque chose d'infiniment intéressant », à examiner d'abord. Cinq jours plus tard, l'imprésario Alexandre Fiocre écrit à Wague qu'il a rencontré Léon Gaumont, le fondateur de la firme : « J'ai obtenu quelque chose qui vaut mieux que tout ce qu'on a proposé à Colette. » Il lui explique les aspects financiers, faisant entrevoir des gains importants. Mais il faut obtenir le consentement de la marquise. Est-ce à la lumière de ce projet qu'il faut lire cette lettre de Colette :

> Cher ami,
>
> Ne créons pas de malentendu ! Vous avez bien compris que sans la marquise, je veux 25 louis *pour moi* ! Vous ne pensez pas que pour ce prix-là j'aurais deux autres interprètes à 5 louis chaque ! Donc résumons : 50 louis avec la marquise et 25 *pour moi* sans elle. Je les vaux, – et bien plus, n'est-ce pas ?
>
> Mille amitiés de votre
>
> COLETTE WILLY[41].

Y eut-il accord ? Verra-t-on un jour une bande montrant Missy et Colette ?

Le premier article de celle-ci sur le cinéma paraît dans *Le Matin* du 4 juin 1914 : il a attiré l'attention sur un film étonnant : *L'Expédition Scott*. Le 7 août 1916, dans *Excelsior*, elle donne ses impressions sur *Forfaiture* de Cecil B. De Mille. Elle ne résume pas l'intrigue de ce mélo. C'est au style de l'image qu'elle est sensible, à la « mimique expressive », au « secret de marcher pour l'écran, de danser pour l'écran ». Mimique ! c'est bien la pantomime qui lui a permis de comprendre le muet, d'en saisir l'originalité, de découvrir un art nouveau. (De même Nerval, Baudelaire et leurs amis avaient, grâce à Deburau, constaté l'inanité des milliers de pièces, drames et vaudevilles, consommés sur les scènes du Boulevard et rêvé d'un autre théâtre.) Voici comment elle fait l'éloge du principal acteur du film, Sessue Hayakawa : « Que nos aspirants cinéistes aillent voir comment, lorsque son visage se tait, sa main poursuit la pensée commencée. Qu'ils apprennent ce qui tient de menace et de mépris dans un mouvement de son sourcil, et, à l'instant de la blessure, comment il feint que sa vie s'écoule avec son sang, sans secousse, sans grimace convulsive, rien que par la pétrification progressive de son masque de Bouddha et le ternissement extatique de son regard[42]. »

Le 14 septembre 1916, de Cernobbio, elle écrit à Mme Sigrist de Cesti pour transmettre à la société « Lombarde » les conditions de la vente en Italie d'un scénario qu'elle tirerait des deux premières *Claudine*. Avec cette intermédiaire les négociations, qui butent sur les droits exigés par l'auteur du projet (11 000 F), se prolongent vainement jusqu'au 24 octobre[43] ; ce jour, elle annonce qu'elle part « dimanche soir » pour Paris, soit le 29 octobre. Elle va assister au tournage du film *Minne*, adapté de *L'Ingénue libertine* par Jacques de Baroncelli, interprété et réalisé par Musidora ; la compagnie Films Lumina fait insérer dans *Le Film* du 2 décembre 1916 une publicité pour cette « comédie dramatique », mais l'on ne sait si elle a été achevée et/ou diffusée*.

À Rome, en avril et mai 1917, Colette assiste donc au tournage de *La Vagabonde* dont elle a écrit le scénario pour la Film d'Arte italiana et dont le réalisateur est Eugenio Perego. Le film sortira à Paris en mars 1918 ; on n'en a rien conservé. Colette fut-elle satisfaite ? On en peut douter lorsqu'on lit les impressions qu'elle confie à Marguerite Moreno et qu'elle va consigner dans « L'Envers du cinéma ». À Moreno, 22 avril 1917 :

> Musi donne tout ce qu'elle peut et affronte, sans fermer les yeux ni plisser le nez, la terrible lumière de dix heures à

---

* À noter que A. et O. Virmaux indiquent (p. 316) que l'adaptation est de J. de Baroncelli, alors que la publicité insérée dans *Le Film* ne nomme pas celui-ci et indique que le scénario est de Colette.

cinq heures. Il arrive qu'on tourne encore à 9 heures du soir, aux lampes. Je n'ai aucun sujet de mécontentement, – me fais-je bien comprendre ? Chacun fait de son mieux, et personne ne rouspète. Cela crée une singulière et reposante atmosphère de douceur.

Mais, en reprenant sa lettre deux jours plus tard :

On tourne, on tourne. Je te signale, dans ce film, un fragment de « pantomime mondaine » qui rassemble Méphistophélès, Musidora demi-nue, et un paysan de la Calabre. Pourquoi, mon dieu, pourquoi ! J'oubliais trois anges en cotonnade plissée qui viennent étendre leurs mains protectrices sur la tête de Musi, et qui portent dans leurs chignons d'anges des fourchettes d'écaille cloutées de faux brillants et de marcassite. Tu es contente [44] ?

« L'Envers du cinéma » est un texte bien connu. Il a été publié successivement dans *Femina* (septembre 1917), dans *Le Film* (8 octobre 1917) et dans *Filma* (seconde quinzaine de décembre 1917), avant d'être recueilli dans *Paysages et portraits*. *Le Film* faisait précéder le texte d'une présentation significative, non signée, mais qui est certainement due au rédacteur en chef, Louis Delluc :

Vous vous plaignez du mépris où les écrivains français tiennent le cinéma en général ? Songez au beau charivari que nous vaudrait leur intervention avec toutes les manies et les tics dont ils sont encombrés. Le tout petit et si lent progrès de notre art deviendrait aussitôt une reculade désordonnée. Ne vaut-il pas mieux ne fraterniser avec la littérature que par une demi-douzaine de talents clairvoyants ? Ainsi le goût moderne et la subtilité extraordinaire de Mme Colette ont abordé le cinéma avec une compréhension intense. Spectateur d'elle-même et de la vie, comme ses volumes l'ont admirablement noté, elle est venue à l'écran, à ses réalités et à ses mystères, par une loi quasi naturelle. Elle est une preuve complète de l'attirance et du but artistique du ciné. Sa curiosité l'a poussée moins que son intelligence sensible. Elle a écrit dans *Le Film* des pages qui resteront pour leur expérience et leur divination presque cruelle. Voici qu'elle a fait un film d'après sa *Vaga-*

bonde célèbre. Citons quelques impressions – trop brèves – de ses heures de travail en Italie.

1917 est la grande année de cinéma pour Colette, à la fois comme créateur et comme critique. Elle a donné sa caution au septième art qui se cherchait et parfois se trouvait ; elle a été le premier écrivain digne de ce nom à reconnaître son importance. Louis Delluc, qu'elle a précédé dans ce qu'on peut déjà appeler la théorie du cinéma, écrira au moment où l'on demandait pour Colette la croix de la Légion d'honneur : « J'aurais aimé que l'unanimité des hommages quotidiennement adressés à Colette fût parachevée de ceux du cinéma. [...] / Auraient-ils oublié que Mme Colette découvrit (avec tous les secrets de son enthousiasme) l'art cinématographique au moment même où bien peu de Français y songeaient. [...] / Allons, messieurs du cinéma, saluez un maître[45]. »

À Rome encore, pendant ce printemps de 1917, elle compose un scénario qui ne doit rien à une œuvre écrite précédemment, non pas une adaptation, mais une création qui la remplit d'une fière joie et dont elle entretient Annie de Pène :

> Moi, depuis trois semaines, je fais un film. « Trois semaines ! » s'écrie Annie. Mais oui, car je le fais « par images » – je vous montrerai ce que c'est qu'un manuscrit « par images », et je ne suis pas peu fière d'être un des premiers écrivains qui auront fait, sans aide, un film « par images ». Cela n'a absolument aucun point de rencontre avec la littérature, vous le pressentez. Mais c'est une étonnante gymnastique, que vous pourrez apprendre, car il y a bien des chances pour qu'elle puisse vous servir. Comprenez-vous ? Mon manuscrit devient celui que serait forcé de faire d'après une nouvelle, ou un scénario, et après moi, un metteur en scène professionnel. Cela vous amusera.

Ce film, c'est *La Flamme cachée*, dont, hélas, il ne subsiste que quelques photographies[46]. Musidora procéda à l'adaptation et au découpage du scénario, qu'elle aurait acheté 10 000 F à Colette[47]. Elle était avec Roger Lion le réalisateur. Le tournage eut lieu à Paris en octobre et novembre 1918. Le film est présenté aux directeurs de salle le 24 mars 1920 ; il devait être livrable le 23 avril. À Paris, il fut projeté au seul cinéma Moncey (50, avenue de Clichy), du 23 au 29 avril[48]. Dans *Femina* du

1er juin 1919, Musidora a conté « Comment j'ai tourné un film de Colette » :

1er *Dialogue.*
Personnages : COLETTE – MUSIDORA.

MUSIDORA. – Colette, aimez-vous le cinéma ?
COLETTE. – Beaucoup.
MUSIDORA. – Trouvez-vous que c'est un genre inférieur ?
COLETTE. – ????
MUSIDORA. – Et voudriez-vous écrire spécialement pour l'écran un scénario ?
COLETTE. – Pourquoi pas. J'y penserai.

2e *Dialogue* (deux mois après).

Allô ! Musidora.
Allô ! Colette.
— J'ai un scénario écrit spécialement pour vous – un rôle de femme, trois rôles d'hommes. Débuts du film dans un milieu d'étudiants. Il me faudrait la Sorbonne, est-ce possible ?
— Tout est possible... Je suis entièrement à vos ordres. Je n'exige qu'une seule chose, c'est que le film terminé par images, comme vous l'avez conçu, vous rédigiez vous-même tous les sous-titres.

3e *Dialogue.*

LE COMMANDITAIRE. – Combien vous faut-il ?
MUSIDORA. – Cinquante mille francs d'abord.

4e *Dialogue.*

LE DIRECTEUR DU THÉÂTRE DE PRISE DE VUE. – Voilà vous aurez mon théâtre mais pas avant vingt jours. J'ai six metteurs en scène qui travaillent. Je vous préviens aussi que je n'ai qu'un seul électricien, il n'y a personne d'autre pour le remplacer, et puis j'oubliais... les vitres du toit ont été brisées lors des bombardements et le calorifère a sauté ; il n'y a pas de chauffage. Comme c'est l'armistice on est tout de même content parce qu'on espère des jours meilleurs...

5e *Dialogue.*

Au sujet des engagements d'artistes, jeunes premiers, figurants... opérateur, metteur en scène, avec LAGRENÉE, YONNEL, LE GOSSET et ROGER LION.

6e *Dialogue de désolation.*

La moitié du film est à refaire à cause des effluves. (Étincelles électriques qui voilent la pellicule.)

7e *Dialogue avec l'oculiste.*

Tous les artistes, les yeux brûlés par les rayons des lampes à arcs, ont dû interrompre le film pendant quelques jours.

Conclusion.

De l'idée du film à l'exécution définitive dix mois se sont écoulés. Le négatif est prêt : il attend tous les positifs.

Voici le scénario tel que l'a résumé Francis Lacassin[49]. L'étudiante Annie Morin (Musidora) épouse l'un de ses camarades, millionnaire (Jean Yonnel, de l'Odéon), alors qu'elle aime un autre étudiant, mais qui est pauvre (Maurice Lagrenée, de la Comédie-Française). Dans l'espoir de refaire sa vie avec ce dernier, elle ruine son mari, espérant le pousser au suicide. Mais c'est elle qui meurt dans une explosion, après avoir indigné et éloigné celui pour qui elle n'aurait jamais dû cacher sa flamme. C'est sans doute à propos de ce film que Colette dira à Musidora sa grande envie de voir, « vivants, des personnages auxquels [elle n'avait] donné qu'une apparence de vie[50] ».

À Rome enfin, pendant ce printemps de 1917, avant de revenir à Paris, elle a vu *Civilisation* de Thomas H. Ince dont elle rend compte dès son retour dans *Le Film* du 28 mars 1917, regrettant que des séquences aient été coupées et d'autres, ajoutées par le diffuseur français. C'est le film de l'année : les États-Unis viennent d'entrer en guerre contre l'Allemagne. Colette, qui se moque du scénario, un peu niais (à la fin le Kaiser se repent !), apprécie la « mise en scène de foules, de bombardements, de bataille *[sic]* ».

> Des coupures frénétiques – soixante tableaux à la minute, à certains moments – veulent nous donner et arrivent à nous donner une impression de tumulte, de tremblement de terre et d'ubiquité. C'est un artiste, celui qui compose des groupes comme celui de la mère misérable, serrant contre elle ses trois petits, tandis que défile devant elle une armée invisible dont les ombres, casques et pointes obliques des baïonnettes rayent ses genoux tremblants.
>
> Il faut voir le torpillage du paquebot, tableau d'une minutieuse et véridique horreur, où le vaisseau, sombrant, vide effroyablement ses barques trop chargées de femmes, d'enfants, dans les remous bleus et noirs d'une mer où surnagent, se débattent et disparaissent des têtes blêmes aux cheveux collés, des mains qui griffent l'air et l'eau.

Le 4 juin 1917, c'est du film d'Abel Gance, *Mater dolorosa*, qu'elle montre l'originalité :

> j'applaudis à un emploi neuf de la « nature morte », de l'accessoire émouvant, voyez la chute du voile sur le parquet. Nous y arriverons, au décor significatif, au meuble plein d'arrière-pensées, à l'anxiété agréable suggérée, au bon moment, par une mise en scène sans acteurs ! Une chaise vide au fond d'un jardin, une rose abandonnée sur une table déserte, en faut-il plus au grand peintre Le Sidaner pour nous retenir, rêveurs, devant une petite table ? Je sais bien que c'est Le Sidaner. Mais patience. La merveille – c'est le cinématographe – est entre des mains jeunes, étonnées, souvent inaptes, des mains qui errent ou bien des mains engourdies de routine. Patience [51] !

Un « meuble plein d'arrière-pensées » : cette formule suffirait à montrer ce que le vrai cinéma dut à Colette. Celle-ci s'en prendra, l'année suivante, dans *Excelsior*, de juin à août 1918, aux recettes du cinéma commercial : le « Petit manuel de l'aspirant scénariste », que recueillera *La Chambre éclairée*, est une satire du film « sensationnel » et du luxe au cinéma, des personnages comme la femme fatale, le jeune premier, la femme du monde, en bref, de toutes les conventions dont se nourrissait le cinéma-consommation*.

La mort n'exerce pas seulement sa faux sur les champs de bataille. En janvier 1917, Colette s'inquiétait de la santé de Léon Hamel, qui avait dû rester quelques jours à la chambre. Elle lui écrit encore de Rome le 22 mars. À la fin d'avril, elle apprend la mort, survenue le 20, de son fidèle conseiller et confident, encore jeune, mais « transparent et fragile » et « qui avait l'air de vivre le strict nécessaire », comme elle l'écrit le 30 à Annie de Pène, qui était aussi l'amie d'Hamel[53]. Colette ne retrouvera plus un tel ami, qui l'avait soutenue avec discrétion et discernement pendant les années difficiles.

Colette passe une grande partie de l'été de 1917 à Castel-Novel, en fermière qui fait du beurre, mange des gousses d'ail, propose à Annie de lui envoyer de la reinette de Canada et s'occupe de sa fille. Le 13 juillet, Jouvenel est devenu chef de cabinet de Monzie, nommé sous-secrétaire d'État aux Transports maritimes et à la Marine marchande dans le cabinet Painlevé, qui durera jusqu'au 16 novembre, puis il retournera au front. La correspondance si libre avec Annie de Pène s'interrompt après la fin d'août pour ne reprendre, brièvement, qu'à la fin de l'été de 1918. Les deux amies ont dû se voir à Paris. Survient la grippe espagnole. Annie de Pène est l'une des nombreuses victimes ; elle meurt le 14 octobre 1918. Après l'ami, l'amie. Mais celle-ci laissait une fille, Germaine Beaumont, née en 1890, d'Annie de Pène et de Charles Battendier, avec qui Annie avait été mariée avant de devenir la compagne de Gustave Téry. Colette était déjà en relation avec Germaine et, en 1919, elle la fit entrer au *Matin* : Germaine ou Rosine, prénom qu'elle s'était choisi, et qui est aussi celui de l'héroïne de *L'Évadée*, roman de sa mère, y tiendra des rubriques et fut un temps secrétaire de celle qui était en quelque sorte sa marraine. Colette retrouvait dans la jeune femme des traits de son amie, accompagnés pourtant de quelque irascibilité et même de jalousie, sentiments inconnus d'Annie de Pène.

---

* Colette cesse sa collaboration au *Film* le 21 juillet 1917 ; c'est le mois où Henri Diamant-Berger quitte la direction ; mais à Wague elle donne cette raison : « J'ai quitté *Le Film* parce qu'il n'y a pas d'argent » (*LV*, 113). Les 30 juillet, 20 août et 3 décembre, paraissent dans la même revue des articles signés « La Femme de nulle part » et reproduits dans *Au cinéma*, p. 295-302. Ils ont été prêtés à Colette, mais il a été finalement prouvé qu'ils étaient de l'actrice Ève Francis[52].

Son talent, de mieux en mieux reconnu, lui fait de nouveaux amis. Reynaldo Hahn est au front ; il vient de lire *La Vagabonde* et déborde d'enthousiasme. « Depuis que je vous lis j'ai vraiment regretté de vous avoir si peu et si mal connue jadis, quand j'avais souvent l'occasion de vous rencontrer ; [...]. Tout cela, c'est de la faute "des gens". » On perçoit ici un écho de l'époque scandaleuse. Pour la remercier du plaisir qu'il lui doit, il lui envoie une mélodie composée « dans un malheureux village du front[54] ».

Henri Barbusse et Colette ont pu se rencontrer et se croiser dans l'entourage de Catulle Mendès dont le premier avait épousé une fille. Il est l'ami d'Annie de Pène et publie *Le Feu, journal d'une escouade*, dans *L'Œuvre* à partir du 3 août 1916 ; le volume paraît chez Flammarion et reçoit le prix Goncourt en décembre de la même année. Colette le relit avec admiration, et elle y trouve – confie-t-elle à Annie – « un petit pou, si j'ose dire, argotique que je suis enchantée de signaler, par votre entremise à Barbusse. Je lis, page 190, "c'est une idée à la graisse de hérisson et à la *mormoelle d'oie*". Scandale ! Faut-il que ce soit moi, moi puritaine et distinguée, qui apprenne à Barbusse ce que c'est que le "mords-moi-l' doigt" ? C'est un jeu charmant, dans un certain monde, que de pointer l'index entre les fesses (voire les cuisses) d'une dame, en lui criant "Mords-moi l' doigt !" Donc, le mords-moi-l' doigt, c'est le... parfaitement, ou même le... vous m'entendez. La locution varie d'ailleurs jusqu'à "mords-moi l' jonc !" mais je n'insiste pas, – Barbusse rougirait[55]. » On remarquera que dans ses lettres à Annie de Pène Colette ne traite jamais de politique, ce qui est caractéristique de son indifférence dans ce domaine. Elle savait bien que son amie et Gustave Téry n'étaient pas des gens de droite. Barbusse, que Colette trouvait un bel homme[56], et qu'elle sollicitera de collaborer au *Matin*, ne s'inquiétait pas plus des opinions de celle-ci. Il écrit à Annie de Pène : « Je la considère comme un des premiers écrivains de ce temps, et c'est de plus une créature vivante et exquise, qui me plaît infiniment[57]. »

À la fin de 1917, Georges Crès publie *La Maison dans l'œil du chat*, recueil de contes et de poèmes écrits par un jeune écrivain de 19 ans, Mireille Havet. Les textes sont précédés par un « Avertissement à Bel-Gazou et aux autres lecteurs ». Colette (la page de titre annonçait Colette Willy) signe là sa première préface et, qui plus est, celle d'un ouvrage pour enfants, elle qui affirmera avec constance qu'elle n'a jamais aimé cette littérature, même lorsqu'elle était à l'âge où habituellement on l'apprécie[58]... Elle avait probablement cédé à l'amicale sollicitation de ses amis Berthelot. Hélène Berthelot, l'épouse du « Seigneur Chat » – surnom que Colette avait donné à Philippe, l'éminence grise du ministère des Affaires étrangères –, avait pris sous sa protection la fille d'un de ses amis décédé, la jeune Mireille, née en 1898. L'adolescente commence à écrire très tôt, et dès 1913 Apollinaire publie dans *Les Soirées de Paris* le conte qui donnera son titre au volume ; il accueille encore des « Proses et poèmes » dans le numéro de juillet-août 1914. Hélène Berthelot se charge de faire publier les textes et, pour cela, fait jouer ses relations ; c'est Jeanne de Lanux qui est sollicitée pour illustrer les contes et les poèmes.

Mireille Havet dit avoir rencontré Colette lorsqu'elle avait 16 ans – en 1914 donc ? – et avoir été profondément déçue par l'entretien : l'écrivain ne ressemblait en rien à l'image qu'elle s'en faisait. « J'écris tant de folies », lui aurait répondu l'auteur des *Vrilles de la vigne* un jour où Mireille essayait de lui rappeler une phrase qu'elle avait oubliée. Le mépris que Colette professait pour son œuvre semblait révoltant à la jeune fille ; elles se rencontraient parfois au Bois ; la déception persistait[59].

Mireille évolue ensuite dans les milieux artistes de l'après-guerre et manifeste une sorte de dévotion pour Jean Cocteau, cherchant à l'imiter en tous points, se faisant tailler des costumes sur le modèle de ceux de l'auteur de *Parade*, tentant d'être sinon son jumeau du moins son double. Albin Michel publie en 1922 *Carnaval*, roman que Mireille Havet a placé sous l'invocation du poète des *Chants du Maldoror*. En 1926, lorsque Cocteau fait représenter *Orphée*, Mireille est sur scène pour jouer la Mort (« elle la porte en elle », confie Mme de Beaumont à l'abbé Mugnier[60]). Comme son modèle, la jeune femme veut « goûter à tous les poisons merveilleux de la vie[61] » ; elle en meurt, le 21 mars 1932, laissant un roman inachevé, « La Jeunesse perdue »...

Quelques années plus tard Colette lui consacre ces quelques lignes :

> Il était une fois... une petite jeune fille qui ressemblait à Jean Cocteau. Du moins elle le croyait, et d'ailleurs on se récriait autour d'elle sur cette ressemblance. En quoi elle se trompait, car jamais Jean Cocteau n'a ressemblé à aucune jeune fille. En ce qui concerne Mireille H... elle n'avait ni le nez assez fort, ni l'œil soudainement assombri

et éclairé soudain, ni le cheveu cardé, ni le poignet comme la main sarmenteux, sec, doué de la force virile dont il est besoin pour sculpter, peindre, improviser au piano, planter un décor.

La petite jeune fille est morte, et sans doute tout est bien ainsi. Elle eut le temps et la joie de choisir son modèle, c'est-à-dire son but. Elle écrivait en prose et en vers. Mais surtout par imitation elle serrait sa taille déliée dans une cheviotte bleu marine, son cou de chat maigre dans une cravate à nœud papillon jusqu'à s'étrangler un peu et renversait sur son poignet féminin la manchette d'une chemise d'homme. En un mot, elle aimait. Sans retour, sinon d'amitié. Jean Cocteau – jeune dans le temps que j'évoque, – ne consentit pas aux similitudes, ne copia jamais une cravate, n'exhala pas un son qui ne se fît l'écho d'un son intérieur.

Mais on m'a assuré qu'il fut bon et affectueux pour la petite jeune fille tant qu'elle vécut, ce qui ne lui prit guère de temps puisqu'elle n'alla guère plus loin que l'adolescence. Il y a bien des façons de se prodiguer, et j'ai souvent pris Jean Cocteau en flagrant délit d'une dilapidation qui le rend heureux tout le premier.

Je remonte là jusqu'à l'époque des ballets russes, où l'on voyait, après les fiévreuses représentations, danseurs célèbres, écrivains, musiciens et mélomanes se réunir, fouler quelque vaste parquet de travail, quelque clavier, de répétitions durement éprouvé… Où brillait Jean Cocteau, s'efforçait aussi sa petite ombre en veston garçonnier, fard hectique aux joues, illuminée de bonheur et de tuberculose, qui puisait à grands traits, à menus détails les secrets de sa superficielle ressemblance dans la contemplation de son « jumeau » déjà glorieux[62].

À partir du 10 février 1918, et jusqu'au 14 novembre suivant, Colette tient la critique dramatique dans *L'Éclair*. Elle commence par rendre compte de *Deburau* de son ami Sacha Guitry. Colette s'installait à quarante-cinq ans dans un nouveau rôle : celui de la dame scrutant la scène avec une jumelle noire, une dame gaie, vive, à la dent dure lorsqu'elle est avec ses amis pendant les entractes, mais à la plume douce et presque généreuse dans les colonnes des journaux. Son expérience du théâtre et, plus rude encore, du music-hall lui a conféré non pas une indulgence hors de propos, mais une compréhension et un respect du travail de ses camarades. Lorsqu'elle doit reconnaître qu'un spectacle n'est pas bon, elle s'arrange toujours pour mettre en valeur en même temps les qualités qu'elle a pu y déceler. Elle allait tenir ce rôle pendant vingt ans dans plusieurs périodiques.

L'Éclair était alors dirigé par Annie de Pène et c'est dans les bureaux de ce journal, situés rue du Faubourg-Montmartre, qu'elle rencontra Francis Carco, début d'une amitié qui devait durer jusqu'à sa mort. La première lettre de Colette est de juillet 1918 : elle le remercie de ses *Innocents* (1915) et de *Jésus-la-Caille* (1914) qu'elle relit à cette occasion et elle lui envoie *Les Heures longues* : « À mon vieil ami tout nouveau ». Le 9 août, elle précise ce qu'elle aime dans les livres de Carco : « la pluie, les petits bistrots, l'étrange bureaucratie des existences de filles, et cette austère absence de rigolade [...] »[63]*. Un certain goût à la fois de l'encanaillement et de la vérité leur fut commun. Ils ont continué à échanger leurs livres. Retenons au moins la *Suite espagnole* de Carco, publiée en 1931 par les Éditions de La Belle Page, illustrée par Daragnès, leur ami commun, et portant cet envoi : « À Colette que j'aime et que j'admire de todo corazón. »

Colette n'a qu'à tendre l'oreille pour entendre un concert de louanges. Sa photographie par H. Manuel illustre la couverture des *Hommes du jour* du 13 avril 1918, un peu après que l'on eut pensé à elle pour succéder à Judith Gautier à l'Académie Goncourt. Dans ce numéro, Georges Pioch la défend contre le reproche d'immoralité – justifié dans la vie, selon nous, non dans l'œuvre. Celle-ci est la santé même. Ses livres sont amoraux, comme la nature. « Elle donne une conscience au Désir, vieux meneur des hommes et père de tous les dieux ; mais elle ne lui impose aucune règle, pensant, à bon droit, qu'il sait mieux que nous et que nos augures ce qui est l'harmonie et le germe sûr de l'avenir. » Son œuvre « anticipe sur bien des libertés promises aux femmes ; elle les propose à celles qui voudront, et les précise pour celles qui sauront comprendre ». Cet article est un des plus intelligents qui aient été écrits sur elle. Il montre qu'il est inutile d'écrire de Colette *et* de la morale. Et Georges Pioch de citer la

---

* Lors de leur première rencontre, Carco était accompagné du poète Jean Pellerin, futur auteur de *Le Copiste indiscret* (1919), recueil de pastiches, dont un de Colette, qui est censée morigéner une fois de plus son « amie » Valentine.

boutade de Hamlet : « Ah ! ne raisonnons pas : c'est bien assez de vivre ! »

Dans ce concert, une note discordante. On ne s'étonnera pas qu'elle émane de Julien Benda, le rationaliste invétéré. Dans *Belphégor. Essai sur l'esthétique de la présente société française*, étude publiée chez Émile-Paul frères en 1918, mais écrite pour la plus grande partie avant 1914, il lui reproche de peindre « l'âme élémentaire », « l'âme féminine dans sa plus pure mobilité », de se complaire dans la sensation. C'est pourtant là une conquête dont Colette a fait profiter la littérature française.

On n'oubliera pas qu'avec d'autres*, elle a compris ce que la guerre, envoyant les hommes loin de leur foyer, faisait pour libérer les femmes au point que, telle Edmée dans *La Fin de Chéri*, elles vont s'arroger les droits des mâles et vouloir soumettre ceux-ci.

C'est en notant les modifications qui se sont opérées dans le langage des femmes que Colette perçoit le changement des mentalités. Elle épingle d'abord les épouses des mobilisés qui, pour montrer à leurs maris qu'elles s'intéressent à eux, leur parlent du « sort des armées », de « pronostics » et de « politique », alors que leur « confiance d'homme » les imagine et les souhaite inchangées. Puis elle publie des lettres de soldats où ceux-ci se plaignent « de la militarisation de nos épouses et de nos amies [65] ». Deux ans plus tard, le constat est plus sombre : voyageant en métro avec des femmes grévistes, Colette note qu'elles s'expriment « à grand renfort de mots et de gestes excessivement masculins », qu'elles rappellent « l'homme dans ce qu'il a de moins enviable : l'argot et l'invective » ; loin de les blâmer, elle s'interroge : « À qui la faute ? Depuis trois ans des traditions se sont créées [66], [...]. »

Ce n'est pas seulement à la surface qu'il y a eu évolution. Certains comportements de leurs compagnes effraient profondément les hommes. Des détails qui pour d'autres seraient anodins deviennent significatifs pour Colette et suscitent en elle une inquiétude. Dans « Le Tube [67] », elle raconte sur le mode badin l'histoire d'un jeune couple : au début de la guerre, l'épouse jette

* Gyp, dans une lettre à un éditeur écrite pendant la guerre, s'inquiète de la folie sanguinaire des jeunes femmes et des jeunes filles qui auraient mieux à faire chez elles, près de leurs enfants ou de leurs parents, que dans les hôpitaux, où elles pataugent dans le sang et entendent des choses qui ne sont pas pour elles. « L'hôpital est en train de créer une espèce de petits êtres qui seront odieux la guerre finie[64] ». *La Garçonne* n'est pas loin.

le haut-de-forme de son mari, lui laissant entendre qu'*après* le gibus ne sera qu'une antiquité ; deux ans plus tard, il la voit coiffée d'un huit-reflets semblable mais ornementé ; il en éprouve alors un « petit chagrin de vieux gosse » : « J'ai assisté sans murmure, j'ai même applaudi à la conquête, par les femmes, de tous les postes civils désertés par le combattant. Vous nous avez pris le guichet, le volant de direction, voire la pioche et le fouet, et la sacoche d'encaisse, et le poinçon emporte-pièce : c'est bien. Mais le jour où vous vous emparez de notre " chapeau de cérémonie ", nous sentons en vous les rivales, et nous pouvons crier : " C'en est fait de toi, suprématie masculine !..." » Dans *Duo*, la douleur de Michel ne sera aussi, à l'origine, qu'un petit chagrin...

L'année 1913 – on se le rappelle – avait été particulièrement fertile : trois livres ! Pendant la guerre et sans oublier ses essais cinématographiques, Colette est surtout l'auteur de très nombreux articles qu'elle réunit en partie dans *Les Heures longues* publié chez Fayard en décembre 1917. L'année suivante, *Dans la foule*, chez Crès, recueille des articles antérieurs à la guerre. En 1916, *La Paix chez les bêtes* (Crès), titre plein de sens, avait repris des textes publiés, à petit nombre, dans *Prrou, Poucette et quelques autres* et apportait vingt brefs inédits.

Articles, livres, ce n'était pas le pactole. Avant la guerre déjà, Colette et Jouvenel ne roulaient pas sur l'or. Et sans doute ne devait-elle compter que sur elle-même. À Alfred Vallette, le directeur des Éditions du Mercure de France, elle écrit, le 16 décembre 1916 : « Les frères Fischer-Flammarion m'avisent que j'aurai quelque argent à toucher chez vous, lundi, [...]. J'ai, naturellement, une fin d'année poisseuse, comme tout le monde[68], [...]. » En octobre, elle demandait cinq mille francs pour céder le manuscrit de *La Vagabonde*[69] et à Annie de Pène, en mars 1917, alors qu'elle est à Rome : « Savez-vous si la personne qui m'a acheté déjà des manuscrits donnerait trois mille francs pour celui de *L'Ingénue* qui est dans votre placard ? On peut toujours essayer, si elle est encore à portée de votre atteinte. » Musidora est aussi mise à contribution. Par son intermédiaire, Colette vend au prince Sixte de Bourbon-Parme un manuscrit signé « Willy et Colette »[70]*. Trois exemples entre

* Il n'est pas impossible que ce soit le manuscrit d'une des *Claudine*, peut-être *Claudine à Paris* (Patrick Cazals mentionne le nom de Renaud). L'indice est faible, mais ne peut être écarté. En ce cas, il faudrait revenir sur la destruction des deux premières *Claudine* ordonnée par Willy à Paul Barlet. Les recherches faites dans la famille de Bourbon-Parme ne nous ont rien appris.

plusieurs autres de cette poisse qui ne l'avait jamais quittée depuis son mariage, mais que la guerre rendait plus amère.

Après avoir appartenu, par Monzie, au cabinet Painlevé, Jouvenel avait regagné le front. En juin 1918, il est « au point le plus brûlant de l'offensive[71] ». Le 4 juillet, le général Diébold citait ce lieutenant du 29e R. I. T. à l'ordre de la 125e division d'infanterie : « S'est particulièrement distingué le 11 juin 1918 en se portant seul, sous le feu, à la rencontre d'une patrouille ennemie que l'on supposait vouloir se rendre, donnant à tous l'exemple du plus complet mépris du danger. » Il s'est battu dans le sud de la Picardie, à Ressons, Matz, Orvilliers, Roye[72].

Le 11 novembre, l'armistice mettait fin à l'une des guerres les plus meurtrières. Mais la paix conjugale allait bientôt être troublée.

Les années de guerre correspondent à une transformation de la figure de Colette. Elle avait été la scandaleuse femme nue, et l'intérêt qu'on lui portait était entaché d'une curiosité malsaine. La génération qui suit la sienne, celle de Louis Delluc (né en 1890), de René Bizet (1887), de Jean Pellerin (1885), de Francis Carco (1886), aime l'écrivain pour ce qu'elle a écrit, indépendamment de tout ce que son personnage représentait et ils parlent d'elle en disant « Madame Colette* » alors que leurs aînés ne connaissent encore que Colette Willy. Francis Jammes avait deviné la contradiction, que Catulle Mendès avait constatée.

---

* Voir notamment p. 230.

10

DE SIDI À SATAN

1919-1925

La fin de la guerre était attendue avec impatience, et c'est avec enthousiasme, pour ne pas écrire dans le délire, que la *Madelon* fut entonnée sur les Boulevards, le 11 novembre. La paix revenue – on est loin de penser qu'elle est mal assurée –, les hommes qui reviennent du front essaient de se faire une place ; les femmes, elles, qui ont goûté aux responsabilités et à l'indépendance, se coupent les cheveux, accourcissent et rétrécissent leurs jupes ; les nouveaux riches règnent. Chacun veut oublier les années terribles, et le *fox-trot*, bientôt le *charleston*, remplace le *cake-walk* et le *ragtime* d'avant-guerre. La frénésie et l'insouciance semblent dominer le début des années 1920. Dès le 13 novembre 1918, *Phi-Phi*, « opérette légère » due à Albert Willemetz (livret) et à Christiné (musique), est créée, avec Alice Cocéa dans le rôle d'Aspasie-i-ie ; le succès n'est assuré qu'après quelques semaines, mais même alors personne ne se doute qu'il va durer sans discontinuer pendant deux ans et demi et mille cinq cents représentations.

Mitsou ou Comment l'esprit vient aux filles appartient au temps de guerre comme au temps de paix. La nouvelle a été incomplètement publiée, sous le pseudonyme (inexpliqué) de Marie, dans *La Vie parisienne* en novembre et décembre 1917, puis intégralement chez Arthème Fayard en février 1919. L'œuvre, qui montre la rencontre, peut-être manquée, d'une petite théâtreuse, sœur de celles qu'on voit dans *L'Envers du music-hall*, et d'un lieutenant qui voudrait échapper à l'obsession de la guerre, est un chef-d'œuvre de composition et d'émotion contenue. Indications scéniques, descriptions, narration, échanges de lettres, dialogues s'y entremêlent pour la délectation des connaisseurs. Que de notations à retenir ! Le lieutenant écrit à Mitsou : « J'ai votre lettre. Je la relis avec des yeux qui s'étonnent qu'une petite fille, volontiers nue, puisse cacher tant d'elle-même. » Mitsou est comparable à ces filles de la campagne qui ont échappé aux durs travaux des fermes en devenant institutrices et qu'on a rencontrées dans *Claudine à l'école* : elle était « une gentille ouvrière en modes [...] qui a eu peur de ce qu'elle connaissait le mieux, la misère et l'atelier ». Le lieutenant n'a pas plus de maturité : « La guerre nous a pris à la porte du collège dont nous sortions. Elle a fait de nous des hommes, et je crois qu'il nous manquera toujours d'avoir été des jeunes gens[1]. » Mais ils ont l'un et l'autre assez d'intuition pour savoir ce qu'est l'amour. L'œuvre a été bien accueillie[2], notamment par Abel Hermant dans le supplément littéraire du *Figaro*, le 23 mars 1919. Colette lui avait adressé un exemplaire avec cet envoi : « À Abel Hermant dont la malice et l'amitié seront bien embarrassées, car il n'y a ni bien ni mal à dire, vraiment, d'un aussi mince volume[3]. » À quoi le destinataire répond par la voie du journal : on ne peut dire « que ce n'est rien ; je serais obligé de vous répondre, comme Racine aux détracteurs de *Bérénice*, que créer c'est justement faire de rien quelque chose ». Et avec raison il s'interrogeait sur le dénouement du récit, « suspendu ». Ce que nous aimons appeler l'indétermination – qui n'existera pas dans *Le Képi* – permet au lecteur, à la lectrice, de rêver à des retrouvailles...

Si l'œuvre de Colette est dominée, avant la guerre, par *La Vagabonde*, après la guerre c'est *Chéri* qui prend le relais, premier des grands livres de sa maturité. Le roman paraît d'un dessin si pur qu'on a peine à imaginer que la genèse en a été longue et difficile[4].

En 1912, Colette a créé dans *Le Matin* deux personnages qui se ressemblent comme des frères et qui sont donc dissemblables : Clouk et Chéri. Le premier est plutôt inconsistant, riche et faible, esclave des femmes, et demandant à l'opium de lui faire oublier le vide de sa vie. Chéri est riche, oisif et rapace. Au début, on le voit voulant s'emparer du collier de Léa*. Il parle en maître aux domestiques. Au contraire de Clouk, il est vigou-

* En 1912, elle est Léa ou Léa de Louvel (*Pl.* II, 843). Une Léa de Lonval a réellement existé, ou une personne portant ce nom. On lit dans les « Échos » du *Supplément* du 18 mai 1905 : « Léa de Lonval, la sculpturale brune, va nous quitter pour la bonne ville de Marseille, et ce, sous très peu de jours, hélas ! / Il paraît qu'elle se décide à aller filer le parfait amour dans l'antique Phocée en compagnie d'un jeune homme blond, blond, si blond ! – très connu à la Bourse, mais plus connu dans le monde où l'on s'amuse. »

reux. Léa est présente, et l'action est esquissée : liaison, mariage avec une jeune fille, retour de Léa. Ensuite Clouk disparaît, sauf à reparaître en 1935 dans le *Premier cahier de Colette*, puis en 1941 dans *Mes cahiers*.

Le roman *Chéri* a commencé par être une pièce. Peut-être la pièce en trois actes dont elle parle à René Lauret qui est venu interviewer l'auteur de *La Vagabonde* pour *L'Intransigeant* du 13 janvier 1911. Lors de la représentation de la pièce tirée du roman, Colette déclare au *Journal*, le 10 décembre 1921 :

> J'hésitai longtemps, regardant émerger de l'ombre les silhouettes indistinctes de la femme mûre, de l'homme trop jeune. Ils se précisèrent, échangèrent ces répliques, ces gestes et ces regards qui font de deux amants deux adversaires, et j'écrivis... un troisième acte que, faute de premier et de deuxième actes, j'abandonnai. Mais on ne crée pas impunément, pour les délaisser trop tôt, deux êtres incomplets, avides d'exister davantage. Ceux-ci me tourmentèrent, suscitèrent patiemment l'un sa famille louche, ses mornes compagnons de plaisir, l'autre ses amies tarées, puis sa solitude de femme que la beauté va quitter... Une figure obstinée de jeune fille vint après me réclamer sa part de vie romanesque, d'amour difficile, et requérir de Chéri tout ce qu'il avait reçu, en tendre protection comme en soins voluptueux, d'une autre femme...

Le 12 décembre, elle précise à L. Robert de Thiac, collaborateur de *Comœdia* :

> Contrairement à ce qui se fait d'habitude, *Chéri* n'a pas été tiré du roman. J'avais d'abord conçu une œuvre dramatique en un acte et c'est la substance de la pièce qui m'a servi à bâtir mon roman. / M. Bernstein [alors directeur du Gymnase] avait accueilli favorablement mon acte mais il m'avait conseillé d'en faire trois, car un acte aussi important était difficile à placer dans un spectacle. Avec mon collaborateur nous avons développé le sujet. Quand la pièce fut achevée, des combinaisons directoriales étaient intervenues au Gymnase et force nous fut de chercher une autre scène.

Le dossier s'enrichit et se complique de deux confidences publiées plus récemment. À Robert d'Humières, en mai ou juin 1914, en tout cas avant la déclaration de guerre :

> Je fais ma besogne hebdomadaire avec une résignation sauvage, voilà tout. Et puis j'ai commencé une pièce par la queue. Mais comme mon premier rôle féminin est « une belle femme de cinquante-deux ans » je peux me gratter pour trouver une jeune première [5].

Et à Francis Carco, sans doute à la fin de 1919 :

> Figurez-vous que ma pièce va être un roman (oscillation impaire ; l'oscillation paire est pour la pièce) et j'ai quarante-trois pages d'écrites [6] !!!

L'oscillation impaire nous renvoie à l'origine, aux textes qui ont paru dans *Le Matin* en 1911-1912. Mais prouve-t-elle qu'elle n'a pas été suivie d'une oscillation paire ? En effet, des deux fragments de pièces qui ont été conservés, le plus long, cinquante-cinq feuillets, acte Ier et début de l'acte II, qu'on a pu intituler « [Chéri soldat] », montre Chéri, marié, lors de la mobilisation de l'été de 1914, et accusé par Léa d'avoir lu, quand il était avec elle, des « bouquins d'économie politique, et *La France commerciale* ». Or le titre de ce périodique apparaît pour la première fois en décembre 1920. Faible indice, peut-être, mais indice. Un autre fragment, treize feuillets seulement, montre Léa apprenant d'un vieil ami que Chéri et sa femme rentrent de leur voyage de noces.

Rien ne prouve que l'un ou l'autre de ces fragments se confond avec l'œuvre dramatique en un acte que Colette dit avoir écrite avant de penser au roman. Cet acte a-t-il disparu ?

Quoi qu'il en soit, l'élan romanesque n'a pas été ralenti et *Chéri* paraît dans *La Vie parisienne* du 3 janvier au 5 juin 1920. Le 12 juin, Colette exprime à Lucie Saglio, la femme du directeur, son irritation : Charles Saglio se vantait de la payer « mieux que tout le monde » ; « j'accepterais qu'il me payât seulement *aussi bien* [7] ». Ainsi, c'est Arthème Fayard qui publia le roman aux premiers jours de juillet 1920.

Le couple de l'homme jeune et de la femme qui touche à la fin de la maturité a des antécédents dans la littérature française ; il n'est que d'évoquer *Volupté*, *Le Lys dans la vallée*, *L'Éducation sentimentale* [8]. Au reste, il n'est pas interdit de penser qu'à l'origine du roman, il y eut une expérience personnelle. Le ménage se défaisait peu à peu. L'heure de Bertrand de Jouvenel n'avait pas encore sonné : il n'entrera dans la vie sentimentale de Colette qu'au cours de l'été de 1920, après la publication du roman. *Chéri* se souvient du Clouk de 1912 et de la liaison de Colette avec Auguste Hériot, son cadet de treize ans.

Dans *L'Étoile Vesper* Colette écrira : « Pour la première fois de ma vie, je me sentais intimement sûre d'avoir écrit un roman dont je n'aurais pas à rougir ni à douter, un roman qui naissant massait autour de moi partisans et adversaires. » Gide, Gide lui-même, qui n'avait aucun goût pour la littérature « parisienne », la littérature « Claudine », adressa à Colette des félicitations dont la sincérité est vérifiée par des réserves et par la formule finale : « Déjà je voudrais le relire – et j'ai peur : Si j'allais le trouver moins bien ! Vite, envoyons cette lettre avant de la jeter au tiroir. » Cette lettre du 11 décembre 1920 est signée : « Votre très attentif / ANDRÉ GIDE ». André Germain, qui jusqu'alors dédaignait l'œuvre de Colette, ayant entendu l'autre André « s'accuser comme d'un péché exquis de la lecture de *Chéri* », revint sur son préjugé : « Ses paroles tentantes mirent le livre dans mes mains. Je l'ai depuis lu et relu. » Et il le louera dans *Les Écrits nouveaux* de janvier 1922. Est-ce Benjamin Crémieux qui avait converti Gide en prosélyte (prudent) de Colette ? Il venait de publier dans la prestigieuse *Nouvelle Revue française* du 1er décembre 1920 un article chargé d'éloges : « Colette a pris pleine conscience de son art spontané, et domine ses dons au lieu de s'abandonner. Elle travaille désormais à la façon des classiques, sans plus rien demander au subconscient, et n'écrit plus un mot qu'elle ne l'ait prémédité. Ce n'est plus une matière en fusion, mais durcie, polie qu'elle offre à son lecteur… Saluons ce renouvellement de Colette qui nous promet des surprises heureuses, et observons qu'elle est de nos grands écrivains le seul qui, depuis la guerre, se manifeste autre que nous ne le connaissions déjà, sans rien perdre de ses qualités d'antan. » Il saluait en elle « l'écrivain qui a introduit dans notre littérature la *prose féminine* qui lui manquait ». Pour lui, de Marguerite de Navarre à Mme de Staël et à George Sand les femmes prosateurs n'avaient pas écrit autrement que les hommes. Espérons que Colette a joui de cet éloge. Du milieu de la NRF elle n'en entendra pas de comparable. Gaston Gallimard qui aimait l'œuvre de Colette regrettait que sa garde personnelle l'empêchât d'exprimer son goût[9]. L'intelligence contre la sensation ?

Henry Bataille, dont *Maman Colibri* traitait d'un sujet proche, Henri de Régnier, André Billy, Fernand Vandérem, d'autres encore, font un concert d'éloges que viennent un peu troubler Fortunat Strowski, professeur à la Sorbonne, mais critique éclairé, qui, tout en disant son admiration pour Colette, regrettait – ce n'est pas la première, ni la dernière fois, qu'on entend ce reproche – qu'elle peignît des « êtres d'exception dont le bonheur insolent vient de ce qu'ils n'ont pas d'âme et qui ne commencent à souffrir que quand ils s'aperçoivent qu'ils en ont une » ; et davantage Paul Souday, qui tenait le magistère de la critique dans *Le Temps*, et Jean de Pierrefeu, qui le tenait dans le *Journal des Débats*[10]. Souday lui reprochait d'avoir « quitté les voies du naturalisme et du même coup celles du vrai » : « L'observation objective, l'étude de psychologie et de mœurs, à la façon de Flaubert, de Goncourt et de Zola, c'est peut-être une affaire d'hommes. » Bel exemple de machisme ! Pierrefeu lui reprochait de pratiquer l'« art de la sensation » dont elle est « le représentant le plus qualifié. Je pense avoir montré qu'il conduit à la nuit cérébrale, à la fin de toute culture, à l'appauvrissement définitif de la personne humaine ramenée au rang de l'animal. [...] Il est temps qu'elle change de personnages, elle a trop de génie, n'est-ce pas ? pour continuer à s'encanailler ». C'est ce qui fait pour nous le prix de Colette qui échappait à ce moraliste, écrivain de talent pourtant. On ne sait si Colette répondit à Souday. À Pierrefeu, elle écrivit :

> Mais qu'est-ce que vous avez, cher Pierrefeu et d'autres, à vouloir me régénérer ? Se pencher sur des pauvres – Léa, et Chéri plus qu'elle, sont des pauvres parmi les pauvres, – c'est donc si vil ? Je ne peux pas me mettre cela dans la tête, figurez-vous. Et il me semble que je n'ai jamais rien écrit d'aussi moral que *Chéri*[11].

Elle avait pour se consoler la lettre que Mme de Noailles lui adressa après avoir lu le « livre inouï » de « cet écrivain sans pareil » dans l'édition ordinaire. Colette lui adresse ensuite un exemplaire sur vélin enrichi de cet envoi où elle incorpora une citation des *Forces éternelles* · « À la comtesse de Noailles, j'offre le roman de deux héros qui ne sont pas tout à fait indignes qu'elle se penche sur eux "humbles plantes de volupté Que l'éternel désir fit naître Pour la suave avidité..." en témoignage de l'admiration et de la sympathie de / COLETTE DE JOUVENEL. »

D'où le remerciement : « Il serait absurde de penser que l'on va continuer la besogne entreprise, lorsqu'arrive un livre de vous. On l'avait lu, relu, – mais on le relit. » Mme de Noailles ne sera pas en reste. Sur un exemplaire du *Poème de l'amour* (Fayard, 1924) elle trace cet envoi : « À Mme Colette de Jouvenel – avec mon admiration sans borne[12] ! » Admiration et sympathie de l'un et l'autre côtés, qu'il n'y a pas lieu de mettre en doute.

À Proust, elle avait envoyé *Mitsou* dès la publication : il lui répondit en soulignant son éloge par une légère critique de la dernière lettre de Mitsou où il trouvait « un rien de précieux[13] ». Mais il oubliait le sous-titre : *Comment l'esprit vient aux filles.* Proust lui avait envoyé pour « Les mille et un matins » un fragment d'*À la recherche du temps perdu* : « Mme de Villeparisis à Venise ». Trop long, juge la direction. Colette le prie de procéder à une coupure[14]. Proust s'exécute et le texte paraît dans *Le Matin* du 11 décembre 1919, bien différent de ceux que le quotidien publiait sous cette rubrique. Ce fut la seule collaboration de Proust à cette section du *Matin* ; elle embarrassa fort Colette, qui ne tenait pas à indisposer ce lecteur averti, dont le jugement lui importait. En mai 1920[15], elle lui adresse « par impatience » un jeu d'épreuves de *Chéri* qu'on « n'en finit pas d'imprimer et de brocher ». Dans sa lettre qui les accompagne elle juge ainsi son œuvre, à chaud, un jugement qu'elle confirmera dans *L'Étoile Vesper* : « C'est un roman que je n'avais jamais écrit, – les autres, je les avais écrits une ou deux fois, c'est-à-dire que les "vagabondes" et autres "entraves" recommençaient toujours un peu de vagues claudines. » Appréciation injuste de *La Vagabonde*, mais vraie reconnaissance de l'originalité de *Chéri*. Il reçut ensuite un exemplaire portant cet envoi : « À Marcel Proust avec inquiétude (que va-t-il penser de *Chéri* ?) et affection. » Les envois de Proust sont plus fleuris, comme on s'y attend ; *À l'ombre des jeunes filles en fleurs* porte : « À Madame Colette / En souvenir attendri et émerveillé de *Mitsou* » ; *Du côté de Guermantes* : « À Madame Colette, Hommage d'admiration et de reconnaissance profondes (je ne vous écris pas plus j'ai 41 de fièvre etc.) votre ami respectueux. » Ils sont décorés de la Légion d'honneur en septembre 1920 ; elle félicite Proust ; il la félicite, répondant ainsi : « Si je vous dis : "C'est moi qui suis fier d'être décoré en même temps que l'auteur du génial *Chéri*", j'ai peur d'avoir l'air de prendre vos compliments trop au sérieux. » Le jeu des envois et des lettres aurait pu continuer longtemps, si la mort n'y avait mis triste ordre, le 18 novembre 1922. Proust lui avait adressé en 1921 *Le Côté de Guermantes II* suivi de *Sodome et Gomorrhe I* avec ce qui n'était plus un envoi, mais une lettre écrite au faux titre du volume :

> À Madame la Baronne de Jouvenel / Chère Madame dire que j'avais osé espérer qu'on serait un jour amis ! Je ne me suis pas levé depuis que je vous ai vue et je n'ai même pas pu corriger les épreuves de ceci qui a été imprimé sur le brouillon. Mais c'est embêtant de vous avoir vue et puis de ne vous connaître que comme si nous vivions à deux époques différentes, à des siècles. Et le fameux déménageur père de tant d'enfants que nous devions connaître. Et Chéri ! Est-ce que mon espoir de vous revoir est aussi bête que celui de l'homme qui tombe d'une tour et qui croit se raccrocher[16] ? Votre respectueux admirateur / MARCEL PROUST.

Elle le remercia au début de juillet avant de partir pour Rozven par une lettre qui montre une lectrice aussi attentive que Proust était un lecteur averti. À propos du commencement de *Sodome* : « *Personne au monde* n'a écrit des pages comme celles-là sur l'Inverti ; personne ! Je vous fais là une louange orgueilleuse, car si j'ai voulu autrefois écrire sur l'inverti une étude pour le *Mercure*, c'est *celle-là* que je portais en moi, avec l'incapacité et la paresse de l'en faire sortir. [...] Qui oserait toucher, après vous, à l'éveil lépidoptérien, végétal, ornithologique, d'un jupien à l'approche d'un charlus ? » Elle y touchera cependant, plus tard, dans *Le Pur et l'Impur*, tout en reprochant à Proust d'avoir mécompris Gomorrhe[17].

Ils se sont rarement rencontrés en personne ; que se seraient-ils dit de plus que ce qu'ils se sont écrit. « Nous échangeâmes des lettres, mais je ne l'ai guère revu plus de deux fois pendant les dix dernières années de sa vie. La dernière fois, tout en lui annonçait, avec une sorte de hâte et d'ivresse, sa fin[18]. »

On a vu que *Chéri* avait hésité entre le roman et la pièce de théâtre et qu'une tentative avait pris la forme d'un acte proposé à Bernstein. Colette n'avait cependant pas le métier qui lui permettait d'écrire à elle seule une pièce digne d'occuper la scène pendant toute une soirée. Aussi fut-elle heureuse de trouver un collaborateur en la personne de Léopold Marchand, fils des Marchand, directeurs de l'Eldorado, de la Scala et des

Folies-Bergère, milieu que Colette connaissait bien. Lors de leurs premières relations, en juin 1919, il a 28 ans et elle, 46. Une lettre circulaire lui est adressée du *Matin* pour demander sa participation à une nouvelle série des « Mille et un matins »[19]. Leurs relations deviennent rapidement amicales et même affectueuses. Une lettre de 1919 emploie encore le vouvoiement, mais dès 1920 le tutoiement le remplace. Et Rozven l'accueillera, avec les Carco, Germaine Beaumont et Hélène Picard. Ils ont bientôt à eux un monde mythique dont les noms leur servent de mots de passe ; notamment le Gondin, qui désigne d'abord une amie de Léo, petite et fort bien faite, puis, comme nom commun, les femmes esclaves de la mode. Avant d'épouser, le 6 avril 1922, Misz Hertz, femme divorcée d'Alfred Savoir, Marchand avait couru le gondin. Quand il commença à travailler avec Colette, il n'avait publié qu'une pièce, *Devant la mort* (1921), drame en deux actes créé au Grand-Guignol le 7 novembre 1920. Encore l'avait-il composée avec… Alfred Savoir.

Le roman *Chéri* avait paru aux premiers jours de juillet 1920. La pièce est terminée le 5 mai 1921. Elle sera créée au théâtre Michel le 13 décembre 1921. La veille, Colette avait donné une interview à L. Robert de Thiac pour *Comœdia* ; elle y faisait l'éloge de Marchand : « Il est impossible de rencontrer un collaborateur aussi souple, aussi patient, que lui. C'est que j'ai un caractère et une méthode de travail détestables. […] Notre collaboration ne s'arrêtera pas là, […] nous achevons ensemble une nouvelle pièce tirée de *La Vagabonde* », qui sera en effet créée en février 1923 sans obtenir le succès de la pièce *Chéri*.

Celle-ci bénéficia d'une excellente distribution. Pierre de Guingand était Chéri ; Jeanne Rolly, Léa ; Jeanne Cheirel, Charlotte Peloux ; Madeleine Guitty, la baronne de La Berche. La mise en scène était de Robert Clermont ; les costumes, de Lucien Lelong. Pour la 100e représentation, le 26 février 1922, Colette interpréta le rôle de Léa (qu'elle allait tenir dans la vie…). La pièce fit ensuite le tour de la province et des villes d'eaux. Elle sera jouée régulièrement jusqu'en 1926, parfois avec des distributions différentes ; c'est ainsi que l'on vit Pierre Fresnay dans le rôle de Chéri. Reprise le 5 février 1925 au théâtre Daunou, Colette dans le rôle de Léa, et Marguerite Moreno dans celui de Charlotte Peloux, elle fut à l'affiche du théâtre de la Renaissance du 16 mars au 2 avril 1925, puis à celle du Gymnase en décembre 1925, avant de revenir au théâtre Michel en 1926. Fortunat Strowski dans *Paris-Midi* du 10 mars

1926 n'est pas indulgent et n'a pas de raison de l'être : « Mme Colette, la plus naturellement vraie des actrices, a joué le rôle de Léa en “ grandeur ”. Peut-être croyait-elle exprimer toute la faiblesse voluptueuse de ce cœur déchiré. Elle n'y a réussi qu'à demi – heureusement ! » André Rouveyre, dans le *Mercure de France* du 1er juin, a été plus rosse, se moquant des prétentions de l'actrice après avoir commencé par railler la mime du début du siècle : « Elle paraîtrait enfantine en face d'une actrice intelligente et de métier. [...] Le drame qu'elle porte, elle n'a aucun moyen spontané, aucune disposition, ni aucun art pour l'exprimer en comédienne. [...] Que Mme Colette ne s'y trompe pas : le spectateur vient par curiosité de sa personne d'écrivain. C'est la légitime réponse à sa fantaisie d'exhibition*. » D'où lui venait cette acrimonie ?

Colette se consolait en rapportant à Bertrand de Jouvenel les exclamations de Mme Simone venue la voir et l'écouter à la Renaissance : « Mais comme c'est bien ! mais comme elle joue bien la comédie ! mais croyez-vous ! » et l'accompagnant à sa loge : « Où avez-vous appris à jouer comme ça ? Comment avez-vous travaillé ? Auriez-vous fait du théâtre avant ? Comment se fait-il que vous jouiez de cette manière... extraordinaire ? » Et Jeanne Granier : « Vous ne savez pas ce que vous faites, [...] vous démolissez n'importe quelle interprète qui joue à côté de vous**. » La vérité doit se situer entre l'appréciation de Rouveyre et celle de ces actrices.

La pièce sera reprise en 1949 au théâtre de la Madeleine et en 1982 aux Variétés.

Publiée en octobre 1922 à la Librairie théâtrale, la pièce n'a pas, il s'en faut, la valeur du roman ; elle a perdu la finesse psychologique que permettait le récit. Léopold Marchand était-il au reste le collaborateur idéal auquel Colette avait rendu hommage : trop respectueux à l'égard de celle qui l'appelait son enfant ? « L'estimable auteur de *Femmes*, n'avait peut-être pas assez de souplesse [ou en avait-il trop envers Colette ?] et de nervosité et seul un grand auteur dramatique, un Becque ou un

* Voir p. 163 et la note au bas de page.

** Lettre de Colette à Bertrand de Jouvenel (1925), encartée dans un exemplaire du *Blé en herbe* ; musée Richard Anacréon, Granville. Colette n'est cependant pas dupe de la perfidie qui perce sous le miel déversé par Mme Simone.

Dumas [fils], aurait pu en son temps traiter ce redoutable sujet[20]. » Oui, c'est Becque qu'il eût fallu*.

Léopold Marchand n'est d'ailleurs pas un écrivain à négliger ; ce n'est pas un simple auteur du Boulevard comme il y en eut tant avant et après la Première Guerre. Il a publié en 1923 à la Librairie de France un recueil de poèmes en prose, *À quoi penses-tu ?*, dont un exemplaire a été imprimé spécialement « pour Madame Colette de Jouvenel pour que, – enfin –, elle puisse avoir mauvaise opinion de moi ». Dans la préface, Francis Carco évoquait la jeunesse contemporaine qui s'écarte des chemins battus et qui a pour maîtres Rimbaud, Corbière, Lautréamont, Aloysius Bertrand.

Cette année 1923 vit en son début, le 3 février, la création de *La Vagabonde* au théâtre de la Renaissance avec Cora Laparcerie (Renée Néré), Madeleine Guitty (Fernande), Harry Baur (Brague), Jacques Baumer (Maxime). Et en sa fin le projet d'un scénario auquel Marchand était aussi associé, qui semble perdu, mais que l'actrice Sylvie avait bien voulu évoquer pour nous. Une troupe de cinéastes va tourner en extérieur *La Licorne blanche*, qui donnait également son titre au scénario. Le gentilhomme campagnard (il eût été incarné par Raimu) qui a prêté son château tombe amoureux de l'héroïne (Sylvie) : ils s'adoreront, mais elle restera pour lui le personnage qu'elle a créé – lointaine, inaccessible[21]**. L'échec de l'entreprise fut sans doute provoqué par le retrait du commanditaire, André Faure, administrateur de l'Odéon.

Hélène Picard entre dans la vie de Colette en 1919 ; elle va y prendre une place importante[22]. Colette la vouvoie en 1919 ; en juin 1920, elle la tutoie. Hélène commence à collaborer le 3 février 1920 ; elle donnera trente contes jusqu'au 2 octobre 1922. Elle y est de plus la secrétaire de Colette.

---

* Colette pense aussi au cinéma. Elle écrit à Musidora en 1921 ou 1922 : « Dis donc, je songe à vendre *Chéri* pour le ciné. On ne m'a pas encore fait d'offres assez précises ; mais on me propose des Chéris » (Bibliothèque de l'image-Filmothèque).

** Ce projet ne semble pas se confondre avec un autre, qui était du ressort du théâtre. Le 2 février 1923, interrogée lors de la création de *La Vagabonde*, elle déclarera à *Comœdia* qu'elle songeait à écrire avec Marchand « une pièce nouvelle, spécialement conçue pour la scène et non plus issue d'un roman ». Est-ce à cette pièce que se rapporte ce qu'elle écrira à Moreno le 10 juillet 1924 : « Il faut que nous ayons, Léo et moi, deux actes prêts » (*LMM*, 255) ?

Née Hélène Dumarc, à Toulouse, le 1er octobre 1873, elle est donc de quelques mois seulement la cadette de Colette. En 1898, elle a épousé Jean Picard, appartenant à l'administration préfectorale*, dont elle se séparera après avoir vécu à Privas avec lui, pour se fixer à Paris à la fin de la guerre. Pendant que son mari était en poste dans l'Ardèche, elle publia en 1903 chez Lucien Volle, imprimeur-éditeur de Privas, *La Feuille morte*, « poème lyrique, féerique ». Chez le même L. Volle elle publie en 1907 *Petite ville… Beau pays… (Souvenirs de séjour dans l'Ardèche)* et en 1908 *Les Fresques*. Mais dès 1908 sa poésie faisait le voyage de Paris. Sansot publia son premier recueil important, *L'Instant éternel*, dont il en donna en 1908 une deuxième édition, et en 1913 *Les lauriers sont coupés*. Elle était déjà l'amie de Colette lorsque, en juin 1920, elle fit paraître, encore chez Sansot, *Province et capucines*. Elle a du talent, et l'on évoque parfois en la lisant Marceline Desbordes-Valmore, mais on peut regretter qu'elle n'ait pas toujours contrôlé sa généreuse inspiration. C'est le lyrisme en personne. « Ta petite figure, et tes cheveux de folle sur un front de sage », lui écrivait Colette. Elle était peu soucieuse de sa santé qui était fragile et qui préoccupait Colette. En août 1923, elle souffrait d'une lésion pleurale. Puis, elle fut victime d'une maladie des os. Les lettres de Colette suivent ses bulletins de santé et l'on peut dire que sans sa grande amie elle n'aurait pas survécu. Elle mourut à l'hôpital Saint-Jacques le 1er février 1945, ayant sous sa main le pneumatique, non ouvert, que lui avait envoyé Colette, lorsque celle-ci eut appris par Marguerite d'Escola l'état désespéré d'Hélène**.

Avec quelques poèmes des recueils publiés chez Sansot, les deux œuvres d'Hélène Picard qui méritent la lecture ont été conçues dans le milieu dans lequel Colette l'avait intégrée et qui se reconstituait chaque été à Rozven, les Carco, les Marchand, Germaine Beaumont, Germaine Patat. Le roman *Sabbat*, un

---

* Jean Picard était lui-même poète : en mars 1908, il publia chez Sansot un recueil, *La Nuit méditative*.

** Les lettres de Colette à Hélène Picard et quelques lettres de celle-ci ont été rassemblées dans *LHP*. Colette parle souvent d'Hélène à ses correspondants, notamment à Moreno (ainsi, voir *LMM*, 244). Hélène habitait 29, rue d'Alleray (XVe arr.) et Marguerite d'Escola au 8 de la même rue. Vint un moment où elles ne purent plus se déplacer l'une et l'autre. Il n'y a pas de lettres conservées après 1942, ce qui ne signifie pas qu'il n'y en eut pas. – Marguerite d'Escola a donné quatre contes au *Matin* en 1922-1923.

roman lyrique, a été accueilli en 1923 par Colette dans la collection qu'elle dirigeait chez Ferenczi. La préface dont elle a honoré le volume montre qu'elle a cherché à donner un nouvel élan au talent de sa protégée :

> Je t'ai jetée à la prose, Hélène, avec regret et scrupules, et comme si j'attelais un pur-sang à un tombereau. Humilier un col fier qui n'eut jamais que le rythme pour maître, contraindre à l'ornière toute droite des sabots ailés qui foulaient les nues... J'ai tremblé plus d'une fois de ce que j'osais [23].

Pour un mauvais garçon (André Delpeuch, 1927) exprimera en vers passionnés l'amour qu'Hélène vouait à Francis Carco et qui ne s'est pas exprimé autrement.

Pendant ces années 1919-1924, l'activité de Colette est aussi étonnante, et même prodigieuse, qu'elle le fut auparavant ; elle mène parallèlement sa carrière d'écrivain et son métier de journaliste.

À la désorganisation des premières semaines d'août 1914 correspond la nouvelle distribution des cartes au cours des mois qui ont suivi l'armistice. Colette qui avait été contrainte d'aller gagner sa vie à *Excelsior* et à *L'Éclair* les quitte l'un le 16 septembre, l'autre le 14 novembre 1918. Sa signature réapparaît dans les colonnes du *Matin* le 2 janvier 1919, au bas d'un reportage sur les lieux des combats, Argonne et Meuse – son enquête l'avait menée « en auto » jusqu'à Metz. C'est la journaliste, non l'écrivain, qui est sollicitée. Le 16 janvier elle raconte à Marguerite Moreno sa vie de « grand reporter » : « Je reviens d'une pouponnière. Il y a deux jours, une autre pouponnière. Avant-hier une maison de refuge pour les filles enceintes. Demain, une autre pouponnière. Nous cherchons, Sidi et moi, une formule qui permettrait à la puériculture, à la salvation (ce mot est laid) des enfants petits, etc. d'entrer, fût-ce par la porte basse, dans les rubriques d'un grand quotidien. Moi je trouve ça tout simple et quasi obligatoire, il paraît que non [24]. » Le 26 janvier, elle devait participer au voyage inaugural de l'aérobus Caudron – un des premiers avions contenant des passagers –, qui devait emmener dix personnes à Londres. Mais au dernier moment le gouvernement anglais refusa le survol de son territoire à tout pilote civil ; les passagers n'avaient pu être prévenus ; par un petit matin neigeux ils prirent place sur les planches qui servaient de sièges, dans l'appareil, bien sûr, non chauffé ; l'avion décolla, vola pendant vingt minutes, puis revint à son point de départ, Villacoublay[25]. Quelques semaines plus tard, elle dut encore faire preuve de « débrouillardise » (le mot d'ordre des directeurs de journaux était, est : « Débrouillez-vous », raconte Colette[26]). Ce fut à l'occasion de l'arrivée en France de la reine Marie de Roumanie, qui s'était montrée pendant la guerre particulièrement courageuse. La souveraine devait arriver à Paris le 5 mars. Les reporters et les photographes se pressaient. Colette avait peu de chance de pouvoir l'approcher. Avec Roger Mathieu, le photographe, elle se poste sur le parcours du train et profite d'un ralentissement à Laroche-Migennes pour s'agripper au train. À six heures du matin le jour n'est pas encore levé. Sur le marchepied, Colette parlemente ; il lui faut convaincre, séduire les gardes, puis apitoyer la reine pour que celle-ci lui accorde un entretien. L'article paraît le lendemain dans *Le Matin* sous un titre nietzschéen : « Ainsi parla la reine de Roumanie dans le train spécial qui l'amena hier matin à Paris. » Peu après, Colette fut appelée à d'autres fonctions.

Dans un siècle il y a des jours néfastes pour mourir. René Maizeroy, qui, rappelons-le, dirigeait « Les mille et un matins », choisit, si l'on ose dire, l'un de ceux-là : il s'éteignit le 8 novembre 1918 et ses obsèques eurent lieu le... 11, dans l'allégresse générale ; messin d'origine, il a manqué de quelques jours le retour de sa ville natale à la France.

Depuis le 10 septembre 1918 le journal n'avait plus publié de conte ; à la fin de la guerre il ne comptait que deux ou quatre pages, les événements se précipitaient et remplissaient les colonnes, en outre Maizeroy luttait contre le cancer. En mars ou avril 1919, Colette est chargée de « la direction des contes ». On l'installe au quatrième étage de la « maison rouge » ; les auteurs dont on avait refusé un conte constataient amèrement, lorsqu'ils venaient retirer leur copie, que le bureau de la directrice littéraire – deux fenêtres donnant sur le boulevard Poissonnière – était voisin de la caisse, devant laquelle ils passaient, sans « toucher ». Ponctuelle, Colette prend régulièrement son service à cinq heures du soir, sauf le vendredi où elle vient l'après-midi entier. Elle s'assoit devant une énorme table de bois blanc peinte « façon hêtre », sur laquelle elle a posé un œuf de cornaline qu'elle roule de temps en temps entre ses doigts, une boîte de laque rouge ornée de plaques d'ivoire, un encrier Louis-Philippe en porcelaine blanche, et des papiers, des papiers[27]... Au mur,

« deux charmants Maclet » sont accrochés, ainsi que le portrait de D'Annunzio, dédicacé par le maître, et celui de Verlaine.

Pour la seconder, Colette obtient l'autorisation de prendre une secrétaire particulière. Elle fait d'abord appel à la fille de son amie Annie de Pène, Germaine Beaumont. À partir de juin 1920, c'est Hélène Picard qui aide Colette dans les tâches administratives et qui fait la première sélection des contes.

Le 19 juin 1919, le journal annonce en première page : « Tristan Bernard, humoriste et dramaturge, gai derrière sa barbe, grave, rouvre aujourd'hui en 4e page la nouvelle série des *Mille et un matins.* » Sept contes paraissent pendant la seconde quinzaine de juin, douze seulement en juillet, vingt-quatre en août. Colette réamorce la pompe, elle sollicite ses relations, journalistes, auteurs dramatiques, tel Clément Vautel, auteur de la chronique « Mon film » qu'il promenait d'un journal à l'autre : « Je suis chargée de ressusciter au *Matin* la rubrique des contes et nouvelles. Ce n'est pas commode. Mais vous devez m'aider en m'envoyant des contes. Venez vite me voir entre 5 et 7 au *Matin* tous les jours sauf le dimanche. Votre dernier " Film " est charmant, je vois très bien une série " envers du ciné ", en chapitres plus courts [28]... » À Henri Lavedan : « À qui voulez-vous que je pense, sinon à Lavedan ? le moindre dialogue de vous serait accueilli avec joie. » Il est fort probable que ces quelques lignes ont été reproduites plusieurs fois. André Billy est sollicité ; Henry Bordeaux est presque harcelé ; Francis Carco, Pierre Benoit, Roland Dorgelès, Edmond Fleg, Maurice Genevoix, Léo Larguier, Pierre Mac Orlan, François de Nion, Paul Reboux, Edmond Sée, Pierre Veber, Pierre Wolff, concèdent chacun un conte ; Alexandre Arnoux, Henry Bataille, Charles Méré, Valmy-Baysse, deux ; Henri Béraud, Georges Duhamel [29], Gabriel de Lautrec, Maurice Magre, trois. Avec Paul Léautaud, elle n'a pas eu de chance. À sa demande il répond par une lettre fleurie, dithyrambique même, mais qui n'est assortie d'aucune promesse : le jour, il travaille ; le soir, il va au théâtre [30]. Elle n'obtiendra rien de plus quand elle le sollicitera pour la « Collection Colette ».

Avant de s'engager, Henri Barbusse, qui avait déjà servi sous Maizeroy, s'inquiète des conditions : « Mais, cher Monsieur, je veux simplement du Barbusse épatant et chaste. Je ne prévois nulles autres astreintes, pour parler judiciairement, sauf celle de ne pas dépasser la colonne au-dessus du feuilleton. Ah ! quand nous aurons nos six, huit, dix et douze pages... vous verrez ce que vous verrez. Qu'entendez-vous par propositions brillantes ? Je vous offre modestement 300 francs par nouvelle [31] [...]. » Mais les orientations littéraires et politiques de l'auteur du *Feu* se sont affirmées depuis que Colette l'a rencontré * et elles ne correspondent plus à celles du *Matin*. Déjà en 1911, René Maizeroy avait été obligé de le rappeler à l'ordre : « Mon cher ami / à quoi pensiez-vous ? / Un conte antimilitariste dans un journal qui est absolument et résolument *cocardier* et le porte-parole des officiers coloniaux [32]. » En fait le directeur littéraire du journal n'est pas là pour faire valoir ses goûts esthétiques, politiques, moraux ou autres, il est chargé seulement de veiller à ce que les auteurs ne fassent pas montre eux non plus des leurs. En outre, selon la propre formule de Colette, les contes doivent pouvoir être lus, et compris, par « le gendarme retraité de Rueil [33] »... Sapène veille **, et Colette est obligée de se soumettre ; elle retire d'une nouvelle d'Hélène Picard la marque d'un parfum, « qui constitue une publicité et nous serions engueulées par Sapène » ; c'est Sapène encore qui empêche la publication de « L'Habitude » – un conte de la directrice littéraire –, effrayé probablement par le sujet [34] ***. Les deux premières années, la liberté de Colette était restreinte en outre par l'obligation de publier un certain nombre de contes par semaine signés par les membres de l'Association des écrivains combattants... Elle s'accommode cependant très bien de ces écueils, consciente qu'un journal n'est ni une revue ni un livre et que les libertés sont différentes. Quoi qu'il en soit, quand elle aura quitté le journal et que les journaux accableront Sapène, elle prendra la défense de son « directeur et ami [35] ».

Peut-être par souci de simplification – il n'est plus besoin de surveiller un auteur que l'on connaît bien –, peut-être par l'effet de pente naturelle que suit toute évolution, peu à peu des habitudes se créent, et certains auteurs ont leur jour : Henri Duvernois pendant près de trois ans donne un conte tous les dimanches ; Maurice Level se voit réserver le lundi ; à partir du 31 octobre 1922, Charles-Henry Hirsch donne rendez-vous à ses

---

* Voir le chapitre précédent, p. 236.

** Sur Sapène, voir le chapitre « Tumultes », p. 209.

*** Colette écrit à Germaine Patat, de Gstaad, donc au cours de la seconde quinzaine de janvier 1924 : « Mon conte de samedi dernier a sauté. C'est tout ce que je sais. Sapène a dû y découvrir quelque chose, mais quoi ??? Je me perds en conjectures, mais pas au point d'en oublier le boire et le manger. »

lecteurs un mardi sur deux ; pendant un an, Tristan Bernard règne le jeudi*, et, à partir du 15 octobre 1921, le samedi est le jour de Colette elle-même (c'est dans *Le Matin* qu'elle publie une grande partie de *La Maison de Claudine*, de *La Femme cachée* et du *Blé en herbe*).

C'est dans une de ses chroniques de critique dramatique, le 15 mai 1938, qu'elle rend hommage à Henri Duvernois, mort quinze mois plus tôt et pour qui elle avait une grande sympathie. Elle rappelle alors : « Les insanes, les demi-fous abondent dans l'œuvre d'Henri Duvernois. Il tire un parti incomparable de ces innocents, protégés de la réalité. Il explore avec eux les oasis fermées au commun des mortels. Sa curiosité aiguë, sa profonde contemplation sont dénuées de cruauté. Cet amateur de désert se connaissait en solitude[37]. » C'est en pensant à Henri Duvernois qu'elle compose le conte intitulé, justement, « Demi-fous[38] ».

Dans ses mémoires, Paul Reboux trace le portrait de quelques-uns de ses confrères ; retenons ceux des collaborateurs des « Mille et un matins » : « Maurice Level, spécialiste joyeux des œuvres noires pour Grand Guignol, fantasque, vif, spirituel, si maigre, si étroit de visage qu'on le voyait à peine de face, mais doué d'un profil accentué qu'ornait une longue moustache blonde d'officier de hussard. / Henri Duvernois, bon géant inséparable du maigre Level, Duvernois, la finesse même sous un air bonasse, à l'affût des ridicules humains qu'il montrait avec un humour mêlé de pitié, auteur de contes parfaits où flottait l'ombre de Dickens. [...] Charles-Henry Hirsch avait l'air d'un petit sapajou renfrogné affublé d'un monocle. Mais il était doué d'un cœur excellent et il savait tracer des eaux fortes littéraires aux belles oppositions de noir et de clair. [...] Maurice Dekobra... Nul d'entre nous pensait qu'il allait devenir un auteur mondial, car les œuvres de ses débuts [...] semblaient ne le destiner qu'aux louanges des gens de goût et des artistes, et non au vaste public international[39]. » Ce dernier, qui était venu interroger Colette Willy en 1913**, donne en un an, outre deux textes personnels, douze traductions (Jack London, Jerome K. Jerome, Rudyard Kipling, Mark Twain, Henry James...).

---

* Et fait régner la terreur dans les ateliers : Germaine Beaumont raconte avec verve les allers et retours qu'il impose au coursier chargé de porter les épreuves, pour corriger une virgule ou un point[36].

** Voir le chapitre « "Rien n'est banal dans ton existence" », p. 188.

Lorsque Colette quittera le journal, la face des « Mille et un matins » ne s'en trouvera pas changée. Charles Quinel, Maurice Level, Charles-Henry Hirsch garderont leur cadence, et la plupart des autres collaborateurs leur participation occasionnelle. Cependant, le directorat de Colette est perceptible dans la présence de certains auteurs : Henry Barde, journaliste, mari de Germaine Beaumont ; Marguerite Moreno, Hélène Picard, Louis de Robert. Certains publient dans les « Mille et un matins » et dans la « Collection Colette » : Raymond Escholier, Hélène Picard, André Obey, Gabriel Maurière, Francis de Miomandre, Marcel Berger, Marion Gilbert, Blanche Vogt, Charles Derennes et Albert Erlande. On retrouve aussi le nom des jeunes admirateurs de l'écrivain Colette : René Bizet, Louis Delluc, Robert-Sigl, l'auteur d'un *Colette*, publié en janvier 1924. Quant à Bertrand Degy, signataire des contes des 7 octobre et 8 décembre 1921 et 5 avril 1922, et dont le nom ne se retrouve ni dans les annuaires de la presse ni dans les catalogues de la Nationale, on peut se demander si le patronyme ne doit pas se lire : de J[ouvenel]...

Colette sait découvrir de jeunes auteurs de talent. Elle publie notamment plusieurs contes d'André Baillon, en 1921. Un peu plus tard, elle fait faire ses premiers pas dans un grand journal à Georges Simenon. En 1923, il a vingt ans et n'est encore que Georges Sim. Après avoir refusé plusieurs textes, Colette en sélectionne un et convoque le jeune homme : « Elle m'a appelé "mon petit Sim" [...]. "Vous savez, j'ai lu votre dernier conte [...]. C'est presque ça, mais ce n'est pas ça. Il est trop littéraire. Il ne faut pas faire de littérature, et ça ira." [...] Supprimer la littérature, qu'est-ce qui restait ? Alors j'ai essayé d'être le plus simple possible. C'est le conseil qui m'a le plus servi dans la vie[40]. » Cependant, les premiers textes de Sim ne paraissent qu'après que Colette a renoncé à diriger la rubrique.

En août 1923 elle publie un conte du ministre du Pérou à Paris, Ventura García Calderón (né et mort à Paris, 1886-1959). Le diplomate a publié des poèmes dans sa langue maternelle dès 1908, et le premier ouvrage qu'il compose directement en français date de 1916 *(Don Quichotte à Paris et dans les tranchées)*. Il continue toutefois d'écrire dans l'une ou l'autre langue. Il est élu à l'Académie royale de Belgique en décembre 1933 (avant Colette) ; et son nom est proposé pour le prix Nobel en 1934. À la veille de la Seconde Guerre il manifeste son amour pour la culture française dans *Cette France que nous aimons* (1938). Au quatrième anniversaire de la mort de l'auteur de *Chéri*, il lui rend hommage dans *Le Figaro littéraire* (16 août 1958). Il se rappelle la soirée mémorable du Moulin-Rouge et une représentation de *Pan*, quelques conversations où « elle faisait volontiers la revue caustique des plus notoires écrivains de l'époque », la soirée qui suivit la réception à l'Académie belge : « Que n'ai-je pris des notes de cette conversation éblouissante qui se prolongea jusqu'au matin ! Comme Anna de Noailles, mais en plus rude, elle fit une parfaite caricature verbale de ses chers confrères », mais aussi les dernières visites qu'il lui fit : « " Quand je mourrai, vous direz que je n'étais pas si méchante que ça." » Elle avait donc cette réputation. Calderón dirigeait les Éditions Excelsior où, en décembre 1926, il publia *L'Ingénue libertine*, illustrée de vingt eaux-fortes de Louis Icart, bien adaptées à ce roman où l'on peut lire une scène d'amour qui mène enfin Minne à un exaltant orgasme et qui est digne des anthologies spécialisées[41]. Colette défendit ses droits d'auteur avec une âpreté qui n'était pas fortuite, et Léautaud rapporte que Calderón avait alors trouvé Colette « insupportable, désagréable, même insolente, en affaires[42] ».

Au début de septembre 1923 elle abandonne sa charge de directrice littéraire : « pas assez de temps pour mon propre travail, trop de paperasserie », explique-t-elle à l'un de ses auteurs, Albert-Jean[43]. Elle préfère reprendre « Le Journal de Colette » – ce qu'elle fait à partir du 6 octobre. Sapène la remplace ; malgré ce que l'on en dira dans la presse, au printemps de 1924, quand la rupture avec *Le Matin* sera connue de tous, elle a de bonnes relations avec lui, suffisamment pour lui recommander le même Albert-Jean, conseil suivi d'effet : d'occasionnelle la collaboration du jeune écrivain-journaliste devient hebdomadaire lors du remaniement qui suit le départ de Colette.

Cependant, la nouvelle organisation ne devait durer que quelques mois : le dernier compte rendu dramatique est daté du 12 janvier 1924 et la dernière livraison du « Journal de Colette », du 16 février suivant. Du journal lui-même elle garda une certaine forme de nostalgie – les pages de *L'Étoile Vesper* qu'elle consacre à ces années en témoignent, ainsi que la « petite masse de plomb – souvenir de l'imprimerie du *Matin* – » dont elle se sert, à la Treille muscate, pour ouvrir les amandes de pins pignons[44]...

Les volumes se succèdent année après année, romans, recueils de textes déjà publiés dans des périodiques, pièces de théâtre. Ce tableau est éloquent ; il rend compte également de la diversité des éditeurs :

1918 (décembre)	*Dans la foule*	Crès
1919	*Mitsou*	Fayard
1920	*Chéri*	Fayard
1921	*La Chambre éclairée*	Édouard-Joseph
1922	*Le Voyage égoïste*	Édouard Pelletan
1922	*La Maison de Claudine*	Ferenczi
1922	*Chéri* (pièce)	Librairie théâtrale
1923	*Rêverie de Nouvel An*	Stock
1923	*La Vagabonde* (pièce)	*La Petite Illustration* puis Flammarion
1923	*Le Blé en herbe*	Flammarion
1924	*La Femme cachée*	Flammarion
1924	*Aventures quotidiennes*	Flammarion

Si les textes brefs lui viennent assez facilement, car son module est le conte ou la chronique destinée au *Matin*, de huit à douze feuillets manuscrits, les romans lui coûtent sang et eau ; l'achèvement lui est un supplice. À Marguerite Moreno, en juin 1923, elle écrit de ce qui deviendra *Le Blé en herbe* :

> J'ai fini – que je crois – « Le Seuil ». Non sans tourments ! la dernière page, exactement, m'a coûté toute ma première journée de Castel-Novel, – et je te défie bien, en la lisant, de t'en douter. Quoi, ces vingt lignes où il n'y a ni cabochon ni ciselure... Hélas, c'est comme ça. C'est la *proportion* qui m'a donné du mal. J'ai une telle horreur de la grandiloquence finale*.

Pour écrire *Le Blé en herbe*, Colette avait une idée d'ensemble de l'œuvre, mais elle en écrivait les parties comme autant de

* *LMM*, 238. Ajoutons cette remarque au commentaire du *Blé en herbe* où les parents de Phil et de Vinca sont par eux appelés les « Ombres ». C'est sans doute un souvenir de la lecture d'*Aphrodite* (voir p. 68). Chrysis, invitée chez Bacchis, demande en arrivant à l'esclave : « Quelles sont les ombres ? » P. Louÿs ajoute : « On appelait ainsi tous les convives, sauf un seul qui était l'Invité » (Mercure de France, 1906, p. 178). Cependant, le roman de Colette ayant été primitivement conçu comme une pièce qui se fût d'abord déroulée dans l'obscurité, on peut aussi penser à ce sens d'« ombre » (voir *Pl.* II, 1698).

fragments indépendants : *Le Matin* publia le premier dans son numéro du 29 juillet 1922. Le quatorzième texte parut le 10 mars 1923 ; la direction du journal y était intervenue pour empêcher Phil de tomber dans les bras de Mme Dalleray. Le quinzième, publié le 31 mars, sous le titre « La Comparaison », fut aussi le dernier. *Le Matin* ne voulait pas effaroucher davantage la pudeur de ses lecteurs. Dès lors, Colette put prendre son élan et, hormis l'équivalent de deux autres textes déjà prêts à être publiés dans *Le Matin*, elle accéléra le rythme au point que le volume fut rapidement terminé et publié en juillet.

Colette est aussi directeur de collection, la « Collection Colette », chez Ferenczi : vingt romans y seront publiés d'octobre 1923 à mars 1925[45]. On n'y remarque pas de titres éclatants, mais ce sont des œuvres solides, bien écrites, où elle peut faire place à des amies et collaboratrices comme Hélène Picard et Claude Chauvière. Parmi les auteurs qui ont eu quelque renommée, on peut citer Raymond Escholier, André Obey, qui lui dédie *L'Orgue du stade* (Gallimard, 1924), Philippe Soupault, Francis de Miomandre, Lucie Delarue-Mardrus, Charles Derennes, Emmanuel Bove, qui, après avoir publié *Mes amis* dans cette collection, publiera en 1926 chez Flammarion *Armand*, dédié « À Madame Colette » et dont celle-ci se souviendra en écrivant « Armande »[46].

Elle ne cesse de collaborer à des périodiques, car, si elle est baronne, elle n'est pas rentée. On a vu qu'elle avait repris après la guerre sa collaboration au *Matin*, assurant la direction des « Contes des mille et un matins » et, à partir de décembre 1919, également chargée de la critique dramatique de ce quotidien. Quand elle doit, le soir, assister à une représentation, Pauline, alors adolescente, vient lui apporter tout ce qu'il faut pour s'habiller. Elle prend un dîner rapide – ce dont elle souffre – et part pour le théâtre. Elle revient ensuite au journal et rédige son compte rendu. L'analyse de la pièce et les appréciations sur l'interprétation doivent tenir en vingt lignes, pas plus : ordre de Sapène ! – elle dira plus tard que l'injonction lui fut salutaire[47]. Durant ces mois, elle rend compte de peu de pièces importantes, si l'on entend par là les pièces qui sont jouées encore parfois aujourd'hui ou qui mériteraient de l'être.

Elle commence à collaborer à *La Revue de Paris* le 1er novembre 1921. Avant même qu'en raison de la séparation d'avec Jouvenel elle abandonne *Le Matin*, elle a entamé des négociations avec Mouthon et Letellier, les directeurs du *Journal*, sans résultat*. C'est au *Figaro*, dont la direction littéraire a été confiée à Robert de Flers, qu'elle entre le 28 avril 1924 : elle doit y écrire un article chaque dimanche sous la rubrique : « L'Opinion d'une femme ». Mais à la fin de septembre 1924 Flers lui demande de réduire ses chroniques à deux par mois, « pour cause de vie chère ». Elle refuse et rompt**. Et elle entre comme critique dramatique au *Quotidien* pour peu de temps. En cette fin de 1924, elle collabore aussi à *Cyrano*, à *Demain* et, davantage, aux *Annales politiques et littéraires*, même à *Vogue*, où, en 1925, elle donne chaque mois une chronique. Le directeur, Philippe Ortiz, réunit les douze chroniques à la fin de cette année 1925 dans *Quatre saisons*, recueil qui en 1928 sera repris à la suite de la nouvelle édition du *Voyage égoïste*.

Quand elle n'est pas au rouet du journalisme, elle donne des conférences. À l'Athénée, le 20 janvier 1923, sur « L'Homme chez la bête », conférence qu'elle répétera dans le Midi pendant la troisième semaine de mars : Menton, Nice, Cannes, Marseille. Elle a pris d'autres engagements pour la fin de l'année. À Moreno, le 20 octobre 1923 :

> Le travail empoisonne ma vie. Car, ayant péniblement pondu trente pages de ma conférence sur *Le Problème de la vie à deux*, je vois qu'il ne faut pas, en ce moment, toucher à cela, pour maintes raisons. J'y renonce donc, et je vais m'attaquer à « Ce que j'ai vu, de la scène dans la salle, et de la salle sur la scène », ou quelque chose d'approchant***. Mais que de temps perdu.

---

* Voir p. 266-267.

** Voir *LMM*, 262, et *LHP*, 312. Pour Moreno, elle ajoute : « Mes renseignements pris, c'est une "punition" qu'on m'inflige à cause de la critique au *Quotidien*. » Curieux, qu'elle fasse état de ce reproche du *Figaro* ; ce n'est que le 12 octobre que *Le Quotidien* annoncera qu'il s'est assuré la collaboration de Colette pour la critique dramatique. Mais dans ce joli milieu la nouvelle a pu circuler en septembre.

*** En fait, « Le théâtre vu des deux côtés de la rampe ». Pour ses tournées de conférences, Colette a beaucoup brodé sur ce thème : en 1912-1913, ce fut « L'envers du music-hall » ; en 1924, « Des deux côtés de la rampe » (une version de cette dernière conférence a été publiée dans *Conferencia*, 15 novembre 1924, et reproduite dans les *Cahiers Colette*, n° 13, 1991, p. 121-136) ; en 1926, « L'envers et l'endroit du théâtre et du music-hall » ; en 1932, « Des deux côtés de la rampe : sur la scène et dans la salle »...

Elle va parler cette conférence en novembre à Aix, Nice, Toulon, Marseille, Avignon, en décembre à Nantes, Bordeaux, Saint-Sébastien, Bayonne, et elle la redonnera le 8 février 1924 à l'Université des Annales. Le 1er avril ce sera une causerie sur la mode dans les salons du couturier Lucien Lelong. En décembre 1924, elle redevient actrice pour incarner Léa au théâtre de Monte-Carlo, avec de vrais acteurs comme Pierre de Guingand et Suzy Prim et des amis : Marguerite Moreno et son « neveu » Pierre, Léopold Marchand, Germaine Beaumont et son mari Henri Barde ; une troupe d'amis et de gens de lettres.

N'oublions pas sa présence aux concours du Conservatoire, au début de juillet, en 1920, 1921 et 1923. Elle distingue les talents de Charles Boyer (« son âpreté distinguée, sa mimique serrée [...] son visage tourmenté aux beaux yeux* »), de Marie Bell, « pleine d'une chaude et tremblante sensibilité [et qui] nous étonnera peut-être** », de Line Noro, dont le jeu « témoigne d'une rare compréhension littéraire », Fernand Ledoux, Pierre Blanchar... Lorsque Madeleine Renaud reprit plus tard le rôle de Marceline dans *Jean de la Lune*, Colette lui écrivit une lettre amicale où elle lui rappela les concours : « Je suis contente de me souvenir que j'ai deviné, quand vous étiez une enfant encore, que vous donneriez la grâce et la vérité à tout ce que vous toucheriez[48] » ; elle n'exagérait pas : en 1920 elle avait noté : « Mlle Renaud – candeur adroite, accent juste – plaît autant qu'un bouquet frais », et en 1921 : « Mlle Renaud, diabolique, [est un] petit miracle d'ingénuité, Agnès parée de toutes les ruses »...

À partir d'octobre 1921, elle est aussi membre et présidente du jury du prix de *La Renaissance politique, littéraire et artistique*, revue dirigée par Henry Lapauze et après sa mort (1925) par Charles Pomaret. Le prix est décerné en avril ou en mai. En

---

* *Le Matin*, 6 juillet 1921 ; l'allusion à la mimique de l'acteur se comprend quand on se souvient que l'année précédente Colette précisait que l'apprenti acteur avait suivi « une excellente classe de geste et d'expression », ce que Wague dut apprécier.

** *Le Matin*, 7 juillet 1920 ; l'année suivante elle la trouve toujours « si touchante » mais regrette qu'elle n'ait « malheureusement pas appris depuis l'an dernier l'art de varier suffisamment le ton de son débit » (7 juillet 1921), remarques qui préfigurent celles que Colette adressera à la comédienne quand elle scrutera les scènes avec sa jumelle noire, une douzaine d'années plus tard. – Pour Line Noro, même compte rendu.

1922 sont couronnés Henry-Jacques et Pierre Mac Orlan *(La Cavalière Elsa)* qui lui offrira, l'année suivante, sa *Vénus internationale* avec son « admiration » et son « affection profonde ».

En 1923, le lauréat est Paul Morand *(Fermé la nuit)*, mais elle demande que le jury marque sa sympathie à André Baillon, auteur d'*En sabots* (Rieder) qui a le malheur d'être une réédition ; Lapauze met en plus à la disposition du jury un chèque de cinq mille francs qu'elle va porter à Baillon, soigné à la Salpêtrière. Le livre de Baillon avait d'abord paru en 1920 aux Éditions de la Soupente sous le titre *Moi quelque part*, avec une préface du bon écrivain belge Georges Eekhoud. Baillon est lui-même lié à la Flandre et son livre est composé de tableaux de la vie à la campagne dans cette région. Un chapitre nouveau du livre qui devient *En sabots*, « Chats et autres », est dédié « à Madame Colette ». Ce n'est pas la raison de son choix ; elle perçoit une inspiration proche de ses nostalgies naturistes et qu'elle retrouvera en 1943 dans *Le Pain au lièvre* de Joseph Cressot.

En 1924, le prix va à l'oublié Louis Léon-Martin ; en 1925, à un autre obscur, Georges Girard. En 1926, Colette est au Maroc. En 1927, le lauréat est Paul Chack ; en 1928, Luc Durtain ; à la demande du jury, c'est-à-dire de Colette, Mme Lapauze accorde un prix supplémentaire de trois mille francs à Hélène Picard, auteur des poèmes de *Pour un mauvais garçon*. En 1929 et 1930 sont couronnés Joseph Jolinon et François Bonjean. En mars 1931, Colette quitte ce jury.

Mieux que de longs développements, la lettre qu'elle adresse le 12 janvier 1924 à Hélène Picard montre ce que pouvaient être ses journées :

> Ma petite Hélène, tu ne dois rien comprendre à mon silence et à mon absence. Sache que je travaille de 8 h 1/2 du matin à une heure du matin. Je n'en puis plus. Mais il fallait que je fisse tout ce que j'ai fait. Aujourd'hui, à 8 h 1/2 j'étais à ma table : rédaction en onze pages, d'un scénario complet en cinq tableaux *[La Licorne blanche]*, que je laissai, à déjeuner, aux mains de Léo, de l'actrice Sylvie, du commanditaire Faure. Ci : deux heures de palabres éreintants. À 3 heures, j'étais chez Mouthon, direct. du *Journal*. Il fonde un hebdomadaire et m'y propose ma part. Deux heures de palabres et de chiffres avec Vautel, Pawlowski, Henri Béraud, etc., etc. À 5 heures

> j'étais rive gauche, chez Armand Colin, à qui j'avais envoyé, hier, le produit d'une demi-nuit de travail. Ils sont enchantés, j'ai bon espoir. Mais le bouquin doit être livré en juillet au plus tard. À 6 h. 1/2 j'essayais à la Maison de Blanc un costume à culotte de laine pour la neige, à 7 heures je portais au *Matin* le prochain journal de Colette, rédigé hier soir entre 10 h. 1/2 et une h. du matin. Toutes mes journées en ce moment ressemblent à celle-là. Demain dimanche à 2 heures je suis chez le coiffeur jusqu'à 6 h. À 7 h., deux ministres, s'il te plaît, ô mon Hélène, Klotz et Bérard viennent me prendre en auto, nous dînons en Seine-et-Oise chez Mouthon, il y aura Letellier, l'autre D^r^ du *Journal*, et tu sais à quel point précis cela peut m'intéresser. Lundi matin à 9 HEURES, je vais chez le dentiste pour une rossarde de molaire qui me tourmente depuis hier. Il faut d'ici là que j'aie fait mes bagages, la nuit naturellement.

Elle partait, nous le verrons, pour Gstaad...

Elle ne pouvait résister à une vie si accaparante qu'en raison des vacances qu'elle prenait, même si son repos n'était pas exempt d'écritures. Elle passe régulièrement le mois d'août à Rozven, ainsi, quand elle le peut, que la fin de juillet et le début de septembre. En août 1919, elle y commence la composition de *Chéri*. On l'y retrouve pendant les étés de 1920, 1921, 1922, 1923 et 1924. L'automne, parfois le printemps la voient à Castel-Novel. Ici et là son mari la rejoint, avec le fils aîné de celui-ci, Bertrand, puis avec Renaud, et leur fille, la petite Colette, qui vit surtout à Castel-Novel avec sa gouvernante, Miss Draper, jusqu'au moment où elle sera mise pensionnaire au lycée de Saint-Germain-en-Laye, du 1er octobre 1922 à juillet 1924.

Colette mère est très fière de Colette fille. De Castel-Novel, à la mi-septembre 1921, elle détaille ses beautés pour Marguerite Moreno, au point, comme elle le dit, d'en « radoter ». Ce ne sera pas toujours le cas.

> J'ai à te dire que je suis avec ma fille, et complètement éblouie par elle. Elle est comme un modèle d'enfant. Son corps contenterait les plus difficiles, elle a le derrière dur, le bras charnu, et quand elle se lève sur la pointe de ses pieds nus, deux beaux muscles en forme de cœur sortent de ses mollets, comme à ceux des matelots quand ils grim-

pent dans le cordage. Pour la figure, tu y mets les sourcils de Sidi, les yeux de Sidi plus verts, le nez fendu de Sidi, la bouche de Colette, et tu as ma foi un ensemble bien acceptable, et bien mobile, et bien diabolique.

Pendant l'été de 1922, à Moreno encore, ce tableau de Rozven : « Si tu voyais le bain de Sidi, Sidi-Neptune entouré de ses petits tritons, Bertrand, Renaud, Colette et sa grosse tritonne – moi... C'est un spectacle d'une mythologie bien touchante. » La « grosse tritonne » a dépassé les 80 kilos ; elle est à l'âge critique, comme elle le confie à Moreno *.

C'est l'une des raisons qui vont quelques mois plus tard faire cesser l'idylle, l'autre étant le donjuanisme de Henry de Jouvenel, sans oublier une troisième qui peut tenir aux relations de Colette avec Bertrand. Au reste, il y a déjà dans la vie de Jouvenel depuis 1918, peut-être même avant, une femme, Germaine Patat **, qui dirige une maison de couture à Paris. De cette présence Colette s'accommode si bien que les deux femmes se lient d'amitié, Colette jouant à l'égard de l'intruse le rôle d'une protectrice. S'esquisse ainsi la situation paradoxale qui structurera *La Seconde*.

Cette relation se dessine dans les envois que Colette inscrit sur les ouvrages qu'elle adresse à la jeune femme. Près de soixante volumes portant un envoi à Germaine Patat ont été vendus en 1962[49] (née le 8 avril 1889, Delphine, dite Germaine, Patat était décédée le 1er juillet 1960) ; c'est, avec les ouvrages ayant appar-

---

* *LMM*, 233, 12 mai 1922. Voir aussi p. 270 la dédicace à G. Patat portée sur un exemplaire de *Mitsou*. En 1924-1925, elle n'a plus que... 79 kilos, déclare-t-elle à Madeleine Henri-Giraud puis à Benjamin Péret (*Le Journal littéraire*, 25 octobre 1924 et 23 mai 1925). – Selon l'abbé Mugnier (*Journal*, texte établi par Marcel Billot, Mercure de France, 1985, p. 371, sous la date du 5 janvier 1921), qui tenait cette information de Jacques Porel, Colette se serait « fait remonter le visage » ; ce « remontage » ne se faisait alors que par massage et application de masques. De l'abbé voir p. 275 l'amusant récit d'une soirée passée chez les Porel avec Colette.

** Germaine Patat était d'origine modeste. Montée à Paris, elle débuta sans doute comme petite main. Devenue la maîtresse de M. X, c'est celui-ci qui devint le commanditaire de la maison de couture. La famille de M. X se refuse à donner des indications plus précises. Néanmoins, les lettres de Colette à Germaine Patat ont été conservées. Nous les avons lues. Elles prouvent une réelle amitié et le besoin de protéger la jeune femme qui, très élégante, se trouvait dans une situation instable, entre l'ami sérieux et l'amant de cœur qui allait l'abandonner, provisoirement.

tenu à Germaine Beaumont, l'ensemble le plus important que nous connaissions jusqu'ici. Ces envois permettent de suivre les relations des deux femmes à partir de 1918, année de leur rencontre. Sur un exemplaire des *Heures longues*, recueil publié en décembre 1917, le ton est celui de relations d'affaires : « À Mademoiselle Patat, qui sait rendre courtes les heures d'essayage – et ce n'est pas un mince compliment ! COLETTE DE JOUVENEL. » Peut-être ces relations datent-elles d'*avril* 1918 : c'est la date que Colette inscrit au bas de l'envoi le plus banal qui soit (« À Mademoiselle Germaine Patat, sympathique souvenir de l'auteur ») qu'elle signe sur un exemplaire de *L'Entrave*, de 1913. En septembre, après quelques lignes plus personnelles, sur un volume de la première édition de *La Retraite sentimentale* (1907), un « En souvenir très amical » marque une progression. L'amitié nouée à ce moment compta, pour Colette, suffisamment pour que vingt-cinq ans plus tard elle se souvienne de la date et qu'elle en célèbre l'anniversaire sur un exemplaire du *Képi* (1943) : « J'aurais voulu un plus beau livre, mon enfant Germaine, pour fêter notre vingt-cinquième année d'amitié. Prenez tout de même ce petit volume, et abritez-le sous la paix de notre grand attachement, COLETTE. »

De Germaine Patat on apprend ainsi qu'elle a les yeux bleus, les cheveux blonds et le teint nacré : « Pour vous, dur blé blond » (*Le Blé en herbe*, édition de 1932) ; « À mon enfant Germaine, qui est le plus beau "nacré français" – celui qui a des reflets roses » (*La Chatte*, 1933) ; « En souvenir des soirs où deux yeux bleus accompagnèrent la jumelle noire » (sur un des volumes de *La Jumelle noire*) ; « Pour Germaine, qui est toute rose pur, bleu pur, blond pur » (*Le Pur et l'Impur*, 1941).

Colette laisse aussi échapper quelques confidences, quelques soupirs – le genre ne permet pas de longs discours – principalement à propos de son âge : « Ce livre de mon arrière-saison, où "plaisirs" a souvent le sens de "peines" » (*Ces plaisirs...*, 1932) ; « Avec toute ma tendresse, qui vieillit sans changer (elle a bien de la chance !) » (*Journal à rebours*, 1941).

Leurs rapports se lisent aussi dans les *incipit*. Quand elle ne dit pas simplement « pour Germaine » – car à partir de *Chéri* (1920) la jeune couturière n'est désignée que par son prénom –, Colette précise « pour mon enfant Germaine », à l'exclusion de toute autre qualité, même en 1945 (sur *Gigi*) alors que Germaine Patat a atteint cinquante-six ans et que Colette en compte soixante-douze. L'affection dont témoignent les envois n'a pas varié : de *Chéri* à *Gigi* Colette proclame sa « tendresse » pour Germaine, de « avec ma bien fidèle tendresse » jusqu'à « et ma toujours, toujours tendre amitié ». Tendresse et estime, tendresse et respect ; le premier sentiment est proclamé, les autres se devinent dans le ton employé. Une seule fois, au début de leurs relations, Colette s'est permis une note d'humour qui eût pu laisser croire à une complicité entre les deux femmes, sur un exemplaire de *Mitsou*, en 1919, quand « Ma très chère enfant » n'était encore que « Germaine Patat » : « À Germaine Patat. J'offre ce roman maigre d'un auteur dodu, avec mon amitié. COLETTE DE JOUVENEL » ; mais, et alors qu'elle se le permettait avec Léopold Marchand, Francis Carco, Germaine Beaumont, pour citer quelques noms de la même génération, elle ne récidiva pas avec Mlle Patat.

L'envoi porté sur *La Femme cachée* intrigue plus qu'il ne nous renseigne : « À mon enfant Germaine, j'offre ce livre en y écrivant, pour toute dédicace : juillet 1924, c'est une date qui resserre notre affection, et lui apporte ce qui aimante solidement toute tendresse : de la gravité, de la tristesse et de la gratitude. COLETTE. » Colette fait-elle allusion à la mort de Robert de Jouvenel (2 juillet), à son séjour avec Bertrand à Rozven, ou au retour de Henry de Jouvenel à la maîtresse qu'il avait quittée, ce qui restaurait une relation stable… ?

Le 14 juin 1923, de Castel-Novel, Colette mande à Marguerite Moreno que Germaine Patat vient de repartir pour Paris : « Elle a perdu exactement 22 livres en 18 mois. » Il y a à cet effet une cause autre que physiologique.

Le 9 janvier 1921, Jouvenel est élu sénateur de la Corrèze, au premier tour de scrutin. À la fin de l'année précédente, alors qu'on pensait que le Panthéon devait accueillir le Soldat inconnu, il soutint l'idée de l'inhumer sous l'Arc de triomphe[50]. Sa carrière va se dérouler surtout dans le domaine de la politique étrangère de la France. En septembre 1922, il dirige à Genève la délégation française à la commission du désarmement où il fait approuver sa proposition par les quarante-quatre pays membres de la Société des Nations. Pendant l'hiver de 1922-1923 il rencontre la princesse Bibesco ; il se déclare avec fougue le 2 mars 1923 ; l'entraînement est réciproque : « La grande passion qu'elle va éprouver pour Henry de Jouvenel […] lui fera oublier toutes celles qu'elle a déjà vécues[51]. » Née Marthe Lahováry (1886-1973), la princesse Georges Bibesco était la cousine par alliance d'Antoine Bibesco, l'ami de Proust. Elle se fit connaître par deux romans, *Catherine-Paris* (1924) et *Le Perroquet vert* (1927), par son *Alexandre asiatique* (1912) et par son évocation *Au bal avec Marcel Proust* (1928). L'abbé Mugnier la considérait comme sa « nièce seconde ». Pendant l'été de 1923, Jouvenel se fait attribuer une mission en Roumanie ; il y rejoint Marthe le 15 juillet, tout en assistant à la conférence de la Petite Entente qui se tient à Sinaïa. On comprend ainsi le sous-entendu de la lettre à Marguerite Moreno écrite de Rozven, le 18 août : « Sidi est venu trois jours, retour des Balkans, rajeuni, alerte, épatant et charmant. Je l'espère pour trois ou quatre autres jours... » Ce qui de Jouvenel intéresse Marthe Bibesco, c'est moins le beau mâle que l'animal politique dont elle voudrait devenir l'égérie, voire l'épouse, puisqu'ils caressèrent l'idée d'un mariage. Mais plus elle s'accroche à lui, plus le séducteur s'éloigne. Elle notera dans son Journal, le 8 octobre 1924 : « Il m'a aidée à vivre pendant deux ans. Que son nom soit béni. » Toutefois, la bénédiction s'accompagnera longtemps de lamentations. Ghislain de Diesbach montre la liaison se défaisant, jusqu'en 1929. Jouvenel était retombé sous le charme de Germaine Patat. N'empêche qu'à la fin de décembre 1925 elle le rejoindra en Égypte : il venait d'être nommé haut-commissaire de France en Syrie. Entre-temps, il avait été délégué de la France à la SDN (septembre 1923), puis ministre de l'Instruction publique, des Beaux-Arts et de l'Enseignement technique dans le troisième ministère Poincaré (29 mars 1924).

C'est en octobre 1923 que tout se gâte entre les époux. À Léopold Marchand, 19 octobre : « Sidi est Dieu sait où, car il devait arriver avant nous [à Castel-Novel], et je n'ai pas un souffle de lui, et son courrier qui revient naïvement de Paris, m'apprend qu'il a quitté Paris le lendemain de mon départ... » À peu près le même jour, et de Castel-Novel aussi, elle confie à Moreno : « Sidi, qui m'a fait partir en vitesse parce qu'il voulait arriver avant nous [?], n'a pas même paru. Mais son courrier me dit pourtant qu'il a quitté Paris sur nos talons... Amour, amour... Anagramme d'amour : rouma. Ajoute “nia” et... tu trouves au bout une dame qui a des os de cheval et qui pond des livres en deux volumes*. Il n'a pas de chance, notre Sidi... » Voire !

* Marthe Bibesco venait de publier chez Plon, en deux volumes : *Isvor, le pays des saules.*

Pendant quelque temps, les convenances sont préservées. Ainsi, le 31 octobre, le couple Jouvenel et Germaine Patat déjeunent chez le préfet de Tulle. Mais Colette est repartie pour Paris quand Poincaré, le 4 novembre, vient inaugurer la foire-exposition de Tulle. Le 23 novembre, lors de sa tournée de conférences, elle s'accorde une journée de repos à Marseille : « J'en ai bien besoin, – il y a plus d'une raison pour que j'en aie besoin, écrit-elle à Moreno. Mille choses à te dire ? mais naturellement. Et que vais-je trouver là-bas ? Je le sais, succinctement. D'avance, je lutte contre tout par un appétit méthodique qui s'adresse surtout aux fruits de mer. » C'est pendant cette tournée que Henry de Jouvenel aurait quitté le domicile conjugal, boulevard Suchet. On est mal renseigné sur les semaines qui suivent. Le 6 janvier 1924, elle console Christiane Mendelys, la femme de Georges Wague, blessée par une infidélité de celui-ci, ajoutant : « Je suis seule depuis un mois. Il est parti sans un mot pendant que je faisais une tournée de conférences. Je divorce. » Le divorce ne sera prononcé que le 6 avril 1925.

C'est Anatole de Monzie qui servit de truchement aux époux qui se séparaient*. Le 6 décembre 1923, elle lui écrit : « Toute la journée je plastronne, et je m'en tire, mais il y a, après toute la journée, le reste du temps. » Sidi voudrait que Colette prît l'initiative des hostilités. « Mais pour rien au monde, je ne serai, légalement, une femme qui a à se plaindre de lui. » Le 17 février 1924, elle annonce à Monzie qu'elle part pour les Avants, au-dessus de Montreux, sans préciser que c'est avec son beau-fils, et elle se plaint d'être sans ressource au moment où elle va être obligée de quitter *Le Matin*. Pourquoi importune-t-elle Monzie ?

> Quand je téléphone avec Jouvenel, ou que je le croise au *Matin*, je ne me risque pas à lui parler de tout ça, car, à mon grand étonnement, lui qui a organisé son évasion, son célibat, sa liberté, lui qui devrait rayonner d'indépendance, – eh bien c'est lui qui me fait une gueule funèbre. Que lui faut-il encore ? – Mon suicide ? que j'imite Lavallière, les deux Lavallière ? Il ne me manque que la vocation, – et une dot.

* Les notes de Colette à Monzie sont conservées au musée Richard Anacréon de Granville. Anacréon les avait achetées à Mme Albrand, héritière de Monzie, ainsi que l'exemplaire de *Julie de Carneilhan* auquel était jointe la lettre de Colette à Monzie du 2 juin 1942 (voir le chapitre « Les Années grises de l'Occupation », p. 444-445).

Des Avants, à la fin du mois, elle revient sur ses difficultés, tout en insistant sur le bon marché de l'hôtel. « Ne m'en veuillez pas d'être inquiète, je suis seulement inquiète, et non pas âpre. Si je tape mes éditeurs, je n'en serai pas plus rassurée et je suis *exactement* en avance de 21 000 chez Flammarion. »

Quand elle avait senti que le mari s'éloignait, Colette s'était rapprochée du fils aîné de celui-ci, Bertrand, né à Paris le 31 octobre 1903. Colette oubliait son irritation à l'égard de Claire Boas, la première épouse de Henry de Jouvenel, qui, à Rome, se faisait encore appeler Mme de Jouvenel : « Nous avons lié à Paris une vieille amitié en l'espace de vingt minutes [52] », voilà qui nous rassure. « Elle m'a confié son fils, qui est charmant, et Mamita a bien voulu se joindre à nous. » Au début d'avril 1920 (ce sont les vacances de Pâques), Colette, Bertrand, Mamita sont donc à Castel-Novel. « Sidi plane sur le groupe, avec une sérénité mahométane. » Bertrand est à Rozven en juillet-août 1920. Il a lui même raconté cet été dans les souvenirs qu'il a écrits pour le tome II des *Œuvres* de Colette publiées dans la « Bibliothèque de la Pléiade ». Il était au lycée Hoche de Versailles ; il y avait des amis. Et il avait un tendre penchant pour une jeune Anglaise, « Pam », à l'insu de ses parents. Colette couvrit de sa complicité cette relation, écrivant à Marguerite Moreno, le 26 août 1920 [53] : « Un très jeune homme et une jeune fille correspondent sous mes auspices. Le père du jeune homme serait, en cas d'accident, informé trop vite, et d'une manière défavorable. » Moreno est chargée de détourner cette correspondance. Complicité intéressée. Bertrand a alors moins de 17 ans et il se qualifie de « particulièrement enfantin et timide ». Il dévore les livres qui se trouvent dans la villa. Il court. Colette lui apprend à nager. Il taquine la crevette en compagnie de sa petite sœur. Il y a, outre Colette, deux femmes : Germaine Beaumont et Hélène Picard.

> Il m'arriva de trouver Colette en conciliabule avec Hélène Picard et Germaine Beaumont ; ma mère m'ayant enseigné la discrétion, je m'éloignai. Et un jour, Colette me prit à part et me demanda laquelle de ces jeunes femmes je trouvais la plus attrayante. Très embarrassé, je balbutiai. C'est un embarras dont je me souviens, ne comprenant pas cette question et, à vrai dire, je n'en pensais rien, sinon qu'elles étaient aimables. J'aimais entendre Hélène Picard réciter ses vers. J'étais alors, comme il convenait à mon âge, très féru de poésie. Colette, devinant mon incompréhen-

> sion, me dit quelque chose comme « Il te faudrait être un homme ». Je ne comprenais toujours pas. Et Colette entreprit mon éducation sentimentale [54].

Ni vu, ni connu. À l'automne, Bertrand loge chez sa mère à Paris pour préparer ses licences.

> Elle [Claire Boas] prenait soin que je n'allasse pas voir Colette, sinon les dimanches, où mon père m'invitait à déjeuner. Il y eut un large temps de séparation. Mais quand vint un autre été [1921], je me retrouvai à Rozven. Avec Colette. Et, après des hésitations, tout reprit et, désormais, nous étions liés [55].

« Je le frictionne, le gave, le frotte au sable, le brunis au soleil », écrit Colette à Moreno [56]. Le traitement que lui inflige sa marâtre est comparable à celui que Léa *avait* infligé à Chéri. Colette lui parle de son enfance et à l'automne ils vont à Saint-Sauveur. « Je crois que j'ai dû, par mon insistance, à ce qu'elle écrivît son livre : *La Maison de Claudine*, en 1922. » Le livre parut, en effet, à la fin de juin 1922. En avril, Bertrand avait accompagné Colette en Algérie : premier voyage dans cette région de l'Afrique du Nord. « Ma petite Hélène, tu ne serais qu'un cri dans ce pays [57] », exaltation qui ne doit pas tout au paysage. La solitude à deux est gâchée par la présence du président de la République, Millerand : « Je suis officielle. Des ministres et une séquelle de satellites logent à l'hôtel, mangent à l'hôtel. Je suis convoquée à prendre le thé, prendre la fantasia, prendre la revue navale. Je renonce, ma sauvagerie est déchaînée [58]. »

« Ensuite – continue le récit de B. de Jouvenel –, elle écrivit *Le Blé en herbe* (1923), dans lequel figurait mon rapport innocent avec Pam, et surtout "La Dame Blanche" [*sic* pour "La Dame en blanc"], qui déniaisait le jeune homme. »

La Dame en blanc : Mme Dalleray. Bertrand, en 1922-1923, loge rue d'Alleray, tout près d'Hélène Picard, à qui Colette recommande son « léopard [59] ». En décembre 1923, il viendra remplacer son père boulevard Suchet... Qu'a su celui-ci de cette liaison ? Il avait l'esprit large. C'est lui qui les accueille à Paris, elle « rubiconde, Bertrand exsangue (la traversée) ». « Allez, baignez-vous au trot, je vous emmène ! » À Varetz [60].

Diversion à la rupture et à la vie bousculée, elle passe la seconde quinzaine de janvier 1924 à Gstaad, au Royal Winter

Palace Hotel, en compagnie de Bertrand, heureuse de découvrir la luge, le ski et une région où on a chaud l'hiver. Elle envoie trois cartes postales à Hélène Picard, la première accompagnée de cette formule : « Nous t'embrassons bien tendrement tous deux. » Ses lettres à Moreno et à Léopold Marchand du 22 janvier à la fin de janvier débordent de joie. Elle regagne Paris le 4 ou le 5 février, mais revient en Suisse, vers le 20, cette fois aux Avants, au-dessus de Montreux, où elle s'installe de nouveau avec Bertrand, au Grand Hôtel. Elle fait du bobsleigh avec le marquis Gaston de Gallifet, petit-fils du célèbre général et ministre de la Guerre : « Nous descendions – se rappelait celui-ci [61] – tant que ça pouvait en poussant des hurlements pour que les promeneurs dégagent la piste. » Colette avait besoin de ces séjours à la montagne. Ses lettres prouvent que sa santé avait été atteinte par le départ de son mari. Paradoxe si l'on veut, elle était très attachée à Jouvenel, comme elle l'avait été à Willy. L'abbé Mugnier avait pressenti en juin 1922 la difficulté pour un homme politique en vue et l'un des meilleurs connaisseurs de la position française dans le monde : « Drôle de personne ! [notait-il après avoir dîné avec elle chez les Porel avec Valéry et Bernstein]. Si son mari tient au décorum, je le plains. Après le dîner, causant à Mme Bernstein, elle lui tâtait les seins, en la félicitant de sa santé [62]. » Willy, dans une lettre à Pierre Varenne, écrite au moment du divorce, ne s'étonne pas : « Jouvenel passant officiel [elle devenait] pour lui un poids mort [63]. » Louise Weiss, la reine du ragot, et qui n'aimait pas Colette, note dans ses papiers que, lorsque Jouvenel fut « sur le point d'être nommé ambassadeur à Berlin », les Allemands firent paraître dans un journal illustré un portrait de Colette dansant sur une scène de music-hall en Phryné avec ce titre : « La future ambassadrice des Français », ce qui mit fin aux ambitions de Henry de Jouvenel [64].

Colette n'aura plus à se soucier du protocole, sauf à de rares occasions, notamment dans ses rencontres avec la reine-mère des Belges, et encore. Au reste, en 1924, elle se soumet – pour retenir Bertrand ? – à une cure de rajeunissement en se faisant injecter du sang jeune sous la direction du docteur Helan Jaworski *, qui

* Le *Journal littéraire* du 1er novembre 1924 publie, sous le titre « Le rajeunissement de Mme Colette », un écho de la causerie qu'a faite celle-ci au théâtre des Mathurins pour défendre Jaworski traité par quelques-uns de charlatan. Elle citait le cas d'une vieille chèvre de 12 ans qui, grâce à ce traitement, avait mis bas et elle trouvait des « accents émus pour décrire sa maternité automnale ».

publiera en 1929 chez Albin Michel un volume, *Comment rajeunir*, auquel elle fournit le texte de la bande : « Redevenir jeune, non pas. Devenir plus jeune qu'on ne l'était, oui. / Bravo ! mon cher docteur, les hommes garderont votre étonnant ouvrage dans leur bibliothèque scientifique. Mais les femmes le glisseront entre les deux grands livres de magie : le livre de messe et la Clé des songes. / COLETTE. »

Pendant sa liaison avec Bertrand, Colette a peut-être eu une aventure avec Émilie Charmy (1878-1974). Celle-ci est un peintre de talent qui excelle dans les nus féminins, traités d'un faire voluptueux, et qui aime à se peindre nue ; elle est aussi l'auteur de fleurs, de marines et de portraits, comme celui de Dorgelès. Elle peint Colette en buste (habillée) ; cette toile est exposée en novembre-décembre 1921 à la Galerie d'art ancien et moderne, 48, rue François-Ier. Colette écrit le texte de la plaquette publiée à cette occasion : *Quelques toiles de Charmy, Quelques pages de Colette*, texte publié aussi dans *La Revue de Paris*[65]. Puis, les deux femmes se brouillent. L'aventure est une supposition. Une supposition qui peut trouver des vraisemblances dans le fait qu'elles eurent l'une et l'autre des liaisons féminines, que Colette n'évoluait pas dans un milieu de peintres, et surtout de ce qu'elle écrit : elle s'attache aux nus de Charmy, « la servante magistrale d'une chair féminine », et elle déclare goûter dans cette peinture « le choc, l'anxieux plaisir qui accompagne une rencontre amoureuse ».

En février 1925, Colette rencontre Maurice Goudeket « chez des gens du monde », chez qui il dînait « assez souvent » : les Bloch-Levalois, qui habitaient 15, avenue Carnot. Colette avait été amenée par Marguerite Moreno :

> Vêtue d'une robe imprimée, elle était étendue à plat ventre sur un sofa. La tête levée sous les cheveux ébouriffés, les bras nus dont me frappèrent les belles attaches, un peu trop en chair au reste, elle ressemblait à un grand félin qui s'étire. Je ne l'avais jamais rencontrée, je n'avais jamais entendu sa voix de bronze, roulant les r bourguignons. Je ne sais pourquoi, je l'observai sans bienveillance. À table, je me trouvai placé à sa droite. Je me souviens qu'il y avait là aussi Léon Blum. À peine assise, Colette saisit une pomme dans une corbeille de fruits placée devant elle et y mordit à belles dents. Je m'imaginai qu'elle jouait son propre personnage et ma méfiance s'en accrut ; mais je ne pouvais

détacher mon regard de ce profil si particulier, ouverture expressive de l'œil qu'ombrait une mèche de cheveux blonds cendrés, nez qui s'allongeait en fin de course, pommettes larges, arc mince de la bouche, menton aigu. Je lui versai à boire, elle en parut étonnée et m'envoya un regard bleu de nuit, ironique et scrutateur, mais dont n'était pas absente je ne sais quelle nostalgie. Quelque chose d'agreste et de sain se dégageait d'elle.

Je lui dis des banalités, elle y répondit avec un naturel que de nouveau je pris pour une attitude[66].

Un mois après, il la vit jouer Léa dans *Chéri* au théâtre de la Renaissance et la salua dans les coulisses[67]. Éprouva-t-il l'admiration dont témoigna Gérard d'Houville (Marie de Régnier) dans le *Mercure de France* du 15 avril ? « Qui n'a pas vu Colette jouer *Chéri* s'est privé, en même temps que d'un immense plaisir, de la compréhension de cette œuvre célèbre... En réalité, elle ne joue pas, elle vit, elle respire, elle craint, elle dissimule, elle protège, elle souffre... » Le jeu de Colette bénéficiait de l'expérience amoureuse qu'elle avait vécue, qu'elle vivait encore.

Goudeket était l'amant de Mme Bloch-Levalois que Colette surnomma le Chiwawa (nom d'un petit chien sauvage des montagnes) et avec qui elle n'eut aucune peine à se lier. (Dans ces relations, seule la princesse Bibesco fait exception, pour confirmer la règle*.) Goudeket, né à Paris le 3 août 1889, de loin le cadet de Colette, avait fait la Première Guerre et avait publié en 1917 aux Éditions des Écrits français *Le Tissu de l'heure présente, Quelques vers en combattant, 1914-1916*. Il était par sa famille allié à Gustave Kahn. Quand il rencontra Colette, il était négociant en perles.

Pâques 1925, Goudeket séjourne dans un hôtel du Cap-d'Ail où il a suivi les Bloch-Levalois, en compagnie de Marguerite Moreno. Peu de jours après, celle-ci annonce l'arrivée de Colette. Pierre, le « neveu » de Moreno, cherchait à la rejoindre.

* Les jugements portés par Marthe Bibesco sur Colette, rapportés par Gh. de Diesbach, ne sont point marqués au coin de la charité chrétienne : « C'était une dégoûtante », écrit-elle à Cocteau. Et, en 1969, dans son Journal : « Ce que je reprochais à Colette, c'était son manque de naturel. Vulgaire de naissance, c'était son charme et sa force ; elle devint vulgaire exprès, avec une application étudiée que je trouvais agaçante. Tout ce qui vise à l'effet m'ennuie. » Quelle vigueur dans le préjugé ! Dommage qu'une même vigueur n'ait pas caractérisé le talent de la princesse, qui n'eut que du talent.

« Comme on venait de livrer à Colette une petite voiture neuve, il lui avait remontré que la seule façon de roder une voiture était de la mener jusqu'au Cap-d'Ail[68]. » À cette nouvelle, réflexion de Goudeket : « Ah ! dis-je, on était si tranquille ! » Ce ne fut pas, de son côté, le coup de foudre, quelque goût qu'il eût pour les livres de Colette. Ayant reçu une dépêche qui le rappelait à Paris, il voulut prendre le train, mais, n'ayant pu trouver de place, il dut prendre place dans sa propre voiture qu'il avait laissée à Colette avec le chauffeur. D'où, peu après le retour, le don d'un exemplaire de *La Vagabonde* : « À Maurice Goudeket, en souvenir de mille kilomètres de vagabondage. »

On ne sait quand se nouèrent d'intimes relations. Le 7 mai, elle écrit à Moreno qui vient d'avoir un accident mécanique de voiture, ajoutant :

> Je n'ai pas vu tes amis hier ni aujourd'hui, mais tout à l'heure encore le gracieux Chiwawa se lamentait tendrement dans le téléphone sur les embûches de ta route. Il y a deux jours, elle et Bernard [Bloch-Levalois] sont venus, avec Goudeket, me prendre au théâtre, et nous allâmes manger un souper froid dans le froid mais joli appartement de Goudeket. J'ai eu une très longue conversation avec ce garçon la nuit dernière, je le trouve tout à fait à son avantage quand il s'abandonne un peu. Ma chère âme, que je voudrais donc te parler ! Crois-moi, puisque tu t'inquiètes : je vais *bien**. L'indignation est un merveilleux tonique. Je suis sans nouvelles de Bertrand et n'en quête aucune. On me réclame le loyer de la rue d'Alleray, je viens tranquillement d'envoyer la lettre à sa mère, en lui disant que je ne demande pas mieux que de conserver *pour moi seule* l'appartement, mais qu'il me faut pour cela, ô ironie, l'adhésion de Bertrand. Je sais qu'il ne me la donnera pas. Donc, je ne veux pas verser 422 fr. ni cent sous, de plus. Et voilà. N'ai-je pas raison ?

Le 11 mai : « Je cause longuement avec notre ami Goudeket, de préférence la nuit. » Toutes les lettres suivantes à Moreno

---

* *LMM*, 271. Au théâtre des Champs-Élysées, Colette parle de ses expériences au music-hall, puis lit deux textes de *La Paix chez les bêtes* : « Poum » et « La Chienne trop petite ». – Ce qui suit, depuis « L'indignation... », est inédit ; le passage avait été supprimé à la demande expresse de Goudeket.

évoquent ces conversations nocturnes, et le drame qui éclate quand le Chiwawa a compris que Colette était devenue la maîtresse de Goudeket. Colette la dompte et la calme. Elles resteront amies comme le prouve l'envoi sur un exemplaire (simili-japon bleu) de *La Chatte* (1933) : « À Andrée, que l'heure de minuit (et mon imagination !) changent en minuscule, ravissant et tendre chiwawa, en souvenir de son amie COLETTE [69]. » Dans la lettre où celle-ci fait à Moreno le récit de l'algarade suit l'éloge de son nouveau compagnon :

> Le garçon est exquis. J'aime mieux ne rien ajouter. Quelle grâce masculine il y a dans certains amollissements, et comme on est touché de voir le feu intérieur fondre l'enveloppe [70].

En juin, ils voyagent.

> Oui, je roule. J'ai vu des roses, des chèvrefeuilles, quarante degrés de chaleur éblouissants, le clair de lune, la glycine antique enlacée à la grille de ma maison de St Sauveur, la nuit sur Fontainebleau au passage. Je roule, je te dis. À côté de moi, un noir garçon tenait le volant. Me voici de retour à Paris, mais suis-je immobile ? le noir garçon, à côté de moi, tient encore le volant. Que tout est étrange*.

Le 21 juin (elle est à Paris), c'est du délire :

> Ah ! là, là, et encore là, là ! Et jamais assez là, là ! Elle est propre, ton amie, va. Elle est dans un beau pétrin agréable, jusqu'aux yeux, jusqu'aux lèvres, jusque plus loin que ça ! Oh ! le satanisme des gens tranquilles – je dis ça pour le gars Maurice. Veux-tu savoir ce que c'est que le gars Maurice ? C'est un salaud, et un ci et un ça et même un chic type, et une peau de satin. C'est là que j'en suis [71].

Marguerite Moreno, qui connaît aussi ces extases, s'amuse à réprimander son amie : « Tu es tombée dans le Digue-Digue !

---

* *LMM*, 277. Il est intéressant de noter que le pèlerinage à Saint-Sauveur marque le début des amours. Ce fut le cas avec Bertrand. Ce l'avait été avec Willy, sur un autre mode.

Ceci dit tout ! Seulement, je te pardonne. Et je me félicite de te voir ainsi, on n'a pas la chance d'une belle aventure et peut-être de " mieux " qu'une belle aventure, au tournant de chaque rue ! Le " mieux " dépend de toi. » Colette obtint le mieux.

Semblable exaltation dans la lettre à Hélène Picard de la fin de juin :

> J'ai cent mille histoires à te dire, et je voudrais tant t'amener mon compagnon qui ressemble à un Satan classique. Mais il travaille toute la journée dans son enfer personnel à gagner sa vie de diable. Hélène, Hélène, que je suis donc incorrigible, et quel plaisir j'ai à l'être.

Et Bertrand de Jouvenel ? Dans la notice qu'il nous avait remise, il écrivait : « J'ai été entièrement fidèle à Colette jusqu'en 1925, année de mon mariage. » Au point, auparavant, de ne pas se présenter le jour de ses fiançailles avec Mlle de Ricqlès. Ce jour-là, il se trouvait chez Colette, qui lui dit : « Pourquoi irais-tu ? N'y va pas ! » « Tout de même, je décidai de m'y rendre et j'allais sortir, lorsque de la fenêtre vola vers moi un papier. " Je t'aime ", disait-il. Ce que Colette n'avait jamais exprimé. Et je remontai chez elle. » Nous ne pouvons confirmer ou infirmer cet événement (car ce dut en être un). Il serait à placer avant mai 1925. De plus, Bertrand de Jouvenel mentionne un séjour de trois mois qu'il avait fait à Prague, chez Benès, et qui l'avait déjà séparé de Colette.

À une date elle aussi indéterminée, sa mère l'expédia à Cannes, « et l'on mit auprès de moi – dans l'hôtel voisin – une jeune fille, Marcelle Prat, que ma mère me destinait » et que le jeune homme épousera en effet ; elle était la nièce de Georgette et de Maurice Leblanc.

> Dirai-je qu'au temps où je séjournais à Cannes, sous prétexte de maladie, en réalité, un éloignement voulu par ma mère, Colette vint elle aussi et s'installa dans un hôtel voisin ; elle était escortée de sa grande amie, Marguerite Moreno, et par un jeune homme nommé Maurice Goudeket. Elle m'invita à déjeuner et, alors que nous nous séparions, elle me pria de venir la revoir le soir ; et elle me demanda gravement si je voulais reprendre la vie avec elle. Nous convînmes, après une longue discussion, de l'impossibilité. Je repartis à l'aube, et je n'ai jamais reçu la lettre

qu'elle m'écrivit le lendemain, lettre que Marcelle Prat, ma fiancée, intercepta, et me récita bien plus tard*.

La chronologie ici se défait comme la liaison. Colette s'est sans doute rendue à Monte-Carlo pour la création, le 21 mars 1925, de *L'Enfant et les Sortilèges*. On l'a aperçue à Pâques (le dimanche tombait le 5 avril) au Cap-d'Ail. En juillet, elle sera à Beauvallon, en décembre aussi. Mais on ne la voit pas à Cannes. À notre avis, c'est lorsque Colette était à l'hôtel Éden du Cap-d'Ail que Bertrand vint, de Cannes, la rejoindre. Sinon, comment expliquer la présence de Goudeket, de Moreno et de Colette dans un hôtel de Cannes au même moment ?

« *Sic transit* », concluait Bertrand de Jouvenel...

Dans ce tumulte des sens, qui prouve à la quinquagénaire qu'elle est encore une femme, la composition de *La Fin de Chéri* a subi un retard. Un nécessaire retard. Bertrand n'avait pas été Chéri. Il l'était devenu. Pour Colette, ce sera sa fin à lui, une fin symbolique.

Pour Colette, c'est aussi la fin des aventures, à l'exception, peut-être, d'une seule. La voici attachée de tous ses sens à Goudeket, comme le prouve cet envoi sur *Ces plaisirs*... dont le titre se poursuit en épigraphe imprimée : « qu'on nomme, à la légère, physiques », à laquelle elle ajoute : « mais Maurice, tu ne nommes rien à la légère. Nomme-les donc, je me fie à toi [72] ». Comme le prouvent aussi les lettres qu'elle lui écrit lorsqu'il a dû regagner Paris et qu'elle est restée à Saint-Tropez. Maurice Goudeket en citait des extraits [73], mais il avait écarté les passages où s'exprimait l'intimité amoureuse. Colette confiait à Moreno, le 20 janvier 1926, de Nice où elle jouait *Chéri* : « Maurice m'écrit des lettres... mais tu sais ce que c'est que de belles lettres d'amour. » Jean Chalon a reproduit quelques lettres ou fragments de lettres qui témoignent, en effet, d'un vif attachement réciproque [74]. À coup sûr, Colette est très éprise, et pas seulement au début ; elle vit son dernier amour. Il faudrait que Goudeket fût un grand comédien pour avoir ensuite simulé une si forte passion.

* *Pl. II*, LVIII. – Un souvenir personnel de Cl. Pichois. Avant la remise à Flammarion du manuscrit des lettres à Marguerite Moreno, eut lieu un entretien avec Maurice Goudeket dans le bureau de René d'Uckermann, directeur littéraire. Goudeket indiqua qu'il y avait des coupures à pratiquer. D'Uckermann n'en voyait pas la nécessité et avec une évidente mauvaise foi plaisantait Goudeket sur ses pudeurs. C'étaient des passages ou des lettres dans lesquels Colette disait son attachement à Bertrand de Jouvenel au moment où Goudeket allait entrer dans sa vie. De rage, celui-ci cassa la cigarette qu'il allait allumer.

La réputation de Colette est à la hauteur de son activité. On l'interroge à propos de tout et de rien. Georges-Anquetil, directeur du *Grand Guignol*, éditeur sous son nom, enquête sur *La Maîtresse légitime* (on se croirait sous Mitterrand – ou déjà sous Zola), *Essai sur le mariage polygamique de demain* (1923, nouvelle édition en 1927). Colette lui répond :

> Plusieurs femmes légitimes ? On y arriverait, Monsieur. Mais vous vous trouverez arrêté dans ce progrès par un obstacle d'ordre architectural. La crise du logement et, avant elle, la conception moderne de l'habitation s'opposent à toute organisation polygamique. Installer la polygamie dans l'étroit *trois-pièces-une-cuisine*, alors qu'une seule femme suffit, souvent, à le rendre inhabitable... je vous en défie ! [...]

Deux petits livres paraissent, celui de Fernand Keller et André Lautier en 1923, celui de Robert-Sigl en 1924, qui n'apportent rien de bien nouveau à ce que nombre d'articles avaient déjà dit sur Colette[75]. Plus intéressants pour la situation de Colette, les deux numéros que lui consacre *Le Capitole*, qui est parisien et non toulousain, en mai 1923 et en 1925. Le premier s'ouvre sur une page de Henri Duvernois qui célèbre la jeunesse de la quinquagénaire. Suivent des hommages d'André Billy, de Courteline, de Lucie Delarue-Mardrus, de la comtesse de Noailles, et de Gérard d'Houville (« Le talent de Colette est un printemps perpétuel ») qui ne contredit pas le propos de Duvernois, des articles, des « opinions d'hier », et une page de Georges Wague qui fait l'éloge de la mime. Aurel presse Colette de « prendre son rôle dans le drame des élites féminines brimées ». « [...] de Colette qui, de son poste, peut atteindre le grand public, je réclame son geste de vraie femme, celui qui OSERA DÉPLAIRE À TEMPS. » Appel qui ne fut pas entendu. En 1925 on retrouve plusieurs des signatures de 1923. S'ajoutent les noms, entre autres, de Pierre Benoit, qui veut la faire inviter en Égypte et au Canada, de Henri Béraud, qui loue la gastronome, et d'un vrai critique, Léon Pierre-Quint, qui traite de *Chéri*. En 1925, la réputation de Colette est définitivement établie. Elle apparaît au premier rang des écrivains français. Ce n'est plus la femme de Willy, ce n'est plus celle qui se produisait presque nue, ce n'est plus la baronne de Jouvenel, c'est Colette.

« Vie de Colette – écrit merveilleusement Cocteau. Scandale sur scandale. Puis tout bascule et elle passe au rang d'idole[76]. »

11

« ELLE EST DURE À GAGNER, L'ARGENT »

1925-1933

1925 : grande année qui voit paraître *Les Faux-Monnayeurs*, *Le Paysan de Paris*, *Le Désert de l'amour*, *Les Olympiques*, *Paulina 1880* (que Colette a lu) et qui a fait découvrir Joséphine Baker dans la *Revue nègre* au théâtre des Champs-Élysées. Grande année aussi pour Colette à qui Paul Reboux consacre un petit livre enthousiaste : *Colette ou le Génie du style*, ainsi conclu : « Colette n'est pas une femme de lettres. C'est une déesse. C'est la *Vérité* en personne, vivant parmi nous, écrivant pour nous[1]. » Ce que vient confirmer *La Fin de Chéri* dont la publication commence le 15 décembre dans *La Revue de Paris* et s'achèvera le 15 janvier 1926, le volume paraissant en mars 1926 chez Flammarion.

Le 13 janvier 1925, les héritiers du docteur Achille Robineau-Duclos vendent à M. et Mme Francis Ducharne la maison de Saint-Sauveur, qui était louée à Me Auchère, notaire. En 1926, à l'anniversaire de l'achat, M. Ducharne fait présent à Colette de l'usufruit de la maison, sur laquelle a été apposée une plaque en 1925*, casse le bail du notaire et prend un gardien qui s'en occupera jusqu'en 1936, année où elle est louée à M. Fretté, ingénieur des Ponts et Chaussées ; en 1938, elle est louée à son successeur, M. Levieux. Elle sera occupée par les Allemands,

* A. de Monzie, ministre de l'Instruction publique du 17 avril au 11 octobre 1925, écrivit au maire de Saint-Sauveur pour lui dire son intention d'apposer une plaque sur la maison natale de Colette et lui demander ce qu'il comptait faire. Le docteur Bossu, maire, lui répondit qu'après ce que Colette avait écrit sur Saint-Sauveur, la municipalité ne pouvait rien faire. Seuls vinrent, en juin, Colette et des amis ; Colette descendit peu de temps de voiture ; elle craignait des injures. Ce qu'elle a écrit au début de *La Naissance du jour* (*Pl.* III, 278) n'était pas fait pour la réconcilier avec son bourg natal. (Note due à Marguerite Boivin.)

puis louée au docteur Fayein, enfin au docteur Muesser, qui l'achètera à la fin de 1950. Elle appartient actuellement aux descendants du docteur Muesser. Francis Ducharne était un soyeux de Lyon, cultivé, artiste, grand admirateur de l'écrivain. Colette le remercia en ces termes :

> Voici, Monsieur, l'unique image de celle qui était, à quinze ans, une jeune fille heureuse dans un jardin. Je vous la donne, en échange de ce jardin retrouvé.
>
> Il y a, pour une femme, – assure-t-on – bien des manières de rajeunir. La plus certaine est de se remettre à croire au merveilleux. Depuis ce matin, j'y crois. Et c'est grand dommage qu'il n'y ait qu'un mot pour dire « merci ». Heureusement que l'accent enrichit le mot.
>
> Je cède, Monsieur, à l'envie que j'ai de signer cette lettre de mon nom tout entier, le nom que je portais avant de quitter la maison de Saint-Sauveur.
>
> GABRIELLE COLETTE [2].

Colette écrivit pour lui, le « maître de ces jardins d'étoffe », « Soieries », publié dans *Demain*, 1er mars 1925, et recueilli dans *Le Voyage égoïste* en 1928 [3]. La générosité de Francis Ducharne est l'un des plus beaux hommages rendus à Colette. Elle aura ainsi la possibilité à la fin d'avril ou au début de mai 1927, non de voir seulement la maison comme elle l'avait fait auparavant avec Bertrand de Jouvenel puis avec Maurice Goudeket, mais de la visiter. Le 4 mai, à Germaine Patat : « Il faudra que je vous raconte ma visite là-bas. Trente-trois ans, songez donc, trente-trois ans que je n'avais revu ni l'intérieur de la maison, ni le jardin ! une émotion si grande, une telle impression de temps aboli ! »

Du 3 au 15 mai 1925, au théâtre des Champs-Élysées, elle parle de son expérience du music-hall et dit des monologues de bêtes [4].

Changement d'homme, changement de mer. La dernière semaine de juillet 1925 et les premiers jours d'août, elle les passe avec Goudeket dans la propriété que leur a prêtée Armand Citroën, le neveu du constructeur d'automobiles, la Bergerie, à Beauvallon-Guerrevieille*, où, écrit-elle à André Billy, « Tout Paris-Cabot » s'est (déjà) donné rendez-vous. La Côte d'Azur (au sens large, ici nous sommes dans le Var) avait été depuis le

* Ce sont des sections de la commune de Sainte-Maxime.

second Empire une villégiature d'hiver. Après la Première Guerre, les estivants viennent lui demander soleil et chaleur. Pour Colette cette Provence d'été est une découverte : « Ces flammes, ces résines fondues, cet azur, le mistral, le sirocco, tous les souffles du ciel et même d'ailleurs me sont nouveaux. Si tu veux m'en croire – confie-t-elle à Hélène Picard –, retirons-nous à Saint-Tropez, patrie des beaux pêcheurs. » Si elle se sent devenue « très méridionale », elle ne sait pas qu'elle aura bientôt à Saint-Tropez pignon sur mer, et qu'Hélène, qui a séjourné à Rozven, ne viendra jamais, de moins en moins ingambe, la rejoindre au bord de la Méditerranée.

Séjour trop bref. Las ! il lui faut se soumettre aux obligations qu'elle a contractées et entreprendre avec *Chéri* la tournée, organisée par Antoine Rasimi, des villes d'eaux et des casinos. Royat (10 août), Châtel-Guyon (12), Vichy (13), le Mont-Dore (14), puis Toulouse, Foix, Cauterets et même Deauville, quinze villes l'accueillent du 7 au 26 août, par une chaleur parfois accablante alors que l'air nocturne de la mer rafraîchissait Beauvallon. Elle sera de nouveau Léa à Bruxelles en octobre, puis à Marseille, juste avant Noël, ce qui lui permet de séjourner avec Goudeket au Golf-Hôtel de Beauvallon, du 26 décembre au 4 janvier 1926. Autre tournée avec *Chéri* du 10 au 29 janvier ; le 20, elle est à Nice. Et la pièce est reprise à Paris, au théâtre Michel, du 22 février au 13 mars, qu'elle jouera encore à Bordeaux au début de septembre.

L'Enfant et les Sortilèges, fantaisie lyrique en deux parties, livret de Colette, musique de Maurice Ravel, avait été créé à Monte-Carlo, le 21 mars 1925, sous la direction de Victor de Sabata, avec un grand succès. La première parisienne eut lieu à l'Opéra-Comique, le 1er février 1926, sous la direction d'Albert Wolff. Colette écrit à sa fille : « Le petit opéra-comique qui s'intitulait autrefois *Divertissement pour ma fille* et qui s'appelle *L'Enfant et les Sortilèges* se joue deux fois par semaine devant des salles combles mais houleuses. Les partisans de l'ancienne musique ne pardonnent pas à Ravel, le compositeur, ses hardiesses instrumentales et vocales. Les modernistes applaudissent et conspuent les autres, et au moment du duo “miaulé” c'est un vacarme terrible. » Donc accueil mitigé à Paris. Mais au Théâtre Royal de la Monnaie, à Bruxelles, le 11 février suivant, puis à Prague (17 février 1927), à Leipzig (6 mai 1927), à Vienne (14 mars 1929), à San Francisco (19 septembre 1930), l'œuvre fut bien reçue. Le projet était ancien : c'est en 1913 que Jacques Rouché avait demandé à Colette un livret de féerie-ballet, pour l'Opéra. Le texte fut écrit rapidement, en moins de huit jours, selon ce que Colette nous apprend dans *Journal à rebours*[5], et remis à Rouché sous le titre de « Ballet pour ma petite fille ». Mais Ravel ne se mit au travail qu'au début de 1919 et il n'avança que péniblement dans la composition.

Le manuscrit du livret est inconnu. Cette absence a donné lieu à des susurrements au sujet de la réalité de la collaboration de Colette. Il est, en effet, impossible de prouver que tout le texte est bien d'elle. Mais les questions que lui pose Ravel constituent une forte présomption. Si l'on n'est pas obligé de la croire lorsque dans ses souvenirs, à propos du « duo miaulé », elle note qu'il lui demande seulement et gravement si elle ne voyait pas d'inconvénient à ce qu'il remplaçât « mouaô » par « mouain » (« ou bien l'inverse », ajoute-t-elle), comment ne pas tenir compte du passage de cette lettre : « je prends des notes, sans en écrire une seule ; je songe même à des modifications... N'ayez pas peur : ce n'est pas à des coupures ; au contraire. Par exemple, le récit de l'Écureuil ne pourrait-il se développer ? Imaginez tout ce que peut dire de la forêt un écureuil, et ce que ça peut donner en musique. / Autre chose : que penseriez-vous de la Tasse et de la Théière, en vieux Wedgwood – noir – chantant un ragtime ? J'avoue que l'idée me transporte de faire chanter un ragtime par deux nègres à l'Académie royale de musique[6]... » (Par chance, l'œuvre ne fut pas représentée dans cette vénérable institution.) Colette acquiesça et revint aux Chats : « Est-ce que le duo "chat" exclusivement miaulé vous plaît ? »

La date tardive de la représentation pourrait faire croire que Colette avait pensé à sa fille lorsque celle-ci avait l'âge de l'Enfant. Mais Colette II était un bébé quand le livret fut écrit. Ce n'est pas que les relations mère-fille furent sans nuages, loin de là. La petite Colette de Jouvenel souffrit de la séparation de ses parents ; elle avait 12 ans quand sa mère commença à vivre avec Goudeket, qu'elle finit par considérer comme un parâtre et à qui, Colette morte, elle voua une haine inexpiable, non sans quelques justes raisons.

Elle a indiqué une autre cause de ses relations difficiles avec sa mère : « Un enfant accepte mal de partager sa mère. [...] il me fallait apprendre à partager avec une "œuvre". Une œuvre... Je n'affirmerai pas que cette entité m'apparut tout de suite dans toute sa splendeur. L'entité exigeait mon silence, que je sache me tenir en retrait – et avoir l'air heureux... [...] Voyais-je seulement que ma mère, qui m'a eue tard, à quarante et un ans, était en pleine explosion, en pleine magnificence de sa carrière ? Pouvait-on, pouvais-je lui demander d'avoir toutes les vertus ? Celles d'un écrivain qui composera soixante volumes et celles de la mère poule qui m'aurait dédié le plus clair et le plus chaud de son temps ? Ses vues redonnaient son sens à l'expression "gâter un enfant". En le gâtant, il arrive qu'on l'abîme[7]. »

Il arrivait d'ailleurs que Colette fût plus fière de sa fille que de ses livres, sur la valeur desquels elle s'est toujours exprimée avec une modestie non feinte. Du boulevard Suchet, le 14 septembre 1925, à Moreno : « Ma fille est avec moi depuis huit jours, elle part après-demain pour la campagne, parée d'une émouvante splendeur physique. » À la même, 3 janvier 1928 : « Ma fille m'écrit des lettres charmantes, aimantes. » Et le 5 janvier : « Ma fille est reçue à l'un des plus difficiles examens de sténo. Crois-tu ! C'est un amour ! Et elle va suivre, l'ayant demandé, les cours du baccalauréat. Petite bougresse, va. Elle est charmante ! » 25 mars 1928 : elle est « miraculeusement aimable ». Pendant l'été, elle séjournera plusieurs fois à la Treille muscate : elle y est lorsque Colette emménage au début d'août 1926, et quand Colette, en 1928, travaille à la transformation de la maison. Elle passe une autre partie de ses vacances à Castel-Novel, une autre à Saint-Jean-de-Braye, chez Germaine Patat, qui a été ou qui est la maîtresse de son père.

La petite Colette avait été mise pensionnaire au lycée de Saint-Germain-en-Laye en octobre 1922 ; elle y resta jusqu'en juillet 1924. En octobre 1925, ses parents l'envoient en Angleterre[8], et elle en connaîtra bien la langue. Au début d'octobre 1926, elle se retrouve pensionnaire, cette fois à Versailles :

> Ma fille est bouclée à Versailles, mais je lui connais de mauvaises dispositions d'esprit... Ça se pourrait bien que ça barderait. La magnifique petite bougresse aime la campagne, la natation, les autos de luxe, les phonographes, la danse... Une enfant d'aujourd'hui, quoi. Et je suis mal placée pour sévir, c'est à moi que cette enfant réserve sa plus sincère, sa plus discrète tendresse, et sa meilleure humeur[9].

Le 3 juillet 1927, Colette se plaint à Germaine Patat : « En toutes choses, elle agit comme si un peuple de serviteurs devait s'occuper de ce qu'elle laisse traîner derrière elle. »

Et c'est pendant le séjour au lycée de Saint-Germain que la

mère gronde la fille ; elle vient d'apprendre – « choc pénible » – que celle-ci fume en cachette et elle se donne en exemple : « Si je me suis gardée de fumer, ce n'est pas à cause du *mal* que le tabac, modérément fumé, pouvait me faire, c'est parce que pendant ma longue vie, j'ai vu à mes côtés des êtres *dévastés* par le despotisme de l'habitude. » Et de citer le Capitaine, Achille, pourtant médecin, le père de la petite Colette et la file de ceux qui, pendant la guerre, « des mouvements nerveux dans les doigts, une petite sueur sur la figure », attendaient la réouverture du bureau de tabac de la Civette situé en face du Théâtre-Français. « C'est la vue des fumeurs qui m'a toujours détournée du tabac, et j'ai vu aussi des morphinomanes, des cocaïnomanes, ceux-ci pareils, dans leur privation, aux fumeurs privés. »

> Mon chéri, c'est une grande assurance que l'on prend sur soi-même, quand on se dit : je n'ai pas pris d'autre habitude, dans la vie, que celles de manger, de boire et de dormir. Ne te méfie pas du danger caractérisé, méfie-toi de l'habitude... C'est elle qui vous rend lâche et menteur. J'ai tant d'ambition pour toi, chérie ! Non pas une ambition de situation, mais une ambition de caractère. Tu me comprends ? Je ne peux plus fleurir que par toi [10].

On aimerait continuer à fumer pour recevoir une telle lettre. En tout cas, si Colette de Jouvenel a alors cessé de fumer, elle a ensuite renoué avec cette habitude.

Les lettres qui ont été conservées montrent en Colette une mère normale, non une mère-poule, ce qui n'était pas dans son caractère. Elle reproche à sa fille de ne pas lui écrire fréquemment, d'être imprévoyante et prodigue, de ne pas prendre soin de sa santé. Mais elle sait aussi la féliciter, sur un papier à compliments, d'avoir passé un examen de sténographie. Et elle l'entretient de ses cauchemars de travail, de son passage du Palais-Royal au Claridge, de ses apparitions sur scène. Que Colette de Jouvenel se soit sentie frustrée, c'est vrai, au point que, voyant de petites camarades juives qui avaient une vraie famille, elle put dire à sa mère son désir de devenir juive elle-même [11]. Du côté de Colette mère, ce sont moins les sentiments maternels qui sont en cause – ils existent – que la situation même que son talent lui avait faite.

Est-ce un effet de sa fonction maternelle, les Éditions du Trianon annoncent, le 1er juillet 1927, la création d'une collection intitulée « Supplément à quelques œuvres célèbres » qui doit commencer à paraître à la fin de l'année et qui contiendra notamment un « Supplément », dû à Colette, au *Traité de l'éducation des filles* de Fénelon. Il restera à l'état de projet et sera remplacé par le *Supplément à Don Juan* qui paraîtra en février 1931, sera repris dans *Ces plaisirs...* chez Ferenczi en 1932 et était plus du ressort de Colette.

Avant un été qui va être particulièrement chargé, elle a droit à un beau voyage au Maroc, accompli en compagnie de Goudeket. Ils sont les invités du pacha de Marrakech, El Glaoui, qu'ils ont sans doute connu grâce à Simone Berriau, qui a été sa maîtresse. À partir de la deuxième semaine d'avril et jusqu'au 10 mai 1926, on les trouve donc à Marrakech, puis à Meknès, à Fez, dans une propriété du pacha, à Rabat, de nouveau à Fez, mais cette fois à l'hôtel Palais Jamaï, d'où ils vont visiter Sefrou [12]. Les « Notes marocaines » ont été publiées en 1935 dans le *Deuxième cahier de Colette* avant d'être recueillies à la fin de la même année dans l'édition Ferenczi de *Prisons et paradis* [13] : gourmandes et succulentes descriptions, où l'on est heureux de remarquer un hommage au maréchal Lyautey, qui avait démissionné en septembre 1925.

En 1926, Colette déménage deux fois. Au début de juillet, elle achète la maison de Saint-Tropez ; durant l'automne, elle quitte l'hôtel particulier du boulevard Suchet, pour s'installer au Palais-Royal dans un entresol du 9, rue de Beaujolais. Deux ruptures avec le passé. – La maison de Rozven sera vendue le 4 mars 1927 à Mme Poussin. Ce qui s'est passé au boulevard Suchet est moins clair. L'hôtel particulier appartenait, en partie seulement, aux époux, d'ailleurs mariés sans contrat, puisque le prix d'achat n'avait pas été acquitté intégralement*. Le mari aurait quitté

* Le 19 septembre 1925, Colette écrit, du boulevard Suchet, à Germaine Patat : « Ah ! Germaine, je vous ai appelée au téléphone quand vous étiez déjà partie. J'avais tellement envie de vous dire ce que Me Bertin notaire m'a communiqué aujourd'hui. / Mon enfant, Jouvenel n'a pas payé le solde de cette maison, vous m'entendez, et Me Bertin arrête comme il le peut les poursuites de M. Léger dont la patience prend fin et dépasse les délais légaux. Qui poursuit-on ? l'occupant de la maison naturellement : moi, puisqu'on me considère comme propriétaire. Non seulement ceci est d'une amertume dont je me serais bien passée mais il y a mieux : à cause du non-paiement la résolution du divorce ne peut pas être achevée et je ne peux rien signer seule, ni une hypothèque régulière, ni la vente de Rozven si je trouvais un acquéreur, ni l'achat de ma petite maison du Midi. / Alors je suis rentrée dégoûtée, révoltée et ne pouvant rien dire de l'état où je suis sauf à vous. Que ferais-je ? rien à faire avec le Crédit foncier qui demandera à attendre une situation régulière. Téléphonez-moi quand vous serez rentrée, j'aurai besoin de vous entendre. » Faut-il penser que G. Patat est intervenue, et peut-être même financièrement ?

brusquement la maison, y laissant même ses vêtements et serait retourné chez sa mère, avant d'habiter un hôtel particulier 14, rue de Condé, où il logea sa mère et la petite Colette[14]. Colette a dû quitter le boulevard Suchet en novembre 1926.

La maison de Saint-Tropez, située entre la route des Cannebiers et le sentier du littoral, aujourd'hui devenu une route, à l'écart du village, avait nom Tamaris-les-Pins et va rapidement prendre celui de la Treille muscate. Comme l'été précédent, elle s'installe d'abord, du 19 au 29 juillet, à la Bergerie où Armand Citroën lui donne l'hospitalité. Si elle n'a pas encore vendu Rozven, elle en attend le mobilier, du moins une partie ; le 28 juillet, elle guette le camion des Galeries Lafayette de Nice qui va lui livrer des objets de toute nécessité[15]. Puis, elle s'installe à la Treille, ou elle y campe. Le 6 août, elle peut mander à Léopold Marchand :

> Ces six jours derniers ont passé comme le « Songe du déménageur », mais le résultat tient du prodige. Échoués parmi des îlots de caisses et de camions, perdant pied parmi la paille et les planches, nous avons en 48 heures édifié un logis qui est *joli*, qui semble habité depuis dix ans. Lequel louer mieux des trois, Pauline, Maurice ou moi ? Je ne sais. La maison, je ne t'en parlerai pas, tu la verras. Je ne mentionne qu'en passant le « couvert » de glycine et de vigne qui abrite le seuil et la petite terrasse à balustres où nous déjeunons et dînons. L'autre terrasse, au 1er étage, sa vue de mer, de côtes, de vignes et de forêts, tu la jugeras. Ce que je voudrais te peindre, ce qui ne cesse de m'étonner, c'est ce pays, sa température, son climat singulier et incomparable. Rien n'y souffre de la chaleur, pas même nous. La verdure, la *vraie* verdure, le figuier, le tamaris, l'arbre fruitier, le liège, la vigne, laissant juste de quoi passer le long de la mer. À côté de ma maison, le chemin de côte te mènera, le long de dix, douze, vingt kilomètres en bordure immédiate de mer, ombragés, gorgés d'herbe verte fleurie, c'est une région privilégiée dont le caractère change, il m'a paru, au niveau de Fréjus. Après Fréjus, ça ressemble au climat de Nice. Mais ici ! Quelles promenades à pied, Léo ! À 6 h 1 /2 du matin, tout est trempé de rosée, et frais comme la naissance du monde. Mais à midi on ne craint pas de marcher non plus. L'air est privilégié.

Elle n'aura l'électricité que pendant l'été de 1927, mais pour qui vit au rythme du soleil...

Elle rentre à Paris autour du 1er septembre ; le 2, elle repart pour Bordeaux, où, du 3 au 5, elle a le plaisir de jouer *Chéri* avec Marguerite Moreno, qui tient le rôle de Mme Peloux. Les 18 et 19 septembre, elle est à Saint-Jean-de-Braye au château de Montdésir pour y voir sa fille chez Germaine Patat. Durant la seconde quinzaine d'octobre, elle répète *La Vagabonde* : au théâtre du Parc, à Bruxelles, du 3 au 9 novembre, elle est pour la première fois Renée Néré.

C'est pendant ce mois qu'elle emménage au Palais-Royal dans un appartement où, dira un de ses amis, « on ne peut manger que des soles [16] », tant il est bas de plafond, « charmant », mais « songe, dira-t-elle à Georges Wague [17], que j'y ai vécu 4 ans d'obscurité et de lampe jour et nuit ». Elle a sous-loué ce tunnel à Alba Crosbie, une amie sur qui on aimerait être mieux informé. Elle était irlandaise, avait épousé ou épousera Henri Halphen (par lui elle est apparentée aux Rothschild) et habitait 7, rue de Beaujolais [18].

Une tournée de conférences en Suisse avait été prévue pour octobre, mais Colette dut la remettre, souffrant alors d'une bronchite. C'est donc à la fin de novembre qu'elle prit le chemin de Neuchâtel (29 novembre), puis de La Chaux-de-Fonds (30), de Berne (2 décembre), Lausanne, Montreux et Genève (4) [19] : comme le prouve un compte rendu du *Journal de Genève*, elle obtint un vif succès en entretenant ses auditeurs de « L'Envers et l'endroit du théâtre et du music-hall », sujet qu'elle avait déjà traité en 1923. Elle est de retour à Paris le 8 décembre. Pour peu de temps, car elle va promener *La Vagabonde* dans le Midi, à Nice (17-19 décembre), Cannes, Saint-Raphaël, Toulon, Menton, Monte-Carlo. Entre ces deux dernières villes, elle peut faire escale à Saint-Tropez, non à la Treille, qui n'est pas chauffée, mais à l'hôtel Sube [20]. Paul Poiret, le grand couturier, a la passion du théâtre et il avait été de la création de la pièce à la Renaissance [21]. Il joue le rôle de Brague, non pour son seul plaisir, mais pour les billets de mille francs qu'il aime à palper. Par ses prétentions il agace Colette qui reproche à ce « mégalomane obtus » de n'avoir aucune mémoire : elle lui a soufflé *« tous les soirs »*.

Il sera cependant de la distribution de la pièce qui tiendra l'affiche au théâtre de l'Avenue du 5 au 23 janvier 1927. L'année a bien commencé, même si les soucis d'argent restent lancinants.

Paraît aux Éditions Mornay l'édition de *La Vagabonde* illustrée par Dignimont, l'un des fidèles amis de Colette : il enrichit l'exemplaire de l'auteur de cet envoi : « Pour Colette qui a été si indulgente pour l'illustration de son beau livre, avec toute l'admiration et l'amitié de Dignimont [22] ». Celui-ci illustrera en 1928 *L'Ingénue libertine* (À la Cité des livres) et en 1929 *L'Entrave* (Mornay) ; et Colette écrira une lettre-préface pour le livre consacré en 1929 au peintre, dans la collection « Les Artistes du livre ». Jean Larnac publie chez Kra, *Colette, sa vie, son œuvre*, la première étude approfondie sur elle, à la fois biographique et littéraire.

À la mi-avril 1927, elle a la joie de passer quelques jours à Touzac, à la Source bleue, la propriété de Marguerite Moreno ; elle n'aura pas la joie d'accueillir celle-ci à la Treille muscate. L'été, de la mi-juillet à la mi-septembre, la revoit à Saint-Tropez. Et comme chaque été jusqu'à ce qu'elle renonce à la Méditerranée, elle se partage entre le repos et le travail, un travail qui lui arrache des gémissements, car elle n'a cessé de connaître les affres de la création, dont elle a témoigné en achevant *La Fin de Chéri* [23]. 14 juin 1926, consolation à Moreno qui écrivait ses souvenirs : « Je ne te plaindrai jamais assez. C'est une lutte si sombre, celle qui use une griffe sur un papier. Et sans témoins, et sans seigneurs. Et sans passion. » Le rythme de Colette est généralement : composition à la Treille muscate, préoriginale durant l'automne dans un périodique, publication du livre pendant les mois suivants.

En juin 1927, Walter Benjamin est venu l'interviewer au Palais-Royal, lui posant la question : « La femme doit-elle participer à la vie politique ? » La réponse suit la question : « Non. » Colette sait très bien se défendre des questionneurs et leur donner le change. Elle se dérobe moins devant cet Allemand, ne sachant peut-être pas que l'article paraîtra dans *Die literarische Welt* du 11 novembre suivant [24], ou ne s'en souciant pas. En arrivant, Benjamin assure Colette de la sympathie qu'il éprouve devant le combat qu'elle livre pour une cause perdue ; il sait pertinemment qu'elle est antiféministe. L'argument qu'elle emploie, elle ne l'a jamais, semble-t-il, devant l'un ou l'une de ses compatriotes. Elle dit très fermement à son interlocuteur :

> J'ai moi-même, parmi mes relations, un nombre suffisant de femmes équilibrées, en bonne santé, très cultivées, intelligentes, qui seraient tout aussi capables qu'un homme de siéger dans une commission ou un jury. Seulement, elles

> ont toutes, chaque mois – et je vous assure que ce sont des femmes normales, parfaitement constituées – des jours où elles sont irritables, incontrôlées, imprévisibles. Les affaires publiques suivent leur cours tout de même pendant ces jours-là, n'est-ce pas ? Et il faudra voter et prendre des décisions.

Elle a d'autres arguments, notamment la volonté qu'ont les femmes d'imiter les hommes, de prendre des attitudes, des manières viriles. Mais le passage cité est très révélateur et manifeste une étonnante franchise. Colette est l'une des rares femmes à tenir compte de cette particularité féminine, ignorée de la littérature française jusqu'à Zola et qui prive celle-ci d'une dimension physiologique, au point de rendre suspectes maintes rencontres amoureuses...

L'été de 1927, Colette le consacre à *La Naissance du jour*, qu'elle n'arrivera pas à terminer avant le début de janvier 1928. C'est, en effet, un ouvrage dont l'unité n'est pas évidente ; André Billy n'aura pas tort d'écrire (*L'Œuvre*, 18 avril 1928), au milieu de grands éloges : « *La Naissance du jour* est beaucoup plus un poème, c'est-à-dire une transposition lyrique d'états d'âme, qu'un roman logique. » Colette, en le remerciant, lui avouera : « On ne peut rien cacher à votre clairvoyance : vous avez flairé que dans ce roman le roman n'existait pas. » L'intrigue est, en effet, faible, par rapport à la présence de la mère à laquelle elle élève un autre monument. On savait par la comparaison avec les originaux qu'elle avait pris quelque liberté avec ceux-ci. À un ami qui l'interrogeait, elle répondit :

> Mais oui [...] les lettres de ma mère sont de ma mère. En fait d'arrangement, je me suis permis de prendre, par exemple, dans deux, trois lettres de ma mère ce que je présente dans une seule. Mais mes amis de tous les jours, à qui j'ai souvent lu des lettres de ma mère (j'en ai gardé plus de deux cents, nous ne cessions de nous écrire) savent combien elles avaient d'esprit, de curiosité, et surtout combien cette femme qui vécut dans deux petits villages, garda jusqu'à la fin une indépendance de caractère, et de manière d'agir, admirablement exceptionnelle[25].

On comprend les efforts que ce livre a coûtés. À Moreno qui prenait des nouvelles, 28 août et 14 septembre 1927 : « Et le travail ??? Page 27, mon chéri, voilà où j'en suis. C'est terrible. » « Mon travail ? Trente-cinq pages, – et le désespoir. » Puis les obligations parisiennes ralentissent encore la cadence, comme un petit voyage en Belgique, Bruxelles et Ostende[26]. Aussi va-t-elle profiter de la période de Noël pour se cloîtrer dans le Midi, du 19 décembre à la mi-janvier, au Kensington Hôtel de La Croix, à une dizaine de kilomètres de la Treille, qui n'est pas assez chauffée, mais où elle va travailler. Le 23 décembre, il pleut, pas de distraction : « Je travaille ? Oui, si travailler est déchirer ce que j'ai fait la semaine passée et recommencer. » Elle ne voit pas bien ce qu'elle fait, dit-elle encore à Moreno. 27 décembre : « Je travaille avec un dégoût incroyable, et une constance méritoire. » 5 janvier 1928 :

> Je travaille avec une rigueur qui, si elle ne donne pas de résultats abondants, me conserve une sorte d'estime pour moi-même : ça fait huit fois que je recommence ma scène avec l'homme. Il me semble que je franchis un tournant... mais il y a seulement deux jours, je devenais enragée et je ne dormais pas, pas assez, du moins. Le bilan, en pages, depuis mon arrivée le 19 décembre ? Moins de 40. Je crois 35. Tu vois.

Jamais enfantement d'œuvre n'a été plus pénible. *La Naissance du jour* paraît enfin dans *La Revue de Paris* du 15 janvier au 1er mars 1928 et en volume chez Flammarion dès mars. Colette s'était offert quelques jours de vacances, à la fin de janvier, à Saint-Moritz en compagnie d'Alba Crosbie[27]. Le 29 février, elle parle des bêtes à Limoges. Mais elle a déjà commencé un nouveau roman – en projet depuis août 1922[28] – auquel elle donne pour titre *Le Double* et qui deviendra *La Seconde*. Autres affres en perspective. Elle devrait en livrer le manuscrit le 15 juin à Pierre Brisson, le directeur des *Annales*. Aussi profite-t-elle de Pâques pour gagner la Treille muscate, où elle séjourne du 5 au 24 avril. Elle s'y découvre un talent de sourcière qu'elle annonce triomphalement à Moreno. Autre découverte exaltante : le printemps en Provence. Mais le manuscrit ne cesse pas de se rappeler à elle : « J'ai 80 pages, ici – déclare-t-elle à Moreno. C'est énorme. Depuis hier soir, je *sais* que je dois sans retard en démolir *40*, si je ne veux pas que ce roman tourne au plat feuilleton. Je m'y mets dès ce soir. » Le martyre va durer jusqu'à la Saint-Sylvestre. Et elle s'accorde quelques répits et plaisirs : une expédition au Crotoy – vieux souvenir... – et au Touquet, à la fin de mai, toutefois suivie d'une corvée, la vente, le 1er juin, pour les Écrivains combattants, laquelle est compensée, le 9 juin, par l'arrivée de la chienne bull Souci : « Seize mois, caille, merveilleuse en tous points, 1er prix d'exposition. » Le lendemain, « elle se promenait au Bois avec Pati [la chienne brabançonne] et moi, *sans que je la mette en laisse un seul instant*. Ça nous juge, toutes deux. Maurice était bleu. Elle couche avec Pati et tout va bien. Je t'avoue, ma chère âme, que j'ai un grand plaisir avec cette charmante compagne ». On a reconnu le ton des lettres à Moreno, à qui Colette ajoute : « Ne me gronde pas. » Pour acheter la chienne, elle avait renoncé à faire édifier une clôture de briques destinée à protéger la vigne de la Treille muscate.

Avant de prendre ses « vacances », Colette se rendit à Angers pour y être, le 2 juillet 1928, au monastère franciscain de l'Esvière, la marraine de Claude Chauvière, qui fit le même jour sa première communion. Celle-ci, née en 1897, dans une famille athée, avait voué à Colette une admiration éperdue. On l'aperçoit à Rozven aux derniers jours d'août 1924[29]. En 1925, elle collabore au numéro que *Le Capitole* consacre à Colette et elle publie chez Fayard un roman, *La Femme de personne*, dont Colette dira : « Son premier livre a bien failli l'écraser. Il était trop grand et elle trop petite [...] la solitude féminine y pousse un tel cri qu'on en tremble[30]*. » D'autres romans suivirent, dont *Les Thiberguène* (Fayard, 1935), son dernier livre, *La Rampe d'or* (Angers, 1938), décrivant son existence au monastère, où, un moment, elle désira devenir novice**.

On ne sait ce que Colette pensa de cette conversion. « Elle considérait l'événement de l'extérieur, et n'a jamais fait de

* Sur Claude Chauvière, voir les témoignages émouvants publiés dans *Les Amitiés* d'avril-mai-juin 1939 sous le titre : « À la douce mémoire de Claude Chauvière » (p. 161-184), et la plaquette de Noël Santon, *Claude Chauvière ou la Filleule de Colette* (Éditions Corymbe, 1932) qui analyse les romans publiés avant cette date. *Corymbe* est aussi le titre d'une revue charentaise qui a fait belle place à Claude Chauvière. Celle-ci mériterait que lui soit consacrée une étude qui ne la ferait pas apparaître à l'ombre de Colette et comme son reflet. On ignore ce que sont devenus les papiers de Claude, qui était à sa mort l'épouse de René de Récusson, mais l'on devine une ténébreuse affaire.

** À la fin de *La Rampe d'or*, terminé en 1929, Cl. Chauvière a cité quelques passages de lettres de Colette, entremêlés de considérations amères sur leurs relations. Ainsi : « Comme tout cela est bien dit et pourrait donner le change », et : « Le charme opérerait si je n'avais pas vu l'envers du décor, si je n'avais trouvé ma juste utilisation », aussi : « Madame, si vous m'aviez aimée, je l'aurais senti sans défaillance » (p. 110 et 111).

réflexions sur la signification profonde de la conversion de Claude Chauvière qu'elle continuait à appeler familièrement “mon petit Claude”[31]. » « Je ne parle jamais de “cela” avec Mme Colette. C'est trop grave, et nous nous voyons si peu », déclarait Claude à Noël Santon, à qui, cependant, elle lisait ensuite un passage de *La Paix chez les bêtes* : « et l'on oublierait la prison, la misère de ces êtres puissants et condamnés, s'il n'y avait à chaque instant – et pire que leur va-et-vient maladif d'une paroi à l'autre – cette habitude désolée de lever la tête vers le ciel, cet appel à la lumière, au vent libre, cette prière de la bête qui croit, jusqu'à la mort, à la délivrance[32]... » Lever la tête vers le ciel, comme le cygne de Baudelaire. Elle s'était retirée, le corps épuisé, à La Seyne-sur-Mer, où elle mourut le Vendredi saint 7 avril 1939. De Colette on ignore la peine, s'il y en eut... Théophile Briant, leur ami commun, le poète de Paramé et le fondateur du *Goëland*, a dit la sienne dans sa revue et dans *Les Amitiés*[33].

Colette a cependant eu une grande estime pour cette jeune femme qui portait au fond d'elle-même une incurable mélancolie. C'est Claude Chauvière qui aurait signalé aux Ducharne que la maison de Saint-Sauveur était à vendre[34]. En mars 1926, Colette la recommande à Lucie Delarue-Mardrus pour un prix littéraire ; en juillet 1935, elle attire l'attention d'Edmond Jaloux sur un autre livre de sa protégée. Une de ses plus belles lettres est destinée à morigéner Hélène Picard qui s'était émue d'une maladresse de Claude, « une maladresse », pas une « monstruosité » : « Elle vit, comme toi, seule. [...] La solitude et la pauvreté ne peuvent pas ne fabriquer que des anges, ou d'harmonieux démons comme toi. [...] Elle avait, il y a quelque temps, prit le parti de mourir, mais c'est si difficile, à une créature vivante, de devenir une créature morte ! Hélène, maudis le Vampire [sa belle-mère], bon. Mais ne te sépare pas avec une telle violence de ceux qui ne t'ont blessée que sans intention[35]. » Une lettre grave qui fait comprendre la morale personnelle de Colette.

Les seules années heureuses de sa vie, ce sont celles, toutefois, qu'elle passa auprès de Colette ; pendant trois ans, de 1928 à 1931, elle joua à la secrétaire de l'écrivain qu'elle admirait et qui n'avait pourtant pas besoin qu'on occupât auprès d'elle cette fonction. Elle voulait ainsi préparer son livre sur Colette qui parut à la Librairie de France et chez Firmin Didot en 1931, dans la collection « Visages contemporains » dirigée par Francis Ambrière, auteur d'un « Essai de bibliographie » qui termine le volume. Elle entremêle habilement des portraits, une évocation des lieux, des propos de Colette (« Pauline ! je vais me trouver mal de faim ! »), des analyses et des citations des œuvres, des lettres de Colette à sa fille, communiquées par celle-ci, deux lettres pour donner à Claude Chauvière d'utiles conseils littéraires, des lettres adressées à Colette par Francis Jammes, Proust, Gide (sur *Chéri*), Pierre Louÿs, Louis de Robert, Édouard Estaunié, Jean Cocteau, des « envois » de Colette, des textes sur elle de Régis Gignoux et Henri Duvernois, – le tout donnant l'impression d'une étourdissante activité et présentant avec beaucoup de vie une Colette au quotidien. L'une des deux lettres qu'elle reçut de son maître en écriture et qu'elle reproduit est comparable à celle que reçut Moreno ; elles constituent un art poétique. Claude Chauvière lui avait soumis un manuscrit de roman. Critique :

> Mon petit Claude, c'est infiniment meilleur. S'il en est encore temps, adoucis quelque brutalité d'expression dans les dialogues entre le mari et la femme au sujet de l'enfant. Vois-tu, Claude, au lieu de nous les *montrer* dans leur antagonisme, tu nous les fais *entendre*. L'ouïe n'est pas un sens qui compte en littérature ; ou du moins, il vient à son rang. 1 l'œil ; 2 le nez ; 3 l'ouïe. Détends-toi. Tant que tu nous feras du « trop court », pendant deux cents pages, ton lecteur aura une impression de *longueur*. Mais dans son volume, dans son expression, c'est un bon roman, et beaucoup meilleur, je le répète, que le dernier[36].

En bref, ce livre est l'un des meilleurs que Colette a pu lire sur elle, sinon le meilleur. Il est un peu supérieur au *Colette, sa vie, son œuvre*, que Jean Larnac avait publié chez Simon Kra à la fin de 1927 et que Claude jugeait « respectueux, bien écrit et à peu près exact[37] » et nettement supérieur au *Colette* d'Amélie Fillon qui sera publié à la fin de 1933 aux Éditions de la Caravelle*.

---

* Amélie Fillon était « attachée à la bibliothèque de l'Opéra » (*Le Jour*, 14 février 1934, compte rendu). Elle était déjà l'auteur de quelques ouvrages sur des peintres. Aux Éditions de la Caravelle, elle dirigeait la collection « Aujourd'hui » dans laquelle parut son *Colette*. A. Fillon souligne l'ambiguïté de l'œuvre de Colette, partagée entre « une constante et sincère confession » et le mensonge romanesque. – Sous son nom (Fernand Angué), Jean Larnac avait publié « Les Débuts de Colette » et « La Jeunesse de Colette », dans *Les Nouvelles littéraires* des 9 mai et 4 juillet 1925. J. Larnac, on le voit au titre, est plus proche des travaux universitaires ; son livre est vraiment sérieux, mais il n'a pas eu le privilège de vivre près de Colette.

Après le baptême de Claude au début de l'été de 1928, événement qui donna lieu à un petit festin, Colette reprit le chemin de Saint-Tropez où elle vécut du 7 juillet au 18 septembre*. Ce ne fut pas d'abord pour y retrouver *La Seconde*. Des travaux avaient été commandés, qui – s'en étonnera-t-on ? – n'avaient pas été exécutés. L'arrivée ? « une pure et sévère désolation ». Elle faillit repartir. « J'ai passé une sale nuit. Et puis j'ai convoqué l'entrepreneur au petit matin. Et puis, en quatre jours infernaux, j'ai fait avancer de trois semaines les travaux. » 23 juillet : « Maurice Goudeket a débarqué avant-hier dans une maison que j'avais, par magie, tournée sens devant derrière, et il est tombé sur le sien, de séant[38]. »

Cet exploit accompli, il fallut revenir à *La Seconde*, qui prit beaucoup plus de temps. Colette venait de se lier avec Segonzac et, tout en écrivant, elle posait pour lui, qui préparait les eaux-fortes qui illustreront *La Treille muscate* publiée en 1932 – un des grands illustrés de l'époque – et dont le texte sera repris la même année dans *Prisons et paradis*.

Camarades d'études, André Dunoyer de Segonzac (1884-1974) et Luc-Albert Moreau (1882-1948) à qui s'était joint leur cadet André Villebeuf (1893-1956) possédaient en commun le Maquis, propriété située à environ trois kilomètres de la Treille muscate et qui, plus tard, appartiendra au seul Segonzac. Segonzac avait découvert les paysages de Saint-Tropez dès avant la Première Guerre. Peintre et graveur, il s'était formé à l'écart du cubisme, du fauvisme et autres mouvements artistiques et il restera farouchement indépendant. Outre le texte de Colette, il a illustré notamment *Les Croix de bois*, *Le Cabaret de la Belle Femme*, *Bubu de Montparnasse* et *Ouvert la nuit*. Il vivait avec l'actrice Thérèse Dorny, qu'il épousera plus tard. Luc-Albert Moreau avait pour compagne Hélène Jourdan-Morhange**, violoniste de talent qu'un rhumatisme éloigne de l'exécution, amie et interprète de Ravel qui lui dédia sa sonate pour piano et violon ; Colette préfacera son livre, *Ravel et nous*, en 1945. Moreau, grièvement blessé pendant la guerre de 14, est l'auteur d'une grande toile : *Soldats dans la tranchée* (1923). Il a montré des combats de boxe et des jeux de cirque ; il a illustré Nerval,

* Les dates données pour les séjours à la Treille muscate ne sont pas exactes à un jour près. Le voyage en voiture de Paris à Saint-Tropez comme le retour peuvent alors prendre deux jours.

** Ils s'épouseront le 29 janvier 1946.

Carco, Paul Morand et surtout, en 1932, *La Naissance du jour*, où il est entré tout vivant, comme Segonzac. D'André Villebeuf, peintre et graveur, et de sa femme Suzanne Colette est moins proche. Elle appelle Segonzac « Dédé » ou « cher Grand-Dédé » ou encore « le Ravissant ». Hélène et Luc-Albert sont « Moune » et « le Toutounet »[39]*. Un peu à l'écart de ce groupe, le peintre Charles Camoin qui plantait son chevalet sur la plage et dont elle aimait les bleus variés par la lumière ou par les algues[40]. Aux Salins, pour le bain, Colette et Segonzac retrouvaient aussi Louis Jouvet, Pierre Renoir et Valentine Tessier[41].

Autre amitié tropézienne : Julio Van der Henst, dentiste, et sa femme Vera**, qui avaient, voisine de la Treille muscate, la villa « la Piade » ; ils sont en relation avec les habitants du Maquis. Un peu plus tard, au début des années trente, Léon-Paul Fargue séjournera à Saint-Tropez : « Il retrouvait Colette – écrit Jean-Paul Goujon –, et des amis communs comme Segonzac et Luc-Albert Moreau » ; il s'émerveillait de voir son hôtesse « toujours la même, avec cette sensualité exacte et brusque, cet amour de la vie de tous les jours, une lucidité inflexible »[42]. Il est néanmoins curieux que Colette ne le mentionne jamais dans les lettres qu'elle envoie de Saint-Tropez.

Le 10 septembre, elle vendange : « Le temps, la lumière, ce climat... Si Maurice n'était pas dans ma vie, je te jure – écrit-elle à Moreno – que je ne reviendrais pas. [...] Le raisin est, par place, incomparable. Mais qu'est-ce qui n'est pas incomparable en ce moment ? » L'installation, *La Seconde* l'ont empêchée d'aller jusqu'à Touzac. Le 19, elle est à Paris, à l'hôtel du Beaujolais, non dans son appartement : Alba Crosbie est en contestation avec la propriétaire de l'appartement. Mais elle travaille dans son entresol. *Le Voyage égoïste* qui avait paru sous une première forme en 1922 paraît sous une autre, en octobre, chez Ferenczi : aucun texte nouveau. C'est *La Seconde* qui la requiert. Pour achever l'œuvre il lui faudra de nouveau s'éloigner de Paris. Une rosette à la boutonnière – elle a été promue officier de la Légion d'honneur le 5 novembre –, juste avant Noël, le 24 décembre, elle se rend dans les Ardennes belges, au château d'Ardenne. Ce château, situé sur un mamelon au confluent de la

* Le surnom de Moune avait été donné à Hélène par Ravel, grand ami des chats et qui parlait leur langue. À la mort de L.-A. Moreau Colette a écrit un hommage, recueilli dans *En pays connu* (*OCH* 11, 312-314).

** Vera Van der Henst avait fait partie des ballets russes de Diaghilev.

Lesse et de l'Ywoigne, dans la commune de Houyet, avait été reconstruit de 1874 à 1891 par Léopold II, qui l'inclut dans la Donation royale. En 1897, il avait été transformé en hôtel ; il a brûlé en août 1968. Colette avait laissé à Pierre Brisson le début du roman qui fut publié dans *Les Annales* à partir du 1er janvier 1929, non sans quelques coupures demandées par lui, en considération de son public. Les difficultés furent assez grandes pour que, le 12 décembre 1928, elle ait cru bon de lui écrire :

> Vous craignez que votre public, celui des *Annales*, ne trouve dans *La Seconde*, des raisons, fondées ou non, de se scandaliser. Je ne le crois pas, mais vous êtes seul juge. Les coupures que vous m'avez demandées, je les ai faites. Au point de vue littéraire, j'ai eu tort. Au point de vue amical, j'ai agi selon mon cœur. Mais, m'étant attachée par la suite à travailler « pour les Annales » je ne croyais pas avoir à modifier de nouveau mon texte. Or, vous vous proposez de me faire porter mon manuscrit et de me suggérer de nouvelles coupures. N'en faites rien. Je veux dire par là que je vous serai infiniment reconnaissante de me renvoyer, purement et simplement, mon roman. Sortons ainsi, vous et moi, de deux risques : vous risquez de mécontenter un public nombreux, – et moi, de déchoir à mes propres yeux en restreignant une vérité littéraire, une qualité d'expression, une sincérité professionnelle auxquelles, par-dessus tout, je tiens.

L'affaire s'arrangea. Dans les lettres qu'elle adresse à Pierre Brisson[43], on admire la conscience professionnelle de Colette. Elle veut qu'on distingue les guillemets pour les monologues intérieurs et les tirets pour les dialogues. Et elle signale sur épreuve une faute d'impression qui aurait été catastrophique : « Jeanne coupa son fil*s* d'un coup de dents. » Encore une coupure…, qu'elle évita de justesse. Un voyage en voiture de onze heures, Maurice conduit, cent kilomètres dans « le coton » du brouillard. « C'est un château affreux, écrit-elle à Moreno le 24, c'est un bon hôtel. » « On se repose, je travaille demain, Souci mange de la neige, et l'odeur de la forêt m'est douce. Mais quel silence ! » On avait cherché à la détourner de cet endroit (nous ne savons qui lui avait suggéré d'y séjourner[44]) ; on lui avait crié : « C'est sinistre ! » Une recluse. Seule distraction, confie-t-elle à Mme de Noailles : « Tout le parc est étoilé de derrières blancs de lapins ! »

31 décembre, à Moreno encore : « Hier, neuf heures de travail, avant-hier sept heures, [...] mais je veux finir. » 2 janvier : « Je reviens, j'ai fini... J'y crois à peine. » Même cri de joie lancé à Hélène Picard : « J'ai *fini*, – un peu avant les douze coups de minuit, le 31 décembre ! » *La Seconde* continue à paraître dans *Les Annales* jusqu'au 1er mars 1929. L'achevé d'imprimer du roman publié chez Ferenczi est du 10 mars. Grasset en donne parallèlement une édition à tirage limité.

Sa vieille ennemie, la bronchite, va lui faire payer ses efforts. Le 5 février, elle va mieux et peut écrire à Hélène Picard : « Douze jours de *lit*, n'est-ce pas un événement dans ma vie ? [...] Si tu voyais mes ventouses, c'est un beau spectacle. » Le 20 février, avec Moreno comme récitante, elle donne une conférence, « Chez les bêtes », à l'Université des Annales. Et à la fin de mars on voit qu'elle a pris goût au Maroc. Une folle équipée ! Colette et Goudeket gagnent Madrid par le train pour trouver le Prado fermé, c'est la Semaine sainte. Pas de places dans les trains qui vont vers l'Andalousie. Ils louent un taxi qui par Tolède les amène à Séville[45], le temps de voir les pénitents, et des prêtres qui dans les « Notes de voyage » de *Mes cahiers* provoquent cette remarque brutale et pour le moins inattendue : « Haïssables prêtres, – deux, dix, cent, – qui parlent haut et arpentent les dalles [de la cathédrale] d'un pas à grosses semelles ; on voit que Dieu est leur tapis familier[46]. » Le lundi de Pâques, 1er avril, après avoir traversé le bras de mer d'Algesiras à Ceuta sur un rafiot, ils sont à Tanger. Ils logent dans un hôtel, mais le Glaoui met à leur disposition une de ses propriétés : « Ô mon Hélène ! Quatre-vingts hectares d'Éden, c'est quelque chose. Ce n'est pas trop. Il m'a toujours fallu un appartement très petit et un Éden énorme. Nous faisons un voyage stupide et charmant. Nous ne voyons rien de ce qu'il faut voir, nous voyons ce que le commun ne voit pas. » Le retour se fait sur l'*Orsova*, « un bon bateau anglais » qui est en route pour les Indes néerlandaises et qui les débarquera à Toulon ; ils y trouvent le peintre graveur et imprimeur Jean-Gabriel Daragnès, qui se fera l'imprimeur des *Cahiers de Colette* et des « Fleuron bleu ». À l'escale de Gibraltar, ils rencontrent le baron Henri de Rothschild, auteur dramatique sous le nom d'André Pascal. Son yacht est ancré dans la rade ; ils dînent à bord. En 1930, ils habiteront ce superbe navire.

Retrouver Paris, c'est retrouver les obligations, qui se sont accumulées. Début mai 1929 :

> Mon Hélène, c'est bien du temps qui passe sans que nous nous voyions ! Je travaille à des choses en retard : la *Femme de province* n'avance pas assez ; un article de *Vogue* change de sujet, il faut le refaire ; un mince volume, dont j'écris le texte pour de très beaux dessins de Méheut, réclame un « rabiot » et il est souvent plus difficile d'enfanter le rabiot que l'essentiel ; ces broutilles prennent mes heures et m'agacent, et je me trouve en retard pour tout, – surtout pour toi* !

« La Femme de province » était un projet destiné à une collection de Flammarion. Dès le 22 décembre 1928, *La Revue hebdomadaire* avait annoncé qu'elle publierait ce texte en 1929. De son côté, *La Revue de Paris* annoncera le 15 août 1929 qu'elle publiera cette œuvre. Aucun vestige n'a été retrouvé. Serait-ce donc le premier titre de *Sido* qui paraît dans *La Revue hebdomadaire* des 22 et 29 juin 1929 ? Un projet mort-né : le 28 juin 1928, Colette a signé un contrat avec Flammarion pour « La Nuit champêtre », 64 pages à remettre le 1er mai 1929 ; c'est une collection à laquelle collaborent Joseph Kessel, Claude Farrère, Francis Jammes, etc.

À *Vogue* elle collabore depuis juin 1928 : elle donne à cette belle revue des articles qu'elle recueillera en 1932 dans *Prisons et paradis*, notamment « Déjeuner marocain » (juin 1929), « Sur un yacht », c'est-à-dire les impressions qu'elle a retirées du dîner sur l'*Éros* (juillet) et « Puériculture » (août).

Regarde, texte de Colette, bois gravés en couleurs de Mathurin Méheut, paraîtra en décembre 1929, à tirage relativement limité, chez J.-G. Deschamps qui l'avait fait imprimer sur les presses de l'Imprimerie nationale[47]. Colette remercia Méheut : « Quelles fraîches couleurs, quel beau dessin infaillible ! Cette petite prose s'en va, aidée par vous, jusqu'au bout de l'horizon marin. » C'est un autre chef-d'œuvre du livre illustré : Colette a été bien servie par les artistes. Et elle le sera encore par Paul Jouve, animalier de grande réputation, que le libraire-éditeur Gonin, de Lausanne, désire lui associer dans un livre qui sera intitulé *Paradis terrestres* et qui paraîtra en effet en 1932. À charge pour elle d'aller visiter

---

* Sans doute a-t-elle aussi travaillé, après le retour de Tanger, au scénario de *La Vagabonde*, film qui sortira en mai 1931. Colette ne semble pas satisfaite du résultat, puisqu'elle déclare à *L'Intransigeant* le 21 mai 1932 : « Il y a aussi un film à refaire d'après *La Vagabonde*. »

en juin 1929 le zoo d'Anvers. 2 juin, à Hélène Picard : « Je suis dans la jungle, comme tu vois [la carte postale représente une panthère]. Hélas, ils ont des barreaux. » Colette, note M. Goudeket[48], supportait mieux de voir les animaux au cirque, où elle les voyait en comédiens, que dans les cages, prisonniers.

Prisonnière, elle se sent dans l'entresol de la rue de Beaujolais. En mars-avril 1929, elle est tentée par un rez-de-chaussée, rue Cognacq-Jay, dans une maison qu'on construisait à l'emplacement de ce qui avait été Magic-City : elle l'avait loué sur plan et y renonça lorsqu'il fut prêt ; et de même à un appartement de l'île Saint-Louis, premier étage, salon donnant sur la Seine[49]. Sans doute pour se consoler de cette vaine recherche, elle loue à Luc-Albert Moreau une villa aux Mesnuls, près de Montfort-l'Amaury. Ce lui sera l'occasion de montrer à sa fille comment on peut se meubler « pour 1 500 francs (lits non compris malheureusement)[50] ».

Courteline, que Colette félicitait au début d'août 1921 pour son élévation au grade de commandeur dans l'ordre de la Légion d'honneur et dont elle a laissé dans *Trait pour trait* une image saisissante, meurt le 25 juin 1929. C'est la fin d'une longue amitié. Elle lui a donné ses livres avec des envois, notamment *La Vagabonde* (1910) et *La Maison de Claudine* (1922) et dans le Livre d'or de celui qui était pour elle plus qu'un confrère elle a écrit : « Si j'ai appris le langage des bêtes avec Sido, je me vante d'avoir appris le français dans Courteline[51]... » Dans *Les Nouvelles littéraires* du 8 juillet on put lire : « L'opinion publique est presque unanime à désigner l'auteur de *Chéri* pour la succession de Georges Courteline à l'Académie Goncourt. » C'est Roland Dorgelès qui sera élu le 20 novembre. Colette, qui appréciait Dorgelès, l'y rejoindra en 1945. La résistance à l'élection de Colette est bien visible dans les notes que prennent dans leur journal secret Georges Duhamel et sa femme Blanche. Le 16 août 1929, ils sont invités chez le peintre Vlaminck, avec Lucien Descaves et sa femme. Descaves, le doyen, jouit d'une grande activité ; il veut présenter Duhamel à la prochaine élection, mais celui-ci se réserve pour l'Académie française.

> D[escaves] et V[laminck] se mettent de concert à pousser contre la malheureuse Colette une attaque qui est en mon honneur, mais dont je ne suis quand même pas plus fier pour ça. Vlaminck dit : « C'est comme les dames du Chabanais, c'est très bien pour passer une nuit, mais si on

> vous dit que la dame va se marier avec votre frère vous êtes furieux de la voir entrer dans la famille. » À l'idée de voir une femme de mœurs légères entrer dans la famille Goncourt (pensez une tournée *Chéri* par Mme C. de l'académie Goncourt !) Descaves est accablé. Mme Descaves dit avec horreur : « Elle est capable de faire payer son suffrage ! » Je voudrais bien que la conversation fût finie et d'ailleurs l'heure est venue de lever le siège. Fallait-il défendre mieux Colette ? Je la prise pour des raisons qui m'échappent peut-être, et à V. et D. Bien inutile d'insister[52].

À la mi-juillet, elle a pris le chemin de la Bretagne, répondant à l'invitation de Léopold Marchand qui, dans une île proche de Ploumanach, possède le château de Costaérès. Elle y fait des pêches fabuleuses.

> Vingt et un homards, dix-neuf crabes (bien plus gros que ma tête, sans les pattes) en dix jours ; pour les poissons on ne les compte plus, et ce matin nous avons ramené dans le filet deux langoustes qui, au « prix mareyeur », comme on dit ici, valaient 140 francs, des monstres... mais j'ai tort d'insister. Pardonne-moi[53].

Et le parc de quatre hectares est « un extraordinaire Paradou [...], envahi de roses, de fraises sauvages, une forêt presque littéraire à force d'être belle et odorante ». Marchand improvise des vers fantaisistes et les chante, comme « J'ai tué trois abdomens dans la fière Russie... » ou « Un trouduc m'a mordu sur le Manzanares » ; ils auront un écho dans l'envoi de *Sido ou les Points cardinaux* à Marchand :

> ... l'Île de Costaérès,
> où j'ai pêché la colichemarde,
> le virelai à arête dorsale,
> la damoiseau Salin
> Et où j'ai laissé un cœur breton.

Maurice Goudeket avait conduit Colette jusqu'à cette île bienheureuse, il rentra à Paris pour ses affaires, revint la chercher le vendredi 26 juillet et, le dimanche, ils prirent la route de Saint-Tropez, « traversant en diagonale toute la France sous le feu du ciel. Le Limousin, l'Auvergne, le Cantal en été, non, j'aime mieux le Sahara, c'est plus frais[54] ». Si la Manche était un peu fraîche pour s'y baigner longuement, la Méditerranée a conservé ses vertus : « Nous avons retrouvé nos bains incomparables, l'air léger, les nuits froides – les jours mêmes ne sont pas du tout intolérables, il s'en faut – l'activité matinale et les après-midi musulmanes. »

Cet été de 1929, Colette est vraiment bien installée à la Treille muscate, où pendant une dizaine d'années elle se ressource périodiquement. André Billy lui rend visite :

> Sa maison n'est pas située sur les quais de cette vieille ville maritime, illustrée jadis par le bailli de Suffren et que le peintre Dunoyer de Segonzac et ses amis de Montparnasse ont mise à la mode depuis quelques années. Elle n'est pas non plus au creux de ces ruelles obscures et fraîches où se débitent, dans des échoppes, l'anisette, la menthe et le panaché national. Pour aller chez Colette, il faut, par une route blanche et généralement défoncée, que bordent des cabanons et des grilladous et où, préférant la poussière à l'ombre, les gens du bourg aiment de se promener le dimanche, il faut, dis-je, sortir de la ville et gagner les vignes en pente sur un coteau ; de là s'aperçoivent de l'autre côté du golfe les palmiers et la petite plage de Sainte-Maxime. Tout à coup, enfouis dans le feuillage, un toit rouge, des murs blancs, une petite barrière en bois qu'encadrent deux piliers de maçonnerie : c'est la maison de Colette, c'est la Treille muscate. [...] / La pièce où elle se tient pendant la journée est un grand cube de ciment construit derrière la maison. Quelques beaux meubles bretons remplis de livres, une grande table de travail, un immense divan et sa moustiquaire, des faïences d'un vert végétal se détachant sur le crépi de la muraille, d'une blancheur de lait : il fait très clair dans cette pièce dont toutes les ouvertures sont pourtant closes par des volets de bois plein. Sur la table, un amoncellement de feuilles, à droite immaculées, à gauche couvertes de la célèbre écriture, ferme et droite. Le sol est, lui aussi, jonché de ces feuilles, froissées, roulées en boule. / « Eh ! oui, chers amis, je travaille et je peine. Quel métier de forçat que de s'enfermer ici quinze heures par jour, alors qu'il fait si bon dehors ! Voulez-vous voir mon jardin ? Voulez-vous voir ma vigne[55] ? »

Dunoyer de Segonzac a raconté une journée de Colette :

> Aux premières heures du jour, elle aimait travailler au jardin, [...].
>
> Vers midi, nous nous retrouvions sur la plage des Salins (elle aimait la transparence de ses eaux aux couleurs d'aigue-marine) ; on y voyait des amis : [...].
>
> Après le bain, Colette me retenait souvent à déjeuner en attendant la pose de l'après-midi. La table était servie sur la terrasse, à l'ombre d'une treille couverte de glycine et de vigne ; le déjeuner était excellent : rascasse grillée, craquelée, raviolis de la mère Lamponi*, le tout accompagné d'un « frais rosé » de Saint-Tropez.
>
> Colette appelait ses chattes ; tel le muezzin convie les fidèles à la prière, telle Colette appelait ses bêtes à la promenade. « La Promenade de la Chatte ! » Cette mélopée, scandée musicalement, décidait les chattes endormies au sommet du mûrier à descendre sur la pointe de leurs griffes le long du tronc d'arbre : elles suivaient Colette en procession dans les allées bordées de pourpiers et d'amaryllis [56].
>
> Colette montait ensuite faire la sieste dans sa chambre.
>
> Je l'attendais dans la pièce du rez-de-chaussée où elle travaillait chaque jour, elle écrivait sur un petit secrétaire provençal dont elle rabattait le tablier, celui-ci lui servant d'écritoire. Elle avait placé ce meuble face à l'angle de la pièce, si bien que les deux murs l'isolaient comme des œillères : elle était volontairement prisonnière.
>
> Avant de se mettre au travail, elle avait comme un besoin de temporiser : un peu comme si Claudine cherchait à prolonger la récréation ; elle s'étendait sur le divan avec sa chienne carlin, puis, accroupie sur les dalles, elle épuçait Soucy, sa chienne bouledogue. Suivait alors une chasse aux mouches exécutée sans pitié.
>
> Puis, tout à coup, et résolument, elle s'attablait pour écrire. Ses beaux bras puissants s'arc-boutaient sur l'écritoire. Elle demeurait là comme figée dans une immobilité qui durait plusieurs heures : elle était complètement absor-

* Lamponi était la gardienne de la Treille muscate. Elle faisait office de cuisinière.

bée, ne prononçant pas une parole, dans un calme absolu. Seul le froissement d'une page de texte qu'elle rejetait d'une rage contenue rompait de temps à autre le silence total.

Brusquement, vers l'heure du dîner, elle se levait et disait : « En voilà assez pour aujourd'hui ! »

Elle appelait Maurice, se drapait dans une cape et partait entourée de ses bêtes retrouver ses amis sur le port[57].

Le 3 septembre 1929, on vendange ; « 1 500 litres environ, et qui promettent d'être suaves ». Arrive la jeune Colette ; 12 septembre, à Marguerite Moreno :

> Ma fille est arrivée. Elle aussi est bien en place. Heureux âge de l'assurance ! Elle aura eu des vacances ruineuses et merveilleuses : un mois en Angleterre campagne et Londres. Une quinzaine en Limousin, trois semaines à Saint-Jean-de-Braye, et le reste en Provence. Elle exulte. Songe donc ! elle a voyagé seule tout le temps ! Un phonovalise de 12 kilos la suit comme son ombre. Elle a des chemises de garçon et des seins de jeune négresse, – les plus beaux quoi. Et elle nage sous l'eau comme un petit requin. Et elle conduit n'importe quelle voiture, – sauf la Talbot que je préserve à grands cris. Mais elle conduit bien, et fait les manœuvres de rangement et de garage avec fierté.

Le 19, Colette mère est de retour à Paris, reprise par ses obligations. Mais un peu plus d'un mois après, la voici à Berlin, où elle a été invitée par le docteur Otto Grautoff, qui dirige la *Deutsch-französische Rundschau* (janvier 1928-juin 1933). Né en 1876, francophile convaincu comme beaucoup d'intellectuels allemands à qui le nazisme va retirer la parole, il a déjà publié des ouvrages sur Rodin, Poussin, Romain Rolland, avant la Première Guerre, puis, en 1921, car c'est aussi un historien de l'art, un livre sur la peinture française depuis 1914, et en 1923 un autre sur « Le Masque et le visage de la France, pensée, art et poésie ». En 1931 paraîtra *Franzosen sehen Deutschland. Begegnungen, Gespräche, Bekenntnisse*. La revue qu'il dirige est, indique le soustitre, l'organe de la Société germano-française ; le comité de direction est composé de trois Allemands et des Français Maurice Boucher, Edmond Jaloux et Henri Lichtenberger. Elle se veut analogue à la *Revue d'Allemagne* et elle publie quelques articles en français, de Giraudoux, Valéry, Blaise Cendrars, Firmin Gémier, Jean Prévost, Roger Martin du Gard. En janvier 1929 y paraît en français « Adieu à la neige », extrait du *Voyage égoïste*, dont la nouvelle édition avait paru à la fin de 1928 chez Ferenczi. Colette débarque du Nord-Express le 22 octobre au matin ; elle est accueillie par des photographes et des reporters. À midi, elle reçoit la presse ; à 5 heures, elle rencontre des écrivains ; à 7 heures 30, dans une salle comble, elle parle de sa mère, des bêtes, du music-hall. Cette journée bien remplie s'achève à l'hôtel Esplanade par un banquet que préside notre ambassadeur, Pierre de Margerie. Le lendemain, 23 octobre, elle déjeune à l'ambassade de France, prend le thé chez les Theodor Hirschler qui ont réuni dans leur belle maison de la Kaiserin-Augusta-Strasse les membres de la Deutsch-Französische Gesellschaft, puis elle se rend au PEN Club, enfin part pour Paris[58]. Lorsqu'elle rentre se produit le « Jeudi noir » de Wall Street, krach qui va avoir, avec un peu de retard, de graves répercussions sur l'économie française et sur la situation de Colette et de Maurice Goudeket.

En novembre, paraît *Sido ou les Points cardinaux*, chez Kra, dans la collection « Femmes ». Le jour même de la mise en vente est créé à la Comédie des Champs-Élysées *Amphitryon 38* avec une distribution éclatante : Louis Jouvet, Pierre Renoir, Michel Simon, Valentine Tessier. Quatre jours plus tard, au Casino de Paris, Mistinguett mène la nouvelle revue, *Paris-Miss* : on est loin de croire au danger. Et, le 15 novembre, Colette prend pour quelques semaines la succession de Paul Souday à *La Revue de Paris* : sa critique dramatique s'arrêtera dans cette revue avec le numéro du 15 janvier 1930, dans lequel elle dit grand bien de *Durand bijoutier*, comédie de son ami Marchand. Elle passe la fin de l'année à Saint-Tropez du 20, environ, au 30 décembre. Deux jours d'averse, au début, puis des journées admirables, qui permettent de déjeuner « sous la tonnelle comme en été » :

> Des jonquilles, des narcisses, des giroflées roses, des violettes maigres, quelques petites roses rouges en pommes. Et l'aïoli de légumes, où on fait place au topinambour [ce tubercule ne savait pas à quels honneurs il allait être promu durant l'Occupation...].
>
> Saint-Tropez est charmant en hiver – ajoute-t-elle, le 26, pour Moreno. Des boutiques redevenues villageoises, poupées de carton et harengs saurs.

Saint-Tropez est trop éloigné pour y passer le week-end. Colette s'est plu aux Mesnuls en 1929. Près de Montfort-l'Amaury encore, où habite Germaine Beaumont, M. Goudeket achète, le 6 avril 1930, la Gerbière, pour 125 000 F. Il la revendra le 7 décembre suivant à Mlle Chanel 350 000. Bonne opération, mais nécessité oblige*. En avril, elle y travaille aux « Sauvages », l'un des éléments du triptyque dont se composera en mai l'édition élargie de *Sido*, publiée par Ferenczi. Du 8 (?) au 12 février, elle a séjourné de nouveau à Berlin. Avec plusieurs journalistes et écrivains, dont Edmond Jaloux dont elle appréciait les comptes rendus de ses livres, elle avait été invitée par Sarrasani, le propriétaire et directeur d'un grand cirque, qui n'obtenait pas l'autorisation de venir à Paris, « les cirques français lui faisant, paraît-il, une sourde et tenace opposition ». Il voulait ainsi se concilier l'opinion. Colette arriva de bonne heure à l'hôtel Excelsior et, désireuse de se reposer avant une journée chargée, elle en fut empêchée par une tonitruante aubade que lui donnait dans le vestibule de l'hôtel l'orchestre de Sarrasani, quarante musiciens. Maurice Goudeket a raconté ce séjour qui s'acheva par un banquet rassemblant sur la piste du cirque journalistes français et presse berlinoise**. Pourtant, Sarrasani ne vint jamais à Paris. À Moreno, 10 février : « Tout est magnifique : le temps, le cirque, les fauves, les 21 zéléphants, le petit chameau nouveau-né, les tigrillons, les lionceaux, tout ! » Et, le même jour, à Hélène Picard : « Les lionceaux et les tigrillons jouent comme s'ils croyaient encore au Paradis terrestre***. »

C'est Henry Thétard – « mon ami Thétard, dompteur-né, truchement entre le fauve et l'homme », comme Colette le qualifie dans *En pays connu*[59] – qui avait été chargé de réunir des écrivains pour leur faire découvrir ce cirque. Il évoquera après la mort de Colette sa rencontre, en janvier 1930, avec celle-ci, alors présidente d'honneur de l'Association de la presse du music-hall,

* Voir la mention d'une autre « nécessité », p. 457.

** *Près de Colette*, 153-156. Goudeket date cette visite de 1932 (ce n'est pas la seule erreur chronologique de ses souvenirs). Il raconte la fin lamentable de ce grand cirque, que le nazisme allait priver de ses artistes exotiques.

*** Notons que le mari dont Hélène est séparée depuis longtemps, Jean Picard, meurt le 31 mai 1930 (*LHP*, 357). Et dans le même registre des annonces que, le 4 août 1930, Henry de Jouvenel épouse à la mairie du VIe arrondissement Sarah Germaine Hément, veuve de Charles Louis-Dreyfus et mère d'Arlette Dreyfus, qui épouse en 1933 Renaud de Jouvenel (voir p. 334).

et le voyage en compagnie de Goudeket et de Jaloux[60]. Il fut question notamment de querelles entre oiseaux. Colette fit cette remarque : « Au fond, tous les animaux ont, comme nous, la guerre dans le sang. Ils ne se ménagent pas entre eux et c'est pourquoi on doit les aimer avec sévérité », qui surprit quelques-uns des auditeurs. Mais à Thétard Edmond Jaloux confia : « Elle les aime [les animaux] comme ils s'aiment les uns les autres. C'est-à-dire sans excessives effusions. [...] Colette a une âme de dompteur [...]. » Paul Léautaud, de l'entretien qu'il eut le 8 novembre 1912 avec celle qui n'était encore que Colette Willy, avait tiré la même conclusion : « Ce soir, au Mercure, Colette Willy. Causé ensemble animaux. Elle me parle de sa collection de chats bleus, toute une portée nouvellement née. En réalité, elle aime surtout les bêtes de luxe. La façon qu'elle parle aussi de leurs batailles de temps en temps, entre chiens et chats. Bien différente de moi, qui n'appréhende rien davantage. Ce qu'elle dit aussi des animaux qu'on a morts et qu'il faut jeter à l'égout. Ainsi, Kiki-la-Doucette mort a été jeté dans le fossé des fortifications. Tout bonnement. Je lui ai dit, et Vallette également le sien, mon étonnement. Ce qui a vécu avec nous, qui nous a caressé, que nous avons caressé et embrassé, qui a fait partie de notre vie, de notre maison, le jeter ainsi ! Elle donne l'impression d'aimer les bêtes un peu en dompteur[61]. »

Elle-même l'a répété à plusieurs reprises : « J'aime, avec l'enfant et l'animal, avoir le dernier mot[62] » ; on appréciera le rapprochement enfant-animal. Dans *La Maison de Claudine* elle donne un exemple de dressage tel qu'elle le conçoit – à propos de Bâ-Tou, l'once que lui avait confiée Philippe Berthelot :

> Un matin, elle étreignit trop fort mon bras nu, et je la châtiai. Offensée, elle sauta sur moi, et j'eus sur les épaules le poids déconcertant d'un fauve, ses dents, ses griffes... J'employai toutes mes forces et jetai Bâ-Tou contre un mur. Elle éclata en miaulements terribles, en rugissements, elle fit entendre son langage de bataille, et sauta de nouveau. J'usai de son collier pour la rejeter contre le mur, et la frappai au centre du visage. À ce moment, elle pouvait, certes, me blesser gravement. Elle n'en fit rien, se contint, me regarda en face et réfléchit... Je jure bien que ce n'est pas la crainte que je lus dans ses yeux. Elle *choisit*, à ce moment décisif, elle opta pour la paix, l'amitié, la loyale entente ; elle se coucha, et lécha son nez chaud[63]...

Colette entend se faire obéir. Les bêtes aussi, elle a besoin de les dominer. Les bons rapports qu'elle entend entretenir avec les animaux sont, pour eux, à ce prix. Elle n'a jamais eu aucun mal à se faire reconnaître par les animaux familiers ; et ce fut parfois un jeu pour elle d'asservir les animaux réputés dangereux : elle ne craignait ni les serpents, ni les fauves. Marcel Thiébaut, qui dirigea *La Revue de Paris*, raconte : « Je tiens de Jean-Louis Vaudoyer qu'à Berlin, au Zoo, il vit avec terreur Colette tendre son bras à travers les barreaux d'une cage où rugissait une tigresse menaçante : à la stupeur des assistants, le fauve s'apaisa aussitôt et lécha cette petite main puissante[64]. »

Un autre témoin, Julien Green, rapporte dans son journal, au lendemain d'une soirée passée en compagnie de Jean Cocteau et de Colette : « En arrivant, Cocteau nous montre un oiseau malade qu'il a trouvé dans les Champs-Élysées. Colette le prend, l'examine et va lui tordre le cou dans le jardin[65]. » Ils sont nombreux parmi ceux qui prodiguent leurs soins aux animaux à soutenir que c'était en effet agir de la meilleure façon. Encore fallait-il pouvoir le faire ainsi, d'un cœur presque léger.

La relation de dépendance entre celui qui aime et l'objet aimé n'apparaît pas chez Colette : l'animal auquel elle s'attache n'est alors qu'un sujet d'observation privilégié – tout comme le fut Bel-Gazou tant que celle-ci fut une enfant. Les déclarations apitoyées qu'elle put faire à l'un ou l'autre de ses correspondants ou amis sont à mettre sur le compte de la compassion qu'elle put cependant éprouver pour son interlocuteur, telle la consolation adressée aux Petites Fermières qui, elles, aimaient les animaux pour eux-mêmes, lorsque celles-ci déplorèrent la mort de la Renaude, leur jument : « Les bêtes ce sont des parents que nous choisissons, et qui finissent par nous ressembler[66]. » Après la mort de l'écrivain quelques langues se délièrent, et Henry Muller rapporte à Henri Jeanson, au début de janvier 1955 : « Mauriac, que je voyais l'autre matin, disait ce que beaucoup ont pensé de Colette mais n'ont pas dit de son vivant par une espèce de complicité d'admiration autour d'un monstre devenu sacré. Elle avait l'âme vindicative et dure ; elle n'aimait ni les hommes, ni les femmes, ni les bêtes qu'elle a cependant si bien décrites[67]. » « Aimer » reste encore à définir. Il ne semble pas cependant que l'amour puisse se confondre avec le sens de la justice ou celui de la pitié envers ceux qui souffrent, même si pour la défense des animaux maltraités par l'homme – par qui d'autres le seraient-ils ? – Colette fait montre d'un courage exemplaire.

À Léo Paillet venu l'interroger à son domicile, elle raconte :

> Il y a, non loin d'ici, une rude montée où les chevaux s'exténuent sous le fouet des charretiers. C'est également un lieu de passage vers l'abattoir pour les bêtes condamnées, aussi les affreux voyous qui les conduisent s'en donnent-ils à cœur joie... mais, lorsque je suis là, en sentinelle, les choses prennent une autre tournure. / Un jour un camion se trouva arrêté au pied de la côte. J'employai donc les personnes présentes pour sauver de la trique les malheureux animaux chargés de tirer une trop lourde charge et j'attelai en poste Raymond Clauzel, un ancien secrétaire d'ambassade, et une paire de Jouvenel – je ne me souviens plus desquels. L'obstacle fut vaincu. J'eus aussi des luttes intéressantes avec des gosses de quatorze à dix-huit ans : j'en suivis un qui avait de sérieuses aptitudes au métier de bourreau pendant deux kilomètres. / « J'ai tout mon temps, lui avais-je déclaré, et je te ferai payer cher ta cruauté » ; je l'accompagnai jusqu'à sa boîte et fis mon rapport. Encore un qui se méfiera lorsqu'il voudra maltraiter ses bêtes aux alentours du boulevard Suchet [68]. »

Quelques mois plus tard, elle a encore des raisons de s'insurger dans les colonnes du *Journal* et de témoigner à nouveau :

> Beaucoup de chevaux vont à l'abattoir en passant devant le boulevard Suchet. Sans parler des troupeaux qui, la nuit, suivent le même chemin, traînant des moutons hébétés de soif et de fatigue, des vaches blessées, des brebis lamentables, ne peut-on intervenir utilement en faveur des chevaux ? Avant que la mort les mette au repos, Paris supporte des spectacles scandaleux. / Le 26 janvier, à 11 heures et demie du matin, un lot de chevaux « finis » passa boulevard Suchet. Ils venaient de loin, et s'en allaient plus loin encore. Ceux-ci ont acheté chèrement leur mort. Je vous en réponds. L'un d'eux marchait sur trois pieds massacrés, en cherchant à chaque pas, un appui sur une quatrième jambe en lambeaux, et telle que la face antérieure de la jambe s'appuyait à chaque pas sur le sol. Tout son poil était agglutiné de la sueur du supplice. J'ai protesté auprès des conducteurs de cette victime, mais ils

m'ont plutôt trouvée comique. / Je croyais que les chevaux blessés avaient droit au transport en voiture. Blessés, peut-être. Mais condamnés ils n'ont droit qu'au bâton des meneurs, je l'ai bien vu ce matin. Encore une fois, ne peut-on intervenir ? / COLETTE.

L'intérêt que Colette porte aux bêtes ne suscite jamais en elle la mièvrerie dont bien des littérateurs se rendent coupables. Il ressortit à un sentiment plus vaste, à une conception – si l'on ose employer ce terme lorsqu'on parle de quelqu'un qui fait profession de n'en point avoir – « panique » de la nature, de la vie, et que Maurice Goudeket a résumée en une expression qu'il prête justement à son épouse : « Il n'y a *qu'une* bête [69] », c'est-à-dire : l'Esprit anime aussi bien l'herbe que l'animal humain ; en conséquence tout ce qui vit a la même valeur, tout ce qui vit a droit au respect, a droit à la même attention. De là sourd ce que certains ont appelé son féminisme, croyant que Colette s'affirmait en tant que femme au nom d'une liberté confisquée par les hommes. Ceux-là commettent un contresens. Colette ne réagit pas en tant que femme – elle se sent peu femme elle-même – mais en tant qu'être. C'est la considération, c'est le respect, c'est la liberté qu'elle reconnaît à tout être qu'elle revendique pour elle.

En mars 1930, du 7 au 26, se tient à la galerie Bernier, 10, rue Jacques-Callot, une exposition des œuvres d'André Dignimont. Colette a préfacé le catalogue, juste en rentrant de Berlin :

> Cette porte, derrière laquelle est notre passé, et que nous ne rouvrons qu'à des heures privilégiées par le sommeil, la maladie ou le bonheur, c'est Dignimont, « le grand Dig », qui en a la clef.
>
> Il ne dessine et ne peint cependant que des êtres jeunes – blanches filles cloîtrées, sergents à taille d'abeille, marins couleur de brugnon, enfantins rôdeurs. Sa main, qui déchire le jeu de trente-deux cartes, guide la pointe, le pinceau délié, et scrupuleuse, retient un moment, au-dessus d'une joue, d'une fesse ou d'un pétale, la goutte d'aquarelle teintée d'aurore [70].

Et voici l'été. Colette et Maurice Goudeket ont été conviés par Henri de Rothschild à une croisière qui les emmène sur l'*Éros* avec un très petit nombre d'amis : Léo et Misz Marchand, Pierre Benoit et l'actrice Marthe Régnier. Le yacht quitte Le Havre le

10 juillet au matin ; il se dirige vers les côtes norvégiennes. Dans les eaux danoises, il est assailli par une tempête qui oblige le bateau à se réfugier dans le port de Kiel. La vedette de l'*Éros* les mène dans la ville. Puis les passagers ont visité Copenhague et Bergen ; ils arriveront en vue du soleil de minuit. Retour par Amsterdam jusqu'au Havre où ils débarquent le 9 août. À son accoutumée, Colette a pris des notes sur Copenhague, Elseneur, les fjords, Bergen, Molde, Aalesund, Merok[71]. Colette n'aime pas trop cette lumière persistante : « Ennui d'un pays sans nuit », ni la chaleur nordique : « Elle incommoderait un naturel de Saint-Tropez. » Colette est du pays des coteaux modérés, et dans l'œuvre de Balzac ce n'est certainement pas *Séraphîta* qu'elle aura préféré.

Quelques jours plus tard, juste avant le 15 août, elle retrouvait la Treille muscate, où elle resta jusqu'au début de septembre, en compagnie de sa fille. Saint-Tropez devient ou plutôt commence à devenir « inhabitable ». Certes, il y a des amis ou des relations agréables : Segonzac, Thérèse Dorny, Pierre Renoir, Régis Gignoux qui collabora en même temps qu'elle au *Figaro*, Carco, qui a publié *La Rue*, roman dédié à Colette, et sa femme, Horace de Carbuccia, qui dirigeait l'hebdomadaire *Gringoire*, et sa femme. Mais aussi « les gens que *Vogue* photographie » ; « tout Paris et tout Montparnasse sévissent »[72].

> Hier après-midi, allant au port acheter du papier hygiénique et de la toile à garde-manger, j'ai trouvé le port barré par trois rangs d'Hispanos et de Bugattis, les « naturelles » du pays en pantalon chinois, et trente personnes, massées soudain par magie, ont attendu ma sortie de chez le marchand de journaux avec un tel sans-gêne que... je n'ai pas caché ce que je pensais d'elles.

Faisons-lui confiance... Au reste, belle preuve de célébrité. Heureusement qu'elle habite « une région privilégiée » et que la plage des Salins est encore déserte, car les mondains ne vont pas jusqu'à y entrer dans l'eau.

Elle trouvera aussi le calme à la Gerbière du 19 au 29 septembre, pendant que la fidèle Pauline prend ses vacances. Puis, elle n'y tient plus. D'un tunnel elle va gagner un pigeonnier. Ce n'était pas seulement l'exiguïté de l'entresol qui lui pesait, mais la curiosité dont, comme à Saint-Tropez, elle était l'objet. « Très drôle d'habiter sous les galeries de Philippe-Égalité, mais on n'y est pas chez soi : il suffit au promeneur de lever la tête pour s'offrir l'honneur de vous rendre visite. Cela finissait trop par se savoir, que Colette habitait là, juste au-dessus d'un bouquiniste [73] ! » On a vu qu'elle avait cherché un appartement proche du quai d'Orsay et dans l'île Saint-Louis. Elle est ensuite tentée d'émigrer vers la Muette pour se transporter avec chienne et chat dans un immeuble neuf de Passy. Finalement, elle jette son dévolu sur le sixième étage de l'hôtel Claridge, où elle emménage avant la fin de décembre 1930 ou au début de janvier 1931. Elle a obtenu de pouvoir apporter ses meubles. À peine installée, elle inviterait Hélène Picard à venir aux Champs-Élysées, si la pauvre n'était de moins en moins ingambe. « Que ne peux-tu voir ce que j'ai fait, mes meubles aidant, de ce pigeonnier ! Deux pièces, deux balcons, le soleil, un vent de pont de bateau, – la chatte, près de mettre bas, est ivre de joie et refuse de rentrer même quand il pleut. » Et à Georges Wague, peu après : « Viens, venez voir ma passerelle de bateau, mon vent de tempête, mon perchoir, ma vigie, l'isolement étonnant et la vue ! » Deux pièces seulement, et l'on remarquera la première personne du singulier : Goudeket avait son propre domicile – en 1928, un rez-de-chaussée, 34, avenue du Président-Wilson [74] ; au Claridge, une chambre voisine de celles de Colette, les apparences étant sauves, au prix de complications d'ordre pratique. C'est après leur mariage (avril 1935) qu'ils habiteront ensemble. Marguerite Moreno elle-même a changé de domicile en cette année 1930 : du 8, rue Anatole-de-La-Forge, dans le XVIIe, elle a passé la Seine et s'est logée 77, rue Notre-Dame-des-Champs, dans le VIe ; mais quand la scène ou l'écran ne la retiennent pas, et elle n'est pas trop souvent retenue, c'est sa période grise, elle vit à Touzac.

Le 11 décembre 1930, Colette a fait une conférence au théâtre des Deux-Ânes sur « La Chanson au music-hall », avec le concours notamment de Marie Dubas, puis, ayant pris froid dans ce théâtre, elle a sacrifié à sa bronchite hivernale *. Elle est allée ensuite se reposer à Saint-Tropez, de la fin de décembre au 5 janvier 1931.

Le 12 janvier, Willy meurt dans l'appartement qu'il occupait depuis 1924 au 159 de l'avenue de Suffren. Les obsèques eurent lieu le 15, en l'église Saint-François-Xavier en présence de

* La conférence qui sera répétée le 22 janvier 1931, était donnée « au profit *de* la caisse *de* secours *de* l'association *de* la presse *du* music-hall » (Colette venait d'être élue présidente d'honneur de cette association). Écrivant à sa fille, elle ironise sur la cascade des *de*.

nombreuses personnalités, parmi lesquelles les compositeurs Roland Manuel et Florent Schmitt, les éditeurs Albin Michel et Alfred Vallette, François-Poncet, ancien ministre et futur ambassadeur à Berlin, et d'anonymes dont Léo Colette. Le deuil était conduit par son fils Jacques, sa sœur et son beau-frère, le général Sainte-Claire Deville. Willy fut inhumé au cimetière Montparnasse où prirent la parole Pierre Mortier, au nom de la Société des gens de lettres, et René Peter, au nom de la Société des auteurs et compositeurs dramatiques[75]. La fin de sa vie avait été triste et impécunieuse. Pierre Varenne, le plus fidèle ami des dernières années, avait ouvert une souscription pour lui venir en aide. Lui-même avait écrit à Yvette Guilbert pour lui demander un secours ; il se décrivait comme « un pauvre diable d'"auteur gai" pour qui la vie est inclémente. À près de 70 ans une Ouvreuse n'intéresse plus personne[76]. » Ce qui ne l'empêchait pas d'accueillir Léo Colette, le frère malheureux : « Il n'a plus rien – disait Willy à P. Varenne[77] –, même pas de vêtement de rechange. Il s'en console et c'est en riant qu'il me dit avec l'accent de famille : "Ma sœur trouve que je ne suis pas assez chic quand je vais la voir. Alors je lui réponds : *Paye-moi un beau costume et je serai le Brummel* [sic] *de Levallois.*" / Malheureusement, reprit Willy, je ne peux, moi, que lui offrir des timbres, sa passion. Je lui en achète quand les fonds ne sont pas trop bas. » Willy parlait peu de Colette.

> Pourtant, il me dit, un jour en 1926 : / « Il paraît que ma "veuve" flirte furieusement avec un beau diamantaire israélite de Hollande qui a une quinzaine d'années de moins qu'elle. » Et, se remémorant le temps lointain de *Claudine à l'école*, il proféra avec un sourire : / « J'ai fait aimer à Colette la concision. J'espère que ce juvénile et valeureux Hébreu lui fera aimer la circoncision. »

La même année, assistant avec Varenne, à une représentation de *Chéri* au théâtre Michel, Colette tenant le rôle de Léa : « Décidément ma "veuve" n'est pas douée pour la scène. Ça vaut mieux d'ailleurs. Elle a des choses plus durables à faire. » Colette n'était pas plus tendre pour son veuf. Boulestin rapporte qu'au moment où on le disait dans la misère (il y était presque) et menacé par la paralysie : « C'est terrible, remarqua quelqu'un, le bras droit est pris, il ne peut même plus écrire... — Vous ne voudriez tout de même pas qu'il commence à son âge ! » répondit Colette.

Les hostilités n'avaient pas cessé depuis 1909-1910[78]. Il y eut des escarmouches en 1918, à propos d'une adaptation cinématographique des *Claudine* qu'aurait dû interpréter Musidora (détestée par Willy depuis qu'elle avait rallié le camp de Colette) et qui fut jouée par Maud Loty, au cours desquelles Henri Diamant-Berger servit de paravent à Colette. En 1924, on annonçait que Willy allait publier ses souvenirs. Ils paraissent en mars 1925 aux Éditions Montaigne sous le titre *Souvenirs littéraires... et autres* ; les points de suspension ne sont pas lourds de sens, et Colette n'y est présente qu'en filigrane. Mais elle pouvait prendre peur, elle savait que Willy conservait les lettres qu'elle lui avait envoyées pour renouer avec lui après la séparation*, et d'autant plus peur qu'elle ne se privait pas de s'acharner contre son premier mari. Pour se défendre, elle attaqua dès le 26 avril 1924 dans le premier numéro du *Journal littéraire*, rattachant ses affres de créateur à l'exploitation dont elle avait été la victime :

> Je suis entrée dans la littérature par une porte basse, anonyme.
>
> Les années pendant lesquelles je travaillais, sans que mon nom parût au jour, m'ont enseigné la modestie, mais quelle autre dure école me déshabituera d'une certaine indifférence à ma propre littérature et d'une amertume qui colore aux nuances du pensum, toute page blanche**.

Dans *L'Éclair* du 12 novembre 1924, Léon Treich « citait des confidences de Willy sur les anciens collaborateurs aux " Lettres de l'Ouvreuse ". Colette se fait alors un plaisir de renseigner à sa manière, nécessairement partiale, Édouard De Keyser, qui publie

---

* Willy avait communiqué ces lettres à Varenne qui, dans un article anonyme du *Cri de Paris*, le 16 juin 1949, donc du vivant de Colette, faisait citer ce passage : « Je me suis fourvoyée dans une existence d'enfer. Comment oublier que je te dois tout ? Toi, dont si vive et si profonde est la compréhension des êtres et des choses, te rends-tu compte de la misère et de l'isolement où je me débats sans un conseil, sans une aide... etc. » Et cet autre : « Reprends-moi. Un retour à la vie commune, un travail commun seul peut me sauver... » Ces passages n'appartiennent pas aux lettres qu'a réunies Michel Remy-Bieth et que nous avons citées dans le chapitre « " Rien n'est banal dans ton existence... " », p. 145 et suiv. On peut donc supposer qu'il y en a d'autres.

** L'article est intitulé « Confession ». C'est l'une des premières fois, peut-être la première, où elle parle de ses débuts. Plus lointainement, elle voit la cause de sa difficulté à écrire dans la facilité qu'avait le Capitaine : « Vers et prose s'échappaient de sa main, du cerveau de mon père, [...]. Il enfantait en chantant : [...]. »

dans *Le Journal littéraire* une série d'articles où Willy est présenté comme un exploiteur, notamment de Colette et de Curnonsky[79] ».

Ces multiples passes d'armes sont lassantes. Willy venait à peine de mourir qu'un de ses amis publia dans le périodique *Sur la Riviera*, du 25 janvier au 15 février 1931, des « Willyana », qui sont des extraits des commentaires écrits par Willy sur des exemplaires des quatre *Claudine*[80].

Le mort n'était donc pas réduit au silence. Comme le rappelle Jacques Dupont, il est des morts qu'il faut qu'on tue[81]. À quoi Colette s'emploiera dans *Mes apprentissages*, justifiant ainsi ce qu'à propos d'une pièce de Henry Bernstein, elle avait écrit du « revirement qui change l'amour d'une femme en haine définitive[82] ».

L'année 1931 commençait mal. Nous ne pensons pas à la mort de Willy, mais aux conséquences de la crise. Colette écrira à Misz Marchand à la fin de juillet 1933 : « Elle est dure à gagner, l'argent[83]. » Au sujet de Goudeket, elle confie à Hélène Picard dans la lettre où elle lui décrivait le Claridge : « Son commerce perlier est à l'agonie. » Nous avons demandé à un ami*, maintenant presque centenaire, qui a connu à cette époque le compagnon de Colette, et qui a participé lui-même à un négoce analogue, de nous expliquer ce qui s'était passé.

Avant la Seconde Guerre mondiale, le bijou jouait un rôle considérable dans la bourgeoisie : la bague diamant était donnée à la fiancée, le collier de perles à la jeune mariée et celui-ci était souvent augmenté à chaque anniversaire. La femme restait mineure ; le bijou était sa seule et vraie propriété. Bien entendu, les bijoux allaient aussi orner les maîtresses ; on se rappellera le trésor d'Alicia, la tante de Gigi. La vanité ne se traduisait pas alors par la collection de tableaux, mais par le bijou. Les vols étaient rares et les primes d'assurance, minimes. Après la Première Guerre, les récits des réfugiés russes sauvés par la vente de leurs bijoux firent paraître aussi l'achat de ces objets comme un placement de père de famille. Le diamantaire, belge ou néerlandais, était un industriel qui achetait la matière première à Londres et qui avait des ouvriers pour la transformer. Le négoce de perles avait son centre à Paris, notamment rue de la Paix. Le négociant était un grossiste ; il achetait des perles déjà percées aux Indes ; il les classait par couleurs et par qualités, les unes et les autres innombrables. Il est impossible de comprendre aujour-

* Armand Moss, qui est aussi l'auteur de *Baudelaire et Delacroix* (Nizet, 1973) et *Baudelaire et Madame Sabatier* (Nizet, 1978).

d'hui la beauté et le prestige de la perle d'Orient. La plus réputée était celle du golfe Persique ; celles d'Australie, Tahiti, Venezuela, Mexique étaient beaucoup moins belles. L'œil s'est ensuite habitué à la perle de culture dont le Japon a déversé en Occident des tonnes de colliers. L'inflation des années vingt a favorisé ce métier : il était difficile de ne pas réussir en se bornant à l'achat à des confrères et à la vente à d'autres confrères ; la hausse nominale était prise pour un bénéfice lorsque des lots mal achetés devenaient bon marché en francs après quelques semaines ou mois. « Ah ! vous êtes dans le métier », disaient avec envie les boursiers ou les antiquaires à ceux qui réussissaient encore mieux qu'eux. Quelques négociants qui ne prévoyaient pas que cette prospérité était passagère imaginèrent qu'une affaire de perles pourrait, mise en société, devenir si florissante que les actions auraient un cours, monteraient, se vendraient. On n'est pas sans penser aux tonnes de sucre, inexistantes elles, achetées, vendues, revendues sous l'Occupation. De cette société perlière Goudeket fut le président. Les effets de la crise se firent surtout sentir à partir de 1931. Un négociant dont le stock couvrait même cinq fois le découvert était ruiné après une baisse qui atteignit quatre-vingts pour cent…

Les difficultés rencontrées par Goudeket constituent pour Colette comme un défi ; elle multiplie ses activités. Le 3 février 1931, pendant le bal des Petits Lits blancs, à l'Opéra, elle a accepté, à la demande de Bailby, le directeur de *L'Intransigeant*, qui a organisé ce bal, de dire quelques mots sur la robe longue, Tristan Bernard sur le cinéma parlant et René Fauchois deux quatrains sur les exploits aéronautiques. Elle s'occupe du scénario de *La Vagabonde*, film de Solange Bussi, qui prend la jeune Colette comme assistante : le film va être tourné en mars aux studios d'Épinay et au Havre et sortira sur les écrans en mai*. *Paris-Midi* n'a pas manqué de signaler : « Pour la première fois en France, une femme va mettre en scène un film parlant. » Le journal donne 22 ans à la réalisatrice.

Pendant la deuxième semaine de février, Colette s'accorde un peu de repos à Megève avec Hélène Jourdan-Morhange et Luc-Albert Moreau, en prévision du voyage de conférences qu'elle va

* Les dialogues sont, bien entendu, de Colette. Décors de Claude Franc-Nohain, couplets de Saint-Granier, musique de Borel-Clerc. Distribution : Marcelle Chantal (Renée), Fernand Fabre (Maxime), Jean Wall (Taillandy), Robert Quinault (Brague), Jeanne Fusier-Gir (Margot).

faire en Autriche et en Roumanie [84]. Un voyage vraiment fatigant, puisque, calculait-elle au retour, elle aurait passé six nuits en wagon, et ce durant l'hiver. Elle est arrivée à Vienne le 25 février, accueillie à la gare par le ministre de France et le président du Kulturbund qui organise sa conférence. Le 25, le *Neues Wiener Tagblatt*, d'orientation bourgeoise et libérale, la présentait à ses lecteurs, insistant sur sa vitalité et son énergie et voyant en elle quelque chose de païen. Dès l'arrivée, elle est interviewée et déclare que, ne pouvant rester aussi longtemps qu'elle le voudrait, elle reviendrait, avec ses chats, pour mieux connaître Vienne [85]. Le 25 au soir, le PEN Club donne une réception en son honneur. Elle est descendue à l'hôtel Imperial et elle est charmée de l'accueil. On ne connaît pas le titre de sa conférence, prononcée le 26 au soir. Elle parla de son enfance, de sa mère, de la nature, des bêtes, du music-hall, de sa maison provençale, des rencontres qu'elle avait faites : elle évoquait des souvenirs. Le 27, elle mande à Hélène Picard :

> Le Programme de ces deux journées a été insoutenable. Je ne peux pas leur en vouloir de leur enthousiasme, à ces charmants Viennois ! Le ministre de France, à la gare avec les photogr[aphes] et les journalistes, une grande soirée-concert 2 heures après l'arrivée (24 h. de train), hier déjeuner 30 couverts à l'ambassade, la conférence à 7 h 1/2, une re-soirée à 11 heures, aujourd'hui déjeuner politique-journalisme, vingt interviews, des gens sur mon palier à 9 h. du matin, ôôôh Hélène que je suis fatiguée !

Deux heures plus tard, elle partait pour Bucarest. À Ploesti, l'Orient Express arrive avec beaucoup de retard ; des dames l'y attendent pour la saluer et la découvrent au milieu d'une avalanche de cadeaux, fleurs et bonbons, que lui ont apportés de galants Viennois et des Viennoises encore sous le charme. Elle est interviewée dans le train même, montre une photographie de sa fille. Mais elle annonce qu'elle devra rentrer rapidement car son impitoyable éditeur réclame le texte de *Ces plaisirs*... ; elle a écrit même dans le train [86]. Accueillie à Bucarest par le représentant de la France, elle descend à l'Athénée Palace, l'hôtel le plus moderne et le plus élégant. Le dimanche 1er mars, elle se produit à l'Athénée roumain, en présence de la reine-mère Marie, qu'elle avait interviewée en 1919. Sa conférence, intitulée « Dans la salle et sur la scène », déjà rodée, reprend les thèmes qu'elle a développés à Vienne. À la fin, elle promet de revenir en Roumanie et d'y donner une autre conférence dont elle indique même le titre, inédit dans sa bibliographie : « De l'amour chaste ». Elle est ensuite conviée, sans doute le lendemain, à un banquet que lui offre l'association des écrivains roumains. L'un d'eux, Horia Fortuna (1888-1952), poète, dramaturge et romancier, prononce en français une allocution où éclate une vive et affectueuse admiration pour Colette[87]. Elle put être sensible à cette image : « Vous avez gravé au diamant, – votre nom, Colette, – sur la vitre à travers laquelle nous regardons le monde. » Un triomphe, comme à Vienne. Elle a été reçue par la reine-mère et par le roi Carol II. De Bucarest elle aurait gagné Iassy, dernière étape de son voyage, si une tempête de neige ne l'avait annulé. « Ô Paris, gai séjour où les lits ne bougent pas[88]. »

Mais elle va, elle, continuer à bouger. Le 21 mars, elle donne une conférence à Cahors, la capitale du fief d'Anatole de Monzie, député du Lot, à qui, non plus qu'à Bailby, elle ne peut rien refuser. Un auditeur vient se présenter à elle. Il s'appelle Jules Malrieu et compose des poèmes dans son patois quercynois. Colette l'écoute. Quelque temps plus tard il lui écrit, elle répond à ses lettres et l'encourage à publier. Il réunit ses poèmes et compose un recueil, *L'Oustal, poèmes patois* (Les Amis du Vieux Figeac, Noël 1932). Dans sa longue introduction, il rend hommage à Colette, d'une façon gauche et maladroite, mais touchante de sincérité ; l'hommage est réitéré à la fin du volume. J. Malrieu rappelle, notamment, que Monzie a donné une conférence à Cahors, le 27 octobre 1931, à propos du « retour des lettres à la terre » et que celle-ci s'était achevée sur la lecture de deux pages de *La Naissance du jour.*

Colette annonce à Hélène Picard qu'elle va repartir dès le 5 avril pour la Tunisie et l'Algérie[89]. Autre tournée de conférences, dont les premières étapes sont difficiles à déterminer : Sfax, Bizerte, Sidi-bou-Saïd (11 avril), Sousse (12), d'où elle va visiter Kairouan, Tunis (13), Constantine (14), Alger (17-18), Oran (20) ; le mercredi 22, elle s'embarque à Oran pour Port-Vendres ; le train la ramène à Paris le 24 ou le 25 au matin. Elle condamne sa porte, à laquelle se heurte Valentine Fauchier-Magnan ; elle lui écrit qu'elle est rentrée « avec un refroidissement pris à Oran [...] et la fatigue consécutive à *huit* nuits de trajets en *dix-huit* jours ». Une déception : nulle part, elle n'a pu trouver un bracelet torsadé pour Marguerite Moreno. Mais quelle impression éblouie elle va rapporter de Constantine, où un camarade de Moreno, Breugnot*, les a promenés, Maurice et elle, « dans le quartier arabe, où tout est peint en bleu » :

> Les jeux, les illusions de perspectives de tous ces bleus qui se mirent et se dissolvent en eux-mêmes est un spectacle inexprimable, ce sont des temples des [?] fausses dimensions, des pièges optiques, je n'étais que oh ! et que ah ! Ces chaux bleues recouvrent et noient des maisons extrêmement anciennes. Il reste de belles portes du moyen âge, des sculptures fines empâtées d'azur.

Pendant le printemps de 1931, elle travaille à un livre qui lui donne « tant de peine et qui n'est pas un roman. Il agite de vieilles choses d'amour, se mêle des amours unisexuelles, – enfin il fait ce qu'il peut... » Elle cherche un titre : « Remous », « Écumes »[90] ? On a deviné qu'il s'agissait de *Ces plaisirs*... qui prendra ensuite le titre de *Le Pur et l'Impur*. Un livre manifestement difficile à écrire, mais que Colette réussira avec un tact étonnant. Il sera terminé pendant l'automne et paraîtra en feuilleton dans l'hebdomadaire *Gringoire* à partir du 4 décembre 1931 ; la publication en sera brutalement interrompue dans le numéro du 25 décembre. Le directeur, Horace de Carbuccia, manda à l'auteur que ce texte ne plaisait pas à son grand public et qu'il le coupait purement et simplement[91]. Colette voulut prendre un avocat, puis elle renonça à donner une suite judiciaire à cet épisode malheureux. Le texte paraîtra complet, chez Ferenczi, en février 1932.

Dans sa seconde partie, l'année 1931 a été plutôt malheureuse pour Colette. Il y a, comme toujours, pourtant aggravées en ce moment, les difficultés d'argent. « Trente chances courent autour de moi, [...] – confie-t-elle en juin à Hélène Picard –, trente chances circonspectes et indécises, aucune ne s'est jetée encore sur moi ? Je veux tirer pied ou aile de ces invites. Comment ferais-je sans cela ? » Certes, elle a encore droit à des escapades, en juin aussi, à Honfleur et près de Provins[92]. Et, le 11 juillet, elle peut partir pour Saint-Tropez, assister aux amours de la Chatte :

> Elle a fait l'amour partout. Sur la balustrade, sur la tonnelle, sur le toit, sur une petite branche de fusain (sic),

* Breugnot avait été l'assistant metteur en scène du *Capitaine Fracasse*, film d'Alberto Cavalcanti que Moreno avait tourné avec Pierre Blanchar pendant l'été de 1928.

> sur la glycine, et sur deux fils de fer croisés (re-sic) ! C'était magnifique. Tous les records battus. Ce matin, après 2 jours et 3 nuits, tout est fini. Elle a repris son grand chapeau de jardin, son petit panier en vannerie fine, et elle est allée d'un pas réservé cueillir des groseilles : c'est la jeune fille du château [93].

Et apprivoiser avec du vin rouge un sphinx du pétunia qui en devient ivre mort.

Cette « année dégueulasse » est marquée par un accident qui aurait pu avoir de graves conséquences. Le 5 septembre, Colette se casse le péroné « dans un petit fossé étroit, neuf, profond, quasi invisible et vertical comme une trappe [94] ». Elle a été transportée à l'hôpital de Saint-Tropez et, plâtrée, ramenée à la Treille muscate avec l'aide d'Hélène Jourdan-Morhange, à 5 heures de l'après-midi, criant encore, mais de faim : « Heureusement qu'il y avait du veau aux haricots à l'ail merveilleux. » Elle écrit à sa fille pour la rassurer au cas où la nouvelle filtrerait dans les journaux et ajoute :

> Il y a toujours un côté comique dans les grands cataclysmes. Maurice qui tournait la voiture pour rentrer des Salins, m'entend crier, me voit rouler, d'émotion, il met la Ford dans le fossé. La gentille Moune m'a soignée jusqu'à oublier de monter déjeuner chez elle, alors Luc vient la chercher. Il apprend l'accident : d'émotion, il met la Fiat dans le fossé ! Un peu plus on manquait de fossés pour loger les voitures de nos amis [95].

La Chatte lui a été très gentille ; à Souci il fallut trois jours pour se remettre de l'accident. Le 21 septembre, transportée à Saint-Raphaël par des amis, elle pourra prendre le train de nuit et regagner Paris en couchette, le pied déplâtré : « à la gare de Lyon, j'ai tenu plus de place qu'un ministre [96] ». C'est depuis cet accident – qui par une fêlure provoquera l'arthrose de la hanche – qu'elle ne supporte plus les chaussures et porte des sandales, qui vont parfois faire scandale.

Elle avait un grand projet pour 1932, qui les tirerait, Maurice et elle, de la mouise, à tout le moins de l'incertitude : la création d'un institut de beauté. S'il faut en croire *Trait pour trait*, André Maginot (il avait été ministre de la Guerre et mourut le 6 janvier 1932) l'aurait encouragée à réaliser ce projet : « Sur la porte de la boutique, j'écrirais... [...] J'écrirais : "Je m'appelle Colette et je vends des parfums[97] ! " » Elle cherche et trouve des capitaux. La SARL Colette au capital de 750 000 F est créée le 2 mars et inscrite au Registre du commerce. Les associés sont, dans l'ordre, le Glaoui, Colette, Simone Berriau, Léon Bailby, MM. Lazarus, Nordmann et Cie (société en nom collectif, 58, rue de Châteaudun, dans laquelle il faut peut-être deviner Daniel Dreyfus, banquier, ami de Colette) et Maurice Goudeket*, qui est aussi le fondé de pouvoir. La société a son siège social 34, rue Drouot. L'atelier est à Courbevoie, 55, rue du Capitaine-Guynemer ; le magasin, 6, rue de Miromesnil. L'inauguration de celui-ci est fixée au 1er juin. Elle est annoncée par des cartes d'invitation, qui reproduisent en fac-similé ces lignes :

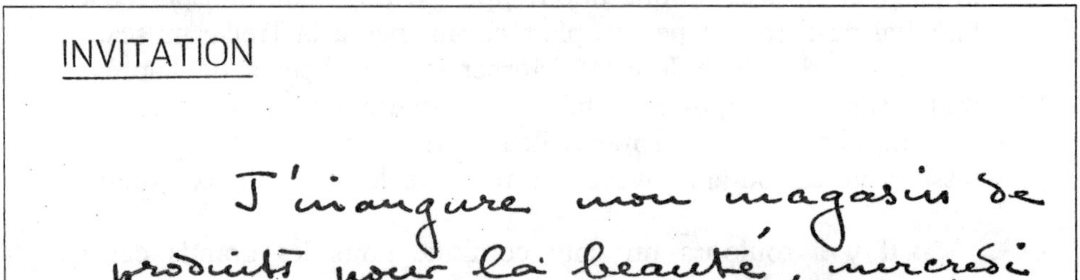
INVITATION

J'inaugure mon magasin de produits pour la beauté, mercredi 1er juin et les deux jours suivants. Je serai heureuse, Madame, de vous accueillir moi-même 6, rue de Miromesnil, et de vous conseiller les maquillages les plus seyants pour la scène et pour la ville.

Colette

* À cette époque, Colette se rendait souvent chez D. Dreyfus qui avait une propriété à Saint-Nom-la-Bretèche. On nomme aussi la princesse de Polignac (Winnaretta Singer), mais son nom n'apparaît pas dans la liste du Registre. Celui-ci est conservé aux Archives de Paris ; nous remercions M. Grassi de nous y avoir guidés. La dernière colonne, « Observations », montre plusieurs rubriques, dont « cessation de commerce » ; celle-ci est vide.

Ce fut un événement bien parisien, c'est-à-dire local, où la curiosité était première. On vit à l'inauguration Charlotte Lysès, Marguerite Moreno, Liane de Pougy, Natalie Barney. La vedette fut Cécile Sorel :

> Tous les sunlights, toutes les caméras, tous les Rolleiflex de toutes les actualités avaient été convoqués. / Cécile Sorel fit l'entrée qu'elle devait faire : théâtrale. Les deux femmes se donnèrent une accolade extrêmement photogénique et qui devait passer à la postérité. Après quoi, Colette proposa à Sorel de lui faire un traitement de beauté. Sorel n'aimait pas beaucoup ça. [...] Mais refuser à Colette... c'était délicat, voire impossible. Elle se résigna et eut raison. Le Tout-Paris, pantelant, regarda Sorel, le visage de Sorel confié à Colette. C'était affreux, comique, grandiose, tragique ; cette vieille femme qui s'efforçait à ressusciter un peu de jeunesse, un peu de beauté sur le visage d'une autre vieille femme. [...] Sorel s'en fut, dans un nouvel éclat de magnésium, entourée de regards extasiés. Audehors, la foule guettait. Sorel dut regretter de n'avoir pas apporté une gerbe de roses à distribuer, ainsi qu'elle en avait l'habitude, chaque fois qu'elle sortait de la Comédie-Française [98].

Natalie Barney a narré le même épisode avec moins de touches pittoresques. En bonne amie, elle a conté comment la petite Colette devint « à peine reconnaissable sous des fards rose-canaille et bleu-de-meurtrissure » mal distribués par Colette mère et fut ainsi transformée de jeune fille en fille des rues. On se rappellera la critique qui lui avait été adressée, lorsqu'elle était plus jeune, il est vrai, par sa mère : « À ton âge, si j'avais mis de la poudre et du rouge aux lèvres, et de la gomme aux cils, que m'aurait dit ma mère ? Tu crois que c'est joli ce bariolage, ce... ce masque de carnaval, ces... ces exagérations qui te vieillissent [99] ? »

Les préparatifs n'avaient pas empêché Colette de faire face à d'autres obligations. En novembre 1931, elle s'était rendue en Belgique, où elle avait été reçue par la reine. Le 25 février 1932, elle chante des chansons populaires (*Les Filles de Marseille*, *Le Meunier*, *Quand je partis de La Rochelle*, *La Surveille des noces ou la Jeune Fille impatiente*) pour illustrer une conférence de Béatrix Dussane donnée aux Annales de Mme Brisson, « Au jardin de la chanson de France ». Le lendemain, elle conférencie elle-même à l'Université des Annales, salle Gaveau : « Confidences d'auteurs. Le roman et nous. Mes souvenirs ». En mars, à la demande d'Antoine Rasimi, elle travaille aux sous-titres français du film de Leontine Sagan : *Mädchen in Uniform*, dont le thème légèrement saphique lui rappelle sans doute l'amitié de Claudine et de Mlle Aimée ; *Jeunes filles en uniforme* est projeté au théâtre Marigny à partir du 22 avril*. Le 15 avril, en remerciant François Mauriac du *Nœud de vipères*, elle lui confie qu'elle souffre d'un zona depuis la fin de mars et qu'elle compte les jours [100]. À partir du début de juin, elle se doit au magasin de la rue de Miromesnil, et elle attend impatiemment de trouver le repos à la Treille muscate. Encore ne sera-ce pas un repos complet puisqu'elle va « installer un petit magasin chez Souhart, à "La Tartane" » sur le port de Saint-Tropez [101] et, à partir du 6 août, y maquiller chaque jour en fin d'après-midi.

Le 23 juillet, Colette et Goudeket ont quitté Paris à 4 heures du matin dans la petite Ford. À Mâcon, elle écrit à Misz Marchand : « Plusieurs orages en route nous ont retardés. Au lieu d'arriver à Saint-Tropez ce soir nous coucherons à Avignon, voilà tout. » Colette fille rejoint sa mère après que Goudeket a regagné Paris ; elle va lui être enlevée à la fin d'août à son grand regret : « Nous vivions – écrit-elle à Moreno le 31 – en si bon accord, et d'une si bonne vie pour elle. » Renaud de Jouvenel, son demi-frère, « s'est recassé le genou », et le père, obligé de s'absenter, a demandé à la petite de venir au chevet de Renaud, qu'elle aime tendrement. C'est d'ailleurs elle qui maintiendra l'union entre les deux demi-frères, dont les caractères étaient aussi différents que leurs opinions politiques.

On reprochait à Colette de trahir l'écriture pour le commerce. Elle répondit à ses détracteurs par un article qu'elle écrivit certainement à la Treille muscate et que *Vogue* publia dans son numéro de septembre sous le titre « Avatars [102] », illustré de deux dessins de Marcel Vertès (1895-1961), autre ami peintre de Colette et auteur de deux portraits, au moins, de celle-ci, sans compter les portraits qu'il fait d'elle dans les illustrations, puisqu'il prête les traits de Colette à Léa et à Renée Néré [103]. À ces

* Le film fut d'abord une pièce allemande de Christa Winsloe (voir l'article de L. Sagan dans *Pour vous*, 19 janvier 1933). Sur Antoine Rasimi, voir p. 285 et *Pour vous*, 5 mai 1932.

critiques, elle répondit d'une plume vigoureuse qu'elle n'avait jamais pratiqué exclusivement le métier d'écrire, qu'elle avait été « mime, et un peu danseuse, et un peu acrobate », et, d'autre part, qu'elle aimait trop « ce grand paysage : la face humaine », pour ne pas porter secours à ses sœurs. Qu'elle ne les ait pas toutes embellies n'est pas une raison pour mettre en doute son intention, en tout cas pour nier sa liberté.

Ajoutons que, contrairement à nombre d'intellectuels qui se prennent pour des esprits purs, Colette n'avait aucun préjugé contre le commerce (elle a même fait, ainsi que Valéry, commerce de ses propres manuscrits*) qui pour elle revêtit surtout la forme de la publicité. Lauréate de l'un des prix Beaumarchais lors d'un concours organisé par *La Revue de la femme* et une agence de publicité, prix qui devaient aller à des textes publicitaires, elle avait donné son opinion en avril 1927 : « Un écrivain fera de la publicité s'il en est capable. C'est-à-dire s'il est doué de curiosité, d'appétit de vivre ; s'il ressent à la fois l'amour de ce qui est nouveau, la honte de sa propre routine, l'envie de connaître, l'aptitude à divulguer. Qu'en outre il possède un vocabulaire assez riche, et le voilà capable de faire, en effet, de la publicité [104]. » On l'a vu travailler pour Francis Ducharne. En 1926, une luxueuse plaquette imprimée par Draeger frères pour les Fourrures Max contient, avec des dessins de Jean Dupas, un poème d'elle, *TOI*, de quelque soixante-dix vers libres [105]. Les illustrations, traitées en noir et gris, représentent des nus féminins drapés de fourrures. La même année, Draeger lui commande un texte pour les Grands Magasins du Printemps ; le projet ne s'est finalement pas réalisé. En revanche, elle écrit pour la Grande Maison de blanc le texte « À la maison » qui est publié dans la plaquette intitulée *Réflexions sur l'hiver* et qui sera recueilli dans *Mélanges* [106]. En 1930, elle laisse utiliser son effigie pour une réclame des cigarettes Lucky Strike (voilez-vous la face !) qui paraît dans *L'Intransigeant* (26 mai) et dans *Bravo* (1er juin). Au printemps de 1933, dans la *Revue Ford*, elle loue la voiture américaine : « Un front qui défie le vent, une certaine insolence, du mordant, un penchant vif pour ce qui est net, [...] », et, en août, elle rédige « un article destiné à un fascicule luxueux sur la Digitaline, où

* Voir notamment p. 241, mais il y aurait d'autres exemples encore.

personne, bien entendu, ne parle de la Digitaline* ! » On verra d'autres exemples. Elle aurait pu dire : il n'y a pas de sot métier, il n'y a que de sottes gens.

Goudeket revint à Saint-Tropez vers le 5 septembre 1932 pour y chercher Colette et, du 9 au 18, ils firent un long détour avant de rentrer à Paris, visitant les magasins qui avaient pris en dépôt les produits Colette : Béziers, Carcassonne, Toulouse, Saint-Gaudens, Tarbes, Pau, Biarritz, d'où ils sont allés à Saint-Jean-de-Luz et à Bayonne, enfin Bordeaux et peut-être Vichy et Châtel-Guyon**. Elle avait à peine retrouvé Paris qu'il lui fallut repartir dès le 1er octobre au soir à destination de Marseille où se tenait une exposition internationale de la parfumerie ; elle y avait un stand :

> J'y reste cinq jours***, – compte-les [écrit-elle à Hélène Picard, vers le 23 septembre], je fais un discours approprié, je banquète avé le Préfet, je maquille, je me prodigue, – et je reviens. [...] Je serai là-bas hôtel Beauvau. Pense, pour te réjouir, que lundi [le 3 octobre] « les grands coiffeurs » de la ville me donnent un déjeuner !

Cette vitalité participe de la frénésie à la fin de l'année et au début de 1933[107]. Elle est à Genève le 21 octobre 1932, puis à Zurich, le 24, et à Saint-Gall, le 25, pour y faire sa conférence intitulée « Des deux côtés de la rampe : sur la scène et dans la salle », et pour y maquiller. Elle rentre le 27. C'est Zurich, « plus beau et plus attachant » qu'elle a préféré. Elle ajoute pour Hélène Picard cette remarque révélatrice : « Ce n'est pas un métier très reposant que je fais. C'est toujours infiniment meilleur que d'être assis devant une feuille de papier, fût-elle bleu turquoise. » Un mois n'est pas passé qu'elle est à Tours et à

---

* *LMM*, 395. Elle l'écrit « avec répugnance », précise-t-elle. La répugnance peut provenir non du sujet, mais de la nécessité d'écrire.

** Les étapes et les dates précises sont difficiles à déterminer avec exactitude ; voir *LV*, 207 ; *LMM*, 391 ; *LMT*, 55-56. Une certitude : comme a bien voulu nous l'indiquer la direction de l'hôtel de la Cité à Carcassonne, Colette a séjourné dans cet hôtel du 14 au 16 septembre 1932 ; elle y occupait la chambre 11 dont les fenêtres s'ouvrent sur la cathédrale Saint-Nazaire, son compagnon occupant la chambre 6. Elle écrivit sur le livre d'or : *Après tant d'hôtels, enfin un chez moi...*

*** En fait quatre, si l'on suit le calendrier donné à Moune (LMT, 58).

Caen, les 21 et 22 novembre ; elle rentre rapidement car les 23, 24 et 25 elle fait des démonstrations au Printemps qui, pendant l'été, lui avait consacré « une belle vitrine[108] ». Et le 25 au soir elle part pour Dijon, d'où, conférenciant et maquillant, elle gagne Metz, le 28, Nancy, le 29 ; elle est à Strasbourg le 30 novembre et le 1er décembre. En quittant Dijon ou Strasbourg, elle s'est arrêtée à Besançon[109]. Elle s'est défendue le mieux qu'elle pouvait « contre un petit mélange de bronchite coryza grippe intestinale ». Les 14 et 15 décembre, elle est à Luxembourg où elle donne une conférence (le 15) sur sa vie et son œuvre et où elle maquille pendant neuf heures en deux jours*. « Que ce grand-duché est joli ! » écrit-elle au retour à Édouard de La Gandara, l'antiquaire. Et à Valentine Fauchier-Magnan : « Quand je serai riche, je me paye un grand-duché. » Liège la reçoit ensuite d'où, le 18 ou le 19, elle est allée à Verviers. Ne soyons pas étonnés qu'aux environs de Noël elle souffre d'un épanchement de synovie. La fin de l'année ne met pas un terme à ses voyages :

> *Il faut* qu'il soit guéri – écrit-elle à Hélène Picard à la fin de décembre – quand je repartirai le 7 janvier pour Amiens. D'Amiens, je reviens vite, puis je repars pour Bruxelles, d'où je reviens sans perdre une heure, et je file sur Toulon et Cannes...

Le 13, elle est à Toulon. À Cannes, le 14, elle est très bien accueillie et écrira pour le magazine *La Saison de Cannes*[110], un petit texte gourmand dans lequel elle évoque la fierté qu'ont de leur ville les Cannois et rappelle ce qu'elle a vu, quelques années auparavant, à la vitrine d'un confiseur : « une sorte de galère, longue de deux mètres, gréée de sucre filé, à la coque de caramel, lestée d'une prodigieuse cargaison de fruits confits – ananas d'ambre transparent, poires d'albâtre rosé, pêches emper-

---

* Frank Wilhelm, professeur au Centre universitaire de Luxembourg, que nous remercions d'avoir cherché la conférence de Colette, donnée devant une salle comble, a remarqué que Claire Goll a publié le 15 décembre dans le *Escher Tageblatt* un article ironique, « Dichtung auf Flaschen » (soit : De la poésie en bouteille), où elle se moque de la nouvelle profession de Colette. Mais cette moquerie n'entache pas l'amicale estime qu'elle avait pour Colette et dont témoigne son autobiographie, *La Poursuite du vent* (Olivier Orban, 1976, voir p. 151-152).

lées de sirop encore moite, figues… de jade… » Elle rentre avec « une attaque très violente de grippe à forme pulmonaire ». Elle n'est pas entièrement guérie, qu'elle doit repartir pour une tournée aussi longue, même plus longue que la tournée Baret de 1909. Elle s'en explique à Hélène Picard [111] :

> nous sommes dans le moment le plus dur d'une affaire qu'il ne faut ni lâcher, ni laisser dépérir, parce qu'elle se montre viable et même vivace. Tu comprends ce que je fais ? J'ai accepté trente conférences dans la pire saison de l'année pour moi. Ce que je gagne allège l'affaire, et nous sustente. Maurice est comme il doit être, il circule en métro (en secondes) et en ce moment il vend des machines à laver très bon marché, et un charmant outil à déboucher les conduites d'eau et les cabinets.

Colette baptise ce « charmant outil » : le furet.

Des trente-trois villes, où elle parle de ses expériences (« Confidences d'auteur »), et dans lesquelles il ne semble pas qu'elle ait fait des démonstrations de ses produits, on ne connaît avec certitude que Bordeaux, Pau, La Rochelle, Nantes, Rennes, Blois, Toulouse, Limoges et Lyon. De Lyon, évoquant des souvenirs de près d'un quart de siècle, elle écrit à Georges Wague, le 19 février 1933 : « J'ai 31 villes derrière moi. Mais je n'en ai plus que deux devant ! Ce soir je serai à Grenoble où je parle demain. […] Après-demain Valence. Et je reviens. » Le 17 mars, au club des Comédiens, 10, avenue d'Iéna, elle épinglera la croix de chevalier de la Légion d'honneur au veston de son vieil ami, professeur au Conservatoire de musique et de déclamation : « Je me réclame du titre d'élève de Georges Wague, le mime. Que penserait-il de moi, si je parlais, lui qui ne m'a jamais appris qu'à me taire ? » La veille, elle a assisté, à la galerie Cardo, 61, avenue Kléber, au vernissage de l'exposition *« La Naissance du jour »*, peintures, dessins, pastels, illustrations de Luc-Albert Moreau relatifs à l'œuvre de Colette ; à la mi-mai, elle visitera l'exposition « La Bourgogne vue par les artistes ». Mme de Noailles meurt le 30 avril :

> Cette puissante présence n'est plus – écrit-elle le 1er mai. J'y pense beaucoup depuis hier. Je l'ai connue sous son meilleur aspect, alitée et seule, certains matins. C'est un matin qu'elle m'a dit, en laissant tomber ses petites mains :

« Tâchez de me faire comprendre comment on peut vivre sans l'amour ! »

Hélène Picard, recevant cette nouvelle, répondit : « Je ne me sens pas en deuil. » La prose comprendrait-elle mieux la poésie que la poésie elle-même ? Hélène Picard pouvait croire que la comtesse de Noailles avait eu plus de chance qu'elle.

Peu après l'ouverture de l'institut de beauté, Alberto Savinio avait dîné chez un ministre avec elle, Philippe Berthelot, Tristan Bernard et d'autres convives. Il ne la connaissait pas et ignorait ses œuvres. Ce qui lui permettait, croyait-il, de la décrire sans préjugé : il la voit « volumineuse et pyramidale, ou pour mieux dire profilée selon cette forme en cloche ou en tortue qui, de Sarah Bernhardt à Mme Delarue-Mardrus et de celle-ci à Colette, se révèle être le type somatique de toutes les femmes illustres de France ». Le portrait n'est pas flatté : « Elle portait un habit monacal, un froc de petit frère des pauvres constellé de taches variées qui donnaient, avec une éloquence muette, une image de la vie intime, des mœurs et des soucis dramatiques de l'illustre dame. Une jungle de cheveux jaunâtres se déversait sur ses yeux. » Colette lui confie qu'elle ne peut pas dormir parce qu'elle sent dans toutes les fibres de son corps « l'effort que doivent accomplir les tulipes pour éclore à la lumière du jour ». Il lui conseille un sédatif. Dommage qu'un écrivain de talent qui voulait faire de l'ironie n'ait pas compris que Colette se moquait de lui [112]...

En 1932, Ferenczi publie *Ces plaisirs...*, puis *Prisons et paradis*. Et à une journaliste qui l'interviewe pour *L'Intransigeant*, le 10 juillet, elle déclare qu'elle a commencé à écrire un roman, « Chien de pique », « placé sous le signe de ce valet de cartes dont l'apparition dans la divination de l'avenir signifie l'urgence, l'événement dans les quarante-huit heures, la fatalité presque immédiate [113]. » Ce titre est le premier titre de *La Chatte* et c'est celui qu'elle a d'abord tracé en tête du manuscrit. Au début du roman, on voit, en effet, Camille tirer les cartes et amener le valet de pique. Le changement de titre peut signifier que l'accent passe de Camille ou du couple à Saha l'incomparable. Du nouveau roman ses occupations et tournées avaient retardé la composition. Mais moins qu'elle ne pouvait le craindre. *La Chatte* fut publié en feuilleton dans *Marianne*, hebdomadaire de gauche, du 12 avril au 7 juin 1933, puis en volume chez Bernard Grasset le 12 juin environ.

Devant un roman comme *La Chatte* on est tenté de déclarer

que c'est le chef-d'œuvre de Colette, mais aussi devant plusieurs autres comme *Chéri* ou *La Fin de Chéri*. Ces deux œuvres entretiennent avec le psychisme et la vie de Colette un rapport étroit et auraient justifié d'être également citées par Edmond Jaloux dans un article de 1933 que Michel Mercier reproduit en partie dans sa notice : « rarement Mme Colette a été mieux inspirée que dans *La Chatte*. Il faut, en effet, pour faire un beau livre, non seulement un grand talent, mais l'union de ce talent avec un sujet qui lui permette l'épanouissement de ses meilleures qualités. [...] quand cette union est naturelle, intime, et qu'elle obéit à une sorte de fatalité inéluctable, le chef-d'œuvre est bien près de naître : c'est le cas de *La Chatte* [114] ». Le conflit de l'homme et de la femme provoqué par la recherche de la pureté, que figure la Chatte, retrouve à la surface des attitudes bien connues. La femme est frivole ; l'homme serait presque inexistant à l'instar de tant d'autres personnages masculins, si Alain n'était précisément habité par ce désir de pureté. À la limite, ce désir fait participer le roman du conte de fées, comme le suggérera Gérard d'Houville (Marie de Régnier) lorsque, en 1945, elle félicitera l'auteur de son élection à l'Académie Goncourt [115]. En effet, qui empêche Saha de reprendre « sa forme de princesse victime d'un sortilège dont la délivre l'amour » ?

Il y a de plus dans *La Chatte* un élément de sociologie urbaine. Les parents d'Alain ont une maison bourgeoise déjà un peu ancienne dans Neuilly. Les jeunes époux, sans doute sous l'influence de la famille moderne de Camille, vont loger dans un immeuble moderne que Colette situe dans le « nouveau Neuilly », mais qu'elle est allée voir rue Léopold-Robert, dans le XIVe arrondissement, avec la Chatte, la Chatte dernière, et la photographe Germaine Krull. Cet appartement, sans doute celui de Bernard Schroder [116], le chirurgien-dentiste qui fut le second mari de Simone Berriau, elle en a fait le plan sur un feuillet du manuscrit. Dans une rectification qu'elle apporte le 2 juin 1937 dans *Marianne* à un écho qu'avait publié cet hebdomadaire, elle indique : « Je n'avais pas encore publié la fin de *La Chatte* quand je suis allée, avec Germaine Krull, photographier, au 8e étage, les nombreuses terrasses du "Quart-de-Brie", lieu du drame imaginé par moi. Ma chatte, que j'avais emmenée, voulut bien poser avec grâce. C'est en quittant l'immeuble que je vis le chat, blessé quelques jours auparavant, et véridiquement jeté par la fenêtre de l'immeuble, un chat exactement semblable à Saha. » Les photos prises par G. Krull ont illustré le texte à partir de la deuxième livraison de la publication dans *Marianne*. Comme quoi le réalisme le plus vériste peut s'allier à l'inspiration la plus profonde. Inutile d'ajouter que la critique a accueilli *La Chatte* avec de grands éloges [117].

En composant ce roman, Colette exhale moins les gémissements qui accompagnaient sa parturition des œuvres précédentes. Les produits de beauté et les conférences la libéraient en partie de l'esclavage, et elle retournait au livre moins crispée. Et ce d'autant plus qu'elle se consacrait parallèlement à l'écriture littéraire et à l'écriture cinématographique. En janvier 1933, elle s'occupe du sous-titrage d'un film américain de Lewis Seiler, *No Greater Love* (1932), qui prendra le titre de *Papa Cohen* et aussi de *Grand amour*. Une petite fille paralysée qui perd sa mère est prise en charge par un charcutier yiddish, « l'oncle Cohn ». Elle lui est arrachée et transportée dans un orphelinat, bien qu'un pasteur ait répondu de l'honorabilité du charcutier, que le désespoir mène aux portes de la mort. L'enfant lui est rendue, il se remet. C'est une bienfaitrice qui l'a enlevée et qui a fait venir d'Europe un chirurgien réputé, lequel l'a guérie. Le film est projeté au théâtre Marigny du 17 février au 16 mars 1933, trois séances par jour [118]. Sur la lancée, *Paris-Soir* du 7 mars recommande aux cinéphiles un film de J. de Baroncelli, *Gitanes*, « présenté par Mme Colette » ; malgré cette publicité, le film, projeté au Gaumont Palace, ne restera qu'une semaine à l'affiche.

Le 15 juin, elle signe un contrat avec la Société parisienne de production pour écrire les dialogues du film *Lac aux Dames*, qui sera réalisé par Marc Allégret d'après le roman de Vicki Baum paru en 1932 chez Delamain et Boutelleau, dans une traduction par Hélène Chaudoir de *Hell in Frauensee* (Berlin, 1927). Elle qui rêve de la Treille muscate, elle est condamnée aux travaux forcés* : « Ph. de Rothschild, Allégret et Armand Lion viennent de s'installer au-dessous de moi à l'hôtel [Claridge], pour qu'on ne fasse plus autre chose que travailler [119]. » Pourtant, le film ne sortira qu'en août 1934. Elle espérait partir le 13, mais elle a dû retarder le voyage, qui a été lui-même contrarié par une bielle

* À la fin de juin, aux Galeries Lafayette, par une chaleur tropicale, malgré un ventilateur qu'elle s'est fait brancher, elle dédicace six cent cinquante volumes en trois heures et demie. Elle a été récompensée de ce record : pendant qu'elle signait, un directeur a fait « dresser et garnir, à la parfumerie, une vitrine des Produits Colette ».

coulée après Nîmes. Il fallut à Colette et à Goudeket prendre un taxi pour arriver à Saint-Tropez[120]. Paris avait connu 36 à l'ombre. La Treille était une oasis. Mais le cinéma la suivait. Le lendemain de son arrivée, elle travaille avec Marc Allégret ; arrivent Jean-Pierre Aumont et Simone Simon dont le metteur en scène est follement amoureux[121]. Colette de Jouvenel devient deuxième assistante de *Lac aux Dames*, qui va être tourné « dans un pays de lacs et de montagne », le Tyrol autrichien[122]. Colette mère, pendant ce mois d'août 1933, reçoit la visite de Renaud de Jouvenel qui vient d'épouser (2 août) Arlette Dreyfus, fille de Mme Henry de Jouvenel numéro 3. « Les jeunes mariés, partant pour le Portugal en sortant de la mairie, sont venus me voir ici pour me dire qu'ils m'aimaient bien. Mais pourquoi cette résistance et ces menaces des parents ? Les deux jeunes gens ont fait exactement comme papa et maman. Alors ? ? ? Tout est bien qui finit par un mariage. Arlette est une délicieuse fille, qui peut-être fera de Renaud un fauve moins agité*. » Autre visiteur, Georges Kessel : il est « chez mes voisins d'en face, et on joue dans la mer avec ce jeune cachalot** ». Né en 1904, frère cadet de Joseph Kessel, beau garçon, un peu gigolo, il n'est pas impossible que les jeux se soient prolongés hors de l'eau. Colette avait soixante ans depuis janvier, mais elle n'avait pas renoncé à tels plaisirs. Selon ce que Claude Autant-Lara put apprendre indirectement et confier à une personne qui l'interviewait, elle n'y renonça jamais. Jules Roy raconte qu'en 1938 « Elle envoya Maurice Goudeket se promener pendant une quinzaine de jours afin d'être libre avec un homme que je connais bien et qui devait avoir alors trente ans[123]... » Les relations avec Joseph Kessel (« Jef ») datent du début des années 1930 et sont plus importantes.

* *LHP*, 411. Henry de Jouvenel a été nommé ambassadeur de France en Italie à la fin de 1932.

** *LMM*, 395, 5 août 1933. Maurice Goudeket est à Paris, apprend-on dans la même lettre. La suggestion suivante nous avait été faite verbalement par Yves Courrière, auteur de la biographie *Joseph Kessel, ou Sur la piste du Lion* (Plon, 1985). Cependant, le 3 août, Colette écrivait à Moune : « Hier soir, nous dînions, les Vander [Van der Henst, chez qui était G. Kessel], les George Kessel et moi, au "Maquis". » On remarque le pluriel. Mais il ne peut s'agir de la femme de Georges, Marise, qui a quitté en 1932 son mari, alors drogué et couvert de dettes.

Après l'été de 1933, il n'est plus question de l'institut de beauté. Contrairement à ce que Colette voulait croire, il n'était pas viable et ne pouvait résister à la concurrence des grandes marques. Il eût fallu faire appel à de l'argent frais. On renonça à prolonger la survie de l'entreprise. Les premiers bailleurs de fonds furent-ils remboursés ? Le Registre du commerce est muet sur la cessation de ce commerce.

> Par quoi se soldait l'aventure – demandait Maurice Goudeket – ? Apparemment par une grande perte de temps. Rien, pourtant, n'est moins certain. L'entreprise avait aidé Colette à vaincre un moment d'aversion pour son métier d'écrivain, tout en la mettant en contact avec un public nombreux, qui lui permettrait de renouveler ses thèmes. Bientôt elle allait commencer la série de ses nouvelles, si humaines, si dépouillées. La vérité, par exemple, d'un personnage comme « la dame du photographe » doit peut-être tout à ce séjour de Colette parmi les vivants *.

Colette, pendant l'automne de 1933, se tourne résolument vers le roman et la critique. En septembre, elle apprend à Germaine Patat qu'elle a accepté de tenir la critique dramatique du *Journal*. Celle-ci avait été le domaine de Gaston de Pawlowski, mort cette année et remplacé par Claude Farrère, qui trouva sans doute le fardeau trop lourd. Le 7 octobre, *Le Journal* annonce que Colette succède à Farrère, et le premier article de celle-ci paraît dès le lendemain. Elle va conserver ce magistère pendant cinq ans. Quatre années seront publiées en volumes au fur et à mesure, la cinquième paraîtra à la fin des premières dans les *Œuvres complètes* du Fleuron. Encore ces publications en volumes n'ont-elles pas recueilli tous les articles. Et en décembre elle fait un autre début en donnant des articles à *La République*. Une autre page est tournée qui ouvre sur un chapitre plus sombre, même si la vie de Colette paraît alors moins lourde de préoccupations financières.

---

* *Près de Colette*, 84. Il est possible qu'en écrivant cela, Goudeket ait voulu se justifier d'avoir laissé Colette s'engager dans cette aventure.

12

UNE BELLE MATURITÉ

1934-1935

Avant la Seconde Guerre, Colette, que nous avions laissée sur sa passerelle du Claridge, a changé deux fois de domicile et trouvé enfin le havre de grâce qu'elle habitera jusqu'à sa mort. En fait, ce n'est pas elle qui quitta l'hôtel, c'est le Claridge qui la quitta. « Un écrivain travaille bien à l'hôtel. Dans son propre logis il tient trop de place. On l'y gêne, il gêne. Mais le portier de l'hôtel ment par plaisir pour protéger la " dame qui écrit " [1]. » Colette, qui n'avait qu'une « kitchenette », pouvait se faire monter ses repas. La déconfiture de ce grand hôtel l'obligea à chercher un autre logis. Elle sauta par-dessus l'avenue des Champs-Élysées et au commencement de 1935 se posa au huitième étage de l'immeuble Marignan. *Le Figaro* du 19 janvier 1935 annonce le déménagement. « Elle emporte avec elle les tentures laquées qui l'avaient déjà suivie de son entresol du Palais-Royal au *Claridge*, et qui tapissent ses murs de façon à faire une sorte de boîte exotique. » Une de ces bronchites dont elle était coutumière retarda le saut. Au docteur Lucien-Graux, riche fabriquant de produits pharmaceutiques, elle écrit le 1er février :

> Je suis encore au Claridge, mais ce pauvre hôtel me fait peine, et je serais déjà, sans ma bronchite, dans un studio composé de très peu de maçonnerie et de beaucoup de ciel 29, av[enue] des Champs-Élysées (El[ysée] 00-34). J'y serai dans une semaine [2].

En février ou en mars, elle demande à Émile Vuillermoz, le musicologue qu'elle connaît depuis l'époque Willy, de communiquer sa nouvelle adresse à un périodique :

> En attendant le départ du dernier ouvrier, la dernière fuite d'eau, la dernière infiltration dans les joints des fenêtres, le dernier goutte-à-goutte des radiateurs sur le tapis, la dernière évasion de gaz hors d'un tuyau de plomb, je reste affectueusement à vous deux[3].

« Dernier » ? Non pas. Elle a énuméré dans *Trois... Six... Neuf...* les malheurs qui s'abattirent sur ce logement construit, en effet, de plus de ciel que de maçonnerie et tout en lignes verticales ; « seule Colette est horizontale, ou à peu près, car elle travaille couchée, ou presque[4] ».

> Colette a trouvé le moyen de rendre intimes ces grandes pièces modernes et claires, quadrangulaires, sans bavures ni secrets, qui font l'orgueil des architectes qui les ont construites et le désespoir des locataires qui les habitent. Quatre belles pièces en enfilade, dont de gros meubles, disposés avec esprit, brisent la froide rectitude. Un immense divan mastic parsemé de coussins rouges s'impose au regard dans le premier salon : entouré de trois fauteuils de la même famille, il fait dominer la teinte claire sur le brun des tapis, l'acajou de la bibliothèque qui lui fait face, et le bois de la longue commode plate sur laquelle triomphent des pièces rares [...]. Une longue table étroite est mise en travers du salon, la divisant presque en deux parties.

En enfilade, le bureau de Goudeket, une chambre-boudoir voisine de la salle de bains, la chambre de Colette. Paul Achard, à qui est due cette rare description, admire les objets en verre, presse-papiers de tout genre et de toute époques,

> bonnes grosses boules pleines de bulles irrégulières ou petites boules tapissées de fleurs innombrables, grosses comme les têtes d'épingle et peintes en tons exquis. Une épée de verre, une canne de verre, une longue pipe de verre, des animaux de verre, un rouleau à pâtisserie en verre, datant de l'époque victorienne. [...] Le clou de la collection est une paire d'ex-voto de Sainte-Liesse : dans une bouteille sans ouverture, des mines flottantes tiennent en suspension dans l'eau une infinité d'objets et de personnages minuscules : les scènes de la Passion ont là tous leurs acteurs et leurs accessoires.

Cette description est de juillet 1937. Colette cherchait alors un autre appartement, tentée par l'avenue Montaigne et par la place Vendôme, quand la chance s'offrit enfin à elle, qui convoitait depuis longtemps le premier étage du 9, rue de Beaujolais, dont elle avait occupé l'entresol, étage où s'étaient trouvés les bureaux de Gustave Quinson, directeur du théâtre du Palais-Royal. La baguette du magicien prit la forme d'une interview qu'elle accorda à André Arnyvelde et qui, intitulée « Les Déménagements de Colette », parut dans *Paris-Midi*, le 6 novembre 1937. Elle avait alors arrêté son choix sur un appartement de la place Vendôme « à cause d'un prochain roman qui devait se passer par là » (on ne sait lequel). Elle disait aussi son regret de ne pouvoir occuper le premier étage de la rue de Beaujolais. Renée Hamon note dans son journal :

> — Je vais déménager et tu sais à qui je dois mon charmant appartement [...] ? À l'article qui a paru dans *Paris-Midi* ! Tu sais comment je reçois les interviews ! Oui ! Non ! Fichez-moi le camp !
>
> — L'article est tombé sous les yeux de celui qui habitait MON appartement ! Il m'a écrit aussitôt ! « Madame, nous déménageons ; cet appartement est à vous [5]* ! »

Dans *Marianne*, le 29 décembre 1937, elle constatera devant un journaliste : « Il y aura entre les deux logis un intervalle de vingt-cinq marches et l'espace de huit années. » Et elle emménagera le 5 janvier 1938 [6], pour ne plus quitter cette demeure rêvée. Maurice Goudeket a raconté comment se déroulaient ces emménagements, commencés par « un véritable tam-tam de guerre ». « À cinq heures du soir, le nouvel appartement ressemblait à un chantier où s'amoncelaient les paniers, où boitaient les meubles éprouvés par la migration, où traînait dans tous les coins une paille tenace. » Colette le priait alors d'aller voir ailleurs ce qui se passait, le chargeant de courses longues et compliquées. En rentrant, il trouvait « un appartement gai et chaud, où les choses semblaient avoir pris au cours des années leur place définitive [7] ».

Où qu'elle se trouve, dans ses appartements parisiens, à Saint-Tropez, dans les hôtels où elle feint de se reposer, Colette orga-

---

* L'appartement avait été celui de Mlle Marsy, de la Comédie-Française, maîtresse de Max Lebaudy ; il avait ensuite servi de bureau à une partie de la rédaction de *Paris-Midi*, avant de devenir les bureaux de Gustave Quinson.

nise son travail. L'ampleur de son œuvre suppose, en effet, une organisation rigoureuse. Elle se lève tôt, consacrant une partie de la matinée à la promenade. C'est après le déjeuner, vers une heure et demie, qu'elle se met au travail. « Stylo ou porte-plume ? » lui demande un journaliste : Stylo ! stylo ! « Elle n'en a pas un, mais deux, dix, vingt, elle ne sait plus au juste... » et elle montre son « écurie de stylos », toujours bien visible sur sa table. Elle déteste le papier blanc. Un reporter fait allusion au vers de Mallarmé *Sur le vierge papier que la blancheur défend* : « Ah ! je vous prie de croire que, chez moi, sa blancheur le défendrait bien ! » Elle utilise le bleu, de diverses nuances, le vert pâle ou soutenu. Mais elle travaille le plus souvent assise à un bureau [8]. Au Claridge, elle avait un bureau d'époque Louis XV qui s'accommodait mal d'un mobilier moderne : elle le cède à une amie pour qui elle en fait l'historique :

> Pendant vingt-cinq ans (je l'ai eu en 1911) j'ai travaillé sur lui, avec lui. Mes deux avant-bras ont usé son vernis. Il n'a jamais vu que ma plus revêche figure : ma figure de travail. Il m'a suivie de la rue Cortambert au boulevard Suchet, du boulevard Suchet à la rue de Beaujolais, de la rue de Beaujolais au Claridge. Il a vu passer les feuillets verts de *Chéri*, de *La Fin de Chéri*, de *La Seconde*, de *La Naissance du Jour* sur papier bleu azur, et *Ces plaisirs* sur papier pervenche comme celui-ci, et *Duo*, – et *La Chatte* que j'oubliais ! Et tous les articles... Et toutes les lettres, – y compris les lettres d'amour, et de guerre [9]...

Au premier étage du Palais-Royal, elle aura un grand bureau.

Elle aimait à écrire presque allongée : par goût, puis par nécessité : après la fracture du péroné (Saint-Tropez, septembre 1931), Luc-Albert Moreau lui avait confectionné un « pupitre-table à quatre petites pattes ». La princesse de Polignac le lui remplaça par un meuble anglais, orientable, un pupitre à crémaillère, qu'elle mentionne dans *Le Fanal bleu* [10].

L'année 1934 s'ouvre sous de sombres auspices. Le 24 décembre précédent, les journaux annonçaient l'arrestation d'un certain Tissier, directeur du Crédit municipal de Bayonne. C'est le début de l'affaire Stavisky, qui a ébranlé la troisième République, laquelle ne s'en est pas remise.

Sous le nom de Serge Alexandre, Stavisky vivait avec sa femme Arlette dans une suite louée à l'année au Claridge. Yves

Courrière a raconté dans quelles conditions risquées Joseph Kessel était entré en relation avec M. Alexandre et comment il avait appris de l'intéressé lui-même son origine juive russe, son véritable nom et ses dix-huit mois passés à la Santé.

Le 8 octobre 1933, Carlo Rim – journaliste, revuiste, auteur de chansons, de dialogues de films – est venu rendre visite à Colette au Claridge, en compagnie d'Éliane et Francis Carco et de Vertès. « Irruption de Jeff Kessel, tignasse au vent, que l'on semblait attendre. Embrassades, et nous descendons sur son invite : " Allons retrouver Alexandre ! " Au bar, un petit cercle autour d'un homme que je reconnais pour l'avoir approché il y a un an au théâtre de l'Empire où l'on jouait *Katinka* (*son* théâtre qui fit bientôt fiasco, mais on le dit si riche !) » Alexandre « semble fasciné par Colette qu'il avait maintes fois entrevue dans le hall du *Claridge* et à qui il peut enfin déclarer son admiration. L'a-t-il lue seulement ? Pour Colette, le cadet de ses soucis, car ce nouvel adorateur ne paraît pas lui déplaire [11] ». Carlo Rim a compris qu'un dîner doit suivre et avec sa femme il prend congé, après avoir subi une algarade d'Alexandre, qui lui reproche d'avoir publié dans *Vu* un récit de Blaise Cendrars le mettant très indirectement en cause.

Yves Courrière présente, selon J. Kessel, un récit légèrement différent, mais analogue quant à la séduction exercée par le bel Alexandre :

> Colette se montra curieuse de rencontrer ce prestigieux voisin qui occupait la suite la plus luxueuse de l'hôtel alors qu'elle n'y disposait que d'un petit appartement. [Il] l'intriguait. De son côté, l'homme d'affaires brûlait de connaître l'auteur de *Chéri* et de *La Chatte*. Kessel organisa la réunion au *Poisson d'or* où Alex lui reprocha paternellement son intimité avec les tziganes et l'amitié compromettante qui le liait à certains truands de Montmartre ! Colette s'amusa énormément et trouva beaucoup de charme à cet homme richissime, capable de se plaindre non des dérèglements de la Bourse, mais de la folie des saisons [12].

Carlo Rim, le 3 janvier 1934, note dans son journal une conversation avec sa femme, alors que M. Alexandre, aux premières révélations, a fui le Claridge :

> — Alexandre, ça ne te dit rien ? ce cocktail au Claridge, il y a trois ou quatre mois, avec Colette, les Carco, les

frères Kessel et Rita Georg, invités par ce M. Alexandre. Tu lui trouvais un certain charme. Une fameuse crapule, ton Alexandre !

— Mon Alexandre ! tu n'as pas regardé Colette, elle était littéralement en pâmoison devant lui [13] !

14 février 1934, « L'Empire d'Alexandre » par J. Kessel dans *Marianne* :

> dans ce mois d'octobre, j'eus l'heureuse fortune de me lier d'une étroite amitié avec la grande Colette [14]. [...] Presque tous les soirs, je me rendais dans l'appartement que s'est aménagé Colette au *Claridge*, [...]. Et comment aurais-je pu me douter que son étoile [celle d'Alexandre] était déjà morte, lorsque, vers la mi-novembre, il m'annonça : « Tu dois absolument dîner avec moi, la semaine prochaine. Ma femme m'a chargé de t'inviter sans faute. Il y aura Colette. Oui, je me suis fait présenter à elle ces derniers jours. Elle me plaît beaucoup. Ce sera une soirée charmante. »

Alexandre, pendant qu'il fut en présence de Colette, ne quitta pas un instant son ton le plus mondain. « Elle lui en imposait visiblement. Elle le gênait par l'inquisition sans apprêt de son œil de paysanne et de magicienne... Il mit tout en œuvre pour paraître. »

Sur sa relation avec Stavisky Colette s'exprima entre la fuite et la mort de celui-ci dans un article de *La République*, numéro des 1er-2 janvier 1934, où elle ne nie pas l'attrait qu'elle éprouva :

> L'homme qui vient de s'enfuir habitait le même hôtel que moi. Je ne le nommerai pas autrement que X..., aussi bien ne saurais-je quel nom choisir dans la liste de ses patronymes successifs. Je le rencontrais souvent ; il se fit correctement présenter et, par deux fois, je dînai à sa table.
>
> Le regard pouvait se poser sur lui sans appréhension. Des cheveux noirs, faufilés d'argent, à la chaussure sans défaut, linge et vêtements rivalisaient de tranquille élégance et sa sveltesse avouait à peine quarante ans. Quand je lui tendis la main, je sentis combien la sienne était fine.
>
> Les journaux, maintenant, sont pleins de lui : « Le plus grand aventurier de l'époque moderne... Un personnage balzacien... » Je retiens ce dernier mot qui sert à désigner l'homme-Protée. À ce compte, les balzaciens sont légion.

Balzacien, en effet, cet X... qui ne fut, ici, que bon père et bon époux. Levé au jour, couché tôt, nourri selon le plus prudent régime, fidèle au massage et à la culture physique, il se vantait que son hygiène ressemblât au dur entraînement des danseuses classiques. Il aimait finir la journée entre sa femme et ses enfants.

Je regarde ses portraits dans les journaux, et nulle part je ne le reconnais. Ici, il est plaintif, avec un air enrhumé. Là, je le vois chevelu et bellâtre ; ailleurs, il est chafouin. Qu'a-t-il fait du sourire que je lui connus ? Un sourire extrêmement agréable, fréquent, qui maintenait sur les traits de X... une sorte d'anonymat. Pendant qu'il souriait, son œil agile, brillant comme l'œil de l'oiseau, ne participait pas à l'abandon du reste du visage et exprimait une vigilance autonome.

Ce sourire, X... ne l'a sans doute pas emporté. Il l'a laissé à l'hôtel, avec une défroque mentale et complète d'époux, de père vigilant et tendre. Peut-être que, si je le rencontrais dans une ville lointaine, je passerais, indifférente, à côté d'un X... devenu sans artifice, méconnaissable. Pour lui, il s'agit seulement d'une évasion, de la particulière évasion que réussissent seuls les privilégiés de l'évanouissement.

Les mortels ordinaires y échouent, ou bien s'aident de barbe fausse, de lunettes, de perruques. Ce sont des ingénus, enfants dans un art exigeant. Aussi tombent-ils, étonnés, aux mains qui les recherchent. Plus l'aventurier est grand, moins il se déguise. Il ouvre seulement une porte et entre, différent, dans un monde qui lui est nouveau.

Puis, Colette resta muette jusqu'au 8 juin 1937. Ce jour-là, elle publia dans *Confession*, sous la rubrique « Confessions du jour et de la nuit », un article intitulé « Sta-vi-sky Tout-Ank-Amon » *. Elle y évoque les pouvoirs maléfiques de l'Égyptien et du Russe ou du Polonais et s'avise d'une « ressemblance physique » entre eux.

* Colette n'a donné que trois articles à *Confession*. Ce magazine fut interdit en raison de ses indiscrétions.

> Pour la similitude des traits je ne me fie pas à des photographies de Stavisky, – qui n'était pas photogénique, – mais à ma mémoire, qui me le rend tel que je l'ai vu. Un grand œil, la fuite du front, et l'importance, la caractéristique distance entre le nez et l'oreille étaient en effet, chez Stavisky, égyptiens. À Stavisky et à l'impérial défunt sont communs le menton faible et douillet, promesse d'attendrissement facile. Stavisky cacha, aussi longtemps que la mode l'autorisa, le trait le moins heureux de son visage : une lèvre supérieure plate, qui gâtait son sourire. Détail étrange, les oreilles, l'égyptienne et la polonaise, couchées en arrière, sont presque identiques... / [...]
>
> Je ne l'ai connu qu'au moment où sûrement il se savait perdu. Au restaurant il riait de la bouche, pendant que son grand œil oriental, de droite à gauche, de gauche à droite, privé d'expression, sinon d'éclat, faisait incessamment le compte des personnes présentes, recensait les nouveaux arrivants. Je me souviens que les vêtements élégants, le linge, la cravate bien choisie, la chaussure, prenaient sur lui un brillant insolite, comme s'il les avait acquis à l'instant même et qu'il dût s'en dessaisir l'heure d'après...

C'est sous la rubrique « Monstres » que cet article sera recueilli dans *Mes cahiers* en 1941 [15]...

Le bal des Petits Lits blancs avait été fixé au 6 février 1934, jour où se déchaîna l'émeute provoquée par la corruption parlementaire et qui aurait pu tourner au putsch. Il eut lieu le 20 mars à l'Opéra ; Colette lut un texte, sans doute celui que contenait le programme (une nouveauté pour cette manifestation) : « Sur quatre dessins de Mariette Lydis ». Puis, elle partit pour la Treille muscate où, affligée d'une névrite, elle séjourna du 25 mars au 10 avril. Peu après son retour, elle vit l'exposition que présentait la Galerie de Paris, de ses livres, photographies et manuscrits, ainsi que les meilleures illustrations inspirées par son œuvre [16]. Le 15 mai, elle assiste au déjeuner qui réunit les membres du jury pour l'attribution du grand prix du disque offert par *Candide* ; elle y retrouve Gustave Charpentier, Louis Lumière, Jacques Copeau, Émile Vuillermoz, Maurice Yvain et Lucienne Bréval. « Colette reprenait en sourdine *Le Beau Navire* de Gilles et Julien et l'on admirait discrètement les doigts de pieds impeccables que révélaient ses sandales plates [17]. »

L'été la revoit à Saint-Tropez. Elle y termine *Duo*, un vrai cauchemar ; encore le roman n'est-il pas achevé quand il commence à paraître dans *Marianne* à partir du 12 septembre. Le volume sera mis en vente le 10 novembre. Il n'y a plus lieu de recueillir les jugements de la critique qui fait entendre un concert d'éloges. Toutefois, Léon Daudet regrette que Colette ne prenne pas « ses protagonistes dans une catégorie intellectuelle, morale et sociale plus relevée ». Mais, s'empresse-t-il d'ajouter : « C'est parce que je prise très haut son talent que je me permets cette observation [18]. » Mêmes mouvements chez Marcel Arland :

> On aime que Mme Colette montre avec tant de sûreté l'importance de l'élément sexuel ; et l'on accorde que tout romancier soit libre de choisir où il veut ses personnages. Mais est-ce la faute de leur milieu ou celle de Mme Colette ? ces personnages, vivants sans doute, il nous faut faire effort pour nous y intéresser, tant ils semblent incomplets, spéciaux, et, en eux-mêmes, négligeables. Et par là le drame dont ils sont les acteurs perd de son importance, paraît faussé, réduit, sans prolongement, sans résonnance *[sic]*. Forçant ma pensée jusqu'à l'injustice, je serais tenté de dire qu'il s'agit là moins de drames sexuels que d'histoires de coucherie.
>
> Je ne l'ai pas plus tôt dit, que je me reprends. C'est que Mme Colette n'entend nullement nous présenter des héros. Son but est au contraire de montrer tout ce qu'il y a de fragile, de ridicule, de lamentable, et pourtant de terrible dans la comédie sexuelle. Et précisément ses personnages, sans ampleur, sans grandeur, sans individualité marquée, sont entre ses mains les pantins les plus souples et les plus aptes à servir son jeu. Je me demande simplement si elle ne se fait pas la partie un peu trop belle [19].

Duo sera prolongé [20] en juin et juillet 1938 dans *Paris-Soir* par *Le Toutounier* qui paraîtra chez Ferenczi en janvier 1939, et par l'adaptation qu'en donnera Paul Géraldy et qui sera représentée au théâtre Saint-Georges du 10 octobre 1938 au 19 mars 1939 *. À la générale Colette arriva en retard à cause, dit-elle, d'un

* La pièce *Duo*, diffusée à la radio le 14 janvier 1942, sera reprise de la fin de mai 1943 au 6 janvier 1944 au théâtre des Ambassadeurs-Alice Cocéa par la Compagnie théâtrale de Paris.

muscle de la jambe qu'elle s'était froissé ; regrettait-elle que Léopold Marchand ne se fût pas chargé de l'adaptation qu'elle lui avait proposé de faire dès la publication du roman[21]* ? Ce n'est pas là un titre de gloire du théâtre de Colette, à supposer qu'il y en ait un dans ce secteur. – Du *Toutounier*, qui est un chef-d'œuvre de moiteur, on retiendra cette expression de la pureté personnelle de l'auteur. Vers la fin, Alice demande à Colombe, puisqu'il n'y a pas de garçonnière accessible, pourquoi elle n'était pas devenue la maîtresse du Balabi sur le toutounier. « " Sur le toutounier ! s'écria-t-elle. Faire ça sur le toutounier ! mais j'aimerais mieux me mettre la ceinture toute la vie ! Notre toutounier si pur ", dit-elle avec une grâce soudaine[22]. »

À la fin de 1933 ou au début de 1934, il y a « à peine deux ans », écrit-elle dans *Le Journal* du 10 novembre 1935[23], elle avait dîné avec Max Reinhardt, qui lui proposa de monter *Le Songe d'une nuit d'été* au théâtre Pigalle et lui demanda l'adaptation française du texte. « J'admirais combien le metteur en scène de *La Chauve-Souris* dessinait dans l'air, déjà, le volume de la tête d'âne de Bottom, et remplaçait Titania par une spirale de fumée… » Ce fut un beau rêve, car les concours financiers manquèrent. Reinhardt transforma la pièce en un film où, en novembre 1935, Colette retrouva la spirale de fumée. Autre tentative à la scène, avortée elle aussi. En 1935-1936, Colette veut adapter une pièce américaine de George Kaufman et Moss Hart, *The Royal Family* (1927), qui met en scène quatre générations de comédiens, les Barrymore. Madeleine Landauer, la secrétaire de Lugné-Poe, en avait fait la traduction littérale** et le comédien et metteur en scène avait communiqué son enthousiasme à Colette, laquelle écrit au début de janvier 1936 à Hélène Picard, pour s'excuser de ne pouvoir se rendre chez elle : « Maurice et moi nous avons dû, en peu de temps – trop peu de temps, – lui traduire, moi façonner la traduction d'une pièce américaine. Il n'est pas certain qu'elle soit jouée, mais tu comprends il fallait qu'elle fût prête, s'il s'offrait une chance.

* La pièce *Duo* a été publiée dans *La Petite Illustration* du 11 février 1939 ; la couverture reproduit l'affiche : Valentine Tessier jouait Alice ; Henri Rollan, Michel ; Jacques Baumer, Bordier ; Sylvie, la domestique (la pièce ne compte que quatre personnages).

** Selon ce que dit Lugné-Poe à Gabriel Reuillard (*Excelsior*, 7 mars 1936). On remarquera la contradiction avec ce que Colette écrit à Hélène Picard au sujet de la traduction.

Travaux de crise. » Lugné-Poe destinait le premier rôle féminin à Suzanne Després, son épouse. La pièce ne fut pas représentée ; Colette y fera allusion en rendant compte de *Famille* de Denys Amiel dans *Le Journal* du 31 octobre 1937, mais sans chercher à attirer l'attention d'un directeur de théâtre.

Non contente d'être critique dramatique au *Journal*, Colette collabore, à la fin de 1933 et au début de 1934, à *La République*, où écrit aussi Maurice Goudeket. Cette expérience lui fut pénible, puisqu'elle devait donner un article par jour ; ayant du mal à suivre le rythme, elle abandonne au bout d'un mois. Elle se souvient qu'elle a été reporter et elle assiste d'abord à un interrogatoire (*La République*, 20 décembre 1933), puis au procès d'assises de Violette Nozière (*L'Intransigeant*, 13 octobre 1934[24]). Cette jeune fille avait empoisonné son père, qu'elle accusait de tentatives incestueuses, et avait failli empoisonner sa mère, sans doute considérée par elle comme tacitement consentante ; ensuite, elle avait passé quelques jours avec un amant. Elle apparaît comme une exaltée, quelque peu mythomane. L'article de *L'Intransigeant* commençait ainsi : « C'est du petit monde », expression reprise au début du quatrième paragraphe : « Du petit monde, oui, malheureusement. » Ces deux expressions ont disparu du texte lorsqu'il est entré dans *À portée de la main*. En effet, Louis Laloy, prenant « petit monde » pour « petites gens » – titre de son article de *L'Ère nouvelle* (16 octobre) – avait reproché à Colette l'emploi de cette expression : « Mme Colette est au nombre des rares auteurs de notre pays qui ont gardé le contact avec le peuple et voilà qu'elle semble se détacher de lui. » Elle n'eut pas de peine à se justifier ; Louis Laloy inséra la réponse, accompagné de ses excuses, dans le numéro du 25 octobre :

> Chez nous on appelle « petit monde » ou « chetit monde » les méchants. Pressée par l'heure, je ne leur avais pas donné les trois lignes de commentaire qu'ils exigeaient. « Petit monde » : je pensais à la mauvaise enfant criminelle, à l'atmosphère de mensonge bas qu'elle avait organisée, à l'étroite suspicion, à cette camaraderie pourrie entre la fille et des garçons sans scrupule.

Violette Nozière, condamnée à mort, sera graciée par le président de la République et sa peine commuée en détention perpétuelle ; elle sortira de prison en 1945, sera réhabilitée en 1963 et mourra au Petit-Quevilly en 1966. Si la Justice ne s'est pas de nouveau trompée en 1963, il faut conclure qu'en 1934, Colette s'est trompée, comme beaucoup d'autres, et qu'elle s'est trop fiée aux apparences du « petit monde ». Elle qui, à l'instar de Stendhal, s'intéressait aux « Monstres », réunis dans un chapitre de *Mes cahiers* où domine Weidmann, elle n'avait pas au fond reconnu en Violette Nozière un vrai monstre, ce qui les innocente toutes les deux.

*

L'année 1935 contient plusieurs événements qui prennent du relief même dans la vie bien remplie de Colette. Le 9 mars, elle est élue à l'Académie royale de langue et de littérature françaises de Belgique où elle succède à Anna de Noailles et où elle ne sera reçue officiellement que le 4 avril 1936. Le 3 avril 1935, elle régularise par un mariage à la mairie du VIIIe arrondissement son union avec Maurice Goudeket, une union qui dure depuis dix ans. « Cérémonie de dix-sept minutes tout compris, et deux témoins en guise de cortège*. » Suit un déjeuner aux Vaux-de-Cernay où ils avaient leurs habitudes dominicales. Cette régularisation était nécessaire pour que, épouse de Goudeket, elle pût partager une chambre avec celui-ci aux États-Unis. Elle va, en effet, faire avec lui le voyage inaugural du *Normandie* en mai et juin et brièvement séjourner à New York. Le 11 août, sa fille se marie. Le 5 octobre, Henry de Jouvenel meurt, terrassé par une crise cardiaque après avoir visité le Salon de l'automobile[25], et, le 7, il est inhumé dans le cimetière de Varetz. Anatole de Monzie, l'ami de près de quarante ans, prononce une allocution profondément émue qui ouvre le numéro spécial et dernier, « Hommage à Henry de Jouvenel », de *La Revue des vivants* (novembre-décembre 1935) que celui-ci avait fondée en 1927, numéro auquel collaborent notamment Valéry et Marcel Déat, Sarraut et Marcel Prévost, Édouard Benès et Wladimir d'Ormesson, Bertrand de Jouvenel et Lord Robert Cecil.

Colette mère et Colette fille se sont donc mariées la même année, mais l'union de la première durera plus longtemps que celle de la seconde. De la jeune Colette nous avons une image éclatante par le portrait qu'a peint Kisling et qui a été exposé au Salon de 1934. Raymond Escholier l'avait remarqué pour les lecteurs d'*Art et médecine* de juin : « Cette jolie blonde [...], d'un

* *LHP*, 414. Julio et Vera Van der Henst sont les témoins.

blond si défaillant, aux yeux de gazelle, aux bras chargés de lis, à la robe écossaise qui rappelle " les petites filles modèles ", se détachant sur des caoutchoucs empruntés au Douanier Rousseau, n'est autre que *Mlle Colette de Jouvenel*, la charmante Bel-Gazou, dont les faits et gestes nous ont été contés par le plus grand écrivain de France – Colette, pour ne pas la nommer. » Le portrait est reproduit en pleine page. « Colette Renée de Jouvenel des Ursins » épousait à Varetz Denis Adrien *Camille* Dausse, docteur en médecine, âgé de 32 ans, domicilié à Paris XVe, 16, avenue Lowendal. Le contrat de mariage avait été passé, la veille, à Brive, devant Me Moissinac. On ignore comment les futurs époux s'étaient connus. Les témoins à la mairie étaient pour Colette Bertrand, son demi-frère, et pour le docteur Dausse, le chirurgien René Sauvage, assistant des hôpitaux de Paris. Le mariage fut à la fois fastueux et champêtre comme le montrent les photographies[26]. Colette, qui était à la Treille muscate, n'y assista pas. Elle confia à Misz Marchand : « Jouvenel m'a écrit une lettre fort jolie pour me remercier de laisser ma fille se marier en Corrèze[27]. » Elle reçut la visite des jeunes époux à Saint-Tropez et confia son impression à Germaine Patat : « La petite a très bonne mine, mon gendre a coupé sa barbe, tous deux ont l'air bien ensemble, car ils ne sont ni nerveux, ni agités, ni anxieux, ni pâmés d'extase. Ils vont et viennent sur la côte, déjeunent ici, passent une soirée à Cannes, une autre à Ramatuelle... Ils ont surtout l'air de se connaître bien et depuis longtemps. Inchallah ! » mais dès le mois d'octobre, au moment où mourait Henry de Jouvenel, Colette annonçait à Hélène Picard que le mariage allait se dissoudre : « Motif sans réplique : horreur physique. On ne discute pas ça, n'est-ce pas, mon Hélène[28] ? » Et, à une date proche, à Renaud de Jouvenel : « L'horreur physique – et morale – qu'elle garde de cet homme n'est pas éteinte. » La tentative de conciliation échoua le 22 novembre. Le divorce sera prononcé le 1er juillet 1936 par la 6e chambre du tribunal civil de la Seine. *Exit* le docteur Dausse*. Colette de Jouvenel allait vers d'autres horizons.

En janvier 1935, Colette mère communiquait à Léo Marchand une lettre d'Émile Fabre, administrateur de la

* Sur le docteur Dausse, qui avait été marié une première fois, qui fut en relation avec Maurice Sachs et qui se donnera la mort, voir les souvenirs, déjà cités à propos d'Auguste Hériot, du professeur Jacques Decourt, *Un sentier dans le siècle* (La Pensée universelle, 1985), p. 194, ainsi que la biographie de Sachs par Henri Raczymow, *Maurice Sachs ou les Travaux forcés de la frivolité* (Gallimard, 1988), p. 181-182, 347, 350.

Comédie-Française, qui, après avoir recueilli les avis des membres du Comité, refusait de mettre *Chéri* au répertoire : « On s'effarouchera de voir sur la scène de la Comédie ces antiques demi-mondaines qui sont comme le Chœur de la pièce. Leurs attitudes, leur langage choqueraient, paraît-il, nos chastes habitués. Cela est possible après tout. » Et, conformément à la règle des refus courtois, il ajoutait qu'il s'intéresserait à un autre projet dont Berthe Bovy lui avait dit un mot [29]. S'il y avait eu réponse, c'est qu'il y avait eu proposition. Colette ne renoncera pas à voir *Chéri* sur la scène du Français. Plus tard, elle espérera une décision favorable d'un autre administrateur, moins timide, Édouard Bourdet, mais la Seconde Guerre mit fin à cet espoir. Le 20 février 1935, elle était dans un climat plus favorable : sur la piste du cirque Amar, elle présida le déjeuner de la presse parisienne et baptisa au champagne un bébé tigre. N'oublions pas que Philippe Berthelot lui avait fait don d'une once, en octobre 1920 [30].

Mme de Noailles était morte le 30 avril 1933. Colette ne sera élue que deux ans après à l'Académie royale de langue et de littérature françaises de Belgique [31]. Le 14 octobre, la section de littérature propose pour succéder à Mme de Noailles les noms de Colette et Miguel de Unamuno. L'usage est de voter à la séance suivante. Mais, le 18 novembre, trois membres proposent la candidature de Paul Claudel, ambassadeur en Belgique depuis le mois de mai et qui a dans ce pays des admirateurs fervents. Claudel note alors dans son *Journal* : « On me présente à l'Académie Royale de Belgique en opposition avec Colette [32] ! » Cette présentation est admise. Toutefois, comme cette suggestion n'est pas faite par la section de littérature dans son entier, on décide, en janvier 1934, d'une révision de la procédure des élections, laquelle prendra près d'une année. Quelque chose a filtré de cette difficulté puisque dans une chronique anonyme d'*Allô Paris*, numéro 9 de février 1934, on lit :

> On a été en général surpris que M. Paul Claudel se soit laissé porter à l'Académie belge contre Mme Colette, dont l'élection au siège de Mme de Noailles paraissait assurée. Du coup, d'ailleurs, les académiciens belges ont ajourné leur décision. / — En somme, concluait un de nos confrères belges, M. Pul…, les académiciens ont hésité entre un ambassadeur et une parfumeuse, entre le vent des paroles et l'odeur des flacons !

Claudel ne disait pas autre chose à son fils Henri : « La diplomatie contre l'Institut de beauté ! » Traduction par Gérald Antoine : *Le Pain dur* contre *Le Blé en herbe*[33].

À la séance du 12 janvier 1935, il fut décidé que le vote interviendrait au cours de la séance du 9 février, mais en même temps le secrétaire perpétuel proposa à ses confrères de demander à Claudel s'il accepterait de faire une lecture pendant une prochaine séance. Le 9 février, le scrutin sur les noms de Colette et d'Unamuno n'aboutit pas à une majorité qualifiée. Il fallut reprendre l'exercice le 9 mars. Ce jour-là, Colette fut élue à une éclatante majorité. Quant à Claudel, il fit une lecture à l'Académie, le 13 avril, « devant un public restreint », sur « Paul Verlaine, la Belgique et la poésie catholique », texte qui est resté célèbre. On peut s'étonner, mais on connaît sa soif d'honneurs, qu'il ait accepté, lui ambassadeur, d'être en quelque sorte candidat... Il ne sera plus à Bruxelles quand, en 1936, Colette fut officiellement reçue à l'Académie. Au reste, après la Seconde Guerre, leurs relations seront bonnes : la terre les unissait.

Colette a déjà accompli beaucoup de voyages, en Europe et dans le Maghreb. Mais elle n'a jamais vu le Nouveau Monde. La France et l'Angleterre luttent de vitesse pour traverser l'Atlantique. Le *Normandie* va s'efforcer d'obtenir le Ruban bleu et l'obtiendra. Colette sera du voyage, comme reporter envoyé par *Le Journal*. Pour débarquer il lui faudra un passeport en règle, qu'elle reçoit le 9 avril 1935. Heureuse contrainte, car elle nous est ainsi officiellement décrite : 1 m 63 ; cheveux et sourcils châtain clair ; front haut ; yeux bleu gris, nez moyen, comme la bouche ; menton rond ; visage ovale, teint clair. Ce que le passeport ne consigne pas, c'est l'acuité du regard : « des yeux perçants, lucides, sans indulgence, des yeux où se lisait son génie subtil et incisif[34] ».

Avant de gagner Le Havre, elle reçoit la visite d'un reporter du *Journal* à qui elle dit son désir de profiter du voyage pour se reposer et à qui elle prescrit de mettre au féminin l'article précédant le nom du transatlantique[35]. Le 31 mai, *Le Journal* publie ses premières impressions transmises par radio.

> Tout Paris est ici, et manquant de sommeil, je n'avais de goût que pour la roseraie prisonnière, les oiseaux exotiques qui, derrière les barreaux d'or, renoncent à la vie entre deux becquées de millet. Je n'aimais plus les visages et je me reposais sur des champs de laque d'or vert, varié d'or

> jaune, rehaussé d'un or pâle presque blanc, interrogé d'or rouge, cerné d'or noirâtre, et enjolivé d'un autre or, brun comme le sang sec.

Les impressions se succèdent les 2 et 3 juin. Pour avoir le paquebot à elle seule, elle se lève avec l'aube. Le 4 juin, ce sont de « Brèves impressions d'arrivée », qu'elle développera bien plus tard dans un article écrit pour la présentation du film *Gigi* à New York :

> L'inégalable spectacle de l'arrivée et de l'accueil, le port couvert de bateaux, l'air suffoqué d'avions, d'étendards, de musiques, de salves et de cris, je ne les oublierai jamais. À partir de là, je me confinai dans mon humeur de petite bourgeoise française et casanière. En vain m'appelèrent les agapes de dix-huit cents couverts, tel musée privé, tel déjeuner glorifiant la littérature internationale. Mais je ne me lassais pas de renouveler, d'heure en heure, à ma boutonnière les plus beaux gardénias du monde[36].

Le 5, elle décrit le paysage de la ville qui fait « l'assaut du ciel ». Et, le 7, elle rend compte de ce qu'elle a vu du sommet de l'Empire State Building, où elle s'est fait photographier avec Maurice Goudeket[37] ; la différence d'âge y est évidente. Le soir, elle est allée à Harlem avec Odette Pannetier, Pierre Brisson, Gérard Bauër, Philippe Soupault et « un nègre en smoking, un intellectuel professeur à Brooklin[38]* ». Ce soir-là, Colette a trouvé « Harlem un peu embourgeoisé, taché çà et là de blanc et refroidi par un vent glacial qui nous jetait au visage une poussière d'eau, par une lune croissante au tranchant terne qui fendait les nuées ». Le *Savoy* « languissait à demi plein », mais elle admire la musique de jazz et les danseurs, surtout les danseuses :

> Certaines jeunes noires, d'un blanc doré, enchantent le regard. Longues, aériennes, la chevelure soumise à une savante défrisable qui efface toute crêpelure, le poignet délié, un cou sans pli et, nonchalantes, de longues grandes prunelles douces que la danse enivre, elles sont les lis secrètement marqués de noir, plus beaux à cause d'une tache[39].

---

* Étaient aussi du voyage, Philippe et Lily de Rothschild, Claude Farrère, Charles Boyer et sa femme Pat, Pills et Tabet.

À New York, elle a rencontré Glenway Wescott qui a remarqué ses fortes mains *(« serious writing is a manual labor ! »)*, ses beaux pieds dans des sandales, presque comparables aux pieds des déesses grecques et sa chevelure légèrement ébouriffée cachant son large front masculin[40]. Si Colette n'avait pas eu du génie, les sandales auraient suffi à la rendre célèbre.

Dans le dernier article transmis par radio lors du retour et inséré dans *Le Journal* du 10 juin, elle dit sa reconnaissance de l'accueil que les Américains ont réservé aux passagers du *Normandie* :

> Un tel accueil, un tel départ nous ont rendus fiers et, légitimement, un peu honteux. Il est admis, sinon accepté, que le Français est inhospitalier. Mais c'est la première fois que j'ai l'occasion de rougir de notre mauvaise grâce nationale.

Constatation que vérifient les Français qui ont vécu à l'étranger…

Finalement, ces impressions de voyage sont assez ternes, comparées à celles que Colette rapporta de l'Afrique du Nord. Son New York est modeste comparé à celui de Paul Morand et surtout à celui de l'auteur de *Voyage au bout de la nuit.*

Colette n'avait rien renoncé de son intérêt pour le cinéma. Dans *L'Intransigeant* du 16 mars 1935, elle disait son admiration pour *Itto*, film de Jean-Benoît Levy et M. Epstein, entièrement tourné dans ce Maroc qu'elle avait appris à aimer et dont lui étaient restitués les paysages ; le film montrait un médecin français et sa femme cherchant à secourir les indigènes qui s'entretuent. Elle signalait l'interprétation de Simone Berriau « qui ne parle qu'en langue chleuhe », ayant le Glaoui pour professeur :

> La beauté singulière de cette jeune cantatrice la désignait à des succès de cinéma relativement faciles. Mais Simone Berriau n'aime rien de ce qui est facile. Dans *Itto*, elle n'use de sa connaissance de la langue et des milieux arabes que pour doter son personnage de traits caractéristiques. J'entends une dignité parfaite d'attitudes, la muette éloquence du regard, et surtout une manière à la fois animale et noble d'exprimer la douleur d'une jeune mère aux bras vides, qui se tait et ne verse pas de larmes.

Pierre Humbourg, pour *Vendémiaire* du 27 mars 1935, l'interviewe peu après son élection à l'Académie de Belgique : « Ne parlons plus de littérature, je ne suis pas un écrivain, moi ! Je suis metteur en scène… je fais tourner *Divine.* » – « Et puis dites bien que je suis cinéaste et pas du tout écrivain. Je suis le premier cinéaste reçu à l'Académie… »

En effet, pendant l'été de 1934, tout en terminant *Duo*, elle a travaillé au scénario et aux dialogues de *Divine*. Le réalisateur en sera Max Ophüls, qui s'était exilé en France après l'avènement de Hitler ; sa réputation « tenait à un seul film, *Liebelei* (1932), qui l'avait superficiellement fait cataloguer comme un spécialiste de l'opérette viennoise. Ses vrais mérites n'avaient donc pas été découverts encore [41] », et l'on comprend que, s'adressant à Misz Marchand, à la mi-août 1934, Colette lui écrive : « Après lui *[Duo]*, le film pour Mme Berriau va noircir l'éclat du jour. » Celle-ci était alors plus connue qu'Ophüls et « mérite d'être considérée comme le véritable promoteur du film [42] ». Le tournage eut lieu pendant l'hiver 1934-1935 aux studios de Billancourt. Colette a raconté en un passage ajouté à « L'Envers du cinéma » de 1917 dans quelles froides conditions il eut lieu, et dangereuses pour Simone Berriau autour de qui devait s'enrouler un boa. L'été suivant, les scènes agrestes furent tournées dans la propriété de l'actrice, aux Salins d'Hyères. On voit immédiatement qu'il était difficile d'articuler ces deux aspects de la vie.

Le film sortit en exclusivité au cinéma *L'Ermitage*, avenue des Champs-Élysées, le 5 novembre 1935.

> Le scénario est très simple – écrira un bon juge, Pierre Bost [43]. Une jeune fille de la campagne – « une belle plante saine », comme on dit – vient à Paris pour faire du music-hall. La voici tombée dans un monde étrange, bruyant et dangereux, au milieu duquel elle a grand-peine à garder sa vertu et la belle simplicité de son âme. (À quoi donc s'attendait-elle ?) Des trafiquants de drogue tentent de la pervertir et de la compromettre dans leurs louches combinaisons. Mais Divine – c'est le nom de théâtre de l'héroïne – réussit à glisser entre leurs doigts, et elle trouvera enfin le bonheur en épousant le brave garçon qui, chaque matin, lui apporte sa bouteille de lait, et avec lequel elle retrouvera les vraies joies de la vie campagnarde (car le brave garçon est aussi directeur d'un fort joli domaine d'élevage).

> On retrouve ici deux thèmes chers à Mme Colette : la campagne, avec les plantes, les bêtes et le bon lait ; le music-hall avec son clinquant et ses coulisses inattendues. Malheureusement, ces deux domaines ont déjà été abondamment explorés par le cinéma, et si Mme Colette peut encore nous toucher, elle, lorsqu'elle s'y promène toute seule, son pouvoir disparaît quand elle doit s'exprimer par l'intermédiaire de la pellicule.
>
> *Divine* ne nous apporte rien de nouveau, et pas grand-chose de Colette. Les charmes de la vie paysanne, c'est un poncif qu'on ne peut renouveler qu'au prix d'une éclatante réussite de style : quant à l'envers du music-hall, nombre de films américains – et plusieurs excellents – nous l'ont trop montré pour que nous n'en soyons pas un peu lassés.

Colette, dont la campagne ici est un peu décor d'opérette, genre « J'aime bien mes dindons... », devait donc revenir à la littérature. Au fond, le cinéma avait eu la même fonction que l'institut de beauté : lui permettre d'échapper au pensum, au vertige de la page blanche. En 1937, elle restera « volontairement étrangère » à l'écriture et à la réalisation du film que Serge de Poligny tira de *Claudine à l'école* et qui sortit à Paris le 18 novembre*. Et à Yvette Guilbert, qui sans doute sollicitait un rôle, elle répondit : « La part que je prends à ce film est quasi inexistante... Ce serait long à expliquer[45]... » ; « quasi inexistante », car il y a cependant trois chansons, « Filles et garçons », « Hymne des moissonneurs », « Les Libellules », qui sont publiées en 1938 sous le titre *Du film « Claudine à l'école »* et qui sont signées Jacques Constant et Colette Willy. Elle s'était expliquée dans une lettre à *L'Intransigeant* insérée le 18 juillet 1937 : « J'estime qu'un auteur dont on met à l'écran un personnage doit, ou bien écrire lui-même son scénario et son dialogue, ou bien s'en rapporter aux techniciens. » On suppose quelque dépit : ou elle a été écartée par le producteur, ou il y a eu un empêche-

* Blanchette Brunoy était Claudine ; Suzet Maïs, Mlle Aimée ; Margo Lion, Mlle Sergent ; Pierre Brasseur, le docteur Dubois (pour Dutertre) ; et Max Dearly, le père ; Mouloudji, débutant, avait un petit rôle. Scénario et dialogues de Jacques Constant ; musique de Paul Misraki. Le producteur était Jacques Haïk[44].

ment juridique, relatif à la propriété du texte[46]. D'autre part, elle ne tenait certainement pas à remettre sur son visage le masque de Claudine, dont elle avait cherché à se débarrasser en publiant *Mes apprentissages*, qui a pour sous-titre : *Ce que Claudine n'a pas dit*. C'eût été revenir en arrière.

Ces souvenirs avaient paru dans l'hebdomadaire *Marianne* du 16 octobre au 18 décembre 1935 et en volume chez Ferenczi en janvier 1936[47]. Colette voulait clore ainsi le long débat qui l'avait opposée à Willy depuis 1909 ; la mort de celui-ci n'avait pas éteint sa rancœur. Jacques Gauthier-Villars, le fils de Willy, tout en rendant hommage au talent de Colette, protesta, dans *Marianne* du 6 novembre 1935, contre le portrait ou plutôt la caricature qu'elle donnait de son père :

> Il me paraît [...] équitable d'informer vos lecteurs que le côté « businessman » de Willy, si curieusement découvert et analysé par Mme Colette, n'était que l'un des multiples aspects, et le moins attachant, de l'homme d'esprit complexe, érudit, secret et charmant qu'était mon père*.

Colette rendait d'ailleurs hommage à son premier mari en lui empruntant une des anecdotes les plus piquantes de ses souvenirs, la rencontre de Lotte Kinceler avec Jules Lemaitre. Voici ce que Willy écrivait dans *Le Rire* du 6 février 1909[48] :

> Lotte comprenait mal l'ironie élégante de Jules Lemaitre, qui, lui, feignait, par jeu, de ne point comprendre l'argot que Lotte parlait naturellement.

* Emmanuel Berl, directeur de *Marianne*, transmit cette lettre à Colette, qui lui répondit : « Insérez, insérez. Pas à une place trop éclatante, bien sûr. J'écris moi-même à ce brave garçon » (BN, N. a. fr. 18670, dossier *Mes apprentissages*, f° 67). Colette écrivit, en effet, à Jacques Gauthier-Villars : « Elle [ta lettre] est très bien, très courtoise, et tu te devais, en somme, de l'écrire. » Toutefois, elle allait, dans un numéro suivant de *Marianne*, reconnaître le talent de Willy et expliquer comment il avait lui-même renoncé à écrire, « par une suite de défaillances d'ordre quasi pathologique. La paresse est très souvent d'ordre pathologique ». J. Gauthier-Villars pourrait différer l'insertion de sa lettre. Mais, finalement, elle se reprenait : « Il vaut mieux, je crois, que tu laisses Berl donner ta lettre dans le prochain numéro. » Ce qu'elle lui écrit au sujet de « l'histoire de Lotte » appartient à la même lettre (coll. Michel Remy-Bieth).

Résolue à éblouir, coûte que coûte, le critique des *Débats*, ma jeune amie parle de sa sœur qui, sous un nom ronflant, occupait alors une certaine place dans le demi-monde.

Quand cette parenté glorieuse lui fut révélée, Jules Lemaitre s'inclina avec déférence et dit :

— Madame votre sœur, je crois, fait commerce de galanterie...

Lotte le regarda avec pitié :

— Ma sœur ? mais non, elle ne fait pas de commerce ! elle fait la grue !

— Oh ! s'excusa Jules Lemaitre, candide, c'est à peu près ce que je voulais dire...

★

Sentant Lotte froissée, le futur auteur de *Flipote*, pour lui complaire, reprit avec infiniment de courtoisie :

— Vous la voyez souvent, madame votre sœur ?

— Non, répondit Lotte, car elle a des manières qui ne me vont pas !

Et elle expliqua :

— N'est-ce pas ? on est ce qu'on est, mais faut tout de même pas faire ce qui n'est pas à faire...

— Je suis bien de votre avis !

— Eh ben ! ma sœur, dans les restaurants, elle chauffe l'argenterie !

— En vérité ? fit Lemaitre avec candeur... Elle la chauffe ? J'ignorais ce raffinement... c'est très curieux...

— Mais vous ne comprenez pas, s'écria Lotte. Je vous dis qu'elle poisse les couverts !

— Un peu de moiteur aux mains, sans doute ? opina Jules Lemaitre avec indulgence.

Lotte, excédée, ne répondit que par un haussement d'épaules. Puis, penchée à mon oreille, elle me dit :

— Tu sais, Kiki, ton ami... tu me disais qu'il était intelligent ! Y a pas plus fourneau ! il ne pige que dalle à tout ce que j'y raconte !

Voici maintenant, à gauche, la reprise de l'anecdote par Willy et, à droite, l'utilisation qu'en fait Colette dans *Mes apprentissages* :

— Mlle Lotte, j'ai entendu parler de vous par votre amie Alberte, une blonde oxygénée qui, après avoir figuré quelques semaines aux Variétés, s'adonne, présentement, sauf erreur, à la galanterie.

— La « ga... » quoi ! La galanterie ? Y a erreur ! La seule Alberte que je connais, elle fait la grue.

— C'est bien ce que je voulais dire.

— Hé ben alors, dites-le... Oui, je la connais, même qu'elle m'avait invitée à dîner ce soir avec elle, ma sœur Marianne Ducroquet et son type dans une boîte chic.

— Combien nous regrettons de vous avoir privée de...

— Oh ! Ne vous en faites pas ! Je déteste quand elle m'emmène dans les grands restaurants parce que *(baissant la voix)*, c'est une typesse qui sait pas se tenir.

— Vraiment ?

— Oui ! Des fois elle « chauffe » les couverts.

— Elle chauffe ?... J'ignorais ce raffinement, confessa Lemaitre.

— Elle les chauffe, je veux dire qu'elle les « poisse ».

— Un peu de moiteur aux mains, sans doute ? suggéra le futur académicien, qui ne soupçonnait pas tant de synonymes du verbe « voler ».

Lotte ne jugea pas ce *minus habens* digne d'une réponse. Elle me lança un coup d'œil chargé de noirs reproches :

— Hé ben vrai, Kiki, toi qui prétendais que ton copain était très intelligent ! mais il ne comprend rien de rien ! Comme gourdée, il n'en craint pas...

Et ce fut ainsi tout le long de cette soirée dont Lemaitre, tour à tour héros et victime, m'affirma souvent qu'elle restait parmi ses souvenirs de choix.

[...] Jules Lemaitre prêtait l'oreille, comme à un gazouillis polynésien, au vocabulaire de Lotte, que M. Willy attablait avec lui chez l'austère Foyot *. L'homme de lettres se penchait émerveillé sur les mains, les pieds extraordinairement délicats de son invitée, qui étendait par-dessus la table ses petites serres.

« Cinq et quart, que je gante, disait Lotte vaniteuse. Pour les souliers, c'est du fillette. Kif-kif ma sœur. C'est de famille.

— Ah ! vous avez une sœur ?

— Je pense, disait Lotte. Mme Ducroquet. Elle est demi-mondaine.

— Et vous ne l'avez pas amenée ? » se récriait Lemaitre.

Lotte hochait une tête sentencieuse.

« Ce n'est pas des choses à faire. Elle chauffe les couverts.

— Elle... Elle chauffe les couverts ? Ah... disait Lemaitre rêveur, j'ignorais ces raffinements. En effet, on chauffe bien les assiettes...

— Non ! criait Lotte. Elle les poisse, que je vous dis ! »

Lemaitre rougissait sous la réprimande.

« Elle les... J'avoue que je ne saisis pas... »

Lotte, découragée, en appelait à M. Willy, qu'elle nommait familièrement Kiki, et désignait de l'œil l'écrivain ingénu :

« Kiki ! Tu m'avais dit qu'il était intelligent ! »

À ce trait, Lemaitre s'épanouissait, couvrait Lotte de son œil tendre et fin :

« Quelle merveille... Ah ! si elle voulait faire du théâtre... »

* Le restaurant Foyot se trouvait à l'angle des rues de Tournon et de Condé.

Nous ne concluons pas à un quasi-plagiat. Willy avait pu enseigner à Colette quelques éléments de son métier. Mais elle a su dépasser son maître, même dans l'art de filer l'anecdote. Le lion, a-t-on dit, est fait de mouton assimilé ; la lionne aussi. Quelle leçon de style dans ce rapprochement ! Au reste, Colette croyait que cette anecdote était sienne puisqu'elle écrivait à Jacques Gauthier-Villars : « Est-ce que l'histoire de Lotte t'a amusé ? Je n'en ai pas inventé un mot. Ces " Souvenirs " sont véridiques. » Ces « " Souvenirs " » sont aussi les *Souvenirs littéraires* de Willy.

La plupart des critiques[49] furent sensibles aux attaques portées contre Willy mort. Après les escarmouches par romans ou par personnes interposés, Colette prenait le dessus, de tout le poids de sa réputation et, malgré quelques protestations récentes, comme le *Feu Willy* de François Caradec, c'est l'image qu'elle a cruellement burinée qui prévaut. Pourtant, remarquait Pierre Loewel, « j'ai grand peine à croire qu'il était aussi méprisable que le dépeint son ancienne femme, et le fait par elle d'avoir vécu en sa compagnie pendant treize ans laisserait légitimement supposer que la domination maritale ne prit pas toujours l'aspect d'une contrainte... » Pour l'un ou pour l'autre qui croyait que Colette livrait « un chapitre secret de sa vie privée », une « stupéfiante confession » (André Lang), donnait, « une fois pour toutes, la clef de sa personnalité » (Émilie Noulet), plusieurs s'interrogeaient sur ce que contient le sous-titre : « Ce que Claudine n'a pas dit » ne signifie pas « Ce que Colette n'a pas dit », et ne dira jamais, sur les mystères et les silences de ce livre apparemment si plaisant. André Rousseaux lui rappelle le mot célèbre : « La parole a été donnée à l'homme pour déguiser sa pensée. » Elle lui réplique : « L'écriture encore plus, et l'autobiographie bien davantage. » Robert Brasillach qui était l'un de ses admirateurs le plus avertis, écrivait : « C'est un livre franc, sévère pour soi comme pour autrui, – si l'on admet, ce qui me semble évident, que la franchise peut s'allier avec le silence. » Dans le silence « ce qui envahit par grandes nappes ce livre taciturne », « nous savons que les secrets les plus grands restent cachés ». On touche ici du doigt ce qui oppose la biographie à l'autobiographie.

Gide note dans son *Journal*, le 19 février 1936, avec la réticence attendue :

> Lu le dernier livre de Colette avec un intérêt très vif. Il y a là bien plus que du don : une sorte de génie très particu-

lièrement féminin et une grande intelligence. Quel choix, quelle ordonnance, quelles heureuses proportions, dans un récit en apparence si débridé ! Quel tact parfait, quelle courtoise discrétion dans la confidence (dans les portraits de Polaire, de Jean Lorrain, de Willy surtout, de « Monsieur Willy ») ; pas un trait qui ne porte et qui ne se retienne, tracé comme au hasard, comme en se jouant, mais avec un art subtil, accompli. J'ai côtoyé, frôlé sans cesse cette société que peint Colette et que je reconnais ici, factice, frelatée, hideuse, et contre laquelle, fort heureusement, un reste inconscient de puritanisme me mettait en garde. Il ne me paraît point que Colette, malgré toute sa supériorité, n'en ait pas été quelque peu contaminée.

Si la réputation de Colette est grande, elle se monnaie mal. Il restait des textes inédits en librairie. Maurice Goudeket eut l'idée d'en réunir quelques-uns et de les publier sous le patronage d'une association créée à cet effet : « Les Amis de Colette », dont le comité était composé de Tristan Bernard, Pierre Brisson, Francis Carco, Jean Giraudoux, Édouard Herriot, François Mauriac, Paul Morand. Le secrétaire trésorier était Pierre Berès, dont la librairie « Incidences » était située 24, rue Laffitte ; c'est lui qui fut la « cheville ouvrière » de cette entreprise, qu'il a bien voulu évoquer pour nous :

> C'était une idée de Maurice Goudeket et une façon comme une autre de battre quelque monnaie pour le grand écrivain toujours sur la brèche. Je n'ai pas vraiment de « souvenirs » sur cette entreprise si ce n'est que les souscriptions étaient lentes à venir et la production guère aisée avec le curieux personnage de Daragnès, mauvais peintre et bon imprimeur, à la fois amateur et professionnel. Colette, elle-même, si je me souviens bien, ne se passionnait guère pour cela, laissant Maurice choisir les textes parmi ses inédits. Le plus diligent de tous était Dunoyer de Segonzac qui gravait et tirait ses estampes toujours à l'heure et avec les façons exquises du gentleman qu'il était.

Quatre volumes étaient prévus et furent réalisés en 1935, le dernier en janvier 1936, que Francis Carco annonça dans *Le Figaro* du 29 décembre 1934. Les volumes, tirage limité à cent soixante-quinze exemplaires sur vélin d'Arches, étaient réservés aux membres de l'association et non mis dans le commerce ; les souscripteurs étaient tenus de verser 1 000 F pour recevoir les quatre volumes. Chacun des *Cahiers de Colette* contenait six eaux-fortes ou lithographies originales. Le premier, illustré par Dignimont, contient *Clouk* et les avant-textes de *Chéri* ; le deuxième, par Daragnès [50], les *Notes marocaines* ; le troisième, par L.-A. Moreau, *En tournée. Music-hall* ; le quatrième, par Dunoyer de Segonzac, est intitulé *Portraits. Paysages* et ne doit pas être confondu avec *Paysages et portraits*, qui sera le titre d'un recueil posthume. Une partie des textes sera reprise en 1941 dans *Mes cahiers*. *Les Cahiers de Colette* rencontrèrent les mêmes difficultés financières que la vie de Colette, mais ils seront ensuite recherchés, jusqu'au début des années 1990 (ils le sont moins actuellement) en raison de la beauté de la typographie et des illustrations.

Le lancement de cette collection, sinon le résultat, témoigne de la gloire que connaissait Colette et qui ne cessait de croître. C'est par centaines qu'il faudrait répertorier les articles et les mentions qu'on trouve sur elle dans la presse. Nous retenons surtout les moins connus ou les plus étranges. Le magazine *Noir et blanc*, dirigé par Pierre Benoit et Roland Dorgelès, publie le 26 avril 1934 un entrefilet dû à Manon Lécho (?) :

> S'étant aperçu que ses manuscrits, qu'elle abandonnait aux revues et aux journaux, faisaient l'affaire des marchands d'autographes, Colette eut l'idée ingénieuse et profitable de passer avec l'un d'eux un accord aux termes duquel, moyennant une mensualité fixe, elle lui livrerait la totalité de sa production manuscrite. / C'est pourquoi tous les articles de Colette lui sont désormais retournés dès qu'ils ont été composés.

Les manuscrits de ses romans, Colette en a déjà vendu. C'est ainsi qu'elle pourra apprendre en mars 1936 que va passer à l'hôtel Drouot « la rare bibliothèque d'un curieux homme, M. Sanson, prêtre défroqué et collectionneur émérite [51] » qui contient les manuscrits de *Chéri* et de *La Fin de Chéri*, lesquels ont trouvé une autre cachette, d'où ils ne sont pas sortis depuis cette vente.

René Barjavel, dont une imprudence, pour le moins, a assombri la carrière, fit à Vichy (21 février 1934) et à Moulins (13 mars) une conférence sur Colette qui fut éditée quelques semaines plus tard et dont le texte porte cette dédicace : « À Colette avec toutes mes excuses ». Excuses, car la fin évoque les soixante ans de l'auteur, à propos de *La Chatte* où Barjavel ne retrouve pas sa Colette, sauf dans la chatte elle-même, ce qui n'est pas mal vu.

Colette assagie, Colette sans amour, nous ne voulons pas croire que cela puisse être possible, pas plus que Chéri ne croyait à la vieillesse de Léa.

Nous préférons le début :

> Je sais, certaines femmes vous diront, avec des trémolos dans la voix : « Oh ! j'adore Colette, c'est délicieux, c'est exquis, c'est merveilleux ! » Celles-là n'y comprennent rien. Ce n'est ni délicieux, ni exquis, ni merveilleux, c'est tout simplement vrai, et c'est, par conséquent, unique.

En 1934, Drieu La Rochelle envoie *La Comédie de Charleroi* « à Colette / ce livre sur les hommes loin des femmes [52] ». La même année, Colette voit au théâtre des Mathurins *Le Chef*, qu'elle n'apprécie guère. Mais elle dit dans le même article du *Journal*, le 25 novembre 1934, son estime pour *Blèche*, « une manière de chef-d'œuvre, où les ombres et les lumières sont distribuées avec un goût pictural, un roman plein de détours et d'inquiétude, qu'on ne peut commencer sans l'achever. » Le 27, Drieu exprime sa tristesse de l'éreintement et la remercie du « délicieux côté de cette catastrophe ».

Dans *La Revue universelle* du 1er octobre 1935, Robert Brasillach publie « Colette et son univers », où il insiste sur son paganisme et cherche à définir sa sagesse :

> C'est un ensemble de pratiques minutieuses qui fait la sagesse de Colette. À lire *La Naissance du Jour*, on voit quel besoin elle a des besognes simples, qui la placent dans la ligne d'une vie terrienne. Elle appartient à une race économe, où tout un monde de vertus courantes, de menues vertus, de vertus de tous les jours, donnent une dignité provinciale à la vie. Elle appartient à une famille française de petite ville, où l'on a appris à faire soi-même un certain nombre de choses, où la cuisine, les travaux du jardin, le choix des légumes au marché, sont des nécessités parfaitement nobles et parfaitement belles, auxquelles il serait honteux de se refuser. Un luxe demi-paysan naît de ces besognes familières. Peu importe l'apparence des choses, pourvu que le pain soit frais et bien coupé dans la

corbeille, le vin dépouillé et sec, et si l'on peut aller chercher au poulailler l'œuf pondu du jour. La sagesse de Sido nous offre un paradis qui aurait plu à Horace.

Ce qui n'est pas sans évoquer le passage de *La Seconde*, lorsque Jane arrive chez Fanny pour la première fois[53]. Une « race économe », « une dignité provinciale », « une famille française », on voit la couleur de ce texte. Il constitue à la fin de l'année le premier chapitre de *Portraits*, publié chez Plon, dont elle recevra un exemplaire revêtu de cet envoi :

à Madame Colette

Je sais bien que vingt-cinq pages ne peuvent pas suffire à exprimer un univers qui comporte tant de raison et tant de passion. Pourtant, ces pages qui sont déjà un peu anciennes (et quand je lis, chaque semaine, d'extraordinaires souvenirs[54], j'ai envie de les recommencer), je vous prie de n'y voir que la médiocre expression d'une admiration très grande, et, si vous le permettez, d'une sorte de respectueuse amitié au-delà des apparences

ROBERT BRASILLACH.

Colette le remercia de ces pages dès qu'elle reçut le volume[55]. Montherlant lui avait écrit une lettre enthousiaste après avoir lu *La Maison de Claudine* : « J'ai le sentiment très net de quelque chose où je devrais prendre des leçons, moi qui fais souvent du fabriqué. » Et il l'assurait de son admiration[56]. Le 17 juillet 1929, il ne voudrait pas quitter la France pour l'Afrique sans lui avoir dit de vive voix les sentiments qu'il a exprimés dans un article : « Pouvez-vous me recevoir cinq minutes[57] [...] ? » Cet article, « Le Miracle de Colette », a paru dans *La Revue de la Femme* en juin. Il y fait l'éloge de *La Seconde*, de *Chéri* et, généralement du style :

Elle est « authentique », elle possède ce style qu'on aurait envie de ne pas appeler style, tant les écrivains non doués (fussent-ils de talent) nous ont habitués à évoquer par ce mot de « style » une expression voulue, artificielle, voire laborieuse. Colette écrit comme elle pense, comme elle sent, comme elle parle. Entre ce que nous lisons et ce qu'elle a pensé, senti, parlé, *il n'y a rien.* C'est le style naturel.

Le 24 ou le 25 mars 1935, avant de partir pour Saint-Tropez, elle le remercie d'une lettre et d'un livre et elle espère le voir à son retour, vers la mi-avril. Elle voudrait une « rencontre agréable, un peu gênée, un peu agressive [...]. Des amis qui se voient si rarement doivent, se doivent [...] des plaisirs contradictoires [58] ». En 1936, elle recevra un tome des *Jeunes Filles* avec cet envoi plaintif : « À Madame Colette, dont il est incroyable qu'elle ne m'envoie plus ses livres, alors qu'elle est le seul auteur français contemporain dont j'ai écrit qu'il avait du génie [59]. »

De ce qu'on peut appeler la droite littéraire, un seul absent de marque : Céline, qui n'a mentionné son nom qu'avec indifférence ou ironie. À l'opposé, on se rappellera ce qu'avait écrit Marc Bernard en 1929 dans la revue *Monde* dirigée par Barbusse, à propos de *La Seconde* :

> Une rangée de pots de confiture placés au haut de l'armoire, c'est là un spectacle qui doit profondément l'émouvoir.
>
> Si l'on retire de son œuvre quelques vieilles servantes, style avant-guerre, bougonnes, remuantes et venues au monde pour nettoyer l'écuelle d'autrui comme un cheval de trait pour tirer la voiture, on ne trouvera plus qu'une procession ininterrompue de petits-bourgeois qui se tiennent à la lisière de la bohème [60].

En 1936, deux anthologies feront accéder Colette au rang d'écrivain classique, au double sens de cet adjectif : l'auteur qu'on lit dans les classes et celui qui entre au panthéon des vertus littéraires. Chez Grasset paraît un recueil de *Textes choisis* par Pierre Clarac, grand professeur de khâgne, futur inspecteur général et membre de l'Institut. Puis, aux éditions Gallimard des *Morceaux choisis* – choisis par Colette elle-même ; Gaston Gallimard exprimait ainsi son admiration pour Colette qu'il voulait attirer dans sa maison où, avant d'entrer, posthume, dans la « Bibliothèque de la Pléiade », elle n'avait rien publié et ne publiera rien [61] *. Colette reçut 10 000 F, qu'elle oublia de parta-

---

* Les anthologies de 1936 avaient été précédées par deux recueils de textes choisis. Le premier, en 1921, chez Crès, s'adressait aux adolescents et contenait des textes relatifs surtout aux animaux. Le second, en 1931, chez Flammarion, empruntait ses éléments aux différentes œuvres de Colette, romans compris.

ger avec les éditeurs des textes qu'elle avait retenus, ce qui provoqua l'intervention de ceux-ci. Gallimard dut retirer le volume de la vente, c'est-à-dire détruire les exemplaires, ce qui explique la difficulté à en trouver.

On n'a pas impunément réputation et honneurs, et surtout quand on est une femme. Colette est appelée à siéger dans des jurys. Jury de *L'Impartial français* (textes radiophoniques) en 1924, des prix de *La Renaissance* (jusqu'en 1930) et de *La Femme de France* en 1925, des *Portiques* et de *Gringoire* en 1929, de *L'Intransigeant* en 1930, de l'Académie du disque français de 1931 à 1938, du prix Albert-Ier (Claudel est aussi du jury) et du concours de scénarios organisé par *Marianne* en 1934, du concours d'étalages, façades, terrasses de café organisé par *Le Journal* en 1935, du prix Charcot en 1938, du prix Réjane qu'en 1938 François Périer partage avec Gisèle Préville, du prix *Marianne* en 1938 et 1939, etc. Il lui arrive de faire fonction de jury toute seule. Lorsque le roman de Claude Chauvière, *La Route et la Maison*, paraît chez Malfère en 1929, la bande porte : « “Où, dans quel coin d'un toi-même qu'on ignore, as-tu pu inventer, ressentir cette sauvagerie d'un jeune être viril, cet éclatement de fougueux bourgeon ? Claude, tu m'inquiètes...” (lettre de Mme Colette à l'auteur [62].) » En 1937, après que le roman *Sangs* de Louise Hervieu a obtenu le prix Femina (de 1936), Denoël et Steele insèrent une publicité dans *Marianne* : « D'une lettre émouvante de Colette extrayons pour nos lecteurs le passage suivant : “Tes paysans sont en viande, en âme et en os. En t'écrivant, je m'émerveille de tout ce que tu fais – de naissance comme les personnes de qualité – sur ce qui existe... ton livre est une leçon qui s'apprend par cœur et par tous les sens.” » Elle participe à la vente annuelle des Écrivains combattants ; au club du Faubourg, animé par Léo Poldès, elle défend *La Chatte* et présente *Duo* [63] ; pour le bal des Petits Lits blancs, Léon Bailby lui demande des textes destinés aux programmes luxueux. L'école *ABC* de dessin agrémente sa publicité d'une photo ou d'une déclaration [64]. Un de ses plus beaux textes publicitaires est « La Captive » pour une montre suisse [65]. Elle est littéralement accaparée, doit répondre aux enquêtes, aux interviews, dîner en ville, se montrer dans les salons, malgré son peu de goût pour les mondanités. Ce n'est pas tous les jours qu'elle peut se détendre en compagnie de Mlle Chanel, qu'elle compare à « un beau petit taureau noir [66] », ou de Charlie Chaplin, qui lui dessine sa propre caricature – chapeau melon, canne et souliers –, ignorant peut-être que Colette avait été mime aussi, « pendant quelques années d'infortune et de libre vie ». « Colette à table, devant Charlot, l'une qui a si bien peint ces âmes que l'autre a si souvent touchées[67]. »

Petits travaux, petits profits, et occasionnels. Il faut trouver des ressources stables. Elle a des droits d'auteur. Mais elle a aussi, de 1933 à 1937, le revenu de sa collaboration au *Journal*.

Après avoir quitté *Le Matin*, Colette a du mal à trouver une collaboration qui lui assure un revenu régulier – sans donner la raison, Billy affirme à Paul Léautaud « qu'après avoir été tant adulée par tous, il se dresse contre elle un certain mouvement d'hostilité[68] ». À partir d'avril 1924 elle participe à *Demain*, mensuel édité par Ferenczi et que dirige Raymond Escholier – l'un des auteurs de la « Collection Colette »... chez Ferenczi (Robert de Jouvenel eût pu railler « les camarades de la république... des Lettres ») – mais après dix-sept numéros la revue disparaît. Philippe Ortiz lui confie la rubrique littéraire de *Vogue* pour 1925 ; à la roturière Colette succéderont la comtesse de Noailles en 1926, la princesse Bibesco en 1927, puis la princesse Lucien Murat en 1928 – les robes étaient montrées portées par des mannequins, mais souvent aussi par quelques jolies femmes de l'aristocratie. Elle donne à nouveau des textes dans la même revue en 1929. La première série de chroniques insérées dans *Vogue* constitue *Quatre saisons*, que publie « à ses dépens » Philippe Ortiz en 1925, puis, avec les textes de *Demain*, la nouvelle édition du *Voyage égoïste* (1928). Avec ce recueil Colette et son « éditeur », Maurice Goudeket, commencent à mettre en œuvre une stratégie éditoriale qu'ils exploiteront à plusieurs reprises : la constitution d'un volume qui mêle des inédits à des textes qui ont déjà été publiés dans un ouvrage précédent. La seconde série, celle de 1929, entre dans *Prisons et paradis*, en 1932.

Les années 1926-1933 sont des années creuses, quand on les considère sous l'angle de la seule collaboration journalistique : Colette commence une série de portraits pour *Le Journal*, mais ne va pas au-delà de six[69] ; ailleurs les collaborations n'excèdent pas deux textes dans le cours d'une année (*Femina*, *Art et industrie*, *L'Illustration*, *Candide*, *Les Annales politiques et littéraires*...), ou même un tous les trois ans (en 1935 et en 1938), dans *La Gazette apicole* qu'avait fondée et que dirigeait Georges Alphandéry, collaboration due aux relations amicales qu'elle entretenait avec le directeur, et à la reconnaissance : il la ravitaillait en excellent miel, une des gourmandises de l'écrivain...

En septembre 1933, tout change : *Le Journal* la sollicite pour succéder à G. de Pawlowski et assurer la chronique dramatique hebdomadaire. Elle ne s'engage, dans un premier temps, que pour un an. En septembre 1934, elle confiera à Germaine Patat : « *Le Journal* m'a téléphoné trois fois, pour m'obliger à reprendre ma critique que je voulais lâcher. Au moins, j'ai mis mon consentement à assez haut prix, et ils ont accepté » – nous avons vu que García Calderón, en 1958, se souvenait encore des éprouvantes tractations avec Colette à propos de droits d'auteur... Elle signa alors pour trois ans, puis, sans doute, pour un an[70]. Les raisons pour « lâcher » ne devaient probablement pas manquer. Ne serait-ce que les contraintes d'emploi du temps auxquelles le critique est obligé de se soumettre. La saison va de septembre à la mi-décembre, puis de janvier à juin. Pour qui a l'habitude de disposer de son temps, ces neuf mois et demi de présence quasi obligatoire à Paris peuvent sembler longs. Et, de fait, Colette ne se permit que quelques escapades en plus des vacances d'été : elle s'absente pendant les vacances de Pâques de 1934 ; elle participe – mais en service commandé pour le même *Journal* – au voyage inaugural du *Normandie*, du 29 mai au 12 juin 1935 ; elle se repose une semaine à Nice en janvier 1937, mais sa chronique n'en souffre pas ; elle vend la Treille muscate pendant les vacances de Pâques de 1938. Point d'autre absence prolongée n'est constatée au cours de ces cinq années. Une certaine lassitude dut se manifester très vite : septembre et janvier sont de « gros » mois pour les créations théâtrales, et Colette, comme ses confrères, est parfois condamnée à assister à cinq représentations dans la semaine (« que d'heures dérobées... », dit-elle dans d'autres circonstances), ce qui peut être tolérable lorsque les spectacles sont de qualité, et l'enthousiasme qu'elle manifeste parfois dans ses comptes rendus laisse entendre que tout ne lui fut pas aquilon, mais parfois, en privé, elle se laisse aller à quelques confidences sans ambiguïté : « Cette semaine a dépassé en vomissures théâtrales tout ce qu'on peut imaginer », écrit-elle à son ancien complice Vuillermoz, après avoir subi *Aliette*, *Girouette*, *Une jeune fille a rêvé* et *Fifre*, à la fin de mars 1935 ; et aux Petites Fermières, en novembre 1936 : « Tous ces théâtres ! Toutes ces pièces pas assez bonnes ! Ne ferais-je pas mieux de vivre autrement ? », mais elle se reprend aussitôt, manifestant là comme elle l'a toujours fait, écrivain ou artiste de music-hall, une conscience professionnelle irréprochable : « On se dit ça quand il pleut et qu'on est malade [elle souffrait alors d'un lumbago]. Et on repart[71]. »

La chronique de Colette est insérée le dimanche. Pour être à l'heure, elle consacre son vendredi à la confection de son article. Parfois même, elle le commence la veille*. Cette obligation de fournir son « papier » à l'imprimerie du *Journal* dès le vendredi soir l'a contrainte une fois ou deux d'anticiper l'événement ; ainsi, à propos du second gala Albert Lambert, elle dit son admiration pour le comédien tout en précisant qu'elle ne peut parler de l'hommage qui lui est rendu puisque, ainsi qu'elle en avertit son lecteur, celui-ci est programmé pour le soir du jour où elle écrit (27 juin 1937**).

Ignorer les chroniques dramatiques de Colette, dont un certain nombre ont été réunies dans les cinq volumes de *La Jumelle noire*, c'est se priver de la meilleure part de Colette***. De la partie la meilleure de sa personnalité, celle où elle se révèle bonne, chaleureuse, attentive, attentionnée : « Un mot qui ne serait pas le terme exact, dans une critique, peut tout fausser. Que de nuits laborieuses j'ai passées en revenant du théâtre, jusqu'à ce que “ ça y soit ” [72] ! »

Si elle se plaint parfois à ses proches de la contrainte que représente cette nouvelle charge, elle n'en laisse rien deviner à ses lecteurs. Au contraire, elle manifeste à plusieurs reprises un enthousiasme qui paraît sincère, que ce soit à propos de la pièce, ou de son auteur qui y développe des qualités auxquelles elle est sensible, ou encore de l'interprétation. Le plus souvent elle rend compte du spectacle sous un angle qui permette la mise en valeur des aspects positifs. Elle ne condamne rien ni personne d'une façon systématique ; le reproche, toutes les fois où elle en a à exprimer, est le plus souvent enrobé, mêlé à des compliments

---

* Maurice Goudeket a confié à l'un de nous, en septembre 1955, qu'il accompagnait souvent Colette au théâtre et qu'au retour il faisait un résumé, lequel servait de point de départ à Colette, qui recourait aussi à lui pour des renseignements documentaires, par exemple sur des pièces de Shakespeare et la valeur de leurs adaptations françaises.

** Dans ces quelques pages consacrées aux chroniques, nous renverrons aux articles en ne mentionnant que leur date de première publication, qu'ils aient été repris ou non dans un des volumes de *La Jumelle noire*.

*** Thierry Maulnier fut le premier, et l'un des rares commentateurs, à reconnaître cette valeur aux chroniques de *La Jumelle noire* ; il leur consacra une partie importante de son *Introduction à Colette* (La Palme, 1954, p. 44-55), notant : « Ce qui brille donc au premier instant de lecture dans ces textes critiques, c'est le singulier pouvoir de résurrection qu'ils gardent, si implacablement destiné à périr qu'ait été, en raison de son caractère ou de sa médiocrité même, l'objet où ils sont appliqués » (p. 48).

qui n'en amoindrissent pas la portée, mais permettent de le faire passer sans blesser celui ou celle à qui il est adressé, ainsi que nous l'avons vu à propos de Drieu. Pour cela elle utilise, quand elle trouve notamment que la pièce d'un auteur qu'elle connaît particulièrement bien n'est pas à la hauteur de ses précédentes productions, l'artifice du dialogue entre elle et lui ; ainsi fait-elle avec Édouard Bourdet (4 février 1934), Charles Vildrac (12 janvier 1936)...

La plupart des comptes rendus sont bâtis sur le modèle courant : Colette commence par résumer la pièce, plus ou moins succinctement selon l'intérêt de celle-ci, la complexité de l'intrigue ou la notoriété de l'auteur ; elle exprime dans le même temps son opinion sur la pièce et sur l'auteur, éventuellement sur la mise en scène, les décors, les costumes, puis elle consacre quelques paragraphes aux interprètes : « J'eus toujours la passion de regarder et d'écouter les acteurs, et de les discuter au besoin. Les discuter, c'est leur donner une marque d'attention et d'estime à laquelle je crois qu'aucun d'eux n'est insensible. Leur dur travail vaut mieux qu'une ligne brève, fût-elle de louanges ; mais souvent la place est mesurée » (27 octobre 1935). Elle ne se sent pas investie d'une autorité suprême pour émettre ses jugements, mais se vante d'être « grain de public – et de bon public » (29 mai 1938) et elle laisse à d'autres le soin « d'instruire le procès de certaines directions théâtrales. Que des compétences s'en chargent, – aussi bien elles n'y manquent point » (2 février 1936). À Pierre Humbourg qui l'interroge, elle précise : « Je ne suis pas critique. Je fais de la critique, c'est différent[73]. » Ce qui ne l'empêche pas d'exprimer quelques opinions sur la façon de construire une pièce – « je me fais d'un auteur dramatique une idée telle que, lorsqu'il me donne à choisir, comme fait Priestley, entre deux dénouements, il me coupe l'appétit » (20 février 1938) –, sur la crise du théâtre, à laquelle elle ne croit pas (23 décembre 1934), ou sur la moralisation du théâtre : « Tel journal bien pensant a clamé le triomphe, enfin, du théâtre vertueux et de ses purs héros... Ce serait trop beau. Trop ennuyeux aussi. Il est toujours aventuré d'affirmer que la France a soif de théâtre vertueux » (6 mai 1934). Elle ne hurlera donc pas avec les loups, en 1940-1941, pour accuser, comme le fit Montherlant, le théâtre de l'avant-guerre d'être le responsable de la décadence...

Auteur dramatique, poète et critique littéraire aussi, François Porché, en outre époux de Mme Simone, donc à double titre intéressé par les articles de Colette, à l'occasion de la publication du premier volume de *La Jumelle noire*, analysa le talent de l'écrivain critique dramatique : « Mme Colette sait que, au théâtre, des minutes (hélas ! parfois des quarts d'heure) passent où il se passe peu de chose ; mais vient toujours l'instant qui décèle la qualité ou le défaut, soit de l'œuvre, soit de l'interprétation. Mme Colette guette cet instant. D'un bond, son esprit s'en empare. Donc, elle ne se contente pas de regarder, d'écouter : elle épie. / La proie saisie au vol, reste à la dépiauter. C'est l'analyse, l'examen. Mme Colette s'y entend comme une chatte à nettoyer une arête de poisson[74]. » Cet art de l'analyse séduit Henry Bernstein, au point qu'il lui demande l'autorisation de reproduire dans le programme le compte rendu de la pièce[75] tel qu'elle l'a publié dans sa chronique (3 décembre 1933). Colette s'est donc très vite révélée un maître dans l'art de l'analyse. Résumées par elle, les pièces semblent avoir eu toutes, ou presque, un grand intérêt. Gageons que nombre d'entre elles resteront dans les mémoires grâce au talent de Colette – comme certaines pièces du milieu du XIXe siècle sont sauvées de l'oubli grâce aux analyses qu'en fit Gérard de Nerval. Qui n'a envie de voir, entre de nombreux autres, *Le Bonheur, mesdames !...* ou *L'École des contribuables* ou *Trois... six... neuf...* – pièce de Michel Duran qui n'annonce en rien l'ouvrage de Colette –, après en avoir lu les commentaires dans *La Jumelle noire* (14 janvier 1934, 11 mars 1934, 9 février 1936) ?

Quand il rend compte dans *L'Action française* de la publication du premier recueil des chroniques, Robert Brasillach, enthousiaste sur la façon de juger de Colette et sur celle qu'elle a d'exprimer son jugement même s'il regrette souvent le choix des pièces qu'elle analyse, remarque : « Si sa parole est indulgente, sa pensée l'est peut-être moins : regardez comme elle voit tout, finement, et comme elle dit son fait, sans en avoir l'air[76]. » La réaction de Jouvet au compte rendu de *L'École des femmes* (17 mai 1936) en serait un exemple. L'acteur-metteur en scène avait été agacé par une remarque glissée dans un flot de compliments : Colette disait que l'interprétation « a[vait] semblé être à la hauteur de sa mise en scène », que « Jouvet n'[était] pas constamment Arnolphe » et qu'« il us[ait] un peu trop souvent d'un rire chevalin muet ». Pour dissiper le malentendu Lucien Lelong, ami commun de l'acteur et de l'écrivain, les réunit autour d'une bonne table ; peine perdue : « Colette resta fermée, [Jouvet] sur la défensive, poli et froid. Ils partirent chacun de son côté sans s'être rencontrés[77]. » Madeleine Ozeray note encore : « Colette et Jouvet ne parlaient pas la même langue » – ce dont on ne doute pas quand on sait que Jouvet restait de marbre devant un coucher de soleil magnifique sous le prétexte qu'au théâtre on obtient des effets bien supérieurs[78]...

Pendant le premier semestre de 1935, c'est-à-dire pendant le temps d'existence de la revue, Colette collabore à *Sélection de la vie artistique* ; elle y tient la chronique... théâtrale. Pendant ces six mois, elle rend donc compte de mêmes pièces – pour onze des dix-neuf qui sont analysées dans *Sélection* – dans deux journaux différents. Elle le fait, cependant, à visage découvert et non, tel Nozière au début du siècle, qui signait de son nom les comptes rendus qu'il donnait dans *Gil Blas* et se cachait, pour d'autres comptes rendus dans *Le Matin*, sous le pseudonyme Guy Launay. Odette et Alain Virmaux ont montré que selon le public auquel elle s'adressait – plus populaire pour *Le Journal*, plus... sélectionné pour l'hebdomadaire – Colette nuançait ses jugements, sans toutefois se contredire : « Dans chaque cas, Colette a entièrement remis son modèle sur le métier et, visiblement, elle ne se reporte même pas à son premier article. Si bien qu'elle donne un texte qui n'est naturellement pas sans quelque parenté avec son devancier, mais qui rend un son absolument neuf[79]. » Toujours selon O. et A. Virmaux, Artaud affirmait que dans *Le Journal* Colette exprimait l'opinion des lecteurs du *Journal*, tandis que dans *Sélection* c'est à son propre jugement qu'elle donnait libre cours.

Il arrive que sa chronique soit l'occasion de libérer quelques souvenirs. Ainsi, le 21 juin 1936, à l'occasion de la représentation de *L'Âne de Buridan*, de Flers et Caillavet, elle préfère évoquer Mme Arman et sa bru, Jeanne Pouquet avec qui elle est restée en relation, et le salon de l'avenue Hoche. De même, le 15 mai 1938, c'est à la mémoire de Henri Duvernois, mort seize mois auparavant, qu'elle s'attache plutôt qu'à la représentation de la pièce qu'il avait laissée.

Les chroniques du *Journal* contiennent bien d'autres éléments susceptibles d'intéresser les lecteurs de Colette. Ainsi, ils prennent connaissance de quelques-uns des projets qu'elle développa plus ou moins. À deux reprises elle évoque le *Don Juan* qu'elle destinait à l'acteur de Max, qu'elle avait bien connu en 1909 – sa pièce *En camarades* venait en complément de programme quand de Max jouait *La Tour du silence*, et les deux artistes fréquentaient alors le restaurant de Palmyre, au grand dam de la bonne société[80]* –, la première fois en précisant que son personnage eût été misogyne « et surtout misanthrope » (14 juin 1936), la seconde fois en se flattant d'avoir voulu que son « Don Juan personnel fût [...] misogyne » (31 janvier 1937). Mais le projet « suivit l'ombre impérieuse d'Édouard de Max [mort en 1924], et ne remontera pas au jour » ; il reste néanmoins un *Supplément à Don Juan* (1931), que Colette inséra dans *Ces plaisirs...* On a vu qu'en 1935 elle évoquait une adaptation du *Songe d'une nuit d'été*, que lui suggérait Max Reinhardt ; elle revient sur ce projet abandonné dans sa chronique du 11 avril 1937, en rendant compte d'une représentation de la même pièce, adaptée par Piachaud – ce qui ne l'empêche de dire une fois encore le peu d'intérêt qu'elle trouve à Shakespeare et combien le *Songe* l'ennuie...

Ces chroniques sont aussi l'occasion de se souvenir de quelques moments vécus au cours de ses années de music-hall. En regardant Victor Boucher dans la célèbre scène des *Vignes du Seigneur* où le héros s'enivre et à laquelle le nom du comédien reste attaché, elle se remémore un souvenir de vingt-huit ans : « Je le vois pareil au tout jeune Boucher qui créa vers 1906, dans un minuscule théâtre au nom royal dirigé par Paul Franck, une petite pièce intitulée, je crois, *La Bonne Hôtesse*. J'interprétais – Dieu sait comme ! – une saynète sur les mêmes tréteaux. Mais je me souciais surtout d'écouter, tous les soirs, derrière le portant, l'étonnant jeune comédien, encore inconnu » (11 novembre 1934). Colette a une mémoire presque infaillible : c'est bien au Théâtre-Royal qu'elle interpréta son premier rôle parlé, dans *Aux innocents les mains pleines*, en mars-avril 1906, mais l'acteur jouait, si l'on en croit *Gil Blas*, *La Bonne Hôtelière*... L'image de Courteline faisant répéter une de ses pièces pour les tournées Baret lui revient par analogie, en considérant le jeu des acteurs (3 décembre 1933). Le 12 janvier 1936, en assistant à un spectacle du Grand-Guignol, c'est de l'inauguration de la salle qu'elle se souvient, laquelle avait eu lieu quarante ans plus tôt. Une autre fois, le 2 février 1936, alors qu'elle se rend dans le théâtre de Gaston Baty, rue de la Gaîté, l'ambiance qui régnait dans la troupe, quand elle jouait « chez M. Dorfeuil » (les représentations de *La Chair*, à la Gaîté-Montparnasse, en 1910 et 1911), la saisit à nouveau : « La plupart du temps, mes compa-

---

* Voir le chapitre « Séparation et scandale », p. 135.

gnons et moi nous buvions " un demi blonde " vers minuit, avant le métro, à quelque terrasse de café. Appuyée au mur, la tête renversée, je savourais ensemble les lumières, la bière amère, le bruit citadin aussi constant que celui de la mer, la solitude, et l'amitié. »

Paradoxalement, c'est dans une de ces chroniques dramatiques que l'on trouve la seule allusion que Colette ait pu faire sur l'au-delà : la pièce, *Au grand large*, qui avait pour décor le paquebot qui emporte les âmes (et les corps, théâtralité oblige), y invitait : « La cendre inerte où veut dormir, à jamais, l'athée, l'excès d'honneur, l'excès de rigueur que nous assigne la survie catholique, ne me séduisent guère. Je me rallierais plutôt à Sutton Vane [l'auteur de la pièce], et à Mme B..., voyante, qui entretient avec les morts – du moins, elle l'affirme – un tranquille commerce*, [...] » (11 février 1934). Il arrive en outre à l'écrivain d'exprimer au détour d'une analyse sa confiance en la vie, à manifester une saine réaction face aux situations difficiles : « Il est agréable que personne dans la pièce ne parle de suicide, ni même de désespoir. Chacun se sent de force à accepter sa rage, son humiliation, sa vie amère, et même au besoin à se consoler » (6 janvier 1938). La Colette combative réapparaît là telle qu'elle se manifestait face à son « amie Valentine » dans les chroniques des années 1908-1918 ou dans des textes courts des années de guerre – que l'on se souvienne de « Nouveaux riches [81] » –, le combat n'est pas le même, mais la vitalité manifestée et le goût pour la lutte sont comparables.

Plus ou moins clairement selon les occasions, Colette fait des allusions à ses œuvres propres, ou précise quelque point. Quand elle entend dire ou qu'elle lit sous la plume de ses confrères critiques dramatiques que le sujet de *La vie est si courte*, de Léopold Marchand, démarque celui de *La Seconde*, elle proteste : « C'est pure erreur. Alors que Fanny l'épouse, Jane la maîtresse, s'unissent *contre* Farou, – chacune lapidant, à petits graviers, un homme dont toutes les faiblesses lui sont connues, – Claire et Jeannette, au contraire [...] » (10 mai 1936). Une autre fois, à propos de *La Sauvage*, pièce où Anouilh « impos[e] à une amoureuse de renoncer à l'amour pour une mystique plus haute », l'auteur de *La Retraite sentimentale*, de *La Vagabonde*, de *La Nais-*

* Sur les relations de Colette avec la magie blanche, voir le chapitre « Les années grises de l'Occupation », p. 457-459.

sance du jour, acquiesce dans un premier temps : « Ce ne serait pas la première fois qu'une femme croirait épurer, magnifier son amour par le renoncement, et qu'elle éprouverait que posséder et rejeter peuvent être un seul et même acte d'amour », pour préciser ensuite les limites d'un tel renoncement : « Mais qu'elle fuie le bonheur pour réintégrer le milieu que profondément elle méprise, voilà une solidarité, une idéologie qui sont peu féminines » (16 janvier 1938). Elle conteste au jeune auteur le droit de parler à la place des femmes, tout comme dans *Ces plaisirs*... elle avait nié à Proust toute compétence pour brosser le portrait d'une « prisonnière ». Ce dernier ouvrage avait été publié en 1932 ; il aurait dû être intitulé *Le Pur et l'Impur*, Colette n'avait renoncé à ce titre qu'au dernier moment, à la demande sans doute de son éditeur[82]. Avec regret. Le fait qu'elle donne à l'ouvrage son premier titre dès l'édition suivante (1941) en est la preuve, mais les allusions dans ses chroniques en sont des signes aussi. Ainsi, dès la première chronique, elle note : « Dans la salle de l'Œuvre au premier entracte, j'écoutais le Pur dialoguer avec l'Impur » (8 octobre 1933), et deux ans, plus tard, une constatation qui pourrait être issue de *Ces plaisirs*... : « Rien ne met en repos ceux qui ont [...] frôlé la fragile limite qui sépare le pur de l'impur » (20 octobre 1935).

Cependant, c'est *Chéri*, la pièce, qu'elle évoque le plus : les conditions d'adaptation (3 juin 1934) et, surtout, l'interprétation : Jeanne Cheirel dans le rôle de Charlotte Peloux (11 novembre 1934), le regret que Pierre Blanchar ait renoncé à créer le personnage de Chéri (29 avril 1934). À Pierre Fresnay dans le rôle – il avait fait partie de la distribution à Marseille en 1925 –, sont décernés des compliments à double tranchant, si l'on ose écrire : « Il m'enchantait en remportant, tous les jours, une victoire sur son caractère d'homme privé, sur ses moyens personnels et sur sa profonde modestie » (15 octobre 1933), plus tard : « Pierre Fresnay [...] exploite enfin sa propre jeunesse, qu'il brida longtemps. Le voilà bien plus jeune, et plus alerte, que lorsqu'il jouait *Chéri* » (2 mai 1937). Il est vrai qu'il est difficile d'imaginer Fresnay en Chéri... Colette ne nous dit pas non plus s'il avait cette qualité indispensable pour faire « passer » certains rôles, et qu'elle discerne chez Ludmila Pitoëff : « Il ne s'agit pas ici de maquillage, ni de composition, mais bien d'un mimétisme dû à la foi » (3 juin 1934), chez Antonin Artaud acteur : « Il est insupportable, et nous le supportons. Car sa lumière est celle de la foi » (12 mai 1935). La foi, « la conscience professionnelle, et le dévouement à l'art » (4 février 1934) sont les qualités élémentaires dont doit faire preuve, selon Colette, un comédien – ce sont celles qu'elle a développées elle-même au cours des années 1906-1912.

Il est difficile, plusieurs décennies plus tard, de se faire une idée précise du jugement que porte l'auteur de *La Jumelle noire* sur les pièces qui sont actuellement oubliées, c'est-à-dire sur la plupart d'entre elles. Seules celles de Claudel, de Sacha Guitry, d'Anouilh, qu'elle apprécia, tout en nuançant son enthousiasme, dès la première pièce de celui-ci, peut-être de Mauriac, sont entrées dans des répertoires divers. Mais celles d'Édouard Bourdet, de Jacques Deval, de Denys Amiel, de Stève Passeur, de Jean Sarment, et de bien d'autres, ne sont plus connues que par de bien trop rares amateurs – pour certaines d'entre elles : hélas. En revanche, on pourra apprécier les remarques qu'elle fit sur plusieurs comédiens que nous eûmes la chance d'applaudir ou de voir sur les écrans il y a peu encore : Arletty, Madeleine Renaud, Edwige Feuillère, Jacqueline Delubac, Jean-Pierre Aumont, Jean-Louis Barrault, François Périer... À propos des débuts de la future interprète de la Dame en blanc et de Julie de Carneilhan, Colette enregistre : « Mlle Edwige Feuillère n'est pas encore une vraie actrice. Elle le deviendra. Ce qu'elle nous montre est un joli travail de préparation : voix qui cherche son registre, gestes des avant-bras un peu " mayonnaise ", effort vers le comique, inclination vers le drame, et un maquillage sans délicatesse » (18 mars 1934), un an plus tard : « Mlle Edwige Feuillère [...] peut désormais compter sur elle-même et sur nous » (10 mars 1935), puis : « Comme on la sent proche du meilleur temps de sa carrière, du meilleur moment de sa beauté ! » (6 octobre 1935) ; compte rendu après compte rendu on voit, grâce à la perspicacité de Colette, la carrière se développer et la comédienne s'épanouir. Elle repère aussi Jean-Louis Barrault (1910-1994) dès ses débuts : « Servi par un visage tzigane, une voix flexible, l'aisance dévolue à l'acteur-né, il commence une belle carrière » (6 décembre 1936) ; les lignes qu'elle lui consacre dans sa chronique du 2 mai 1937 sont exceptionnelles, d'abord par ce qu'elle devine du futur grand comédien et aussi par le fait qu'elles servent d'« attaque » à son compte rendu, fait particulièrement rare pour qu'elle se sente le besoin presque de s'en excuser en une autre circonstance, à propos de Marcelle Géniat, le 17 décembre 1933 : « Il n'est pas d'usage qu'avant de parler d'une œuvre nouvelle un critique s'occupe de l'un de ses interprètes » ; quelques semaines plus tard, elle qualifie un comédien en le comparant au futur interprète de Deburau : « Monsieur Jean-Louis Barrault, notoire dès votre aurore, n'êtes-vous pas fier de faire école dans l'âge d'être encore élève ? » (20 juin 1937) ; et quand le comédien joue le Misanthrope elle ne craint pas d'affirmer : « Je pense que Barrault est, fût-ce en dépit de Molière, Alceste lui-même. Il restitue au rôle sa fougue, sa chaleur amoureuse, ses larmes violentes, sa lâcheté, sa belle figure, sa prestance, en un mot, sa jeunesse » (15 mai 1938). Colette connut d'autres enthousiasmes, pour Claude Dauphin, Jean Debucourt... ; le fait que certains comédiens distingués par elle n'aient pas mené une carrière ne prouve pas qu'elle se fût trompée : outre la chance et la santé, il y a tant de raisons pour qu'un acteur s'éloigne de la scène.

La fin de chaque saison ramène Colette au music-hall – programmes d'été obligent. C'est pour l'ancienne mime l'occasion de faire comme elle le dit elle-même l'école buissonnière, et dans ses comptes rendus elle ne cherche pas à cacher sa joie d'assister à un spectacle qui l'enchante : « Une soirée de music-hall luxueux [...] contente un appétit profondément insatisfait, que la fréquentation des théâtres creuse encore » (10 juin 1934) ; le music-hall est pour elle « évasion, sinon dédommagement » *(ibid.)*, elle l'aime « d'amour invétéré » (12 avril 1936). Si elle a rêvé d'une carrière, ce n'est pas dans les lettres qu'elle l'imaginait, mais bien au music-hall ; elle l'affirme, et nombreux sont les indices qui incitent, cette fois, à la croire. C'est une joie pour elle de retranscrire les propos enthousiastes que lui tient Cécile Sorel lorsque celle-ci, qui vient de franchir la passerelle qui menait de la Comédie-Française au Casino de Paris (elle seule, semble-t-il, savait qu'il y en eût une) : « Le langage de Cécile Sorel, l'autre soir, rendait à mon oreille un son connu. C'est celui que je tenais quand je découvris le music-hall, il y a vingt-huit ans tout juste, [...]. [...] Rien n'a changé, quel bonheur, rien, que leurs noms [ceux de leurs camarades] – et moi » (10 juin 1934). Plus tard, lorsqu'elle-même « remonte sur les planches » pour une série de représentations à l'A. B. C., la nostalgie pointe dans l'évocation de ces retrouvailles ; elle commence sa chronique sur un soupir : « Là, rien n'a changé. Tout y est périssable, constant, éternel », et l'achève sur un autre : « Ici, rien ne change : honnêteté, douceur des mœurs, amitié ; – music-hall » (16 février 1936). Ces qualités qu'elle reconnaît au milieu du music-hall, et non pas du théâtre en général, ce sont celles que déjà Colette Willy défendait face à son « amie Valentine », ce sont celles encore que l'écrivain vieillissant prêtera à Florie, en 1939 [83]. Rien ne change au music-hall, dit-elle ; cependant cet amour ne l'aveugle pas. Elle a perçu les modifications qui ont survenu au cours des années : le genre, parti de très bas au début du siècle, avait été reconnu par quelques esthètes dans les années 1910-1914 ; il s'était affirmé dès la guerre – certains, comme René Bizet, avaient cru qu'il pourrait être un art ; et avait atteint une apothéose dans les années 1925-1930 ; Colette en perçut les limites : « Il n'y a plus que deux hommes, Derval et Varna, qui osent monter des revues à Paris. [...] Quand la dureté des temps aura découragé Varna et Derval, devrons-nous faire notre deuil des deux actes et quarante-trois tableaux, [...] ? J'en serais personnellement bien fâchée » (7 juin 1936). Elle ne s'est pas trompée : le genre n'a pas survécu longtemps à la disparition de ces deux directeurs.

Pour Colette, l'enchantement que suscite le music-hall tient à quelques éléments : les plumes (elle ne put jamais porter de chapeau à plumes), les acrobates et les femmes nues, « ces blocs, ces murs de femmes ganguées de paillettes rouges, bleues, blanches, matériaux féminins qui renoncent à avoir un visage pour n'être plus que des volumes éblouissants » (16 décembre 1934). Aucun détail de leur anatomie ne lui échappe, et lorsque Joséphine Baker se dévêt et qu'« elle enjambe, comme une margelle, les étoffes qui la quittent, et d'un seul pas assuré elle entre dans la nudité et la gravité », nous voyons Colette approcher sa jumelle et se préparer à tracer un portrait d'une précision rare : « Le dur travail des répétitions d'ensemble semble l'avoir un peu amincie, sans décharner son ossature délicate. Les genoux ovales, les chevilles affleurent la peau brune et claire, d'un grain égal, dont Paris s'est épris. Quelques années, et l'entraînement, ont parfait une musculature longue, discrète, ont respecté la convexité admirable des cuisses. Joséphine a l'omoplate effacée, l'épaule légère, mobile, un ventre de jeune fille, à nombril haut. [...] Grands yeux fixes, armés de cils durs et bleus, pommettes pourpres, sucre éblouissant et mouillé de la denture entre les lèvres d'un violet sombre, – la tête se refuse à tout langage, ne répond rien à la quadruple étreinte sous laquelle le corps docile semble fondre... Paris ira voir, sur la scène des Folies, Joséphine Baker, nue, enseigner aux danseuses nues la pudeur » (12 octobre 1936 ; la semaine suivante elle confirme :

« La pire inconvenance, au théâtre, n'est pas celle du nu »). Spinelly, avec qui Colette fit une escapade à Lyon pour visiter les ateliers des soieries Ducharne, n'est pas moins attentivement observée : « Cette âme mesurée s'enveloppe d'un corps incomparablement féminin, qui a un dos mouvant, des seins radieux, le mollet conquérant, un visage, une bouche qui semblent boire l'air à la régalade » (14 novembre 1937).

Les « beautés anonymes » des « " p'tites femmes des Folies " » la rendent éloquente aussi : « La nouvelle Revue des Folies-Bergère, toute neuve, qui respecte les traditions de la maison, [...] nous montre un bouquet de femmes nues qu'enveloppe, tendue, nourrie, diversement blanche, diversement rose, la chair. [...] / L'une a des hanches comme Nana, et l'on ne sait laquelle de ses faces est la plus agréable aux yeux ; aucune ne porte, en travers des cuisses, la barre creuse et le bourrelet, stigmates de la gaine élastique ; plusieurs s'enorgueillissent de seins qui n'affectent ni la forme du jaune d'œuf sur son plat, ni celle de la méduse échouée » (17 novembre 1935). C'était aussi l'occasion pour Colette d'exprimer une fois encore ses préférences pour les femmes bien en chair : « Une femme nue, ce n'est pas une paire de cuisses d'écuyer, réduites à leur musculature qui balle un brin vers l'aine, ce n'est pas une couple de petites fesses d'écolier, carrées à la base. Ce n'est pas un ventre trop modeste et qui cède le pas à deux os iliaques arrogants, ni un boléro de côtes bien visibles, ni ces avantages dont on ne sait que penser, puisqu'ils ne quittent pas leur soutien de dentelle ou de tulle. » Son modèle, c'est la plantureuse Maë West de *Lady Lou* : « Pendant le court et modéré corps à corps des deux femmes, c'est tout juste si deux seins blancs puissants, fortement attachés au torse, ne jaillissent pas, nus, du corsage de Maë West. Je lui vois la nuque courte, la joue ronde de certains jeunes bouchers blonds. Les bras sont athlétiques, l'étoffe de la robe collante se plisse, remonte des cuisses charnues sur d'authentiques fesses » (22 mai 1938) – c'est presque la satisfaction de l'artiste devant un autoportrait, qui daterait cependant de quelques années.

Dans ces chroniques le corps de la femme est magnifié à toutes les occasions. Cette gourmandise se révèle intense quand Colette assiste à une revue, mais elle transparaît aussi, plus rapide mais non moins vive, lorsqu'elle regarde les comédiennes : Alice Cocéa (« Elle a l'air de jouer nue. Elle montre avec outrecuidance tous les secrets d'un corps sans chair », 8 octobre 1933), Valentine Tessier (« Que d'harmonieuse liberté dans un corps qui en est à son beau midi », 10 janvier 1937), Gabrielle Dorziat (« Nous applaudissons lorsqu'elle accourt, au deuxième acte, sereinement demi-nue. [...] Ces belles jambes, ce dos musclé, combien de fois les avons-nous devinés, combien de fois ont-ils plaidé pour le personnage de théâtre dont ils accentuaient le caractère, auquel ils prêtaient une expressive armature ? », 7 mars 1937). Cependant, c'est l'actrice Christiane Delyne qui provoque en Colette le plus d'enthousiasme : « Il y a, dans la nouvelle pièce de l'Athénée, quelque chose de magnifique : c'est le corps de Christiane Delyne. Pourquoi ne pas rendre justice d'abord à ce qui est le plus beau, à ce qui ranime l'attention, le goût de regarder, l'envie, qui s'assoupissait, d'assister à l'acte suivant ? Ce corps de gymnaste blonde, noblement pourvu d'une chair qui ne balle ni ne cède, risquerait, tant il est à point pour l'artiste comme pour le cannibale, de faire oublier que Christiane joue fort bien la comédie » (14 janvier 1934).

Si elle marque son intérêt pour certains artistes mâles – Claude Dauphin est encensé à chacune de ses apparitions, Chevalier est applaudi sans réserve, Charles Boyer est évoqué avec chaleur –, jamais Colette ne s'arrête à leur aspect physique – à peine apprend-on que Fernand Gravey est « charmant » (28 janvier 1934), mais encore s'agit-il plutôt de la personnalité que de la personne. Quant à Jean-Pierre Aumont, elle note qu'« il sera longtemps jeune, – c'est affaire de foi et de tempérament, et non d'âge » (15 avril 1934), puis qu'il a dans ses rôles la force d'un « Don Juan adolescent » (22 décembre 1935), mais elle ne dit pas un mot sur son physique, le qualifiant banalement de « grand garçon blond » *(ibid.)*, ni sur le rayonnement qu'il dégageait, perceptible, notamment mais pas uniquement, dans les réactions des jeunes héroïnes de *Lac aux Dames* (1934). Avant le tournage, le jeune acteur, à qui était dévolu le rôle du maître-nageur, avait suivi un entraînement qui lui avait sculpté le corps ; Colette semble ne pas s'en être aperçue... On se rend aisément compte, à la lecture de ces près de deux cent cinquante comptes rendus, que « le cannibale » est singulièrement sélectif.

Le 5 juin 1938, Colette passe la main. C'en est fini des contraintes à heure fixe, des soirées au théâtre par devoir, des pièces à résumer. Vingt ans de chroniques plus ou moins régulières – mais n'oublions pas que Colette Gauthier-Villars avait signé son premier texte, un compte rendu de spectacle, quarante-trois ans plus tôt – trouvent leur achèvement ici. Colette cependant ne se privera pas de théâtre ni de music-hall pour autant ; elle ne rompra pas les liens tissés avec les comédiens et les gens de théâtre qu'elle aime tant. Dans chacun des textes qu'elle publiera par la suite on trouvera une évocation de ces rencontres ou des jugements sur les spectacles qu'elle viendra de voir : dans *De ma fenêtre* (1942), ce seront les pages consacrées à la revue du théâtre Michel à laquelle elle collabore et au public de la Comédie-Française ; dans *L'Étoile Vesper* (1946), le retour sur les années de music-hall ; et dans *Le Fanal bleu* (1949), on lira un ultime compte rendu, celui de *Dom Juan*, monté par Louis Jouvet... Quand Maurice Goudeket publie le tome X des *Œuvres complètes*, celui qui reprend et complète les recueils de *La Jumelle noire*, le tome le plus volumineux bien que les chroniques ne soient que partiellement réunies, Colette se penche sur son passé de critique : « Pour y avoir mis de la conscience personnelle, de l'amusement et même de l'intérêt, j'ai souvent cru que j'avais un tempérament de critique – de critique indulgent s'entend. / Le devoir d'affirmer une opinion gâte nombre de nos joies. Chaque fois qu'il quitte une première représentation, le critique théâtral emporte avec lui de quoi assombrir le plaisir d'avoir été un auditeur sensible, épanoui et irresponsable. Du moins Paris lui conserve le respect du bon comédien, l'admiration que méritent ensemble quelques auteurs dramatiques et les élans de génie d'un metteur en scène. / Une petite jumelle de théâtre, lucide au point d'être un peu cruelle, m'éclairait la physionomie des acteurs, la beauté des actrices, suppléait à mes mauvais yeux. J'en tirais bien de l'agrément, de la commodité et même de la malice*. »

Parmi les relations de Colette il faut faire place aux grands et surtout aux grandes de ce monde. Chez Mme Arman de Caillavet, chez Mme de Saint-Marceaux, elle était une curiosité, la femme, si jeune, de Willy, la sauvageonne faussement naïve. Elle est devenue un grand écrivain, bien supérieur à ses consœurs (Lucie Delarue-Mardrus, Marcelle Tinayre, etc.) et l'égal des plus grands de ses confrères. Inclassable, et, à ce titre aussi, recherchée. Elle est de plain-pied avec les gens du monde.

---

* Préface à *La Jumelle noire*. – Curieusement, elle dit là avoir « rédigé la critique dramatique à *L'Éclair*, à *La Revue de Paris*, au *Matin*, au *Journal*, au *Petit Parisien* ». Or le seul article dans le dernier journal nommé qui peut être assimilé à un compte rendu est celui qu'elle signe le 4 juillet 1941, à propos des concours du Conservatoire – et elle oublie de mentionner *Le Quotidien*, *Gringoire* et *Sélection de la vie artistique*...

Au premier rang, les différentes familles Polignac et à leur tête Winnaretta Singer (1865-1943), richissime fille du créateur de la nouvelle machine à coudre. La femme sans homme, mais non sans maris, puisqu'elle a été princesse Louis de Scey-Montbéliard, puis, en 1893, princesse Edmond de Polignac[84]. Yeux bleu clair, nez rectiligne, menton volontaire, l'air d'un homme déguisé en femme, elle compensait ce que son aspect avait de peu séduisant par ses qualités d'artiste et de mécène. Elle avait appris la peinture et exposé au Salon ; elle fut l'amie de John S. Sargent et de Jacques-Émile Blanche ; excellente exécutante, elle avait une passion pour la musique. Le développement de la musique moderne est lié à son salon, place privilégiée de l'hôtel qu'elle avait acquis au coin de l'avenue Henri-Martin (actuellement Georges-Mandel) et de la rue Cortambert et qu'elle avait transformé et fait décorer de fresques par José-Maria Sert. Fauré et Chabrier, Ravel et Debussy, Satie, le groupe des Six, Stravinsky, Manuel de Falla, les ballets russes et suédois furent par elle appréciés et encouragés.

Selon Michel de Cossart, elle aurait rencontré Colette chez les Saint-Marceaux en 1893 ; mais elle aurait pu la rencontrer aussi chez Natalie Clifford Barney et chez Romaine Brooks, avec qui elle eut une liaison. Colette ne lui fut certainement pas indifférente. Mais la princesse, dont on connaît, malgré sa discrétion, d'autres liaisons (Olga de Meyer avant 1914, Violet Trefusis en 1923, Clara Haskil vers 1927), et l'écrivain sont restés muets. Leurs relations sont assez étroites pour que, en juillet 1925, la princesse, que Colette appelle par son petit nom, Winnie, invite aussi Goudeket. Deux ans plus tard, elles passent une soirée avec Carco et Dignimont. En 1928, Winnie apparaît à un bal costumé sous les traits de Tristan Bernard, Poulenc étant déguisé en Chéri et Colette, avec plus de vraisemblance, en Léa de Lonval[85]. En janvier 1932, celle-ci est chargée de transmettre à Dunoyer de Segonzac une invitation à un dîner qui réunira avenue Henri-Martin Moune et Luc-Albert Moreau, les Carco, Germaine Taillefer et le pianiste Jacques Février[86]. La même année, bien que son nom n'apparaisse pas dans la liste des actionnaires de la société des produits Colette, Winnaretta a presque certainement aidé financièrement son amie qui devenait commerçante. En 1936, elle l'a accompagnée à Bruxelles, pour l'entendre parler de leur amie commune, Anna de Noailles. Albert Flament nous a conservé le souvenir d'une soirée de 1937 :

> Chez madame de Polignac, Colette se joue, au cours de repas improvisés dans l'atelier, de toutes les fantaisies de son imagination et de sa mémoire, citant le nom exact de toutes choses, sous le regard souriant d'Edmond Jaloux, les pierres précieuses, les fleurs, les insectes, donnant des recettes de cuisine ou de beauté, et ressuscitant, de quel diamant sur les plaques de cuivre d'un graveur à la pointe sèche, des personnages disparus [87].

Peu auparavant, la princesse avait reçu Rosamond Lehmann, celle-ci tout étonnée que Colette, Mauriac et autres invités rendissent hommage à son livre : « En Angleterre, disait-elle, on ne m'en parle jamais. »

> Pour son apparence d'orpheline milliardaire, pour le lucide humour avec lequel elle se considérait elle-même dans l'intimité, Colette l'avait adoptée. La Princesse montait chez Colette, conviée à un vin chaud ou à une débauche de fromages, comme à une fête. Elle y trouvait avec délices une rusticité à laquelle elle aspirait, du moins elle le croyait :
>
> — Ma chère, disait-elle à Colette, je n'ai pas de chance. J'achète une bicoque à la campagne. Je dis à mon architecte d'y ajouter une toute petite aile pendant que je suis à Venise. Je reviens et qu'est-ce que je trouve ? Le Louvre. Ce qui, avec l'accent américain à dents serrées de la Princesse, devenait le Lououvre [88].

Une photographie [89] les montre toutes deux dans le jardin de l'avenue Henri-Martin en 1938, comme des sœurs, les yeux levés vers le ciel. Elles ne se reverront plus après l'été de 1939. Winnaretta partit pour l'Angleterre où elle mourut en 1943.

Colette a bien connu aussi Marie-Blanche de Polignac, fille de Jeanne Lanvin, la grande couturière, et femme de Jean de Polignac, neveu de Winnaretta. Son salon, 16, rue Barbet-de-Jouy, dont Christian Bérard décora la salle à manger, réunissait des écrivains, des peintres (Vuillard a fait son portrait) et surtout des musiciens. Elle était elle-même musicienne [90]. Le comte Charles de Polignac était le frère de Jean, donc un autre neveu de la princesse ; sa femme, surnommée Pata, et lui recevront Colette chez eux en août 1946 dans une maison qu'ils avaient louée près de Grasse [91]. Polignac aussi le prince Pierre de Monaco (1895-

1964), né Pierre comte de Polignac, cousin de Charles ; il épousa Charlotte, héritière du prince Louis II, et prit le nom de Pierre de Monaco lorsqu'il fut créé Grimaldi par ordonnance du prince Albert Ier. Il est le père de Rainier III. C'est lui qui a fondé les prix de littérature et de musique dont il présidait les jurys. Et c'est lui qui accueillera Colette à Monte-Carlo à la fin de la vie de celle-ci.

Amie et compagne de Natalie Barney, Élisabeth de Gramont (« Lily ») avait épousé le marquis, puis duc de Clermont-Tonnerre. Colette est en excellents termes avec elle [92], qui fut l'amie de Marcel Proust sur qui elle a laissé de jolis souvenirs. Elle connaît aussi, un peu, Violet Trefusis qui appartient au même monde saphique [93]. Violet (1894-1972), qui a épousé un mari complaisant, est la fille de Mrs. George Keppel, la dernière maîtresse d'Édouard VII. Elle a eu une liaison retentissante (s'entend pour une certaine société) avec Victoria (Vita) Sackeville-West, femme de Harold Nicolson. C'est la princesse Sasha de l'*Orlando* de Virginia Woolf. Le 14 juin 1928, Colette demande à Moreno : « Viens-tu le 18 chez Mme Treyfusis *[sic]* ? » Le 15 novembre suivant, l'abbé Mugnier note dans son journal :

> Été goûter chez Mme Trefusis. Elle a cité le curieux dialogue que voici, que Colette lui avait transmis par téléphone. Mme de Noailles avait dit : « Au lieu d'un ruban, c'est une sous-ventrière qu'on aurait dû vous donner. » Et Colette de répondre : « Vous voulez dire un cache-sexe. » Et Mme de Noailles de répondre à son tour : « Colette, vous êtes si glorieuse que vous n'avez rien à cacher [94]. »

Deux jours après :

> Dîné hier chez Mme Trefusis avec Auric, Carlo Placci et Colette. Ce fut tout à fait exquis, parce que vu le petit nombre, tout petit, Colette parla tout à son aise et fut éblouissante de verve... surtout culinaire. Elle était en noir, avec un long foulard rouge qui descendait assez bas. Elle examina toutes choses en posant des questions, les assiettes en particulier. Elle analysa ce qu'on nous servit, elle lut les plats eux-mêmes. Ce fut son expression. Il y a ceci, il y a cela avec de la moelle écrasée dans la sauce, de l'oignon, du vin de champagne, etc. Elle déclara qu'elle adorait l'ail, en faisait une grande consommation. Elle

> confesse qu'elle a les yeux fichus mais qu'il lui reste le goût et le sens olfactif. Elle est forte, avoue-t-elle encore, pour les plaisirs terrestres ! Elle a parlé aussi des raisins qu'on enlace aux mûriers.

Violet déclarera à l'abbé le 3 mars 1929 qu'elle considérait Colette « comme le grand génie littéraire féminin ». Lorsque Colette la vit pour la première fois, elle décida qu'elle l'appellerait non Violet, mais en raison de la complexion, Géranium. Et c'est ainsi qu'en 1950, à la suite d'un accident de son amie et se rappelant qu'elle s'était fracturé le péroné, elle commença sa lettre : « Pour vous une marche d'escalier, pour moi un petit fossé très étroit et caché sous l'herbe, et tout change. Cela devrait nous donner un grand respect de l'accident. Chère Madame et Géranium, j'espère que vous souffrez moins que moi. [...] »

Colette est aussi en relations amicales avec deux prêtresses de Lesbos : Lady Una Troubridge, qu'elle assure de sa « tendre amitié » en lui envoyant en 1925 *L'Enfant et les Sortilèges*[95], et Marguerite, qui se fait appeler John, Radclyffe Hall, d'une grande famille anglaise. John a publié des recueils de poèmes et des romans, parmi lesquels, fortement autobiographique, *The Well of Loneliness*, paru en 1928, poursuivi au titre de The Obscene Publications Act de 1857 et qui n'a pu reparaître en Angleterre avant 1949. Colette, en 1932, l'année où elle publie *Ces plaisirs...*, écrit à Una et à John qu'elle a lu *Le Puits de solitude* (la traduction vient de paraître chez Gallimard) et, après leur avoir annoncé qu'elle « entre dans le commerce », elle fait force compliments du livre de John.

> Mais il y a un point où je suis anti-John, parce que, sans doute, je suis une créature assez grossière : c'est l'impression, chez Stephen [c'est le nom pris par l'héroïne], d'anormalité. Or, je dis que, si un « anormal » se sent anormal, il n'est pas anormal. Attendez, je vais dire mieux : un ou une anormal ne doit jamais avoir une sensation d'anormalité, au contraire, une femme aimant une femme (ou un homme aimant un homme), pense : « Qu'est-ce qu'un univers rempli de cochons monstrueux qui sont différents de moi ? » / Voilà une partie de ce que je souhaite tant vous dire au sujet du livre.

Puis, restant dans le domaine du sexe, elle exprime sa réprobation devant *L'Amant de Lady Chatterley* (dont Malraux a préfacé la traduction) :

> Et que pensez-vous de ce pauvre et enfantin type excité, l'auteur de *L'Amant de lady machin* ? C'est terriblement seizième année et collège ! Dans la traduction, quelques paysages nocturnes et mouillés sont jolis. Mais quel étroit domaine que l'obscénité. On y étouffe tout de suite et on s'y ennuie.

Colette rapproche le couple Una-John de celui que formaient les dames de Llangollen, qu'on rencontre dans *Le Pur et l'Impur*, et, avec une modestie qui n'est pas affectée, ajoute pour John : « Elle est un constructeur paisible de grands édifices, et moi je ne bâtis jamais que des bungalows[96] ! »

Lorsque John disparut, Colette écrivit à Lady Una : « Son souvenir m'est vif, et très physique, la belle forme de sa tête, l'argent doré de ses cheveux, et ses beaux traits, et ce sombrero espagnol qu'elle portait volontiers... Certains êtres ne devraient pas mourir[97]*. »

C'est pendant la guerre de 1914-1918 que Colette rencontra Adrien et Valentine Fauchier-Magnan, lors d'un dîner chez Henry Bernstein[98]. Mais c'est au milieu des années vingt que naquit vraiment leur amitié et que Colette se lia aussi avec les deux sœurs de Valentine, Germaine et Marcelle. Petites-nièces de Casimir Delavigne, elles sont les filles d'Arthur Delavigne et d'Emma Worms (de la banque Worms). Valentine (1878-1967) a épousé Adrien Fauchier-Magnan (1873-1965), dont le neveu, André, est agent de change ; Germaine, Jacques Lebel, homme d'affaires, dont le fils Claude sera un grand ambassadeur ; Marcelle, Emmanuel, frère d'Adrien. Comme le nom de Delavigne risque de s'éteindre, Emmanuel et Marcelle obtiennent de prendre le nom de Fauchier-Delavigne. Il y a beaucoup d'argent dans la famille, et qui fut bien utilisé. Et il y a du talent. Marcelle a écrit un livre sur Aimée de Coigny, un autre sur

---

* Dans une lettre à sa fille écrite sur un papier à compliments, Colette lui mandait qu'un tel papier excitait la convoitise de John (dont elle soulignait le talent) qui lui posait cette question : « Au nom du ciel, où peut-on trouver ce papier qui a une crinoline et des bandeaux ? »

Benjamin Constant et Belle de Charrière, et *Le Sourire de la danse. Vie de la princesse de Racowitza*, princesse dont la tête a servi de modèle à Carpeaux pour le génie de la *Danse*. Valentine qui avait pris le pseudonyme de Jacques d'Harblay, prendra ensuite celui de Claude Séran et se fera connaître par deux ballets, *La Vie de Polichinelle* (1934), inspiré d'une suite de dessins de Domenico Tiepolo, musique de Nicolas Nabokoff, et *Oriane-la-sans-égale* (1938), musique de Florent Schmitt, tous deux représentés à l'Opéra avec une chorégraphie de Serge Lifar ; un troisième *Bambole di Murano,* donné à la fête annuelle de l'Union interalliée en juin 1939, aurait sans doute pris le même chemin si la guerre n'était intervenue.

Adrien a donné ses soins à la collection Dutuit du Petit-Palais ; il a écrit sur l'hôtel Lambert, sur Lady Hamilton, sur la famille Dubarry, sur Goethe à Weimar et sur les petites cours allemandes ainsi qu'un livre de souvenirs déjà mentionné ; c'est un connaisseur et un homme de goût.

Les Fauchier-Magnan avaient fait construire une villa palladienne 135, rue Perronet, à Neuilly-sur-Seine : deux corps de bâtiments derrière lesquels il y avait un grand parc et qui ont cédé la place à des immeubles de rapport. Gabriel-Louis Pringué fait d'eux « les grands magiciens » de l'époque qui a précédé la Seconde Guerre [99]. Thés, dîners, spectacles, bals costumés ont attiré beaucoup de monde à l'hôtel de Neuilly [100]. À partir de 1926, on y voit souvent Colette. En mai 1926, elle déjeune avec leur grande amie Marguerite Moreno et le peintre Frédéric de Madrazo, sans être accompagnée de Goudeket. Mais ensuite ils sont invités ensemble. Le 28 janvier 1930, ils sont à Neuilly avec la princesse de Polignac, Anna de Noailles et Léon Bailby. Le 22 décembre 1932, ils dînent avec la princesse, Misia Sert et Serge Lifar. Sous l'Occupation, ils n'ont pas oublié le chemin de la rue Perronet, mais Colette à partir de 1942 est seule. Après la fin de la guerre, les Fauchier-Magnan quittent Neuilly et en décembre 1946 et janvier 1947 ils acquièrent la Bastide, à Cannes-La Bocca, un belle maison ancienne, un peu toscane, en forme d'U : ils y passeront les vingt dernières années de leur vie. Avant même d'y être installés, ils envoient du Midi des colis qui ravissent Colette : « les figues qui ont l'air noircies par la flamme ! Ces petites oranges acidulées ! Tout ce qui nous manque ici : chaleur et fraîcheur » (janvier 1945). Le même mois : « Un petit colis bien tassé, savoureux dans toutes ses parcelles, avive mes remords. Ah ! chère Val, que le boudin est une belle chose quand nulle main avaricieuse ne lui a retiré le lard auquel il a droit ! Et ces saucisses courtaudes, costaudes, et leur saveur de cochon bien enfumé ! » Colette, en récompense, leur donne des conseils horticoles, leur indique comment faire prospérer des rejetons de fraisiers. Elle ira voir ses amis à la Bastide en 1948 ou en 1949 quand elle séjournera près de Grasse chez les Charles de Polignac. Pendant trente ans, ses relations avec les Fauchier-Magnan et les Fauchier-Delavigne ont tenu une place de choix dans sa vie.

À mesure que grandit et s'affirme sa réputation, Colette a de plus en plus de relations et d'obligations. Mais elle réserve une belle place à l'amitié.

Au premier rang des femmes pour qui Colette eut de l'affection, il y a évidemment Marguerite Moreno, l'élue. À la mort de celle-ci, en 1948, elle comptera pour Jean Cocteau : « Cinquante-quatre ans d'amitié ! et pas d'une amitié toute unie et toute facile, tu sais ? Une amitié qui a été menacée, qui aurait pu périr, mais de laquelle rien n'a eu raison[101]. » On ne sait ce qui menaça cette forte amitié. On constate seulement que la correspondance s'interrompt après août 1933 pour ne reprendre qu'en janvier 1936. Colette conservait peu de lettres, et Moreno ou son neveu ont pu égarer une liasse. En tout cas, l'actrice est bien présente dans les articles de critique dramatique que son amie publie au cours de ces années. Elle l'admire dans les revues de Rip, se demandant où il faut la classer : « Le théâtre classique la regrette, le cinéma la revendique, le boulevard l'encense. Voilà qu'elle chante à présent[102] ! »

À Hélène Picard, la recluse, Colette ne cesse pas de témoigner son amitié, même si elle lui écrit moins.

Elle a pris en charge une jeune femme qu'elle va déléguer aux longues navigations qui lui étaient désormais refusées, sauf par leurs reflets dans les relations de voyages, dont elle possédait une collection[103]. Renée Hamon, qu'elle surnomma le Petit Corsaire, née à Vitré en 1897, limousine par sa mère, bretonne par son père, non baptisée, avait eu une enfance malheureuse et ne trouva la stabilité que dans les déplacements. En 1917, elle épousa un graveur de qui elle eut un enfant après un accouchement difficile. Physiquement atteinte, douloureusement affectée par la mort de son bébé, elle divorça en 1920. Elle s'embarqua pour rejoindre aux États-Unis un officier américain qu'elle avait connu à la fin de la Première Guerre. Déception, comme il y en eut beaucoup après la Seconde Guerre : l'officier était bourrelier au Texas.

N'ayant pas les moyens de rentrer immédiatement en France, elle se fit répétitrice à la Knox School, près de New York. Elle était partie enjuponnée comme une provinciale ; elle revint jupe et cheveux courts, bien décidée à donner libre carrière à son amour de l'indépendance, de l'exotisme et de l'aventure. Elle va fréquenter à Paris les ateliers des peintres et des photographes, posant pour eux, tentée par la peinture et même par le cinéma. Un jour de dèche noire elle écrit à Paul Poiret pour lui demander une place dans la maison de couture. Séduit par son esprit, le couturier devient son ami. C'est par lui qu'elle approchera Colette ; en 1927, elle faillit jouer dans *La Vagabonde* le rôle du laissé-pour-compte, mais elle tomba malade, ce qui lui permit d'échapper au présage. En 1928 ou 1929, elle se marie avec Harald Heyman, le traducteur suédois des œuvres de Samuel Johnson, qui a trente ans de plus qu'elle ; ils vivent assez librement l'un et l'autre. Depuis 1925, elle souhaite régulièrement à Colette fête et bonne année. Colette la remercie brièvement. C'est en 1932, à propos de fleurs, que naît leur amitié[104]. Ce qui n'empêche pas Renée de faire un voyage autour du monde. Depuis 1936 elle tient un journal secret où elle note les propos de Colette lors de leurs rencontres. Ainsi, en août, à Saint-Tropez :

> — Pourquoi n'es-tu pas venue déjeuner ? On aurait mangé de l'ail, rien que de l'ail, ma Fille !
> — Ah ! Tu trouves joli ce jardin ? Eh bien, j'ai mis huit ans, tu entends, huit ans à détruire les vilaines allées ! maintenant c'est la brousse !

Renée ne rêve que de repartir, cette fois sur les traces de Gauguin. En 1937 Pierre Borel, biographe de Marie Bashkirtseff, de Maupassant, de Courbet, lui obtient grâce à Georges Philippart, directeur des « Messageries maritimes », un passage à bord de *La Recherche*, qui de Marseille voguera vers Tahiti, *via* la Martinique et le canal de Panama. Elle apprend la langue maorie. *L'Intransigeant* lui confie un reportage qui paraîtra du 12 au 22 janvier 1938, précédé de quelques lignes de Colette, qui était sans doute intervenue auprès de la direction, alors exercée par Jean Fabry. Son mari l'avait précédée, qu'elle laissera à Tahiti dont il s'était épris et où il mourra. Elle rentre par l'Asie. Elle avait vu la femme et le fils de Gauguin : « La femme, écrit-elle à Pierre Borel, est une abominable vieille édentée et boursouflée à l'extrême. Le fils m'a paru idiot. » Et si elle adore ce pays, « je crois que je n'y resterai pas longtemps. Il y a trop de crapules ». Elle est de retour au début de janvier 1938 et prend dans son journal des instantanés de Colette, à qui elle a rapporté « une coupe en bois de rose contenant des coquillages bourdonnants ». « — Maurice, viens vite, viens voir les coquillages ! Oh ! regarde celui-ci, telle une tour chinoise et cette nacre veinée ! on dirait des cheveux de sirène ! Pourquoi des cheveux ? » Conversation, ou plutôt monologue ; à la fin : « — Maintenant, va-t'en ! Quand tu me vois dans un peignoir comme celui-ci [un peignoir « puce »], c'est que je travaille ! » Avril 1938, Colette s'est brûlée avec une prise de courant ; Maurice entrouvre la porte de Colette : « C'est la petite Hamon. — Entre donc ! Qu'est-ce que tu m'apportes là ? Tu te ruines, voyons ! Oui, je viens de me brûler ! Ça va mieux mais pendant deux heures je bougeais comme dans une prison ! » Renée est venue lui confier qu'elle est amoureuse d'une femme. Colette : « — T'emballes pas, surtout ! Attention ! Tu es un oiseau migrateur, ne t'attache pas trop vite ! » Renée : « — Colette, je l'aime ! Je lui serai fidèle ! — Pas vrai, tu n'es pas plus fidèle que moi. Tu es MONOGAME comme moi ! Tu es fidèle le temps que tu aimes, car tu ne peux pas te partager. Je connais ça. Quand j'avais envie de..., il me fallait liquider d'abord l'autre chose. Je ne pouvais faire l'amour avec un autre être tant que l'ancien existait. Tu n'as pas de double commande ! » Puis, Colette n'y tient plus, elle démaillote sa main blessée, malgré les remontrances de Pauline ; elle veut laver cette main. « Le robinet du lavabo est desserré, vite, il lui faut une pince, une clef anglaise ; vite, vite, il faut qu'elle répare ELLE-MÊME le robinet. Tout le monde est sur les dents. L'eau inonde le parquet, le pyjama de Colette trempe, rien ne l'arrête, IL FAUT que le robinet soit immédiatement resserré. Ce qui d'ailleurs est fait ! » Colette se félicite : « J'aurais dû être une femme de ménage. »

C'est vraiment saisi sur le vif. Vie, vivacité ; « vite », « vite, vite », « immédiatement resserré ». Rapidité, mobilité que Claude Chauvière avait elle aussi remarquée. Et de Renée Hamon encore, cette notation importante pour la connaissance des conditions de travail : « Il faut que la lampe soit allumée, sinon je m'éparpille. Je ne peux pas travailler à la lumière du jour. » On se rappelle qu'à la Treille muscate, selon Billy, elle se rencogne.

En février 1939, du 7 au 17, Renée qui habitait une « case » à La Trinité-sur-Mer put faire à Colette et à son mari les honneurs de ce port et du bourg d'Auray. Elle rayonnait, écrit

Maurice Goudeket. Colette qui s'était détachée du Midi, se demanda si ce climat doux ne lui permettrait pas de trouver pendant l'été un refuge contre les indiscrets qui l'avaient assiégée à Saint-Tropez. Mais ce désir ne dépassa pas le stade du projet. Du moins rapporta-t-elle de ce voyage un article sur la visite qu'elle fit au couvent d'Auray où des religieuses éduquaient sourdes-muettes et aveugles, article publié dans *Paris-Soir* du 20 février et recueilli dans *À portée de la main*[105]. Elle y évoque la visite qu'elle fit à ce couvent quarante-quatre ans plus tôt, c'est-à-dire en 1894, lorsqu'elle séjourna à Belle-Île. Cette même année 1939, à l'École du Louvre, le 8 juin, Renée présente le film qu'elle a tourné sur les lieux mêmes où vécut et mourut le chef des nabis : *Gauguin, le solitaire du Pacifique*, et publie aux éditions Vigot frères *À Tahiti et aux îles Marquises*, dont le sous-titre reprend celui de la conférence, plaquette préfacée par Robert Rey et Pierre Borel, et, chez Flammarion, *Aux îles de lumière : Tahiti – Tuamotou – Marquises*, préface de Colette. On pensera que Colette était intervenue pour l'aider à se faire éditer, notamment chez Flammarion, chez qui sera publié un troisième livre, *Amants de l'aventure*, en 1943, peu avant sa mort (27 octobre) : elle était traitée à Vannes, dans la clinique du Sacré-Cœur où elle fut touchée par la Grâce. Une autre grâce lui était venue : en créant le personnage de Bizoute, qui est là-bas, « du côté des îles Marquises[106] », Colette l'avait fait entrer dans *Le Toutounier*, publié pendant l'été de 1938. En annonçant sa mort à Marguerite Moreno, elle définit ainsi sa jeune amie : « Une petite bretonne rude et propre. » Renée fut certainement un des êtres que Colette a le plus aimés.

Autre relation amicale, qui allait durer vingt ans. Le 3 février 1933, au cours d'une de ces harassantes tournées de conférences, Colette fait halte à Nantes, au théâtre Graslin, pour y évoquer des souvenirs « Des deux côtés de la rampe ». Admiratrice de l'œuvre de Colette et particulièrement de *La Maison de Claudine*, Yvonne Brochard est dans la salle[107]. Elle tente ensuite « de rencontrer Colette à son hôtel après la séance de maquillage qui eut lieu aux Salons Berthe. Sans succès. Le matin du départ, sur le quai de la gare, [... elle] offre à Colette un bouquet de violettes, mais ce type d'hommage appartient à la vie publique et la femme célèbre n'y accorde pas une attention spéciale ». Elle aura plus de chance grâce à l'envoi d'une lettre dans laquelle « elle décrit sa vie au milieu des bêtes et des champs » et « explique que son état de fermière est le résultat d'un choix fondamental ». « Elle joint à sa lettre – poursuit l'éditrice – la photographie d'une louve splendide achetée, encore louveteau, le 22 juillet 1925, à un cirque de passage. Bel animal, Djéha vivait en liberté parmi les chiens de la ferme. Colette répond par retour du courrier, vivement intéressée par cette histoire surprenante. Plusieurs lettres durant, elle s'inquiète de l'animal et célèbre sa beauté. »

C'est Djéha qui est à l'origine de cette relation amicale. Colette apprendra que sa correspondante vit avec Thérèse Sourisse, comme vivaient en commun les dames de Llangollen. En 1933, elles s'exercent à leur nouveau métier (Yvonne avait reçu une formation de relieuse d'art) à Pornichet, dans la propriété d'une tante de Thérèse. En 1934, celles que Colette baptisera les Petites Fermières fondent leur propre affaire et s'installent à Saint-Sébastien-sur-Loire, puis elles se transportent près de Verneuil, en Normandie, et à partir de 1946 à Vertou, près de Nantes. Ce sont les travaux de la ferme, et les aléas d'une telle exploitation, ce sont surtout les animaux qui forment la trame des lettres de Colette. Celle-ci sait qu'elle peut compter sur le caractère confidentiel de ce qu'elle leur écrit, et, en effet, elle se confie à elles [108]. C'est une de ses correspondances qui reflètent le mieux ses préoccupations, ses souvenirs de moments privilégiés, l'état de sa santé, les étapes de son travail pendant les dernières années de sa vie. Mais, en même temps, on a l'impression qu'elle cherche à tenir à distance ces ferventes admiratrices qui pourraient s'ajouter au nombre de tous ceux et toutes celles dont les importunités l'accablent. Colette ne les a jamais vues dans leurs fermes ; le projet n'a cessé d'être différé. Yvonne se rendra à Paris en octobre 1944 ; Colette ne lui réservera qu'une « piètre réception » : « J'étais sans forces, pour parler, pour rire, pour fêter sa charmante présence, qui se faisait si discrète. » Compensation : elle les introduira dans *L'Étoile Vesper*. Compensation bien due, puisque pendant l'Occupation et, au-delà, jusqu'en 1949, les Petites Fermières n'ont pas cessé de ravitailler leur amie parisienne qui les remercie dans des lettres aux accents alimentaires. À l'opposé, pendant la même guerre, elles lui envoient des médailles pieuses. Elles participèrent ainsi à l'offensive que menait François Mauriac et qui éveillait la curiosité de Colette, ni plus ni moins intéressée, peut-être moins, qu'elle ne l'avait été par les phénomènes de voyance.

Les Petites Fermières, Claude Chauvière, Renée Hamon (deux converties), Colette attire ceux et surtout celles qu'habite un besoin d'absolu et qui voudraient le lui faire partager. Et elle attire aussi celles qui ont besoin de se ressourcer à sa force.

13

EN ROUE LIBRE

1936-1940

En juillet 1933, la presse annonçait que Colette allait être promue dans l'ordre de la Légion d'honneur au grade de commandeur. Mais il s'en fallait de beaucoup qu'elle reçût alors cette distinction. Colette était officier depuis le 5 novembre 1928 et l'on prétendait qu'elle n'avait pas fait comme tel un stage assez long. On disait que la Chancellerie ne pouvait pas promouvoir une marchande de produits de beauté. Et une mauvaise langue [1] rapporta que l'ancien préfet Lépine (mort le 9 novembre 1933), qui en était membre, aurait déclaré : « Je me rappelle le temps où Colette portait autour du cou, non point la cravate rouge, mais un collier de chien sur lequel on lisait ces mots gravés : "J'appartiens à Mme de M..." » Lors d'un ajournement un ami était venu aux nouvelles : « Alors, demanda-t-il, cette cravate ? — C'est une ceinture, fit Colette [2]. » Elle avait d'autant plus besoin de ce hochet que, sans doute, elle y avait moralement moins droit.

Enfin, le 21 janvier 1936, un décret, pris sur la proposition de Mario Roustan, ministre de l'Éducation dans le troisième ministère Laval, et publié dans le *Journal officiel* du 23, la nomma commandeur, en qualité de « femme de lettres » ; *Le Journal*, son *Journal*, précisa qu'elle était la troisième femme, après Mme de Noailles et Yvonne Sarcey (directrice de l'Université des Annales et mère de Pierre Brisson) à obtenir cette distinction.

Il lui devenait difficile de mettre à la porte les interviewers. *Le Journal* lui demande dès la fin du mois : « Où est le devoir pour l'épouse le jour où elle découvre que son mari est un homme malhonnête ? » Sa réponse est nette et catégorique :

— Si la femme aime son mari, elle acceptera tout.
— Si elle ne l'aime plus (c'est-à-dire si le dégoût l'a

emporté), eh bien, sans hésiter elle s'éloignera. La question est de savoir si elle a placé le particulier au-dessus du général.

— *Mais si elle a des enfants ?*

— Les enfants ne peuvent rien changer à son attitude. Seul l'amour doit guider sa décision. Je n'ai rien de plus à vous dire. Tel est mon sentiment [3].

Le Journal vient de créer un magazine dont une page est réservée aux jeunes. Il a réuni des « vingt ans » et demandé à Colette de se joindre aux discussions. D'où un article qu'elle donne à ce quotidien le 14 février suivant. Comme d'habitude, il ne sort rien de cette confrontation. La seule remarque intéressante est l'opposition des jeunes Français, qui ne sont pas typés, aux jeunes Italiens ou Allemands. « Mes jeunes gens du *Journal* échappent, comme le caractère français, à tout gabarit originel. Autant de visages, autant de regards, de nez, de mentons différents. »

Le 7 mars, *L'Intransigeant* lui demande : « Êtes-vous superstitieuse ? » Réponse négative ; mais dans *Confessions* du 22 avril 1937, elle consacre un long article à « Mes voyantes ». Le 17 octobre 1936, c'est le tour du *Figaro* : « La gloire de Flaubert est-elle en hausse ou en baisse ? Relisez-vous Flaubert ? » Elle ne relit pas *Madame Bovary*, mais elle relit « souvent et avec un plaisir toujours profond *Salammbô* ». (Comme Nathalie Sarraute.) *Le Figaro* encore, le 26 décembre : quel projet pour 1937 ? Elle n'en a pas, elle est grippée... Rançons de la gloire.

Commandeur ou non, elle reste fidèle au music-hall. Le 7 février 1936, elle y fait de nouveaux débuts en s'adressant au public de l'A. B. C. : c'est un numéro du spectacle. *Excelsior* du 8 février l'assure du succès [4] :

> En annonçant « la rentrée de Colette au music-hall » certains journaux ont répandu une information inexacte, en tout cas très exagérée. Colette ne rentre pas au music-hall. Colette a fait une causerie à l'A. B. C. en rappelant des souvenirs du music-hall de ses débuts.
>
> Vaste robe noire. Écharpe multicolore, retenue au cou par un large nœud-cocarde. Les cheveux fous. Et là-dessous, « le visage en triangle, le museau pointu de renard » qu'elle a décrits elle-même tant de fois, où s'animent et brillent les yeux « couleur de noisette mûre ».

— Mesdames, messieurs, il y a une chose qu'il faut que vous sachiez, commence-t-elle. C'est combien vous sentez bon... Une délicieuse odeur de cigare, de mille cigarettes, mélangée au parfum des femmes et de la poussière : l'odeur même du music-hall à la fin d'une représentation... C'est évidemment cette odeur que nous sentions au temps de ma jeunesse, j'ai pu croire un instant que je rentrais au music-hall après plus de vingt-cinq années...

Colette évoque le mimodrame *La Chair*, devenu célèbre à distance, dans l'atmosphère de tabagie des samedis soir à Bobino ou à la Gaîté.

Puis ce sont les tournées, dans les lointaines villes provinciales, les départs au petit matin, les trucs de Wague, son partenaire, pour éliminer le public du compartiment de seconde classe où les artistes avaient pris place.

— Savez-vous ce qu'il faisait pour protéger notre solitude ?... Il arborait, pour la circonstance, un haut de forme orné d'un crêpe et des gants noirs. Il ouvrait la portière, se mettait sur le quai et invitait les personnes à monter :

— C'est le wagon de la famille... la famille du défunt...

La chasteté du music-hall alors, malgré ses annonces raccrocheuses. N'annonçait-on pas à Marseille : *La Chair* !... 20 minutes de sang et d'horreur !...

— Ce music-hall, je lui dois mes meilleures pages. Je lui dois tant que j'ose à peine entreprendre de le dire. Que d'ombres il a laissées dans ma mémoire. Elles s'en vont sur des pieds légers, sur des pattes grêles de bêtes savantes... J'ai tout aimé, j'aime tout du music-hall, qui a pris six ans de mon existence, jusqu'à l'imprévoyance de ses humbles figurantes. Songez qu'elles gagnaient 3 fr. 33 par jour, et cependant elles paraissaient moins sombres qu'aujourd'hui... Une de ces petites s'enorgueillissait d'une grande chambre qu'elle louait 55 francs par an. Et c'était « ma grande chambre » par-ci... Et c'était « ma grande chambre » par-là... Une camarade, agacée, lui lança un jour : « Dis donc, on la connaît ta chambre !... Ce que tu oublies de dire, c'est qu'il pleut dedans ! » La petite se redressa et répliqua :

« Eh bien ! oui, il pleut dans ma chambre. Si tu exiges que pour 55 francs par an il y ait encore un plafond, je ne puis te suivre, ma chère ! »

Et au music-hall Colette doit encore tout ce qu'elle a

rêvé d'y faire : présenter une meute de treize lévriers, un numéro de danse acrobatique avec un hercule doux comme un agneau. Un jour, pourtant, dans une scène parodiant *Chantecler*, elle eut un « vrai » rôle. Elle « faisait » une poule, avec une cuirasse de plumes authentiques...

— Et cette poule, elle miaulait pendant que Boucot aboyait !...

— Hélas, soupire-t-elle, je ne suis ni chanteuse, ni danseuse. Je ne suis qu'une ratée du music-hall en quelque sorte... Cependant, des chansons, j'en ai connu dans mon enfance, sans les avoir jamais apprises, qui sont comme nées avec moi... Leur rythme est vif ou lent, comme celui des pas et du cœur humains. Ce sont des chansons paysannes. Quand je les chante, bien souvent, pour moi, pour moi seule, je revois le brouillard sur les étangs bleus, le labour fumant... Je ne sais pas chanter, c'est pourquoi j'ose le faire...

Et elle chante, en effet... *Les Deux Petits Bœufs*, *Le Meunier*, *les Filles de Marseille*, et le *Pourtant temps* (Il est pourtant temps...) *.

Colette s'est elle-même mise en scène dans *Le Journal* du 16 février. Les lecteurs y ont trouvé non l'habituelle critique dramatique d'une pièce, mais l'évocation émue des scènes de music-hall sur lesquelles elle s'était produite : « Là, rien n'a changé. Tout y est périssable, constant, éternel. »

Pendant deux semaines, je retrempe ici mes souvenirs. Je les baigne, comme je ferais d'une étoffe déteinte, au sein de leur couleur originelle qui pour ma joie n'a pas changé. Quatorze jours de silence et de ponctualité, quelle retraite...

Ici, j'échappe au téléphone, aux coups de sonnette, et surtout au lent travail du stylographe sur des feuillets dont le format invariable rebute mon regard ; j'échappe à la veille prolongée, aux caprices de la fatigue cérébrale. Je me remets entre des mains qui tiennent le sablier, et battent

* Colette avait déjà chanté *Le Meunier* et *Les Filles de Marseille* lors d'une conférence de Mme Dussane, le 25 février 1932, aux Annales (voir le chapitre « Elle est dure à gagner, l'argent », p. 325). Dans des notes qui ont servi pour des conférences « Des deux côtés de la rampe » ou pour sa prestation à l'A. B. C., on trouve une copie par elle des *Filles de Marseille* (BN, N. a. fr. 18704, f° 111).

sereinement les secondes. « Vous passez après Coco, avant les Schwartz. Ça vous met, les premières fois, dans les onze heures cinq, onze heures sept. Mercredi, comme Gabriello passe à la radio à neuf heures quinze, Coco prend sa place, et vous passerez dans les onze heures dix, douze... »

Mais oui. Très volontiers. Que ne ferait-on pas, pour conserver à l'engrenage du spectacle son jeu huilé, sa paix, son silence intérieur que l'orchestre entame à peine[5] ?

Le grand événement du printemps 1936, c'est pour elle sa réception à l'Académie royale de langue et de littérature françaises, enfin fixée au samedi 4 avril. Elle avait d'abord été prévue pour le 14 mars, mais Colette avait dû en demander le report, ayant fait une chute sur le verglas et s'étant blessée au genou[6]. Simple prétexte peut-être car, avant de partir en avril, elle exprimait ainsi son trac à Hélène Picard : « Ai-je besoin de te dire que je ne suis que misanthropie, angoisse, mal-au-ventre, bégaiement et débilité générale ? » Goudeket a raconté le voyage en train de Paris à Bruxelles, en compagnie de la princesse de Polignac et comment Colette faillit ne pas pouvoir passer la frontière : le fonctionnaire belge prétendait la faire descendre, remarquant que le passeport « était périmé* ». (Étrange, puisque l'année précédente Colette s'était rendue aux États-Unis avec un nouveau passeport...) La princesse intervint de son accent tranchant, l'employé consulta quelqu'un, et Colette put achever son voyage.

> On avait entassé plus de mille personnes dans une salle qui n'en devait contenir que cinq cents, et on en avait refusé beaucoup plus encore[7].

« Le tout-Bruxelles était là, et une délégation du tout-Paris », dont, avec la princesse de Polignac, Mme Philippe Berthelot. Le ministre d'État Paul Hymans représentait le gouvernement belge.

---

* *Près de Colette*, 136-137. – La venue de Colette avait été annoncée notamment par un article sans complaisance (anonyme) publié le 27 mars dans l'hebdomadaire bruxellois *Pourquoi pas ?*, dont l'un des directeurs était L. Dumont-Wilden, importante personnalité. Voici la conclusion : « Une carrière nouvelle s'ouvre devant elle : celle des honneurs et de la respectabilité. Elle a tant de talent qu'elle y réussira sans doute aussi bien que dans celle de l'irrégularité et de l'indépendance. / Et ce sera la Belgique qui la lui aura facilitée. Notre Valère Gille ouvrant à Colette la voie triomphale de la considération chère à Camille Doucet ! Quel tableau ! Quelle page de haute moralité littéraire ! » (*La Considération* est une comédie de Camille Doucet, 1860).

Colette avait une robe noire, zébrée d'un foulard aux couleurs vives, les pieds nus aux ongles rouges dans des sandales plates. Suivit un dîner chez Mme Jules Destrée, la veuve du ministre qui avait été à l'origine de la fondation de l'Académie. Le lendemain 5 avril, l'ambassadeur de France, Jules Laroche, et son épouse, avaient organisé un déjeuner. Faisant semblant d'être impressionnée, Colette glissa à Maurice Martin du Gard en allant s'asseoir : « Moi, les endroits où je ne peux pas dire : "M...", ça me rend malade [8] ! » À un an près, l'hôte de l'hôtel du boulevard du Régent aurait été Paul Claudel...

Le directeur en exercice était Émile Boisacq, lexicologue. Il préféra renoncer à son droit de recevoir en séance publique la nouvelle académicienne. Ce fut le poète Valère Gille, un des premiers directeurs de l'Académie en 1925, qui fut désigné. Il avait communiqué son discours à Colette, laquelle lui dit sa crainte devant tant d'éloges : « Quel trac ! Ah ! s'il ne s'agissait que de sauter, munie d'un parachute ! Enfin, allons-y [9]. » Et elle y alla, sans rien laisser voir de son inquiétude. Elle avait d'ailleurs reçu pour son discours des conseils d'Albert Mockel, l'un des bons écrivains belges, celui-là même qui, en 1902, avait salué dans la *Revue de Belgique* les trois premières *Claudine*.

Après avoir remercié Valère Gille, elle lui fit écho au sujet de sa famille belge, celle de Sido. Et elle en vint au morceau de résistance, l'évocation de Mme de Noailles, la femme et le poète, qu'elle faisait revivre, terminant ainsi son hommage :

> Mon hommage, je ne l'apporte pas à une morte, mais à la vivante, à la fragile que j'ai perdue sans la voir mourir. Encore l'ai-je perdue ? Depuis qu'elle s'est retirée de nous, je l'ai retrouvée cent fois.

« La salle entière, debout, acclama longuement Mme Colette et cette séance fera époque dans les annales de l'Académie [10] [...]. »

Après ce périlleux exercice, parfaitement réussi, elle a droit à une détente et du 13 au 30 avril elle est à Saint-Tropez, jouissant du printemps provençal [11].

De retour à Paris, elle apprend le 3 mai la victoire du Front populaire au second tour des élections législatives. Mais les grèves, le Front populaire, le gouvernement Léon Blum, le Frente Popular, la guerre civile d'Espagne, elle n'en a cure. Quand elle rend compte de *Fric-Frac* d'Édouard Bourdet créé avec un immense succès à la Michodière le 15 octobre 1936, elle disserte sur l'argot et fait l'éloge d'Arletty, de Victor Boucher et de Michel Simon, mais elle ne perçoit pas dans la scène du tandem le reflet des congés payés qui viennent d'être concédés par le patronat. Et c'est seulement dans son dernier article du *Journal*, le 5 juin 1938, qu'ayant vu à l'Atelier l'adaptation par Marcelle Auclair et Jean Prévost des *Noces de sang* de Lorca, elle fera une place au drame espagnol ; elle évoque, ce sont les mots ultimes de *La Jumelle noire*, le « souvenir du jeune poète étranger qui aima le lyrisme, les longs voyages, sa patrie déchirée, et mourut tragiquement sur sa terre natale ». Néanmoins, dans *Ce soir* du 20 mars 1938, elle signe avec Aragon (qui dirige ce quotidien communiste), avec Louis Gillet, François Mauriac et plusieurs autres écrivains qui veulent « offrir à la nation l'exemple de leur fraternité », un appel à l'union, en raison de « la menace qui pèse sur notre pays et sur l'avenir de la culture française ». Sinon, on est tenté de croire que pour elle l'apolitisme des femmes est une vertu bourgeoise. C'est peut-être même pour elle une marque d'égoïsme ; seule la crainte la fait réagir à l'actualité politique, comme ce fut le cas le 1er octobre 1938 au lendemain des accords de Munich [12].

Lorsqu'a éclaté le putsch de Franco, elle était depuis le 13 juillet à la Treille muscate et elle y restera jusqu'au 21 septembre, tout occupée de *Bella-Vista* qui paraîtra en feuilleton du 18 septembre au 9 octobre dans *Gringoire*, hebdomadaire de droite dirigé par Horace de Carbuccia ; le volume contenant avec « Bella-Vista » trois autres nouvelles, où elle illustre de graves sujets : l'ambiguïté sexuelle, l'inceste et l'avortement, paraîtra chez Ferenczi à la fin de 1937 [13]. Pendant ce séjour de l'été de 1936 à la Treille muscate elle a lu la *Vie de Jésus* de Mauriac ; quelle impression retira-t-elle de cette lecture ? Ce sujet la voit toujours très discrète, exception faite de la remarque qu'on a lue sur les prêtres de Séville.

La crise dite de 1929 a appauvri les pauvres et enrichi quelques-uns qui ne l'étaient pas. L'évolution de la presse est un signe des bouleversements qui ont eu lieu pendant les années 30. Une quantité de revues apparaissent qui montrent la vitalité de certains secteurs de l'économie, et leur enrichissement. Constructeurs d'automobiles et industrie pharmaceutique tiennent le haut du pavé. C'est l'époque où naissent ou se développent, soutenues par une branche de l'économie ou financées par une entreprise, les revues *Art et médecine*, *Art et industrie*, la *Gazette Dunlop*, la *Revue des sports et du monde*, *Mathis*, *Ford* qui devient ensuite *Revue Matford, Fiat* (qui n'a rien à voir avec la firme italienne, laquelle est née bien plus tard, mais qui est éditée par la Société industrielle de mécanique et de carrosserie industrielle [SIMCA])... Vendues en kiosque ou réservées aux cadres et aux clients d'une société, elles ont toutes pour points communs le luxe de la présentation et la qualité des collaborations. Les mêmes signatures reviennent d'une revue à l'autre : Tristan Bernard, Francis Carco, Jean Cocteau, Curnonsky, Roland Dorgelès, Pierre Mac Orlan, François Mauriac, Jean-Louis Vaudoyer... Henri Duvernois, Paul Morand et Colette forment, dans les années 1925-1940, un trio quasiment inséparable (jusqu'en 1937 pour Duvernois...) : la signature de l'un annonce celle des deux autres.

Colette donne, si l'on ose dire, un texte à *Art et médecine* en 1932, deux en 1933, un en 1935, et un dernier en 1936 – signé pompeusement « Colette de l'Académie royale de Belgique » ; deux à la *Gazette Dunlop*, en 1932 et en 1935 ; trois à la *Revue Matford*, dont « Les Animaux et leurs Petits », en janvier 1937, texte qu'elle reprendra en préface au volume collectif *Le Mystère animal* (Plon, 1939) et partiellement sous le titre « Le Petit Chat retrouvé » dans *Journal à rebours* (1941) – ce qui est un exemple parmi de nombreux autres de ce que Colette était capable de faire pour tirer parti de ses textes ; deux textes par an à la revue *Fiat*, de 1936 à 1938, comme celui qui deviendra *Avril. Un chapitre anticipé du « Blé en herbe »*.

Ces collaborations sont pour elle le superflu. Le nécessaire, elle le tient des éditeurs. Elle est et restera fidèle à Ferenczi. Cependant, elle est un moment tentée par les offres que lui fait Bernard Grasset, l'un des grands de l'édition française et le rival de Gallimard. Il n'a obtenu d'elle qu'un roman, *La Chatte*, en 1933. Mais cette publication avait été pour lui une victoire : « Nous avons la joie de pouvoir compter enfin Colette parmi nos auteurs. Le plus grand écrivain féminin français nous donne dans "Pour mon plaisir" un roman qui sera le joyau de la nouvelle série, si riche cependant en grandes œuvres. Nous voulions le signaler tout spécialement à MM. les libraires », clame-t-il dans la *Bibliographie de la France* du 19 juin 1933, lorsque l'ouvrage paraît. Depuis plusieurs années il essayait de débaucher Colette de chez Ferenczi. Pour la séduire il avait entrepris la publication des « Œuvres de Colette » dans la série « Bibliothèque Grasset », qui comptait déjà des « Œuvres » de plusieurs écrivains notoires de la maison – la première publicité annonçait « Œuvres complètes de Colette »... En à peine plus d'un an il avait publié *Chéri* (30 mai 1928), *La Fin de Chéri* (22 septembre 1928), et en 1929 *La Vagabonde* et *L'Entrave* (5 et 10 janvier), *La Seconde* (9 mars), *La Paix chez les bêtes* (8 juin). La cadence dans la publication se ralentit : *La Retraite sentimentale* fut imprimée en décembre 1929, *Les Vrilles de la vigne* en août 1930, *Le Voyage égoïste* en juillet 1931, *L'Ingénue libertine* en mars 1932 et *La Chatte* en juin 1933 (quelques jours après la publication dans la collection « Pour mon plaisir »). *L'Envers du music-hall*, *La Maison de Claudine*, *Mitsou*, annoncés – et le dernier titre avec une particulière insistance –, ne parurent pas. Les volumes, bien imprimés, présentés avec élégance, comme tous ceux qu'il publiait dans cette collection, étaient tirés à environ deux mille cinq cents exemplaires. *La Seconde* avait été l'objet de tiraillements entre l'éditeur principal, Ferenczi, et Grasset. Grasset voulut probablement prendre Ferenczi de vitesse et donner à son édition la valeur d'originale ; Ferenczi réagit – ainsi que le laisse entendre la mise au point des éditions Bernard Grasset dans la *Bibliographie de la France* du 8 février 1929 : « Nous devons à l'obligeance de MM. Ferenczi et fils de pouvoir publier en édition de bibliothèque ce très beau *livre inédit* de COLETTE en même temps qu'ils le font paraître en édition ordinaire à 12 F. / Mais nous signalons expressément à MM. les Libraires que notre édition Bibliothèque Grasset ne saurait être considérée en aucune façon comme faisant partie de *l'édition originale qui est exclusivement constituée par les papiers annoncés par MM. Ferenczi et fils à la* Bibliographie de la France *du 1er février 1929.* » L'annonce précisait ensuite le détail du tirage, lequel était limité à 2 260 exemplaires. La semaine suivante, Ferenczi faisait savoir à ses clients libraires que les 4 140 exemplaires sur grands papiers étaient entièrement souscrits. Certes, les années 1930 furent, à propos des exemplaires dits de tête, une époque d'inflation ; néanmoins, la rapidité avec laquelle la souscription fut couverte est un des signes de la notoriété de Colette en ces années.

Bernard Grasset, donc, se montrait insistant. Dès avril 1932, lorsqu'il donne le programme de la troisième série de sa collection « Pour mon plaisir », il informe les libraires de la publication, en juin ou en juillet, du roman de Colette *Le Chien de pique* – on se rappelle que c'est le premier titre de *La Chatte* ; le même programme est publié en mai. Il n'est pas dans les habitudes de Colette d'annoncer de façon aussi précise la publication d'un roman avant qu'elle soit bien avancée dans la rédaction. La publicité était prématurée ; on peut la lire comme une façon de « forcer la main » à l'auteur. En mars 1933, en publiant le contenu de la quatrième série de la collection, Grasset fait remarquer : « Elle marquera l'entrée à notre librairie de Colette, qui nous donne un roman, *La Chatte*, et d'André Suarès [...]. » Toutefois, Grasset, s'il comptait s'attacher Colette, est loin d'avoir gagné la partie : tant qu'elle le pourra, Colette restera fidèle aux frères Alex et Henri Ferenczi, et c'est parce qu'ils devront fuir Paris qu'elle s'adressera à d'autres éditeurs pendant la guerre. Avec Grasset, ce n'est qu'« une collaboration hors série [14] » ; Colette ne semble avoir cédé que pour avoir la paix.

Les relations n'en resteront cependant pas là. En février 1936, Bernard Grasset publie les *Textes choisis de Colette* dans la collection « Classiques contemporains à l'usage de la jeunesse et des écoles » – en même temps que les *Textes choisis d'André Maurois*, les premiers sont présentés par Pierre Clarac, les seconds par Édouard Maynial –, puis, au début d'avril, le *Discours de réception* à l'Académie belge.

Ils se sont vus dans un restaurant, et de la Treille muscate (donc entre le 16 et le 30 avril 1936) elle lui écrit qu'elle pense à cette conversation d'« il y a un mois environ. Elle m'est souvent revenue à l'esprit. Avez-vous renoncé à un dessein auquel je souscrivais entièrement ? » Au retour, ils se revoient, et Grasset s'enflamme ; le 7 mai il sort le grand jeu :

> Chère et grande amie,
>
> Je suis ravi de ma conversation avec vous de ce matin, qui m'a ouvert tous les horizons en ce qui vous concerne. Donc, pour notre traité général, c'est-à-dire la totale acquisition par ma firme de votre œuvre, d'abord conversation de vous-même avec les Ferencsy *[sic]*, puis rencontre de nous deux. Et vous verrez que tout sera simple, car j'ai beaucoup de monnaies d'échanges avec les Ferencsy. Ils sont en effet pour la moitié de ma production, mes imprimeurs. J'ai en outre mille moyens de leur être agréable au point de vue des éditions à bon marché, après un certain temps : ce que j'appelle le « bazar », qui n'est pas de mon métier [15].

Il poursuit en se réjouissant qu'elle ait accepté d'écrire un petit livre, « Femmes », pour sa nouvelle collection : « C'est une grande promenade libre que je vous demande, des choses écrites au jour le jour qui ne seront en rien pour vous une tâche, mais un plaisir. » Colette écrire avec plaisir ! Et il joint à sa lettre un contrat : 10 % jusqu'au quinzième mille, 15 % au-delà ; à-valoir de 3 000 F pour les cinquante premières pages, 3 000 F à la remise de la fin du manuscrit. Il y avait de quoi tenter Colette qui devait de l'argent au fisc, comme le prouve son dossier chez cet éditeur : en décembre 1935, elle devait plus de 19 000 F aux Impôts, somme qu'il faut multiplier par 2,5 environ pour obtenir des francs actuels. L'administration faisait opposition au paiement des droits d'auteur. La main levée est du 18 février 1936.

« Femmes » ne fut pas écrit, et Grasset dut abandonner le projet d'acheter à Ferenczi la totalité des œuvres qu'elle avait publiées chez lui et qu'elle continuera à publier. Colette reste fidèle à Ferenczi, qui lui concédait peut-être des droits supérieurs, et le reprendra pour éditeur à la Libération. Après l'assaut de 1936 les relations de Grasset et de Colette restent cordiales, mais Grasset n'obtiendra aucun texte nouveau.

Indépendamment de l'admiration qu'il avait pour elle, on comprend qu'il ait voulu attirer Colette dont la réputation ne cessait de grandir. *Comœdia*, le 1er mai 1934, avait publié le chapitre du *Style au microscope*, livre paru aux Éditions de la *Nouvelle Revue critique* et dont le mystérieux auteur se dissimulait sous le pseudonyme de « Criticus »[16] : une très fine analyse des premières lignes de *Chéri*. L'anonyme se demandait si « le fait d'un talent reconnu par le *consensus* universel » ne pourrait pas « porter les délicats à supposer que cette renommée a quelque chose de tant soit peu surfait ». La réponse est simple : « le génie d'écrivain de Colette » éclate dans cette page. Cette analyse n'est pas sans rappeler l'explication de texte que Paul Reboux avait proposée dans *Le Capitole* de décembre 1924 et reprise en 1925 dans *Colette ou le Génie du style* d'un passage périlleux de *L'Ingénue libertine*. Lequel Reboux poursuivait sa croisade en faveur de Colette sur les ondes de Radio-Paris et dans les *Cahiers* de ce poste national[17]. Dès 1930, il donnait un « À la manière de... Colette ». En diverses circonstances, il lit des pages de Colette. Son admiration s'accompagnait de réserves morales, comme il appert d'une lettre par laquelle il remerciait Adrien Fauchier-Magnan de lui avoir communiqué le discours de réception de Colette à l'Académie de Belgique :

> Vous avez raison, cher ami ! Ce discours est un enchantement ! Il efface les scrupules que j'avais pour donner tout mon cœur à Colette. Je la croyais méchante. Voilà la preuve que son cœur était capable d'effusion et que sa souveraine intelligence lui permettait d'exprimer, de la plus admirable façon, les sentiments à la fois les plus ardents et les plus délicats.
>
> Je vous remercie de m'avoir donné la joie de pouvoir aimer désormais Colette sans réserves [18] !

À la radio, il arrive que Colette dialogue avec Frédéric Lefèvre. Des actrices de la Comédie-Française et d'autres théâtres lisent de ses textes. En 1937, elle est sollicitée par le Poste Parisien pour faire, pendant quelques mois, une causerie hebdomadaire, destinée à l'auditoire féminin de la fin de l'après-midi. Elle « y parlait de problèmes quotidiens, d'enfants à accueillir, d'animaux à adopter, de relations familiales [19] » et, bien entendu, de sa mère.

Cette demande est révélatrice de l'infléchissement de l'image de Colette dans les milieux de la presse et de la radio : on lui demande de plus en plus de s'adresser *aux femmes*, on réduit son auditoire, sa portée, et, paradoxalement, Colette se laissera enfermer dans ce domaine restreint, acceptant même, au printemps de 1939, de répondre régulièrement au « courrier du cœur » de *Marie-Claire*. Et ses ultimes chroniques, celles qu'elle assure dans *Le Petit Parisien* jusqu'en décembre 1941, jusqu'à l'arrestation de Maurice Goudeket, sont scandées par des « mes chères femmes » insistants.

Au début de 1939, le programme annonce dans la série de Roger Goupillières « Les Quartiers de Paris », promenades illustrées au moyen d'enregistrements évoquant l'atmosphère des différents quartiers de la capitale, « Les Halles » par Colette (21 janvier) ; dans la série de Paul Castan « Le Quart d'heure de la fantaisie » : « Ce qu'elles disent lorsqu'ils ne sont pas là » par Colette ; et, pour le 28 mars, dans « La Vie drôle », « Les drôleries des bêtes ». C'est le vendredi que Colette s'adresse aux femmes :

> Ce rapport confiant avec l'univers féminin, elle le goûte infiniment. Des auditrices lui écrivent, plus nombreuses encore que ses lectrices. C'est dire le courrier impressionnant que reçoit chaque jour le grand écrivain. Des

lettres rapides, touchantes, souvenirs signés de l'endroit où ses correspondantes se trouvent à l'écoute, témoignages d'admiration, pour la plupart, de femmes jeunes, partant ingénues et fort émouvantes [20].

Marcel Berger est un autre auditeur plein d'admiration, qui lui reproche cependant ses repentirs (pas plus que dans la conversation il ne faut se corriger lorsque fourche la langue) :

> Colette remplissait son rôle avec le maximum de zèle, de bonhomie, de gentillesse. Elle faisait appel à sa mémoire ; elle parlait de lettres reçues ; elle remerciait tels auditeurs de lui avoir signalé tel trait ou telle page concernant les bêtes. La brave voix bourguignonne restituait son humanité à la déesse du style. C'était émouvant et cordial [21].

On voit ainsi que Colette est devenue un auteur pour le grand public, qu'elle a quelque chose à apporter à ses lecteurs et lectrices comme à ses auditeurs et auditrices, qu'elle est un classique vivant. À la fin de 1939, elle va même devenir une voix de la France.

Le 17 janvier 1937, Colette était arrivée à Nice, avec Hélène Jourdan-Morhange pour s'y remettre d'une grippe à rechutes. Le 19, sur la promenade des Anglais, elle est attaquée par un malfaiteur qui lui arrache son sac à main contenant environ 3 000 F et divers objets personnels, dont son « permis de conduire au véritable nom de Mme Colette : Mme S. Joudeket *[sic]* [22] ». Elle donne le signalement de son voleur : « plutôt l'allure d'un danseur mondain que d'un bandit ». On le recherche. La victime fait insérer l'annonce suivante : « J'informe la personne que j'ai bousculée hier soir par inadvertance que je tiens beaucoup à mes papiers. Signé : COLETTE [23]. » Le voleur fut sensible à cette astuce. Il avait jeté à proximité le sac qui fut rapidement retrouvé. Il n'avait pris que l'argent qu'il lui fit remettre accompagné de ce billet : « La personne présente qui vous écrit ignoré *[sic]* votre personnalité et vous prie de vous assurer que je regrette pour l'autre soir. / Pour les autres billets, je les ai plus [24]. » Devant ce geste digne d'un Arsène Lupin, elle retira sa plainte. Elle quitta Nice le 24 et, de retour, elle déclara : « Désormais, je ne veux plus être volée ailleurs qu'à Nice ! », et elle écrivit à un M. Marlio, qu'elle n'avait pu le voir, décidée d'avance « à faire la sauvage », mais qu'elle reviendrait, « car on ne quitte pas aisément une ville où les pickpockets rapportent l'argent » *.

L'activité de Colette se ralentit un peu pendant les premiers mois de 1937, sans doute parce qu'elle s'est mal remise de sa grippe et d'une bronchite tenace. Le Vendredi saint 26 mars, elle repart pour le Midi et elle compare le flot des voitures (déjà !) à l'encombrement sur les routes, le 2 août 1914, quand elle quittait la Bretagne pour Paris [25]. Elle ne reste à la Treille muscate que quelques jours [26], rappelée par ses fonctions de critique dramatique. Elle assiste ainsi, le 21 avril, aux Bouffes-Parisiens à la création de l'opérette *Trois valses,* livret de Léopold Marchand et Albert Willemetz, musique d'Oscar Straus, dont le succès est aussi assuré par Yvonne Printemps et Pierre Fresnay. Et elle va préparer une conférence sur « Le Cœur et les Bêtes » qu'elle donnera le 12 mai à la salle Chopin de l'immeuble Pleyel **. C'était l'occasion de confirmer la légende, et le reporter de *Marianne* ne manque pas d'écrire (26 mai) : « Il y a quelque chose de sacré dans l'amour qu'elle leur porte comme dans la vénération qu'elles lui vouent... » Il notait toutefois qu'elle aime peu les oiseaux, qui la déconcertent « avec cette manière qu'ils ont, au repos, de croiser leurs bras sur le dos », comme Napoléon...

Si l'on ne savait pas qu'une Exposition universelle, la dernière avant le conflit mondial, s'est tenue à Paris, inaugurée le 24 mai au milieu des gravats et opposant le pavillon de l'Allemagne nazie à celui de la Russie stalinienne, ce n'est pas Colette qui nous l'apprendrait. Autre marque de son indifférence à l'actualité politique, car il s'agissait bien d'un événement politique. Colette collabore néanmoins à l'ouvrage *Paris 1937* édité à cette occasion par la Ville de Paris.

Loin de la foule, elle est à la Treille muscate du 15 juillet au 6 septembre, même si elle supporte de moins en moins bien la ruée des estivants sur la Côte.

---

* Coll. part. – Dans *Près de Colette,* Goudeket date cette aventure du printemps 1940 et l'enjolive encore : « Mais Colette avait déclaré un chiffre rond et se souvint ensuite qu'un des billets de mille francs était entamé, de sorte que ce charmant et délicat voleur en fut de sa poche » (p. 180). Si l'on veut être précis, selon *L'Éclaireur de Nice et du Sud-Est* du 21 janvier 1937, Colette avait déclaré la perte de « deux billets de mille, un billet de cinq cents, quatre billets de cent, et cent francs en monnaie », soit, effectivement 3 000 F.

** Cette conférence est organisée par la société « Feux croisés » que préside le philosophe Gabriel Marcel.

Le 9 octobre, *Le Figaro* annonce que, le 13, l'Académie Goncourt procédera à un vote pour donner un successeur à Gaston Chérau. L'un des électeurs dit (de nouveau) : « Mme Colette mérite nos suffrages. » Mais d'autres tiennent pour Pierre Mille, André Suarès, René Benjamin, Alexandre Arnoux ; Francis Carco « serait un élu prestigieux », et c'est lui qui est élu. Il a publié *À l'amitié* dont Colette reçut un exemplaire portant cet envoi : « À ma chère Colette sans oublier ni négliger ma grande admiration. » L'année suivante, le 25 mai, c'est René Benjamin qui sera élu au couvert de Raoul Ponchon. Le 16 octobre 1937, elle participe avec François Mauriac et Jacques de Lacretelle, à la Comédie des Champs-Élysées, à un débat sur le roman, annoncé par *Le Figaro*. En fait, elle s'est contentée d'envoyer un message ; c'est le texte que ce même quotidien insère le 30 octobre, « Mes idées sur le roman ». En fait, il n'y a pas d'idées. Colette constate simplement qu'elle n'a jamais « écrit un roman, un vrai, une œuvre d'imagination pure, libre de toute allusion de souvenir et d'égoïsme, allégée de moi-même, de mon pire et de mon meilleur, enfin de la ressemblance » – n'est-ce pas pour cela que nous aimons son œuvre ? – et que ce qu'elle appelle « de vrais romans, ce sont ceux que je lis, et non ceux que j'écris ».

Le 23 novembre, l'Académie royale de langue et de littérature françaises de Belgique est reçue à Paris par l'Académie française à laquelle d'aucuns ont rêvé pour Colette, mais la Française est alors misogyne. C'est donc comme académicienne « belge » que Colette prend part au déjeuner offert par l'ambassadeur de Belgique* et peut-être ensuite à la séance sous la Coupole.

L'année 1937 s'achève pour elle sur la conférence « La poésie que j'aime », qu'elle donne, le 10 décembre, à l'Université des Annales avec le concours de Marguerite Moreno, qui lit des vers, et de Suzanne Després, qui lit des proses de Colette**. Le texte en sera publié dans *Conferencia* du 15 novembre 1938 et

* Dans l'un de ses *Carnets*[27], à cette date, le cardinal Baudrillart, recteur de l'Institut catholique, note à propos du déjeuner : « Colette est à la droite de l'ambassadeur, avec ses pieds nus dont les ongles sont peints en rouge ; [...]. »

** Une troisième personne, Madeleine Milhaud, la femme du compositeur, a raconté comment elle devait participer à cette conférence pour laquelle Colette lui avait indiqué une fausse date et comment elle arriva en retard pour lire cependant un texte de Carco. Voulant la consoler, Colette l'invita à participer avec elle à une causerie qu'elle devait faire le 14 décembre aux « Étudiants étrangers » – « à l'œil », précise-t-elle[28].

recueilli, posthume, dans *Paysages et portraits*. On ignore généralement que des propos souvent rapportés constituent le début de cette causerie (car c'est plutôt une causerie) :

> Je puis vous affirmer, soit à titre de renseignement, soit pour vous rassurer, que cette causerie, à aucun moment, ne s'élèvera jusqu'aux idées générales. Quel que soit l'âge d'une femme, elle n'abandonne pas la coquetterie. Or, il y a trois parures qui me vont très mal : les chapeaux empanachés, les idées générales et les boucles d'oreille. Je les fuirai donc ici comme partout. Se peut-il, d'ailleurs, que la poésie et les poètes s'accommodent d'idées générales ?

Puis, Colette se présente comme « un individu d'une espèce extrêmement rare, une sorte de monstruosité : un prosateur qui n'a jamais écrit de vers ». Apportons-lui immédiatement un démenti : en octobre de cette même année, les Éditions Henry Lemoine ont publié à Bruxelles, *Le Rouge-Gorge*, poème inédit de Colette, musique de Jean-Michel Damase.

Tremblez
Je suis le Rouge-Gorge
Voyez sur ma poitrine le signe vermeil
et dans mon œil le feu des constantes victoires.
Maître incontesté de ces bois
Je règne et je veille sur celle
qui couve la fleur de ma race.
Tremblez
Je suis le Rouge-Gorge. [Etc.]

Le compositeur, né en 1928, n'avait que 9 ans ! Il l'avait rencontrée grâce à Hélène Jourdan-Morhange. Pour lui, elle écrivit aussi *La Perle égarée* et *Mon âne*[29].

Autre démenti : en mars 1938, les Éditions Salabert publient *Le Portrait*, poème de Colette, musique de Francis Poulenc, dédié à Hélène Jourdan-Morhange[30]. Le texte est en prose rythmée et retrouve un peu la lointaine inspiration des poèmes en prose des *Vrilles de la vigne* :

> Belle, méchante, menteuse, injuste, plus changeante que le vent d'avril, tu pleures de joie, tu ris de colère, tu m'aimes quand je te fais mal, tu te moques de moi quand

je suis bon. Tu m'as à peine dit merci lorsque je t'ai donné le beau collier, mais tu as rougi de plaisir comme une petite fille le jour où je t'ai fait cadeau de ce mouchoir, et tous disent de toi : C'est à n'y rien comprendre.

Mais je t'ai, un jour, volé ce mouchoir que tu venais de presser sur ta bouche fardée. Et avant que tu ne me l'aies enlevé d'un coup de griffe, j'ai eu le temps de voir que ta bouche venait d'y peindre, rouge, naïf, dessiné à ravir, simple et pur, le portrait même de ton cœur.

« La poésie que j'aime » est un texte indigent, qui accorde une place excessive à la poésie spontanée des enfants, à Musset dont, adolescente, elle reçut, « en plein cœur, le choc » (un choc dont il est, en effet, difficile de se remettre), à Verlaine, qui l'a fascinée, à Carco, à Mme de Noailles [31] et à Hélène Picard. Si elle cite deux vers de Victor Hugo, elle ne nomme ni Baudelaire, ni Rimbaud, ni les symbolistes belges, ni Apollinaire. De cette causerie elle ne devait pas être particulièrement fière, puisqu'elle ne l'a pas reprise dans l'un de ses derniers recueils. On comprend que les amateurs de poésie la tiennent à distance, oubliant d'ailleurs qu'avec Rousseau et Chateaubriand elle est un de nos plus grands poètes en prose [32]. Sauvons une remarque qui prouve qu'elle était habitée par l'alexandrin : ce vers, elle a cherché à l'extirper de sa prose, sans y parvenir toujours, avoue-t-elle. Et ajoutons qu'elle a parfois trouvé d'autres accents pour parler de la poésie. Il suffit de voir ses lettres à Carlos de Lazerme, à Albert Mockel, à Yves Bescou [33], surtout à Hélène Picard et l'hommage posthume qu'elle a rendu à celle-ci. En 1937, Béatrix Reynal lui dédicace ses *Tendresses mortes* (Grasset), poèmes où cette Française du Brésil évoque son enfance et sa jeunesse ; Colette écrira pour elle un article destiné à un périodique brésilien. En 1939, elle sait remercier Valéry de *La Cantate du Narcisse*. Le 2 novembre 1943, elle fera à Moreno l'éloge de l'*Introduction à la poésie française* de Thierry Maulnier (Gallimard, 1939), ajoutant : « Et tout à la fin il y a les beaux vers de Catherine Pozzi. » C'est à peu près le moment où Henri Mondor arrive à l'intéresser à Mallarmé. Lorsqu'elle parlait platement de la poésie, c'est peut-être qu'elle se faisait une piètre idée du public des *Annales* auquel elle s'adressait. À la fin de sa vie, on verra l'intérêt qu'elle porte à la poésie de Lucienne Desnoues. Néanmoins…

1937 n'a pas été une année faste. On sent aussi un certain essoufflement : elle a 64 ans. Mais elle va bientôt réagir.

Colette emménage en janvier 1938 dans le dernier appartement qu'elle occupera à Paris : au premier étage du 9, rue de Beaujolais, avec vue sur les jardins du Palais-Royal dont elle va faire sa province. Une province littérairement peuplée, où à 2 heures du matin on voit encore briller des lumières : celle de Colette qui, après une générale, résume ses impressions de spectatrice, celle de Paul Reboux, « celle de Robert Baze, préparant un de ses travaux d'impression[34] ». Logent aussi dans ce lieu historique Emmanuel Berl et Mireille, Pierre Lazareff, directeur de *Paris-Soir*, Marcelle Vioux. Et n'oublions pas Jean Cocteau qui s'y installe au début de la Seconde Guerre et dont en mai 1941 elle évoquera « L'Entresol du poète » dans *Le Petit Parisien.*

Sa stabilité est retrouvée dans un monde qui branle sur ses bases : en mars 1938, Hitler annexe l'Autriche... Mais les Français préfèrent croire que, malgré cette grande menace à l'est, rien ne change. Après une longue absence, Mistinguett ne triomphe-t-elle pas au Casino de Paris[35] ? Il faut profiter des dernières semaines de la douceur de vivre. Du 4 au 17 mars se tient à la galerie de l'Élysée l'exposition Vertès, dont le catalogue est préfacé par Colette qui doit bien cela à un de ses portraitistes attitrés[36].

Elle passe quelques jours d'avril à la Treille muscate, dans « un midi soleilleux et glacé[37] ».

Sa fonction de critique dramatique au *Journal*, qu'elle exerce depuis 1933, lui pèse de plus en plus. Le 13 juillet, de la Treille, elle écrira au Petit Corsaire : « Songe que je viens de me séparer – oh ! sans orages – du *Journal*, et de signer avec *Paris-Soir*. Je ne peux pas bouger tout de suite. Mais l'an prochain, si Dieu me prête vie, peut-être *Paris-Soir* soi-même m'enverrait-il au loin... ? » Le 5 juin paraît sa dernière chronique* ; du 23 juin au 8 juillet *Paris-Soir* publie *Le Toutounier*. La collaboration de Colette à ce quotidien du soir est diverse[38]. Elle reprend des textes déjà publiés comme « Le Curé sur le mur » de *La Maison de Claudine* ; elle fait l'éloge de Maurice Chevalier, et elle n'aura pas longtemps à attendre pour aller au loin. Mais d'abord repos, soleil et vacances.

Après s'être assuré que sa fille, opérée d'une appendicite par le professeur Henri Mondor, se porte bien, elle gagne la Treille

* Mais non son dernier article qui, consacré à l'empoisonneuse Marie Becker, paraît le 12 janvier 1938 ; il sera repris en 1941 dans *Mes cahiers*.

muscate où elle séjourne, pour la dernière fois, du 8 ou 10 juillet au 6 septembre. Le 19 août, en compagnie de Goudeket, elle a passé la soirée chez Édouard Bourdet, à Tamaris-sur-Mer (près de La Seyne). Bourdet est son ami et il s'intéresse à la pièce *Chéri*, plus que son prédécesseur Émile Fabre.

> Prévoyant quelque résistance du côté du Comité, il demande une discrétion absolue jusqu'à son retour à Paris le 1er septembre. Tu permets que je résume sans phrases ? Rien à changer à La Berche et consortes. Suppression de quelques expressions (« on n'est pas maquereau avec 300 000f de rentes » etc.). Puis il m'a proposé un ravalement de tout ce qui fait – nous étions jeunes ! – théâtre de Bataille, et dans ce domaine j'ai été plus sévère encore que lui. Je lui ai contre-proposé de faire sauter complètement le rôle de Masseau, et surtout la scène entre les deux femmes au dernier acte. Dernier acte : pas d'Edmée. Chéri et Léa, et serrer le roman au plus près. Ah ! si nous pouvons travailler quelques jours, toi z'et moi, à Costaérès entre le 1er et le 15... Bourdet est pressé [39].

Le 31 août, Bourdet faisait quelques suggestions, demandant que les auteurs restassent le plus près possible du roman et proposant – ce qui était une erreur – une scène entre Chéri et Edmée dans laquelle Chéri confierait son désappointement après avoir revu Léa. La lecture ne pourrait intervenir avant novembre. « D'ici là, je tâterai discrètement les fronts chenus du comité – pour les jeunes, je suis tranquille – car il ne faudrait pas qu'ils nous jouent un mauvais tour [40]. » Les « fronts chenus » manifestèrent sans doute leur opposition, et les événements politiques les y aidèrent. Le projet sera de nouveau abandonné, et Colette devra rabattre sa satisfaction sur l'adaptation de *Duo* par Paul Géraldy, créée au théâtre Saint-Georges le 10 octobre et dans laquelle brille Valentine Tessier ; elle lui écrit à cette occasion ou à une autre :

> Valentine, vous êtes des pieds à la tête un grain de muscat, chaleureux et doré ! [...] Nous voulons tout ce qu'il y a de plus beau en fait de Valentine : des cheveux lumineux, un beau corps dans une jolie robe, et cette belle gueule bien vivante qui n'est qu'à vous [41].

Entre août et octobre 1938, quel mois de septembre ! En raison des menaces que Hitler fait peser sur l'Europe centrale, la France, le 3 septembre, procède à une mobilisation partielle. Le 6, à Nuremberg, Hitler annonce ses revendications sur les Allemands des Sudètes. Le 24, la France mobilise un million d'hommes. Cela n'empêche pas Colette de penser au garde-manger. Le 14 septembre, elle envoie une lettre dactylographiée à Henri Marcellini, de Nice, fabricant d'huile d'olive : elle lui demande « ce qui contient le plus de soleil du midi, c'est-à-dire la sincère, la fraîche huile d'olive [42] ». Elle le remercie d'une lettre autographe :

> Cher Monsieur, cette huile parfaite n'est pas de celles qu'on verse sur le feu. Bien au contraire, elle est un baume. N'en arrosait-on pas les plaies autrefois ? Elle est d'autant meilleure que Paris se fait noir. Aujourd'hui 26 septembre nous désirons tous vieillir, de quelques heures au moins. Je vous envoie un grand merci, cher Monsieur, et vous assure de mon sentiment cordial.
>
> COLETTE.

Renée Hamon, le 27 septembre, se rend chez Colette pour lui demander de se réfugier à Auray.

> Ta suggestion d'aller en Bretagne – lui répond-elle – me séduit. Tu entends, Maurice, il y a un hôtel qui s'appelle La Tour d'Auvergne avec une chambre mauve ! Pauline, nous emporterons deux boules d'eau chaude et sept couvertures. Oui, Chatte, nous vous emmènerons aussi [43].

Bien entendu, elle n'en fit rien, et elle eut raison. C'est à cette occasion qu'elle donna sa définition de Hitler :

> Un monsieur végétarien qui ne mange que des flocons d'avoine à midi et parfois un œuf le soir… Un monsieur qui ne fait pas l'amour, même pas avec les hommes… Une belle comédienne ! Sais-tu qu'il ne parle que devant une table ? Il y a des manettes ou des boutons électriques invisibles. Ils lui permettent de préparer ses discours… mais oui, lorsqu'il arrive à un moment pathétique il appuie sur un bouton et un éclairage savant… Hop ! sur un petit bouton et voici sa « claque » !

C'est plutôt le grotesque personnage de Charlie Chaplin que le conquérant qui allait soumettre une partie de l'Europe.

Le 30 septembre sont signés les accords de Munich, autrement dit la capitulation de l'Angleterre et la première capitulation de la France. On se rappelle le mot historique par lequel Sartre conclut *Le Sursis*. Daladier voit la foule qui est venue l'acclamer au Bourget : « Il se tourna vers Léger et dit entre ses dents : / " Les cons ! " » La petite vie allait reprendre pour quelques mois.

Le 17 octobre, Colette écrit à Renée Hamon :

> Voilà que *Paris-Soir* me veut mettre à toutes les sauces. Non seulement je dois aller à Fez en novembre pour les audiences d'un extraordinaire procès criminel, mais il me faudra faire un reportage d'été, – mettons juin, – et qui durerait *un mois*, en France.

De ce reportage d'été il ne sera plus question. L'arthrite le rendra impossible et si l'année suivante, 1940, Colette traversa la France, ce fut pour fuir les Allemands. En revanche, elle a séjourné au Maroc du 10 au 18 novembre 1938 pour suivre à Fez (elle descend au Palais Jamaï) le procès d'assises d'Oum-el-Hassen, propriétaire d'une maison close, accusée d'avoir assassiné des prostituées. Elle ne sera condamnée qu'à quinze ans de travaux forcés, car elle était très francophile et avait caché chez elle des officiers français qui lui durent la vie sauve lors des révoltes de 1912 et de 1925, et surtout parce que les victimes n'étaient que des... femmes. Dans les articles qu'elle envoie à *Paris-Soir* qui les publie les 15, 16 et 17 novembre et qu'elle recueillera en 1941 dans *Journal à rebours*, Colette décrit d'abord avec précision et poésie le voyage en avion, puis elle évoque son séjour déjà lointain dans une demeure fezzane que le Glaoui avait mise à sa disposition. Son compte rendu du procès est aussi objectif que possible ; on y sent comme une sympathie à la Stendhal pour la criminelle qui est aussi un être d'exception [44]. On voit que Colette a déjà retrouvé le tonus dont on regrettait un peu auparavant qu'elle parût privée.

Qu'elle l'ait retrouvé, le prouve encore le texte que lui ont inspiré les lithographies de Reine Cimière sur *Paris*, album de luxe tiré à 382 exemplaires et publié à la fin de 1938. Elle y entame le thème de sa province parisienne du Palais-Royal [45]. Et n'est-il pas étonnant que dans la partie commerciale de la *Biblio-*

graphie de la France du 16 décembre la *Revue des Deux Mondes*, à laquelle elle n'a jamais collaboré, annonce qu'elle publiera « des *Souvenirs* de Colette » ? Suite ne fut pas donnée. Le 4 décembre, elle indique son programme de travail à Hélène Picard : « Depuis une quinzaine, j'ai à mon actif, outre mon *Paris-Soir*, une plaquette de publicité pour une marque de tabac, un texte pour une réédition (enchanteresse) d'anciennes fleurs peintes par Redouté ; les épreuves du *Toutounier* (tu le recevras dès qu'il sera paru) et d'autres broutilles qui me servent à chauffer mon four. Maurice, de son côté... Enfin tu connais le refrain, et de quelles vertus se pare notre vie. » *Fleurs* paraîtra au début de 1939, à l'enseigne de la Librairie Denis, dans le *Choix des plus belles fleurs de P.-J. Redouté*, les planches étant imprimées par Mourlot frères[46]. Compte-t-elle parmi ces broutilles son importante collaboration à *Marie-Claire* ?

Le premier numéro de ce magazine a paru le 5 mars 1937*. Il tire bientôt à cinq cent mille exemplaires ; en 1938, il atteindra le million. Le fondateur en est Pierre Lazareff, voisin de Colette au Palais-Royal, et directeur de *Paris-Soir* qui, en 1937, atteint deux millions d'exemplaires. Lazareff s'inspire des exemples américains et il multiplie les photographies.

Le 6 janvier 1939, « Le Courrier de *Marie-Claire* » indique que chaque semaine le magazine demande « à l'un de nos plus grands écrivains d'étudier un cas que nous soumettent nos lectrices ». Dans ce numéro c'est Colette qui répond à une « Denise désespérée ». Celle-ci, 20 ans, a fait connaissance d'un jeune homme qui a déclaré l'aimer. Elle l'aime, mais, après les vacances, il lui dit qu'il n'a voulu que flirter. Réponse de Colette : « Quittez tout espoir ; il ne vous aime pas. » Si Denise nous avait interrogés, nous lui aurions répondu de même.

Le 27 janvier, la couverture annonce : « Ce 100e numéro de *Marie-Claire* est fait par Colette. » Celle-ci n'a pas ménagé sa peine. Elle donne quatre articles. « Pourquoi je les aime », fait l'éloge de Bette Davis dans *L'Insoumise*, de Simone Simon dans *Lac aux Dames*, de Michel Simon dans *Fric-Frac* et *Quai des brumes*, ce qui ne l'empêche pas de distribuer des compliments à d'autres interprètes. Un article est consacré au los de la Chatte –

---

* Le titre est repris du roman de Marguerite Audoux, *Marie-Claire* (Charpentier, 1910), qui racontait l'humble vie d'une femme. Ainsi, le magazine s'adressait à la majorité des femmes.

nous y reviendrons. Un troisième intitulé « Je suis bien chez moi, et vous ? » traite de l'installation au Palais-Royal. Un quatrième : « J'aime être gourmande », propose (et impose) des recettes : on y trouve celle du café au lait de concierge mentionné dans *Chéri*. Enfin, dans « Le Courrier de *Marie-Claire* » Colette répond à une jeune fille de 20 ans qui est fiancée, mais qui en aime un autre, avec lequel elle ne peut avoir aucun espoir pour l'avenir : cherchez-en un troisième ; c'est la sagesse même. Si elle n'a pas fait ce numéro 100, elle a fait beaucoup pour lui. Elle collabore encore au numéro du 31 mars, avec « Le Silence des enfants[47] », des tout petits enfants, dont la transformation « évoque l'iris qui s'ouvre, le grand pavot qui échappe froissé à ses boutons clos, la première heure humide du papillon », (« c'est toujours la même bête ! »), au numéro du 28 avril en répondant à la question : « Lequel préférez-vous ? », de Georges Carpentier, Jean Gabin, Gary Cooper, etc. Des douze elle choisit Maurice Chevalier, son ancien flirt[48]. Et au numéro du 18 août qui publie « La Trêve », nouvelle que reprendra *La Fleur de l'âge* en 1949.

Marie-Claire appartient comme *Paris-Soir* à Jean Prouvost, un des rois du textile dans le Nord, qui sera ministre de l'Information dans le dernier gouvernement de la troisième République et, aussi brièvement, haut commissaire à la propagande du gouvernement du maréchal Pétain... *Match* avait été au départ (1926) l'hebdomadaire sportif de *L'Intransigeant*. Prouvost le rachète en juillet 1938 ; il change la formule du périodique en s'inspirant directement de *Life*. Grâce à la publicité qu'il passe dans *Paris-Soir* le tirage monte de 80 000 à 450 000 exemplaires en octobre 1938 et à 1,1 million en octobre 1939[49]. Le 30 mars 1939, Colette y publie « Le Collier » et, le 25 mai, « Sagesse » qui sera repris sous le titre « Florie » dans *Florie* (Éditions de La Joie de vivre, 1946), puis dans *La Fleur de l'âge*. Et surtout, du 24 août au 28 septembre suivants « La Lune de pluie » qui suivra *Chambre d'hôtel* en 1940.

S'étant déprise de Saint-Tropez, Colette retrouvera la Côte d'azur dans d'autres conditions. « J'ai une envie terrible de Bretagne et de marées – confie-t-elle à Christiane Mendelys, le 5 juillet 1938[50]. Si nous en trouvons l'occasion nous dirons adieu à la Treille muscate, et je nous cherche un coin de mer *vivante*. Ne me donnes-tu pas raison ? Après 14 ans de vacances méridionales, pourquoi ne pas retourner à la côte qui sent bon l'iode ? » À la fin de 1938 ses regards se portent sur le Morbihan, où en septembre Renée Hamon l'invitait à se réfugier. Pourquoi ne pas chercher une maison dans cette région au climat doux ? Et d'abord passer Noël à Auray ? « J'aime bien – écrit-elle au Petit Corsaire – cette idée de Noël à Auray. Un bon réveillon chez Angèle [la propriétaire de l'hôtel de La Tour d'Auvergne], j'entraînerais les Luc-Albert Moreau et Morhange, et j'inviterais le petit Corsaire. Qu'en dis-tu ? » La destinataire ne pouvait rêver mieux. À la mi-décembre, le projet se précise. Mais, le 21 décembre, c'est « un désastre ». Le froid, la neige. « On n'a pas vu le Palais-Royal comme ça depuis Richelieu. De la neige épaisse, sur terrain dur comme granit, archigelé, elle n'a aucune envie de fondre. » Colette se confine « entre la cheminée, le divan et la lampe ». Mauvais temps et obligations retardent encore le séjour qui a finalement lieu du 7 au 17 février 1939*.

Le retour sera cruel. Dans le très beau texte qu'elle avait donné à *Marie-Claire* le 27 janvier, « La Chatte, celle qui n'a pas voulu d'autre nom », elle constatait que celle-ci, née le 25 décembre 1925, sa compagne depuis treize ans, avait vieilli : « Nous avons vieilli, la Chatte et moi – la Chatte plus vite que moi – côte à côte. Elle n'est plus aussi bleue ? Je ne sais quel beige de mauvais augure s'insinue dans son pelage qui est sous la main aussi lisse que celui du lièvre. »

> Cette année, elle hiverne longuement, dort un étrange sommeil du fond duquel elle étend, à tâtons, une patte sur ma main, une patte qui relie, à la réalité qu'éclaire ma lampe, le lieu déjà obscur vers lequel glisse la Chatte, et toutes les chattes, et la chienne bouledogue, et nous-mêmes...

La « bien-aimée Chatte sans reproche » était minée par un cancer. Après le séjour à Auray, Colette doit lui faire donner « la piqûre mortelle[51] » ; « ayant tout organisé pour 2 heures, j'ai passé ce dimanche de pluie [19 février] à la campagne. Quand je suis rentrée à la nuit, tout était fait [...]. / Ayant remis mon masque quotidien, je n'en parle plus. Vous – elle s'adresse à Germaine Patat[52] –, vous savez ce que c'est, vous, on peut tout vous avouer, même la lâcheté que j'ai mise à quitter une bête exceptionnelle ». Cette bête-là, Colette l'a vraiment aimée. Un

---

* Voir le chapitre précédent, p. 389-390. – Dans la lettre où Colette va annoncer à G. Patat la mort de la Chatte, elle lui déconseille d'aller à Auray.

Colette et Henry de Jouvenel, vers 1920.

Bertrand de Jouvenel, vers 1923.

Colette et Bel-Gazou,
à Castel-Novel, vers 1919.

Bel-Gazou et Henry de Jouvenel, à Londres (1924-1925).

À l'Académie Goncourt (vers 1950). *Debout, de gauche à droite*: Alexandre Arnoux, André Billy, Philippe Hériat, Armand Salacrou interrogé par un journaliste; *assis*: Colette et Francis Carco.

Colette
et la fidèle Pauline,
vers 1952-1954.

Les interprètes de *La Seconde* (Maria Casarès, André Luguet et Hélène Perdrière) viennent saluer l'auteur dans sa loge, le soir de la générale (22 janvier 1951).

Colette et les jeunes interprètes du film *Le Blé en herbe* (1954), Nicole Berger et Pierre-Michel Beck.

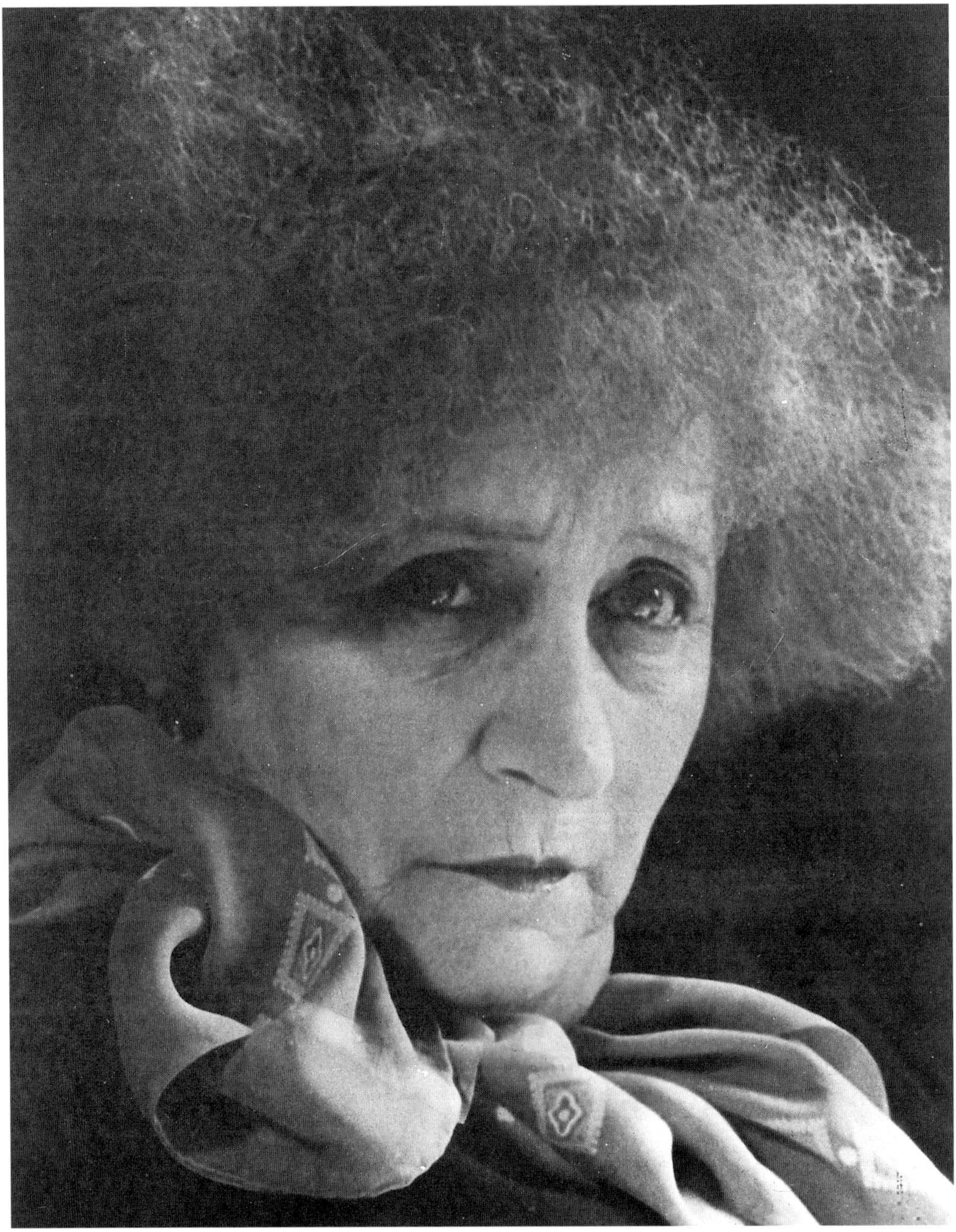

Colette, vers 1950.

mois plus tard, c'est Souci qui meurt. Elle ne reprendra plus de bête.

La mort s'affaire autour de Colette. Le 1er novembre 1938, Francis Jammes s'était éteint à Hasparren. Le 7 avril 1939, Claude Chauvière meurt. Et le 11 octobre, Polaire. Que de souvenirs à évoquer ! Mais Colette ne se complaît pas dans le passé. En mars, elle suit pour *Paris-Soir* le procès Weidmann, assassin condamné à mort le 2 avril par la cour d'assises de Versailles [53].

En février, elle a acheté la villa le Parc à Méré, près de Montfort-l'Amaury, bien que la Treille muscate ne soit pas encore vendue. Elle ne le sera qu'en juin, à l'acteur Charles Vanel, qui ne la conservera pas longtemps. « C'est vendu, mal vendu [54]. » Du 9 au 13 elle se rend à Saint-Tropez pour les formalités.

Entre-temps, du 12 au 25 avril, elle s'est rendue au château d'Alizay, hôtel situé dans l'Eure près de Rouen, pour y travailler à *Chambre d'hôtel*, qui porte d'abord pour titre « Gîte de hasard » [55], tandis que Goudeket écrit pour *Paris-Soir* une série d'articles sur des savants français. La maison de Méré est en travaux, des travaux qui n'avancent pas, qui avanceront plus lentement encore après la mobilisation générale. Elle le sera encore en juillet ; du 3 ou 4 au 12, Colette fera un séjour à Camaret, au Grand Hôtel de la Pointe-des-Pois, et du 12 au 28 août, elle sera avec Léopold Marchand à l'hôtel de Dieppe. C'est pendant ce séjour qu'on apprend la signature du pacte germano-soviétique, ce qui, par la double invasion prévue de la Pologne, signifie la guerre.

Le 1er mai 1939, Edmond Benisti scrute pour la *Revue de Paris* des mains d'écrivains. Celles de Colette lui font dire : « Vous êtes capable de rancune. — Rarement. Deux ou trois fois. Mais rancunes tenaces » ; « Je suis tutoyeuse et familière, mais pas liante » ; « [...] vous avez des dons de lucidité, de clairvoyance qui vont jusqu'à la double vue [...]. — C'est trop long à vous raconter. Il m'est arrivé de concevoir un sujet. Avant que le livre *(La Chatte)* ait eu le temps de paraître, le drame que j'avais *inventé* a eu *réellement* lieu. Étrange. » Et Chéri, et Bertrand, aurait-elle pu ajouter.

Le 17 mai 1939, *L'Enfant et les Sortilèges* est créé à l'Opéra de Paris. Georges Auric, dans *Paris-Soir* du 20 juin, fait l'éloge de la mise en scène et de l'exécution. « Lifar n'a jamais été mieux inspiré, [...]. Il a réalisé une véritable mise en scène, infiniment ingénieuse, où les acteurs, du premier au dernier, sont tour à tour entraînés par le plus spirituel des “mouvements perpétuels”. »

Malgré sa volonté de fer, Colette doit se ménager. Le 1er juin 1939, Renée Hamon note dans son Journal : « Son visage semble amaigri, son regard infiniment émouvant. Il y a en elle quelque chose que je ne peux définir : Une défaillance… » Colette s'explique :

> Si tu savais combien je me dégoûte depuis deux jours ! Je me dégoûte, je me dégoûte… Hier, je ne pouvais plus marcher… Vers minuit, j'ai pu enfin marcher avec Maurice. Je suis sortie avec les « Toutounier » (Luc et Moune) et j'ai eu une fringale terrible. J'ai mangé de l'oie aux petits pois, un grand triangle de tarte aux fraises… Et tout a passé. Je ne mange que ce qui me plaît, mais je ne pouvais marcher…

Pendant quinze ans, elle va devoir vivre avec une arthrite, à laquelle s'ajoute une arthrose de la hanche. (Précisons que, si l'arthrose est une dégénérescence des tissus osseux, l'arthrite est une inflammation des articulations.) Tous les traitements auxquels elle sera soumise ne seront que cautères sur une jambe de bois. En décembre, une radiographie confirmera le diagnostic.

3 septembre 1939 : la Grande-Bretagne et la France sont obligées de déclarer la guerre à l'Allemagne. « Je n'aurais jamais cru que le genre humain en viendrait là encore une fois », écrit Colette à Hélène Picard. Là et plus loin encore… Si Colette sait ce qui se passe dans l'Allemagne nazie (mais le sait-elle ?), elle doit craindre pour Maurice Goudeket. Au moment même, elle pense à Misz Marchand quand on apprend que, le 17, les Russes sont entrés en Pologne. Elle s'inquiète sans doute aussi pour les réfugiés allemands ou autrichiens qu'elle a rencontrés, comme Stefan Zweig qu'elle a vu chez Julien Cain, l'administrateur de la Bibliothèque nationale, voisine du Palais-Royal. Zweig lui a écrit, le 22 février 1938, qu'il n'avait pas osé alors lui avouer son admiration ; il espérait la revoir pour la lui dire. En a-t-il eu le temps ? Il partira pour le Brésil où il se donnera la mort. Et Julien Cain sera arrêté et déporté, mais reviendra, heureusement pour lui et pour la Bibliothèque.

Colette fait connaissance avec les alertes et la cave de la rue de Beaujolais. Denise Tual, qui habite au second, raconte :

J'arrive à la cave. Colette est installée sur un fauteuil un peu bancal, elle est couverte de plaids, un châle sur la tête. Maurice, en pyjama, a une couverture écossaise sur les épaules. Il est très digne comme toujours et même un peu solennel... Colette très organisée a pris avec elle un casse-croûte qu'elle partage... Je n'ai pas faim, j'ai plutôt sommeil, on n'entend aucun avion, pas la moindre bombe. Je lui demande la permission d'aller me coucher, qu'elle me refuse. Je cherche un sujet de conversation, n'en trouve pas, heureusement la fin de l'alerte sonne. La concierge, qui s'était assoupie, se réveille et s'écrie : « La défaite est gagnée ! »

Colette et moi avons le sens de l'humour, nous décidons de ne plus jamais descendre à la cave [56].

Colette, qui s'est déjà adaptée à la radio, prend, ainsi que Goudeket, du service au poste Paris-Mondial, qui diffuse à destination de l'étranger et notamment des États-Unis, lesquels se confinent dans l'isolationnisme et l'attentisme. Le poste est dirigé par Jean Fraysse, qui a épousé la première femme, Germaine, de Francis Carco. La nuit du dimanche au lundi, Colette partait avec Goudeket pour la poste de la rue de Grenelle où à 2 heures 15, décalage horaire oblige, elle prononçait en direct et en français les premières phrases du texte qu'elle avait écrit pour céder sa place à une speakerine qui traduisait spontanément la suite, le tout en quinze minutes. Puis Goudeket présentait en anglais des pièces françaises que des amis jouaient dans la même langue [57]. Ils se faisaient peu d'illusions sur l'influence que leur travail, pendant cette « drôle de guerre », pouvait exercer outre-Atlantique, et, de fait, on n'a trouvé aucun écho américain à ces causeries.

Le 16 octobre, Colette fait au Petit Corsaire une confidence doublement importante, et inédite :

— Colette, quel est le secret de votre bonheur ? — Ce qui me lie à Maurice, ce qui l'attache à moi ? C'est ma virilité [58]. Je le choque parfois, mais pourtant c'est avec moi seule qu'il peut vivre. Quand il a envie de baiser, il choisit une femme très féminine ; il arrive à s'entourer de ce genre de femmes, mais il ne saurait vivre avec elles [59].

Le passage d'une année à l'autre se fait dans le froid (l'hiver a été l'un des plus rudes que Paris ait connus), mais en douceur, grâce à des huîtres envoyées par le Petit Corsaire.

Le 27 janvier 1940, instantané pris par celui-ci. Colette dépouille son volumineux courrier en attendant Goudeket pour déjeuner :

> À la corbeille... pouah ! des emmerdeurs. Des gens qui n'ont rien à faire. Qu'est-ce qu'elle veut celle-ci avec son timbre « pour réponse » ? *Madame, je voudrais vous envoyer des petits poèmes que j'ai...* Non. Pas de poème, mais je garde le timbre. C'est insensé ce qu'elles ont toutes envie d'écrire des poèmes, de faire de la « littérature »[60].

Nos Eckermann sont parfois perfides malgré eux...

L'activité semble vorace. Mais la fatigue est là. Le docteur Chatelin lui enjoint de se reposer : « Voilà le joli résultat d'une année sans vacances, du travail et de Radio-Mondial à 2 heures du matin pour l'Amérique[61]. » Du 20 février au 14 mars 1940, Colette s'est donc reposée à Nice, au Ruhl, sur la promenade des Anglais, en compagnie d'Hélène Jourdan-Morhange, puis de Goudeket. Elle doit y retrouver sa fille, avec qui elle est photographiée*. Elle écrira à Hélène Picard : « Il m'a bien fallu céder au conseil médical ! Surmenage et arthrite, et histoires, entre les globules blancs et rouges. Comme c'est étrange, de se reposer tout à coup ! » Dans la même lettre, elle fait part de la fin de son frère Léo, mort à Bléneau dans l'Yonne, non loin de Saint-Sauveur, le 7 mars ; il y avait été recueilli par sa nièce, Mme William Viot, née Geneviève Robineau-Duclos**.

> Mon pauvre frère a quitté la vie tout à fait, il y a huit jours. Pendant des semaines, son cœur a battu à 29 pulsations, puis à 26, puis à 24... Aucune souffrance, il n'a

---

* Le 12 février 1940, Colette dit à Renée Hamon qui note le propos dans son Journal : « Je retrouverai Bel-Gazou. Elle y sera avec un charmant garçon en permission de détente. Le garçon qu'elle n'a pas épousé. Dommage qu'ils ne couchent pas. Tout irait bien... » (f° 193, inédit). La photo prise par le permissionnaire se voit dans l'*Album Colette*, p. 216, n° 385.

** Le faire-part a été inséré dans *Le Bourguignon* du samedi 9 mars 1940. Les obsèques furent civiles. William Viot était vétérinaire ; il était alors mobilisé. Goudeket n'est pas mentionné parmi les membres de la famille.

jamais su qu'il mourait. Je ne l'entendrai plus jouer du piano, de ses doigts gercés et qui semblaient tout gourds, et d'où sortaient des sons d'une qualité scintillante et ronde.

La seule richesse de Léo était sa collection de timbres (on se rappelle que Willy cherchait à l'augmenter, de ses faibles moyens). Il l'avait confiée à Colette avant de partir pour Bléneau. Celle-ci veut le rassurer en lui écrivant le 3 septembre 1939 qu'elle la prend en dépôt et la place dans son coffre à la banque : « Elle demeure, bien entendu, ta propriété pleine et entière quand tu voudras la reprendre avec toi [62]. » Lui mort, la collection fit l'objet d'une vente publique dont, selon une lettre à Moune, de février 1941, les deux vacations auraient produit 39 000 F. « Il restera de cela 28 ou 29 000, desquels je dois toucher la moitié. » Mais la succession n'était pas pour autant liquidée. À Moune encore, en juillet 1941 : « La nièce, à Bléneau, persiste à mettre opposition à l'héritage de mon frère. Ça consiste en 18 000 francs environ. Mais je pense que cette détraquée ferait de même pour 18 millions. » Ainsi, Colette, femme Gabrielle Goudeket, n'avait plus de famille du côté de sa mère. Elle devra vivre de ses souvenirs. Les Wyler nous ont exprimé leur rancœur à l'égard du mari de leur tante.

En regagnant Paris, Colette pense qu'elle pourra passer ses week-ends dans la petite maison de Méré, enfin rénovée, repeinte. Mais qu'y trouve-t-elle ? Un détachement marocain. « Que restera-t-il quand on me la rendra, de la peinture, blanche et rose [63]... » Les soldats ne la quitteront qu'à la fin de mai.

Le 28 juin 1939, Sacha Guitry a été élu à l'Académie Goncourt, au couvert de Pol Neveux. Leurs relations ne sont plus aussi fréquentes et amicales qu'elles l'avaient été. Colette reste fidèle à Charlotte Lysès. Et elle doit se demander quand on pensera à elle ; depuis si longtemps son nom a été prononcé. Il l'est encore dans *Le Figaro* du 16 mars 1940 par « la Girouette » : « [...] Mme Colette pourrait montrer qu'elle est la seule femme capable de renouer, parmi les Dix, une tradition interrompue depuis la mort de Judith Gautier. » Elle devra cependant attendre jusqu'à la fin de la guerre pour s'agréger à ce groupe où elle compte une majorité d'amis.

Le 24 mai, *Marie-Claire* lui consacre son numéro, ou plutôt, comme le 27 janvier 1939, elle se consacre à un numéro du magazine auquel elle ne donne pas moins de sept articles. Il est admirable qu'à la veille de la débâcle (les articles ont dû être écrits juste avant le début de l'invasion), elle ait su, non pas renouveler le style, mais multiplier les sujets d'intérêt. S'adressant aux femmes : « Bien des femmes se souviendront des huit premiers mois de la guerre comme d'une période d'apprentissage, au cours de laquelle elles ont eu la chance çà et là de rencontrer des emplois qui conviennent à leurs forces et à leurs aptitudes. » Huit mois qui précèdent quatre longues années. Elle déclare qu'elle est « restée une paysanne » et on la voit dans ses travaux de jardinière. Elle évoque ceux qu'elle a connus : la belle Otero, Le Bargy, Ève Lavallière, Lucien Guitry, Geneviève Lantelme, Sarah Bernhardt et Boni de Castellane, en de petits portraits écrits au-dessous des photographies. Elle imagine qu'une lectrice de *Marie-Claire* lui a demandé : « Je ne suis pas curieuse, mais je voudrais le voir, l'intérieur de vos armoires à linge... » Réponse : « Des armoires ? Je n'en ai pas. Mais je trouve de la place pour tout. » Le Palais-Royal n'est pas riche en placards : « Il n'a pas de coins, il n'a que des fenêtres et des portes vitrées. » L'article le plus personnel est une réponse à cette question : « Le temps venu, et avec lui la vieillesse, par quoi deux êtres, qui s'aiment follement, remplacent-ils l'amour ? » Réponse : « par l'amour ». Il y a amour et amour. On pense à ce qu'a noté Georges Duhamel :

> Colette me disait, un jour, d'un ton pénétré qui sonnait bien 1900 : « Il y en a qui confondent la volupté avec l'amour. Quelle stupidité ! » Colette avait bien raison de déclarer, avec une pointe de rage, cette vérité élémentaire [64].

Le 10 mai 1940, les troupes allemandes envahissent les Pays-Bas, la Belgique et le Luxembourg. Après l'échec de la contre-offensive française, elles déferlent sur le nord de la France, encerclent Français et Anglais qui doivent être évacués par Dunkerque vers les ports anglais, et se dirigent vers Paris. À la fin de mai, Colette et Goudeket peuvent enfin habiter leur maison de Méré, pour peu de temps. Le 13 juin, ils la quittent à l'aube dans leur Simca 8 et participent à l'exode lamentable. Sans passer par Paris, ils prennent le chemin de la Corrèze. Le 14 juin, l'armée allemande entre dans un Paris presque désert.

Colette et Goudeket se rendent à Curemonte, village surtout constitué de deux châteaux à moitié ruinés, mais ce sont de belles ruines, et les communs, réparés, sont habitables. La propriété, qui est passée de Robert de Jouvenel à Henry, appartient à Arlette Louis-Dreyfus, qui l'a achetée avec sa dot ; elle est la fille de la troisième femme de Henry et l'épouse de Renaud, avec qui elle est d'ailleurs en cours de séparation. Colette écrit au Petit Corsaire, le 22 juillet 1940 : « Curemonte, en ruines, est prêté à ma fille par l'un de ses frères. » Il sera vendu en novembre 1940 par la propriétaire à Colette de Jouvenel, qui le revendra en 1949.

Le 15 juin, Colette et Goudeket sont donc arrivés à Curemonte, accompagnés de Pauline. C'est pendant ce séjour forcé que Colette a écrit la première partie de *Journal à rebours* où elle décrit le château et raconte leur vie précaire[65]. Dès que la défaite de la France est consommée et que celle-ci a un gouvernement à Vichy, ils ne pensent plus qu'à regagner Paris. Ils sont restés un mois sans courrier ; où sont les rédactions de *Paris-Soir* et de *Marie-Claire* ?

Mais Colette a appris assez tôt la tragédie qui a emporté dans la mort deux amies de Renée Hamon. Autrichienne et juive, Erna Redtenbacher, traductrice d'œuvres françaises, notamment de Colette, s'était réfugiée en France, où elle s'était liée particulièrement avec Christiane de D***. À la déclaration de guerre, Allemande malgré elle, elle avait été internée dans un camp des Basses-Pyrénées, d'où Christiane, grâce à l'aide de Colette qui était intervenue auprès de Georges Mandel, put la faire sortir. Elles se rendirent chez Christiane à La Trinité-sur-Mer et se donnèrent la mort en juillet, sachant qu'Erna ne manquerait pas d'être persécutée[66].

Pour quitter Curemonte, il faut de l'essence. Ils n'en ont sans doute pas assez pour gagner Paris directement. Colette demande à Marie-Thérèse Montaudry qui est de Bordeaux et qui reçoit sa lettre le 28 juin, date de l'armistice, s'il ne serait pas « plus facile de regagner Paris – dès l'heure où ce sera *possible* – de Bordeaux, où nous avons des amis, sûrement, gouvernementaux et autres, que de ce sinistre endroit. [...] Nous avons de l'argent liquide en quantité modérée, mais bien suffisante[67] ! » Mais c'est sur Lyon qu'ils mettent le cap, *via* Clermont-Ferrand, où s'est d'abord replié *Le Figaro**. Lyon, plus que Vichy, est une petite capitale de

* Selon ce que Berthe Bovy a dit, au début de l'automne, à Mlle Vincenette Rey, qui nous l'a rapporté, Colette s'y conduisit en reine outragée.

la France, au moins journalistique et littéraire ; ils se logent au Carlton, où ils descendaient avec la Chatte, quand ils allaient à Saint-Tropez. Pour passer la ligne de démarcation, entre la zone non occupée (plutôt que libre) et la zone occupée, il leur faut un sauf-conduit. Arrivée le 3 août, Colette écrit à Bollaert, le préfet du Rhône, qu'elle connaît. La demande est transmise à Georges Chapier qui reçoit Colette dès le 4, lui établit un ordre de mission et lui obtient des bons d'essence[68]. Dès le 8 août, Colette, son mari et Pauline se présentent à la ligne de démarcation à Chalon-sur-Saône ; l'Allemand de service demande à Goudeket s'il est israélite, il répond oui[69]* ; ils sont refoulés au poste de contrôle et la voiture regagne Lyon. Colette y reçut une lettre d'Édouard Bourdet, qui était à Tamaris-sur-Mer. Elle lui répondit le 31 août en évoquant un dîner chez Annie de Pène au début de la Première Guerre : « Je crois qu'il y a eu de ma part un peu d'amour qui n'a pas donné fruit, et c'est parfait ainsi. » Dans cette même lettre, elle lui confiait simplement que « l'argent emporté file comme le Rhône ». Bourdet crut à une demande déguisée – c'était une simple constatation – et, le 2 septembre, il lui proposa de l'aider financièrement. « Si tu trouves ma proposition incongrue, oublie-la et souviens-toi seulement de l'amitié qui me l'inspira[70]. » Belle preuve d'amitié, en effet. Colette sut le remercier, le 4 septembre, comme il convenait. On notera que le service postal fonctionnait de nouveau bien, malgré les circonstances.

À Lyon, un dîner réunit Colette, Charles Faroux, technicien de l'automobile, et le docteur Locard, qui dirigeait le laboratoire de police de cette ville. De la conversation Marcel Grancher resta ébloui[71].

Le 5 septembre, Colette et son mari dînent chez le consul de Suède qui représentait son pays neutre à Lyon. Grâce à lui, les voyageurs obtiennent un laissez-passer et, le 11 septembre 1940, au soir, Colette, Goudeket et Pauline retrouvaient le Palais-Royal, que les Lazareff et les Kessel avaient quitté. « J'ai l'habitude de passer mes guerres à Paris », dira Colette[72]. Quatre années de difficultés et de privations s'ouvraient devant elle, plus périlleuses que celles de la Première Guerre mondiale.

---

* Voir comment Goudeket raconte la même mésaventure dans *Près de Colette* (p. 191).

14

LES ANNÉES GRISES DE L'OCCUPATION

1940-1944

Des années noires pour beaucoup. Des années grises pour Colette qui connut cependant deux mois fort sombres. Après le choc initial, des années d'attente pour tous. Des années dominées par la crainte, le souci du ravitaillement, la lutte contre le froid, souci et lutte qui se prolongeront au-delà de 1944, jusqu'en 1946-1947.

Bien manger, et non pas seulement manger à sa faim, représenta toujours pour elle une valeur. Elle a combattu de toutes ses forces et de toute son ingéniosité contre les restrictions, qui conduisaient à la disette, et elle n'a jamais eu un mot vertueux contre le marché noir qui a permis, il est vrai, à un certain nombre de Français de survivre. Au contraire ; en février 1941, elle cherche à acheter du charbon, « fût-il de la plus noire espèce* ». Elle sait s'adapter aux nouveaux circuits de circulation des marchandises. Si elle s'est plainte, c'est du prix exorbitant qu'atteignirent certaines denrées, comme le beurre. On a vu de quel secours lui furent les Petites Fermières et des amis comme les Fauchier-Magnan.

Dans sa galerie de ravitailleurs, il faut accrocher le portrait de Richard Anacréon. Né, en 1907, à Granville, malgré son nom grec, mort en 1992 dans cette ville à laquelle il a légué ses collections, après de joyeux démêlés avec les municipalités qui s'y sont succédé, il fit beaucoup de métiers avant de devenir, autour de 1940, libraire 22, rue de Seine à l'enseigne de « L'Originale ». Il monta à Paris à 17 ans et en devint un « titi », un « grouillot » dont la gouaille valait celle des natifs. Dans les bals musettes, il y allait de son « Passez la monnaie ! » en circulant au

* Lettre à Maurice Saurel (1877-1953), industriel – il fonda et dirigea la société Mazda ; homme généreux, il fut notamment plein d'attentions pour Renée Hamon (coll. part).

milieu des danseurs. De ces petits boulots il conserva le goût de colporter les potins. C'est lui qui répandit le surnom innocent que Valéry avait décerné à Maurice Goudeket et que tout le monde connaît[1]. Il eut une idée que pourrait lui envier un prix Nobel d'économie politique : un écrivain a des manuscrits et des livres rares, mais il a faim ; un boucher a de la viande, mais il ne peut la vendre au prix normal sans s'appauvrir et le plus souvent il n'est pas intéressé par des manuscrits ou des livres rares. Transmuer un manuscrit en un gigot, tel fut l'utile talent d'Anacréon, un talent dont profitèrent, outre Colette, Valéry et Cocteau, Farrère et Léautaud, Carco et André Derain.

Il acquit ainsi livres, manuscrits et tableaux. De Colette il conserva près de soixante-dix volumes, soit qu'elle les lui ait « donnés », soit qu'il les lui apportât pour qu'elle les enrichît (le mot est convenable) d'envois. Les envois sont remarquables, et d'autant plus qu'elle ne fait jamais allusion, explicitement, à ces échanges ; une exception toutefois, sur *Flore et Pomone* (1943) :

> Au trouveur d'éditions introuvables ; au limier du ravitaillement ; au plus gai des libraires ; à la vivante gazette de Paris... je m'arrête. Si j'écris simplement en tête de ce livre : « À Richard Anacréon mon ami », son possesseur sera encore plus content : je connais son cœur.
>
> COLETTE.

Anacréon faisait relier ses exemplaires par Huser, Mme H. Alix, Semet et Plumelle, et, restons dans le même champ d'images, il les « truffait » de lettres, fragments de manuscrits et documents divers, ce qui est d'un goût discutable, d'un goût de nouveau riche.

C'est ainsi que l'on peut voir Colette attablée chez elle devant un poulet de Nantes ou un gigot de la rue de Seine, et qu'on peut la voir dans des restaurants qui s'alimentent de manière analogue. Ainsi du Liberty's Bar qu'au 5, place Blanche tient Gaston Baheux, une adresse que Colette connaissait bien, puisqu'elle avait été celle de Palmyre. Dans sa « boîte », Tonton, le « parfait ami », accueille Colette et, lorsqu'elle est parisienne, Marguerite Moreno qui, après la Libération, récitera des vers comme seule elle savait les dire[2]. Le marché noir a sauvé Colette de la misère physiologique. Elle a su remercier ceux qui l'avaient ravitaillée dans des envois : « À Monsieur X qui m'a nourrie de son lait », et à celui qui lui procurait du charbon : « À mon ange noir »[3].

Mais lorsque le ravitaillement redevient normal, en 1947 environ, elle ne cesse pas de souffrir de l'arthrite, qui l'accompagne, fidèle et cruelle compagne, jusqu'à sa mort, et elle est aussi, comme avant la guerre, la victime de bronchites hivernales. Le 18 mars 1940, la radiographie a montré des « dépôts arthritiques » au fémur et au bassin. En avril 1942, une autre radiographie « montre les progrès du mal arthritique, et la hanche droite, que je croyais indemne, se prend (tête du fémur, os iliaque, production d'épines osseuses, etc.) ». Elle est traitée aux piqûres intraveineuses de soufre et iode, qui la « rendent folle de dégoût » et aux rayons X. Ces traitements la fatiguent et ne lui procurent, le plus souvent, que quelque rémission sans lendemain. Elle refuse les secours que pourrait lui apporter la pharmacopée : « Toute espèce de drogue bien intentionnée me donne l'horreur de moi-même en ce qu'elle me "change". Ne voyez là que de l'orgueil. Mais je déteste tout ce qui me donne, si peu que ce soit, figure d'irresponsable[4]. » Il y a là une forte leçon de morale qu'on peut comparer à celle que donnait Baudelaire au sujet du lien supposé entre la drogue et la création. En 1943, elle se soumet à un traitement d'acupuncture sous la direction du docteur Soulié de Morant, qui soigna aussi Jean Cocteau. Puis, elle va tenter de la radiesthésie. En juillet 1944, elle en est, sous la direction du professeur Leriche, aux piqûres de novocaïne, « profondes d'au moins 15 centimètres, dans le pli de l'aine, et considérables aussi par leur volume[5] ». Elle essaiera ensuite d'autres traitements, mais sans plus de résultats, et elle sera finalement condamnée à la position allongée ou à la petite voiture. Peut-être a-t-elle payé sur le tard ses prouesses de jeune gymnaste ? Y pense-t-elle lorsque, pendant l'été de 1941, elle parvient à acheter une bicyclette Alcyon (faut-il rappeler que les voitures ont été réquisitionnées par le gouvernement français, puis par l'occupant ?) et qu'à la mi-août elle fait sa première promenade au Bois : « Tout s'est bien passé. Et je note que le mouvement de pédaler est, pour ma jambe gauche, complètement indolore. Si cela se maintient, que de temps j'aurai perdu[6] ! » Mais cela ne semble pas s'être maintenu. Et bientôt ce ne sera plus sur une selle de vélo qu'elle se juchera : elle se déplacera en vélo-taxi, c'est-à-dire dans une caisse inconfortable, montée sur deux roues et tirée par une bicyclette alimentée à l'huile de jambe ; « une de ces brouettes où l'on est si mal », écrit-elle à Renée Hamon, le 22 avril 1942[7].

En janvier 1941, elle a une bronchite carabinée : le docteur Helan Jaworski la traite au sérum d'oiseau. « Il m'a fait une piqûre.

Sept heures après, je sentais un élargissement singulier. Dix minutes après, ma bronchite avait séché et disparu, et je pouvais dormir étendue, sans râles et sans aucune douleur. Le lendemain matin, deuxième piqûre. / Aucun retour de bronchite. Ce matin, Jaworski est revenu et a reconnu qu'une troisième piqûre est complètement inutile, je n'ai plus rien. Les pauvres grands découvreurs, comme ils sont à plaindre quand ils sont en France [8] ! »

Au début de l'été de 1943 elle est victime d'« un empoisonnement d'une violence incroyable [9] ». Dix semaines passent avant qu'on en découvre la cause : « J'ai un protozoaire – écrit-elle le 22 septembre aux Petites Fermières –, qui d'habitude ne pullule pas dans l'intestin sous nos climats, sauf exception. L'animal s'appelle trichomonas, et abonde en Amérique du Sud. Le docteur Lamy me cherche un spécialiste. Je ne puis m'éloigner de la maison, et je suis affaiblie. Pas la moindre dysenterie, ni atteinte stomacale, des élancements dans la tête. Quelle horreur que tout cela. » Elle en était encore tourmentée en décembre [10]. Ce qui ne l'empêchait pas de plaisanter, écrivant de ce microbe à Moreno le 21 septembre : « Il porte un nom de vaudeville : el señor Trichomonas. »

Colette avait pour médecin traitant le docteur Raymond Leibovici, médecin et chirurgien qui était devenu son ami ainsi que sa femme Geneviève [11]. Sans doute durent-ils s'exiler. C'est le docteur Marthe Lamy (1893-1979), camarade d'études de Geneviève Leibovici, qui remplaça son confrère auprès de Colette. Élève du professeur Henri Mondor, elle fut l'une des premières femmes médecins et fut liée intimement avec Paulette Gauthier-Villars, fille d'Albert Gauthier-Villars et donc nièce de Colette, qui fut elle-même la première femme à devenir professeur agrégé à la Faculté de médecine de Paris. Marthe Lamy connut dès 1917-1918 Maurice Goudeket dans un milieu, dit-elle *, « d'Amé-

* C'est l'amiral Marcel Duval, neveu de Marthe Lamy, qui obtint qu'elle évoquât ses souvenirs devant un magnétophone. Le résultat a été un recueil de 218 pages intitulé : Docteur Marthe Lamy, *Souvenirs des années folles, recueillis par Marcel Duval*, 1988, non mis dans le commerce. Tout en remerciant, et vivement, l'intervieweur de nous avoir remis un exemplaire de ces *Souvenirs*, nous regrettons qu'un plus large public n'y ait accès (des extraits du chapitre consacré à Colette ont toutefois été publiés dans les *Cahiers Colette*, n° 14, 1992, p. 71-90). Marthe Lamy avait bien connu Roger Martin du Gard, qu'elle a longtemps soigné, Gide (elle habitait près de chez lui, 36, rue Vaneau), Valéry, Natalie Barney, etc. Elle apporte sur chacun des éléments intéressants. Notons qu'elle détestait Goudeket, qui a pourtant parlé d'elle avec estime et reconnaissance.

ricains du Sud mâtinés de Hollandais », où elle rencontra aussi Julio Van der Henst, d'origine guatémaltèque, que nous avons vu à Saint-Tropez. Elle connaissait l'œuvre de Colette avant d'avoir rencontré celle-ci en personne, en 1928, semble-t-il. C'est surtout après 1940 que s'établit leur relation professionnelle qui devint rapidement une amitié. Avec modestie, elle dit :

> je ne l'ai jamais vraiment soignée. Pour la bonne raison que Colette n'acceptait d'être soignée par personne. Elle admettait au maximum d'absorber un cachet d'aspirine et encore, comme moi d'ailleurs. Tout ce que j'ai pu faire pour elle, c'est donc de l'aider à finir sa vie, mais on ne peut pas appeler ça soigner.
>
> Si je l'avais soignée d'ailleurs, je ne l'aurais pas laissée avec cette fêlure du col du fémur, résultat d'une chute à Saint-Tropez, qui l'a rendue progressivement infirme. Je l'aurais fait opérer, non pas comme on sait le faire maintenant par la pose d'une prothèse, mais en immobilisant au moins son articulation. Personne n'aurait d'ailleurs accepté d'opérer Colette, étant donné le risque que pouvait présenter pour un chirurgien de renom un personnage de cette importance. Il vaut beaucoup mieux être éboueur pour être bien soigné [12].

Sur l'efficacité de son médecin, Colette n'était pas de cet avis. Parmi les nombreux livres qu'elle lui a donnés on lit cet envoi tracé sur *Trait pour trait* en 1949 :

> Pour mon docteur Marthe Lamy, qui me sauve la vie une fois par semaine au moins, et que j'aime de tout mon cœur [13].

Et les mentions de Marthe Lamy dans les lettres de Colette à d'autres amies confirment les sentiments qu'elle portait à son médecin.

Marthe Lamy aimait à faire rencontrer les écrivains qu'elle appréciait. Elle se rappelait – c'est un souvenir des dernières années – un dîner avec Colette chez Fargue, 1, boulevard du Montparnasse, « au-dessus du café François-Coppée », au cours duquel ils « ne trouvèrent pas grand'chose à se dire. Heureusement Fargue avait un chat, alors ils s'en tirèrent en parlant "chat" [14] ». Elle avait eu plus de succès en 1942 lorsqu'elle opéra, en présence du professeur Paulette Gauthier-Villars, la conjonction de Colette et d'Adrienne Monnier, dans un restaurant de la rue de Babylone, après quoi elle les avait emmenées prendre le café chez elle où Colette avait procédé à une visite attentive de l'appartement [15]. Adrienne Monnier allait voir Colette de temps à autre et la fournissait en livres et en café. La rencontre est en soi intéressante, car l'admiration qu'une femme de la qualité d'Adrienne Monnier porte à Colette montre que celle-ci pouvait échapper, un peu malgré elle, au groupe qu'on voit représenté dans les *Lettres de la Vagabonde* et *aux Toutounet*.

Pendant la première partie de l'Occupation, Colette subit un des plus graves chocs de sa vie. Elle devait tout craindre pour son mari, et c'est pour ne pas attirer sur elle et sur lui l'attention qu'elle refuse en avril 1941 [16] d'intervenir auprès de Valéry en faveur de Julien Cain qui, privé de son poste d'administrateur de la Bibliothèque nationale, sera arrêté et déporté à Buchenwald. Sa prudence n'empêchera pas Maurice Goudeket d'être arrêté le 12 décembre 1941, à sept heures vingt du matin. Il convient ici de laisser la parole à l'intéressé :

> Pauline entra dans ma chambre. Pauline n'emploie la troisième personne que d'une manière intermittente, et c'est la dernière chose que Colette ou moi eussions exigée d'elle. Elle a son franc parler avec les princes et les grands de ce monde, mais elle était si troublée, qu'elle s'adressa à moi en ces termes :
>
> — Monsieur, ce sont les Allemands qui viennent arrêter Monsieur. / [...]
>
> Un sous-officier allemand, casqué, portant autour du cou la chaîne de la Feldgendarmerie, avait suivi Pauline et m'informait, poliment d'ailleurs, de ce que je devais emporter.
>
> — Allez prévenir Madame, dis-je à Pauline.
>
> Je trouvai Colette debout, aussi maîtresse d'elle-même que je l'espérais. Elle m'aida à faire ma valise. Nous n'échangeâmes que des paroles utiles. Le Feldwebel attendait. L'autre issue de l'appartement était gardée par un simple soldat, un petit rouquin fanatique, beaucoup plus agressif que son supérieur.
>
> Colette m'accompagna jusqu'au départ de l'escalier. Nous nous regardâmes. Nous étions l'un et l'autre souriants, nous échangeâmes un baiser rapide.

— Ne t'inquiète pas, dis-je. Tout ira bien.
— Va, me dit-elle avec une tape amicale sur l'épaule[17].

Le jour même, Goudeket fut amené au camp de représailles de Royallieu, près de Compiègne*, d'où il aurait pu être déporté en Allemagne. Immédiatement, Colette chercha par quelles influences elle pourrait faire libérer son mari, qui, par chance, ne put être expédié en Allemagne, les Chemins de fer français se déclarant « impuissants à assurer à la fois notre transport [il y avait mille prisonniers] et celui des permissionnaires de la Wehrmacht pour Noël qui approchait : ce furent ces derniers qu'on préféra ». C'est surtout de la faim qu'il souffrit, au point d'avoir des cauchemars alimentaires**.

Les candidats, réels ou présumés, à la libération de Goudeket sont légion : Drieu La Rochelle, Robert Brasillach, Jacques Chardonne, Sacha Guitry, Bertrand de Jouvenel, José-Maria Sert, devenu ambassadeur de Franco auprès du Saint-Siège ! et Otto Abetz. « Il n'y a pas de démarche qu'elle ne fût prête à entreprendre, pas d'humiliation à affronter. Elle vit des collaborateurs, des Allemands. Qui l'en blâmera ? » L'ambassadeur Abetz était le seul à avoir l'autorité nécessaire pour faire libérer Goudeket. Sa femme était d'origine française ; secrétaire de la revue *Notre temps* de Jean Luchaire[18], elle avait épousé Abetz en septembre 1932. Lors du procès de celui-ci, en 1949, Me Floriot put citer cette lettre :

> Mon cher Maître, une arthrite aussi cruelle qu'assidue limite mon témoignage à la présente lettre et je le regrette, mais c'est bien volontiers que je reconnais qu'en décembre 1941, Mme Otto Abetz m'a spontanément offert de procu-

* Jean-Jacques Bernard, fils de Tristan, a raconté l'arrestation et l'incarcération de plusieurs centaines de juifs dans *Le Camp de la mort lente (Compiègne 1941-42)*, Albin Michel, 1944. Il fut pris le même jour que Goudeket et que René Blum. Celui-ci, frère de l'ancien président du Conseil, connut un sort plus tragique. Colette participa à l'hommage qui lui fut rendu dans *René Blum, 1878-1942* (Arts et métiers graphiques, 1950) en évoquant leur rencontre quand elle jouait *Chéri* et qu'il dirigeait le Grand Casino de Monte-Carlo.

** Dans *Près de Colette*, p. 207, M. Goudeket écrit avoir perdu douze kilos. Mais dans une lettre qu'il avait envoyée le 12 février à Renée Hamon, il ne faisait état que de huit kilos. Ceux qu'anime honnêtement la passion de l'exactitude verront ici, une fois de plus, l'impossibilité d'atteindre à la vérité.

rer la libération de mon mari, interné à Compiègne. Par deux fois, Mme Abetz est venue chez moi, m'apportant encouragement et promesses, avec une chaleur qui ne fut pas seulement de vaines paroles puisque mon mari revint le 6 février 1942[19].

Mme Abetz était, certes, le mieux placée pour intervenir auprès de son mari. On ne saurait cependant sous-estimer la vertu de l'intervention de Karl Epting, directeur de l'Institut allemand de Paris[20], à qui Colette écrivit le 12 février 1942 :

> Monsieur,
>
> Il y a six jours, j'étais encore, et depuis deux mois, une femme très malheureuse, de qui le mari était interné au camp de Compiègne. Aujourd'hui qu'il est revenu, la vie recommence pour lui et pour moi. On peut toujours recommencer la vie, même quand on est comme moi un écrivain de soixante-dix ans.
>
> Je crois savoir que votre autorité a intercédé en notre faveur, que votre main a tiré le verrou. La mienne se tend vers vous, Monsieur, avec son poids invisible de gratitude. Dieu merci, c'est un poids que je porterai, allègrement, jusqu'à la fin de ma vie. Soyez au moins certain que l'homme que vous avez libéré mérite, de par son caractère et sa modeste vie, d'être un homme libre.
>
> Je vous prie d'agréer, Monsieur, l'assurance de ma considération et de ma sympathie
>
> COLETTE[21].

Le 6 février 1942, Goudeket était libéré et, malgré les restrictions, allait retrouver les huit kilos qu'il avait perdus en moins de deux mois. Ensuite, il passa la ligne de démarcation et se rendit à Saint-Tropez chez les Van der Henst. Il était aussi ravitaillé par Alice Bénard-Fleury. Colette était en relation avec elle depuis au moins 1937. Mlle Bénard-Fleury (1886-1975) dirigeait à Toulon un foyer, La Samaritaine, destiné à aider les jeunes mères et les enfants en détresse. Colette portait un intérêt réel aux personnes que secourait son amie et dont celle-ci lui racontait les malheurs, et sans doute était-elle allée la voir pendant un de ses derniers séjours à la Treille muscate, ce qui lui donna peut-être l'occasion de voir le Mourillon[22]. Colette écrit à cette correspondante privilégiée des lettres chaleureuses : on sent entre elles une pleine confiance. Lorsque la « zone libre » fut occupée, Goudeket gagna le Tarn et se fit commis de ferme chez des amis, les Lecerf : André Lecerf était graphologue et sa femme, institutrice. Enfin, il revint à Paris où il passa les deux dernières années de l'Occupation, rue de Beaujolais ; mais chaque soir, pour éviter un autre désagréable réveil, il quittait l'appartement et allait passer la nuit dans une soupente, ce qu'on appelait une chambre de bonne. Il ne fut d'ailleurs plus inquiété.

De la vie précaire que l'on mène alors, Misz Marchand donne un triste exemple. Elle avait appris la disparition de sa famille juive de Pologne, victime de la persécution nazie. La rafle du Vel' d'Hiv' a lieu les 16 et 17 juillet 1942. Redoutant d'attirer l'attention des Allemands sur son mari elle mit fin à ses jours, le 27 juillet 1942, en absorbant, dans son bain, une dose massive de barbituriques. « Pendant trois jours et je crois quatre nuits on l'a disputée à la mort. Mais elle a refusé de revenir parmi nous [23]. » N'oublions pas que l'antisémitisme sévit depuis longtemps en France et que c'est le 5 septembre 1941 qu'a été ouverte au Palais Berlitz l'exposition « Le Juif et la France »...

Est-ce pour complaire au gouvernement de Vichy, comme l'affirmera *Le Cri du peuple* de Jacques Doriot [24] ? Colette accepte, à la demande du Secours national, de composer une dictée sur la solidarité, destinée à tous les écoliers de France et dont, le 3 mars 1942, elle donne la primeur aux filles de l'école primaire Paul-Bert à Bois-Colombes. En voici le texte tel qu'il a été publié dans *La Semaine* du 5 mars :

> Un champ de blé, lorsque le vent l'assaille, se couche tout entier du même côté. Si l'épi était doué de conscience, il n'agirait pas autrement, se sentant solidaire de tous les autres épis, qui obéissent au vent, pour n'être point rompus. L'instinct d'une défense en commun devient éclatant dans le règne animal. Qu'une abeille coure un danger, la ruche accourt, hausse son bourdonnement jusqu'au grave chant de colère, emplit l'air, fond sur l'ennemi...
>
> L'an passé, au bois de Boulogne, une petite colonie de mésanges, menacée par un couple de geais, défit ses agresseurs à force de courage, de cris, de coups de bec, d'opiniâtreté... Je vis l'attaque, la défense, et je ne savais s'il fallait admirer davantage la bravoure des échenilleuses à tête bleue, ou bien leur solidarité. Un rat tombe-t-il à

l'eau ? Il a vingt de ses congénères pour le tirer du mauvais pas : l'un le hale par la queue, l'autre offre sa propre queue que le nageur sait prendre entre ses dents. Les troupes d'oiseaux migrateurs, qui volent en masses, mettent en avant les guides robustes, protègent l'arrière-garde, composée des sujets les plus faibles. Et que dire des fourmis et des termites ? L'étude des grandes républiques d'insectes nous confond moins par des preuves d'intelligence que par des témoignages de solidarité poussée jusqu'à l'abnégation totale.

Il m'a fallu chercher, dans le règne animal, les exemples frappants de la solidarité instinctive. Si l'homme, détaché de ses notions profondes et primitives, pousse parfois la folie jusqu'à se réjouir du malheur de son semblable, sans prendre garde que l'infortune d'autrui le lèse lui-même tôt ou tard, infailliblement il rachète son inconscience par une noblesse exclusivement humaine. Il trouve, au fond de son cœur, une vertu désintéressée, une forme délicate de la solidarité, qui se nomme charité.

Pendant que j'écris pour vous ces lignes, écoliers de France, du fond de moi-même je regarde vos fronts penchés, vos mains qui écrivent. Garçons, jeunes filles, votre main d'enfant est déjà votre main d'homme, bientôt votre main de femme. Outre leurs lignes indélébiles, j'imagine les signes qu'y laisse une cicatrice, un ongle blessé, une brûlure, un durillon… Pareilles, différentes, vos mains, enfants, sont de bien beaux outils, aptes à tous travaux. La puissante machine elle-même ne travaille que d'après l'enseignement de la main. La main ouverte a la forme d'une palme, d'une feuille découpée. À quelle tâche est promise la vôtre ? Les doigts humains ont une merveilleuse aptitude à épouser, à étreindre d'autres doigts, paumes contre paumes, phalanges entrecroisées… Puissent vos mains, enfants de France, s'abandonner au conseil de la solidarité, qui parle le même langage que la pitié, la maternité et l'amour, et transmet par toute bouche vivante à toute vivante oreille, les quatre mots si beaux : « Donnez-vous la main… »

COLETTE.

On est loin des subtilités de la dictée dite de Mérimée, et le thème de celle-ci est aussi vertueux que banal. Mais combien d'écoliers et d'étudiants seraient actuellement capables de faire cette dictée sans y multiplier les fautes ?

L'argent est dur à gagner sous l'Occupation comme il l'a été avant la guerre. Plus dur, car la presse, qui a toujours été pour Colette une ressource importante, est étroitement surveillée, et il est hors de cause que Maurice Goudeket, juif, puisse reprendre les fonctions qu'il avait à *Marie-Claire* et à *Match** ; c'est alors qu'il se forme à la bibliophilie et qu'il va faire le commerce des livres rares. Une partie des journaux qui paraissaient avant 1940 s'est repliée dans la zone non occupée ; ainsi *Le Figaro*, *Gringoire*, *Candide*. Il y a un *Paris-Soir* publié à Lyon ; un autre, à Paris. La différence entre les deux presses est que celle de la zone sud est plus maréchaliste, celle de la zone nord, davantage pro-allemande, voire pro-nazie [25]. *Je suis partout*, interdit à la déclaration de guerre, reparaît le 7 février 1941 avec son équipe de journalistes de talent qui ont généralement été formés dans le milieu de *L'Action française* et parmi lesquels se distinguent Robert Brasillach et Lucien Rebatet. Colette n'y collabore pas plus qu'au *Pilori*, qui pratique la délation. On ne voit pas sa signature dans *Aujourd'hui*, dirigé par Georges Suarez [26], ni dans *Les Nouveaux Temps* de Jean Luchaire, où Pierre Mac Orlan, le 15 septembre 1941, lui tresse une couronne d'éloges. Mais elle publie « Ma Bourgogne pauvre », le 26 novembre 1942 [27], dans *La Gerbe*, dirigée par Alphonse de Châteaubriant, l'auteur de *La Brière*. Cet article était politiquement innocent, mais on a montré [28]** quelle orientation tendancieuse il prenait dans une page du journal consacrée à la Bourgogne et où un article s'efforçait de prouver que cette province formait une sorte de marche de l'Allemagne à laquelle elle devait revenir. Ce qui n'est pas sans rappeler certain sujet d'examen***... Colette pouvait ainsi passer pour collaborationniste. D'où l'article que publièrent *Les Lettres françaises*, clandestines, de décembre 1942 : « Colette, la Bourgogne et M. Goebbels ». Le journaliste, un résistant

---

* Dans *Près de Colette*, p. 182, il s'accorde le titre de directeur littéraire de ces deux périodiques. Plus modestement, Colette écrit, sans doute en septembre 1939 (*LV*, 241) : « Maurice [...] bouche les trous qu'on lui demande de boucher, à *Match*, à *Marie-Claire* surtout, il y met de la bonne humeur. »

** Notons qu'il était sans doute difficile à Colette, après avoir obtenu des Allemands la libération de Goudeket, de refuser tout geste conciliant.

*** Voir le chapitre « La jeunesse de Colette », p. 39.

nécessairement anonyme, montrait qu'« en donnant à la presse contrôlée par l'occupant le moindre bout d'article même sans caractère politique, un écrivain joue sa partie dans le concert de la propagande ennemie orchestrée par Goebbels ». Et il trouvait « douloureux de voir le nom jusque-là respecté de Colette servir à une telle besogne ».

En revanche, c'est à coup sûr sans son consentement qu'un article d'elle sera reproduit le 29 mai 1943 dans *Combats* : édité à Vichy depuis quelques jours, c'est le journal de la Milice, formation paramilitaire qui prête main-forte aux Allemands en lutte contre la Résistance ; cet article, « Les Fanatiques » (les fanatiques de la Comédie-Française) avait déjà été publié dans *Le Petit Parisien* du 29 mai 1941 et recueilli dans *Paris de ma fenêtre* *.

La principale contribution de Colette est réservée au *Petit Parisien* qui est pétainiste et collaborationniste : pour paraître, il est impossible de ne pas afficher ces opinions. Le 29 septembre 1940 *Le Petit Parisien*, replié à Aurillac, annonce à ses lecteurs qu'il rentre à Paris. Le numéro suivant est daté du 8 octobre. Pour sa renaissance, le journal publie une proclamation, « Voici *Le Petit Parisien* » : « Il s'annonce, mais il ne se présente pas. On le connaît. [...] *Le Petit Parisien* répudie les hommes et les femmes qui nous ont jetés à l'abîme, et garde intacte sa foi dans les destins de la France, convaincu qu'elle guérira de ses meurtrissures et prendra une part loyale à l'établissement de la paix. / C'est pourquoi, à l'appel du grand soldat, honneur de notre race, qui, sur la fin d'une glorieuse carrière, met ses suprêmes forces au service de la Patrie douloureuse et déchirée, et convie tous les Français à tourner leurs yeux vers l'avenir, *Le Petit Parisien* reprend à Paris sa place et sa tâche. » Jean Vignaud, président de la Société des gens de lettres, est le directeur littéraire

* Jeannine Verdès-Leroux[29] se demande par quel piège Colette s'était fait prendre ; elle devrait plutôt se poser la question : l'autorisation de reproduire cet article avait-elle été demandée et accordée ? Philippe Burrin avait encore moins d'état d'âme en écrivant à propos de Jean Paulhan : « On ne l'imagine pas donnant des articles, même littéraires, à des journaux politiques, comme le fait Marcel Aymé à *Je suis partout*, ou Colette et Morand à *Combats*, le journal de la Milice[30]. » Colette donnant des articles... J. Verdès-Leroux montre bien (p. 357-358) que *Combats* n'avait pas de ligne, qu'il y avait « un fossé entre la vraie fonction de la Milice et les intérêts affichés par le journal », où l'on pouvait admirer aussi bien Joseph de Maistre que Saint-Just et aimer *Le Soulier de satin*.

du journal ; Alain Laubreaux, collaborateur de *Je suis partout*, est le chef de la chronique parisienne et des spectacles ; des collaborations prestigieuses sont annoncées : Pierre Benoit, Abel Bonnard, Maurice Donnay et Claude Farrère, de l'Académie française, René Benjamin, Sacha Guitry et J.-H. Rosny jeune, de l'Académie Goncourt, Jacques Copeau, administrateur général de la Comédie-Française, et d'autres, dont Drieu La Rochelle, Philippe Hériat, Marcel Jouhandeau, La Varende, Joseph Peyré, André Thérive, Henri Troyat, J.-L Vaudoyer..., et aussi « la fantaisie et la gaîté » de Georgius, Noël-Noël, Rip, Raymond Souplex, Jane Sourza...

Ce premier numéro contient en page 2 « l'article hebdomadaire de Colette », « Les choses qui ne regardent pas les femmes... » :

> Les femmes, dès longtemps, m'ont fait l'amitié, la confiance de me consulter sur des sujets si divers que tantôt j'en riais, tantôt je m'attendrissais. [...] À la faveur d'un grand journal qui reprend voix et vie, les femmes qui me liront renoueront-elles le lien qui les tenait à moi ? [...] mais persuadée que le difficile présent, que l'écrasant avenir pèseront, du plus grave, du plus quotidien de leur poids, sur des épaules féminines, comment me reposerais-je de penser au sort des femmes ? L'année qui vient de s'écouler a réclamé d'elles, de septembre à septembre, une dépense de forces, un empire sur soi tels que c'est des femmes encore que j'espère un prodige. [...] Par la vertu d'une demi-livre de café problématique, d'autant de sucre passé à l'état de conjecture, d'une larme d'huile dont la rareté et la couleur sont celles de l'or, combien de femmes tristes ont retrouvé le goût de marcher alertes, de s'ingénier, de séduire ? Elles sont les authentiques sourcières du comestible, les limiers de la boîte de conserves et du quart de beurre... [...] Pour ma part, j'aime à constater que la matière féminine de 1940 est pétrie du même précieux limon de 1914. Les mêmes indigentes exultent de la même joie, en brandissant le même fruit, modeste, du braconnage alimentaire – je reconnais jusqu'au petit paquet de riz ou de haricots secs... [...] Car la moins prévoyante d'entre vous toutes sait dire « demain... » et défier inconsciemment le danger qui épouvante le genre humain : la famine. Au fond de la femme la plus folle gît le sens de l'avenir, l'obs-

> cure, la lourde mission de perpétuer l'espèce. [...] Un régime alimentaire avec lequel il nous faut compter trois fois chaque jour se place de lui-même au premier plan de nos soucis. [...] Si vous le trouvez bon, mes chères femmes, je vous donne à cette place un rendez-vous hebdomadaire. Je trouverai à vous parler la joie des vétérans qui reprennent du service, et parfois je tâcherai de vous faire partager un autre plaisir : celui que nous éprouvons à traiter de ce que les hommes nomment, fort improprement, les « choses qui ne regardent pas les femmes ».

Cette page mérite considération. Non seulement par ce qu'elle révèle à propos du rôle que Colette compte tenir, de celui, réducteur, lui reproche-t-on souvent, qu'elle octroie aux femmes : la sauvegarde du foyer, mais aussi par les prémonitions qu'elle contient : tout l'attentisme de la population parisienne pendant ces années d'Occupation, toutes les privations que va subir l'ensemble des Parisiens pendant plusieurs années sont déjà perceptibles, annoncés dans ces lignes, et le marché noir dont Colette perçoit le développement, sans le nommer. Sans parler de la référence à la Première Guerre. C'est un réflexe légitime ; il reste sans conséquence quand ce n'est que Colette qui l'exprime. Mais ce fut aussi le réflexe de ceux qui avaient imaginé la ligne Maginot et « préparé » la défense de la France...

D'emblée, Colette prend ses marques. C'est même la première fois qu'elle le fait de façon aussi claire. Le titre de ses chroniques précisait parfois l'angle sous lequel elle se plaçait (« L'Opinion d'une femme », « Leur beau physique », « Le Journal de Colette » ou « Mon journal », « Une femme parmi les autres » renseignaient sur le contenu), mais jamais elle n'avait annoncé sa collaboration dans une profession de foi. Ici, elle reste dans le chemin tracé depuis quelques années : son public, c'est les femmes, et même ses « chères femmes », selon l'expression qui reviendra régulièrement dans ces chroniques, martelant un rythme, une cadence ; et elle ne lui parlera que de ce qui intéresse les femmes, ce qui ne veut pas dire : ce qui la concerne, elle. Effectivement, les sujets abordés sont, quand on les considère à la fin du XXe siècle, c'est-à-dire loin des soucis et des préoccupations du moment, bien terre à terre : le froid (« Il est déjà là, et trop tôt, celui qui fait peur aux femmes », 30 octobre 1940 ; « Il fait froid. Ces deux F, vous les lisez dans la double bouffée d'haleine qui sort des bouches », 9 janvier 1941), les restrictions (perçues par qui veut réaliser une recette culinaire d'avant la guerre, 6 novembre 1940 ; par qui lit un journal de modes, 6 février 1941). Colette se sent investie du rôle de mère tutélaire, et prodigue, chronique après chronique, des conseils à ses « chères femmes » : il fait froid, il n'y a pas de chauffage, couchez-vous (28 novembre 1940 et 16 janvier 1941) ; ne restez pas seule avec vos soucis, réunissez-vous et ressuscitez le bon temps des veillées (5 décembre) ; la pénurie se fait sentir dans tous les domaines, économisez le moindre objet, réparez, bricolez (19 décembre 1940, 13 et 20 novembre 1941), apprenez à cuisiner avec peu (6 novembre 1940, 3 avril et 18 septembre 1941) et Colette de donner la recette de la flognarde (6 mars 1941), ce qui lui vaut en retour un courrier abondant. Les animaux ne sont pas oubliés, pas plus qu'ils ne l'avaient été pendant « les heures longues » de la Première Guerre (chroniques des 30 janvier, 20 mars, 24 avril, 1er et 22 mai, 2 et 16 octobre 1941).

Vingt-cinq ans séparent les deux guerres. En 1914, Colette ne comptait que quarante et un ans. Elle avait alors une âme de combattante et luttait contre les désagréments apportés par le conflit. En 1941, à soixante-huit ans, ses forces sont moindres, elle n'a plus la même vigueur ; elle a des comportements presque primaires. On est loin des propos qu'elle tenait en septembre 1914 à Musidora et son amant d'alors, le peintre Pierre Labrouche : « Je me tourmente, mais il m'est impossible de m'ennuyer, la vie est trop particulière, l'atmosphère trop débordante tour à tour d'angoisse ou de joie contenue pour que l'ennui y trouve sa place. Et puis, – je m'en excuse – je retrouve sans surprise ma première mentalité, celle qui trouve que la guerre est une chose naturelle, inévitable comme le rassemblement des nuées et le coup de tonnerre[31]. » Dans *La Maison de Claudine*, dans *Aventures quotidiennes*, les lignes qu'elle consacre à l'éducation des enfants font montre d'une vision élargie des situations[32]. Dans ses chroniques de 1941 (20 et 28 février, 16 mai et 19 juin), son attitude n'a pas changé sur ce sujet, mais elle l'exprime avec des arguments de peu de portée, comme le feraient ses « chères femmes » si elles fréquentaient le café du Commerce. Ce ne sont plus des reproches qu'elle manifeste à l'encontre d'un certain type d'éducation, ce sont des récriminations. On ne sent plus aucune ampleur dans la façon qu'a Colette d'aborder les questions liées au quotidien. Toutefois, cette forme du vieillissement n'atteint en rien ses facultés créatrices : les nouvelles qui composent le recueil *Gigi* (1944) ont la qualité des textes plus anciens, elles témoignent, au contraire, de la permanence de l'esprit créateur ; *Flore et Pomone*, écrit en 1943, notamment, est d'une qualité que l'on peut comparer, pour son pouvoir de séduction poétique, à celle de bien des textes de la jeunesse de Colette.

La plupart des chroniques du *Petit Parisien* ont été réunies dans *De ma fenêtre* (Aux Armes de France, 1942) devenu un peu plus tard *Paris de ma fenêtre* (Éditions du Milieu du Monde, novembre 1944[33]). Dans la production de Colette, ce n'est certes pas le meilleur ouvrage, mais considéré parmi les livres qui traitent de la guerre, il reste un document irremplaçable sur la vie quotidienne des Parisiens. Et nous connaissons une traductrice qui recommande cet ouvrage à ses interlocuteurs allemands lorsque, la conversation portant sur ces années particulières, elle veut leur montrer que la vie des Parisiens n'était pas celle du *gay Paris* que les occupants ont emportée avec eux...

Pendant treize mois Colette a alimenté régulièrement sa chronique. Elle aurait pu continuer encore si la guerre n'avait pris une autre tournure pour elle : après l'arrestation de Maurice Goudeket elle interrompt sa collaboration hebdomadaire au *Petit Parisien*. Ainsi, elle met un terme, mais le sait-elle ? à sa carrière de chroniqueuse. C'est fini. Colette n'aura plus d'attache régulière avec un journal ; les collaborations ne dureront ensuite que le temps de la prépublication d'ouvrages : *Trois... Six... Neuf...* dans *Le Petit Parisien* en 1942, *L'Étoile Vesper* dans *Elle* en 1945. Elle collabore quelque temps à *Comœdia*, en 1942, puis sa signature se fait de plus en plus rare. Peu à peu on ne la sollicite plus que pour des articles sinon nécrologiques du moins d'hommage : « Dix ans après... Le souvenir d'Anna de Noailles » (*Comœdia*, 17 avril 1943), « Le Souvenir d'Annie de Pène » (*Le Goéland*, octobre 1943), « Hommage à Jean Giraudoux », « En souvenir d'Édouard Bourdet », « Pour Hélène Picard », « La Dernière Soirée » (Léon-Paul Fargue), « Souvenirs sur Marguerite Moreno », « Témoignage sur André Gide », Léopold Marchand... Elle se prépare alors « à endurer la patiente tristesse de ceux qui ont vécu déjà longtemps[34] ».

Colette se veut résolument apolitique, ce qui est toujours impossible et encore plus ces années-là. Elle donne une série d'articles à *L'Officiel de la couture et de la mode* et, la même année 1941, un article, « Esthétiques » à *Images de France*[35]. Le premier de ces périodiques est pur de toute allégeance et il donne à Colette la possibilité d'obtenir la carte d'identité des journalistes, laquelle lui permet « de circuler la nuit, sur la voie publique, pour des raisons professionnelles [36] ». Mais c'est *Gringoire* qui, du 13 juin au 22 août 1941, publie *Julie de Carneilhan* en préoriginale, et *Gringoire*, dirigé par Horace de Carbuccia, était marqué dès avant la guerre par ses sympathies pour le fascisme. *Candide* accueille « Le Tendron » du 18 mars au 1er avril et *Le Képi* du 29 juillet au 12 août 1942.

Tout en collaborant au *Petit Parisien*, Colette accepte d'écrire une revue, *La Revue du Michel*, pour le théâtre Michel avec Raymond Souplex ; les principaux acteurs en seront Parisys, Charpini et surtout Yvonne de Bray qui sera la Pompadour et Phèdre. La répétition générale a lieu le 15 septembre 1941. Puis, la revue passera à l'Européen, rue Biot, à Bobino, rue de la Gaîté, et au Concert Pacra, boulevard Beaumarchais. Colette qui a entrepris ce travail « avec une répugnance incomparable [37] » n'en est pas satisfaite, d'autant qu'il ne lui a presque rien rapporté. « Depuis qu'elle a quitté le théâtre Michel – écrit-elle à Moreno le 31 octobre – je ne la signe plus, – pourquoi l'avais-je signée ? » Une « mésaventure », une « peine » qu'elle « purge » pour ses « péchés ». La fatigue et la crainte sont-elles à l'origine de la « fausse crise cardiaque » qui la saisit vers le 20 octobre 1941 ? « Fausse, car il s'agit de spasmes nerveux du cœur, et d'une petite folle d'arythmie. Mais c'est la première fois que ça dure six jours et autant de nuits. Je vais mieux, presque bien », écrit-elle le 27.

Colette accepte et, sans doute, recherche les « petits boulots » rémunérateurs (elle emploie elle-même l'expression). En 1942, elle rédige le texte d'un dépliant pour l'exposition des Galeries Lafayette, « La Femme et son décor sous le Consulat et l'Empire », que les *Œuvres complètes* du Fleuron reprendront sous la rubrique *Mélanges*, et elle écrit « un article pour les parfums d'Orsay ». « J'ai toujours trouvé que ce genre de travail demandait un maximum de précaution, de soins, et j'y mets de l'amour-propre. » Cet article paraît dans *L'Illustration* du 19 septembre et sera repris dans *À portée de la main* [38]. Elle travaille aussi pour la Galerie Charpentier qui, après la mort de son fondateur, rouvre en décembre 1941 sous la direction de Raymond Nacenta. Colette préface plusieurs catalogues : d'abord, celui de l'exposition Chas-Laborde ; l'artiste avait illustré en 1922 *L'Ingénue libertine* et, trois ans plus tard, les quatre *Claudine*. En décembre 1942, elle préface le catalogue de l'exposition *Les Fleurs et les Fruits depuis le romantisme*, texte qui sera recueilli dans la section *Mélanges* des *Œuvres complètes* du Fleuron. En avril 1943, c'est une lettre de Colette au peintre qui fait office de préface au catalogue de l'exposition Dignimont. Au même moment, la Galerie Charpentier mettait en souscription l'édition à petit tirage de *Flore et Pomone*, illustrée de quarante aquarelles de Pierre Laprade : un poème en prose qui évoque les jardins que Colette avait aimés et les souvenirs qu'elle y attachait. On verra qu'elle aura encore l'occasion de travailler pour la Galerie Charpentier.

Les livres se succèdent : *Chambre d'hôtel*, suivi de *La Lune de pluie* (qu'elle a écrit en partie à Lyon avant de pouvoir regagner Paris) chez Fayard en novembre 1940. *Journal à rebours* chez Fayard en mars 1941. *Mes cahiers* est publié par les éditions Aux Armes de France, en juillet 1941 ; cette maison est une partie des Éditions Calmann-Lévy confisquées par Vichy et les Allemands ; l'autre partie, les Éditions Balzac, exploite le fonds ancien. *Julie de Carneilhan*, chez Fayard en octobre 1941. *Ces plaisirs...* reparaît sous le titre *Le Pur et l'Impur* en novembre 1941 aux Armes de France, maison qui publie *De ma fenêtre* en 1942. Suivront en 1943 *Le Képi* chez Fayard (mars), *De la patte à l'aile* chez Corrêa (juillet) et *Nudité* aux Éditions de la Mappemonde à Bruxelles (novembre). En 1944 paraissent la contribution au recueil organisé par Sacha Guitry, *De Jeanne d'Arc à Philippe Pétain* (avril), et *Gigi*, aux Éditions du Milieu du Monde à Lausanne (juin). Chaque publication produit des droits d'auteur nécessaires à une vie de plus en plus menacée par les privations.

Journal à rebours est bien représentatif des recueils que publie Colette : il mêle des textes qui n'ont pas de particulière raison d'être réunis, d'où la confusion qui peut naître dans l'esprit de certains lecteurs. Édith Thomas (1909-1970), chartiste de trente-deux ans, et qui est alors communiste, consacre une page de son journal intime à la dernière publication de Colette. Elle se montre tout d'abord sévère à propos de la façon qu'a l'écrivain de raconter sa vie de recluse à Curemonte : « Dans la routine du travail manuel considéré d'ailleurs comme un anesthésique, dans le pittoresque du camping parmi les ruines, Colette et la bande qu'elle semble gouverner assez despotiquement ne s'efforcent plus que d'oublier » (on ne s'attardera pas ici sur la clairvoyance de la notation psychologique...). Elle lui reproche ensuite, et surtout, de chercher des dérivatifs dans l'évocation de ses « chers souvenirs d'enfance », de Sido, des papillons, des chats, de la

Provence. Édith Thomas reconnaît bien que ces pages sont « admirables d'ailleurs », mais elle n'en est pas moins scandalisée par ce qu'elle croit être l'attitude de Colette en 1940 : « Qu'importe que l'on souffre, que l'on meure, que l'on prépare un monde idiot : la liberté de Colette subsiste encore entière : celle de la bourgeoise égoïste, bornée, qui peigne ses chiens et cultive son jardin[39]. » L'analyse d'Édith Thomas est justifiée par le fait que rien n'indique dans le volume que les vingt-trois textes réunis là ont été écrits avant les événements dramatiques de 1940 – en fait, deux seulement sont datés, un du 14 novembre 1938, mais il s'agit du compte rendu d'un procès, et l'autre de janvier 1939, l'évocation de Ravel en 1900. Une grande partie du volume date de 1934-1936, mais qui en a averti le lecteur ? Il n'est donc pas surprenant qu'un lecteur jeune qui aborde l'œuvre de Colette avec ce volume en une époque aussi troublée, et qui croit peut-être y trouver un écho à ses propres souffrances, n'en éprouve que dépit et rage *.

Des deux œuvres romanesques importantes publiées par Colette pendant la première partie de l'Occupation et qui n'ont peut-être pas la valeur littéraire des œuvres précédentes, l'une, *Julie de Carneilhan*, peut se lire comme une suite à *Mes apprentissages*, l'autre, *Gigi*, ramène Colette à ses débuts.

Deux protagonistes : Julie de Carneilhan et Herbert d'Espivant, qui ont été mariés. La première avait divorcé d'un riche Néerlandais, Julius Becker (le nom est celui d'une empoisonneuse dont Colette a relaté le procès dans *Le Journal* du 12 juin 1938). Espivant a lui-même divorcé d'avec Julie pour épouser la riche Marianne Hélène Anfredi, veuve de Ludovic-Ramon Hortiz ; elle lui a reconnu au contrat une dot ! De son premier mariage elle a eu Toni, 17 ans, amoureux de Julie. Celle-ci est aussi aimée d'un homme jeune, oisif et riche, Coco Vatard, qui lui sert surtout de chauffeur (et qui ressemble un peu à Auguste Hériot vu par Colette). De son premier mari Julie avait reçu une rivière de brillants qu'elle a vendue pour venir en aide à Espivant. Herbert lui a signé un reçu d'un million comme s'il s'agissait d'une plaisanterie ; en fait, ce reçu, rédigé sur papier timbré, était valable car il était mentionné que la somme était « à titre de

* Édith Thomas ne resta pas sur cette mauvaise opinion ; le temps fit son œuvre : en 1957 elle composa pour les éditions La Guilde du livre une page élogieuse sur *L'Étoile Vesper* – mais entre-temps aussi elle s'était écartée d'un communisme intransigeant.

prêt ». Julie l'a conservé. Herbert lui doit donc un million, dont il aimerait bien avoir une part : Marianne tient serrés les cordons de la bourse et il ne peut la fléchir d'assauts amoureux ; il tend à l'impuissance et, à 50 ans, il doit prendre des pilules pour honorer sa femme qui en a 35.

Espivant a une crise cardiaque. Il demande à Julie de venir le voir. C'est alors qu'il lui parle du reçu. Grâce au reçu, il obtiendra l'argent qu'il convoite et il fera apporter par Marianne à Julie... un dixième de la somme, dont il conserve tout le reste. Espivant est condamné à mourir. Julie quitte Paris avec son frère : à cheval, ils vont traverser une partie de la France pour regagner la gentilhommière familiale, dans le Sud-Ouest, et retrouver la solidarité familiale.

Julie de Carneilhan paraît chez Fayard en octobre 1941. Quelques mois se passent et Colette reçoit cette lettre d'Anatole de Monzie, datée du 1er juin 1942[40].

> Chère Colette,
>
> J'ai longtemps hésité à vous écrire la lettre que voici. Je redoute votre blague, je redoute toute blague, la vôtre plus que toute autre, parce qu'elle se couvre et s'excuse de ce style dont je suis le fidèle, le jaloux admirateur. Car vous n'ignorez pas le sentiment que j'ai voué à votre œuvre : je vous aime de la même manière que Rousseau et Chateaubriand.
>
> Pourtant je n'ai pas aimé *Julie de Carneilhan*. Je ne sais pas pourquoi, j'ai éprouvé du malaise à sa lecture. Mais à la vérité, je n'ai pas reconnu les personnages. Surtout je n'ai pas discerné quoi que ce soit qui dans ce roman évoquât le personnage de Jouvenel. Ce fut une stupeur quand *on* me parla de lui à propos de Julie. *On* représente l'addition des gens qui avec des airs connaisseurs prétendent avoir identifié Henry de Jouvenel. Leur nombre, la répétition de leurs propos m'ont obligé à me poser, à vous poser ensuite une question qui intéresse mon affection.
>
> Ne plaisantez pas avec moi, Colette : il y a dans mon amitié que la mort n'interrompt point et que j'ai fort rarement donnée une gravité assez sotte pour qu'elle échappe aux atteintes de l'intelligence critique ; seize ou dix-sept ans Henry et moi avons lié partie d'existence. Nous n'avions ni parenté d'origine ni similitude de goûts. Jamais

en plus de quarante ans il n'y eut dans nos relations la moindre familiarité graveleuse. Une certaine pudeur sentimentale ennoblissait notre longue liaison spirituelle.

Les souvenirs qui me rattachent à Henry de Jouvenel sont si incorporés à ma propre vie que je veille sur leur conservation avec un soin vigilant. Je n'ai jamais admis à aucun moment qu'on parlât mal de mon ami. Je ne me suis jamais enquis de ce qu'il pouvait dire quand on parlait de moi. Je rappelle ces dispositions pour vous rendre attentive à ma requête.

Est-il vrai, Colette, que vous ayez barbouillé de scandale la figure de cet homme dont Bel-Gazou est la fille ? Est-il vrai que vous l'ayez pris comme modèle d'une féroce description ? Il ne s'agit pas d'une opinion personnelle. Je vous le répète, je n'ai pas songé à Jouvenel en vous lisant. Mais d'autres y ont songé. Une mauvaise légende se forme autour de cette interprétation. Comme s'il n'y avait pas assez de saletés dans l'atmosphère de Paris, celle-là s'ajoute aux pestilences de notre misérable vie.

Je vous en prie, chère Colette, dites-moi la vérité. Avez-vous visé Henry ? Si oui, pourquoi ?

Excusez cette interrogation sans détours et sans nuances.

Votre,

A. de M.

Colette répondit immédiatement, le 2 juin[41] :

Cher Monzie, si vous n'étiez pas en effet mon « cher » Monzie, j'aurais voulu ne pas répondre à une lettre où vous jugez nécessaire de me dire que des individus non désignés, non nommés, – le « on qui est dans les ténèbres », comme dit Hugo *, – se sont mêlés de reconnaître, dans un personnage de quelconque aigrefin, votre ami le plus aimé et mon second mari. Deux personnes, m'avez-vous assuré un jour, ont bien connu Jouvenel : vous et moi. Vous,

* « Le On qui est dans les ténèbres » est la dernière phrase du chapitre « *Immortale jecur* » des *Misérables* (Ve partie, livre VI, chap. IV ; éd. Maurice Allem, « Bibliothèque de la Pléiade », p. 1435). – Une citation de Victor Hugo sous la plume de Colette peut paraître surprenante ; il ne serait pas impossible qu'elle lui eût été soufflée par son « meilleur ami ».

certes. Moi... mettons que je n'ai guère été qu'une de ses « veuves abusées ». Si vous ne l'avez pas reconnu dans Espivant, c'est qu'il n'y est pas, et mon petit personnage est imaginaire. Il n'a jamais visé plus haut, – ni plus bas. Une mauvaise légende vous donne du souci ? Ne haussez pas jusqu'à la légende ce qui ne saurait être qu'un potin obscur. Rassuré-je suffisamment l'amitié que la mort n'interrompt point ? Croyez que mon inimitié a le souffle et la mémoire plus courts. Corps, cœur oublieux de la femme...

Non, je n'ai pas envie de « blaguer » avec vous. Quand nous nous rencontrons, – trop rarement, – vous m'en ôtez vite le goût par tout ce que je sens de grave, de fervent, de tendre en vous, tout ce que je prise si fort et que j'ai passé le temps et l'audace d'exprimer.

Non, Espivant n'est pas Jouvenel. Et je ne suis pas contenue tout entière, avec mon meilleur et mon pire, dans des livres où votre inquiétude cherche, assez sévèrement, votre vieille amie qui signe

COLETTE.

Les descendants de Henry de Jouvenel s'inscrivent en faux contre l'assimilation à celui-ci de Herbert d'Espivant et sans doute ont-ils raison car la malhonnêteté dont Espivant se rend coupable à l'égard de Julie n'est pas du style de Jouvenel. Et l'on ne saurait faire de celui-ci sur le tard un babilan. Cependant, il est difficile de croire que Colette n'a pas pensé à son deuxième mari, comme Espivant était le deuxième mari de Julie. Jouvenel est un grand séducteur comme l'a été Espivant. Il était sénateur. Espivant est député ; député de la droite, alors que Jouvenel était un homme politique du centre. Jouvenel, après son divorce d'avec Colette, a épousé le 4 août 1930 Sarah Germaine Hément, veuve de Charles Louis-Dreyfus ; elle est riche comme Marianne. Toni, le beau-fils d'Espivant, est amoureux de Julie ; Bertrand de Jouvenel sera aimé par Colette. Ils succombent l'un et l'autre à une crise cardiaque. Il y a d'autres coïncidences, comme il y a d'autres différences. Mais il est impossible de dénier tout caractère biographique au roman. Colette elle-même s'y peint en partie en Julie et elle signe son portrait, un peu à la manière dont elle avait signé dans un miroir celui de la Vagabonde, Renée Néré ; les initiales de Julie de Carneilhan, inversées, deviennent celles de Colette de Jouvenel. Et l'on reconnaît celle-ci dans sa critique impitoyable de tout ce qui touche à Espivant : de la couleur de son pyjama au capitonnage de sa voiture en passant par les meubles et les tableaux de sa chambre et de son bureau[42].

Quand elle apprit la mort de son deuxième mari, elle écrivit à Hélène Picard : « Je n'avais pas vu Henry de Jouvenel depuis douze ans. Et je ne l'aurais sans doute pas reconnu dans la rue, car il avait beaucoup changé. Devant une photographie récente, il paraît que j'ai dit : "Ah, il est perdu." » Ce que prévoit Julie lorsqu'elle se rend chez Espivant.

Monzie se devait d'intervenir auprès de Colette, au nom de son amitié, mais aussi au nom de l'amitié qu'il avait reportée sur Germaine de Jouvenel. Le 7 octobre 1935, parlant à Varetz devant la tombe, il s'adressait à la veuve, « vous, Germaine, qui fûtes la femme de son bonheur[43] ». Quant à Colette, elle avouait à celui qui scrutait sa main qu'elle était capable d'une rancune tenace*. De sa malveillance à l'égard de son deuxième mari on a une preuve par la recherche qu'elle a demandée en 1934, et sans doute sur le conseil d'un ami – de son « meilleur ami » ? –, au libraire Jean-Guy Deschamps, l'éditeur de *Regarde* ; elle a besoin de l'édition intégrale des *Mémoires* de Viel-Castel. Quelques jours après, elle lui mande qu'elle a elle-même trouvé le passage. Le voici ; il est à la date du 4 février 1852 :

> Jouvenel, fils d'un conducteur de travaux publics, géomètre de la Corrèze, garçon intrigant et intelligent, qui a fait fortune par un bon mariage et qui déjà a été député, me disait avant-hier avec ce ton de suffisance qui lui est propre : « Je ne suis pas simplement le candidat patronné par le gouvernement ; il me subit. »
>
> Ainsi, toujours même esprit d'opposition, les hommes qui se présenteront aux électeurs arrivent encore avec la pensée de faire *chanter* le gouvernement, de se faire importants à nos dépens.
>
> Jouvenel se fait qualifier baron et prétend descendre des Jouvenel des Ursins[44] !

L'échange Monzie-Colette ressemble fort à un dialogue de sourds. Monzie ne peut reconnaître Jouvenel en Espivant

* Voir le chapitre « En roue libre », p. 417.

puisque celui-ci ne serait qu'une caricature. Colette ne peut avouer qu'Espivant est Jouvenel puisqu'un personnage n'est jamais une personne réelle. L'échange ne fut pas prolongé, et après 1942 on ne perçoit plus de relation entre eux. Monzie mourra le 11 janvier 1947. Me Jean-Louis Aujol, qui avait été le secrétaire de Jouvenel, n'avait pas cessé de voir Colette après le divorce, jusqu'au jour où il ne supporta plus de l'entendre attaquer la mémoire de son ami [45].

Cette malveillance est peut-être la cause du « malaise », pour reprendre le mot de Monzie, qu'on éprouve en lisant *Julie de Carneilhan*, « un semble-roman », ainsi que le qualifie Colette à Renée Hamon (17 janvier 1941). Il est probable que, ayant pris connaissance du « semble-roman », Colette de Jouvenel, fort attachée au souvenir de son père, s'écarta de sa mère [46] dont elle ne se rapprochera, du moins officiellement, que quelques années avant la mort de celle-ci.

La critique de la réception a son mot à dire. Marcel Arland (*Comœdia*, 13 décembre 1941) trouve que ce « n'est certes pas le meilleur livre de Mme Colette », ce qui ne l'empêche pas de reconnaître des qualités depuis longtemps affirmées, mais inscrites ici dans la rigueur. Le jeune Kléber Haedens (*Présent*, 25 février 1942) trouve que « cette histoire n'a rien de passionnant et ne méritait pas d'être contée », mais y retrouve lui aussi les qualités de l'auteur. André Rousseaux (*Le Figaro*, 17-18 janvier 1942) commence ainsi son compte rendu : « Ce livre pénible et d'un art accompli ajoute-t-il quelque chose à l'œuvre de Colette ? » Ce n'est qu'un chapitre de plus dans le livre qu'elle n'a cessé d'écrire sur « la solitude de la femme en face de son destin ». Il est gêné par la combinaison qu'Espivant a préparée et à laquelle Julie a accepté de se prêter.

> Encore la répugnance que cette histoire inspire est-elle faible auprès de celle qu'on éprouve à la voir attribuer à un homme qui n'est pas imaginé et que l'on reconnaît fort bien. [...] maintes pages de *Julie de Carneilhan* ont une couleur atroce de vengeance posthume.

André Rousseaux, dont on connaît la probité, utilise cet « on » que Monzie va lui-même mentionner dans sa lettre à Colette. Question : si l'on ne peut faire de bonne littérature avec de bons sentiments, peut-on en faire avec du ressentiment ?

Selon Maurice Goudeket, *Gigi* aurait été composé pendant les sombres semaines durant lesquelles il fut détenu au camp de Compiègne, de décembre 1941 à février 1942[47]. Colette se serait alors réfugiée en esprit dans la Belle Époque pour échapper à son inquiétude. Selon Colette de Jouvenel, qu'on n'est pas étonné de trouver en opposition avec son beau-père, Colette n'avait pas alors le goût d'écrire, d'autant plus qu'elle multipliait les démarches pour arracher son mari au camp de Compiègne et obtenir qu'il ne soit pas déporté en Allemagne*. Cette version semble plus plausible. Ainsi, *Gigi* aurait été écrit après la libération de Maurice Goudeket et avant l'automne de 1942, époque de sa publication (du 28 octobre au 24 novembre) dans *Présent*, qui vient de modifier son sous-titre, passant d'*Hebdomadaire de la France nouvelle* à celui d'*Hebdomadaire politique et littéraire*. Le journal paraît à Lyon sous la direction de Jean Mistler. Un numéro de la collection manque, celui qui aurait dû paraître le 10 ou le 11 novembre ; il n'a jamais été vu par personne. Les Alliés ont débarqué en Afrique du Nord le 7 novembre, et les Allemands ont franchi la ligne de démarcation le 11, mettant fin à l'existence de la « zone libre ». Interrogé par nous, quelque vingt ans après la publication, J. Mistler ne se souvenait plus ni de la publication, ni du numéro manquant. L'œuvre par lui publiée pouvait en effet être critiquée : n'ajoutait-elle pas à l'image frivole de la France que l'Allemagne non seulement de Hitler, mais déjà de Guillaume aimait entretenir ? Image bientôt reprise par les Américains**.

En 1944, juste après le débarquement des Alliés, puisque l'achevé d'imprimer est du 15 juin, *Gigi* paraît à Lausanne aux Éditions du Milieu du Monde. Après la Libération, en 1945, à Paris, chez Ferenczi, rentré d'exil. Dès juin 1946, le texte est traduit en américain et publié avec des illustrations dues à Christian Bérard dans *Harper's Bazaar* dont Marie-Louise Bousquet, que Colette connaît bien, avait été la correspondante à Paris.

Colette était partie d'une anecdote que connaissait le Tout-Paris, c'est-à-dire quelques personnes. Henri Letellier, propriétaire et directeur du *Journal*, pour lequel elle avait travaillé, avait épousé une sœur ou une cousine de Gigi, une femme-enfant, qui resta longtemps séduisante, au point qu'elle fut aimée de Lord Louis

---

* Conversation personnelle avec Cl. Pichois. Colette de Jouvenel, dès qu'elle eut appris que sa mère était seule, avait clandestinement passé la ligne de démarcation pour la rejoindre à Paris.

** Voir le dernier chapitre, « Apothéoses », p. 485.

Mountbatten, vice-roi des Indes, lié à la famille royale d'Angleterre[48]. De ce mariage d'un magnat de la presse avec une jeune personne aguichante Colette a fait presque un conte de fées, inscrit dans un monde interlope, qui tient de la maison de haute tolérance et du gynécée. Tout s'organiserait autour de deux pôles : le sexe et l'argent, s'il n'y avait l'amour. Sans l'amour *Gigi* ressemblerait fort à *La Petite* (*Pretty Baby*) de Louis Malle. Mais Gigi est vraiment un personnage de Colette : elle sait, comme Claudine, ce qu'elle veut et surtout ce qu'elle ne veut pas. Elle le sait si bien que la situation finale ressemble à celle d'un conte de fées : le mariage de Cendrillon avec le Prince charmant, mais n'est qu'apparente. Elle a refusé la loi de son milieu et elle asservit l'homme qui voulait l'entretenir et de qui elle devait dépendre. Elle devine quelle est la valeur de son sexe, de son « ce-que-je-pense » auquel la narratrice nous ramène toujours par les jambes. Au Prince charmant, qu'elle en soit consciente ou non, elle vend son innocence et sa virginité. La situation finale devient la situation initiale d'un autre récit : Gigi, 16 ans, est l'épouse de Gaston Lachaille, 33 ans. Que va-t-il advenir ? Gaston ne s'est-il pas conduit comme un enfant ? Adolescente, Gigi paraît plus mûre que lui.

Ce qui appartient au conte, c'est un aspect qui relève du merveilleux. Pourquoi Gaston, richissime homme en vue, « mondialement connu », vient-il prendre sa camomille chez Mme Alvarez ? C'est qu'il y trouve la paix, qu'il n'est plus tarifé, qu'il n'a pas, croit-il, à y craindre les sollicitations sexuelles. Il ne fait que des cadeaux minimes, afin de conserver à cette oasis, située en plein Paris, son caractère exotique. Tout changera quand Gigi sera intégrée à son monde.

Gigi qui n'est pas tout à fait un conte de fées, qui n'est pas vraiment un récit romanesque, est presque un vaudeville où la fantaisie ignore volontairement les aspects les plus noirs : l'incipit n'est-il pas un fragment de dialogue ? Dans une comédie légère, on ne demande pas pourquoi tel personnage vient chez tel autre, et pour y prendre de la camomille ; il suffit qu'on l'y trouve. *Gigi* appelait la scène. Et l'on comprend aussi pourquoi l'œuvre a ce *happy ending*, tous les romans de Colette ayant une fin triste ou tragique.

C'est le dernier récit romanesque composé par Colette, qui était ainsi revenue à l'inspiration des *Claudine*. Et c'est avec *Gigi* comme avec celles-ci que Colette a connu un de ses plus grands succès, ce dont elle était consciente : « Force m'est de reconnaître qu'avec *Gigi* j'ai dû, comme disent les dentistes, " toucher un nerf "[49]. »

Si l'on écarte *De la patte à l'aile*, anthologie de textes déjà publiés sur les animaux, édition à tirage restreint, illustrée par Chastel ; si l'on écarte aussi la contribution, par un texte sur Balzac, au recueil pétainiste dirigé par Sacha Guitry – Colette publie durant la seconde partie de l'Occupation deux œuvres importantes, *Le Képi* et *Nudité*, une nouvelle, suivie dans le même volume de trois autres, et un essai, toutes deux de 1943. Colette, qui n'a jamais été une romancière à la Emily ou à la Charlotte Brontë, a trouvé dans la nouvelle un cadre approprié à une inspiration modérée et à un travail inlassable sur la langue et les images. Le sujet du *Képi* tient en une phrase de *La Vagabonde* ; Renée qui a le même âge que Maxime craint que les ravages du temps ne l'atteignent plus tôt et plus durement que celui qui veut l'épouser : « J'ai frémi, devant l'inconscience d'une amie quadragénaire, qui coiffait, dévêtue et tout essoufflée d'amour, le képi de son amant, lieutenant de hussards[50]... » Une anecdote. Mais Robert Brasillach comparait cette œuvre d'une « décourageante perfection » aux vraies nourritures d'avant-guerre :

> Dans l'océan d'insanité, pire encore, de médiocrité, qui compose la littérature d'aujourd'hui, un livre de Colette c'est beaucoup mieux, assurément que la « pâtisserie d'ancienne fabrication » au milieu des succédanés. C'est tout d'un coup un chant pur et vrai, c'est le sens de la langue française, [...]. On plaindrait ceux qui ne comprendraient pas tout ce qu'une page de Colette représente d'accompli et de parfaitement civilisé[51].

Nudité est un poème en prose à la gloire de la beauté de la femme. Colette a aimé des hommes et des femmes. Elle n'a jamais, ou presque, fait l'éloge du corps masculin. *Nudité*, écrit à partir de deux articles qu'elle a publiés dans *Paris-Soir* en 1938 et 1939, raconte une soirée d'hiver aux Folies-Bergère ; elle ne se lasse pas de louer les seins, les croupes, les cuisses convexes des figurantes. Illustré de nus de Carlègle, ce livre n'a pas reçu l'accueil qu'il méritait, peut-être parce qu'il a été édité à Bruxelles ; espérons que la liberté du sujet traité n'a pas fait se voiler les faces.

Le Paris de l'Occupation vit presque en état de siège. On le quitte difficilement : les voitures manquent, les trains sont rares, bondés, retardés, plusieurs régions sont interdites. Dans *Marie-Claire* du 1er juillet 1943, Colette note : « Je n'ai pas passé la ceinture de Paris depuis septembre 1940 » ; le 14 mai 1945, elle écrit au peintre Pierre Labrouche : « Et je n'ai pas "découché" de Paris une fois en cinq ans[52]. » En septembre 1941, Colette et Goudeket vendent la maison de Méré, le Parc, où ils comptaient passer leurs week-ends. La grande ville se transforme en un petit monde qui permet aux habitants de se rencontrer, ce qui était malaisé lorsque tout un chacun s'affairait. Colette se fait de nouvelles amies. Ainsi, Mme Gaston Fournier qui lui donne quelques papillons pris dans l'étonnante collection – 45 000 exemplaires – qu'elle a installée dans la « Maison des merveilles » et à qui Colette rend hommage dans *Paris de ma fenêtre*[53]. Ainsi d'un trio réunissant Twinka, sur qui on est mal informé, Mlle Hilda Gélis-Didot, nièce de Mme Fournier, mécène des musiciens et à qui est dédiée *La Perle égarée*, poème de Colette, musique de Jean-Michel Damase, et Elvire Choureau, Mlle Choureau, comme on l'appelait, qui présida au destin de L'Artisan du livre, à la fois librairie et maison d'édition, au coin de la rue Guynemer et de la rue de Fleurus[54].

En juillet 1941, le grand pianiste Alfred Cortot prie Colette, de la part de Valéry, d'assister chez lui à une lecture d'*Études pour un Faust*, premier titre de *Mon Faust*[55]. Le *Journal* de Jean Cocteau abonde en mentions de Colette. Le 23 janvier 1943, ils dînent ensemble chez Lucien Lelong, le grand couturier. Et voici qu'elle s'intéresse à Claudel. En novembre 1943, elle voulait se rendre à la Comédie-Française pour voir *Le Soulier de satin*, mais elle était en proie à son protozoaire et elle avait flanché. Le 27 décembre, à Moreno : « J'ai jusqu'à présent hésité au seuil de Claudel. Hier soir, dans mon lit je lisais IIIe et IVe journées du *Soulier de satin*. Comme je me suis, toujours, assez mal adaptée à Claudel, je lisais en grognant, en invectivant contre ces apparentages, d'époque et de caractères, qui vont jusqu'à rappeler si vivement Jarry ! Et puis… et puis des scènes qui vous arrachent à la critique, qui provoquent (la bouchère qui nage et se noie, et la scène finale…) presque la larme. » Finalement, pour se récompenser d'avoir achevé une nouvelle, elle va, en matinée, assister à une représentation du *Soulier de satin*. À Moreno encore, le 25 janvier 1944 : « Chose étrange, ces cinq heures de spectacle m'ont paru bien plus légères que je ne m'y attendais ! Serais-je claudélienne ? »

Claudel et elle s'étaient rencontrés chez Philippe Berthelot. Et malgré la petite crise provoquée par leurs « candidatures » à l'Académie royale il y avait une estime mutuelle entre eux deux, une sympathie terrienne, paysanne, faite de franchise et d'honnêteté, et d'un même goût du style. Dunoyer de Segonzac rapporte : « J'ai rencontré Paul Claudel en 1929 à Washington alors qu'il y était ambassadeur. Il avait tenu à me voir, sachant que je venais de Saint-Tropez où j'avais vécu dans l'intimité de Colette à la Treille muscate. / Il avait pour elle une très grande admiration : " C'est notre plus grand écrivain " furent les paroles qui terminèrent notre longue conversation[56]. » Dans son *Journal*, au début de cette même année 1929, Claudel donne une dimension métaphysique et tragique à la question de Sido et il compare le « Où sont les enfants ? » de *La Maison de Claudine* au *Adam ubi es ?* de la Genèse[57]. Il participe à l'hommage que *Le Figaro littéraire* du 24 janvier 1953 rend à Colette pour ses 80 ans.

Elle a eu de joyeuses relations avec Henri Mondor (1885-1962). Ses lettres s'échelonnent de 1935 à 1953. Grand chirurgien, Mondor a opéré Colette de Jouvenel, Colette Wyler (nièce de Colette) et Willy Goudeket, le frère de Maurice. Il y a dans l'attitude de Colette ce respect inné à l'égard du chaman. Ce qui ne l'empêche pas de le taquiner. Ainsi dans le « Prélude » qu'elle compose pour l'ouvrage que les élèves du chirurgien avaient projeté de lui offrir à l'occasion de sa nomination de professeur à la Faculté de médecine : *Trio pour Mondor*, les concertistes étant Alain, Duhamel et Valéry, ouvrage publié chez Gauthier-Villars en 1939. On se rappelle l'éclatant début : « Alcindor, Lindor... La petite épée, la dentelle qui écumait hors de la manche, un grand talon qui poussait le pied au bout de la chaussure, et donnait à Lindor, à Alcindor, la démarche des oiseaux arrogants[58]... » Ce dernier adjectif peut justifier ce que Marthe Lamy rapportait à son neveu : « Mais Colette n'aimait pas Mondor. Elle trouvait qu'il n'était pas un homme au sens où elle l'entendait. C'était probablement à cause du mépris intellectuel secret de Mondor pour les femmes, [...] qu'elle avait perçu, avec son intuition habituelle. » Durant les années grises, il la ravitaille en charbon et en vin. Et sa *Vie de Mallarmé*, fondée sur les documents qu'il a réunis dans sa collection et publiée chez Gallimard en 1941-1942, est l'occasion pour elle de s'approcher d'un poète difficile : « Moi qui ignorais totalement Mallarmé dans sa petite vie de grand homme. » Quelques mois plus tard : « Je sais donc maintenant (je l'ai vu si peu, gris chinchilla) qui est Mallarmé. C'est vous. Ne le niez pas. Vous êtes Mallarmé en plus considérable. C'est pourquoi désormais je m'attache à lui. Non que je le comprenne au-delà de quelques vers – les plus faciles naturellement – mais maintenant je vois que je puis aimer cet homme qui a été pur[59]. »

Gide perd de sa morgue et lui est de plus en plus favorable comme le montre cette entrée du 11 février 1941 dans son *Journal*.

> Une langue savoureuse presque à l'excès… ah ! combien me plaît la façon d'écrire de Colette ! Quelle sûreté dans le choix des mots ! Quel délicat sentiment de la nuance ! Et tout cela comme en se jouant, à la La Fontaine, et sans avoir l'air d'y toucher, résultat d'une élaboration assidue, résultat exquis.
>
> « Je m'assis assez maussade devant un travail commencé sans appétit, délaissé sans décision. » Ce « délaissé sans décision » est une merveille d'intention, discrète jusqu'à l'inaperçu pour le commun des lecteurs sans doute, qui me ravit.
>
> Après *Bella-Vista* tout récent, je prends *La Maison de Claudine*, que je ne connaissais pas encore ; j'ai plaisir à y lire : « Ni l'enthousiasme fraternel, ni l'étonnement désapprobateur de mes parents n'obtinrent que je prisse de l'intérêt aux *Mousquetaires*. » Oui, je suis heureux de n'être pas le seul à n'avoir pu m'éprendre de Dumas père, lorsque mon compagnon d'ennui c'est Colette.

Les relations se poursuivirent jusqu'à la mort de Gide. Il lui envoie l'édition Gallimard de *Thésée* (1946) : « À Colette, en attendant de pouvoir l'embrasser chaleureusement[60]. » Et note dans son *Journal*, le 23 novembre 1946 :

> Un coup de téléphone, des plus inattendus : c'est Colette qui me souhaite bonne fête et dit son désir de me revoir. Elle a été sensible à ce que je dis d'elle dans mon *Journal* ; dont je doutais qu'elle eût pris connaissance. Sans doute vais-je répondre à son appel ; mais sachant bien, hélas ! que, sitôt après les premières effusions, nous ne trouverons rien à nous dire.

Le 30 novembre, il la remercie de *Trois… Six… Neuf…* :

> Je crois bien que c'est le premier livre de vous que je reçois dédicacé et aussi bien n'est-ce pas la première fois que je

> vous écris ?... [Il oublie la lettre sur *Chéri*.] Bizarre ! car si souvent j'ai causé avec vous en pensée... Dire que je ne vous ai jamais vue chez vous, seulement au Claridge, ou au théâtre... Et permettez-moi de vous embrasser. Je me retiens depuis si longtemps [61].

En 1950, elle lui écrit : « Je ne suis que votre petite cadette de 77 ans, et je ne puis marcher, et je ne vous vois pas. Mais j'entends votre grande voix sombre. [...] Cher Gide, permettez que je vous embrasse [62]. » À sa mort, elle confiera à un journal :

> Gide et moi, nous avions une très grande envie de devenir des amis, mais cette terrible timidité des écrivains qui cèdent trop tard à un désir comme celui-là nous a retenus aussi bien lui que moi. Pourtant il avait pu, encore ingambe, monter il y a six mois les deux étages que, moi, je ne peux plus descendre. Sa mort me fait beaucoup de peine, et surtout elle me fait plus de peine que je n'aurais cru. Le Journal de Gide n'est jamais très loin de moi et c'est dans ses pages que je le cherche désormais [63].

Les relations régulières avec François Mauriac datent surtout de la Seconde Guerre. Ils échangent leurs livres. Ainsi, elle reçoit en 1939 *Les Chemins de la mer, VII, Le Trentenaire* avec cet envoi : « À Colette, qui reconnaîtra l'odeur de ces jardins et de ces êtres, son admirateur et son ami, FRANÇOIS MAURIAC [64]. » En 1937, elle proposait au Petit Corsaire de lui obtenir une place pour voir *Asmodée* qui avait été créé le 22 novembre à la Comédie-Française. Mais c'est surtout sous l'Occupation que les relations deviennent étroites, notamment après la libération de Goudeket. Le choc subi par Colette l'émeut. Il y voit l'occasion de ramener ou d'amener celle-ci à la foi et de convertir Goudeket. Il lui écrit longuement, le 15 avril 1942 ; elle le remercie et lui demande de venir la voir [65]. Le mois suivant, Mauriac fait le siège de Goudeket « Venez aussi souvent que vous en aurez envie. » Et de lui citer : « Tu ne me chercherais pas si tu ne m'avais déjà trouvé... » Un conseil particulièrement dur à suivre : « Il ne vous reste que de pardonner à vos bourreaux, pour être déjà plus près du Christ qu'aucun de nous. » Selon Goudeket, c'est Colette qui aurait demandé à Mauriac d'obtenir sa conversion, sans doute avec « l'espoir, vain d'ailleurs, dans le moment où elle me savait le plus menacé, que j'en pusse tirer quelque immunité [66] ». Et

Mauriac l'envoya voir le R. P. Fessard (1897-1978) à la résidence des Jésuites, rue Monsieur. Confusion : Goudeket se rendit au numéro indiqué, mais rue Monsieur-le-Prince où il ne trouva, dans une maison accueillante, qu'« une petite mère fessarde ». Ainsi prit fin la tentative.

Restait Colette, qui dans son inquiétude se rappelait le missel noir de son enfance. Mauriac lui promit de lui en faire tenir un. Se produisit une coïncidence qu'on peut qualifier d'extraordinaire ou de quasiment surnaturelle, d'où ces lettres des 12 février et 9 avril 1942 :

> Cher ami, il faut que je vous raconte quelque chose. Hier matin on a déposé chez moi un paroissien noir, laid, usagé, avec des lettres imprimées en creux sur les plats, bref tel que je vous l'ai demandé. Et j'ai dit : « Comme Mauriac s'est dépêché ! » mais un mot joint au livre me montra que le livre me venait d'une femme très malade [la princesse Orbeliani], que je ne connais que par ses lettres (très belles lettres). Elle m'écrit environ une fois par an. Ce soir à 7 h, elle m'a téléphoné (ce qu'elle n'a jamais fait) pour m'avertir qu'elle touchait Paris sans doute pour la dernière fois, et elle s'en va demain matin en voiture d'ambulance. Je lui ai demandé pourquoi elle m'envoyait ce paroissien : « Je ne sais pas, me dit-elle, sinon que j'ai eu un rêve il y a quatre jours, vous m'apparûtes et vous m'avez demandé ce vilain paroissien, celui-là et non un autre. Alors je vous l'ai envoyé en quittant la maison de santé. »

> Cher ami, je vous attendais. Je me disais : où est donc Mauriac ? La belle histoire a eu, peu de temps après votre passage ici, son dénouement (mais je ne crois pas qu'elle soit finie). Un jeune homme, le même, m'a apporté une lettre, la dernière, de la princesse Orbeliani. C'est son médecin, à elle, qui avait la charge de me la remettre. Venez bientôt, pour que vous la lisiez. La dernière phrase est interrompue, doucement, par la mort. Celle qui écrivait a eu le temps de poser son stylo sur une table de chevet pour ne pas tacher d'encre son drap, et elle est morte. Voulez-vous que je recopie sa lettre pour vous, ou préférez-vous la lire ici ?
>
> Depuis que j'ai ce livre, je n'ai pas manqué d'y lire, chaque jour, ce que je vous ai promis d'y lire.

Elle lui rapporte dans cette seconde lettre que Goudeket « commence à savoir très bien planter des petits cierges sur le buisson de N. D. des Victoires, notre voisine. (Figurez-vous que c'est lui, depuis quelques années, qui allait me chercher "mon" buis le jour des Rameaux !) ».

Cierges, buis : magie blanche, comme les médailles que les Petites Fermières lui envoient et dont une sera cousue sur le revers du veston de Willy Goudeket, frère de Maurice, emporté par une méningite en mars 1944[67]. Simples pratiques, vieux souvenirs. Colette est plus proche d'une certaine magie noire qui lui fait rechercher la compagnie des voyantes.

Elle n'a jamais caché ni déguisé l'intérêt qu'elle porta aux pythonisses – *La Chambre éclairée*, *Sido*, *L'Étoile Vesper* et, bien sûr, « La Lune de pluie », nouvelle recueillie dans *Chambre d'hôtel*, en témoignent[68] –, même si « pour aller les trouver [elle] ne [se] déplace pas spontanément. Il faut l'insistance, la peur nerveuse d'une amie[69] ». C'est en 1910, chez Palmyre, qu'on lui tire les cartes pour la première fois ; elle se dit indifférente, mais se souvient encore de la scène vingt-sept ans plus tard. Les prédictions, d'une manière générale, ne l'impressionnent pas, malgré les coïncidences qu'elle relève : « C'est sans doute que je n'ai pas de révérence envers la voyance. Je la tiens pour simple, réservée aux simples, inexpliquée, inexplicable autant que certains resplendissants coloris, certains dessins mystérieusement figurés sur le papillon, l'oiseau, le fauve, le poisson. Sa lumière capricieuse ne me gêne guère ; j'eus toujours de l'amitié pour ce que je ne comprends pas. » Ce sont plutôt les manifestations de télépathie et la « présence » des morts parmi les vivants qui l'intriguent : « Je suis une ignorante, assez curieuse, point effarée, et pleine de confiance en ce que nous ne connaissons pas[70] » – comme ceux à qui l'on demande s'ils croient en Dieu et qui répondent : « Prudent !... » Maurice Goudeket note qu'« il y avait en elle à la fois un vif appétit du surnaturel et une foncière inaptitude à y adhérer[71] ». Elle ne dit jamais qu'elle « croit » à ces manifestations, mais elle ne condamne pas ceux qui se prétendent les intermédiaires entre les deux mondes. Elle-même... – si l'on en croit les propos échangés en octobre 1942, au cours du déjeuner, évoqué plus haut, avec Adrienne Monnier, Marthe Lamy et Paulette Gauthier-Villars : « On a parlé des maisons qui ont d'étranges influences ; [...]. Colette en a possédé une qu'elle a dû vendre à cause des esprits hostiles qui y régnaient[72] ; [...]. »

Parmi les voyantes qu'elle a consultées – mais en a-t-elle

rencontré tant ? « quatre ou cinq », prétend-elle dans *L'Étoile Vesper*[73] –, deux lui ont laissé des souvenirs tenaces. Telle Mme Briffaut – que Paul Morand connaissait aussi[74]. Colette raconte à plusieurs reprises l'entrevue qu'elle eut avec elle et qui date probablement de la fin de la Grande Guerre. Elle resta intriguée par la description que cette personne lui fit des ombres qu'elle *voyait* près de Colette : « Comme assis à mes côtés, mon père et mon frère aîné morts, et le "portrait" de mon père était d'une bien frappante ressemblance[75]. » C'est au cours de cet entretien que Mme Briffaut expliqua à son interlocutrice qui s'étonnait : les morts « sont comme les vivants, [...]. Comme les vivants, sauf qu'ils sont morts ». Ce qui intéresse Colette dans ces relations, ce sont les retours sur son passé qu'elle peut faire à cette occasion et l'évocation de ceux qu'elle a pourtant aimés. Jamais elle ne consulte pour connaître son avenir ; sur ce sujet elle n'accorde aucune confiance. Cependant, « la femme à la bougie[76] », Mme Élise, qui opérait à Clignancourt, rencontrée aussi pendant la Première Guerre, l'impressionna vivement. Avant de lire dans la flamme « elle vous faisait au préalable porter une bougie entre peau et chemisette », comme un thermomètre, puis elle interprétait la forme, la couleur et les divers mouvements de la flamme... « Sans égards pour la femme qui l'écoutait », Mme Élise annonça « un assassinat, un héritage, le montant de l'héritage, les délais du procès qui suivrait l'ouverture d'un testament, la maladie et la mort d'une jeune fille après un mariage, la *nationalité des valeurs* qu'elle laisserait... » Colette précise : « Je prenais des notes au crayon, la consultante tremblait comme une feuille et ne pouvait écrire », puis elle confirme qu'étaient ainsi annoncés le sort de Chevandier de Valdrôme et celui d'Édith, la fille de Mamita, la demi-sœur de Henry et Robert de Jouvenel*...

Si la voyance et la magie noire relèvent d'un même état d'esprit et ne sont séparées que d'un pas, c'est sûr, Colette ne le franchit pas. Se prêter à des séances de spiritisme, se sentir des dons de sourcière sont des pratiques qui n'ont rien de commun avec la captation de forces qui nous dépassent à des fins mauvaises. Le don de sourcellerie lui fut révélé à Saint-Tropez : « Aujourd'hui Mme Aude nous a menées Vera et moi voir sa maison inachevée, [...]. Sextia Aude me disait qu'elle avait découvert deux ou trois puits de la propriété grâce à son don de sourcière ! "Mais comment fait-on ?" Elle coupe une fourchette quelconque de

* Voir le chapitre « Tumultes », p. 205-206.

mimosa vert et me montre comment la branche tourne dans ses mains. " D'ailleurs, dit-elle, essayez. On s'aperçoit tout de suite du don qu'on a quand on l'a." Ah ! *[...]* quelle étrange sensation ! À l'approche de l'eau, entre mes mains, la fourche devient vivante, plus vivante, impérieuse, et tourne comme un serpent. [...] Je suis très agitée par cette révélation [77] » – suffisamment pour entrer en relation avec l'abbé Lambert, auteur d'articles sur ce sujet publiés dans la *Revue métapsychique* en 1931 et 1932, et coauteur du *Mystère du sourcier* (1931) [78]. Maurice Goudeket ajoute : « Sextia Aude, qui révéla à Colette son don et calculait, d'après le nombre de tours de la baguette et d'autres données, la place et la profondeur exactes de l'eau, et même l'importance de la nappe, s'offrit à lui communiquer sa science : elle refusait de l'entendre, par crainte que le mystère lui parût moins mystérieux. »

La réputation littéraire de Colette est établie depuis la fin des années 20 ou le début des années 30. Elle est entretenue par le *Madame Colette* de Gonzague Truc publié chez Corrêa en mai 1941, livre qui n'apporte rien de bien nouveau, puis, en novembre, par le premier livre dû à un universitaire, Pierre Trahard, auteur de *L'Art de Colette*, paru chez Jean-Renard. Le 2 novembre 1943, le poète Maurice Fombeure écrivait au docteur Gaston Ferdière (le médecin d'Artaud) qu'il avait à préparer un livre sur Colette pour les éditions Sequana ; le projet ne fut pas réalisé sous cette forme ; un chapitre, dirait-on, « Colette et les bêtes », en parut dans *Les Cahiers français* du 15 mai 1944, revue récemment fondée et appelée à disparaître aussi rapidement. Le Poitevin Fombeure (1906-1981) a rencontré Colette qui lui promet de lui montrer « les portraits de ma chatte », de la Chatte. Son texte est d'une belle écriture, mais il ne nous apprend rien que nous ne sachions [79] *. La réputation de Colette est entretenue aussi par nombre d'articles, comme celui de Jacques de Lacretelle, de l'Académie française, écrit sur *Chambre d'hôtel* dans *Candide* du 26 mars 1941 : « Colette toujours nouvelle ». Dès que paraît un livre d'elle, écrivains et critiques littéraires doivent se mettre à l'ouvrage et chercher par où elle se renouvelle, alors que reste constante sa vision du monde et que son œuvre devient avant tout un exercice de style, qui nous rend visible ce qui nous était invisible, en retirant à ces adjectifs toute nuance surnaturaliste.

---

* Ajoutons, sans tenir compte de la chronologie, qu'Yves Gandon a pastiché Colette dans *Mascarades littéraires* (éd. M.-P. Trémois, 1930) et qu'il lui a consacré un chapitre, « Colette ou la Sainteté du style », dans *Le Démon du style* (Plon, 1938).

Ramon Fernandez a essayé de situer Colette au-dessus des sempiternels propos sur la mère, la nature, l'amour, les bêtes :

> Le problème de la destinée, celui de l'homme aux prises avec les forces qu'il doit conquérir ou supprimer, les charges de l'âme et même les charges du corps, tout cela est absent de l'œuvre de Colette. Mais à peine ai-je écrit cela que je me sens incité à corriger mon jugement. Car si tout cela est absent du monde de Colette, n'est-ce pas parce que le monde moderne était organisé de telle manière que d'excellents esprits pouvaient se trouver naturellement en état de distraction devant ces grands problèmes. L'œuvre de Colette serait alors, par ces grandes distractions, un grand témoignage, plus important que les pièces montées de certains romanciers contemporains. Elle formerait un tableau de notre temps dépouillé de pompe et d'artifice, une sorte de matérialisme sensualiste qui réduirait les prétentions sentimentales à leur vérité [80].

Tout aussi intéressant est le texte d'Elsa Triolet dans le numéro que la revue *Confluences* a consacré au genre romanesque en juillet 1943 [81]. « [...] Colette se trouve aimer avec frénésie, uniquement, voluptueusement la France. [...] On a beau la secouer, elle a beau grandir, vieillir, connaître, elle reste agrippée à ce qui est son monde, elle reste une farouche patriote d'elle-même et de son intimité qui garde à travers toute sa vie la chaleur qu'avait pour nous la maison de notre enfance. » Mais « le monde de Colette, limité, dirait-on, à elle-même, à ses amis, sa soif, son désir, sa fille, ses habitués, ses bêtes, ce monde s'agrandit démesurément par ce que Colette a du devin, par sa pénétration, son expérience fabuleuse des hommes, des bêtes, par sa sagesse de serpent ».

On aurait donc tort d'isoler Colette, de la voir à l'écart de la littérature qui se créait. De l'admiration qu'elle suscite elle aura encore la preuve par Maurice Sachs, mort en 1945, jeune encore et dans des circonstances obscures et tragiques. Il estimait que, si elle était admirable, c'est qu'elle parlait à tous : n'avait-il pas vu dans une maison des « filles » tromper leur ennui en lisant Colette ? Au milieu de 1942, il entreprend la rédaction d'un roman picaresque, *Histoire de John Cooper d'Albany*, qu'il n'acheva pas. La longue dédicace, Colette ne l'a pas lue, car cette œuvre ne sera publiée qu'en 1955. En voici la fin :

> Et puis, mais ceci est affaire de métier, permettez-moi de placer sous votre protection d'Artisan, tout imparfait qu'il est, ce minutieux assemblage de mots qui forme parfois un livre, quand on comprend une vie d'attentifs efforts à parfaitement dire, comme la vôtre, et cette haute parole de Balzac : « La volonté peut et doit être un sujet d'orgueil bien plus que le talent. »
>
> Votre ami respectueux,
>
> MAURICE SACHS [82].

Colette en Notre Dame des Voleurs, qui l'eût cru ? *Notre-Dame-des-Fleurs* est publié en 1943, à l'instigation de Cocteau, par Paul Morihien dont la librairie est au 11 *bis*, rue de Beaujolais. Il apporte régulièrement ses nouveaux livres à sa voisine. Elle est ainsi un des premiers lecteurs de Jean Genet. Cocteau lui présente son protégé ; elle le reçoit à plusieurs reprises, en intimant toutefois à Pauline de ne jamais le quitter des yeux... En 1949, Genet lui recommande Andrée Pragane qui vient d'écrire un livre sur un chien, *Le Livre du petit Thomas*. Sa lettre s'achève en un élan d'enthousiasme :

> Je vous aime beaucoup, Madame Colette, et je profite de cette lettre pour vous redire mon admiration et mon respect [83].

Autre preuve de sa réputation. Colette est appelée à siéger au jury du prix Sully-Olivier de Serres qui se réunit le 29 novembre 1943, au ministère de l'Agriculture. Comme si elle se préparait à siéger parmi les Goncourt, elle a bataillé ferme et obtenu le prix pour Joseph Cressot, auteur du *Pain au lièvre* ; la chaleur de son combat ne l'a pas empêchée de prendre froid. À Moreno, 30 novembre :

> Hier matin j'étais dehors à 10 h moins le quart. Parce que je voulais peser de tout mon poids sur le vote du jury [...]. Car il y avait un livre admirable à couronner, et j'étais malade à l'idée qu'il pouvait ne pas être récompensé. Il l'est ! Il s'appelle *Le Pain au lièvre*, joli mauvais titre. Je connais même à présent la figure du petit père Cressot (Joseph) débutant de 61 ans. On l'a traîné au dessert du déjeuner où j'ai dû me laisser voiturer, [...] Et c'est là, ma Marguerite, que la quarantaine de jurés défraîchis que nous

> étions a pu en prendre de la graine ! Ce paysan du Loir-et-Cher, ni trop ému ni trop sûr de lui, pourvu d'un tact ravissant, nous a dégoisé une allocution... Je n'ai pas regretté ma peine, je t'assure. Le gentil bonhomme !

La lettre qu'elle lui adresse et qui servira de préface à la réédition de 1952* explique bien l'intérêt, très personnel, qu'elle prit à cette suite de tableaux représentant les travaux et les jours d'un village.

> Quel plaisir vous m'avez fait, quel livre « pour moi » ! Si je n'avais tant de bonheur à le lire je voudrais l'avoir écrit. Au moins je me sens digne de le lire et le relire, tout m'y est familier et enchanteur. Croyez-moi, je sais faire le feu et le garder vivant jusqu'au lendemain. Chez nous le rossignol dit : « Tant que la vigne pousse... pousse... pousse... je n' dormirai plus ! » C'est une petite différence : tout le reste est pareil. [...]
>
> Votre « Moisson » me remue le cœur. Chez nous, le goûter des moissonneurs c'étaient vingt litres de lait, autant de pain écorcé de sa croûte et la mie roulée en poudre sur la table de bois gratté et lavé. De ma vie je ne me suis lassée du pain « affrisé » dans le lait. À présent on n'a ni pain, ni lait...
>
> Bénis soient nos sens fins, les vôtres et les miens : nous leur devons beaucoup. Merci de m'avoir envoyé votre livre, je n'ai pas fini de l'aimer.

Les souvenirs ne nourrissent pas. Mais Colette avait retrouvé dans le livre de Cressot ce qu'elle avait aimé dix ans plus tôt dans *En sabots* d'André Baillon et, en quelque sorte, l'inspiration de *La Maison de Claudine.*

---

* *Le Pain au lièvre* avait d'abord paru en 1937 dans *Le Républicain lorrain* sous le titre « Le Paysan et son village ». Les éditions de 1943 et 1952 ont paru chez Stock. En 1980 a paru une troisième édition, autorisée par Stock, aux Éditions Serpenoise (Metz), avec des bois originaux de Jean Morette et, bien entendu, la lettre de Colette. – Colette avait été membre d'un autre jury, celui du prix de mai fondé en 1941 par Mme Arthème Fayard, prix réservé aux moins de trente ans. Il ne fut pas décerné en raison de la médiocrité des manuscrits proposés ; voir l'article de Colette « Jeux floraux », *Le Petit Parisien*, 5 juin 1941.

15

UNE CERTAINE ÉCLIPSE

1944-1949

Les derniers mois de l'Occupation furent les plus pénibles à supporter ; les privations s'aggravaient, de nourriture comme de liberté. Un mot résume le sentiment général : attente. D'où la rengaine qu'on chantait ou sifflait partout, le refrain de la chanson de Louis Poterat qui avait été créée par Rina Ketty en 1938 : *J'attendrai / le jour et la nuit / J'attendrai / toujours / ton retour.* Colette écrivait elle-même à Alice Bénard-Fleury le 22 mai 1944 : « Je suis mieux ici que partout ailleurs pour "attendre". Ce verbe qui se passe de tous compléments se suffit à lui-même [1]. »

Elle a raconté à Marguerite Moreno ce qu'avaient été pour elle les combats de la libération de Paris en août 1944. Curieux de voir ce qui se passait, Goudeket gagna le Louvre, revint vers la rue de Rivoli et sous le tir de mitrailleuses allemandes il se réfugia dans le jardin des Tuileries.

> Pendant trois jours et deux nuits je mourais d'inquiétude et le faisais chercher parmi les morts comme je pouvais, il a dû rester dans ce jardin, dans une petite tranchée mouillée, et chaque fois qu'un fétu ou un être humain bougeait, les hôtels de Rivoli, en face, nuit et jour tiraient. Le 3e jour, la trêve demandée par l'ambassade de Suède lui a permis de rentrer, gelé, et n'ayant consommé que trois petites tomates vertes des Tuileries. Je t'avoue, Marguerite, que je l'ai accueilli par une bordée d'injures [2].

Paris était libéré, mais la guerre n'était pas terminée, le ravitaillement restait insuffisant. Cependant, la liesse était quasi générale et Colette s'amusait de savoir que sa fille faisait fonction de maire à Curemonte et que Renaud de Jouvenel était premier adjoint à Brive-la-Gaillarde.

Les collaborateurs furent arrêtés ainsi que des personnes soupçonnées d'avoir eu des sentiments favorables à l'Allemagne ou même au régime de Vichy. Les écrivains, artistes et journalistes furent pris pour cibles, plutôt que les entrepreneurs qui avaient construit le mur de l'Atlantique et qui devaient ensuite le détruire partiellement, ayant gagné sur les deux tableaux.

Robert Brasillach était de ceux qui n'avaient pas caché leur sympathie pour le national-socialisme. On arrêta sa mère. Il se constitua prisonnier, fut jugé, d'une manière expéditive, et condamné à mort. François Mauriac et son fils Claude, ainsi que Thierry Maulnier, firent circuler une pétition qui recueillit de nombreuses signatures, même d'écrivains que Brasillach avait pris à partie. « Des académiciens, des savants illustres, des peintres, des musiciens, des prélats apportèrent leur adhésion. » Jacques Isorni, avocat de Brasillach[3], note aussi qu'il y eut « quelques hésitants, inquiets de toute compromission » :

> J'ai souvenir d'une femme de lettres dont l'inégalable talent ne s'accompagne pas de courage qui refusa d'abord de signer parce qu'elle avait cru, par suite d'une erreur matérielle, qu'elle serait la première ; [...].

Isorni s'adressa directement à Colette, qui lui répondit le 21 octobre 1944 une lettre embarrassée. Elle ne connaissait pas le Brasillach de *Je suis partout* ; elle ne connaissait que l'écrivain, qui était venu la voir avant la guerre et sous l'Occupation. Il savait que Goudeket était obligé de se cacher ; elle savait quelles étaient ses relations :

> Pourtant j'ai reçu Brasillach, le jour où il me l'a demandé, et nous nous sommes accordé l'un à l'autre la trêve d'une conversation qui faisait tout ce qu'elle pouvait pour être fidèlement pareille à un entretien d'autrefois, alors que Brasillach entrait si heureusement dans la littérature et que je le regardais, avec plaisir, progresser. Grâce à notre double effort, grâce aussi à notre grande différence d'âge, nous avons gardé, je crois, de cette heure-là un souvenir sans souillure, et désintéressé Brasillach n'avait rien à me demander, et je n'avais rien à implorer de ceux qu'il croyait tout-puissants[4].

Ce n'est pas la version de Brasillach qui écrivait dans sa cellule de Fresnes :

> [...] Jacques Isorni aurait voulu demander des témoignages à des personnalités littéraires. Je pensais que la vieille admiration de ma jeunesse, je pensais que Colette se souviendrait que j'avais fait quelques démarches à l'Institut allemand lorsqu'on avait arrêté son mari, qui était Juif : les femmes n'ont pas de mémoire, sans doute, car elle écrivit une lettre bien jolie, comme tout ce qu'elle écrit, mais bien oublieuse. J'aime trop son soleil, ses femmes nonchalantes et courageuses, son enfance bourguignonne, l'image de sa mère, et ses cheveux moussus à la fenêtre du Palais-Royal, pour lui en vouloir [5].

Finalement, sur l'intervention de Cocteau, Colette signa la pétition.

De Gaulle refusa la grâce ; Brasillach fut, le 6 février 1945, fusillé au fort de Montrouge. Colette écrit vers cette date à Lucie Saglio : « Les procès intérieurs sont dégueulasses »...

Son attitude à l'égard de Sacha Guitry, qui pourtant n'avait pas été un collaborateur bien actif, ne fut pas glorieuse non plus. Contrairement à ce qu'on a dit, elle ne lui a pas succédé à l'Académie Goncourt. Mais, lorsqu'elle y fut élue, ce fut au couvert de Jean de La Varende, démissionnaire, et sans que Guitry eût été convoqué ou consulté. Il se vengea avec élégance, se contentant de reproduire dans *Quatre ans d'occupations* le billet dont elle avait accompagné l'envoi de son texte sur Balzac destiné au volume *De Jeanne d'Arc à Philippe Pétain* :

> Mon cher Sacha,
>
> Voici Balzac. Est-ce que ça peut aller ? Dites-le-moi. Je vous embrasse.
>
> Votre vieille amie
>
> COLETTE.

Le gouvernement provisoire de la République française prend le 22 juin 1944 une ordonnance, qui sera complétée par d'autres, mais qui déjà règle le sort de la presse qui a paru sous le contrôle de l'occupant. Ne peuvent plus paraître les périodiques qui dans la zone Nord ont paru après le 25 juin 1940 et dans la zone Sud ceux qui ont paru après le 26 novembre 1942. Cette date aurait été choisie par De Gaulle pour éliminer *Le Temps* qui avait paru à Lyon jusqu'au 29 novembre, *Le Temps*, journal de la bourgeoisie d'affaires française, l'organe du Comité des forges, de la famille Wendel et du grand capital, *Le Temps* qui aurait pactisé [6]. Notons que la date choisie favorisait *Le Figaro* qui s'était sabordé juste après le passage de la ligne de démarcation par les troupes allemandes [7]. Un journal auquel elle avait beaucoup collaboré avant, pendant et après la Grande Guerre, *Le Matin*, disparaissait à tout jamais, emporté par son active sympathie pour les nazis. On n'y avait pas vu la signature de Colette, mais celle-ci avait publié dans des journaux des deux zones. Elle ne fut pas inquiétée. Au reste, si elle avait vendu des articles à des presses ensuite maudites, c'est qu'elle avait faim : elle vivait de sa plume. Des âmes pures s'honoraient d'être restées silencieuses, intransigeantes. Tel professeur oubliait qu'il avait été le fonctionnaire salarié d'un État qui avait pactisé avec l'ennemi.

Reparaissent les périodiques qui ont cessé très tôt de paraître. Apparaissent de nouveaux périodiques comme *Combat* et *Libération* qui passent de la clandestinité à la publicité. Pierre Lazareff, qui a pu fuir la France au bon moment, rentre des États-Unis, où il a dirigé « La Voix de l'Amérique » et va donner un successeur à *Paris-Soir* : *France-Soir*, qui va retrouver les tirages fabuleux de son prédécesseur. Hélène Gordon-Lazareff, et plus Gordon que Lazareff, qui, grâce à sa connaissance de l'anglais, s'est fait une situation à *Harper's Bazaar* et au *New York Times*, rentre riche de son expérience. *Marie-Claire* avait eu une dette envers les magazines anglo-saxons. *Elle* l'aura plus grande, et surtout pour la technique. Hélène Gordon-Lazareff fit appel pour ses premiers numéros à Marcel Achard et à Colette « devenue une institution dans le monde littéraire parisien [8] », qui lui donna *L'Étoile Vesper*, dont le début paraît dans le numéro 1 daté du 21 novembre 1945. La rédactrice en chef était allée chercher le manuscrit au Palais-Royal et, revenue au siège du magazine et de *France-Soir* installés 100, rue de Réaumur, dans les anciens locaux de *L'Intransigeant*, elle le donna à composer sans le lire, « se réservant ce plaisir sur l'épreuve sortant de l'atelier ».

Stupeur quand elle lit le récit d'une visite faite à la voyante Élise :

— Beau mariage. Oui, le mariage se fait. Mais pour avoir des enfants, c'est autre chose. Pas de gosses.

— Pourquoi, Madame Élise ?

— Parce que le jeune homme a la semence claire.

J'adoucis les termes [9]...

Hélène Gordon-Lazareff menait une vie très libre, mais elle tenait à ce qu'on respectât ses lectrices. Elle demanda à Colette de supprimer cette explication crue. Colette se fâcha. Pierre Lazareff intervint et obtint une atténuation : « Parce que le jeune homme ne pourra pas... J'adoucis les termes*... »

La fin de l'Occupation et les mois qui la suivent immédiatement dressent autour de Colette les croix d'un cimetière. C'est sa génération qui disparaît et d'autres, plus jeunes. Giraudoux meurt le 31 janvier 1944. Colette put se rappeler les pièces qu'elle avait vues à l'Athénée, avec Louis Jouvet, et dont elle avait rendu compte dans *Le Journal* : *Tessa ou la Nymphe au cœur fidèle* (18 novembre 1934), *La guerre de Troie n'aura pas lieu* (24 novembre 1935), *Électre* (23 mai 1937), à propos de laquelle elle reprochait à Giraudoux de faire du Giraudoux au point d'être « tentée de trouver plaisir à la grande obscurité de Claudel, à son vaste souffle de forêt nocturne... » *Comœdia* lui demanda immédiatement, comme à Valéry, Arland, Fargue, etc., dix lignes qui parurent dans le numéro du 5 février : « Hier, Jean Giraudoux était ce jeune homme qui traversait, remorqué par son chien, le jardin du Palais-Royal. Aujourd'hui, il est une statue couchée, contre laquelle le temps désormais ne peut rien. [...] Je le chercherai sous ma fenêtre, entre Jean Cocteau et Christian Bérard. Comme eux, il levait le bras en signe de bonjour amical. » Aux Petites Fermières qui s'inquiétaient : « Non, je ne connaissais pour ainsi dire pas Giraudoux. Un de ces "vieux amis" comme on en a à Paris [11]... » Elle aura l'occasion de le retrouver à l'Athénée, puisqu'il laissait inédite *La Folle de Chaillot* que Jouvet allait créer le 19 décembre 1945 et qui

* Jean Hugo, à qui la directrice de *Harper's Bazaar* avait commandé un portrait de Colette, a consigné ce que celle-ci racontait en sa présence à Marie-Louise Bousquet : « Charlotte Lysès voulait avoir un enfant d'un homme qu'elle aimait. — N'y comptez pas, dit la femme à la bougie. — Pourquoi ? Je suis tout à fait normale et mon amant est vigoureux. / Jamais je n'avais entendu l'accent bourguignon rouler aussi fort que dans le mot très cru que Colette employa pour dire que ce beau jeune homme était stérile [10]. »

vaudra à Moreno son dernier, son éclatant succès. Colette ne put assister à la première, mais à la veille de Noël elle envoya une lettre d'amour à son amie et une autre à Jouvet[12]. La mort de Marguerite, le 14 juillet 1948, sera l'un des grands chagrins éprouvés par Colette[13]. Dans *Le Figaro littéraire* du 11 septembre, elle évoquera leur longue amitié et recueillera ces pages dans *Le Fanal bleu* en 1949, année qui la verra préfacer les *Souvenirs de ma vie* de Moreno (Éditions de Flore), texte repris dans la section *Mélanges* à la fin des *Œuvres complètes* du Fleuron.

Missy, rappelons-le, après une première tentative de suicide le 7 juin, est morte le 29 juin 1944 et a été inhumée le 7 juillet au Père-Lachaise dans le caveau des Morny.

Francis Jammes, qui avait préfacé les *Sept dialogues de bêtes* en 1905, est mort en 1938. Leurs relations n'ont duré que quelques années et appartiennent certainement à ce qu'il y avait de plus charmant dans l'âme de Colette. Celle-ci va pouvoir les revivre grâce à la jolie plaquette achevée d'imprimer en janvier 1945 et publiée par Robert Mallet chez Émile-Paul frères : *Une amitié inattendue. Correspondance de Colette et de Francis Jammes*[14]. C'est, peut-on dire, l'entrée vivante de l'écriture de Colette dans la philologie.

La mort continue de frapper en 1945 : Édouard Bourdet, le 18 janvier ; le 1er février, Hélène Picard, à qui elle érige une stèle dans la *Revue de Paris* du 1er mai, pages qu'elle reprendra dans *L'Étoile Vesper*. Drieu La Rochelle se donne la mort le 15 mars. Lucie Delarue-Mardrus, percluse de rhumatismes, et qui a perdu une partie de sa réputation alors que croissait celle de Colette, meurt le 26 avril ; Paul Valéry, le 20 juillet.

« La mort ne m'intéresse pas, la mienne non plus », avait écrit Colette dans *La Naissance du jour*, qui n'a apporté qu'un tempérament à cette affirmation, dans « La Dame du photographe » : « par extension, je pensai à la mort, et, par exception à la mienne ». Mais il y a les conséquences de la mort… Le 17 juillet 1945, Colette fit son testament (olographe), déposé chez Me Mahot de la Querantonnais, notaire à Paris. En voici la transcription[15] :

> Ceci est mon testament :
>
> Par ces présentes, je révoque toutes dispositions prises pour cause de mort.
>
> Je lègue par ces présentes à mon mari :
>
> 1°) - Sa vie durant la moitié de mes droits d'auteur et

je lui confère tous pouvoirs sans aucune exception ni réserve, pour surveiller et passer quand bon lui semblera tous contrats d'édition et de publication sous quelque forme que ce soit (théâtrale, cinématographique, littéraire, radiophonique ou autres) de tous mes livres déjà édités ou même inédits, à charge pour lui de rendre compte à ma fille de son mandat une fois par an à partir de mon décès.

2°) - En toute propriété, tous mes manuscrits et livres qui m'ont été dédicacés et qui ne seraient pas sa propriété.

Dans le cas où ma fille contesterait ou révoquerait le pouvoir ci-dessus donné, ou l'exécution du legs compris au paragraphe deux, je lègue à mon mari :

I - La totalité de mes droits d'auteur en pleine propriété.

II - La toute propriété de mes manuscrits et des livres qui me sont dédicacés et qui ne seront* pas sa propriété.

III - Tous les meubles meublants, argenterie, linge de maison qui composeront ma succession.

En cas de réduction, celle-ci devra s'opérer en commençant par le troisième paragraphe.

Je lègue à titre particulier, nette de tous frais et droits, à ma femme de chambre Mlle Pauline Vérine, une somme de soixante mille francs.

Dans le cas où ma fille décéderait avant moi, j'institue pour mon légataire universel, en toute propriété, mon mari.

Dans le cas où, ayant hérité de mon mari et n'ayant pu vendre de mon vivant sa collection de livres et d'autographes, en un mot sa bibliothèque, je veux que celle-ci soit vendue aux enchères sous le nom de « Collection Maurice Goudeket » dans l'année de mon décès. Pour surveiller l'exécution de cette volonté, je nomme M. Pierre Berès mon exécuteur testamentaire.

Fait à Paris, le dix-sept juillet mil neuf cent quarante-cinq.

Signé :

COLETTE.

* *Sic* pour « seraient ».

Colette avait été reçue à l'Académie royale de langue et de littérature françaises de Belgique en 1936, mais elle n'assista plus ensuite aux séances. Ce qui ne l'empêcha pas de conserver d'excellentes relations avec le pays où avait été élevée Sido. La reine-mère Élisabeth lui envoyait des fleurs et du miel des ruches de Laeken. Quand elle venait à Paris elle annonçait sa visite. Colette : « Ma petite chambre rouge, mes livres et mon feu de bois, je les offre à Votre Majesté [16]. » Un an plus tard, ne pouvant donner *Pour un herbier* aux Petites Fermières elle leur écrit :

> Il m'a fallu me dessaisir de *mon* unique exemplaire pour le donner à la reine-mère, Élisabeth de Belgique, qui est arrivée chez moi il y a quatre jours toute charmante avec sa silhouette de jeune fille, ses yeux pervenche, chargée d'un gros pot d'azalée, du miel de ses abeilles, et s'est installée à mon chevet pendant une heure et quart. Que de grâce dans cette femme qui ne vieillit pas ! Elle a promis de venir déjeuner au mois de mai. Maurice lui a versé le champagne, l'a accompagnée en bas, mise en voiture et la voilà repartie pour Laeken où travaillent les abeilles tout près du palais, sur acacias et tilleuls. C'est une de ces rares créatures qui inspirent le dévouement, tant elle est prodigue d'elle-même [17].

La passion de Colette pour les abeilles s'exprime aussi dans ses lettres à Georges Alphandéry, qui a des ruches à Montfavet, qui a publié *Le Livre des abeilles* et qui édite *La Gazette apicole*, à laquelle, on l'a vu, elle a collaboré ; elle l'a surnommé « le berger d'abeilles ».

L'Académie royale lui avait été ouverte. L'Académie française lui était alors fermée : le 23 mars 1923, dans le journal *L'Éclair*, en écho à une rumeur qui courait, on avait pu lire : « Colette va-t-elle faire acte de candidature à l'Académie ? C'est M. Jean Richepin qui l'y aurait à peu près décidée. » La question était inutile. Restait l'Académie Goncourt qui coopte et qui depuis la mort de Judith Gautier (1917), la fille de Théophile Gautier, pensait plus ou moins à elle, dont Lucien Descaves ne voulait pas, ainsi qu'on l'a vu. À la Libération, il ne restait plus que six membres effectifs, car Sacha Guitry, René Benjamin et Jean Ajalbert avaient été écartés en raison de leur comportement sous l'Occupation, Jean de La Varende ayant donné sa démission ;

c'étaient André Billy, Francis Carco, Lucien Descaves, Roland Dorgelès, Léo Larguier et Rosny jeune (si l'on peut dire). Billy, Carco, Dorgelès, Larguier étaient de ses amis. Descaves céda. Le 2 mai 1945, Colette était élue à l'unanimité, ce que *Le Monde* portant la date du 3 mai annonça dans le même numéro que la mort de Hitler. Sur les fondateurs, dont elle avait seulement aperçu l'aîné, Edmond, mort en 1896, elle écrira dans le recueil, *Hommage à Edmond et Jules de Goncourt* (Flammarion, 1946), un article intitulé « Les Goncourt que je n'ai pas connus »[18]. Se rappelait-elle qu'on lui avait cherché une mauvaise querelle en insinuant que son *Chéri* devait quelque chose à la *Chérie* d'Edmond ? Elle n'aimait pas leurs romans : « J'avais l'impression, chaque fois, qu'un malheur immérité disputait, à de probes et minutieux observateurs, à des écrivains désintéressés, leur chance d'avoir du génie. » De beaucoup elle préfère le *Journal* à qui elle réclame « les images abolies ».

L'élection provoqua beaucoup d'articles : d'amis comme Billy et Larguier, de Michel Déon, de Jacques de Laprade ; celui auquel Colette fut peut-être le plus sensible était de Marie de Régnier :

> Tout a été dit sur votre talent, votre génie, votre gloire, chère Colette ; et vous vous soucierez peu, j'en suis sûre, d'un nouvel hommage. Pourtant, je vous l'adresse, en gratitude de toutes les joies que vos livres m'ont offertes et de cette dédicace dont je suis très fière – que vous avez inscrite pour Gérard d'Houville au début d'un de vos charmants *Dialogues de Bêtes*[19].

Lucien Descaves, président de l'Académie, disparaît le 6 septembre 1949. Le 1er octobre, Colette le remplace, bien que cette présidence dût revenir à Roland Dorgelès ; doyen d'élection, puisqu'il avait été élu en 1929, il se désista et offrit sa place à Colette.

Celle-ci prit ses fonctions au sérieux et se rendit aux déjeuners du restaurant Drouant aussi souvent que sa santé le lui permettait, et parfois en proie à de vives souffrances.

En 1945, la situation n'était pas claire : le prix n'avait pas été attribué en 1944. Il fut décerné le 2 juillet 1945 à Elsa Triolet pour *Le premier accroc coûte deux cents francs*. Au premier tour, Colette, Billy et Lucien Descaves avaient voté pour *Les Amitiés particulières* de Roger Peyrefitte, roman autobiographique qui pouvait passer pour un appendice au *Pur et l'Impur* ; Thyde Monnier avait reçu la voix de Larguier. Au second tour, Colette et Larguier assurèrent le succès d'Elsa Triolet*.

Le prix de 1945 devait être décerné le 5 décembre (le premier lundi de décembre était alors la date traditionnelle). Colette s'était éprise de *Travaux* (Stock-Delamain) de Georges Navel : celui-ci « ouvrier (terrassier, ajusteur, saulnier, etc., etc.), écrit-elle à Billy, est une *découverte*. Et même, si nous le voulons, le mouton à cinq pattes. Et plein de talent. Et pauvre. Et digne. Lisez *Travaux*, que vous devez avoir reçu ? » Et à Carco : « As-tu lu (à peine broché) le livre de Navel ? J'en suis éprise. Je ne connais pas le type, qui est un ouvrier. Voici, pour le Goncourt, le mouton à cinq pattes que nous rêvons, la vraie découverte. Pauvreté, dignité, et un beau style. Je crois qu'il travaille aux ruches en Provence, actuellement[20]. » En fait, Navel est un ouvrier qui fuit le travail, un bohème plutôt qu'un prolétaire. Colette ne fut pas suivie – après tout *Travaux* était un témoignage, non un roman –, et le prix alla à Jean-Louis Bory pour *Mon village à l'heure allemande***. Colette trouvait sans doute à *Travaux* des qualités analogues à celles qu'elle avait aimées dans *Le Pain au lièvre*, et il semble bien d'ailleurs qu'elle ait recommandé le livre de Navel au jury du prix Olivier-de-Serres qui siégeait au ministère de l'Agriculture[21]. Il est beau que cette vieille dame ait voulu s'éloigner des ornières, elle qui déclarait à une amie : « Je voudrais être (non, je ne voudrais pas) dans la peau d'un de ces romanciers qui laissent paraître le contentement qu'ils ont d'eux-mêmes et de leur talent[22]. »

Chaque automne, elle est accablée de romans ; elle en lit autant qu'elle peut, sans doute aidée par Goudeket. Et elle

---

* « Comment ils ont voté », *La Bataille*, 5 juillet 1945. *Carrefour*, le 7 juillet, demande : « Quelles raisons ont poussé la grande romancière à modifier son opinion entre le premier et le second tour ? », mais ne suggère pas de réponse. N'oublions pas que le prix Goncourt de 1940 n'avait pas été attribué. Il était réservé à l'œuvre d'un prisonnier de guerre. En 1946, il fut décerné à Francis Ambrière pour *Les Grandes Vacances*.

** L'éditeur de Jean-Louis Bory (1919-1979) lui demanda d'aller voir Colette, en prétendant : « Colette a été votre supporter le plus efficace, vous devriez aller la remercier. D'ailleurs, elle attend votre visite, voulez-vous que je lui téléphone ? » Colette avait sans doute, après avoir voté pour Navel, entendu la recommandation d'un de ses principaux éditeurs. Bory se trouva comme le Petit Poucet devant l'Ogresse et tira de cette rencontre sans objet réel un récit plein d'humour, qui parut posthume dans *Un prix d'excellence* (Gallimard, 1986).

devait être accablée de recommandations[23]. En 1947, écrit-elle à Adrien Fauchier-Magnan, il y a cent cinq candidats ; le prix va aux *Forêts de la nuit* de Jean-Louis Curtis. Novembre 1948 : elle hésite, dit-elle à Billy, entre *Le Caporal épinglé* de Jacques Perret, *Le Temps des rencontres* de Michel Zeraffa et *Planète sans visa* de Jean Malaquais. Maurice Druon obtient le prix avec *Les Grandes Familles* ; Colette écrit à Georges Wague : « Je sors du Goncourt. Mais je n'ai pas voté pour Druon. » Qui est pourtant le neveu de Jef Kessel[24]. Pas de népotisme. En 1949, elle vote pour *Week-end à Zuydcoote* de Robert Merle qui obtient le prix.

Colette, qui n'avait pas quitté Paris pendant près de cinq ans, va retrouver le Midi jusqu'à l'année de sa mort. Pourtant, le 22 septembre 1945, elle avoue à Christiane Mendelys qu'elle a « fini d'aimer la Méditerranée » et qu'elle ne rêve que de mer bretonne. De 1945 à 1949 elle se partage entre les environs d'Hyères et ceux de Grasse, entre le domaine de Mauvanne qui, ainsi que le vignoble, appartient à Simone Berriau (1945, 1948) et une propriété, les Aspres, puis le Mas que les Charles de Polignac louent près de Grasse (1946, 1948, 1949)*. Le 25 juin 1946, elle part pour Uriage où elle fait une cure de trois semaines sous la direction du docteur Roman, mais l'arthrite ne cède pas, et le 18 octobre elle lui mande : « Je vous appelle à mon aide, car vraiment je souffre trop[25]. » Ce médecin s'installera à Paris pendant tout l'hiver et, le 26 octobre, Colette écrit à Alice Bénard-Fleury : « Une chose merveilleuse, c'est la défense qu'il m'a faite de travailler. L'oisiveté, la lecture, la tapisserie, tout m'est bon qui n'est pas écrire ! » C'est depuis 1943 qu'elle a, selon une lettre à cette même correspondante amicale, « inaugu[ré] la vie des vieilles dames : tapisserie (très jolie !), lectures, – et travail ». La tapisserie a été, en effet, une des activités préférées de Colette à la fin de sa vie. On peut voir au musée de Saint-Sauveur les tapisseries dont elle a recouvert l'un et l'autre des fauteuils qu'elle avait au Palais-Royal[26] : du bon travail qui ne mérite pas qu'on se pâme d'admiration, car on constate que sa vue baissait.

Elle continue et continuera de souffrir, mais elle ne geint pas. Le 2 avril 1946, elle définit clairement son attitude : « Je me

---

* Voici les dates approximatives des séjours dans le Midi : 19 juillet-1er septembre 1945, Mauvanne ; 7 (?)-14 août 1946, les Aspres ; 6 (?)-26 juillet 1948, Mauvanne ; 28 juillet-27 août 1948, les Aspres ; 18 juillet-fin août 1949, le Mas. – De 1950 à 1954, Colette séjournera à l'hôtel de Paris à Monte-Carlo.

conduis honorablement avec mon mal. Je ne consens ni à le laisser voir sur ma figure, ni à prendre des remèdes endormeurs[27]. » Dans plusieurs lettres, elle insiste, discrètement, sur son nécessaire stoïcisme et sur le bon usage qu'elle fait de la souffrance. Le docteur Roman n'est pas arrivé à la soulager. On lui recommande le docteur Menkès, une sorte de thaumaturge, « un gros archange, noir et frisé[28] », qui est venu la voir à Paris. Elle va donc s'installer à l'hôtel Richemond de Genève, du 25 avril au 24 juin 1947, pour être traitée par lui : ses soins sont « cruels[29] » et d'ailleurs inefficaces. Sans doute en raison de ce long séjour, elle ne quittera Paris, qui subit un été torride, que du 4 au 15 septembre pour se reposer chez Jean et Made Guillermet à Limas, près de Villefranche-sur-Saône, qu'elle appelle Villefranche-en-Beaujolais, où elle entendra les échos de la vendange et goûtera le vin d'une récolte précédente.

Made Guillermet a une grande admiration pour Colette. Jean Guillermet a voulu faire quelque chose pour les vignerons du Beaujolais, moins connus que ceux de Bourgogne. Il a créé les Éditions du Cuvier où il publiera en 1949, sous les auspices de la Chambre de commerce de Villefranche, *Industries et productions du Beaujolais* ; dans ce recueil paraît « Beaujolais 1947 », texte du *Fanal bleu,* dont elle dédicacera ainsi un exemplaire : « Pour Made et Jean Guillermet grâce à qui ce livre s'enrichit de ses meilleures pages, avec ma tendre amitié. » La rue de Beaujolais devait avoir ce prolongement.

Nous avons déjà rencontré Simone Berriau à propos des films *Itto* et *Divine.* Sa vie, ses amours, elle les a contés dans *Simone est comme ça* en 1973 ; c'est en 1945 qu'elle a emmené Colette dans son domaine de Mauvanne, aux Salins-d'Hyères, propriété dont elle devra se séparer lorsqu'elle aura besoin de soutenir financièrement le théâtre Antoine qu'elle possédait et dirigeait. Colette a écrit un merveilleux récit du voyage en voiture jusqu'à Mauvanne :

> Onze pannes sur mille kilomètres, ça ne fait jamais qu'une panne virgule dix aux cent kilomètres, sauf erreur[30]...

Elles se connaissaient de longue date, depuis 1925 environ. En 1943, quand Simone Berriau hésitait à acheter le théâtre Antoine, Colette fut de ceux qui l'y encouragèrent. C'est sur cette scène que furent représentées *Les Mains sales* et *La P...*

respectueuse. Et c'est Simone Berriau qui a fait rencontrer Colette et l'auteur de ces pièces ; elle les réunit, le 5 mars 1948 [31], en compagnie de Cocteau et de Simone de Beauvoir :

> On ne pouvait imaginer personnages plus dissemblables, mais ils ont interminablement parlé du théâtre, de ce qu'ils aimaient, et se sont visiblement plu mutuellement. Cocteau, il faut le dire, menait la conversation avec tout son charme et tout son lyrisme, jonglant avec les mots et les images ; Colette, toujours vive et savoureuse, était subjuguée par l'intelligence et la passion froide de Sartre. Le déjeuner a duré jusqu'à sept heures du soir [32] !

Sartre et Colette se sont vus aussi à Mauvanne ; Simone Berriau les montre jouant à la canasta.

La Nausée a été publiée au printemps de 1938. Sartre en a offert un exemplaire à Colette avec cet envoi : « À Colette si semblable à ses livres que j'aime tant avec l'admiration et si je puis me le permettre l'amitié de J.-P. Sartre [33]. » On pensera que c'est juste après la guerre que Sartre lui aura donné son roman. Plus tard, Simone de Beauvoir lui fait remarquer qu'il avait « l'édition complète de Colette », expression qui ne peut désigner que l'édition du Fleuron. Dans *La Force des choses*, elle lui apparaît « comme une formidable Déesse-Mère [34] ».

Les deux Simone, Berriau et Beauvoir, ne s'aimaient pas. Mais elles aimaient toutes deux Colette, et Simone de Beauvoir prouve dans *Le Deuxième Sexe* qu'elle a une remarquable connaissance de l'œuvre de celle-ci.

Il se fait généralement autour de Colette un consensus d'admiration. Certaines expressions moins attendues, moins convenues sont les plus intéressantes. Aragon avait été condamné à la privation de droits civiques à la suite d'un article de *Ce soir*, quotidien qu'il dirigeait, où était dénoncée la brutale répression exercée contre des mineurs en grève. Colette s'associa à la protestation par un billet que publièrent en octobre 1949 *Les Lettres françaises*. Le 5 mai précédent – mais ce n'était pas ce qu'on appelle vulgairement un renvoi d'ascenseur – le même hebdomadaire avait publié les bonnes feuilles du *Fanal bleu* sous ce titre : « Les Souvenirs du plus grand écrivain français : Colette ». André Wurmser, le rédacteur en chef, doit se justifier le 9 juin : « Des amis étonnés me demandèrent qui avait suggéré ce titre. Je leur répondis que c'était Aragon, et que, consulté, c'est fort exactement ces termes que j'aurais proposés. » Il terminait ainsi son article à la gloire de Colette :

> « Avec humilité, je vais écrire encore. Il n'y a pas d'autre sort pour moi. » Ainsi parle, immobilisée par le mal, le plus grand écrivain français, qui, autrefois, vécut « en marge », ce qui n'est certes pas une attitude révolutionnaire, mais qui ne s'est jamais embourgeoisée, qui a gagné sa vie, durement, qui est demeurée femme : jardinière, ménagère, couturière, et que la bohème ni la fortune n'ont éblouie ni détournée d'elle-même, de ses souvenirs, de son enfance, de sa passion de conter.
>
> Peut-être, mes amis avaient-ils des raisons de s'étonner, de mauvaises raisons. N'importe : avec humilité, je vais la lire encore.

Le reproche fait à Wurmser aurait pu être adressé à André Ulmann qui dans *Messidor* du 27 janvier 1939 (« Un grand romancier : Colette ») avait fait un très vif éloge du *Toutounier*, reprochant à « des camarades » d'imaginer en Colette un auteur d'« œuvres légères qui ne peuvent rien leur apporter », un auteur qu'ils placent approximativement « entre M. Henry Bordeaux et M. Dekobra » alors que lui, Ulmann, recommande la lecture d'une œuvre qui « ouvre de nouveaux horizons sur la vie des hommes et la vie sociale ». Au fond, Colette qui ne veut rien prouver doit être préférée, comme Balzac à Zola, à des écrivains prolétariens dogmatiques.

Dominique Desanti va dans ce sens, qui dans l'hebdomadaire communiste, *Femmes françaises*, le 12 janvier 1952, écrit :

> Colette a mis en scène des mondaines et des demi-mondaines oisives, ballottées par le hasard, rongées de vices, et qui sombrent finalement dans le désespoir. Pourtant, c'est la saveur de la vie, le goût du bonheur qui jaillissent de ses livres. [...] C'est le miracle de cet écrivain, un des grands artistes de notre temps ([...]). C'est qu'à travers ce milieu pourri, la santé fondamentale et profonde de Colette transparaît et nous fait admirer au passage la merveille du soleil, de la mer, les parfums, les bruits de la cigale sur les sentiers de Saint-Tropez, du chat grattant à la porte, des chardons de Bretagne. / Je n'ai jamais pu réprimer un regret, en songeant au milieu dont fut prisonnière

> la fille de Sidonie. Elle a décrit le « Tout-Paris » du premier tiers du siècle avec une exactitude qui vaut une accusation. [...] / Les œuvres de Colette ont été traduites en quinze ou seize langues. Je me suis toujours demandé ce qui restait, une fois enlevé le miracle des mots ? Sans doute, la sincérité sans hypocrisie, la cruauté inconsciente en apparence avec lesquelles Colette déchiquette son entourage. / Nous sentons chez elle la nostalgie de la simplicité, de la pureté. À travers une bohème en décomposition, la fille de « Sido » cherchait la fraîcheur originelle, les réactions élémentaires, des êtres qu'elle décrit. Elle s'attarde aux moments de crise, de passion, de renoncement, parce que la souffrance fait rendre à tout être ce qu'il a d'intact.

Après la mort de Colette, Aragon écrira un long poème, « Madame Colette », où il fait d'elle une Armide[35]. N'oublions pas l'article d'Elsa Triolet dans *Confluences* en 1943. Sartre, Simone de Beauvoir, Aragon, Elsa, Jean Genet, quel écrivain de la génération de Colette a entendu un tel concert moderne ?

Et voici Jouhandeau, autre orfèvre de la langue, qui lui envoie *L'Oncle Henri ou le Goût du malheur* en y inscrivant :

> Pour Colette
>
> Quand j'ai publié dans la n.r.f. sans nom d'auteur les lettres de ma mère, deux critiques au moins m'ont dit : « Ce ne peut être que de la mère de Colette. » Depuis, je me sens près de vous
>
> LE PETIT FRÈRE[36].

Et Lucienne Favre, trop oubliée, auteur de romans sur l'Algérie et de *Dimitri et la mort* que Colette a accueilli dans sa collection publiée chez Ferenczi, auteur aussi de *Prosper*, pièce algéroise que Gaston Baty a montée au théâtre Montparnasse, dont Colette a rendu compte dans *Le Journal* du 9 décembre 1934 et qui atteindra les quatre cents représentations. Elle envoie en 1948 à Colette *Mourad II* (Denoël) dont celle-ci, du fond de sa grippe, la félicite : « Vous n'avez rien évité de ce qui est difficile. Et j'ai un grand respect pour le vrai courage[37]. »

Après la guerre et jusqu'à la mort de Colette, c'est-à-dire pendant dix ans, de nombreuses œuvres paraissent sous son nom et qui sont bien entendu ses œuvres, mais la plupart sont des rééditions, de nouveaux tirages, des recueils d'articles et de notes plus anciens. Cependant, jusqu'en 1950, cinq ouvrages affirment ou plutôt, confirment sa présence. En 1944, *Trois... Six... Neuf...*, qui relate ses déménagements à l'intérieur de Paris, est publié chez Corrêa, à tirage limité, avec des illustrations en couleurs de Dignimont. C'est l'une des caractéristiques des publications de cette époque : le demi-luxe, destiné à de petits bibliophiles, suivi en 1945 d'une édition avec illustrations en noir et en 1946 d'une édition courante ; on voit la gradation ou la dégradation. Autre caractéristique : la constitution d'un recueil de textes hétéroclites sous un titre appelé à disparaître en même temps que les textes seront dispersés pour former avec d'autres de nouveaux recueils. Ainsi de *Broderie ancienne* publié en 1944 aux Éditions du Rocher et composé de quatre textes [38] : « Vieux papiers » qui entrera dans *L'Étoile Vesper*, « Noces » qui avait été publié quelques mois auparavant dans la première édition de *Gigi* éditée à Lausanne et qui fut remplacé par « L'Enfant malade » dans l'édition courante parue chez Ferenczi (qui a pu reprendre son activité en décembre 1944), puis glissé dans le tome VII des *Œuvres complètes* du Fleuron ; « Domino » et « Le Long-Chat » vont se retrouver dans le recueil factice, intitulé *Autres bêtes*, des *Œuvres complètes* (tome III) et qui n'a jamais été le titre d'un livre de Colette. Ce sont là des manipulations effectuées par Goudeket, qui a jonglé avec les textes.

En 1945, elle écrit la préface du catalogue de l'exposition Camoin qui se tient à la Galerie Charpentier du 27 avril au 17 juin ; elle a connu le peintre à Saint-Tropez. Et les Éditions de la même Galerie publient à trois cent cinquante exemplaires, imprimés par Daragnès, *Belles saisons*, illustré de pointes sèches de Christian Caillard, que Mermod rééditera en 1947 avec des reproductions de dessins de Bonnard [39]. Ces textes seront repris en 1949 au tome IX des *Œuvres complètes* du Fleuron. Mais en 1955 ils ne formeront que la première section, « Belles saisons I », du recueil posthume intitulé *Belles saisons* et publié chez Flammarion. Casse-tête pour les bibliographes...

La fin de cette année 1945 est importante. Colette touche à la fin de son œuvre, Goudeket le constate et décide de mettre en chantier des œuvres complètes dont le projet est annoncé à Marguerite Moreno le 4 septembre, puis à Alice Bénard-Fleury le 12 novembre. Un projet difficile à réaliser puisqu'il faudra obtenir l'autorisation des différents éditeurs de Colette, plus d'une dizaine. Goudeket avait d'abord pensé à Pierre Berès, qui avait édité des *Cahiers* de Colette en 1935-1936[40]. Puis, il créa une maison d'édition, Le Fleuron, liée à Flammarion*. Ce n'est que le 25 février 1949 que la *Bibliographie de la France* annoncera la publication des tomes I, II et III. Le 26 mars, pour fêter cet événement, René d'Uckermann, directeur littéraire de Flammarion, donna chez lui une réception. « Les académiciens Goncourt se pressaient autour de leur mère-poule assise devant le buffet, et aussi quelques académiciens tout court, François Mauriac, Henri Mondor et le professeur Pasteur Vallery-Radot. Des dames du Femina et du monde... / Colette, les pieds nus [?] et la chevelure crépitante, avait grimpé bravement l'escalier de ce vieil hôtel de la rue du Cherche-Midi [...]. On félicitait Colette sur sa belle tête inchangée. / — J'aimerais mieux, dit-elle, avoir de bonnes jambes. D'ailleurs, dans toutes les circonstances, de bonnes jambes valent mieux qu'une belle tête[41]. » Le tome XV et dernier paraîtra dès l'année suivante. Le tirage était de cinq mille cinq cents exemplaires, dont cinq cents sur vergé pur fil. Goudeket s'était fait aider par Robert Mallet afin de retrouver dans les périodiques des textes de Colette. Celle-ci – se rappelait-il – « était étonnée d'avoir écrit dans tant de journaux et de revues sur des sujets aussi variés. Mais elle ne s'intéressait pas à ce qu'elle avait publié[42] ». Au point qu'elle porta la hache ou la laissa porter sur des pans des *Claudine* comme sur des parties des *Heures longues* et de *La Chambre éclairée* ; sans compter qu'elle laissa faire des tomes XIV et XV des fourre-tout.

En 1946, paraît en Suisse, aux Éditions du Milieu du Monde, *L'Étoile Vesper*, dont le tome XIII du Fleuron reprendra le texte en 1950. Colette insère dans le tissu d'un présent immobile les souvenirs de lointaines années. Cette écriture rapsodique sera celle aussi de son dernier livre, *Le Fanal bleu*, en 1949 : pas de vigoureuse charpente, pas de dessein appuyé, mais le charme persiste, obtenu dans la douleur de l'enfantement, qui accompagne la souffrance physique. « C'est fini, dit-elle à Adrien Fauchier-Magnan, je n'écris plus rien, c'est mon dernier livre, à moins que Maurice n'ait besoin d'argent[43]. »

L'éditeur Mermod lui propose de lui faire envoyer chez elle des fleurs sur lesquelles elle écrira. Les bouquets se succèdent. Cette forme fragmentée convient parfaitement à Colette qui va

---

* Les couvertures portent : « Le Fleuron / se vend à Paris, 26, rue Racine, chez / *FLAMMARION* ».

donc écrire les portraits de ces fleurs ; ainsi naît *Pour un herbier* que Mermod publiera en janvier 1949, suivi de peu par *Le Fanal bleu* que publiera Ferenczi. Ce dernier livre avait eu pour titre premier « Jour après jour[44] », ce qui en indique bien l'aspect capricieux, mais d'un caprice encore et toujours magique.

Et paraissent aussi en 1949 une série de petits livres de demi-luxe : *Trait pour trait*, *Journal intermittent*, *La Fleur de l'âge*, sous la marque du Fleuron, quelques semaines seulement avant d'être intégrés aux *Œuvres complètes* du Fleuron – on voit le calcul –, ainsi que, aux Éditions Marcel Brucker, *En pays connu*, qui les retrouve à la fin des mêmes œuvres. Année intense, dernière année intense qui s'achève avec ses *Éphémérides* pour 1950 publiées dans l'*Almanach de Paris. An 2000* de Gescofi[45]. Jour après jour, sous les noms des saints et des fêtes religieuses, elle note une pensée, une remarque, un souvenir ; quelques pétards mouillés, mais avec le reste des trois cent soixante-cinq quel feu d'artifice tire la vieille dame du Palais-Royal !

Parallèlement aux livres, Colette écrit des textes de caractère publicitaire, dont l'un ou l'autre est inséré de son vivant dans ses œuvres. C'est le cas de celui qui sera repris en 1950 dans *Trait pour trait* au tome XIV des *Œuvres complètes* et dans *En pays connu* (Ferenczi, 1950), sous le titre « À propos de Madame Marneffe » ; il avait d'abord paru sous le titre « 1847-1947 » dans la plaquette *Commerce et qualité* (Lyon, octobre 1947) : étonnante évocation de la sémillante et diabolique créature à laquelle Balzac a donné vie, à la fin de sa propre vie, dans *La Cousine Bette*. En 1949, c'est pour Lanvin parfums qu'elle écrit la préface alors sans titre de *L'Opéra de l'odorat*, poèmes et calligrammes de Louise de Vilmorin, aquarelles de Guillaume Gillet, qui est recueillie immédiatement après, sous le titre « Fragrance », dans la section *Mélanges* des *Œuvres complètes*. Après la Libération, Raymond Oliver s'est associé avec le propriétaire du Maxim's pour rouvrir le Grand Véfour, situé presque au-dessous de l'appartement de Colette. Pendant les dernières années elle s'y fera descendre dans une sorte de chaise à porteurs, invitée par Oliver ou par des amis, qu'elle y recevait aussi. Pour la plaquette, éditée par Mornay et tirée à cent exemplaires, qui célèbre en 1949 *Le Bi-Centenaire du Grand-Véfour*, frontispice de Christian Bérard, elle écrit l'un des textes (les deux autres étant de Jean Cocteau et de l'historien René Héron de Villefosse), qui rejoindra « Fragrance » dans le tome XV des *Œuvres complètes*, sous le titre : « Palais-Royal »[46]. Ce sont des exemples à retenir, car on la sollicite beaucoup moins et elle n'a plus aucune collaboration régulière à un grand journal ou à une importante revue.

Ce qui ne l'empêche pas d'être appelée à participer à différentes manifestations. En décembre 1944, elle écrit une lettre qui va accompagner le programme de la première représentation de *Tess d'Urberville* (adaptation de Roger-Ferdinand), donnée au théâtre Antoine, au profit de l'Œuvre des orphelins des aviateurs de guerre. En octobre 1949, elle est à la cinquième vente de livres organisée par le Comité national des écrivains : elle vend un peu moins bien qu'Aragon et Elsa Triolet, mais mieux que Maurice Chevalier et Paul Éluard. Elle est devenue une sorte de bête curieuse qu'on cherche à apercevoir derrière une fenêtre du Palais-Royal. Truman Capote peut en 1947 lui rendre visite grâce à Natalie Barney ou à Jean Cocteau. Le sujet de la conversation est immédiatement trouvé : l'Américain n'a d'yeux que pour les sulfures dont Colette a une riche et très belle collection ; elle lui fait don de la Rose blanche, un Baccarat, qui le métamorphose en collectionneur[47]. Avec Frederick Prokosch, qui lui a envoyé la nouvelle traduction de *The Seven Who Fled*, parue chez Gallimard en 1948, autre terrain d'entente : les papillons[48]. Le 1er janvier 1948, *Les Lettres françaises*, en février, *Caliban* annoncent qu'un film va retracer la vie de Colette, qui sera incarnée par Marlene Dietrich... L'actrice et son modèle avaient de l'estime et de l'admiration l'une pour l'autre.

C'est le théâtre et surtout le cinéma qui vont assurer à Colette, vivante, puis morte, le prolongement et le rayonnement de sa gloire.

16

APOTHÉOSES

1950-1954

Lorsque *Gigi* parut sur les écrans des cinémas Marignan et Marivaux, le 5 octobre 1949, personne n'en attendait le moindre succès. Ni la réalisatrice, Jacqueline Audry*, qui s'était vu refuser le projet pendant près de six ans parce que la simple mention du nom de Colette mettait en fuite les producteurs, ni la production qui lui avait octroyé des conditions de tournage comme à une parente pauvre : « Dans la même production, chez Dolbert, à ce moment-là on tournait un *remake* de *Mayerling*. Nous étions sur le plateau d'à côté, attendant qu'ils finissent les prises de vue pour récupérer les rideaux, les pompons, les meubles et les décors. On nous donnait des miettes, nous avions très peu de moyens », se souvient Danièle Delorme qui incarna l'héroïne [1]. Jacques Deval avait déjà pensé à une adaptation théâtrale ; Colette, le 24 janvier 1949, écrivait aux Petites Fermières : « J'oublie de vous dire que Jacques Deval vient de tirer de *Gigi* une pièce qui me semble – et à Maurice aussi – très gentille. » L'adjectif est-il laudatif ? Mais pour que *Gigi* devienne pièce, il faudra qu'elle ait d'abord traversé l'Atlantique. À la fin de ce même mois d'octobre, avait lieu la première de la reprise de *Chéri*, dans une version quelque peu remaniée, au théâtre de la Madeleine, avec Jean Marais et Valentine Tessier. La soirée de gala ne pouvait passer inaperçue : elle était donnée au bénéfice des veuves et des orphelins de l'Organisation de résistance de l'armée (O. R. A.), en présence du président de la République,

---

* Jacqueline Audry, petite-fille de Gaston Doumergue, était l'épouse du scénariste et producteur Pierre Laroche. Elle fut probablement l'une des premières lectrices de *Gigi*, puisque, en décembre 1945, le magazine *Elle* annonce que la future réalisatrice et l'auteur ont trouvé la comédienne qui interprétera le rôle-titre : Aliette du Sire (voir p. 484-485).

Vincent Auriol. Dans la salle on put reconnaître Henri Mondor, Roland Dorgelès, Francis Carco, Philippe Hériat, Me Maurice Garçon, Roger-Ferdinand, Jacques de Lacretelle, et aussi Jean-Paul Sartre, Yvonne de Bray ; à la fin de la représentation, Jean Cocteau vint sur la scène faire l'éloge de Colette. *Le Monde* publia dès le 19 « Une lettre de Colette » diffusée à cette occasion : « Peu d'années ont passé. Notre mémoire est intacte. Tous nous savons que la lumière des heures claires d'aujourd'hui est une aurore qui se lève des sacrifices obscurs accomplis par milliers. Il faut que les appels de l'O. R. A. trouvent un accueil chaque jour plus empressé : il y va de notre dignité, il y va de notre repos. D'autres que moi ont dit, rediront le rôle de l'armée dans la résistance. Je ne veux que susciter chez ceux qui liront ces lignes l'image de ce qu'il y a au monde de plus dénué, de plus périssable : une femme sans défenseur qu'accable le poids d'un enfant. » La presse se montre enthousiaste [2] et le nom de Colette revient en première page des journaux. La centième de *Chéri* est fêtée en février 1950, avec Jean Cocteau, Henry Bernstein, Paul Géraldy.

Le succès de *Gigi* va s'amplifier jusque bien après la mort de son auteur : le 24 novembre 1951, l'héroïne de Colette est présentée à New York, au Fulton Theatre ; elle a alors les traits d'Audrey Hepburn. C'est Anita Loos, l'auteur de *Les hommes préfèrent les blondes*, qui a adapté la pièce ; en assurant la mise en scène Raymond Rouleau lui apporte la *French touch* indispensable. Brooks Atkinson, le critique du *New York Times*, qui rend compte de la pièce le 26, note que la pièce est bien française, qu'elle est fraîche, légère et tout à fait dans le style 1900 [3]. La presse française ne peut ignorer l'événement et, pour donner plus de piquant, croit-on, à l'aventure, colporte le petit écho qui frappera les esprits et s'ancrera dans les mémoires, au point qu'on le répétera encore quarante ans plus tard, lors du décès de l'actrice (1993) : c'est Colette, dit-on alors, qui repéra la jeune femme dans le hall de l'hôtel de Paris, à Monaco, où elle séjournait et qui s'écria : « Voilà notre Gigi pour l'Amérique. Ne cherchons pas ailleurs [4]. » C'était oublier que la même anecdote avait fait l'objet d'un articulet dans *Elle*, le 12 décembre 1945, aux premiers temps où Jacqueline Audry préparait son adaptation, à propos d'une jeune fille dont on ne sait si elle devint réellement actrice par la suite :

> Mais où trouver l'oiseau en question, l'oiseau rare ? / Dans l'escalier simplement. Dans l'escalier d'un hôtel d'Aix-en-Provence où tout le monde était là par hasard. / Ainsi Jacqueline la vit, puis Colette. / « Mais c'est Gigi ! » s'exclamèrent-elles. / [...] Et on l'engagea. / Gigi s'appelle Aliette du Sire. [...] Il ne reste plus à Aliette qu'à apprendre à jouer la comédie. Ce qu'elle fait actuellement sous la direction d'Ève Francis.

Si l'Histoire ne se répète pas, les histoires ne se perdent pas.

Gigi revint en France, dans l'adaptation d'Anita Loos, sur la scène du théâtre des Arts, avec Évelyne Ker, Alice Cocéa dans le rôle de la tante Alicia, et Jacques Dacqmine, à partir du 22 février 1954. Puis, en 1958, aux États-Unis à nouveau, mais cette fois à Hollywood, grâce à Vincente Minnelli ; le film musical, servi par trois comédiens français : Leslie Caron, Louis Jourdan et surtout Maurice Chevalier, se voit décerner neuf oscars ; son succès est tel qu'on s'en inspire pour composer une comédie musicale que l'on donne à Broadway. Élisabeth Ladenson analyse très bien l'image de la France que film et comédie musicaux ont diffusée aux États-Unis, et avec elle le nom de Colette[5].

En 1950, trois adaptations cinématographiques apparaissent sur les écrans. Si les producteurs ont traîné pour *Gigi*, ils ont cependant senti qu'il y avait dans l'œuvre de Colette quelques filons. *Julie de Carneilhan*, film de Jacques Manuel pour lequel l'écrivain déclare prendre « une part des responsabilités dans la création[6] », avec Edwige Feuillère et Pierre Brasseur, sort le 21 avril*. Le 24 mai, c'est *Minne, l'ingénue libertine* qui paraît sur les écrans**. L'équipe qui avait réalisé *Gigi*, encouragée par le

---

* Le film est diffusé dans quatre salles parisiennes (Ermitage, Français, Max-Linder, Moulin-Rouge) du 21 avril au 18 mai 1950. Compte rendu par Louis Chauvet dans *Le Figaro* des 22-23 avril : « Le film, répétons-le, n'est pas à l'abri de toutes critiques. Mais les motifs d'éloge sont assez appréciables pour que vous n'hésitiez pas à l'aller voir. »

** Le film est projeté au Marignan (sur les Champs-Élysées) et au Marivaux (sur les Boulevards). Henri Troyat en rend compte dans *La Bataille* du 30 mai 1950 : le film est bien fait, les comédiens sont excellents, mais « Privé de la présence de Colette, le sujet apparaît léger, inconsistant, inutilement grivois. Tout un côté *Vie parisienne*, froufrou, cuisse leste, monocle, " Combien de fois, ma chère ? " et dentelle autour du gigot s'impose à la méditation des foules. »

succès, avait vite mené à bien une seconde adaptation : Jacqueline Audry réalisa le film, que son mari Pierre Laroche avait adapté, avec des comédiens qui avaient assuré le succès de *Gigi** : Danièle Delorme (Gigi, puis Minne), Franck Villard (Gaston Lachaille, puis Antoine), Jean Tissier (l'oncle Honoré, puis Maugis). Le film est projeté dans les deux salles parisiennes jusqu'au 1er août. Un mois plus tard, juste avant la rentrée, c'est *Chéri* qui est présenté au public, avec Marcelle Chantal dans le rôle de Léa. Pierre Billon n'a pas renouvelé l'art cinématographique avec ce film ; son mérite est de s'être inspiré directement des deux romans sans passer par l'intermédiaire de la pièce. Il a ainsi réalisé une adaptation fidèle à l'esprit de la romancière, car il a su mettre en image le désarroi de Chéri, exprimé avec sensibilité par Jean Desailly, dans ses scènes avec la Copine (Yvonne de Bray). Mais ce n'était certainement pas l'image de Chéri que le public attendait, le public qui n'avait pas lu les romans et qui, ne connaissant que la pièce, n'avait pas idée de l'aspect tragique, désespéré du personnage, et le film n'eut qu'une audience restreinte**.

Quel que soit le succès individuel de chacune de ces adaptations cinématographiques, il vient amplifier le battage dont le nom de Colette est l'objet depuis quelques mois. Du 20 février au 26 mai 1950, France III, station de radio nationale, diffuse au rythme de deux émissions par semaine les entretiens que Colette a accordés à André Parinaud. Le franc-parler de la vieille dame plaît ; *La Bataille* relève, le 28 février, la façon qu'a Colette de raconter ses débuts et de répéter l'expression que Willy laissa échapper quand il redécouvrit les manuscrits de *Claudine à l'école* dans son tiroir, et, le 7 mars, l'apostrophe au journaliste qui lui demandait pourquoi elle avait coupé ses cheveux : « Pour la publicité, pardi, fusa la réponse... Vous n'êtes tout de même pas candide à ce point ! » Cependant, et ainsi que le résume le titre de l'article de François de Roux dans *Le Figaro littéraire* du 8 avril, « Colette sur les ondes enchante l'auditeur mais ne se livre pas ». Impression confirmée à la lecture de l'ouvrage

---

* En 1956 c'est *Mitsou* que le couple Laroche-Audry adaptera pour l'écran ; c'est encore Danièle Delorme qui jouera le rôle-titre, elle aura pour partenaires François Guérin (le lieutenant bleu), Odette Laure (Petite-Chose) et Fernand Gravey (le monsieur bien).

** Il ne reste à l'affiche que trois semaines, du 6 au 26 septembre 1950, dans quatre cinémas : Balzac, Helder, Scala, Vivienne.

composé avec la transcription des entretiens qui ont été conservés, intitulé *Mes vérités* – alors que « Mes silences » eût été plus près de la réalité[7].

Les États-Unis aussi s'intéressent à Colette. *Harper's Bazaar* publie dans son numéro de mars un texte intitulé « Hats », qui commence par ces mots : *« How are we to recognize, thirty years from now, the woman who was so pretty in 1950 ? »* Il s'agit de la traduction de « Chapeaux », qui commence par cette phrase : « Comment reconnaîtrons-nous, dans trente ans, la dame qui a été si jolie en 1924[8] ? »... Truman Capote et Frederick Prokosch ont fait le détour du Palais-Royal pour la voir*. Un autre Américain, Louis Bromfield, ne cacha pas non plus son admiration pour Colette. Lorsqu'elle fut élue à l'Académie Goncourt les journaux prêtèrent à l'auteur de *La Mousson* ces propos : « La France doit être fière de Colette – hors de France, il n'y a personne qui lui ressemble et en France personne qui la dépasse[9] », et, en avril 1951, c'est *Caliban*, dont Jean Daniel est le rédacteur en chef, qui lui en attribue d'autres : « Elle représente le charme que la France et Paris exercent sur tous les étrangers civilisés. On peut avoir la nostalgie de Colette comme on a la nostalgie de Paris... »

La renommée de Colette est telle en ce début de 1950 qu'André Brulé, le directeur du théâtre de la Madeleine, tient à battre le fer sans tarder. Alors que l'écrivain se repose à Monte-Carlo il vient la solliciter afin qu'elle adapte pour la scène un autre de ses romans. Il avait d'abord pensé à une reprise de *La Vagabonde*, mais le choix fut arrêté sur une adaptation de *La Seconde*. Colette y travaille alors qu'elle est l'invitée – avec Maurice Goudeket et Pauline – du tout nouveau prince de Monaco, le jeune Rainier III, à l'hôtel de Paris, du 19 mai au 18 juillet. Léopold Marchand vient la voir. Le projet prend forme. Colette et Léopold Marchand, et Maurice Goudeket..., y travailleront encore en août, à l'hôtel Trianon-Palace à Versailles. Maurice Goudeket s'immisce de plus en plus dans le travail de Colette. Il n'assure pas seulement l'« intendance », il ne se contente pas seulement d'être l'« administrateur du talent de Colette[10] », celui qui traite des adaptations avec les producteurs, il remplace aussi quelquefois Colette. Ainsi, il nous a

---

* Voir le chapitre « Une certaine éclipse », p. 481.

affirmé* avoir écrit le schéma du message que Colette adressa au prince Rainier lors de son avènement, le 11 avril 1950[11], et entièrement l'allocution enregistrée par Colette et diffusée par disque lors de la soirée de gala donnée pour la sortie du film *Le Blé en herbe*, le 18 janvier 1954[12]... Pour adapter *La Seconde* Colette commença par travailler avec Léopold Marchand puis laissa Maurice Goudeket entrer dans les détails, se contentant, elle, de superviser – la correspondance en fait foi, et non le témoignage de Goudeket.

Comme on dit joliment en cette fin de siècle, elle est incontournable. Elle doit en octobre 1950 accepter la présidence d'honneur du jury chargé de désigner les meilleurs romans du demi-siècle, ce qui lui interdit de figurer parmi les auteurs choisis ; néanmoins, le jury tient à ajouter *La Vagabonde* à la liste adoptée. En décembre, c'est chez elle que se réunissent Jacques Rouché, Michel de Bry, Me Maurice Garçon, Florent Schmitt, Arthur Honegger, Maurice Yvain, Guy-Charles Cros et quelques autres pour signer les statuts constitutifs de l'Académie du disque français.

Le 29 novembre, ses huit confrères de l'Académie Goncourt – Larguier était mort depuis le 31 octobre –, montent au premier étage de la rue de Beaujolais : Colette leur offre l'apéritif car elle ne pourra se rendre au déjeuner. On discute du prix, elle hésite entre André Dhôtel et Bernard Pingaud ; elle opte pour ce dernier. C'est à Paul Colin et à ses *Jeux sauvages* que le prix sera décerné, Pingaud n'ayant réuni que deux voix. En 1951, elle préfère *Le Rivage des Syrtes* à *Madame de... – Le Figaro littéraire* du 6 décembre reproduit le billet qu'elle a fait parvenir à ses confrères ; en 1952 elle donne sa voix à Béatrix Beck et en 1953, pour le dernier scrutin, à Pierre Moinot – une fois encore le billet est donné en fac-similé dans *Le Figaro littéraire*, et ce n'est pas à son candidat mais à Pierre Gascar que le prix est attribué.

C'est pendant ces trois années qu'elle découvre la poésie de la

---

* Entretien avec Cl. Pichois, en septembre 1955. Maurice Goudeket précisa alors que, en mêlant du sien aux œuvres de Colette, il ne faisait que lui rendre ce qu'il avait reçu comme par osmose, puisqu'il avait une connaissance intime de ses écrits et qu'il s'était imprégné de son style et de sa pensée en vivant tout près d'elle. Colette n'avait pas trouvé d'autre excuse quand elle se reprocha d'avoir « fait du Willy ». Curnonsky aussi prétendait, sur le tard, avoir écrit tout ce qui fut signé Willy (voir le chapitre « Madame Gauthier-Villars », p. 75).

jeune Lucienne Desnoues, née en 1921 dans une famille de paysans et d'artisans de Seine-et-Oise et qui a épousé Jean Mogin, le fils de Norge. En 1954 elle n'a publié que deux recueils, *Jardin délivré* (1947) et *Les Racines* (1952) aux Éditions Raison d'être[13]. Colette lui réclame des vers : « Vous avez bien deviné que ce *Jardin libéré* serait le mien, celui qui délivre la vieille dame tenue désormais par la patte. Encore des poèmes, s'il vous plaît. Merci. » Dans cette même lette, elle demande au poète d'envoyer le recueil à Marguerite Moreno : « Elle en est digne. » Dans *Les Racines*, Colette a particulièrement aimé « Le Charronnage » où l'inspiration plonge ses racines dans la vie quotidienne.

Mon grand-oncle[14] était charron
Dans un bourg de Seine-et-Oise.
Chantier encombré de troncs,
De chars perclus sous l'armoise,
Jamais ne te reverrons.

Le charronnage se meurt,
On fait taire les enclumes,
Mais s'allume au creux du cœur
Pour de hauts travaux posthumes
Une forge de ferveur.

Cette poésie où le magique se mêle au réalisme, un réalisme absent des recueils d'Hélène Picard, confine à ce que Colette a aimé dans les œuvres de Georges Navel et de Joseph Cressot et fait pardonner l'indifférence qu'on était en droit de lui reprocher. Avec Colette il faut découvrir la poésie de Lucienne Desnoues.

Le 22 janvier 1951, une soirée de gala est organisée pour la première de *La Seconde*. L'événement, ou ce qui doit paraître tel, est bien préparé : le 16, Colette évoque à la radio les conditions de l'adaptation ; le 19, *Le Figaro*, publie quelques lignes de l'auteur sous le titre « Avant la première de *La Seconde...* » ; et le suspens grandit quand on apprend que la première, qui devait avoir lieu le 19, est retardée à cause d'incidents techniques : les robes des héroïnes, interprétées par Maria Casarès et Hélène Perdrière, ne sont pas prêtes... Cependant, le grand soir arrive. Le prince Napoléon, le prince Murat, le baron Guillaume, ambassadeur de Belgique, sont là, ainsi que Georges Duhamel, Henri Mondor et Jules Romains de l'Académie française, Roland

Dorgelès et Philippe Hériat de l'Académie Goncourt... Cinquante étudiants ont été sélectionnés pour assister à la soirée : « Au tomber de rideau, l'un d'eux vint faire à Colette son compliment, bouquet de fleurs en main : / " Un de mes camarades me disait hier : 'Je me reconnais davantage au visage de Chéri Bibi qu'en celui de Chéri et je me retrouve mieux dans *Le Troisième Homme* que dans *La Seconde*.' " / Ce camarade se trompait, poursuivit notre étudiant qui en vint à féliciter Colette d'être cruelle. " Un cœur qui reçoit tous les coups a gardé pourtant la fraîcheur d'un jet d'eau qui s'irise. Une source est là, miraculeusement préservée, qui chante, enchanteuse d'une solitude où l'intelligence n'est dupe de rien ", conclut l'étudiant rougissant et qui doit s'y connaître en théâtre, puisqu'il est président des " Théophiliens " [15]... » Les comptes rendus sont peu enthousiastes [16], et à Pierre Moreno Colette tient ces propos, dès la troisième représentation : « Ce n'est pas un succès. Distribution insuffisante, pas d'homme, sauf Luguet, deux femmes gentilles, faisons une croix là-dessus [17]. » La pièce est publiée, avec *Chéri*, dans *Paris-Théâtre*, en mai, presque en même temps que le numéro du *Point*, « Revue artistique et littéraire paraissant tous les deux mois », consacré à Colette. Il s'ouvre sur un hommage d'André Gide daté de janvier – Gide était mort le 19 février. En quelques lignes le poète des *Nourritures terrestres* rappelait l'estime dans lequel il tenait l'œuvre de sa consœur, mettait l'accent sur la sévérité dont elle a toujours fait preuve à l'égard de son travail et terminait par un double compliment : « La souriante et discrète raison tempère à souhait ses plus téméraires élans et je connais peu d'œuvres qui m'aient apporté de nos jours joie si parfaite et si amusée. » Gérard Bauër, Darius Milhaud, Léon Werth, Claude Roy et Raymond Dumay donnent aussi de la voix pour chanter les louanges de la dame du Palais-Royal ; on remarquera que Colette qui jusqu'à ses dernières années fit profession de vouer une haine sans faille à son premier mari laisse reproduire dans ce numéro la photographie où on la voit avec toute la famille Gauthier-Villars au chalet des Sapins et, à la page suivante, un dessin de Fernand Fau représentant Willy...

Les Goudeket sont à l'hôtel de Paris, du 10 mai au 7 juillet 1951, dans le même appartement du rez-de-chaussée : deux chambres, un salon, une chambre pour Pauline, et l'accès au jardin privé. Maurice veille : « Il y a pas mal de gens qui veulent faire mon bonheur, dans la région et même plus près que ça. Mais Maurice est là avec son épée à double tranchant [18]. » Les importuns sont souvent efficacement écartés, et parfois même les amis ; Pauline aussi se montre intraitable. À Paris, régulièrement Colette est contrainte de s'excuser ou d'excuser Pauline et tout aussi régulièrement elle prévient ses correspondants et leur demande de téléphoner avant de venir. Raymond Corbin, qui réalisa le portrait de Colette pour une médaille de la Monnaie de Paris, se souvient lui aussi des difficultés qu'il dut surmonter pour une séance de pose : « C'était très difficile de rencontrer Colette dont les approches étaient très protégées. [...] je préfère passer sous silence les quantités de coups de téléphone que j'ai dû donner pour obtenir d'autres rendez-vous [19]. » Queneau aussi fut prié de téléphoner : « Cher Queneau, / J'ai hâte de vous connaître et de savoir que vous êtes content. Vous me trouverez facilement puisqu'en ce moment je vis alitée, voulez-vous me téléphoner ? Merci de m'avoir écrit, je vous serre la main par-dessus *Pierrot, mon ami* (le charmant livre !) qui est sur ma table de lit / COLETTE [20]. » Il ne l'était probablement pas depuis longtemps : chez Drouant, le 12 mars, aux quatre tours de scrutins Colette avait voté pour Francis de Miomandre, témoignage de la fidélité en amitié dont Colette était capable – elle l'avait publié dans sa « Collection Colette », en 1924 ; toutefois l'élection de Raymond Queneau la satisfaisait : « Je compte me réjouir, incessamment, autour de la table ronde, d'un Queneau habile à orner et rudoyer la langue qu'il écrit [21]. » L'estime professionnelle vaut ici l'amitié.

Colette trouvera l'une et l'autre, estime et amitié, dans le *Colette par elle-même* que publient les Éditions du Seuil dans leur nouvelle collection, « Écrivains de toujours ». Elle est le premier auteur vivant à entrer dans la collection ; les premiers volumes avaient été consacrés à Flaubert, Montaigne, Victor Hugo, Stendhal. Germaine Beaumont, irascible et que l'on devine, d'après les lettres que Colette lui adresse, souvent fâchée avec son illustre amie, a cependant des mots très délicats et très sensibles quand il s'agit d'évoquer publiquement leurs relations. Colette en est touchée et elle le fait savoir à celle qu'elle appelle habituellement « ma Rosine », mais que cette fois elle nomme « Germaine chérie » dans une lettre de remerciement [22]. Puis, juste retour..., elle participe à l'« Hommage à Germaine Beaumont » qu'organise Théophile Briant dans *Le Goéland* d'avril-mai-juin 1952.

Quand cette revue paraît, les Goudeket sont à nouveau à l'hôtel de Paris, « invités de Ilhamy Hussein pacha d'Égypte (heureusement pour nous) * ». Chaque fois qu'elle débarquait, des personnalités venaient l'accueillir. Une fois, c'est le maire de Nice, qui se présente en se nommant : « Médecin... » « Merci, docteur, lui répondit Colette, peu familiarisée avec les figures politiques, mais je ne me porte pas mal en ce moment[23] ! » À Lady Troubridge elle précise : « Ici, on se laisse séduire. Et puis, quand les poches sont vides, on s'en va. Ainsi feronsnous[24]. » Jean Cocteau leur rend visite : « Je la trouve très mal, séparée du monde par ses oreilles et par sa fatigue. Très pâle et comme loin », mais le lendemain matin : « Elle est une autre, et remise à neuf. Elle nous entend. Elle arrive au bar où le barman la roule. Je retrouve son bel œil qui baigne dans le lait des huîtres de Marennes, sa chevelure d'olivier, la bouche pareille à la plaie d'une blessure de flèche[25]**. »

Pendant ce séjour elle assiste à la réunion du Conseil littéraire de la principauté de Monaco dont elle est la présidente d'honneur. Le Conseil a été fondé en 1951 par le prince Pierre ; il décerne un prix annuel, le prix Prince-Rainier-III-de-Monaco. En 1951, le lauréat avait été Julien Green ; le comité de 1952 accorde le prix à Henri Troyat ; en 1953, le déjeuner aura lieu à Paris, à quelque temps du Goncourt, et le comité distinguera alors Jean Giono – le futur successeur de Colette à l'Académie Goncourt –, et en 1954, Jules Roy. En 1955, le Conseil littéraire publiera un *Hommage à Colette* auquel participeront tous les membres du jury et les quatre lauréats.

Les honneurs continuent à tomber sur Colette comme une

* Lettre à Pierre Moreno, du 8 mars 1952 (coll. Foulques de Jouvenel). Les Goudeket bénéficieront encore de la générosité du pacha : il les invitera à Deauville, pendant cinq semaines (à Alice Bénard-Fleury : « J'ai trouvé, nous avons trouvé le moyen d'habiter Deauville comme des recluses, en acceptant l'invitation que nous y faisait Ilhamy Hussein Pacha, détrôné de son excellence ! mais nous ne savons plus où réside cet homme charmant ! » ; BN, N. a. fr 18714, f° 110).

** Sacha Guitry la rencontre quelques jours plus tard, le 29 février – à ce moment-là il n'a plus de raison de lui être indulgent : « Colette va avoir quatre-vingts ans. Elle en paraît bien davantage, en dépit – ou à cause – d'un maquillage excessif de ses yeux et de cette coiffure / À vrai dire, elle ressemble à toutes les vieilles femmes illustres – et son regard a je ne sais quoi qui rappelle un peu celui de Sarah Bernhardt. / Démaquillée, un fichu sur la tête, et consentant à perdre dix pouces de sa taille, ce n'est sans doute plus qu'une vieille paysanne bourguignonne rêveuse » (*Cinquante ans d'occupations*, Presses de la Cité, coll. « Omnibus », 1993, p. 518, texte intitulé « Portraits et anecdotes »).

petite pluie de cendres ou comme les numéros d'un palmarès monotone. Le 11 juin 1952, elle reçoit, en même temps qu'Édouard Herriot, qu'elle aime bien, et d'Édith Piaf, qu'elle n'apprécie pas, le grand prix du Disque, lequel est remis aux lauréats dans le grand salon de l'Assemblée nationale ; Édouard Herriot, président de l'Assemblée, avait reçu le prix de l'éloquence et avait enregistré deux de ses discours, « Hommage à la République » et « La Triple Gloire de Lyon »...

Le 1er janvier 1948, nous l'avons mentionné, *Les Lettres françaises* avaient annoncé que Marlene Dietrich allait incarner Colette dans un film. Était-ce un canard (alimenté par le fait que l'actrice venait parfois rendre visite à l'écrivain) ? En tout cas, il ne vola pas loin. Mais il y eut une belle compensation : Colette elle-même allait incarner son personnage. Au lendemain de la guerre, la direction des Relations culturelles, consciente qu'il fallait redorer le blason littéraire de la France, demanda à trois réalisateurs de tourner des films sur des écrivains dont devaient être préservées la voix et la vivante image : Claudel, Gide et Colette. C'est ainsi que la jeune Yannick Bellon fut chargée de présenter Colette dans un court métrage tourné en 1950. Elle y marqua d'emblée son talent de réalisateur. La pertinence des textes qu'elle retient et des questions qu'elle pose à leur sujet provoque l'adhésion de Colette qui réagit avec vivacité et en même temps avec la discipline d'une artiste professionnelle ; elle n'avait pas oublié le métier d'acteur et elle avait acquis le naturel. Pour répondre aux questions, elle écrivit des fragments de texte qui ont été conservés et qui sont à joindre à ses souvenirs[26]. Le film de Y. Bellon fut projeté en avant-première à la Salle Pleyel en janvier 1951, puis aux festivals de Cannes et d'Édimbourg, mais il ne trouva pas de distributeur. Colette put le visionner au début de juillet 1952. Le 7 octobre suivant, une projection officielle fut organisée au cinéma Lord-Byron. Il passait en première partie, avant *Les Conquérants solitaires*, interprété par Alain Cuny. Une photographie la montre pénétrant dans la salle entre les gardes républicains qui lui font une haie d'honneur. La République délègue des membres de son gouvernement : « Arrivée un quart d'heure avant les personnalités invitées : M. Pfimlin, ministre de l'Agriculture ; M. Tony Revillon, secrétaire d'État aux Affaires économiques, ainsi que le président du Conseil de la République [le Sénat], M. Gaston Monnerville, et de nombreux acteurs, Colette s'étonnait qu'il y eût déjà tant de monde pour s'intéresser à son film. En fait, les photographes manifestaient une telle curiosité autour d'elle que plusieurs Excellences furent bousculées. / À tour de rôle, les uns et les autres vinrent présenter leurs compliments à l'auteur du *Blé en herbe*. / " Attendez d'abord d'avoir vu le film ", leur répondait-elle inlassablement[27]. »

Mais tous ces honneurs, et ceux qui suivront encore, ne doivent pas faire oublier les souffrances qu'elle endure. Depuis 1949 elle est totalement immobilisée ; elle ne peut même plus traverser seule sa chambre. Goudeket alors lui cède la sienne, « plus petite, plus intime », précise-t-il[28], mais « plus chaude l'hiver et plus près de la salle de bains ». Pour qu'elle continue à voir le jardin de son lit elle demande à la direction des Beaux-Arts, et obtient, l'autorisation de remplacer par des vitres le panneau plein sous sa fenêtre ; par la même occasion elle demande aussi, et obtient, l'autorisation de remplacer les stores rayés bleu et blanc, tels qu'ils sont dans tout le Palais-Royal, par des stores bleu uni. Longtemps, jusque peu après la mort de Colette de Jouvenel (1981), ces taches bleues permirent au promeneur de rêver sous les fenêtres qu'elles marquaient. Au fur et à mesure Colette compte les jours, puis les semaines, enfin les mois depuis qu'elle n'est sortie : « Depuis une centaine de jours je ne descends ni ne monte... », « Je suis restée cent trente jours sans sortir », « Je suis couchée depuis octobre – c'est-à-dire depuis quatre mois », « Il y a plus de cent jours que je n'ai gravi ni descendu mon escalier », « Je viens de passer deux mois sans sortir *une heure*[29] »... Elle souffre, se plaint parfois, à voix basse à ses correspondants, de souffrir mais ne se plaint pas de la souffrance ; elle veut lui faire front, sans céder d'un pouce ; ainsi, à Alice Bénard-Fleury : « Les litanies sur des maux inguérissables, je ne veux les considérer que comme des maladresses ou des grossièretés. Mais, chère Alice, j'ai bien mal... », et aussi : « Oui, je souffre. [...] C'est une dure maîtresse que l'arthrite[30]. » Aux Petites Fermières : « Je mets une partie de mon honneur à repousser tout ce qui pourrait être assimilé aux " endormeurs ". Je m'informe ainsi des limites de la patience humaine, même quand elle est sans espoir. » Colette prend la mesure de sa patience, mais non celle de son entourage. Cette lettre est du 11 juillet 1952. Quelques jours plus tard, son « meilleur ami » se confiait à Jean Cocteau, qui rapporte : « Maurice me parle de Colette qui souffre nuit et jour et accepte cette souffrance parce qu'elle détermine un genre de vie où Maurice ne la laisse jamais seule. Elle préfère cette souffrance à une santé qui les séparerait,

Colette allant d'un côté, Maurice de l'autre, alors que le rôle de garde-malade retient Maurice à la maison et forme un foyer[31]. » Que l'on ne s'y trompe pas, Colette a su lui accorder des compensations (outre celles qu'il a prises), et les séjours au bord de la Méditerranée relèvent bien de celles-là. Des Aspres elle écrivait en 1948 : « Maurice est ivre d'une joie discrète, il aime tant la chaleur, la natation, la marche et tous les tonnerres de dieux », et, l'année suivante : « Non, ma Rosine, le climat méditerranéen ne vaut rien aux vieilles arthrites. Mais Maurice, noir et fidèle à la mer la plus proche, est si content », pour conclure en octobre 1949 : « Tu n'as pas idée du mal physique que m'a fait endurer mon séjour dans le Midi[32]. »

1953 est marquée par une nouvelle salve d'honneurs, auxquels Colette consent ; n'en aurait-elle pas voulu, aurait-elle eu la force de les repousser ? Son quatre-vingtième anniversaire prend l'allure d'un événement. Pierre Brisson, qui depuis la publication de *L'Étoile Vesper* a pardonné à Colette le refus de collaborer qu'elle avait manifesté lorsqu'il reprit *Le Figaro* à la Libération, lui rend hommage personnellement dans son journal, le 22 janvier : « Les quatre-vingts ans de Colette », et *Le Figaro littéraire* du 24 publie un numéro exceptionnel, « Hommage à Colette pour ses 80 ans », qui contient « les adresses et témoignages de Rosamond Lehmann, Katherine Anne Porter, Rebecca West ; Henri Liebrecht, directeur de l'Académie de langue et de littérature françaises de Belgique ; Jacques de Lacretelle et Henri Mondor, de l'Académie française ; Roland Dorgelès, Francis Carco, André Billy, Alexandre Arnoux, Gérard Bauër, Philippe Hériat, Armand Salacrou, Pierre Mac Orlan et Raymond Queneau, de l'Académie Goncourt ; Jean Anouilh, Dignimont, Pierre Fresnay, Marcel Jouhandeau et André Dunoyer de Segonzac », et aussi la lettre que lui adressa Proust quand il eut achevé la lecture de *Mitsou*, celle de Gide à propos de *Chéri*, un billet (ou un envoi ?) de Valéry, la lettre de Claudel que nous avons déjà évoquée et un « sermon » de Mauriac ; le journal publie aussi un inédit de Colette, « Gîte d'écrivain[33] », et des lettres de Sido – c'est à ce moment que Colette dévoile l'original de la fameuse lettre du « cactus rose » qui ouvre *La Naissance du jour*, montrant ainsi que sa mère n'en est pas exactement l'auteur et répondant implicitement à la question qu'elle posait dans le roman : « D'elle, de moi, qui donc est le meilleur écrivain[34] ? » Un esprit malin dirait qu'elle règle un ultime compte... Quelques jours plus tard Marcelle Fauchier-Delavigne demande à sa sœur Valentine : « Quand tu m'écriras, dis-moi comment tu as trouvé Colette. Ces grands honneurs ne l'accablent-ils pas ? On se la représente si mal avec des grands cordons et des crachats. J'aimais mieux la Colette de la Treille muscate ronde dans son costume de bain et arrosant ses poivrons [35] ! »

Le 28, ses neuf confrères de l'Académie Goncourt organisent le déjeuner chez la présidente : « Pauline, la gouvernante, a régné à l'heure de midi, dans sa cuisine, sur deux maîtres d'hôtel de chez Drouant, détachés pour le déjeuner. / Les douze convives – les Dix, ainsi que Maurice Goudeket et Bel-Gazou, c'est-à-dire Mme Colette de Jouvenel – ont trouvé dans leur assiette un menu imprimé à en-tête de l'Académie Goncourt : "Déjeuner donné en l'honneur des quatre-vingts ans de Mme Colette : Huîtres, Saumon à la russe, Fricassée de poulet au champagne, Fromages, Gâteau Quillet, Blanc de blanc" [36]. » L'après-midi, le syndic du Conseil municipal de la capitale et son président, M. Moatti, viennent remettre la grande médaille de la Ville de Paris. La presse, la radio, la télévision sont là. Colette aura pu se voir : Maurice Goudeket vient de lui offrir un téléviseur.

La vie peu à peu se retire de Colette ; ses forces diminuent. Elle ne travaille plus, n'écrit plus. La plupart des correspondances connues s'arrêtent en 1953, en janvier les lettres à Dunoyer de Segonzac et à Henri Mondor (elle les remercie alors pour leur participation à l'hommage que lui a rendu *Le Figaro littéraire*), Denise Bourdet, Christian Dior, Denise Mayer ; la dernière carte postale que reçoit Robert Dehlinger fut postée le 17 février, à Monte-Carlo ; les Petites Fermières ne reçoivent plus rien après le billet du 3 mars ; les dernières lettres connues à Germaine Beaumont et à Georges Wague sont d'avril ; le même jour, le 5 mai, elle écrit à Alice Bénard-Fleury et à Pierre Labrouche, ce sera pour chacun le dernier message ; elle écrit encore à Germaine Patat le 15 juillet, et à Francis et Éliane Carco le 20 juillet 1953. Les seules lettres que l'on peut dater de 1954 sont celles qu'elle adresse à Hélène Jourdan-Morhange, et la dernière commence par ces mots : « Te faire languir, te montrer que le papier à lettres est encore quelque chose dont il faut me priver... Cela m'est douloureux et je n'écris à personne, – tu serais la seule à qui j'écrirais ! Je souffre encore beaucoup des mains et des bras [37]. » L'écriture a perdu l'harmonie de son dessin, le tracé est laborieux [38] ; excès de souffrance ? perte d'énergie ? Aucune lettre, aucun billet ne sont connus pour les derniers mois.

La « vie de Colette » se déroule malgré elle, en dehors d'elle :

« Déjeuné hier [17 février 1953] à Monte-Carlo avec Colette et Maurice dans cette salle à manger de l'Hôtel de Paris qui ressemble à la caverne d'Ali-Baba. / Colette s'est mise dans une sorte de brume naïve où elle n'entend que ce qu'elle veut, dont elle profite pour s'éloigner de notre monde. À la fin du déjeuner on appelle Maurice au téléphone. C'est Denise Mayer (femme du ministre de l'Intérieur). Elle annonce que son mari a signé la nomination de Colette au grade de grand officier. Elle ajoute : " Dites-lui avec ménagement." Colette (à qui Maurice le dit sans ménagement) : " Quel officier ? Qui est Denise Mayer [39] ? " » Cocteau est un miroir qui réfléchit ce que Goudeket avait voulu cacher. Dès le lendemain, Natalie Barney, qui est à Nice, projette de venir à Monte-Carlo féliciter son amie et de « lui envoyer en attendant quelques renoncules rouges ce qui sied mieux à sa boutonnière [40] ». La délibération du conseil de l'Ordre national de la Légion d'honneur avait bien eu lieu le 17 février, et le décret qui élevait « à la dignité de grand officier Mme Colette (Mme Maurice Goudeket, née Gabrielle-Sidonie Colette dite), femme de lettres » fut signé le 3 mars par le président de la République. Le 10 décembre précédent, Vincent Auriol avait confié à Cocteau les difficultés qu'il rencontrait pour obtenir cette promotion : « Elle s'est montrée toute nue sur la scène du music-hall », lui rétorquait-on. C'est André Marie, le ministre de l'Éducation nationale, qui lui remet les insignes, le 20 avril, au cours d'un déjeuner, dont le menu a été établi par le prince des gastronomes, organisé au Cercle Interallié, en présence des neuf académiciens Goncourt et des trente-deux membres de l'Académie du disque français, dont Colette est la présidente d'honneur. Au cours de son allocution le ministre lui apporte « " la fervente et respectueuse admiration du gouvernement " » et lui « " donne l'absolution " pour le non-conformisme et les impertinences qui sont une des parures de son génie [41] »...

Les Goudeket étaient rentrés à Paris le 10 avril 1953 [42]. Le 14 eut lieu à la Michodière, le théâtre du couple Yvonne Printemps-Pierre Fresnay, la première d'une pièce jouée par le couple Marie Daems-François Périer et dont l'adaptation est signée Colette, *Le Ciel de lit*. L'auteur, Jan De Hartog, est néerlandais, comme Goudeket, et l'adaptation est plus probablement due au couple Goudeket-Colette qu'à la seule signataire ; Curnonsky aussi préférait que ses productions fussent signées Willy, elles lui rapportaient davantage sous la signature du « doux maître ». La pièce fait partie des dix plus importants succès de l'année.

Quelques semaines plus tard, le 29 mai, une autre cérémonie est organisée rue de Beaujolais : l'ambassadeur des États-Unis, Douglas Dillon, vient lui remettre le diplôme du National Institute of Arts and Letters ; le prince Pierre de Monaco, Me Maurice Garçon, de l'Académie française et avocat de l'Académie Goncourt, Roland Dorgelès, Henri Mondor, sont présents ; Julien Green envoie un mot pour s'excuser.

Il est temps de prendre un peu de repos dans la fraîcheur. En juillet et août 1953, Colette retrouve à Deauville l'hôtel Royal, où elle avait déjà séjourné du 24 juillet au 2 septembre 1952.

Elle n'est tranquille que quelques semaines. Toutes les manifestations auxquelles elle participe deviennent des événements. Le 6 novembre, l'Académie du disque français doit décerner ses prix en présence du président de la République ; Colette ne peut participer au déjeuner. Une nouvelle mise en scène est organisée : on fait enregistrer un message par Colette, lequel doit être diffusé à la fin du déjeuner ; « à l'improviste [43] » le président de la République téléphone à la présidente de l'académie pour la remercier et la saluer. Cocteau, qui doit assister à ce déjeuner, l'appréhende comme « une corvée terrible [44] ». Probablement ne fut-il pas le seul. Il se rend régulièrement chez sa voisine pour se détendre entre deux activités, ce qui lui permet à l'occasion de prendre quelques instantanés qu'il consigne dans son journal. Le 5 novembre : « Elle est quelquefois dans le vague et très lointaine. Aujourd'hui elle était vive et présente. » Elle trouve cependant assez de vitalité, nous l'avons vu, pour assister au déjeuner, le 23 novembre, du Conseil littéraire de la principauté de Monaco, quand celle-ci décerne son prix à Jean Giono. Celui-ci, si proche d'elle, et si différent, était de ceux qui, en janvier 1943, avaient célébré son soixante-dixième anniversaire. Elle voulait une source dans son jardin ; il lui avait promis la plus jolie [45]. Le 2 décembre 1953, elle reçoit chez elle ses confrères de l'Académie Goncourt pour décider du prix qui doit être attribué quelques jours plus tard.

Pour la soirée de gala organisée le 19 janvier 1954 à l'occasion de la sortie du film *Le Blé en herbe* au profit du fonds de Solidarité universitaire, Colette, maintenant en situation dans son nouveau rôle, enregistre à nouveau un message sur disque, destiné aux étudiants – le message dont Maurice Goudeket dit être l'auteur. En fait c'est une double soirée qui est organisée. André Marie, toujours ministre de l'Éducation nationale, préside la séance qui se déroule au Colisée, sur les Champs-Élysées, tandis que Jean Sarrailh, recteur de l'université de Paris, préside l'« Hommage à Colette » au Cluny, cinéma du Quartier latin, organisé par le Ciné-club universitaire ; le film de Yannick Bellon est diffusé en première partie. Une copie en 16 mm a été tirée spécialement pour pouvoir être projetée chez Colette – Colette ne pouvant aller au cinéma, c'est le cinéma... Claude Autant-Lara, le réalisateur du *Mariage de Chiffon*, de *Douce* et du *Diable au corps*, avait acquis les droits d'adaptation du *Blé en herbe* dès octobre 1947[46]. Il avait demandé les dialogues à Jean Aurenche et à Pierre Bost – c'est dire leur qualité. Les acteurs, Edwige Feuillère, Nicole Berger et Pierre-Michel Beck, assistent à la séance ; les journalistes et les photographes aussi. Dans son numéro des 28 janvier-2 février, *Arts* publie une page en texte serré où Colette dit tout le bien qu'elle pense du film, – mais Colette de Jouvenel racontera à Jean Cocteau « qu'elle et sa mère trouvent [le film] détestable[47] ». On ne sait si elle réagit aux scandales que le film déclencha dans certaines villes de province.

La dernière grande manifestation « publique » est celle qui est organisée pour l'avant-première de *Gigi* au théâtre des Arts, le 22 février. C'est l'Académie Goncourt qui est « en mission mondaine[48] » pour l'occasion et qui organise les fastes ; les académiciens reçoivent alors l'épouse du nouveau président de la République, Mme Germaine Coty. *Le Figaro littéraire* laisse percer un léger agacement quand il rend compte de la soirée. Jacques Lemarchand, le critique dramatique, avoue : « Je dois dire aussi que je sais peu d'œuvres dramatiques et peu d'auteurs dramatiques vivants qui eussent pu résister aussi bien que l'ont fait Colette et *Gigi* à un hommage si officiel, si tumultueux, si affectueux », et il émet quelques réserves sur le « duplex télévisé ». La pièce était transmise en direct à la télévision et, à l'entracte, les rôles furent inversés : c'est Colette, par le même truchement, qui s'adressa à la salle.

Une dernière fois Goudeket transporta Colette à l'hôtel de Paris, de la fin de février à mai. Les états d'hébétude alternent avec les moments de lucidité, ce qui ne laisse pas d'intriguer l'entourage. Colette de Jouvenel confie à Jean Cocteau : « "Maman est en pleine forme. Elle était hier d'une férocité incroyable." Elle disait même : "d'une méchanceté incroyable". De son nuage, Colette sait très bien qu'elle règne. Son enfantillage est un rôle. Elle a conservé toutes ses pointes. Seulement elle *laisse aller* et se repose dans une manière de vague. Elle profite d'être infirme, immobile, sourde, mal au courant de ce qui se passe et que Maurice lui filtre. Mais il y a des minutes où son bel œil de lionne malade lance des éclairs. Claudine veille. Son col, son nez, son menton, ses bottines pointues. Moins morte que la vieille dame qui brode [49]. » Plus loin, Cocteau comparera ces états de léthargie à d'autres manifestations de repli : « Vu Colette – très vague – quelquefois elle se rapproche. Goudeket me retrouve son article après la répétition de *La Machine infernale*. Quoi ? Cette femme si vague, si lointaine avait cette oreille, cet œil. L'article est admirable, baudelairien [50]. » Nous l'avons vu : Billy, déjà, en 1919, avait noté cette puissance de Colette dans le retrait. Faut-il penser que Cocteau l'avait tant crainte pour se montrer aussi méfiant* ? Les forces de Colette déclinaient pourtant.

La réception pour la « remise protocolaire » du grand prix littéraire de Monaco par le prince Rainier à Jules Roy eut lieu le 10 avril 1954, à midi. Le récipiendaire note ce jour-là :

> L'émotion qui m'a bouleversé, ce fut à Colette que je la dus. Nous arrivâmes comme on l'extirpait de l'auto pour déposer son pauvre corps décharné dans son fauteuil roulant ; cela ressemblait déjà à une cérémonie funèbre. Elle était dans le salon des princes quand Rainier III me glissa la précieuse enveloppe et la médaille dans les mains, et je ne pus que bafouiller. Elle parlait, à demi égarée, de sa belle voix grave, en agitant ses mains comme des ailes de papillon, et ses yeux noirs, aux orbites déjà creusées par la mort, essayaient d'engloutir le monde. Elle disait : « Comme ils sont beaux... », en parlant des hommes, je suppose, et, quand je l'eus embrassée : « Comme on est bien dans ces

---

* Jean Hugo a assisté, en 1942, à la lecture par Cocteau de sa pièce *Renaud et Armide*, devant une assemblée qui réunissait, notamment, Marie Bell, Maurice Escande, Jean Marais « et, en face du poète, couchée au fond d'un fauteuil, Mme Colette. On avait jeté sur elle un manteau de loutre, qui laissait seulement dépasser, d'un côté, sa belle tête couronnée du buisson de ses cheveux, et de l'autre, ses orteils nus. / Après le premier acte, Cocteau s'arrêta un instant. Mme Colette agita ses bras au-dessus de sa tête, qui semblait coupée et posée sur le dossier du fauteuil, et dit : / — C'est du grand classique ! / Le poète reprit sa lecture. Les vers raciniens étaient un peu monotones. Mme Colette parut somnoler. Après le dernier vers, elle se leva et dit à Cocteau : / — Je ne te dis rien de ta pièce ; tu sais très bien ce que tu as fait. / Le poète ne répondit rien, mais son visage devint blanc comme des cendres froides [51]. »

> demeures et dans ces jardins… » Elle parlait comme si elle était dans l'autre monde, ne revenant dans celui-ci, comme un oiseau du crépuscule, que pour plonger sur une proie et l'emporter, toute vivante, dans son bec. Bouleversé par cette femme, encore parmi nous grâce au miracle qui la retient à la vie avec l'ultime passion qui lui reste des images, des regards, des gestes des mains et d'un sourire désespéré. Elle continue à s'étonner qu'on l'admire et qu'on l'aime, et son mari, qui pousse son fauteuil, m'explique tout d'un mot : « Elle n'a jamais cru qu'elle était Colette[52]. »

En juin, Cocteau note qu'elle est « hélas de moins en moins lucide[53] ». Le 2 juillet, après une visite de Maurice, Cocteau enregistre : « Colette heureuse dans son nuage. Elle ne souffre plus. Maurice me dit : " Ce qui est grave, c'est qu'elle devient douce[54]." » Vers le 20 juillet, Colette ne se leva plus ; Maurice Goudeket, Colette de Jouvenel et Pauline se relayèrent à son chevet. Lentement la vie se retirait : « Sa petite flamme buvait sa dose d'huile et l'huile lentement baissait. Plus d'huile, plus de flamme[55]. » Colette s'éteignit le soir du 3 août 1954, vers huit heures et demie[56]. Elle fut embaumée, sur la proposition de Marthe Lamy, par les spécialistes de l'Hôpital américain[57].

Colette avait demandé que ceux qui l'avaient aimée ne la voient pas sur son lit de mort. Gilbert Sigaux obtint cependant de Maurice Goudeket la permission de venir se recueillir. Il vint, accompagné de Philippe Hériat et de Jules Roy :

> nous sommes entrés dans sa chambre. Les rideaux rouges étaient tirés, comme ceux d'un théâtre, et elle reposait, dans la pénombre, son visage grave refermé sur la nuit, la plaque de grand officier de la Légion d'honneur sur sa poitrine, le corps recouvert de fleurs et de roses où les nôtres venaient d'être déposées. Le cerne profond de ses yeux lui donnait presque encore ce regard de haute futaie verte, immobile enfin, pacifiée, tout en grâce[58].

L'Église, qui n'avait pas été sollicitée pour les derniers moments, refusa d'accueillir sa dépouille. Ce refus aurait pu rester anecdotique si Graham Greene n'avait voulu lui donner une signification qu'il n'avait pas. Il engagea une polémique dans *Le Figaro littéraire* ; Mgr Feltin fut obligé de répondre et de défendre sa position ; puis les lecteurs s'en mêlèrent…

Entre-temps la République avait déployé ses fastes dans la cour d'honneur du Palais-Royal pour faire à l'écrivain des obsèques nationales, le samedi 7 août. Trois discours furent prononcés : l'un par Roland Dorgelès, au nom de l'Académie Goncourt[59], un autre par Luc Hommel, secrétaire perpétuel de l'Académie royale de langue et de littérature françaises de Belgique, et le dernier par le ministre de l'Éducation nationale, Jean Berthoin. Puis les honneurs militaires lui furent rendus puisque l'écrivain était grand officier de la Légion d'honneur. Colette fut ensuite inhumée au cimetière du Père-Lachaise.

La presse prolongea l'événement durant plusieurs semaines. Germaine Beaumont fut sollicitée à plusieurs reprises[60], mais c'est probablement des *Lettres françaises* des 12-19 août que Colette reçut le plus bel hommage posthume : Aragon, le directeur, publiait son poème « Madame Colette* » ; Hélène Jourdan-Morhange, Georges Wague, Musidora évoquaient celle qu'ils avaient bien connue ; Philippe Hériat, Julien Cain, administrateur de la Bibliothèque nationale, Maurice Druon lui rendaient hommage, ainsi que Georges Sadoul, Claude Autant-Lara, Marcel L'Herbier et André Wurmser[61].

Ainsi s'achevait une vie qui avait étroitement uni le travail et le plaisir, un plaisir qui ne devait rien au travail.

N'accordons pas à sa mort plus d'intérêt qu'elle n'y porta elle-même. En août 1954, Colette était déjà morte. Deux ans auparavant, elle avait soupiré dans des notes inédites : « Je voudrais bien... / 1° recommencer... / 2° recommencer... / 3° recommencer... / En y réfléchissant, il me semble que ça n'a pas toujours été commode, ces soixante-dix-neuf ans, mais comme c'était court ! / COLETTE. »

1995-1998.

---

* Voir le chapitre « Une certaine éclipse », p. 477.

ANNEXES

ANNEXE 1

NOTES BIBLIOGRAPHIQUES

LISTE DES SIGLES ET ABRÉVIATIONS UTILISÉS

Album Colette : Cl. et V. Pichois, avec la collab. de A. Brunet, *Album Colette*, Gallimard, « Albums de la Pléiade », 1984.

Catalogue *Colette :* catalogue de l'exposition *Colette*, Bibliothèque nationale, 1973.

LAPB : Colette, *Lettres à Annie de Pène et Germaine Beaumont* (éd. Fr. Dugast-Portes), Flammarion, 1995.

LHP : Colette, *Lettres à Hélène Picard* (éd. Cl. Pichois), *OCH* 15 (1re éd. : Flammarion, 1958).

LMM : Colette, *Lettres à Marguerite Moreno* (éd. Cl. Pichois), *OCH* 14 (1re éd. : Flammarion, 1959).

LMT : Colette, *Lettres à Moune et au Toutounet (Hélène Jourdan-Morhange et Luc-Albert Moreau), 1929-1954* (éd. Bernard Villaret), Des femmes, 1985.

LPC : Colette, *Lettres au Petit Corsaire* (éd. Cl. Pichois et R. Forbin), *OCH* 16 (1re éd. : Flammarion, 1963).

LPF : Colette, *Lettres aux Petites Fermières* (éd. Marie-Thérèse Colléaux-Chaurang), Le Castor astral, 1992.

LSF : Sido, *Lettres à sa fille* (précédées de *Lettres inédites de Colette*), Des femmes, 1984.

LSP : Colette, *Lettres à ses pairs* (éd. Cl. Pichois et R. Forbin), *OCH* 16 (1re éd. : Flammarion, 1973).

LV : Colette, *Lettres de la Vagabonde* (éd. Cl. Pichois et R. Forbin), *OCH* 15 (1re éd. : Flammarion, 1961).

Mes vérités : Colette, *Mes vérités*, entretiens avec André Parinaud, Écriture, 1996.

OCF : Colette, *Œuvres complètes*, Le Fleuron, 15 vol., 1948-1950 (les tomes sont numérotés en chiffres romains).

OCH : Colette, *Œuvres complètes* (édition du centenaire), Flammarion-Club de l'honnête homme, 16 vol., 1973-1976 (les tomes sont numérotés en chiffres arabes).

Pl. I (II ou III) *:* Colette, *Œuvres*, Gallimard, « Bibliothèque de la Pléiade », t. I, 1984 ; t. II, 1986 ; t. III, 1991 ; t. IV, à paraître.

Près de Colette : Maurice Goudeket, *Près de Colette*, Flammarion, 1956.

N. B. : Les lettres datées par le cachet postal peuvent être du jour indiqué par le cachet, mais elles peuvent aussi être de la veille.

AVANT-PROPOS

1. *Mes vérités*, 110. Juste avant (p. 109), Colette déclare qu'elle était enceinte en 1911…
2. Jean Davray, *Le Reflet et la Réflexion*, Fayard, 1974, p. 19-20. La scène se passe à Genève sur le pont du Mont-Blanc.

1. LA FAMILLE DE COLETTE

1. Claude Francis et Fernande Gontier, *Colette*, Perrin, 1997. Voir le compte rendu par Cl. Pichois (*Cahiers Colette*, n° 19, 1997, p. 250-251). – Sur la famille Landoy voir : Paul Pirnay, « Les Landoy. Approche généalogique et historique de la famille maternelle de l'écrivain Colette », dactyl., (Saint-Sauveur-en-Puisaye, Archives de la Société des amis de Colette ; documents déposés après la mort de l'auteur de ce travail remarquable accompli de 1985 à 1988) ; Albert Kies et Claude Pichois, « Un oncle de Colette : Eugène Landoy journaliste franco-belge », *Bulletin de l'Académie royale de langue et de littérature françaises de Belgique*, 1956, n° 5 (repris dans *Cahiers Colette*, n° 16, 1994, p. 163-173) ; René Robinet, « L'Ascendance champenoise et ardennaise de Colette », *Études ardennaises*, n° 9, avril 1957.
2. *La Maison de Claudine*, *Pl.* II, 1006.
3. Colette a raconté dans *L'Étoile Vesper* comment elle a retrouvé la miniature représentant sa grand-mère (*OCF* XIII, 242-243). Voir aussi l'article du *Matin* du 14 avril 1923 (esquisse).
4. *LSF*, 392.
5. *OCF* XIV, 360 ; *Pl.* II, 1041.
6. *La Maison de Claudine*, *Pl.* II, 971.
7. *Pl.* II, 972. – Sur la famille Robineau, voir les articles de Raymond Escholier (*Le Figaro littéraire*, 17 et 24 novembre 1956), articles confus écrits d'après les notes d'Émile Amblard, un vrai chercheur.
8. Communication de Marguerite Boivin
9. *LSF*, 254-255 et 259
10. Lettre de Sido à Mme Lacour (communication de Marguerite Boivin, comme les autres documents précités).
11. *Pl.* I, XLV-XLVI.
12. « Le Sieur Binard », *Bella-Vista*, *Pl.* III, 1208.
13. Cité *Pl.* I, XLVII.
14. *La Maison de Claudine*, *Pl.* II, 972.
15. État des services de J. Colette, Service historique de l'Armée ; voir *Pl.* I, XLVI-XLVII.
16. *Pl.* III, 521.
17. Communication de Mme Charleux-Leroux d'après le dossier Archives de l'Yonne.
18. Communication à Marguerite Boivin des archives du vicariat général de Bruxelles (archidiocèse de Malines-Bruxelles).
19. Voir l'article d'Alfred Diard, « Si l'on avait écouté le capitaine Colette… », *Le Figaro littéraire*, 3 janvier 1953.
20. Communication de Marguerite Boivin.
21. Lettre à Carlos de Lazerme (*LSP*, 388).

2. LA JEUNESSE DE COLETTE. 1873-1893

1. Voir pour ce chapitre Marguerite Boivin, *Sur les pas de Colette à Saint-Sauveur-en-Puisaye*, Association du château de Saint-Sauveur, 1986.
2. Cet épisode a été très bien raconté par Émile Amblard dans le *Bulletin de la Société des sciences historiques et naturelles de l'Yonne*, t. 97, années 1957-1958 : « Les Élections au conseil général de Saint-Sauveur en 1880 (Pierre Merlou, Jules Colette et Paul Hérold). »
3. On a reconnu le texte « Propagande » de *La Maison de Claudine* (*Pl.* II, 992-995). Colette s'y donne 8, 9 ou 10 ans ; elle n'avait pas encore 8 ans.
4. Copies dues à Marguerite Boivin comme tous les extraits de la correspondance des Piétresson de Saint-Aubin. – Voir Élisabeth Charleux-Leroux, « Réalité et fiction dans *Claudine à l'école* », *Bulletin de la Société des sciences [...] de l'Yonne*, t. 113, 1981, p. 121-164.
5. Archives de la Société de géographie, BN, Département des cartes et plans.
6. Bibliothèque municipale d'Auxerre, dossier Paul Bert. Communication de Marguerite Boivin. On comprendra que nous ne désignions pas nommément les victimes de l'ire du Capitaine. Le « qu' » placé entre crochets a été oublié par le scripteur.
7. *Sido*, *Pl.* III, 517. La note de Maurice Delcroix (p. 1485) est à modifier.
8. *La Maison de Claudine*, *Pl.* II, 996.
9. Communication de Marguerite Boivin.
10. *Mes vérités*, 88.
11. Sur les lectures de Colette, voir : « Ma mère et les livres », *La Maison de Claudine*, *Pl.* II, 987-992 ; un article de *Marie-Claire*, 31 décembre 1933, reproduit dans les *Cahiers Colette*, n° 17, p. 50-56 ; *Mes vérités*, *passim*.
12. Voir *Pl.* II, 991.
13. Brouillon d'un journal commencé le 12 mars 1951, notes inédites (BN, N. a. fr. 18704, f° 124). Colette se souvient d'avoir rencontré A. Houssaye chez Mme Arman ; il ne meurt, en effet, qu'en 1896.
14. Respectivement : *Flore et Pomone*, *OCF* XIII, 144 ; *La Maison de Claudine*, *Pl.* II, 969 ; *Sido*, *Pl.* III, 523, puis 522 ; *Journal à rebours*, *OCF* XII, 91-92 ; *Sido*, 502 ; « Trésors épars », *La Fleur de l'âge*, *OCF* XIV, 357.
15. Sur cette contradiction voir *Sido* (*Pl.* III, 502) et, d'autre part, *La Maison de Claudine* (*Pl.* II, 982-984, « L'Enlèvement »).
16. Nous l'avions vu chez Mme André Wyler, fille d'Achille et nièce de Colette.
17. « Ma mère et le curé », *La Maison de Claudine*, *Pl.* II, 1044.
18. Cette juste expression est empruntée à Madeleine Raaphorst-Rousseau, *Colette, sa vie et son art*, Nizet, 1964, p. 43.
19. « Rêverie de Nouvel An », *Les Vrilles de la vigne*, *Pl.* I, 964.
20. *La Fleur de l'âge*, *OCF* XIV, 345.
21. *La Naissance du jour*, *Pl.* III, 304 ; *Le Fanal bleu*, *OCF* XIV, 136.
22. *En pays connu*, *OCF* XIV, 394.
23. *La Naissance du jour*, *Pl.* III, 369. La citation suivante, *Sido*, *Pl.* III, 496. Nous citons ces textes non sans réserve.

24. Souvenir de Colette évoqué dans *Le Journal* du 6 mai 1934 (*La Jumelle noire, OCF* X, 112).
25. Lettre au professeur Lian, 25 mars 1942 (BN, N. a. fr. 18706, f° 261).
26. Voir *À portée de la main, OCF* XIV, p. 454. Hyacinthe est à la fin de sa carrière ; il mourra en 1887. La pièce citée a été représentée à partir du 1er avril 1884. Pour 1888, voir *Mes vérités,* 192.
27. J. Larnac (*Colette, sa vie, son œuvre,* Simon Kra, « Les Documentaires », 1927, p. 41) a pu enregistrer quelques souvenirs de Mlle Terrain. La citation suivante, p. 50, note. Des propos analogues ont été tenus par Mlle Terrain à André-Armel Sprecher (« Colette à l'école. Une visite à "Mademoiselle" », *Candide,* 30 août 1928).
28. E. Charleux-Leroux, « Réalité et fiction dans *Claudine à l'école* », p. 142.
29. Citée par J. Larnac, *Colette,* p. 48-49.
30. Copie par Maurice Noël, directeur du *Figaro littéraire,* pour Maurice Goudeket.
31. *Le Fanal bleu, OCF* XIV, 137. Marguerite Boivin a découvert le procès-verbal du concours dans un dossier des Archives départementales de l'Yonne. Mme Charleux-Leroux (« Gabrielle Colette à l'école élémentaire », *Cahiers Colette,* n° 12, 1990, p. 143-154) avait montré à quel besoin répondait l'organisation du concours. C'est à l'article précité que l'on doit les informations sur le certificat d'études.
32. Selon *Aventures quotidiennes, Pl.* III, 147.
33. Pour le brevet et l'inauguration nous suivons Mme Charleux-Leroux, « Réalité et fiction dans *Claudine à l'école* ». Cette remarquable étude, pour le brevet, reprend des éléments à l'article de L. Dubreuil « Le Brevet de Colette », *Le Cerf-Volant,* n° 2, 18 juillet 1957. À l'exception du solfège noté sur 10, toutes les autres matières sont notées sur 20.
34. Madeleine Raaphorst-Rousseau (*Colette,* p. 39) reprend une suggestion d'Émile Amblard.
35. *De ma fenêtre, OCF* XII, 379.
36. Cette affaire est relatée grâce aux actes que Marguerite Boivin a obtenus de Toulon et qu'elle nous a communiqués. La maison du Mourillon existe encore.
37. *LSF,* 356. – La grand-mère envoyait de Toulon des calissons et de petits artichauts ; Colette s'en souvient dans ses lettres à Alice-Bénard Fleury (BN, N. a. fr. 18714, f°s 117 et 122).
38. *Belles Saisons, OCF* IX, 457.
39. Marguerite Boivin a demandé au Crédit foncier si un document pouvait expliquer cet emprunt si important. La banque lui a répondu que ces éléments des archives anciennes avaient été détruits.
40. *LSF,* 247.
41. Claude Chauvière, *Colette,* Firmin-Didot et Cie, 1931, p. 51.
42. C'est le titre d'un chapitre de *La Maison de Claudine* (*Pl.* II, 1013-1018).
43. Sur la mort de Juliette, voir *LSF,* 204-210.
44. *La Maison de Claudine, Pl.* II, 992.
45. Voir *LSF,* 107, 154, 249, 471 ; *Sido, Pl.* III, 516 (et n. 1), 520. La lettre suivante ne figure pas dans *LSF* ; elle a été exposée à la Bibliothèque nationale en 1973 (n° 401).
46. *Sido, Pl.* III, 517. La citation et le commentaire dans Nicole Ferrier-Caverivière, *Colette l'authentique,* Presses universitaires de France, 1997, p. 67-68.
47. *Sido, Pl.* III, 531 et 530.
48. *Sido, Pl.* III, 522.
49. Pour la détermination de la date du départ voir E. Charleux-Leroux et

M. Boivin, *Avec Colette, de Saint-Sauveur à Montigny*, Société des amis de Colette, 1995, p. 15, n. 2.

50. *Colette*, p. 31. Mme Raaphorst-Rousseau a bien voulu nous écrire qu'elle tenait cette information d'Émile Amblard et de Mlle Évezard, qui n'avaient, ni l'un ni l'autre, consulté les archives notariales. Jean Larnac, dans *Colette*, écrivait seulement (p. 51) que les Colette avaient dû « abandonner la maison de la rue des Vignes ».
51. Voir la reproduction de l'annonce (*L'Yonne*, 12 juin 1890) dans l'article de E. Charleux-Leroux, « Le Départ de Saint-Sauveur », *Cahiers Colette*, n° 5, 1983, p. 25.
52. N. Ferrier, *Colette l'authentique*, p. 10.
53. *La Maison de Claudine*, *Pl.* II, 981.

3. LE MARIAGE AVEC WILLY. 1893

1. André Fildier a publié deux recueils illustrés de photographies intitulés *Châtillon-Coligny, mon village en 1900* (Éditions Fildier-Cartophilie, 1982), qui permet d'évoquer ce village, et *Colette, sa famille, ses amis à Châtillon-Coligny. Des documents inédits*, même firme, 1992.
2. Comme Sido l'écrit à Colette le 23 janvier 1909 (*LSF*, 247).
3. Sur l'érection du monument, voir A. Fildier, *Colette, sa famille, ses amis à Châtillon-Coligny*, p. 24-35.
4. Ces indications nous ont été communiquées par Marguerite Boivin, qui les tenait de Mme Zaegel, née Viot, belle-sœur de Geneviève Robineau-Duclos.
5. Lettre communiquée par Mme Charleux-Leroux et reproduite dans *Pl.* I, LVI. Un autre passage de cette lettre est cité p. 55.
6. C'est Colette qui, dans *Le Fanal bleu*, fait de Cholleton un camarade de promotion de son père. Mme Berthu-Courtivron a rétabli la vérité ; voir sa note dans *Pl.* IV (à paraître).
7. Voir *Pl.* I, 354 s. (où la brasserie Pousset devient la brasserie Logre), et Willy, *Indiscrétions et commentaires sur les « Claudine »*, Pro amicis, 1962, p. 19.
8. *Pl.* I, LIX, de même que la citation suivante.
9. Plutôt de Saint-Sauveur, nous dit Marguerite Boivin, qui préfère ne pas désigner la source probable de ces calomnies.
10. Entrefilet découvert par Mme Raaphorst-Rousseau et publié par elle ainsi que les lettres de Sido à Juliette dans son étude : « Colette et sa mère "Sido" ; lettres inédites concernant le premier mariage de Colette », *Rice University Studies*, t. 59, n° 3, Summer 1973.
11. Henri d'Alméras, *Avant la gloire. Leurs débuts*, 1re série, Société française d'impression et de librairie, 1902, p. 292.
12. Voir Fr. Caradec, *Feu Willy*, J.-J. Pauvert, 1984, p. 31. Lisant la *Vie de Mallarmé*, Colette qui, dans sa jeunesse, avait vu un peu, très peu le poète (« gris chinchilla ») écrit à Henri Mondor en 1942 : « Savez-vous ce qui m'étonne ? C'est de trouver M. Willy en villégiature avec les Mallarmé » (*LSP*, 431). Fr. Caradec, qui cite ce passage (p. 31), ne s'est pas demandé si le « caporal Willy » (p. 742 de la biographie) était vraiment notre Willy...
13. Formule de Willy (5 octobre 1896), citée par Fr. Caradec, *Feu Willy*, p. 47.

14. *Le Nouvel Écho*, 15 février 1892. – Les lettres de « L'Ouvreuse du Cirque d'été » ont été étudiées par Christian Goubault dans *Le Portrait*, textes regroupés par J.-M. Bailbé, Publications de l'Université de Rouen, 1987, p. 293-316.
15. Sur Émile Cohl, voir Donald Crafton, *Émile Cohl, Caricature and Film*, Princeton University Press, 1990. Cohl est caricaturiste jusqu'en 1907 ; ensuite, il crée des films.
16. Willy, « Duels littéraires… et autres », article publié dans *Le Journal littéraire*, 11 avril 1925, puis dans *Jazz*, n° 8, juillet-août 1929. *La Muse à Bibi* (C. Marpon et E. Flammarion, 1881) n'a pas de signature.
17. Coll. part.
18. Lettres révélées par Paul D'Hollander, *Colette, ses apprentissages*, Klincksieck, 1978, p. 355-357, et citées *Pl.* I, LVII-LVIII.
19. Pierre Champion, *Marcel Schwob et son temps*, Bernard Grasset, 1927, p. 272 (cité par Mme Raaphorst-Rousseau, *Colette, sa vie et son art*, Nizet, 1964, p. 47).
20. *Noces*, *OCF* VII, 251.
21. *Lettres à des amis et à quelques autres*, La Table ronde, 1978.
22. *LSF*, 255.
23. *Album Colette*, p. 35, n° 53. Cette image contredit ce que Colette écrit dans *Noces* : « Tout photographe, fût-il amateur, s'en était vu bannir » (*OCF* VII, 245).
24. Description dans *Mes apprentissages*, *Pl.* III, 995.

4. MADAME GAUTHIER-VILLARS. 1893-1900

1. Willy, *Soirées perdues*, Tresse et Stock, 1894, p. 299.
2. Voir René Jeanne et Charles Ford, *Histoire encyclopédique du cinéma*, Robert Laffont, 1947, p. 60 et 128.
3. Ces *Chansons* (1892) sont préfacées par Willy, qui, page VI, fait allusion à Lotte (voir p. 60 et suiv.). La lettre de Colette à Willy, sans doute de 1893, fait partie de la collection de Michel Remy-Bieth. Alcanter de Brahm, pseudonyme de Marcel Bernhardt (1868-1945), est l'inventeur du point d'ironie.
4. Sur sa « griserie », voir *Mes apprentissages*, *Pl.* III, 998.
5. *La Retraite sentimentale*, *Pl.* I, 924.
6. Coll. Michel Remy-Bieth.
7. *Mes apprentissages*, *Pl.* III, 1008-1012. P. Masson a publié les *Pensées d'un Yoghi* en 1896 chez Léon Vanier en un petit volume tiré à 300 exemplaires ; elles avaient paru dans *La Plume* de 1892 à 1896, une série dédiée à Georges Fourest, une autre à Willy. – Sur P. Masson, né en 1849, voir un article ému de Paul Acker dans la *Revue politique et littéraire (Revue bleue)* du 15 juillet 1899 (article repris la même année dans le recueil *Humour et humoristes* chez Simon Empis), et François Caradec, *La Farce et le Sacré*, Casterman, 1977, p. 49-105.
8. *Mes apprentissages*, *Pl.* III, 1003.
9. Les lettres de Colette et de Willy sont conservées à la Bibliothèque nationale (N. a. fr. 18706, f°s 175-204). La lettre sur les crises nerveuses (2 décembre 1896) appartient à ce même lot.
10. *Mes apprentissages*, *Pl.* III, 1006.
11. *Album Colette*, p. 44 et 45, n°s 66, 67, 68.

12. Lettre à Jane Catulle Mendès, septembre 1894 (vente Drouot, 27 juin 1996, Me Tajan, Benelli et Nicolas experts, n° 240). – La citation suivante, *Mes apprentissages, Pl.* III, 1019.
13. *Mes apprentissages, Pl.* III, 1018.
14. Mayi Milhou, *Du Moulin-Rouge à l'Opéra. Vie et œuvre de Maxime Dethomas (1867-1929)*, s. l. [Imp. Fanlac, Périgueux], 1991, p. 95.
15. Brève description de ce « petit » atelier dans *Mes apprentissages, Pl.* III, 1056. De l'appartement suivant, description *ibid.*, 1056 et 1064. L'immeuble du 93, rue de Courcelles existe encore. Celui du 177 *bis* a été remplacé par un immeuble moderne. Sur la date du séjour à l'hôtel, voir l'article de Georges Barrou, *La Vie en rose*, 16 novembre 1902.
16. A. Séché, *Dans la mêlée littéraire (1900-1930)*, Edgar Malfère, 1935, p. 37.
17. *Mercure musical*, 1er janvier 1907.
18. Lettre citée *Pl.* I, LXII-LXIII.
19. *Mes apprentissages, Pl.* III, 997.
20. *Pl.* I, LXII-LXIII.
21. *Pl.* I, 427 et 1350 (note de P. D'Hollander). Colette reviendra, dans *Trait pour trait* (*OCF* XIV, 193), sur cette mauvaise première impression.
22. Voir le portrait que fait de Proust à cette époque Jeanne Maurice Pouquet, *Le Salon de Madame Arman de Caillavet,* Hachette, 1926. Et sur le salon en général, *Pl.* III, 1008, n. 1. – Selon une lettre de Jeanne Maurice Pouquet à Louis de Robert (4 juillet 1928), Willy répandait le bruit qu'il était l'amant de celle-ci.
23. *Correspondance de Marcel Proust,* éd. Ph. Kolb, t. XII, p. 337-338, 353-354. – Jean-Yves Tadié, *Marcel Proust,* Gallimard, « Biographies », 1996, p. 352.
24. *Quand les Français ne s'aimaient pas. Chronique d'une Renaissance,* Nouvelle Librairie nationale, 1916.
25. Lettre s. d., adressée à Maurras, 7, rue Guénégaud ; le contenu et le graphisme l'affectent à cette année 1895 (coll. part.).
26. Willy à Curnonsky, juillet 1895 (archives de la Société des gens de lettres).
27. Plusieurs lettres inédites de Colette à Moreno ont été vendues à Drouot, le 22 juin 1990, avec la collection de Jacques Lambert, ancien éditeur et libraire. Elles provenaient de la collection de Sacha Guitry, à qui Moreno les avait sans doute vendues à un moment où elle connaissait la gêne. – Autre version de cette visite dans une lettre de Willy à Alfred Vallette, 9 août 1895, publiée dans le *Mercure de France,* n° 999-1000, 1er juillet 1940-1er décembre 1946, p. 250-251.
28. Vente Drouot, 15 juin 1981, Mes C. Boisgirard et A. de Heeckeren, Mme J. Naert expert, n° 19.
29. Coll. Michel Remy-Bieth.
30. Lettre inédite de Pierre Louÿs, communiquée par J.-P. Goujon. – Pour l'exemplaire du *Centaure* signé par Colette, voir le catalogue de l'exposition *Paul Valéry,* BN, 1956, n° 136.
31. Voir Henri d'Alméras, *Avant la gloire. Leurs débuts,* Société française d'imprimerie et de librairie, 1902, p. 289-298, « Willy ».
32. Mot rapporté par Marcel Thiébaut et cité *Pl.* I, XXVI.
33. Sur Jean de Tinan, voir *Mes apprentissages, Pl.* III, 1015 et 1749 (note de J. Dupont) ainsi que la biographie de J.-P. Goujon (*Jean de Tinan,* Plon, 1990).
34. Voir *Pl.* III, 629 et n. 1 de J. Dupont, et 993.

35. Mayi Milhou, *Du Moulin-Rouge à l'Opéra*, p. 95, lettre du 1er janvier 1901.
36. Citation de M. Moreno dans ses souvenirs, *La Statue de sel et le Bonhomme de neige* (Flammarion, 1927), p. 131-132. – Sur Schwob, voir *Mes apprentissages*, *Pl.* III, 1008 ; Pierre Champion, *Marcel Schwob et son temps* (Grasset, 1927). – Les lettres de Colette à Schwob sont reproduites d'après le livre précédent au début des *Lettres à ses pairs* ; a été ajoutée la lettre du 9 novembre 1893 que Champion ne connaissait pas.
37. Bernard Bray s'est penché sur cette écriture... étudiée (« À la manière de Marcel Schwob et de Francis Jammes. Les premières lettres de Colette », *Elseneur*, n° 13, mars 1998, p. 43-59).
38. L. Daudet, *Écrivains et artistes*, t. VII, Éd. du Capitole, 1929, p. 78-79.
39. Reproduit dans l'*Album Colette*, p. 46, n° 71 ; décrit dans *Mes apprentissages*, *Pl.* III, 1008.
40. Sur la maison qui appartint ensuite à la famille de Maria-Catherine Boutterin, voir l'article de celle-ci « Colette à Besançon ou "La Retraite sentimentale" », *Le Jura français*, n° 139, juillet-septembre 1973, p. 57-61. C'est à cet article que sont empruntés les éléments de la brève description. – Voir *Mes apprentissages*, *Pl.* III, 1039-1042.
41. Carte postale de Nuremberg à J.-M. Sert, peut-être d'août 1901.
42. Il est possible que Sido et le Capitaine se soient rendus à Besançon. Du moins celui-ci a-t-il écrit un poème intitulé « Les Monts-Bouccons », daté d'octobre 1901 et dédié « À ma fille Gabrielle », qu'on trouvera dans l'*Album Colette*, p. 55.
43. « Claudine à Besançon », signé « L'Écho », *La Dépêche républicaine de Franche-Comté*, 23 septembre 1903. Le titre suppose qu'on assimilait déjà Colette à Claudine.
44. Marie-Françoise Berthu-Courtivron, dans la présentation des lettres à d'Humières qu'elle a publiées avec Alain Brunet dans les *Cahiers Colette* n° 16, 1994.
45. Reproduction en couleurs dans G. Dormann, *Amoureuse Colette* (Herscher, 1984), p. 118.
46. Della Sudda, peintre, avait un frère pianiste ; voir Willy, *Rythmes et rires*, Bibliothèque de *La Plume*, 1894, p. 61, reprenant un article du 15 janvier 1893.
47. Coll. part.
48. « Colette à table » dans *Souvenirs littéraires et gastronomiques* (Albin Michel, 1958), p. 295 ; La citation suivante, p. 296. Sur la flognarde, p. 300. – Lettre de Colette à Cur, [1953], *LSP*, 471-472.
49. 4e vente de la collection [Daniel] Sickles, 9-10 novembre 1990, n° 1257. Voir aussi *Pl.* III, 1071 et 1803-1804.
50. Les archives du *Mercure de France*, confondues avec celles du directeur et de sa femme, ont été bradées et pillées ; les éléments en sont donc dispersés. Trois lettres à Rachilde ont été publiées dans *LSP* (142-144).
51. « Willy, l'à-peu-près grand homme », *Portraits d'hommes*, Mornay, 1929, puis Mercure de France, 1930.
52. Billet à Jarry, *LSP*, 141. – Billet à Vallette et Rachilde, coll. part.
53. Dans *Rendez-vous avec Paris* (Albin Michel, 1959, p. 31), Gérard Bauër a évoqué sa première rencontre avec Colette, à *L'Écho de Paris* ; il accompagnait son père, Henri, tandis que Colette attendait M. Willy, « docile et muette, à demi allongée, et si mince, sur un canapé rouge ».
54. Il y a deux groupes de lettres de Willy aux Muhlfeld, 1900-1902, vendues en 1962 et 1963 et où il est un peu question de Colette : 1) 37 lettres, *Bulletin Coulet-Faure*, n° 6, pièce 24 ; 2) lettres et cartes,

catalogue *Livres anciens et modernes. Autographes*, vente Drouot, 24 et 25 juin 1963, Me Rheims, Mme Vidal-Mégret expert, n° 217. Le *Bulletin* précité mentionne aussi des lettres aux mêmes de Barrès, L. Blum, Paterne Berrichon, Gide, Reynaldo Hahn, V. Larbaud, Mallarmé, J. Renard, Toulouse-Lautrec, Valéry et Verlaine. Un troisième groupe contient 24 lettres et cartes de Colette aux Muhlfeld, catalogue n° 299 de la librairie Raoul Simonson, Bruxelles, avril 1964, lot 9. Il a été acquis par la Bibliothèque royale de Belgique.

55. Lettre s. d. (entre 1900 et 1902) du lot Simonson.
56. Texte communiqué par Éric Walbecq ; lettre écrite du 93, rue de Courcelles ; une autre, du 177 *bis*, rue de Courcelles, se félicite de la réconciliation de Lorrain et de Willy : deux tempéraments soupe au lait.
57. Voir *Mes apprentissages*, *Pl.* III, 1060-1061, et les excellentes notes de J. Dupont, p. 1790-1792. Les lettres originales de Lorrain étaient parmi les rares lettres que Colette avait conservées. On trouvera dans les notes de J. Dupont les références aux ouvrages qui sont relatifs à Lorrain, notamment au livre de Pierre Kyria.
58. L'index de l'édition française (Gallimard, 1981) ne mentionne pas Muhlfeld. L'édition américaine (New York, Alfred A. Knopf, 1980, p. 31) le cite pour un article de la *Revue blanche*. Le nom de « Mühlfeld » a disparu de la traduction.
59. L. Delarue-Mardrus, *Mes mémoires*, Gallimard, 1938, p. 141. Une lettre de 1911 ou 1912 dans *LSP*, 249. Ont été également conservées d'autres lettres, de 1922 à 1944, *LSP*, 250-261. Voir Hélène Plat, *Lucie Delarue-Mardrus. Une femme de lettres des années folles. Biographie*, Grasset, 1994.
60. Nous connaissons cinq lettres de Colette à Gyp, qui sont passées en ventes publiques, notamment quatre lettres avec la collection C[laude] B[enedick] (Drouot, 18 avril 1991, Me Buffetaud, Thierry Bodin expert, n°s 30 et 32). Une autre lettre, du 10 septembre 1904, a été publiée dans *LSP*, 198-199. – Sur Gyp voir Willa Z. Silverman, *The Notorious Life of Gyp. Right-Wing Anarchist in Fin-de-Siècle France*, Oxford University Press, 1995.
61. Lettre écrite du 44, rue de Villejust. L'autre lettre est écrite du 25, rue Torricelli. L'exemplaire de *Claudine à Paris* contenant la lettre sur Beardsley a été vendu avec la *Bibliothèque de Robert de Montesquiou* (23-25 avril 1923, Drouot, Mes F. Lair-Dubreuil et Édouard Giard, préface de Maurice Barrès), n° 601. Sous le n° 603, *Claudine en ménage* (en fait : *Claudine amoureuse*) sur hollande.
62. Pour Mme de Saint-Marceaux, on consultera le catalogue de l'exposition *Jacques-Émile Blanche* (Rouen, 15 octobre 1997-15 février 1998), p. 130 : reproduction du portrait peint en 1890 et notice due à Marie Pessiot.
63. Voir la note de J. Dupont à *Journal à rebours* (*Pl.* IV, à paraître) qui a pu consulter le journal de Mme de Saint-Marceaux, où figurent les expressions ici employées.
64. Sur ces œuvres, voir *Album Colette*, p. 84, n° 144 (Saint-Marceaux) ; p. 51 (Fix-Masseau) ; p. 40, n° 61 (Humbert) ; p. 73 (Pascau) ; p. 80, n° 137 (Blanche). N'oublions pas, p. 49, le dessin par Forain (vers 1898) où elle est vue de trois quarts, un œil caché par sa chevelure (sa remarque, *Paris de ma fenêtre*, *OCF* XII, 404). Voir dans J.-É. Blanche, *La Pêche aux souvenirs* (Flammarion, 1949, p. 288-290), un passage mi-figue, mi-raisin sur Colette. Willy a fait l'éloge du portrait par Blanche dans la *Revue théâtrale* d'avril 1906 : on le comprend, mais, dans *Le Cri de Paris* du 1er avril 1906, un critique anonyme déclare que cette pein-

ture est « artificielle et creuse ». Faut-il rappeler que le titre du tableau doit beaucoup à l'*Andalouse* de Musset ? De l'un des portraits détruits par J.-É. Blanche le catalogue de l'exposition consacrée à ce peintre à Rouen, puis à Brescia (1997-1998) contient (p. 179) une photographie : Willy est assis au premier plan sur un canapé, sur lequel Colette est assise également, l'air triste, au second plan ; entre eux un petit chien fait le beau. Selon *Comœdia*, 8 février 1914, Blanche avait peint l'une de ses toiles en 1898 ; elle dut être détruite parce que le peintre avait réutilisé une toile et que le premier portrait, celui de Marie de Régnier, réapparaissait entre les visages de Colette et de Willy. Le buste par Pierre-Félix Fix-Masseau (1869-1937), mentionné dans *Claudine s'en va* (*Pl.* I, 550 et n. 2), payé 300 F à valoir par Willy (lettre à Paul Barlet), a disparu, volé, en 1948. Ce sculpteur est aussi l'auteur d'un buste de Mme de Noailles, moins dénudé.

65. BN, N. a. fr. 18704, f° 205. – Sur ces rencontres avec Barrès, voir son article « La Chatte de Barrès », *Le Matin*, 8 décembre 1923.
66. Sur J.-M. Sert, voir la biographie de *Misia* par A. Gold et R. Fizdale, p. 158-159 de la traduction française. Ces auteurs nous ont aimablement communiqué les photocopies des lettres de Colette, une trentaine à Sert et à Misia. Avec Sert elle joue souvent à la petite fille, l'entretient de sandales et de moustiquaires, du Bon Marché et d'une bonne à engager.
67. Sur Matisse, voir *Paysages et portraits*, Flammarion, 1958, p. 152-163.
68. *Pl.* II, 145-146 et n. 1 de la p. 145 due à Michel Mercier.
69. Voir la Bibliographie, *Pl.* I, 1669-1670. Ces articles ont été recueillis par Alain Galliari sous le titre : Colette, *Au concert* (Le Castor astral, 1992).
70. Liane de Pougy, *Mes cahiers bleus*, Plon, 1977, p. 45.
71. G. Beaumont (et A. Parinaud), *Colette*, Éd. du Seuil, « Écrivains de toujours », 1951, p. 18-19. Voir aussi l'interview de G. Beaumont reproduite dans les *Cahiers Colette*, n° 14, 1992, p. 24-25.
72. Voir *Mes apprentissages*, *Pl.* III, 1070 et 1800-1802 (notes de J. Dupont).
73. *Mes apprentissages*, *Pl.* III, 1070. François Lesure (*Claude Debussy, Biographie critique*, Klincksieck, 1994, p. 188, n. 2) a, d'après une lettre de Colette qu'il possède, donné une version un peu différente de cet épisode.
74. Fr. Caradec, *Feu Willy*, J.-J. Pauvert-Carrère, 1984, p. 100.
75. G. Leblanc, *Souvenirs (1895-1918)*, Grasset, 1931, p. 118. Trois lettres de Colette à Georgette Leblanc sont conservées dans une collection (1904, vers 1906, 1909).
76. *Mercure de Flandre*, août 1925 ; cité par J. Larnac, *Colette*, p. 203-204, avec quelques inexactitudes. Mauclair avait publié une première version de cette rencontre dans *La Semaine littéraire* (Genève) du 20 juin 1925.

5. MADAME COLETTE WILLY. 1900-1903

1. Voir les notes de P. D'Hollander sur *Claudine à l'école*, *Pl.* I, 1239-1248, et de J. Dupont sur *Mes apprentissages*, *Pl.* III, 1723. Pour le « souvenir » de Curnonsky, *Pl.* I, 1246, n. 1.
2. Ce message et le suivant sont conservés à la Bibliothèque nationale (N. a. fr. 18708, f°s 218 et 219).
3. Les deux récits sont recueillis dans le volume de L. Halévy, *Princesse*,

Calmann Lévy, 1887. Voir l'article de Cl. Pichois, « Une sœur aînée de Claudine », dans le recueil d'hommages *Pour Marguerite Boivin, Études et recherches sur Colette* (Amicitiae gratia, 1993, p. 25-29).

4. Voir *Pl.* I, LXX. On peut y ajouter celui de Maurice Le Blond dans *La Revue naturiste* d'août-septembre 1900.
5. Voir la préface à la série des *Claudine* que Colette écrivit pour les *Œuvres complètes* de l'édition du Fleuron, préface reproduite par P. D'Hollander, *Pl.* I, 1241.
6. Préface citée dans la note précédente (*Pl.* I, 1241).
7. *Pl.* I, 12, 133, 150.
8. Voir dans la *Revue universelle* du 9 novembre 1901 l'article de Marius-Ary Leblond sur le *Jean Coste* d'Antonin Lavergne, publié par Péguy dans les *Cahiers de la quinzaine*. La première *Claudine* y est considérée comme un élément de la guerre scolaire.
9. Communication de Marguerite Boivin.
10. *Pl.* III, 1024.
11. A.-A. Sprecher, « Colette à l'école. Une visite à "Mademoiselle" », *Candide*, 30 août 1928.
12. BN, N. a. fr. 18708, f°s 270-271.
13. Vente Drouot, 15 juin 1981, Mes C. Boisgirard et A. de Heeckeren, Mme J. Naert expert, n°s 17-24. – Sur la reprise des relations avec Mlle Terrain à la fin des années 20, voir Jeanne Roge, « Souvenirs inédits de deux condisciples de Claudine «, *La Grive*, juillet-septembre 1960, p. 12.
14. *Pl.* I, 10. Mais dans *Claudine à Paris*, le père qualifie la mère de « femme bien désagréable » (*Pl.* I, 349 ; voir la note de P. D'Hollander, p. 1319).
15. Compléter *Pl.* III, 1066 et 1795 par la lettre de Colette à R. d'Humières en date du 27 octobre 1904 (*Cahiers Colette*, n° 16, 1994, lettre 8, p. 59 et n. 1).
16. *Mes apprentissages, Pl.* III, 1013.
17. Respectivement : *L'Intransigeant*, 7 mars 1936 (enquête de V. de Berval) ; *Les Nouvelles littéraires*, 28 septembre 1950 (question posée par Claude Cezan).
18. Les éléments du portrait sont dus surtout à Gabriel Reuillard (*Les Hommes du jour*, 4 juillet 1914). – Voir aussi l'interview anonyme dans *Le Rempart*, 10 mai 1933.
19. La caricature est reproduite sur la couverture de l'exposition *Cappiello (1875-1942)*, Grand-Palais, 3 avril-9 juin 1981 ; voir les n°s 100 (*Polaire à la Scala*, 1900) et 101 (*Polaire et Gauthier-Villars dans « Claudine à Paris »*, *Le Figaro*, 30 janvier 1902). La notice de ce catalogue contient une fausse date de naissance : 1887. – Pour la citation de Willy, voir Eugène de Solenière, *Willy*, Sévin et Rey, 1903, p. 66.
20. Polaire rétrécit la mesure : 42 centimètres dans l'interview qu'elle donne au *Journal* du 23 septembre 1936.
21. Cocteau, *Portraits-souvenir, 1900-1914*, éd. Pierre Georgel, Grasset et Librairie générale d'édition, 1977, p. 104. Le texte, étrange en un point, a été vérifié pour nous par P. Georgel.
22. Jean Lorrain, *La Ville empoisonnée : Pall-Mall Paris*, Crès, 1936, p. 279, à la date du 28 novembre 1899. Lorrain l'avait déjà admirée à la Scala en octobre 1896 (*ibid.*, p. 115-116).
23. C'est dans le chapitre sur Marguerite Moreno du *Fanal bleu* que Colette évoque sa première vision de Polaire (*OCF* XIV, 98-99). Moreno tutoie son amie et leur première rencontre date de 1894-1895, d'où la date proposée de la découverte de Polaire.

24. Cette ruse a été signalée par Louis Thomas dans *Comœdia illustré* du 1er janvier 1910.
25. Propos enregistrés par A. Barancy au sujet du film *Claudine à l'école* de Serge de Poligny (*L'Intransigeant*, 12 juillet 1937). Sur le cake-walk, « danse de sauvages épileptiques [...], jusqu'au jour où il plut à Mlle Polaire de le danser sur la petite scène des Mathurins », voir Willy, *Danseuses*, Albert Méricant, 1904, p. 297.
26. En présentant dans *La Vie en rose* du 16 novembre 1902 *La Maîtresse du prince Jean* de Willy, Georges Barrou indiquait que Colette portait les « cheveux court-bouclés depuis un mois », ajoutant que ce n'était pas uniquement pour ressembler à Polaire, mais parce qu'une lampe à alcool avait brûlé ses tresses.
27. *LSF*, 471 ; lettre du 30 décembre 1911. Dans *Mes apprentissages* (*Pl.* III, 1049), Colette écrira : « À partir du jour où, obéissant aux suggestions de M. Willy, je coupai mes longs cheveux, maint observateur avisé me découvrit une ressemblance avec Polaire. »
28. « Ma filleule », *Le Matin*, 18 janvier 1912 ; recueilli dans *Contes des mille et un matins*, *OCH* 13, 571-572.
29. Rapporté par Polaire dans l'interview qu'elle donne au *Journal* du 23 septembre 1936.
30. Mistinguett, *Toute ma vie*, Julliard, t. I, 1954, p. 69-70.
31. Ces deux malheurs sont rapportés par Philippe Soupault dans *Le Miroir du monde*, 4 novembre 1933 ; l'article est intitulé « Quand la chance tourne : Polaire ».
32. Archives de l'Assistance publique, Hôpitaux de Paris.
33. *Pl.* III, 1042-1052.
34. *En pays connu*, *OCF* XIV, 216-217. – *L'Étoile Vesper*, *OCF* XIII, 307.
35. Cette lettre a figuré à l'exposition *Colette* (BN, 1973, n° 61).
36. *OCF* XIV, 217. Ce texte avait été inséré dans *Paris-Soir* du 16 octobre 1939, à l'occasion de la mort de l'actrice.
37. Communication de Marguerite Boivin. – Renée Hamon : BN, N. a. fr. 18711, f° 202.
38. Coll. part.
39. Est-ce pour cette raison qu'elle n'est pas même citée dans des ouvrages qui s'intéressent surtout aux Américaines et aux Anglaises venues chercher à Paris le droit d'être libres et lesbiennes, ceux de Shari Benstock, *Women of the Left Bank. Paris 1900-1940* (1986) et d'Andrea Weiss, *Paris Was a Woman. Portraits of the Left Bank* (1995), ouvrages frivoles de propagande homosexuelle, si peu fiables que le premier envoie Pierre Louÿs à Sodome et que le second montre deux prétendues photographies de Colette qui représentent... Polaire. De ces deux livres ont été données des traductions françaises.
40. Voir notamment William C. Young, *Famous Actors and Actresses on the American Stage : Documents of American Theater History*, t. II, New York et Londres, R. R. Bowker Co., 1975.
41. Voir Gustave Flaubert, *Lettres inédites à Raoul-Duval,* commentées par Georges Normandy, préface d'Edgar Raoul-Duval, Albin Michel, 1950.
42. Archives nationales, Minutier central, Étude VIII, liasse 1924, 22 septembre 1891.
43. *Gil Blas*, 25 septembre 1891. Bien entendu, *Le Gaulois* a rendu compte, le 24, du mariage civil et annoncé le mariage religieux.
44. Robert Fleury, *Marie de Régnier l'inconstante*, Plon, 1990, p. 148-149.
45. Elle est reproduite dans la biographie due à Lawrence Joseph : *Catherine*

Pozzi. Une robe aux couleurs du temps (Éditions de la Différence, 1988, p. 169), – et ici.
46. *Cahiers Colette*, n° 16, 1994, p. 57.
47. Ces dates : mars, octobre 1901, sont celles que retenait Robert Fleury dans sa biographie de Marie de Régnier, p. 149. Nous les croyons justes.
48. *Pl.* I, 1399 (n. 1 de la p. 603 de *Claudine s'en va*).
49. Willy, *Indiscrétions et commentaires sur les Claudine*, Paris, Pro amicis, 1962, p. 29.
50. Lettre citée dans *Pl.* I, 1324-1325.
51. Colette à Jeanne Muhlfeld, 17 juin 1901 : « Ne partez pas trop tôt de chez les Duval, mercredi : Nous viendrons après dîner. » 13 août 1901, de Bayreuth : « Georgie est arrivée en bon état et se prépare au *Ring* par des macérations diverses. » 19 août : Georgie est « allègre » (Lettres du lot Simonson.)
52. Cette lettre fait partie du lot Coulet et Faure ainsi que l'extrait suivant.
53. Vente Drouot, 13-15 juin 1983, Bibl. Colonel Sickles ; Mes Laurin, Guilloux, Buffetaud, Tailleur ; Chr. Galantaris, Th. Bodin experts ; n° 148.
54. Willy, *Indiscrétions et commentaires...*, p. 28-29 ; cité dans *Pl.* I, 1329. – Sur les exemplaires qui subsistent voir *Pl.* I, 1329-1330.
55. *Pl.* I, 453 et 454.
56. *Pl.* I, 831-833, 897, 903. Pour Suzie, *Pl.* I, 915-922.
57. Willy, *Indiscrétions et commentaires...*, p. 30-31 ; cité *Pl.* I, 1352. Willy voulut d'autant plus se venger qu'il avait été plus épris. Il avait composé un « Rondel pour une dame étrangère » à elle dédié, mis en musique par Marcel Lebay et reproduit dans le *Willy* d'Eugène de Solenière (Sévin et Rey, 1903, p. 66).
58. Vente Dina Vierny, 28 octobre 1996, Me Buffetaud, Th. Bodin expert, pièce 28. La lettre est écrite du 93, rue de Courcelles, où les Willy ont habité de 1896 à la fin de 1902. Les extraits précédents appartiennent à des lettres qui figurent dans des collections particulières.
59. Robert Fleury, *Marie de Régnier l'inconstante*, p. 57, 148-157. Marie, qui écrivait sous le pseudonyme de Gérard d'Houville, a dédié à Georgie son roman *Esclave*, « en souvenir de son pays » (Calmann-Lévy, 1905).
60. C. Pozzi, *Journal 1913-1934*, publié par Claire Paulhan, Éditions Ramsay, 1987, p. 52-53 ; pages écrites au moment de la mort de Georgie (novembre 1913), mais souvenir antérieur à la mort de Schwob (1905). C. Pozzi a une sorte de complexe de Diane ou de Bélise ; dans cette même page, elle écrit que Moreno essayait « de deviner si la petite fille qui l'avait troublée autrefois était une femme plus accessible ». À rapprocher de l'entrée d'août 1914 (p. 76) : « Colette s'est éprise de moi et m'embête. Son mari me fait la cour ; ces triplices auxquelles Georgie ne m'a pas convertie, me tentent moins que jamais. Cependant, je suis équivoque et gentille, car Jouvenel dirige *Le Matin* et me téléphone tout. »
61. Cocteau, *Portraits-souvenir 1900-1914*, p. 143. – La réponse de Bourdet à Cocteau infirme donc l'hypothèse de Michel de Cossart (*Une Américaine à Paris. La Princesse de Polignac et son salon*, Plon, 1979, p. 192) selon qui Bourdet se serait inspiré de la liaison de Winnie avec Violet Trefusis, épouse du major D. Trefusis.
62. Il faut être prudent, car Natalie dans ses *Souvenirs indiscrets* (Flammarion, 1960, p. 191-193) date la représentation à Neuilly du *Dialogue au soleil couchant* de P. Louÿs, placée par Colette dans *Mes apprentissages*

avant le séjour de Natalie aux États-Unis. La passade put donc être antérieure à juillet 1901.

63. Ces lettres ou fragments de lettres sont cités dans *Pl.* I, p. LXXXII et LXXXIII. La lettre datée au crayon (par qui ?) appartient au musée Richard Anacréon, Granville.
64. *Indiscrétions et commentaires...*, p. 34 ; cité *Pl.* I, LXXXI.
65. *Bibliothèque du docteur Lucien-Graux*, vente 13-14 décembre 1956, n° 71. Le contrat était encarté dans un exemplaire de *Claudine en ménage*, 1902.
66. Édith Silve, *Paul Léautaud et le Mercure de France*, Mercure de France, 1985, p. 211.
67. *Claudine's Schuljahre* a été traduit sur la 55e édition et publié à Budapest, chez G. Grimm, en 1902. À la fin du volume sont mentionnés *Claudine in Paris* et *Claudine's Ehe*, que nous n'avons pas vus. Hartmut Köhler (« Traduire en allemand l'œuvre de Colette », *Colette, nouvelles approches critiques. Actes du colloque de Sarrebruck*, Nizet, 1986, p. 181) connaît deux traductions de *Claudine en ménage*, et non celle qui a dû paraître au début du siècle.
68. *Lettres de Romain Rolland à Elsa Wolff*, *Cahiers Romain Rolland*, n° 14, 1964, p. 60 ; la lettre est du 10 août 1906.

6. SÉPARATION ET SCANDALE. 1903-1907

1. *Mes apprentissages*, *Pl.* III, 1019.
2. *Mitsou*, *Pl.* II, 704-705.
3. *Pl.* III, 1048-1049. Pierre L*** est Pierre Lafitte (voir l'Index).
4. Coll. part. (le point d'exclamation est de Colette).
5. Les lettres de Colette et de Jammes ont été publiées par Robert Mallet : *Une amitié inattendue. Correspondance de Colette et de Francis Jammes*, Émile-Paul frères, 1945. Voir le chapitre « Une certaine éclipse », p. 468 Les seules lettres de Colette ont été recueillies dans *LSP.*
6. *Pl.* I, 45 et 279. Colette a peut-être lu Jammes entre la composition de *Claudine à l'école* et celle de *Claudine à Paris*, en sorte que la première mention pourrait être portée au débit de Willy, qui avait déjà égratigné le poète dans *Le Musée des familles* du 23 décembre 1897.
7. Livre souvent réédité depuis 1845.
8. *Pl.* II, 4-5.
9. R. Mallet, *Une amitié inattendue*, p. 16-17.
10. Voir Pierre Espil, « Colette à Biarritz », *Revue régionaliste des Pyrénées*, n° 205-206, janvier-juin 1975, p. 20-23.
11. Cité *Pl.* I, LXXXIV.
12. Information de Paul D'Hollander, qui la tenait de Jacques Gauthier-Villars, le fils de Willy.
13. Minutes du tribunal civil de la Seine, 7e chambre, acte 4058, Archives de Paris.
14. Archives de la Société des gens de lettres. Alfred Diard est l'un des collaborateurs de Willy.
15. Armory (pseudonyme de C. R. Dauriac), *Cinquante ans de vie parisienne*, Éditions Jean-Renard, 1943, p. 55. En plusieurs points, les souvenirs d'Armory sont contestables, mais nul autre mémorialiste ne donne sur la Ferme et le Cercle les informations que nous lui empruntons, p. 153-154. Les témoins avaient de bonnes raisons de taire leur présence.

16. Cette page du *Damier* a été reproduite en appendice à *Claudine en ménage* dans *Pl.* I, 528.
17. Sur Mathilde de Morny voir dans *Pl.* III la note 6 de Jacques Dupont, relative à la page 591 de *Le Pur et l'Impur.*
18. Philippe Jullian, *Jean Lorrain ou le Satiricon 1900*, Fayard, 1974, p. 198.
19. Lorsqu'elles ne sont pas indiquées par la presse ces représentations privées sont très difficiles à dater, à partir de quelques lettres. Ainsi le *Dialogue au soleil couchant* a pu être joué au printemps de 1906, précédé en 1905 d'un autre Dialogue de Pierre Louÿs.
20. *Pl.* III, 1072.
21. Cité dans *Pl.* I, LXXXIX-XC.
22. *Pl.* I, XC. Louise Faure-Favier prétend que Colette aurait interprété en 1908 une danse du sphinx « qui devait faire courir le "Tout Paris" au music-hall » (« La Muse aux violettes », *Mercure de France*, 1er décembre 1953). Un seul spectacle a pu montrer Colette en sphinx, encore n'est-ce qu'une suggestion : le 25 février 1909, lors d'une soirée de bienfaisance au théâtre Marigny, Colette, accompagnée à la flûte et à la harpe, a présenté une « Danse égyptienne », musique d'Ingelbrecht. Quel rapport avec Renée Vivien (qui meurt le 18 novembre 1909) ?
23. *Pl.* I, CXLI.
24. À Francis Jammes, [mi-mai 1904], *LSP*, 106.
25. Voir *Gil Blas*, 31 mars 1906 ; *Paris-Théâtre*, numéro des 14-21 avril 1906.
26. Musée Richard Anacréon, Granville.
27. Lugné-Poe, *La Parade*, t. III, *Sous les étoiles, souvenirs de théâtre (1902-1912)*, Gallimard, 1933, p. 220.
28. F. Charles Morisseaux, dans *Le Thyrse* du 1er janvier 1907. Cité par Robert Van Nuffel, Introduction aux pièces de Van Lerberghe, *Les Flaireurs, Pan*, Académie royale de langue et de littérature françaises, [1993], coll. « Poésie-Théâtre », p. 59-60. On notera que cette édition est la première à voir le jour depuis 1906, la sœur, très croyante, de Van Lerberghe ayant refusé d'autoriser la réimpression de l'édition originale. *Pan* avait brouillé l'auteur avec sa sœur. Van Lerberghe était mourant lors des répétitions ; c'est Albert Mockel qui le représenta. Colette n'a donc pu le rencontrer.
29. Cité dans l'Introduction de R. Van Nuffel, p. 61. – Voir aussi l'article du *Gil Blas*, 6 décembre, et, le 7, la réponse de Colette.
30. Voir aussi *L'Intransigeant* des 29 novembre et 17 décembre 1906. Nos amis belges ne semblent pas s'être souciés du rôle de Pan.
31. BN, N. a. fr. 18708, fos 250-252.
32. Lettre de l'avocat Victor Lemaître à Colette Willy, 27 octobre 1908 (coll. Michel Remy-Bieth).
33. Le contrat de location (coll. Michel Remy-Bieth) a été signé le 27 septembre 1907.
34. *Pl.* III, 1074-1075.
35. P. Léautaud, *Journal littéraire*, Mercure de France, t. II, 1955, p. 383, 20 mars 1909.
36. Coll. Michel Remy-Bieth. Willy est né le 10 août 1859 : 1859 + 48 = 1907. Cependant, la lettre semble plutôt être de novembre 1906. – Alph. Séché note au sujet de Willy : « Je l'ai vu pleurer, après le départ de Mme Colette » (*Dans la mêlée littéraire (1900-1930)*, Edgar Malfère, 1935, p. 33).
37. *Paris qui chante*, 14 octobre 1906.
38. Cité dans *Pl.* I, LXXXVI.

39. *Fantasio*, 15 avril 1907.
40. Voir *La Vagabonde*, *Pl.* I, 1129-1131, et n. 1 de 1129 ; *Pl.* II, 307-312 (« Gitanette ») ; *Paysages et portraits* (*OCH* 13, 332-338), qui reprend l'article de *La Vie parisienne* du 27 mars 1909 (« La Mauvaise Fréquentation »).
41. L'article, « L'Hérésie sentimentale », est signé « Wamba ». En juin 1909, *Fantasio* publie un article analogue, « L'Autre Hérésie sentimentale », où sont évoqués d'autres lieux lesbiens : la *Coccinelle* de la rue Pigalle, le *Minet* de la rue Henri-Monnier (ex-rue Bréda), la *Passion* de la rue Clignancourt, le *Burny's bar*, près de l'Opéra.
42. L. Delluc, *Chez de Max*, L'Édition, 1918, p. 221-222. C'est de Max qui est censé parler.
43. Indications cueillies dans l'articulet de Georges-Michel, « La Marquise de Morny au Moulin-Rouge », *Gil Blas*, 30 décembre 1906.
44. Voir l'article d'Alfred Delilia, *Le Figaro*, 4 janvier 1907. La presse provinciale n'est pas laissée dans l'ignorance ; ainsi voir l'article de *L'Yonne*, 5 janvier 1907, « Les Deux Divorcées amies et leur pantomime ».
45. Alfred Delilia dans *Le Figaro* du 4 janvier 1907.
46. *Gil Blas*, 4 janvier 1907.
47. Ce texte et les deux suivants ont été découverts par Paul D'Hollander qui les cite dans *Colette. Ses apprentissages*, Klincksieck, 1978, p. 358-359.
48. *Le Figaro*, 4 janvier 1907. L'intervention de Calmette est suivie du compte rendu de la soirée du 3 par Alfred Delilia.
49. *L'Intransigeant* (directeur, Henri Rochefort ; rédacteur en chef, Léon Bailby), 5 janvier 1907 (en fait ce quotidien paraît la veille au soir), « Une soirée historique ».
50. Coll. Michel Remy-Bieth.
51. *Gil Blas*, 4 janvier 1907, « Courrier des théâtres », non signé.
52. Cette interview a paru sous le titre « On se collette au Moulin-Rouge », dans *L'Intransigeant* du 5 janvier qui contient déjà l'article de Rochefort. Colette y est plusieurs fois graphié « Collette ».
53. Raoul Ponchon prend la défense d'« Yssim » dans sa « Gazette rimée » (*Le Courrier français*, 10 janvier 1907) : « Je vous trouve un peu bien sévères / Ô Parisiens de Paris ! / [...] / Vous fûtes simplement infâmes ; / Tel est mon humble jugement. / [...] »
54. La lettre écrite un dimanche, peut-être le 6 janvier, avait été communiquée par J. Gauthier-Villars à P. D'Hollander qui l'a reproduite dans *Colette. Ses apprentissages*, p. 360-364. La phrase finale est en français et en anglais.
55. Coll. part.
56. Sido écrit le 18 janvier. *Le Temps* et *L'Intransigeant* paraissaient, comme *Le Monde* d'aujourd'hui, avec la date du jour suivant.
57. Extraits des minutes du greffe du tribunal de grande instance de la Seine. On voit que la lettre-réponse adressée par Colette au *Cri de Paris* n'avait pas été oubliée par Willy.
58. Coll. part.
59. Voir *Pl.* I, 1501. On voit *ibid.* qu'un nouveau tirage de *Claudine à Paris* (Ollendorff, 1908) mentionne dans la page « Du même auteur » – qui est, bien sûr, Willy –, comme « en préparation » *Un voyage sentimental* et *La Vagabonde*. On ne sait ce que recouvre le premier titre. Le second résulte d'une négligence de l'auteur puisque *La Retraite sentimentale* avait été publiée en 1907 et au Mercure de France.

60. Cité *Pl.* I, 1500, par P. D'Hollander.
61. Lettre à Robert Eude auprès de qui elle s'excuse peu avant son départ (vente Drouot, 3 avril 1925) ; cette lettre avait été publiée dans *Comœdia* le 3 janvier 1908.

7. « RIEN N'EST BANAL DANS TON EXISTENCE ». 1907-1910

1. On peut lire, par deux fois, « vos » ou « nos » ; nous optons pour « vos ». Coll. Michel Remy-Bieth.
2. Librairie Édouard Loewy, catalogue n° 154 [vers 1968-1969], pièce 160. *La Retraite sentimentale* a été mise en vente le 23 février 1907 (*Pl.* I, 1503).
3. Cette lettre appartient aussi à la collection Michel Remy-Bieth. La construction hardie (« ayant pourtant vu et au-delà de ce qui pouvait nous arriver ») est bien due à Missy.
4. *LSF*, 73.
5. P. Varenne, manuscrit inédit sur Willy, f° 10 (coll. Michel Remy-Bieth).
6. BN, N. a. fr. 18708, f° 215.
7. Archives de la Société des gens de lettres, ainsi que la lettre suivante.
8. Selon ce que Willy écrit à Curnonsky le 23 septembre 1910 (même source).
9. Le programme de *Marigny Revue* donne les textes des « rondeaux et couplets » (coll. Mme Francine Fraschini-Ortiz).
10. Voir l'article que Colette a publié dans *Fantasio* le 15 février 1910 avant d'en intégrer la matière dans *La Vagabonde*.
11. Les lettres à Vuillermoz sont conservées au Harry Ransom Humanities Research Center de l'Université du Texas à Austin. Le numéro de Noël 1909 de *Madame et Monsieur* contient dans son supplément musical la partition d'une « Danse sacrée, inédite » par Vuillermoz dédicacée à « Colette Willy ».
12. Nous citons d'après la copie levée par Montesquiou et conservée dans ses papiers (BN, N. a. fr. 15260, f° 131). La plupart des lettres originales de Colette à Montesquiou ont été vendues avec sa bibliothèque, d'où l'indignation de celle-là ; voir notamment *L'Éclair* du 29 avril 1923.
13. Les lettres à Saglio et à Mme Saglio sont publiées dans *LSP*, 118-143.
14. Voir *Mes apprentissages*, *Pl.* III, 1037-1039, et P. D'Hollander, *Colette. Ses apprentissages*, Klincksieck, 1978, p. 141-143.
15. Lettre du 24 janvier 1908, *LSF*, 152.
16. *Pl.* III, 1024, et voir la n. 2 due à J. Dupont.
17. On peut voir les formes de la belle Imperia dans *Fantasio* du 15 juin 1907, p. 125-126.
18. *Le Petit Niçois*, 22 février 1908 ; information due à Mlle Amadei, des Archives départementales des Alpes-Maritimes.
19. *LSF*, 159 et 173. Nous respectons les graphies de Sido, rectifiées par les publicateurs du recueil sans aucun avis.
20. Georges Normandy, *Articles de Paris, Horizons de province, 1907-1908*, Éd. Gastein-Serge, 1908, p. 254-263.
21. Notes inédites de Colette, BN, N. a. fr. 18704, f° 27. – Sur les danseuses nues de la fin des années 30, voir *Nudité*, *OCF* VIII.
22. Sur les séjours de Colette à Genève, voir l'article de Philippe Monnier,

« En marge d'un centenaire. Le Souvenir de Colette à Genève », *Musées de Genève*, n° 135, mai 1973, p. 6-10 (l'affichette est reproduite à la p. 73). Colette a joué les 28-29 août 1908 au Casino du parc des Eaux-Vives de Genève dans *Son premier voyage* comédie de L. Xanrof et G. Guérin.

23. Maurice Chevalier, *Ma route et mes chansons*, René Julliard, t. I, 1946, p. 178-180. – Le regret de Colette s'exprime dans ses entretiens avec Parinaud (*Mes vérités*, p. 108). – Voir aussi l'article d'Annie Revel, « Une charmante histoire. Le premier amour de Maurice Chevalier » (*Marie-Claire*, 21 mai 1937).
24. Voir une lettre à Wague, *LV*, 20. Pour Otero, voir *LV*, 18.
25. Selon ce qu'elle écrit à Missy le 11 décembre 1908 (BN, N. a. fr. 18706, f°s 55-57).
26. BN, N. a. fr. 18704, f°s 23-27.
27. Selon le contrat (coll. part.).
28. *Pl.* II, 266 et 302.
29. « Caf' conc' », article de Colette dans *Comœdia*, 1er novembre 1910.
30. Voir Jacques Chastenet, *La Belle Époque. La société sous M. Fallières*, Fayard, coll. « L'Histoire illustrée », 1951, p. 58-61.
31. L. Pergaud, *Correspondance, 1901-1915*, éd. Eugène Chatot, Mercure de France, 1955, p. 43 et 87.
32. *LSF*, p. 57, 12 novembre 1906, et p. 231, 7 décembre 1908.
33. *Comœdia illustré*, 5 janvier 1913, « La maison des danseuses ». Les deux premiers articles ont paru les 15 avril et 15 mai 1911. Il est donc possible que l'éloge se réfère à 1911.
34. Lionel de Nestaques, *Paris-Théâtre*, 25 avril 1908.
35. José de Berys, *Paris-Théâtre*, numéro des 1er-7 décembre 1906.
36. *Paris-Théâtre*, 14-21 avril 1906.
37. Voir *Album Colette*, p. 116, n° 208.
38. H. Mathonnet de Saint-Georges, *Paris-Théâtre*, 28 mars 1908.
39. *Comœdia illustré*, 15 février 1909.
40. Voir la chronologie que Jacques Frugier a établie pour les *Œuvres* publiées dans la « Bibliothèque de la Pléiade ».
41. Coll. Michel Remy-Bieth.
42. Voir *Trois... Six... Neuf...*, *OCF* XII, 445.
43. BN, N. a. fr. 18706, f° 55 ; « a » manque dans le texte.
44. *Pl.* II, 199-216. Colette ne perd pas de temps : le début de ces « Notes » est publié dans la revue *Akademos*, numéros des 15 août et 15 septembre 1909.
45. Voir l'article nécrologique de Pierre Barlatier dans *Comœdia* du 22 novembre 1934 ; sous-titre : « Ce fut un grand directeur et un grand brave homme ».
46. L'ouvrage, préfacé par Tristan Bernard, ne porte ni nom d'éditeur, ni date ; d'après le catalogue de la Bibliothèque nationale, il serait de 1909.
47. Voir respectivement *Paris-Théâtre*, 26 juin 1909 (dîner de Faveur) ; lettre à Wague, été de 1909 sur la « panto » (BN, N. a. fr. 18708, f°s 32-33) ; lettre à X (probablement A. Messein, l'éditeur d'*Akademos* où sont publiées les « Notes de tournée »), pour demander une avance, été de 1909 (BN, N. a. fr. 18705, f° 261). À son retour, elle se dit enchantée d'Aix et de Genève, où elle a joué *Claudine à Paris* (à Wague, BN, N. a. fr. 18708, f°s 21-22).
48. Selon une carte postale de Colette à Sido, publiée par Michel Remy-Bieth (*En tournée*, p. 63).

49. Entretien « Colette Willy en tournée », par L. H. (Louis Handler), dans *Comœdia* du 3 avril 1910.
50. BN, N. a. fr. 18708, f° 224. Le texte ressemble à un brouillon. La cession Ollendorff ne mentionne pas les *Minne*.
51. Pour les difficultés rencontrées pour faire représenter la pièce, voir les actes du tribunal de grande instance, 3e chambre, acte 1 du samedi 9 décembre 1911. – La pièce fut éditée chez Albin Michel. Une scène est citée dans *Comœdia* du 21 septembre 1912. Ernest La Jeunesse, dans le même périodique, le 5 octobre 1912, donne un compte rendu, dont le texte a été trahi par le typographe : « Une pétarade de *mots*, de situations, de quiproquos où l'on met trois petits actes à faire épouser le prétendu de la mère par le fiancé de la fille. »
52. BN, N. a. fr. 24291 (papiers Alfred Mortier et Aurel), f° 690.
53. Sur L. de Serres (1864-1942), voir dans *Les Vrilles de la vigne* « Toby-Chien et la musique », publié dans *Le Mercure musical* du 1er janvier 1906 et repris dans l'édition originale des *Vrilles* (1908), mais exclu des éditions suivantes. On l'aperçoit dans *Mes apprentissages* (*Pl.* III, 1070) et dans *L'Étoile Vesper*. Il succédera en 1931 à Vincent d'Indy à la tête de la Schola Cantorum.
54. Voir Willy, *Indiscrétions et commentaires sur les Claudine*, Paris, Pro amicis, 1962, p. 34 ; cité par P. D'Hollander, *Colette, ses apprentissages*, p. 177. – Le séjour à Uriage est attesté par une lettre de Willy à Paul Barlet (coll. Michel Remy-Bieth) ; pour les Monts-Bouccons, par une lettre de Colette à José-Maria Sert (coll. part.).
55. Il n'a pas été possible à Marguerite Boivin d'obtenir plus de précisions de M. Gilles Gauthier-Villars, petit-fils d'Albert, malgré l'obligeance de celui-ci.
56. Coll. Michel Remy-Bieth. Willy habite alors, rue Valentin-Haüy (XVe). Il donne « 19 ans » à son fils Jacques. Or celui-ci était né le 9 septembre 1889 ; il avait donc 20 ans passés. Cependant, la date tracée par Willy : « Dimanche, 17 juillet 1910 », ne contient pas de contradiction interne.
57. Coll. Michel Remy-Bieth.
58. Lettre du 2 juillet, *LSF*, 364-365 ; lettre du 5 octobre, coll. Michel Remy-Bieth.
59. Lettres de Colette à Vallette (19 mars) et de Vallette à Willy sur laquelle Willy confirme son accord (23 mars) : coll. Michel Remy-Bieth. Ces lettres ne concernent, bien sûr, que *Claudine en ménage* ; il est fort probable qu'un courrier semblable a été adressé à la Librairie Ollendorff à propos des trois autres *Claudine*.
60. Le brouillon de cet avertissement, de la main de Colette, est conservé à la Bibliothèque nationale (N. a. fr. 18708, f° 222).
61. BN, N. a. fr. 10708, fos 225-233.
62. Compte rendu très favorable dans *Comœdia* du 15 novembre 1910.
63. *L'Éclaireur de Nice*, 14 décembre 1910.
64. Le manuscrit de cette lettre et, *infra*, celui de la lettre relative au personnage de Claudine sont conservés à la bibliothèque de Stanford University. Ils ont été publiés par Madeleine Raaphorst-Rousseau en 1969 dans le bulletin ronéotypé de la Société des amis de Colette. Il n'y a pas de différence notable à signaler avec le texte de *Paris-Théâtre*.
65. Archives du tribunal civil de la Seine.
66. BN, N. a. fr. 18708, fos 213-215 ; la lettre suivante, fos 38-39.
67. Coll. Michel Remy-Bieth, ainsi que les deux lettres suivantes.
68. *LSF*, 364. Ce titre ne cache probablement pas *Les Imprudences de Peggy*

puisque le roman de Meg Villars est évoqué sous son titre dès avril 1910 (par Armory, dans *Paris-Théâtre* du 16 avril).

69. *Lélie, fumeuse d'opium*, p. 60-61.
70. Lettre à ? écrite de la rue Chambiges, donc postérieure à la séparation (coll. Michel Remy-Bieth).
71. Farrère a raconté brièvement ses relations avec Colette dans *Souvenirs*, Fayard, 1953, p. 238-243, et, auparavant, le 29 avril 1942, dans une partie, passionnée, de la très longue lettre qu'il envoie à Jean de La Varende (vente Drouot, 20-21 novembre 1990, bibl. du colonel Daniel Sicklès, 5e partie, n° 1716). Il les avait transposées sur le plan romanesque dans un beau texte, « Amitié », troisième et dernière partie de *La Sonate héroïque*, Flammarion, 1947. *LSP* contient, p. 160-167, plusieurs lettres de Colette à partir de 1911, date à laquelle ils se vouvoient encore.
72. Les lettres à Wague et les lettres à Hamel constituent la première partie du recueil des *Lettres de la Vagabonde*.
73. Sur « Colette et Mirbeau », voir l'article de Pierre Michel, *Cahiers Octave Mirbeau*, n° 3, 1996, qui mentionne le témoignage de G. Besson dans *Les Cahiers d'aujourd'hui*, n° 9, 1922. Notons que Mirbeau était un des membres de l'Académie Goncourt et qu'en 1910 *La Vagabonde* était en lice pour le prix. – Sur Colette et Péguy, voir *Cahiers Romain Rolland*, n° 2, *Correspondance entre Louis Gillet et Romain Rolland*, Albin Michel, 1949, p. 246 ; cité dans : Robert Burac, *Charles Péguy, La révolution et la grâce*, Robert Laffont, 1994, p. 262.
74. *Lettres à Paul Faure*, Denoël, 1943, p. 48, 52, 53, 54. Les lettres de Colette à L. de Robert ne sont connues que par les transcriptions que celui-ci en fait pour son ami, – à l'exception de deux : celle qui appartient à la BN (N. a. fr. 18707, f° 192) et qui a été reproduite dans *LV*, et celle qui fait partie de la collection Michel Remy-Bieth.
75. Épisode qui peut expliquer que Colette ait refusé de rendre à L. de Robert une lettre, d'un ton exalté, dont celui-ci demandait le renvoi (*L'Étoile Vesper*, *OCF* XIII, 306).
76. Coll. Michel Remy-Bieth.
77. Contrat de *L'Ingénue libertine*, 24 février 1909, signé par Mendel et Colette Willy (coll. part.).
78. Coll. Michel Remy-Bieth.
79. *Pl.* I, 1198 ; II, 202-203.
80. Robert Dehlinger (de Briey), *Les Nouvelles littéraires*, 10 octobre 1950.
81. *Comœdia*, 6 janvier 1908.
82. Note trouvée dans les papiers de Pierre Varenne ; coll. Michel Remy-Bieth.
83. Sous réserve, car les couvertures qui datent avec précision les fascicules ont été détachées de l'exemplaire de la BN au moment de la reliure.
84. P. Reboux, *Colette ou le Génie du style*, Vald Rasmussen, coll. « Critique », 1925, p. 50. Reboux date par erreur cette conférence de 1906. Léon Blum fait une allusion sympathique à cette conférence dans le compte rendu, favorable, mais mitigé, qu'il donne d'*En camarades* (*Comœdia*, 23 janvier 1909).
85. Ce livre se trouve dans la Pascal Pia Collection de l'université Vanderbilt. L'auteur est-il turc ? ou est-ce un pseudonyme ?
86. *Paris-Théâtre*, 22 janvier 1910.

8. TUMULTES. 1910-1914

1. *OCF* XIII, 158. Sur Barthou voir *Fantasio*, 1er juillet 1910 (date restituée).
2. Cette citation et la suivante dans Jean Lacouture, *François Mauriac*, Éd. du Seuil, 1980, p. 101.
3. Article du *Figaro*, 2 mars 1940 : « Mes premières années à Paris », repris dans *La Rencontre avec Barrès*, *Œuvres autobiographiques*, « Bibliothèque de la Pléiade », p. 178-179. Sur Mistinguett, Colette et Wague à Bruxelles, voir *Comœdia*, 7 février 1910.
4. Article très sympathique de Maurevert, 14 décembre 1910 : « Colette Willy par Colette et Willy », contenant une autobiographie de la vedette (reproduite dans les *Cahiers Colette*, n° 17, 1995, p. 36-37) et une lettre de Willy (voir ici p. 176). – La citation suivante, dans *L'Éclaireur* du 24 décembre.
5. A. Warnod, *Fils de Montmartre, Souvenirs*, Fayard, 1955, p. 245.
6. Exposition *André Rouveyre*, catalogue par Catherine Coquiot et Jean-Paul Avice, Bibliothèque historique de la Ville de Paris, 1995, n° 127 ; *Album Colette*, p. 121, n° 217. Ces deux dessins ont été publiés dans André Rouveyre, *Visages des contemporains, Portraits dessinés d'après le vif (1908-1913)*, préface de Remy de Gourmont, Mercure de France, 1913. Colette ne peut signer Colette de Jouvenel qu'après la date de son mariage avec Jouvenel (19 décembre 1912). L'autorisation qu'elle accorde à Rouveyre est destinée à aider celui-ci à qui Jane Catulle-Mendès intente un procès.
7. Deux lettres écrites pendant l'été de 1909 mentionnent cette tentative, l'une à Gyp, l'autre à Mme Haendler (coll. particulières).
8. Nous suivons l'abbé J. Auffret, *Saint-Coulomb, des origines à nos jours*, Presses bretonnes, 1982. C'est à cette brochure qu'est empruntée, plus loin, la description du paysage. – Marguerite Boivin a trouvé les actes dans les archives de Me Vercoutère, notaire à Saint-Malo : achat, 21 juin 1910 (c'est le jour aussi où est prononcé le divorce de Colette) ; vente, 4 mars 1927, à Mme Poussin.
9. *OCF* XIII, 254.
10. Ce descriptif fait partie d'un recueil qui contient en outre trois textes de Colette, dont « La Noisette creuse » et « Les Perles » (ancienne coll. Michel Remy-Bieth).
11. La plupart des éléments relatifs à la famille Hériot sont dus aux souvenirs du professeur Jacques Decourt, apparenté à cette famille : *Un sentier dans le siècle, mémoires-évocations*, La Pensée universelle, 1985, p. 234-241. Voir aussi le *Dictionnaire de biographie française* et *La Grande Encyclopédie*, articles « Hériot ».
12. Les informations sur la carrière militaire d'Auguste Hériot proviennent de son dossier conservé au Service historique de l'armée de terre, dossier que Mme Geneviève Mazel a bien voulu consulter pour nous.
13. P. Morand, *Journal d'un attaché d'ambassade, 1916-1917*, nouv. éd., avec un complément par Michel Collomb, Gallimard, 1996, p. 67 et 119.
14. Colette, « Printemps de la Riviera », *La Vie parisienne*, 21 mars 1908 (*Pl.* I, 1062). – Liane de Pougy, *Mes cahiers bleus*, Plon, 1977, p. 138, sous la date du 24 novembre 1920.
15. Sur les voyages de Colette, à la fin de 1911 et au début de 1912, voir

les cartes postales publiées par M. Remy-Bieth, *En tournée*, p. 89-94, et *LSF*, 394, 408, 418, 429.
16. *LSF*, 411, 11 février 1911.
17. Coll. Michel Remy-Bieth. Les lettres ne sont pas datées. Les lettres citées dans la présente section font partie de cet ensemble.
18. *Pl.* III, 293.
19. Une hypothèse, à partir de la mention par Claude Farrère de « la menue vicomtesse de Raines » qui accompagne Colette lorsque celle-ci quitte la Côte pour Paris en mai 1911 (?) (*Souvenirs*, Fayard, 1953, p. 241 ; voir p. 182). Le *Tout Paris* de 1912 ignore Rême comme Raines, mais enregistre « RAISMES (Vte Y. de) [et V[tesse], née Renée DU HAMEL DE BREUIL], avenue La Bourdonnais, 3 (VIIe) ». Lily de Rême serait-elle apparentée à cette famille ? À suivre.
20. « En visite », recueilli dans *Contes des mille et un matins* (*OCH* 13, 522-526). L'auteur est en compagnie de « Lulu » chez Mme Sammama à Tunis.
21. *LV*, 43-44 ; Nice, 14 février 1911.
22. Cette lettre et la suivante : coll. Michel Remy-Bieth.
23. *En tournée*, p. 95.
24. Témoignages recueillis par Jean-Claude Saladin et par Mme G. Mazel auprès de la nièce de celui-ci. Nous devons à Mme Mazel nombre de renseignements.
25. Voir l'article abondamment illustré de Bruno Dufaÿ, « Le Mausolée de la famille Hériot à La Boissière-École : un message social, spirituel et esthétique », dans la revue *Connaître les Yvelines*, 4e trim. 1991, p. 35-38.
26. Deux lettres à Charlotte Lysès de juin 1911 ; coll. part.
27. *LV*, 47.
28. Lettre à Hamel du 31 juillet 1911 (*LV*, 49-52).
29. Voir la reproduction en couleurs du portrait d'Isabelle de Comminges dans l'interview par M.-Fr. Berthu-Courtivron d'Arlette Louis-Dreyfus, *Cahiers Colette*, n° 16, en regard de la p. 106.
30. Voir *Fantasio*, 15 février 1912, « Boxe féminine », par Henry Dispan ; voir aussi *Fantasio*, 1er mai 1912. À Maitrot, « athlète glorieusement mort à la guerre » dans sa trentième année (note manuscrite de Colette, BN, N. a. fr 18702, f°s 23-28), elle rendra hommage en prenant ses traits pour les donner, dans *Chéri*, à Patron. Voir *Mes vérités*, p. 116-117 (où le nom du boxeur est orthographié « Métro »...), et Henry Cassira, « Tous athlètes », *J'ai vu*, 2 mai 1919.
31. Coll. Michel Remy-Bieth.
32. A. Fauchier-Magnan, *C'était hier...*, Scorpion, 1962, p. 108.
33. P. Varenne, « Willy, “le père des Claudine”, 1859-1931 », manuscrit dactylographié, f° 151 (coll. Michel Remy-Bieth). Missy n'avait pas 86 ans, mais 81.
34. *LV*, 53-54, 29 août 1911.
35. Description dans *Trois... Six... Neuf...*, *OCF* XII, 449-452.
36. Sur les membres de la famille Jouvenel, voir les sept notices du *Dictionnaire de biographie française*. Il y a un doute sur l'attribution de la baronnie, qui était peut-être destinée à une autre branche de la famille.
37. Interview d'Arlette Louis-Dreyfus par M.-Fr. Berthu-Courtivron, *Cahiers Colette*, n° 16, 1994, p. 109.
38. André Tardieu a rendu un hommage ému à Chevandier de Valdrôme dans *Le Temps* du 25 janvier 1914. Colette mentionne cet assassinat dans *L'Étoile Vesper* (*OCF* XIII, 271).
39. Voir l'article de Téry, *L'Œuvre*, 3 juillet 1924, et les numéros suivants de

ce journal. André Billy avait conservé un vif souvenir de R. de Jouvenel ; voir ses articles de *L'Ami du lettré*, 1925, p. 210-212, et du *Figaro*, 8 août 1934 (pour le dixième anniversaire de sa mort). – R. de Jouvenel est décédé au Centre Édouard Rist, 12, rue Boileau (XVIe arrondissement) ; il habitait 44, avenue Niel (XVIIe), et sa mère, Mamita, 46, rue Chardon-Lagache (XVIe).

40. L'ouvrage a été imprimé par Maurice Darantiere en 1933 et semble avoir eu des éditeurs ou des distributeurs différents : Éditions du Raisin, Éditions de *La Nouvelle Revue critique*, peut-être d'autres.
41. *LV*, 68.
42. *LV*, 72.
43. *La Retraite sentimentale*, *Pl.* I, 944.
44. *La Maison de Claudine*, *Pl.* II, 1053.
45. Colette, *En tournée*, Éditions Persona, 1984, préface de Michel del Castillo.
46. Voir *LV*, 61-63, ou *Pl.* I, XVII. – Natalie Barney assiste à « l'une des premières scènes conjugales » (*Souvenirs indiscrets*, Flammarion, 1960, p. 198).
47. *Mes vérités*, p. 110.
48. Lettre du 27 octobre 1911 (coll. Michel Remy-Bieth) ; la collaboration de Colette est hebdomadaire depuis le 20 précédant.
49. Voir *Vers le roi*, Nouvelle librairie nationale, 1921, p. 276 : « J'ai assisté à la prise et à la mort tragique de Bonnot, dans une petite bicoque en planches, près de Choisy-le-Roi, [...]. »
50. *Pl.* II, 613.
51. Colette, « Notes inédites », BN, N. a. fr. 18704, f°s 37-40.
52. Lettre conservée à la Bibliothèque municipale de Douai.
53. Le 15 mars 1924 il reprenait une partie d'« Impressions de foule » (texte du 30 mai 1912), et le 10 mai, un extrait de « La Fin d'un Tour de France » (28 juillet 1913), tous deux avaient été recueillis par Colette dans *Dans la foule* (1918).
54. André Billy, *La Muse aux bésicles, Essais de critique littéraire*, La Renaissance du livre, 1921, p. 21-22 (l'article recueilli dans ce volume avait été inséré dans *L'Œuvre* du 27 janvier 1918).
55. *Pl.* II, 608.
56. *Combat*, 29 janvier 1953.
57. Vente Drouot, 27 février 1986, n° 197.
58. *OCF* XIII, 323.
59. Ce texte sera repris dans *Les Annales politiques et littéraires* du 2 décembre 1923 et sera inclus dans le recueil posthume *Paysages et portraits* pour constituer la seconde partie de « Maternité » (*OCH* 13, 319-324).
60. Voir *Pl.* III, 1046-1048.
61. *Les Heures longues*, *Pl.* II, 477.

9. LA PREMIÈRE GUERRE. 1914-1918

1. *Belles saisons*, *OCF* IX, 443.
2. Voir Patrick Cazals, *Musidora, la dixième muse*, Henri Veyrier, 1978, p. 186-188.
3. Catalogue *Colette*, n° 267.

4. Selon la lettre de Colette à Hamel en date du 27 septembre 1914 (*LV*, 98-99).
5. *LV*, 96.
6. Dans sa lettre à Hamel, Colette date la blessure du 8.
7. Lettre inédite à Moreno, 23 septembre 1914 (vente J[acques] L[ambert], Drouot, 22 juin 1990, Me Buffetaud, Th. Bodin expert, n° 42).
8. *Le Fanal bleu, OCF* XIV, 101.
9. Sur Miss Draper, voir *Le Fanal bleu*, 123-124.
10. « L'Aube », *Pl.* II, 480.
11. Billet cité par Patrick Cazals, *Musidora*, p. 188.
12. « Les Lettres », *Le Matin*, 20 novembre 1914, article recueilli dans *Les Heures longues*, *Pl.* II, 486-488.
13. À Annie de Pène, en mai 1915, elle écrit : « Je fais du pastel comme un zèbre » (*LAPB*, 41). Rappel de cette occupation dans *Belles saisons*, 466. Dommage qu'on n'ait pas conservé ces essais.
14. Voir entre autres les lettres à Hamel et à Annie de Pène : *LV*, 100-104 ; *LAPB*, 31.
15. « À Verdun », *Les Heures longues*, *Pl.* II, 490. À remarquer que les deux tiers de ce texte ne sont pas connus en préoriginale ; voir *Pl.* II, 1439. Colette n'aurait pu publier sur le coup dans *Le Matin* ses impressions sans révéler l'irrégularité des séjours qu'elle faisait près de son mari.
16. « Jour de l'an en Argonne » est le titre de l'article que *Le Matin* publie le 6 janvier 1915 et qui sera repris dans une plaquette de 1917 : *Les Enfants dans les ruines*, avant d'être recueilli dans *Les Heures longues*. La plaquette, publiée par La Maison du livre, est la première œuvre à porter simplement le nom de « Colette ».
17. *LAPB*, 34, 40.
18. Lettre du 14 mai 1915, *LAPB*, 40.
19. Voir Jacques Dupont, « Sur l'Orient de Colette », *Cahiers Colette*, n° 5, 1983, p. 61-69.
20. Catalogue *Colette*, n° 269.
21. L. Pergaud, *Correspondance 1901-1915*, éd. Eugène Chatot, Mercure de France, 1955, p. 246-247. – Annie de Pène rapporte qu'elle voulait aller porter des fleurs à la reine des Belges pour la Sainte-Élisabeth ; elle raconte son voyage à Dunkerque, puis à Furnes ; elle n'a pas vu la reine, mais elle a passé une journée dans une tranchée (*Une femme dans la tranchée*, Éditions de *L'Œuvre*, 1915).
22. « Impressions d'Italie », *Les Heures longues*, *Pl.* II, 525-534 ; « Notes d'Italie », *ibid.*, 581-590.
23. *LAPB*, 44, carte postale du 3 juillet. Sur Venise, voir *Pl.* II, 534-538. Sur Lugano, *Pl.* II, 542-545. « Venise en juillet 1915 » a d'abord paru dans *Le Flambeau* du 7 août 1915, puis est entré dans *Les Heures longues* sous le titre : « Un taube sur Venise ».
24. Notes inédites (BN, N. a. fr. 18704, f°s 36-37).
25. Coll. Godoy ; transcription par Jean-Paul Goujon.
26. Précisions apportées par M.-Fr. Berthu-Courtivron dans la présentation des lettres de Colette à R. d'Humières (*Cahiers Colette*, n° 16, p. 36-37).
27. Dans une lettre à P.-J. Toulet (Bibliothèque municipale de Pau), Willy déplore les morts de d'Humières et de J.-M. Bernard, ainsi que celle de Paul Acker (27 juin 1916).
28. *LV*, 107. Elle avait vu ce haut fonctionnaire dès l'été de 1914 (*LV*, 92-93). Les renseignements sur la « carrière » de Wague proviennent de son dossier personnel que M. Michel Le Moël a bien voulu consulter pour

nous. – Bon article de Roger Ducos sur « La Classe de Georges Wague » dans *La Rampe*, 7 février 1918.

29. P. Reboux, *Mes mémoires*, Éd. Haussmann, 1956, p. 308-309.
30. *Journal littéraire*, Mercure de France, t. III, 1956, p. 220.
31. *Trois... Six... Neuf...*, *OCF* XII, 453.
32. Coll. part.
33. *LAPB*, 66.
34. *LAPB*, 69, 5 janvier 1917.
35. Le portrait porte cet envoi : « à Colette / souvenir de Rome » (*Album Colette*, p. 135, n° 243).
36. Voir dans l'*Album Colette* la photo qui représente Colette avec Caterina Barjansky, à Rome en 1917 (p. 134, n° 242). Une lettre de Colette conservée au musée Richard Anacréon et sans doute adressée à Natalie Barney en 1926 (?) fait un grand éloge du sculpteur.
37. Sur la baronne Madeleine Deslandes qui mériterait un portrait, voir notamment les articles d'Albert Flament dans *La Revue de Paris*, 15 mai 1934, p. 474-475 ; 15 novembre 1938, p. 468-474.
38. *OCF* XIII, 148.
39. Jean Cocteau, Jacques-Emile Blanche, *Correspondance* (éd. Maryse Renault-Garneau), La Table ronde, 1993, p. 91.
40. Sur Colette et le cinéma, voir le livre d'Alain et Odette Virmaux : Colette, *Au cinéma*, Flammarion, 1975. À compléter pour les années 1916-1917 par *LAPB*. Ce qui concerne l'année 1907 constitue notre apport personnel : ce sont des lettres à Wague qui ne figurent pas dans le recueil des *Lettres à la Vagabonde* (BN, N. a. fr. 18708, f°s 1 suiv.).
41. Coll. Michel Remy-Bieth. Rappelons qu'un louis valait 20 F.
42. *Au cinéma*, p. 38.
43. Six lettres écrites par Colette de Cernobbio, publiées par A. et O. Virmaux, « Colette au cinéma. Compléments [...] », *Europe*, novembre-décembre 1981, p. 129-131.
44. Cette lettre ne figure pas dans *LMM*. L'autographe a fait partie de la vente J[acques] L[ambert] (n° 43).
45. « La croix de Colette », *Paris-Midi*, 19 mars 1920, article recueilli dans *Écrits cinématographiques*, édition présentée et établie par Pierre Lherminier, t. II/2, Cinémathèque française-Éditions de l'Étoile-Cahiers du cinéma, 1990, p. 163-164.
46. Ces images accompagnent dans *Femina* du 1er juin 1919 le texte de Musidora.
47. Selon A. et O. Virmaux (*Au cinéma*, p. 307), citant un article de *L'Événement* (1918). *Le Film* du 15 janvier 1918 donne le même chiffre.
48. Voir *Ciné-Journal*, 20 mars 1920.
49. Résumé que A. et O. Virmaux empruntent (p. 309) au *Musidora* de Francis Lacassin.
50. Lettre s. d. reproduite par Musidora dans *Les Lettres françaises*, numéro des 12-19 août 1954. Une allusion de cette lettre à un voyage dans l'Est pour *Le Matin*, semble correspondre à l'article publié dans ce quotidien le 2 janvier 1919 : « Sur les routes de l'Argonne et de la Meuse ».
51. Cité par A. et O. Virmaux, p. 46-47.
52. Voir Jacques Courcier, *Cinéma 81*, n° 268, avril 1981, p. 124 (cité par A. et O. Virmaux, « Colette au cinéma », *Europe*, p. 121).
53. Dans *Comœdia* du 2 janvier 1914, Annie de Pène avait dédié un texte, « Les marrons glacés », à Hamel.
54. Photocopie dans les archives de la Société des amis de Colette.
55. Cette lettre ne figure pas dans *LAPB* ; elle se trouve dans le fonds

Barbusse (BN, N. a. fr. 16533, f° 306) : Annie de Pène l'a transmise à Barbusse.

56. Voir la lettre de Noël 1916 à Annie de Pène (*LAPB*, 66), et la note de Francine Dugast (p. 67).
57. Vente Versailles, 30 mai 1989, Mes St. Machoïr et Fr. Bailly, n° 23.
58. Voir *Le Matin*, 22 janvier 1914, « Livres d'enfant » (repris dans les *Cahiers Colette*, n° 17, 1995, p. 52-56), et *La République*, 31 décembre 1933, « Chaque année, à l'époque des livres d'étrennes... », cité par *Le Jour* du 1er janvier 1934 et repris dans le même numéro des *Cahiers Colette*, p. 50-52.
59. Mireille Havet, « Nos médaillons. Colette. *Chéri, La Maison de Claudine* », *Les Nouvelles littéraires*, 21 octobre 1922 (premier numéro de l'hebdomadaire).
60. On peut voir une photographie du spectacle représentant « La Mort (Mireille Havet) et ses aides » dans Pierre Chanel, *Album Cocteau*, Tchou, 1970, p. 76 (les décors étaient de Jean Hugo et les robes de Mlle Chanel).
61. Pierre de Massot, *Mon corps ce doux démon*, s. l. n. d. [1959], p. 63 (l'ouvrage est conservé à la Réserve de la Bibliothèque nationale).
62. Manuscrit signé « Colette » (BN, N. a. fr. 18703, fos 274-276). Nous ne savons où ces lignes ont été publiées (la présentation du manuscrit laisse penser qu'elles le furent).
63. Voir Francis Carco, *Colette « mon ami »*, Éditions Rive-Gauche, 1955 ; *Rendez-vous avec moi-même*, Albin Michel, 1957, chap. 11, et pour les lettres de Colette à Carco, *LSP*, 279 suiv. – Sur J. Pellerin, voir Georges Schmits, *Jean Pellerin. Notes pour une biographie* (*Cahiers Jean Pellerin*, n° 4), Dolhain (Belgique), Éd. Compléments, 1989 ; l'auteur date la rencontre d'avant le 26 juillet 1917 (p. 158 et n. 108).
64. Catalogue de la librairie Jean Raux, Saint-Germain-en-Laye, (avril 1996), pièce 8078.
65. *Les Heures longues*, *Pl.* II, 486-488 (texte du 20 novembre 1914) et 507 (texte du 21 février 1915).
66. « Le Beau langage », *Excelsior*, 27 novembre 1917 (reproduit dans *Cahiers Colette*, n° 14, 1992, p. 112-116, citations, p. 113 et 114).
67. *Excelsior*, 1er janvier 1918 (et *Cahiers Colette*, n° 18, 1996, p. 80-83 ; la citation qui suit, p. 83).
68. Coll. part.
69. Vente Drouot, 5-6 mars 1959, Bibl. Me Maurice Crick ; Me R.-G. Laurin ; G. Blaizot expert ; pièce 69.
70. Selon Patrick Cazals, *Musidora*, p. 193.
71. Lettre à Georges Wague (*LV*, 113).
72. Lettre à Carco, [juillet 1918] (*LSP*, 280).

10. DE SIDI À SATAN. 1919-1925

1. *Pl.* II, 679, 681, 683.
2. Voir la notice de Bernard Bray, *Pl.* II, 1517-1518, et sur les éditions illustrées, 1507, 1520-1521. Aux comptes rendus signalés par Bernard Bray il y a lieu d'ajouter ceux de Jean Pellerin (*J'ai vu*, 1er avril 1919), Edmond Sée (*La Rose rouge*, 15 mai 1919), Nicolas Ségur (*Revue mondiale*, 15 juin 1919), Maurice Le Blond (*Les Marges*, 15 juin 1919),

Camille Marbo (*Revue du mois*, novembre 1919), ainsi que celui de René Sudre dont nous connaissons une coupure sans référence de titre et de date.

3. Coll. Jean Béchade-Labarthe. Pourtant, *Mitsou* était suivi dans l'édition Fayard d'*En camarades*.
4. Sur la genèse de *Chéri*, voir *Pl.* II, 1536-1539 et, pour les deux esquisses de pièces, 852-877.
5. Lettre reproduite dans *Cahiers Colette*, n° 16, 1994, p. 71.
6. *LSP*, 289.
7. *LSP*, 205.
8. Sur les sources ou le thème, voir André Joubert, *Colette et « Chéri »*, Nizet, 1972, chap. I et IV.
9. Propos de Robert Gallimard, tenu à Cl. Pichois.
10. Sur la critique qui accueillit *Chéri*, voir les extraits cités dans *Pl.* II, 1548-1553, et Olivier Rony, *Les Années roman 1919-1939, Anthologie de la critique romanesque dans l'entre-deux-guerres*, Flammarion, 1992, p. 65-78.
11. *LSP*, 338.
12. Coll. Gérard Oberlé.
13. La lettre de Proust a été datee par nous de [Mai (?) 1919] dans *LSP* (p. 135). Philip Kolb (*Correspondance* de Proust, t. XVIII, p. 118-120) la date des [Premiers jours de mars 1919]. En fait, si le corps de la lettre date du début de mars, deux post-scriptum indiquent que Proust l'a abandonnée, puis reprise et enfin envoyée : Colette ne l'aurait donc reçue qu'au début de mai.
14. Lettre citée dans l'édition Kolb de la *Correspondance*, t. XX, p. 640.
15. Nous dations la lettre de [Juin 1920]. Ph. Kolb la date de [Mai 1920]. Voir *LSP*, 136, et *Correspondance* de Proust, t. XX, p. 282. La suite des relations épistolaires se lit dans *LSP* et dans la *Correspondance* de Proust.
16. Le « fameux déménageur » prouve que Proust a aussi lu *Les Heures longues* (1917) qui contient « Apollon déménageur » (*Pl.* II, 567-570), publié en préoriginale dans *La Vie parisienne* du 2 décembre 1916. Quant à l'espoir de l'homme qui tombe d'une tour, c'est celui de Léa lorsqu'elle demande à Chéri de la quitter (*Pl.* II, 827).
17. *Pl.* III, 628.
18. « Marcel Proust » dans *En pays connu*, *OCH* 11, p. 289-290. Cette dernière rencontre eut lieu au Ritz vers le milieu de la nuit. – Autres évocations dans *Mes cahiers* (*OCH* 14, p. 145-147), et dans *Flore et Pomone* (*OCH* 10, p. 311-312).
19. Les principales lettres de Colette à L. Marchand figurent dans *Lettres de la Vagabonde*.
20. Jean Larnac, *Colette, sa vie, son œuvre*, Kra, 1927, p. 171. La pièce de Marchand, *Femmes*, fut créée au Vaudeville le 21 novembre 1922.
21. Sur ce projet voir *LV*, 19 octobre et 14 décembre 1923 (p. 148 et 153) ; *LHP*, 12 janvier 1924 (p. 301-302).
22. Mme Nicole Laval-Turpin prépare une thèse sur Hélène Picard, dont la vie est mal connue et l'œuvre difficilement accessible.
23. La préface a été recueillie dans la section *Mélanges* des *Œuvres complètes* (*OCH* 14, 39-40).
24. Coll. Foulques de Jouvenel.
25. BN, N. a. fr. 18702, f° 2-4. Voir l'*Album Colette*, p. 138, n° 247.
26. BN, N. a. fr. 18704, f° 33-36 (voir « La Grande Guerre », p. 224-225 et n. 24).

27. Germaine Beaumont, « Colette journaliste », *Prestige français et mondanités*, mars 1956, p. 54, 55 et 70. La citation suivante : *LSP*, 288 (lettre à Francis Carco d'avril 1919). Pour le portrait de D'Annunzio, voir l'*Album Colette*, p. 142, n° 253.
28. La Maison de l'autographe, cat. automne 1990, pièce 25. – La citation suivante : Vente de la bibliothèque Henri Lavedan, 5-7 mai 1941, pièce 206 ; lettre reliée avec un exemplaire sur pur fil de *Chéri*.
29. Voir *Cahiers Colette*, n° 12, 1990, p. 36 (lettre mal datée ; elle est contemporaine des deux suivantes – malgré l'affirmation de la page 29), 39 et 40 ; la note 2 de cette dernière page mentionne deux contes et commet deux erreurs : ils ont été publiés les 10 septembre 1919 et 8 février 1920 (et ce ne sont pas les seules erreurs contenues dans la note).
30. *Correspondance générale de Paul Léautaud*, recueillie par Marie Dormoy, Flammarion, 1972, p. 527-528.
31. BN, fonds Barbusse, N. a. fr. 16533, f° 303-304.
32. BN, fonds Barbusse, N. a. fr. 16535, f° 13. – Cette lettre nous a été signalée par Philippe Baudorre (auteur de *Barbusse*, Flammarion, 1995).
33. *LHP*, 279. La citation suivante est extraite de la même lettre, d'[août 1921].
34. Voir *La Femme cachée* (*Pl.* III, 1297 : n. 1 de la p. 72).
35. Lettre inédite à [Maurice Martin du Gard], conservée avec les lettres à Vuillermoz au Harry Ransom Humanities Research Center de l'université d'Austin (Texas).
36. « Colette journaliste », p. 70. Voir aussi le post-scriptum significatif à cet égard que Tristan Bernard donne lui-même au bas d'un de ses propres textes, dans *Comœdia* du 11 mai 1909.
37. Chronique reprise sous sa date dans *La Jumelle noire*.
38. *Le Matin*, 8 juillet 1922 ; le conte est recueilli dans *La Femme cachée*, *Pl.* III, 54-57.
39. *Mes mémoires*, Éd. Haussmann, 1956, p. 293, 294 et 295.
40. Propos rapporté par Roger Stéphane (« Simenon à l'ombre de Balzac », *Le Monde*, 11 mars 1988). Voir aussi Pierre Assouline, *Simenon*, édition revue et augmentée, Gallimard, coll. « Folio », n° 2797, 1996, p. 146-147.
41. Voir René Varin, *Anthologie de l'érotisme, de Pierre Louÿs à J.-P. Sartre*, Éd. Nord-Sud, 1949. Le passage de Colette cité dans cette anthologie (voir *Pl.* I, 822-823) est celui que Paul Reboux avait analysé dans son *Colette ou le Génie du style* (voir le chapitre « "Rien n'est banal..." », n. 84).
42. *Journal littéraire*, sous la date du 24 mai 1929 (t. VII, 1959, p. 315).
43. Vente Drouot, 28-29 avril 1997, Me Buffetaud, Th. Bodin expert, lot 167.
44. *La Naissance du jour*, *Pl.* III, 333.
45. Jacques Frugier a étudié cette collection dans les *Cahiers Colette*, n° 5, 1983, p. 71-85.
46. Voir François Ouellet, « Une lecture intertextuelle d'"Armande" », *Cahiers Colette*, n° 19, 1997, p. 179-192. « Armande » paraît à la suite du *Képi* en 1943.
47. Germaine Beaumont, « Colette journaliste » ; voir aussi Claude Chauvière, *Colette*, Firmin-Didot et Cie, 1931, p. 84-85.
48. Vente Successions Renaud-Barrault, Théâtre Marigny, 27 juin 1995, Me Tajan, A. Nicolas expert, n° 349. Sur le couple de comédiens, voir la biographie que leur consacre Gérard Bonal.

49. Principalement dans le catalogue numéro 77 de la librairie Coulet et Faure, « Six siècles de littérature féminine », pièces 308 à 369, puis, pour quelques-uns, dans des ventes publiques.
50. Voir *Le Matin*, 4 novembre 1920, « La vraie place du Poilu inconnu n'est pas au Panthéon, elle est sous l'Arc de triomphe » ; article recueilli dans *La Revue des vivants*, novembre-décembre 1935.
51. Ghislain de Diesbach, *La Princesse Bibesco. La dernière orchidée*, Perrin, 1986, p. 315. Les autres renseignements sur cette liaison sont empruntés à cette excellente biographie.
52. À Moreno, 4 avril 1920 (*OCH*, 222), ainsi que les citations suivantes.
53. Cette lettre ne figure pas dans *LMM*. Elle est citée dans *Pl.* II, XL-XLI.
54. B. de Jouvenel, « La Vérité sur *Chéri* », *Pl.* II, LVII. À noter que les lettres publiées de Colette ne permettent de voir réunies à Rozven, seules avec Colette, G. Beaumont et H. Picard qu'en 1920. Voir *LHP*, 276-277 ; *LMM*, 222 ; et surtout, parce que dans les deux références précédentes n'est cité que le prénom Germaine (qui pourrait être celui de Mlle Patat), dans *LSP*, 290-291, la lettre à Francis Carco du début de septembre 1920, où on lit aussi : « Bertrand a fait du désespoir dès qu'on nous l'a enlevé. » Colette et H. Picard avaient le même âge ; G. Beaumont, née en 1890, était nettement plus jeune ; « jeunes femmes » est d'une exquise courtoisie.
55. « La Vérité sur *Chéri* », LVII. Claire Boas qui avait trouvé son fils « changé », avait-elle deviné ce qui s'était passé ? À tout prendre, en mettant Bertrand dans les bras de Colette, Claire Boas se sera vengée du départ de son mari.
56. *LMM*, 228, [début août 1921].
57. À Hélène Picard, Alger, 27 avril 1922, sur une carte postale de Bou-Saâda représentant le marché aux moutons. Colette avait déjà écrit à Hélène le 23, avant de s'embarquer à Marseille. De ce voyage, elle rapporte la matière de quatre articles qu'elle publiera dans *Le Matin* de mai à août 1922 et dont trois seront repris dans *Prisons et paradis* (*Pl.* III, 752-758 et 779-782). Dans « Fleur du désert » (13 mai) elle donne la parole à un compagnon qu'elle nomme « Daurces », et qui ne peut être que Bertrand.
58. Lettre à Germaine Patat, extrait cité par J. Frugier (*Pl.* II, Chronologie, p. LXXXIV).
59. *LHP*, 283.
60. *LMM*, 233 (Paris, 12 mai 1922).
61. Souvenir qu'avait bien voulu évoquer pour nous M. de Gallifet (*LMM*, 252, n. 3).
62. Cité dans *Pl.* II, XLII.
63. Coll. Michel Remy-Bieth.
64. Papiers Louise Weiss, I, BN, N. a. fr. 17794, f° 25.
65. Voir : l'*Album Colette*, p. 151, n° 267 (portrait) ; les *Cahiers Colette*, n° 12, 1990, p. 7-9 (texte de Colette) ; et le livre de Gill Perry, *Woman Artists and the Parisian Avant-Garde. Modernism and « Feminine » Art, 1900 to the late 1920s*, Manchester U. P., 1995, en grande partie consacré à Charmy. Le portrait de Colette par Charmy est conservé au musée Colette (Saint-Sauveur-en-Puisaye).
66. *Près de Colette*, 9-10.
67. Rappelons que *Chéri* a été joué au théâtre de la Renaissance du 16 mars au 2 avril 1925.
68. *Près de Colette*, 12, ainsi que la réflexion suivante.
69. Coll. part.

70. *LMM*, 275, lettre de la fin de mai 1925.
71. *LMM*, 278. La réponse de Moreno suit immédiatement ; elle est du 23 juin.
72. Vente Drouot, 27 juin 1997, Me Buffetaud, Mme J. Vidal-Mégret expert, n° 75.
73. Dans *La Douceur de vieillir*, Flammarion, 1965, p. 101-155.
74. J. Chalon, *Colette l'éternelle apprentie*, Flammarion, 1998, p. 233, 243, 244-245, 269, 272, 273.
75. F. Keller et A. Lautier, *Colette (Colette Willy), son œuvre. Portrait et autographe*, Éd. de *La Nouvelle Revue critique*, 1923, 61 p. – Robert-Sigl, *Colette*, Éd. de « Belles-Lettres », 1924, 56 p.
76. *Le Passé défini*, II, *1953* (éd. P. Chanel), Gallimard, p. 45.

11. « ELLE EST DURE À GAGNER, L'ARGENT ». 1925-1933

1. Éd. Vald Rasmussen, coll. « Critique », dirigée par Charles Oulmont, p. 62. Il va utiliser une partie de son livre (sur la scène d'amour de *L'Ingénue libertine*) dans l'article qu'il donne au *Capitole* de 1925. – Autre expression de l'admiration de Reboux pour Colette, la conférence faite par lui le 4 décembre 1925 à l'Université des Annales ; Colette y participe en dialoguant avec lui et en lisant deux textes sur les animaux. Cette conférence a été publiée dans *Conferencia* du 1er avril 1926. – Durant les années 1935-1938, il fera des lectures de textes de Colette sur les ondes de Radio-Paris.
2. Photocopie communiquée par Marguerite Boivin.
3. « Soieries » figurera en 1975 dans *Les Folles Années de la soie*, brochure éditée par le Musée historique des tissus de Lyon en hommage à Francis Ducharne. – Dans un autre texte inspiré par les créations de celui-ci, « Note » (*La Revue de la femme*, septembre 1927, repris dans l'édition de 1932 de *Prisons et paradis*, voir *Pl.* III, 801-803), Colette y montre l'actrice Spinelly s'ébrouant et s'enivrant au milieu des tissus.
4. Compte rendu par Benjamin Péret (le surréaliste) dans *Le Journal littéraire* du 23 mai 1925.
5. *Journal à rebours*, *OCF* XII, 85. Colette a écrit ce texte pour un recueil d'hommages au compositeur, *Maurice Ravel par quelques-uns de ses familiers* (Le Tambourinaire, 1939). Voir les lettres de Colette à Ravel dans *LSP* (325-328). Le livret a été publié par Durand en 1925. – La date de 1913 est indiquée par une lettre de Colette à J. Rouché (BN, N. a. fr. 17582, f° 366). Le 10 mars 1916, elle demande au même de retarder un rendez-vous : elle est grippée et trop enrouée pour lire un (ou : le ?) ballet aujourd'hui (f° 367). – Excellente analyse du livret par Christiane Milner (*Pl.* III, 1333 et suiv.). Voir aussi les pages 91-97 du livre de Pierre Brunel, *Les Arpèges composés*, Klincksieck, 1997.
6. Lettre du 27 février 1919, citée dans le catalogue de l'exposition *Maurice Ravel* (Bibliothèque nationale, 1975, p. 56), et, ainsi que la réponse, par Chr. Milner, *Pl.* III, 1333-1334.
7. Interview consignée par Sébastien Chardin, *ILS parlent de leur mère*, Hachette, 1979, p. 104-105. – Colette de Jouvenel s'est exprimée plusieurs fois sur la difficulté de ses relations avec sa mère ; voir notamment « Colette évoquée par sa fille Colette de Jouvenel » (*Samedi-Soir*, 17 février 1951), où elle déclare que son père lui avait interdit la pièce

Chéri ; elle ne put donc voir sa mère interpréter le rôle de Léa ; et « Entretien avec Colette de Jouvenel » (*Bonne soirée*, 15 avril 1973) où elle souligne qu'elle n'a vécu avec sa mère qu'« à partir de l'âge de huit ans ». – Le meilleur, le plus sensible portrait de la fille de Colette est dû à Michel del Castillo (voir « De Jouvenel à Colette », *Cahiers Colette*, n° 10, 1988, p. 5-14).

8. Voir *LMM*, 288 et 292.
9. À Moreno, *LMM*, 309.
10. Catalogue *Colette*, n° 430. – Quelques lettres de Colette à sa fille sont conservées dans une collection particulière.
11. *ILS parlent de leur mère*, p. 105. Voir la version de Colette sur ce point dans *Aventures quotidiennes* (*Pl.* III, 146).
12. Voir dans *LMM*, 295-296 (Meknès, 12 avril 1926 ; Fez, 28 avril).
13. Voir *Pl.* III, 761-778.
14. Selon le souvenir de Renaud de Jouvenel interrogé par Michel del Castillo (lettre datée de Cannes, 2 mai 1982 ; coll. Michel Remy-Bieth).
15. Voir surtout *LMM* et *LV*.
16. *LHP*, 345. M. Goudeket attribue le mot à Colette elle-même (*Le Figaro*, 26 janvier 1973), alors que celle-ci le prête à un ami...
17. *LV*, 196. – Le numéro de téléphone est Louvre 68-56.
18. Voir la lettre à Moreno du 30 août 1929, *LMM*, 365 et n. 1, et *LMM*, p. 291.
19. Voir *LHP*, 326 ; *LMM*, 309-310.
20. Voir *LMM*, 310 (Menton, 22 décembre 1926) et 311 (Saint-Tropez, 29 décembre) ; *LV*, 174 (Menton, 23 décembre), 175 (Saint-Tropez, 28 décembre) et 176 (Monte-Carlo, 29 décembre).
21. Voir l'*Album Colette*, p. 160-161, n° 286.
22. Voir le remerciement de Colette (*LSP*, 366).
23. Voir les lettres à Moreno des 28 septembre et 22 octobre 1925 (*LMM*, 286 et 292). La citation suivante, p. 297.
24. « Soll die Frau am politischen Leben teilnehmen ? Dagegen : Die Dichterin Colette », *Die literarische Welt*, 11 novembre 1927 ; article recueilli dans les *Gesammelte Schriften*, éd. R. Tiedemann et H. Schweppenhäuser, Francfort-sur-le-Main, 1972, t. IV-1, p. 492-495. Nous utilisons une traduction aimablement faite par Nicole Casanova.
25. Vente Drouot, 19 juin 1997 ; communication de Pierrette Bodin. – Il y a lieu de remarquer que les lettres de Sido utilisées dans *La Naissance du jour* ne figurent pas dans *LSF* : Colette les avait extraites et ne les a pas ensuite réintégrées au dossier.
26. Ce voyage n'est attesté que par la lettre à Moreno du 31 octobre 1927 (*LMM*, 319-320).
27. Elle y est le 30 janvier ; voir *LHP*, 332.
28. Voir *Comœdia*, 29 août 1922.
29. *LHP*, 309-310.
30. *Les Nouvelles littéraires*, 20 juillet 1929.
31. Lettre à Cl. Pichois de l'abbé Aubert (Institution Sainte-Marie, La Seyne-sur-Mer, 7 novembre 1957). C'est de la lecture de sa lettre que l'on ressent l'impression d'une « ténébreuse affaire » à propos des papiers de Cl. Chauvière.
32. *La Paix chez les bêtes*, *Pl.* II, 122. On a remarqué la discrétion de Claude Chauvière : « et nous nous voyons si peu... » Celle-ci a passé trois ans près de Colette.
33. Sur ce poète, voir une lettre de Colette à Germaine Beaumont (*LAPB*, 199).

34. Selon Paul Leroy, *Femmes d'aujourd'hui : Colette, Lucie Delarue-Mardrus*, Rouen, Éditions Mangard, 1936, p. 32-33.
35. *LHP*, 421-422, la lettre datant vraisemblablement de l'été 1936.
36. Cl. Chauvière, *Colette*, Firmin-Didot et Cie, 1931, p. 121. Le roman est *La Route et la Maison* (Malfère, 1929) ; il est dédié à Georges Le Fèvre, alors le mari de Claude.
37. Noël Santon, *Claude Chauvière...*, p. 41.
38. Les citations sont extraites des deux lettres, des bulletins de victoire, que Colette adresse à Hélène Picard et à Marguerite Moreno (*LHP*, 336-337 ; *LMM*, 340-342).
39. Les *Lettres à Moune et au Toutounet* ont été (mal) publiées par Bernard Villaret (neveu de L.-A. Moreau), Des femmes, 1985. La première lettre date du 20 septembre 1929 ; Colette y tutoie Moune. La correspondance antérieure à 1929 aurait-elle été égarée ?
40. Voir « Camoin » dans *En pays connu*, *OCH* 11, 321-322. Colette possédait une œuvre de Camoin à elle dédiée en 1945 (*Album Colette*, p. 433, n° 431).
41. Segonzac cite les noms de ces grands acteurs dans son article d'hommage à Colette, *Le Figaro littéraire*, 24 janvier 1953 (voir le chapitre « Apothéoses », p. 495).
42. J.-P. Goujon, *Léon-Paul Fargue, poète et piéton de Paris*, Gallimard, « Biographies », 1997, p. 232 et 248. Ils se connaissent depuis assez longtemps puisque Fargue donne à Colette en 1932 un exemplaire de *D'après Paris* (Gallimard) avec cet envoi : « À Colette, grand poète, sorcière et faiseuse de miracles » (coll. Paul Beauvais).
43. Les lettres à Pierre Brisson sont conservées à la Bibliothèque littéraire Jacques Doucet. Celle que nous citons avait été reproduite par lui dans *Le Figaro littéraire* du 20 janvier 1973. Voir aussi le catalogue *Colette*, n° 550. La phrase sur le fil(s) coupé figure dans *Pl.* III, 487.
44. Le château d'Ardenne appartenait au même groupe que le Negresco de Nice et le Claridge de Paris (voir la publicité pour ce groupe dans *Le Figaro illustré*, mai 1933, et *Sur la Riviera*, 30 septembre 1923), mais en 1928 Colette n'habitait pas encore le Claridge.
45. Curieusement, dans sa lettre à Misz Marchand du 30 mars 1929 (*LV*, 187), Colette indique qu'elle a vu Séville avant Tolède.
46. *OCH* 14, 156. – Le voyage a été relaté par M. Goudeket (*Près de Colette*, 123-125). Les étapes n'en sont pas parfaitement claires.
47. Voir l'article d'Esther Averill, « Méheut and Deschamps. Artist and Publisher of a French Child's Book in a Rare Édition », *The Horn Book Magazine*, t. XIII, mars-avril 1937, p. 82-88. Dans *Mathurin Méheut. Étude critique par Raymond Hesse, lettre-préface de Maurice Genevoix, portrait par Soulas* (Les Artistes du livre, Henry Babou éditeur, ach. d'impr. du printemps de 1929), l'auteur regrette qu'on n'ait de l'artiste aucun ouvrage interprété par la couleur, mais ajoute (p. 33) : « Un livre pour enfants en collaboration avec Colette et qui paraîtra en 1929 aidera à combler cette lacune. » Ce livre pour enfants est devenu un livre pour adultes amateurs d'art. – La photocopie de la lettre de Colette à Méheut nous a été communiquée par le musée Méheut (Lamballe) que nous remercions.
48. *Près de Colette*, 153.
49. *LMM*, 357 ; *LHP*, 342.
50. *LHP*, 345.
51. Les volumes ont ensuite appartenu à Roland Dorgelès et ont été vendus avec sa bibliothèque (« Souvenirs de M. Roland Dorgelès »), vente

Drouot, 9 avril 1997, Me Marc Ferri, Th. Bodin expert, n° 85). Pour l'inscription dans le Livre d'or de Courteline, voir *Les Nouvelles littéraires* du 24 juin 1939 et l'article de René de Chambillac, *Marianne*, 5 juillet 1939.

52. G. Duhamel, *Le Livre de l'amertume*, Mercure de France, 1983, p. 118. Ce livre est constitué par des extraits du journal de Blanche et Georges Duhamel présentés et annotés par Bernard Duhamel. – Sur les relations de Colette et de Duhamel, qui ne furent pas étroites, mais qui furent empreintes d'estime mutuelle, voir la « Correspondance (1913-1953) », éditée par Arlette Lafay et Éric Jacobée, *Cahiers Colette*, n° 12, 1990, p. 29-67.
53. *LHP*, 348. Autres bulletins de victoire dans *LMM* (p. 361 et 362) et dans *LMT* (p. 30), où la lettre est datée par erreur de l'été de 1930, alors qu'elle est de juillet 1929 et qu'elle doit même précéder la première lettre publiée adressée à Moune.
54. *LHP*, 349, ainsi que la citation suivante.
55. A. Billy, « Colette », *Les Annales politiques et littéraires*, 1er novembre 1929, p. 408.
56. La promenade de la chatte est évoquée par Colette elle-même dans une lettre à Moune (*LMT*, 41, 13 juillet 1931).
57. Article de Segonzac dans le numéro d'hommage du *Figaro littéraire*, 24 janvier 1953. À noter la différence du lieu de travail selon Billy ou Segonzac.
58. Sur ce séjour, voir le t. II de la *Deutsch-Französische Rundschau*, p. 24-26 (« Adieu à la neige »), 1004-1005 (conférence), 1073 (thé daté par erreur du 23 novembre ; Colette était rentrée à Paris). Dans cette revue, en avril 1933, Bertrand de Jouvenel publie un article, « Mort de l'Allemagne démocratique », où il déplore les contradictions de la politique française à l'égard de nos voisins et déclare qu'il faut désormais traiter, prudemment, avec l'Allemagne nationaliste.
59. *OCF* XIV, 397 (texte intitulé « Amertume »).
60. « Colette et les fauves », dans la *Revue des Deux Mondes*, 1er septembre 1954.
61. *Journal littéraire*, t. III, *1910-1921*, Mercure de France, 1956, p. 82.
62. Ici : *De ma fenêtre, OCF* XII, 325.
63. *Pl.* II, 1063 (c'est Colette qui souligne).
64. *Entre les lignes*, Hachette, 1962, p. 168 (section « Colette et les bêtes »).
65. *Œuvres complètes*, éd. Jacques Petit, Gallimard « Bibliothèque de la Pléiade », t. IV, p. 48 (sous la date du 25 mai 1929).
66. *LPF*, 58-59.
67. Lettre du 2 janvier 1955 (Vente Drouot-Richelieu, 5 octobre 1988, Lettres autographes et manuscrits (sections « Lettres à Henri Jeanson (1900-1970) ») ; Mes Joël-Marie Millon et Viviane Jutheau ; Th. Bodin et Bruno Sepulchre experts, n° 158).
68. Léo Paillet, « Dialogues sur les bêtes avec Mme Colette », *Les Maîtres de la plume*, 15 mai 1924 (l'entretien avait eu lieu le 1er mai). – Citation suivante : « Pitié pour les chevaux », *Le Journal*, 30 janvier 1925.
69. *Près de Colette*, 35 et 41 ; c'est Goudeket qui souligne.
70. *LSP*, 370. Ce texte figure aussi dans *En pays connu* (*OCH* 11, 317-318).
71. Ces notes ont été recueillies dans *Mes cahiers, OCH* 14, 160-165. Colette écrit phonétiquement « Merok » sans doute en voulant désigner Meraaker, qui n'est pas un port, mais où l'on peut prendre un train qui, à vingt minutes, mène à un point de vue magnifique. – Dans sa *Croisière autour de mes souvenirs* (t. I, Émile-Paul, 1932 ; t. II, Hachette,

1936), André Pascal ne mentionne pas cette croisière nordique ; il y évoque d'autres époques de sa vie.
72. Sur Saint-Tropez pendant cet été de 1930, voir *LMM*, 370 et 372 ; *LHP*, 360.
73. A. Billy, *Les Annales politiques et littéraires*, 1er novembre 1929, p. 408. Pour Passy, même source.
74. Voir *LSP*, 173, lettre de Mme de Noailles à Colette, 18 mars 1928. Pour le Claridge, voir *Près de Colette*, 96.
75. Voir *Comœdia* et *Paris-Soir* du 16 janvier 1931.
76. BN, N. a. fr. 17597, Papiers d'Yvette Guilbert, f° 6.
77. Souvenirs manuscrits de P. Varenne, ainsi que les citations suivantes, f°s 11-13 ; coll. Michel Remy-Bieth.
78. Voir la notice de Jacques Dupont sur *Mes apprentissages*, *Pl.* III, 1690.
79. J. Dupont, notice de *Mes apprentissages*, *Pl.* III, 1690. Voir *Le Journal littéraire*, 27 septembre, 18 octobre, 15 et 22 novembre, 13 et 27 décembre 1924, 24 janvier 1925 : c'est une enquête sur les « nègres » de la littérature, qui faillit mal tourner.
80. Ces notes seront publiées intégralement en 1962 : ce sont les *Indiscrétions et commentaires sur les « Claudine »* que nous avons utilisées dans le chapitre « Madame Colette Willy ».
81. *Pl.* III, 1689.
82. *La Jumelle noire*, 17 octobre 1937 (*OCF* X, 463).
83. *LV*, 210.
84. Sur ce voyage épuisant, voir *LHP*, 370 et 371 ; *LMM*, 375.
85. L'interview paraît le 26 dans le *Neues Wiener Tagblatt*. Le résumé de la conférence, qui eut lieu le 26 au soir, paraît le 27 dans ce périodique. Le 27, le journal socialiste, l'*Arbeiter-Zeitung*, donne également un résumé de la soirée du 26. En revanche, le journal chrétien, le *Reichspost*, est muet. Nous remercions le Professeur Siegbert Himmelsbach, de l'Université de Graz, d'avoir bien voulu consulter pour nous ces périodiques.
86. Sur le séjour en Roumanie nous avons été informés par le Professeur Dim Păcurariu qui a bien voulu consulter pour nous les périodiques publiés à Bucarest et que nous remercions de sa grande obligeance.
87. Cette allocution a été publiée par Cl. Chauvière dans son *Colette* qui parut la même année (1931), p. 279-282.
88. *LMT*, 36.
89. Sur ce voyage, voir *LMM*, 375-377 ; *LHP*, 372-373 ; *LMT*, 37-40 (les lettres sont mal placées). La citation sur Constantine est empruntée à *LMT*.
90. *LHP*, 374. – Sur la genèse du texte, voir l'excellente notice de J. Dupont (*Pl.* III, 1501-1509).
91. Selon ce que Colette écrit à Hélène Picard aux derniers jours de décembre 1931 (*LHP*, 389).
92. Voir *LHP*, 375-377.
93. *LHP*, 379 ; pour le papillon, 380 ; pour le qualificatif de l'année, 381. H. Picard est à l'époque une correspondante privilégiée, même lorsque Colette est à Paris : pour s'excuser de ne pas aller la voir aussi souvent qu'elle le voudrait, elle lui décrit sa vie affairée. Hélène est traitée à l'hôpital Saint-Antoine.
94. À Misz Marchand, 7 septembre 1931 (*LV*, 200) et 14 septembre (201).
95. Catalogue *Colette*, n° 474.
96. *LMT*, 44.
97. « André Maginot » dans *En pays connu*, *OCH* 11, 302. Colette remarque

l'alexandrin. Maginot pouvait se souvenir d'un chapitre du *Voyage égoïste*, « Fards » (*Pl.* II, 1145-1148).
98. Odette Pannetier, *Toujours Candide*, Julliard, 1950, p. 146-147.
99. *Les Vrilles de la vigne*, *Pl.* I, 1005.
100. Cahier de *L'Herne* sur Mauriac, 1985, p. 195. Voir aussi *LHP*, 392.
101. Lettre à Valentine Fauchier-Magnan (coll. part.).
102. L'article de *Vogue* est reproduit dans *Pl.* III, XXXI-XXXIII.
103. Sur Vertès, voir *En pays connu*, *OCH* 11, 319-320 ; *Album Colette*, p. 246-247, n°s 438 (datant de 1927) et 441.
104. *La Revue de la femme*, avril 1927. Cette profession de foi avait d'abord été insérée dans *Paris-Soir*, 1er mars 1927 ; ce journal faisait une enquête sur les rapports des écrivains avec la publicité.
105. Le texte a été reproduit dans *Cahiers Colette*, n° 12, 1990, p. 133-138, avec l'illustration de la couverture qu'on retrouve dans *Colette et la mode*, par Sonia Rykiel *et al.*, Édition Plume, 1991, p. 181. Mais pour vraiment le comprendre, il faudrait le lire en regard des dessins de J. Dupas au vu desquels il a été composé.
106. Voir *OCF* XV, 351-354.
107. Sur tous ces voyages voir *LHP*, *LMM*, *LMT*.
108. *LHP*, 396.
109. Dans *LHP*, 400, elle mentionne après Dijon « cinq villes de l'est », qu'elle ne nomme pas.
110. *La Saison de Cannes*, dans son numéro du 10 janvier 1933, annonce la conférence, qui aura lieu le 14 au Casino. Compte rendu dans le numéro du 20 janvier par « J. E. ». Le texte de Colette paraît dans le numéro du 30 janvier. Nous remercions Jacques Dupont de ces informations.
111. Non pas de Nantes, le 25 janvier 1933, date indiquée par erreur dans *LHP*, 404 (la lettre et l'enveloppe ont dû être indûment mariées) et dans *Pl.* III, LIV ; l'affiche annonçant la conférence au théâtre Graslin de Nantes, le 3 février, est reproduite dans les *Cahiers Colette*, n° 6, 1984, p. 16.
112. Alberto Savinio, *Souvenirs*, traduit de l'italien par Jean-Marie Laclavetine, Fayard, 1986, p. 39-43. L'édition italienne a paru sous le même titre en français à Palerme en 1976.
113. Merry Bromberger, « Les Vingt-Quatre Heures de... Mme Colette écrivain », *L'Intransigeant*, 10 juillet 1932.
114. *Pl.* III, 1639-1640. À la notice de M. Mercier nous empruntons d'autres éléments.
115. « Colette académicienne », *Paris, l'élégance française*, été 1945.
116. Nous adoptons la graphie de Simone Berriau dans ses souvenirs (*Simone est comme ça*, Robert Laffont, 1973, p. 85-87).
117. Aux citations et références données par Michel Mercier (*Pl.* III, 1639-1641) ajoutons le compte rendu publié dans *Le Rempart* du 20 juin 1933 par Willy Goudeket, le frère de Maurice.
118. Colette mentionne ce travail dans une lettre à Hélène Picard (*LHP*, 403). C'est M. Goudeket qui nous a indiqué le titre français, dont notre ami Robert Baldwin a retrouvé l'original américain. Comptes rendus par Lucien Wahl (*Pour vous*, 16 février 1933) et Pierre Wolff (*Paris-Soir*, 7 mars 1933). Publicité dans *Paris-Soir*, 9, 10, 13, 17, 19, 27 février et 3 mars 1933.
119. *LMT*, 77, 2 juillet 1933. La production est signée Sopra-Films-Philippe de Rothschild. A. Lion doit appartenir à la Sopra.
120. Ni la date de départ, ni celle de l'arrivée ne sont claires en raison du

piètre établissement du texte par le docteur B. Villaret ; voir *LMT*, 77-79 – à chacun son métier. Le passage par Nîmes paraît étrange.

121. *LV*, 210
122. *LHP*, 411.
123. *Les Années déchirement, Journal 1925-1965*, Albin Michel, 1998, p. 336. J. Roy tenait son information de Philippe Hériat qui la tenait lui-même de Joseph Kessel...

12. UNE BELLE MATURITÉ. 1934-1935

1. *Trois... Six... Neuf...*, *OCF* XII, 468.
2. *Bibliothèque du Docteur Lucien-Graux*, vente Drouot, 13-14 décembre 1956, n° 77.
3. Dossier Vuillermoz, Harry Ransom Humanities Research Center, Université d'Austin, Texas.
4. Paul Achard, « Chez Colette », rubrique « Les Parisiennes chez elles », *Vendémiaire*, 21 juillet 1937.
5. *LPC*, 29. Voir aussi *Près de Colette*, 143-144.
6. Lettre de Colette à Alice Bénard-Fleury (BN, N. a. fr. 18714, f°s 15-16).
7. *Près de Colette*, 95.
8. Sur les conditions de travail, voir successivement *L'Intransigeant*, 4 août 1935 ; *Le Rempart*, 10 mai 1933 ; *L'Intransigeant*, 3 décembre 1934 ; *Les Annales politiques et littéraires*, 25 mars 1937, p. 283 ; *Trois... Six... Neuf...*, *OCF* XII, 466.
9. Photocopie communiquée par Jean-Claude Saladin. Reproduction du meuble dans *La Gazette de l'hôtel Drouot*, 22 avril 1994. Vente à Versailles, 5 juin 1994, par les descendants de Manette, l'amie de Colette, qui s'était occupée de Colette de Jouvenel ; prix : 81 000 F, sans les frais. Curieusement, la lettre est datée, à la fin, du 6 février 1934...
10. *OCF* XIV, 9.
11. Carlo Rim, *Le Grenier d'Arlequin*, Denoël, 1981, p. 191-192.
12. Yves Courrière, *Joseph Kessel ou Sur la piste du Lion*, Plon, 1985, p. 434.
13. Carlo Rim, p. 253. Rita Georg avait été la vedette de *Katinka* (*ibid.*, p. 191).
14. Dans la biographie de J. Kessel par Y. Courrière on voit une photographie représentant, attablés à Saint-Tropez, Colette, Cocteau, Jean Marais, J. Kessel. Elle est donc vraisemblablement postérieure à l'hiver 1933-1934. En 1934, J. Kessel lui offre *Les Enfants de la chance* avec cet envoi : « Ma chère, grande et encore chère Colette, voici le dernier. Tu le connais, ne l'en aime pas moins. Je t'embrasse. JEF » (catalogue *Colette*, n° 739).
15. Autre évocation de Stavisky dans *Trois... Six... Neuf...*, *OCF* XII, 468-469.
16. Voir *Les Nouvelles littéraires*, 28 avril 1934 (compte rendu par Claudine Chonez) ; *Candide* et *Comœdia* (compte rendu par André Warnod), 3 mai 1934.
17. *Marianne*, 23 mai 1934.
18. *Candide*, 20 décembre 1934.
19. *La Nouvelle Revue française*, 1er mars 1935, p. 452-453.

20. Sous réserve qu'une esquisse, « petite saga familiale des quatre filles Eudes », est sans doute antérieure à *Duo* ; voir les commentaires de Michel Mercier, *Pl.* III, 1908 et 1914-1916.
21. Sur la générale, voir *Paris-Soir*, 12 octobre 1938. Proposition à Marchand dans *LV*, 213 (mi-août 1934).
22. *Pl.* III, 1269.
23. *La Jumelle noire*, *OCF* X, 281.
24. L'article de *La République* sera recueilli dans *Journal intermittent* (1949) ; celui de *L'Intransigeant*, dans *À portée de la main* (1950).
25. Sur la cause de cette crise des bruits ont couru dont s'indignait longtemps après Colette de Jouvenel devant Michel del Castillo (voir *Cahiers Colette*, n° 10, 1988, p. 7).
26. Voir l'*Album Colette*, p. 182-183, nos 324-327.
27. *LV*, 218.
28. *LHP*, 415 (vers le 8 octobre 1935). La citation suivante provient de la copie dactylographiée levée par Renaud de Jouvenel des lettres à lui adressées par Colette (il n'a publié qu'une partie de ces lettres dans *La Revue de Paris* de décembre 1966).
29. *LV*, 215.
30. Voir « Bâ-Tou », *La Maison de Claudine*, *Pl.* II, 1061-1064.
31. Nous tenons à remercier vivement M. Jean Tordeur, Secrétaire perpétuel honoraire de cette Académie, d'avoir bien voulu en consulter pour nous les archives.
32. P. Claudel, *Journal*, éd. Fr. Varillon et J. Petit, Gallimard, « Bibliothèque de la Pléiade », t. II, p. 43.
33. G. Antoine, *Paul Claudel*, Robert Laffont, 1988, p. 268 ; cette page contient aussi la lettre de Claudel à son fils.
34. Jean-Pierre Aumont (qui joua dans *Lac aux Dames*), *Souvenirs provisoires*, Julliard, 1957, p. 82.
35. *Le Journal*, 28 mai 1935, interview par Jacques Vidal-Lablache, qui est aussi allé interroger l'autre envoyé de ce quotidien, Pierre Wolff (qui avait épousé la mère de Léopold Marchand). – Les reportages de Colette ont été partiellement repris dans *Mes cahiers* (1941).
36. BN, N. a. fr. 18702, fos 183-185.
37. *Album Colette*, p. 184, n° 329.
38. Odette Pannetier, *Quand j'étais Candide*, Julliard-Sequana, 1948, p. 213-214. – Ph. Soupault a raconté son voyage dans « À la conquête du Ruban bleu », *Les Annales politiques et littéraires*, 25 juin 1935, p. 623-625, et dans *La Revue de Paris*, « L'Épopée de *Normandie* », 1er juillet 1935, p. 185-191.
39. *Le Journal*, 10 juin 1935. Colette utilise ses impressions de Haarlem dans un article du *Journal* (4 juillet 1937) sur un spectacle donné à Paris par le Cotton Club de New York (*La Jumelle noire*, *OCF* X, 446-450).
40. Introduction aux *Short Novels of Colette*, New York, The Dial Press, 1951, p. IX.
41. Colette, *Au cinéma* (éd. Alain et Odette Virmaux), Flammarion, 1975, p. 220.
42. *Ibid.*
43. *Les Annales politiques et littéraires*, 10 décembre 1935. P. Bost avait déjà donné un compte rendu dans *Vendredi*, 22 novembre 1935. – Le texte des dialogues a disparu. A. et O. Virmaux l'ont reconstitué en écoutant et en transcrivant la bande sonore.
44. Voir les articles de *L'Intransigeant*, 12 juillet et 18 juillet 1937 ; du

Journal, 20 décembre 1937 ; de *Gringoire*, 24 décembre 1937 ; de *Marianne*, 29 décembre 1937.

45. BN, N. a. fr. 17596, f° 158 ; lettre du 3 juillet 1937.
46. Interrogée par l'un de nous, en juillet 1997, Mme Blanchette Brunoy ne se souvenait pas de la raison qui avait écarté Colette du scénario. – Marise Querlin, qui fut mise en pension à Saint-Sauveur, quelque dix ou douze ans après la publication de *Claudine à l'école*, a profité de la projection du film pour évoquer ses souvenirs (*Marianne*, 19 janvier 1938, « L'École de Claudine ») de l'école et de Mlle Terrain avec qui elle resta en relation.
47. Le premier compte rendu, celui d'André Lang, paraît dans *Les Annales politiques et littéraires* du 25 janvier 1936.
48. Ce texte a été reproduit par François Caradec dans *Feu Willy* et signalé par Jacques Dupont dans les notes de *Mes apprentissages* (*Pl.* III, 1729), où est cité le passage des *Souvenirs littéraires... et autres* de Willy (1925), p. 134-135. Le texte même de Colette est dans *Pl.* III, 1001-1002.
49. Voir le panorama brossé par Jacques Dupont à la fin de son excellente notice sur *Mes apprentissages* (*Pl.* III, 1700-1702). Nous y ajoutons le compte rendu par Pierre Loewel (*L'Ordre*, 24 février 1936), qui avait connu Willy, et l'interview par André Rousseaux (*Candide*, 5 mars 1936).
50. Sur Daragnès (1886-1950), voir *En pays connu*, *OCH* 11, 315-316.
51. *Vendredi*, 6 mars 1936, chronique « La Corbeille à papiers » par « L'Indiscret ».
52. Coll. Paul Beauvais. – Pour la lettre de Drieu à Colette, catalogue *Colette*, n° 353.
53. *Pl.* III, 402.
54. *Mes apprentissages* paraissent alors dans *Marianne*.
55. *LSP*, 421. – L'« envoi » autographe de Brasillach sur *Portraits* a figuré à l'exposition *Colette* (n° 738).
56. Lettre s. d., que Cl. Chauvière a trouvée dans les classeurs de Colette et qu'elle a reproduite dans son *Colette*, p. 106.
57. Coll. part.
58. Vente Drouot, 10-11 décembre 1991, Me Buffetaud, Th. Bodin expert, n° 36. Une autre lettre de Colette à Montherlant, écrite du Claridge, a figuré à la vente Drouot du 21 novembre 1997, Millon et associés, n° 21 *ter*.
59. Catalogue *Colette*, n° 744.
60. Cité *Pl.* III, XXIX-XXX.
61. Si l'on excepte deux textes (« Ma mère et les livres » et « Divine »), insérés dans la *Nouvelle revue française*, 1er février 1922 et 1er janvier 1931. Nous remercions Jean-Pierre Dauphin, garde des archives Gallimard, de nous avoir amicalement éclairés sur l'affaire des *Morceaux choisis*.
62. La formule vient non pas d'une lettre, mais d'un article de Colette sur ce roman (*Les Nouvelles littéraires*, 20 juillet 1929). Elle avait déjà fait de la publicité pour *Notre désir* de Cl. Chauvière (publié dans la « Collection Colette »), *Le Journal*, 26 mai 1925 ; *Le Quotidien*, 24 mai 1925.
63. Voir respectivement *Marianne*, entre autres, 6 juin 1934 (Écrivains combattants) ; *Le Faubourg*, 4 juillet 1933 et 23 février 1934.
64. *Candide*, 13 décembre 1928 ; *Conferencia*, 15 février 1935 ; *Marianne*, 25 décembre 1935 et 13 juillet 1938, entre de nombreuses autres occurrences.

65. « La Captive » est recueillie dans la section *Mélanges* (*OCH* XV, 354-355).
66. Albert Flament, « Tableaux de Paris et d'ailleurs », *La Revue de Paris*, 15 janvier 1930.
67. *Ibid.*, 1er avril 1931. Mme de Noailles et Jean Giraudoux assistaient à ce déjeuner donné par Léon Bailby, directeur de *L'Intransigeant*. – Pour Flament, qui lui est toujours favorable, elle fait de la publicité dans *L'Intransigeant* du 2 mars 1931.
68. Paul Léautaud, *Journal littéraire*, t. V, 1958, p. 376, sous la date du 11 avril 1927 (mais il n'est pas dit que cette hostilité date de trois ans et dure depuis ce moment).
69. Ceux qu'elle fit de Gaston Doumergue, Édouard Herriot, Monzie, Joseph Caillaux, Aristide Briand ont été repris dans le *Quatrième cahier de Colette* (1936), puis dans *Mes cahiers* lorsque le volume est inclus dans les *Œuvres complètes*, en 1950.
70. On peut le déduire d'un envoi qu'elle porte sur un exemplaire de *La Jumelle noire*, 2e année : « Pour Guitte, et il y en a encore deux autres après, je l'en préviens loyalement » (vente publique, Les Andelys, 14 juin 1997, pièce 4).
71. *LPF*, p. 27. – La lettre à Vuillermoz est conservée au Harry Ransom Humanities Research Center de l'université du Texas à Austin.
72. Entretien avec Marcel Berger, « Comment travaille Colette », *Les Nouveaux Temps*, 18 avril 1941.
73. Pierre Humbourg, « Une journée avec... Colette », *Les Nouvelles littéraires*, 9 avril 1938.
74. « La Vie littéraire. Colette, critique dramatique. Patte de velours, ongle d'agate », *Le Jour*, 16 août 1934.
75. Voir le catalogue *Colette*, pièce 352.
76. Article recueilli dans *Les Quatre Jeudis, Images d'avant-guerre*, Les Sept Couleurs, 1951 (citation p. 349) – le volume a été publié posthume, mais il avait été préparé par son auteur en 1943. La section « Pour compléter le miracle de Colette » reprend le compte rendu de *La Jumelle noire* puis celui de *Mes apprentissages*.
77. Madeleine Ozeray, *À toujours, Monsieur Jouvet*, Buchet-Chastel, 1966, p. 124.
78. Propos rapporté par Dominique Blanchar, qui fut une autre Agnès, dans les *Cahiers Colette* n° 18, 1996, p. 150.
79. Odette et Alain Virmaux ont publié les chroniques de *Sélection* dans *Europe*, novembre-décembre 1981 (numéro consacré à Colette), p. 140-186 (cit. p. 143). Voir aussi, des mêmes, « Colette et Antonin Artaud », *Cahiers Colette*, n° 19, 1997, p. 193 et suiv.
80. Voir « Le Sémiramis-Bar », que Colette Willy publia dans *La Vie parisienne* du 27 mars 1909 (texte repris posthume dans *Paysages et portraits*, *OCH* 13, 332-338). – Le manuscrit donne pour titre à ce texte : « La Mauvaise Fréquentation »... (voir le chapitre « Séparation et scandale », n. 40).
81. Voir *La Chambre éclairée*, *Pl.* II, 920-922.
82. Voir la notice de Jacques Dupont (*Pl.* III, 1505-1506).
83. Première publication dans *Match*, le 25 mai 1939 ; puis édition dans un volume à tirage limité en 1946 ; texte entré dans les *Œuvres complètes* en 1950 (*La Fleur de l'âge*, *OCF* XIV, 1950).
84. Voir Michael de Cossart, *Une Américaine à Paris. La Princesse Edmond de Polignac et son salon [...]*, trad. par J.-Cl. Eger, Plon, 1979 ; titre de l'édition originale : *The Food of Love*. Le prince Edmond de Polignac est mort en 1901.

85. Voir *LMM*, *passim* ; pour le bal costumé : Cossart, p. 175-176.
86. *LSP*, 401.
87. « Tableaux de Paris », *La Revue de Paris*, 1er avril 1937, p. 707 et 708.
88. *Près de Colette*, 163.
89. On la voit dans le cahier d'illustrations du livre de M. de Cossart.
90. Voir *Hommage à Marie-Blanche, comtesse Jean de Polignac* publié à Monaco en 1965 sous l'égide du prince Pierre (Jaspard, Polus et Cie). On y trouve trois lettres dans lesquelles Colette exprime son amitié.
91. En 1913, on voyait Colette et Henry de Jouvenel avec les Melchior de Polignac dans le Midi (*LV*, 79-80).
92. Voir *LMM*, 338 et 479. – En 1945, Élisabeth de Gramont (elle signe ainsi) adresse son livre, *Autour de Saint-James*, « À Colette, qui m'honore de son amitié – et que j'aime tendrement / Lily ».
93. Sur Violet et sa mère, voir l'album publié par le Boston Athenaeum en 1985 à l'occasion de l'exposition organisée cette année-là à Boston et en 1986 à Palm Beach (Floride) : *The Last Edwardians. An Illustrated History of Violet Trefusis and Alice Keppel*, où est citée la lettre de Colette à Violet citée plus loin. – Violet Trefusis a publié ses souvenirs en 1952 : *Don't Look Round* (Londres, Hutchinson). – En 1997, deux de ses livres ont été publiés en traduction française chez Salvy. Avant la guerre elle avait déjà publié chez Plon *Écho* et *Broderie anglaise*.
94. *Journal de l'abbé Mugnier (1879-1939)*, texte établi par Marcel Billot, Mercure de France, 1985, p. 502. Les citations suivantes, p. 503 et 507. – C. Placci est un écrivain italien très répandu dans la *High Society*.
95. Coll. M. Paul Muletier.
96. Cette lettre importante du 17 mars 1932 (BN, N. a. fr. 18707, fos 209-211) a figuré à l'exposition *Colette* (catalogue, n° 561). Lady Troubridge a écrit *The Life of Radclyffe Hall* (The Citadel Presse, 1961 ; reprint Arno Press, 1975), où elle raconte sa liaison avec John commencée en août 1915.
97. Lettre du 17 juillet 1947 (BN, N.a. fr. 18707, fos 212-213).
98. Adrien Fauchier-Magnan, *C'était hier (Souvenirs d'un demi-siècle)*, Les Éditions du Scorpion, 1960, p. 107.
99. Gabriel-Louis Pringué, *30 ans de dîners en ville*, Éditions de la revue *Adam*, 1948, p. 240-242.
100. Valentine a tenu registre des personnes invitées et de celles qui n'ont pu se rendre à l'invitation. Ces listes, conservées à la Bastide, donnent une idée précise des relations des Fauchier-Magnan et de la vie mondaine de l'époque. Nous tenons à remercier M. et Mme Hervé Fauchier-Delavigne de nous avoir très aimablement ouvert les archives de la Bastide.
101. *LSP*, 467 (le manuscrit est à la Bibliothèque historique de la Ville de Paris).
102. *OCF* X, 15, article du 15 octobre 1933.
103. Ainsi, la revue *Le Tour du monde*, les *Voyages* de Louis Agassiz *au Brésil* et de Charles d'Orbigny *dans les deux Amériques*. Voir le catalogue *Colette*, n° 602.
104. Les *Lettres au Petit Corsaire* ont été publiées chez Flammarion en 1959 par Cl. Pichois et Roberte Forbin, ainsi qu'une partie du journal. Voir aussi l'*Album Colette*, p. 203, n° 367.
105. *OCH* 11, 482-486.
106. *Pl.* III, 1218.
107. Nous citons la préface de Marie-Thérèse Colléaux-Chaurang, éditeur des *Lettres* de Colette *aux Petites Fermières* (Le Castor astral, 1992). Elle

tenait elle-même ces informations de Mlle Brochard, que nous avons nous aussi rencontrée près de Nantes, et bien connue. – Les lettres adressées à Colette ne semblent pas avoir été conservées.

108. Yvonne Brochard ne se résolut que très tardivement à montrer ces lettres et n'eût jamais imaginé qu'elles pussent être publiées. Voir *Cahiers Colette*, n° 10, p. 15-16 ; photographie p. 24.

13. EN ROUE LIBRE. 1936-1940

1. Louise Weiss, qui a consigné dans ses papiers (BN, N. a. fr. 17794) de nombreux ragots.
2. Rapporté, plus tard, dans *Marie-Claire* du 1er octobre 1937.
3. *Le Journal*, 31 janvier 1936.
4. Sous la plume de « G. R. » (Gabriel Reuillard). – Voir aussi *Le Journal*, 8 février 1936 (compte rendu par Marc Blanquet) ; *Paris-Soir*, 13 février (compte rendu très favorable par Pierre Varenne, pourtant ami de Willy) ; *Paris-Soir*, 15 février (publicité) ; *Gringoire*, 21 février (compte rendu par Pierre de Régnier, le fils de Marie de Régnier et de Pierre Louÿs, qui signe les dessins de son surnom, « Tigre ») ; la *Revue de Paris*, 1er mars, « Tableaux de Paris », par Albert Flament ; *Art et médecine*, mars (compte rendu par Henri Delorière). – Voir aussi le billet du début de février à Misz Marchand (*LV*, 220).
5. *La Jumelle noire*, *OCF* X, 316-317.
6. *Le Journal*, 25 février 1936.
7. Georges Sion (simple étudiant à l'époque, il n'avait pas assisté à la réception) dans *Pour le centenaire de Colette* par G. Sion *et al.*, tiré à part du *Bulletin de l'Académie royale de langue et de littérature françaises*, t. LI, n° 3-4, p. 5. La citation suivante, p. 6.
8. Maurice Martin du Gard, *Les Mémorables (1930-1945)*, Grasset, 1978, p. 206.
9. Cité dans *Pl.* III, 1811. C'est dans ce tome III qu'est reproduit le discours de Colette. Celui-ci a été publié presque simultanément en 1936 dans le *Bulletin* de l'Académie royale et chez Grasset ; il prit place ensuite dans le tome XIII d'*OCF* (mars 1950).
10. Compte rendu par F. Leys de la réception dans *Excelsior* (dont il était le correspondant particulier) du 5 avril 1936.
11. Voir *LV*, 221 ; *LMT*, 112-113.
12. Voir son article de *Paris-Soir*, 1er octobre 1938, « La colombe est revenue ».
13. De *Bella-Vista* elle envoie un exemplaire sur simili-japon à Marie Laurencin qui prouve leur relation amicale (vente Drouot, « Bibl. Jean Lanssade. 2e partie », 4 mai 1994, Mes Couturier et de Nicolaÿ, Boscher, Studer et Fromentin, Dominique Courvoisier expert, n° 24) – et que confirme un billet conservé à la Bibliothèque littéraire Jacques Doucet (Ms. 25837).
14. Roger Giron, « Conversation. Avec Colette », *Toute l'édition*, 8 avril 1933.
15. Archives des Éditions Bernard Grasset. Nous remercions M. Jean-Claude Fasquelle d'avoir mis ce dossier à notre disposition. – La lettre de Bernard Grasset est citée plus au long par Jean Bothorel, *Bernard Grasset. Vie et passions d'un éditeur*, Grasset, 1989, p. 309-310.

16. Selon *Le Figaro littéraire* du 12 septembre 1953, Criticus était Marcel Berger ; il apparaît un peu plus loin dans ce chapitre.
17. Voir *Les Cahiers de Radio-Paris* qui indiquent les programmes : 15 octobre 1930 ; 15 mars 1932 ; 15 janvier, 15 février, 15 août, 15 septembre, 15 décembre 1935 ; 15 juin, 15 octobre (« Portrait de Colette » par Léon Pierre-Quint, auteur de livres sur Proust et Gide, à propos des *Morceaux choisis* publiés par Gallimard), 15 novembre 1936 ; 15 février, 15 mars, 15 avril, 15 septembre, 15 octobre 1937 ; 15 janvier, 15 février, 15 mars, 15 avril, 15 mai, 15 septembre, novembre-décembre 1938. Les années 1933 et 1934 sont hors d'usage à la Nationale...
18. Lettre du 15 avril 1957, écrite de Nice ; archives Fauchier-Delavigne, La Bocca. Sur ces deux familles voir « Une belle maturité », p. 385-387.
19. L'exposition *Colette* (Bibliothèque nationale, 1973), présentait sous le n° 336 le manuscrit de la causerie faite au Poste Parisien, le 2 juillet 1937. Le passage cité entre guillemets est emprunté à la notice de ce n° 336, rédigée par Monique Cornand.
20. Suzanne Pichon, « Colette intime », *Les Hommes du jour et le Journal du peuple*, 12 mars 1937. Selon la journaliste, Colette est écoutée jusqu'en Afrique et en Asie, ce qui tend à prouver que l'émetteur utilisait des ondes courtes comme le fera Paris-Mondial, comme le fait actuellement Radio France internationale.
21. Marcel Berger, « En écoutant Colette... », *Marianne*, 2 juin 1937.
22. *L'Éclaireur de Nice et du Sud-Est*, 21 janvier 1937. De même pour la suite.
23. Relaté dans *Marianne*, 27 janvier 1937.
24. *L'Éclaireur de Nice*, 24 janvier 1937. Le texte est reproduit le même jour en première page du *Journal*, où on lit sa déclaration sur le bonheur d'être volé à Nice.
25. *Le Journal*, 4 avril 1937.
26. *LMT*, 118-119, contient deux lettres à Moune, 29 et 30 mars 1937 ; il est évident que l'une exclut l'autre. L'éditeur, Bernard Villaret, rend difficile, et dans ce cas impossible, le travail des chercheurs. Peste soit des « amateurs » !
27. Texte présenté, établi et annoté par Paul Christophe, Les Éditions du Cerf, 1996, p. 670 des années 1935-1939.
28. Voir les souvenirs de Madeleine Milhaud, *Cahiers Colette*, n° 18, 1996, p. 127-129.
29. *La Perle égarée* porte le copyright de 1948. La partition est reproduite à la suite des souvenir consignés par J.-M. Damase, *Cahiers Colette*, n° 18, 1996, p. 135-142. – *Mon âne* a été mis en musique par J.-M. Damase en 1954 (copyright), et par Michel Émer en 1957 (copyright) pour Tino Rossi. Sur M. Émer (1906-1984), voir *LMM*, 454-455 et un des propos de Pierre Saka recueillis par Alexis Lorca, *Lire*, septembre 1997, p. 45.
30. Il existe une autre édition chez D. Reiss, 1939.
31. Après son éloge académique de 1936, elle a écrit un « Hommage à la comtesse de Noailles. Pour le jardin d'Amphion » dans *Marianne*, 23 juin 1937.
32. Compte rendu favorable de la causerie dans *Marianne*, 22 décembre 1937.
33. Voir *LSP*, 387-389, 445-446, 416-420. Pour H. Picard, *LHP*, *passim*, et l'article recueilli dans *L'Étoile Vesper*. L'article sur B. Reynal n'a pas encore été repéré ; le manuscrit est à la Bibliothèque nationale (N. a. fr., 18702, f°s 79-89). Pour Valéry, *LSP*, 447-448.

34. *Gutenberg*, n° 1, juin 1938, p. 1. Cette revue d'art graphique a pour rédacteur en chef R. Baze. Colette donne au n° 2-3, janvier 1939, « Les Scribes du Palais... », où elle cite les noms mentionnés dans la phrase suivante.
35. Compte rendu par Colette dans *Le Journal* du 9 janvier 1938 (*OCII* X, 491-492).
36. Texte recueilli dans *Trait pour trait*, *OCF* XIV, 225-226. *Le Journal* du 6 mars 1938, où René Kerdyk rend compte de l'exposition, reproduit un des portraits de Colette par Vertès.
37. Lettre à A. Mockel, *LSP*, 445.
38. Voir la Bibliographie, *Pl.* III, 1972-1973.
39. Lettre à L. Marchand, *LV*, 232-233 ; voir aussi la lettre précédente et la lettre suivante.
40. Photocopie, archives Colette de Saint-Sauveur.
41. Coll. Michel Remy-Bieth.
42. Catalogue n° 4 de la librairie In-Quarto, printemps 1997, pièce 180, ainsi que le billet suivant.
43. Journal de Renée Hamon, *LPC*, 47. Si l'on croit *LMT*, 28, Colette connaissait depuis longtemps cet hôtel, d'où, le 9 juillet 1930, elle écrivait à Luc-Albert Moreau. Mais c'est une date indiquée par B. Villaret...
44. Goudeket accompagnait Colette ; il devait donner le compte rendu technique des débats ; voir *Près de Colette*, 139-142.
45. L'album a été publié par les Éditions du Club de France. Le texte de Colette a été reproduit dans les *Cahiers Colette* n° 12, 1990, p. 14-18.
46. Le beau texte de Colette a été recueilli dans la section *Mélanges*, *OCF* XV, 335-339. – Voir les souvenirs de Fernand Mourlot, *Gravés dans ma mémoire*, présentation de Pierre Cabanne, Robert Laffont, 1979, p. 220. – Denis était un marchand de couleurs pour peintres dont la boutique était quai Voltaire, en face du pont du Carrousel. C'est Fernand De Nobele qui avait réalisé l'ouvrage pour le compte de Denis.
47. Texte reproduit dans les *Cahiers Colette*, n° 2, 1980, p. 19-22.
48. À noter que Maurice Goudeket collabore aussi à *Marie-Claire* (20 janvier, 21 avril, 29 septembre 1939).
49. *Histoire générale de la presse française* publiée sous la direction de Cl. Bellanger, J. Godechot, P. Guiral et F. Terrou, t. III, *De 1871 à 1940*, PUF, 1972, *passim*, notamment p. 527.
50. BN, N. a. fr. 18708, f° 164 ; cette lettre ne figure pas dans *LV*. On se rappelle que Christiane Mendelys est la femme de Georges Wague et que celui-ci a une maison sur l'île de Bréhat.
51. Lettres à Alice Bénard-Fleury, 20 février et 28 mars 1939, BN, N. a. fr. 18714, f°s 32-35. – *LPF*, 30-31.
52. Lettre encartée dans l'exemplaire de *La Chatte* (japon n° IV) de G. Patat.
53. Une partie des articles seront repris dans *Mes cahiers* en 1941. – Weidmann fut le dernier condamné à mort exécuté en place publique.
54. À Alice Bénard-Fleury, 9 juin 1939, BN, N. a. fr. 18714, f° 39.
55. Sur le changement de titre, voir *Près de Colette*, 180 : « Colette se laissa influencer par Francis Carco. C'est un bon titre pour Carco, moins bon pour Colette. Elle regretta par la suite ce titre trop précis et son allure aguicheuse, mais il était trop tard. »
56. Denise Tual (dont le père était l'éditeur d'art Henri Piazza), *Le Temps dévoré*, Fayard, 1980, p. 162.
57. Ces indications proviennent de l'article de Victoria Bridges Moussaron,

« Colette à Paris-Mondial. Un regard français sur l'Amérique et un portrait de la France pour les Américains », *Roman 20/50*, n° 22, décembre 1996, p. 134, où l'on trouvera la liste des émissions qui ont été retrouvées, du 22 octobre 1939 au 5 mai 1940. Mme Moussaron prépare la publication du recueil de ces textes. Colette n'a recueilli de son vivant qu'un seul texte, « La Chaufferette », publiée dans *Journal à rebours*. – À noter que sur les ondes de Radio-Paris, le 18 septembre 1939, Colette a lu un message, destiné, celui-ci, aux auditeurs français et publié dans *Les Cahiers de Radio-Paris* de novembre 1939, p. 1124-1126 : elle y compare les commencements des deux guerres mondiales.

58. M. Goudeket emploie lui-même le mot (*Près de Colette*, 199 et 201).
59. Ce passage a été exclu par M. Goudeket – on en comprend la raison – de la publication du Journal de Renée Hamon conservé à la Bibliothèque nationale (N. a. fr. 18711, f° 189). Il se situe après le texte reproduit sous la même date, dans *LPC*, 68.
60. F° 192, inédit, du Journal de R. Hamon.
61. Lettre à Alice Bénard-Fleury, écrite après le retour de Nice, au début d'avril 1940 (BN, N. a. fr. 18714, f° 47).
62. Cette lettre a été donnée en 1968 à Cl. Pichois par Mme Colette Wyler, la filleule de Colette et la sœur de Mme Viot.
63. Lettre à Alice Bénard-Fleury, citée plus haut au sujet du séjour à Nice.
64. G. Duhamel, *Biographie de mes fantômes. 1901-1906*, Paul Hartmann, 1944, p. 98-99.
65. *Journal à rebours* a paru chez Fayard en 1941 ; Colette y a recueilli, après les pages sur Curemonte, des textes légèrement antérieurs à la guerre.
66. Voir *LMT*, 169, 174, 181 ; *LPC*, 73-74. Erna Redtenbacher avait traduit en collaboration avec Helene M. Reiff *La Naissance du jour* (*Tagesanbruch*, Vienne, Zsolnay, 1928). Voir l'analyse de la traduction par Hartmut Köhler dans *Colette, nouvelles approches critiques*, actes du colloque de Sarrebruck (22-23 juin 1984), réunis et publiés par Bernard Bray, Nizet, 1986, p. 181-188.
67. Coll. part.
68. Georges Chapier, *La Guerre 1939-40 à Lyon*, s. l., 1949, p. 107-109.
69. *LSP*, 441.
70. Photocopie, archives Colette de Saint-Sauveur.
71. Marcel Grancher, *De Courteline à Curnonsky... (Confidences)*, Chez l'auteur, 1969, p. 121.
72. Mot rapporté par M. Goudeket (*Près de Colette*, 188), qui indique aussi (p. 191) l'intervention du consul de Suède.

14. LES ANNÉES GRISES DE L'OCCUPATION. 1940-1944

1. Au reste, voir le chapitre suivant, n. 13, sur Blaise Cendrars.
2. Les lettres à Moreno contiennent de nombreuses mentions de Tonton.
3. *Près de Colette*, 94-95.
4. Lettres à M. Saurel, respectivement 28 avril et 15 mai 1942.
5. Voir respectivement *LPF*, 33 et 85 ; *LPC*, 107 ; lettre à A. Bénard-Fleury (BN, N. a. fr. 18714, f° 80) ; *LMM*, 449.
6. *LMT*, 214. Voir aussi *LPC*, 88. – La « carte grise » (récépissé de déclaration), en date du 1er août 1941 et revêtue de timbres fiscaux jusqu'en

1948, se trouve dans les archives de la Bastide à Cannes-La Bocca, où se trouvait aussi la bicyclette. Sans doute avait-elle donné celle-ci à Valentine Fauchier-Magnan.

7. Le 21 août 1942, Cocteau l'embarque, rue de Beaujolais, dans un vélo-taxi (*Journal 1942-1945*, éd. Jean Touzot, Gallimard, 1989, p. 194).
8. *LPF*, 39. L'éditrice fait imprimer deux fois par erreur « Jarvoski ».
9. *LPC*, 111.
10. Voir les lettres à Alice Bénard-Fleury des 21 septembre, 5 octobre et décembre 1943 (BN, N. a. fr. 18714, f°s 68-73).
11. On le sait par les souvenirs du docteur Marthe Lamy utilisés plus bas. Voir les lettres de Colette aux Leibovici (BN, N. a. fr. 26675, f°s 4-18) ; et une mention dans *LMT*, 176-177.
12. *Souvenirs*, p. 134 ; reproduction partielle dans *Cahiers Colette*, p. 86.
13. *Souvenirs*, p. 145, et *Cahiers Colette*, p. 90.
14. *Souvenirs*, p. 152. Cette rencontre date de 1947. Colette écrit alors à Fargue : « Marthe Lamy dit qu'il se pourrait que nous mangeassions ensemble bientôt ??? » (*LSP*, 466.) Colette a relaté cette soirée dans *Le Fanal bleu* : « Aucun d'entre nous, même pas Fargue, n'y fut génial » (*OCH* 11, 126 ; texte d'abord paru dans *Le Figaro* sous le titre de « La Dernière Soirée », juste après la mort de Fargue).
15. *Souvenirs*, p. 89. Adrienne Monnier a relaté cette rencontre dans *Le Figaro* (Lyon) des 31 octobre-1er novembre 1942 ; article recueilli dans *Les Gazettes d'Adrienne Monnier, 1925-1945*, René Julliard, 1953. La Bibliothèque littéraire Jacques Doucet conserve trois lettres de Colette à A. Monnier (1946). – Adrienne avait une sœur, Marie, qui avait épousé l'artiste Paul-Émile Bécat (ce qui ne l'empêchait pas d'être la maîtresse de Fargue). *L'Ingénue libertine* a été en 1947, chez Georges Guillot, illustré de vingt pointes-sèches de P.-E. Bécat et de lettrines et culs-de-lampe par Marie Monnier.
16. Voir *LMT*, 198-199.
17. *Près de Colette*, 197-198, ainsi que la suite.
18. Marc Martin, *Médias et journalistes de la République*, Odile Jacob, 1997, p. 240.
19. Cité dans : Otto Abetz, *D'une prison* [texte écrit directement en français], *précédé du Procès Abetz vu par Jean Bernard-Derosne, suivi des principales dépositions du réquisitoire et de la plaidoirie de Me René Floriot*, Amiot-Dumont, 1949, p. 304. – H. Lottman mentionne une lettre de Suzanne Abetz à Colette du 17 février 1942 pour la remercier d'un envoi de fleurs (*Colette*, traduction par Marianne Véron, Fayard, 1990, p. 372). – Voir Céline, *Lettres à Marie Canavaggia*, I, *1936-1947*, éd. Jean-Paul Louis, Du Lérot, 1995, p. 212 : « Et Colette donc dont le mari a été sorti expressément de Drancy *[sic]* par Madame Abetz. »
20. K. Epting a préfacé l'*Anthologie de la poésie allemande des origines à nos jours* (édition bilingue par René Lasne et Georg Rabuse, Stock, 1943, 2 vol.), dont Heine, bien sûr, a été écarté.
21. Lettre citée dans les *Cahiers des amis de Robert Brasillach*, n° 26, printemps 1981, p. 93-94, à propos du procès de Karl Epting. Celui-ci fut rapidement acquitté (voir *Combat*, 28 février 1949 ; *Franc-tireur* et *Le Parisien libéré* du 1er mars 1949). Epting a consigné ses souvenirs : *Réflexions d'un vaincu. Au Cherche-Midi, à l'heure française*, traduit de l'allemand par Jean Carrère, Bourg (Ain), Éd. ETL, 1953.
22. Renseignements dus à Marguerite Boivin, qui nous indique que le nom d'Alice Bénard-Fleury a été donné à une place de Toulon.

23. Lettre à Germaine Fraysse (première femme de Carco), *LAP*, 311. Voir aussi *LV*, 253 (lettre à Léo Marchand) et *LMT*, 234. Léo, en novembre 1940, avait été nommé chef de la propagande pour la presse et le cinéma en Algérie et il était revenu à Paris pendant l'été de 1941.
24. *Le Cri du peuple* du 4 mars 1942 titre : « Pour faire plaisir au Maréchal Colette retourne à... l'école » ; le reportage est de Louis Daney. Autre reportage, par Richard Borel, dans *Aujourd'hui* du 4 mars, quotidien dirigé par Georges Suarez et que Colette tiendra à distance (voir p. 435).
25. La meilleure étude sur la presse de l'Occupation semble être celle de Marc Martin, citée à la note 18.
26. Colette écrit soit à G. Suarez (qui sera fusillé à la Libération), soit à un autre responsable d'*Aujourd'hui* une lettre cordiale (s. d.) dans laquelle elle regrette de n'être pas en mesure de collaborer à ce périodique (coll. Philippe Brunet).
27. Texte recueilli en 1949 dans *En pays connu*, Éd. Manuel Bruker ; c'est le dernier ouvrage illustré par Luc-Albert Moreau.
28. Voir H. Lottman, *Colette*, p. 379-380.
29. *Refus et violences. Politique et littérature à l'extrême droite des années 30 aux retombées de la Libération*, Gallimard, 1996, p. 357.
30. *La France à l'heure allemande, 1940-1944*, Éd. du Seuil, 1995, p. 339.
31. Lettre, datée par Colette, du 11 septembre 1914 ; *Cahiers Colette*, n° 20, 1998, p. 17.
32 Voir la synthèse de ces passages dans le chapitre « Colette et la pédagogie » de l'ouvrage de Nicole Ferrier-Caverivière, *Colette l'authentique* (Presses universitaires de France, 1997, p. 115-126).
33. L'achevé d'imprimer est daté du 11 novembre 1944. L'ouvrage est signalé dans *Carrefour* du 23 juin 1945 comme devant être mis « en vente prochainement », mais il n'est enregistré dans la section bibliographique du *[Figaro] Littéraire* que le 13 avril 1946 et le premier compte rendu répertorié date du 31 mai suivant (dans *Le Tigre*) – ces dates ne sont valables que pour la commercialisation en France, alors que le livre est publié en Suisse...
34. Cité par Jean-Marie Fonteneau dans « Colette et Léopold Marchand », article publié simultanément dans le programme des représentations de *Chéri* (Théâtre des Variétés, 1982) et dans *L'Avant-Scène. Théâtre* du 15 avril 1982, consacré à la reprise de la pièce.
35. Une grande partie de ces articles sera recueillie après sa mort dans *Belles saisons* (Flammarion, 1955), sous le titre « Belles saisons II (1941) ». Voir *LPC*, 86, note 1.
36. BN, N. a. fr. 18708, f°s 291-292.
37. À G. Wague, 25 août 1941 (BN, N. a. fr. 18708, f° 167). Les citations qui suivent la lettre à Moreno proviennent de lettres à Maurice Saurel (12 septembre et 27 octobre 1941).
38. Sur ces deux travaux, voir *LPC*, 101, et *LPF*, 94-95.
39. Édith Thomas, *Pages de journal, 1939-1944*, introd. et notes par Dorothy Kaufmann, Viviane Hamy, 1995, p. 128, sous la date du « 19 avril [1941] » – la future historienne fut probablement un des premiers lecteurs : l'ouvrage avait été mis en vente dans la semaine du 3 au 10 avril...
40. Le texte reproduit une copie dactylographiée qui se trouvait dans les lettres à Germaine Patat.
41. Copie au Musée Richard Anacréon, Granville.

42. Jean Chalon (*Colette l'éternelle apprentie*, Flammarion, 1998, p. 319) est parvenu aux mêmes identifications.
43. Le discours de Monzie est publié dans le numéro d'hommage de la *Revue des vivants*, novembre-décembre 1935 ; voir p. 1637.
44. *Mémoires du comte Horace de Viel Castel sur le règne de Napoléon III (1851-1864)*, t. II, *1852-1853*, Paris, chez tous les libraires, 1883, p. 31. – Ce passage concerne l'arrière-grand-père de Henry et de Robert. – Les lettres à J.-G. Deschamps font partie de la collection de Gérard Oberlé.
45. Témoignage de Me Aujol dans *Cahiers Colette*, n° 18, 1996, p. 125.
46. Jean Chalon, *Colette l'éternelle apprentie*, p. 325.
47. *Près de Colette*, 66.
48. D'autres « sources » possibles ont été recensées par Michel Mercier, voir sa notice sur *Gigi*, *Pl.* IV (à paraître).
49. « Gigi », *Le Figaro*, 19 février 1954.
50. *Pl.* I, 1215.
51. *Le Petit Parisien*, 3 mai 1943.
52. *Cahiers Colette*, n° 20, p. 22.
53. Sur Mme Fournier, voir *OCH* 10, 100-102 ; *LPC*, 109 (15 juillet 1943) ; *Près de Colette*, 275.
54. Des lettres adressées à elles trois sont récemment passées en vente (Drouot, 6 et 7 novembre 1997, Me Buffetaud, Th. Bodin expert, n° 49-52), maintenant coll. Michel Remy-Bieth. – Mlle Gélis-Didot appartenait à la grande famille des imprimeurs ; elle est morte le 29 septembre 1952. – Sur *La Perle égarée*, voir le chapitre « En roue libre », p. 408 et n. 29.
55. Coll. part. – Pour Cocteau, voir son *Journal 1942-1945*.
56. « Dernières images de Claudel », *Le Figaro littéraire*, 21 mai 1955.
57. *Journal*, éd. Fr. Varillon et J. Petit, « Bibliothèque de la Pléiade », t. I, p. 846. Nicole Ferrier cite de plus un passage du commentaire par Claudel de l'Apocalypse où l'on retrouve la même référence à « Où sont les enfants ? » (*Colette l'authentique*, 87).
58. Ce « Prélude » a été recueilli dans *Trait pour trait*. – Pour l'interprétation donnée par Marthe Lamy, voir ses *Souvenirs*, p. 133, et *Cahiers Colette*, n° 14, p. 84-85.
59. *LAP*, 429 et 431. Dans « Lys » de *Pour un herbier* (*OCF* XIV, 145), à propos du vers célèbre, elle mentionne l'« agréable visage barbichu et distingué » de Mallarmé.
60. Catalogue *Colette*, n° 743. Dans la citation suivante, il faut comprendre par fête « anniversaire » (Gide est né le 22 novembre 1869).
61. Vente Drouot, étude Couturier-Nicolaÿ, 28 octobre 1977, n° 38.
62. Coll. part.
63. *Paris-Presse-L'Intransigeant*, 22 février 1951 ; enquête « La signification d'une mort ».
64. Catalogue *Colette*, n° 745. – Pour *Asmodée*, voir le journal de Renée Hamon (*LPC*, 37).
65. Les lettres conservées de Colette à Mauriac sont publiées dans *LSP*, 452-455. Les lettres à Goudeket sont connues par des photocopies conservées dans les archives Colette de Saint-Sauveur.
66. M. Goudeket, *La Douceur de vieillir*, Flammarion, 1965, p. 171-172. Sur la confusion, p. 172-174.
67. Voir *LPF*, 118, 120 et *passim* ; *LMM*, 432.
68. Voir respectivement *Pl.* II, 904-906 (texte intitulé « Présages », publié pour la première fois le 8 janvier 1918) ; *Pl.* III, 529-531 (texte de

1929) ; *OCF* XIII, 266-273 (texte de 1945) ; *OCF* XI, 359-416 (texte de 1939).

69. Article « Mes voyantes » (*Confessions*, 22 avril 1937), ainsi que la citation suivante.
70. Lettre probablement adressée à une journaliste américaine ou anglaise qui l'avait interrogée sur les phénomènes que l'on qualifie aujourd'hui de paranormaux ; le contenu permet de la dater des années 1917-1923 (coll. Foulques de Jouvenel).
71. *La Douceur de vieillir*, p. 128.
72. *Les Gazettes d'Adrienne Monnier, 1925-1945*, 291. Marthe Lamy précise qu'il s'agissait de la Gerbière, propriété que Colette eut aux Mesnuls, près de Monfort-l'Amaury (*Cahiers Colette*, n° 14, 1992, p. 82), et qu'elle ne garda que quelques mois (voir le chapitre « "Elle est dure à gagner, l'argent" », p. 309).
73. *OCF* XIII, 268.
74. « [...] le prince finissait de raconter comment Mme Briffault, consultée l'après-midi, venait de lui prédire que [...] » (*Lewis et Irène*, Grasset, « Les Cahiers rouges », 1983 [1re éd. 1924], p. 26).
75. Lettre déjà citée de la collection F. de Jouvenel. La citation suivante est extraite de *Sido* (*Pl.* III, 531 ; dans sa note, Maurice Delcroix signale que la même formule revient sous la plume de Colette dans les pages de *Trait pour trait* consacrées à Anna de Noailles, et publiées initialement dans *Marianne*, le 23 juin 1937).
76. Elle est désignée ainsi (juste nommée) dans « Présages » (*Pl.* II, 905), *Sido* (*Pl.* III, 529) et dans « La Lune de pluie » (*OCF* XI, 374), et évoquée plus longuement dans « Mes voyantes » et dans *L'Étoile Vesper* (*OCF* XIII, 270-273). Adrienne Monnier aussi a entendu Colette rappeler ce souvenir (*Les Gazettes*..., 291). La première citation qui suit est tirée de cet ouvrage ; les autres, de « Mes voyantes ». André Salmon lui consacre plusieurs pages dans *Voyages au pays des voyantes* (Les Éd. des Portiques, s. d. [1932], p. 190-195) et la nomme Mme Élohé.
77. Lettre de Colette à Maurice Goudeket citée par celui-ci dans *La Douceur de vieillir*, p. 122-123 (les crochets en italique signalent une coupure faite par M. Goudeket). La citation suivante, p. 127.
78. Voir *À portée de la main*, *OCF* XIV, 421, texte « L'Image parlante », que *Paris-Soir* avait inséré avec un titre mieux adapté à ses lecteurs : « La mariée dit : Je suis morte... »
79. Colette a reçu le livre de G. Truc avec cet envoi : « À Mme Colette, au modèle incomparable, le peintre, très indigne, en très respectueuse affection » (coll. part.). Elle ne l'a pas entièrement coupé, mais elle y a fait quelques corrections typographiques. – La lettre de Fombeure au docteur Ferdière était signalée dans le catalogue de la librairie William Théry, été 1996, n° 158.
80. « Colette », *La Nouvelle Revue française*, 1er mars 1942.
81. *Confluences* est publié à Lyon, sous la direction de René Tavernier. L'article est intitulé : « La Voix de nos maîtres ou les Forces intérieures du roman (de Melville à Colette) ». On ne sait si Colette l'a lu.
82. *La Chasse à courre*, Gallimard, 1948 (sur les filles, voir p. 169). *Histoire de John Cooper d'Albany*, Gallimard, 1955 ; la dédicace est aux pages 9-10.
83. Librairie Les Autographes, catalogue n° 56, juillet 1993, pièce 132 (communication de Thierry Bodin).

15. UNE CERTAINE ÉCLIPSE. 1944-1949

1. BN, N. a. fr. 18714, f° 79.
2. Voir le récit parallèle fait par Goudeket (*Près de Colette*, 213-216). Le premier de ces trois jours était le 18 août.
3. J. Isorni, *Le Procès de Robert Brasillach*, Flammarion, 1946, p. 16. Voir aussi Jean Lacouture, *François Mauriac*, Éd. du Seuil, 1980, p. 423. – Le catalogue de la maison Charavay, n° 815, de mai 1996 (pièce 44876) contient des lettres d'Anouilh, de Maurice de Broglie, de Cocteau, de Dorgelès et de Jean Effel, relatives à la demande de grâce. – Sur Thierry Maulnier, voir la biographie d'Étienne de Montety, Julliard, 1994, notamment p. 217-221.
4. Lettre citée par J. Isorni, *Mémoires*, I, *1911-1945*, Robert Laffont, 1984, p. 285. Pour l'intervention de Cocteau, p. 309.
5. *Journal d'un homme occupé*, *Œuvres complètes*, Club de l'Honnête Homme, t. VI, p. 596 (1re éd., 1955).
6. Voir Marc Martin, *Médias et journalistes de la République*, Odile Jacob, 1997, p. 274-276, et Fernand Terrou dans *Histoire de la presse*, t. IV, *1940-1958*, p. 179 et suiv.
7. Sur l'attitude du *Figaro* sous l'Occupation et après la Libération, voir l'article de Pierre Brisson, « Hier et aujourd'hui » dans *Le [Figaro] Littéraire*, 23 mars 1946.
8. Yves Courrière, *Pierre Lazareff*, Gallimard, « Biographies », 1995, p. 461 ; de même pour l'épisode de la semence.
9. *L'Étoile Vesper*, *OCF* XIII, 271. Ce passage ne fait pas partie du début et contrairement à ce que croit Y. Courrière ne pouvait paraître dans le numéro 1 de *Elle*. C'est dans le numéro du 12 décembre que paraît le passage relatif aux voyantes. *L'Étoile Vesper* s'achève dans *Elle* le 9 janvier 1946.
10. Jean Hugo, *Le Regard de la mémoire*, Arles, Actes Sud, Hubert Nyssen éditeur, 1983, p. 507.
11. *LPF*, 117, 25 février 1944. – Goudeket rapporte que la nomination de Giraudoux comme commissaire à l'Information au début de la guerre avait laissé Colette rêveuse ; voir *Près de Colette*, 177.
12. Voir *LMM*, 463-467.
13. On comprend mal que Blaise Cendrars ait publié en 1956 *Emmène-moi au bout du monde !...* (Denoël), roman à clés où il tourne en dérision l'actrice vieillie. Colette y figure sous le nom de la Présidente et Louis Jouvet sous celui de Félix juin. Le serviteur noir de la Présidente y est salué de « Bonne-Quéquette ! » ; on aura compris... (p. 35 de l'éd. Denoël en « Folio », n° 15, 1997). Cendrars avait fait le voyage de New York sur le *Normandie* en 1935 ; a-t-il croisé Colette dans le bateau ?
14. Le texte, plus fidèlement établi, en a été repris dans *LSP*. – C'est G. Jean-Aubry, le traducteur de Conrad et le biographe de Valery Larbaud, qui avait conseillé à Robert Mallet d'éditer cette correspondance. Voir les souvenirs de celui-ci, *Cahiers Colette*, n° 14, 1992, p. 64.
15. Nous en devons l'aimable communication à M. Foulques de Jouvenel.
16. G.-H. Dumont, *Élisabeth de Belgique*, Fayard, 1986, p. 388, lettre du 3 avril 1948 ; voir aussi p. 386.
17. *LPF*, 178, lettre du 14 mars 1949.
18. Ce texte a été reproduit dans les *Cahiers Colette*, n° 13, 1991, p. 155-156.

19. Billy, *Gavroche*, 10 mai, et *Radio 45*, 5 juin 1945 ; Larguier, *Carrefour*, 19 mai ; Déon, *Concorde*, 7 juin ; Laprade, *Arts*, 11 mai. L'hommage de Gérard d'Houville paraît dans *Paris, l'élégance française*, été 1945.
20. *LSP*, 273-274 et 314-315. Sur Georges Navel (1904-1993), voir l'article de Roger Malher, *Le Pays lorrain*, janvier-mars 1997, p. 31-40, et un passage de Michel Ragon, *Histoire de la littérature prolétarienne de langue française*, Albin Michel, nouv. éd., 1986, p. 247-248.
21. Dans une lettre s. d. (coll. part.), elle déclare qu'elle ne peut se rendre au ministère, qu'elle vote pour *Travaux*, sinon pour Philippe Lhéritier, auteur du *Calendrier des oiseaux* ou même pour *Paysans, chronique d'un village du xe au xxe siècle*, du comte de Neufbourg, tous ouvrages publiés en 1945.
22. À Alice Bénard-Fleury, 27 juin 1945 (BN, N. a. fr. 18714, fos 88-89).
23. Ainsi, le 3 décembre 1945, Joseph Peyré (ami de Méheut) lui recommande *Le Sacrifice du matin* de Guillain de Bénouville (coll. part.).
24. À Billy, *LSP*, 274. À Wague, BN, N. a. fr. 18708, f° 177.
25. Coll. part. – Les lettres à A. Bénard-Fleury, BN, N. a. fr., 18714, fos 97-98 et 72-73.
26. Voir *Album Colette*, p. 224, nos 399 et 400.
27. À Alice Bénard-Fleury, BN, N. a. fr. 18714, f° 94. L'adverbe « honorablement » est aussi employé dans une lettre à Marguerite d'Escola de 1950 (coll. part.). Une nouvelle cure à Uriage était alors prévue. Elle y échappa.
28. À Georges Wague, BN, N. a. fr. 18708, fos 175-176.
29. *LMM*, 474. – Colette date ce séjour à Genève de 1946 et de 1946 également le séjour dans le Beaujolais. M.-Fr. de Courtivron a montré dans son édition du *Fanal bleu* (*Pl.* IV) que les deux séjours sont de 1947.
30. Ce texte a d'abord été publié dans le *Nouveau Femina* de septembre 1954, puis par Simone Berriau dans son livre de souvenirs (*Simone est comme ça*, Robert Laffont, 1973), p. 172-174. Il a été reproduit dans les *Cahiers Colette*, n° 12, 1990, p. 26-28.
31. Selon Éliane Lecarme-Tabone, « Simone de Beauvoir et Colette », *Cahiers Colette*, n° 20, 1998, p. 119.
32. *Simone est comme ça*, p. 159. Pour la canasta, p. 179.
33. Coll. Philippe Dupuy.
34. *Entretiens avec Jean-Paul Sartre*, à la suite de *La Cérémonie des adieux*, Gallimard, « Folio », 1987, p. 287. – *La Force des choses*, Gallimard, 1963, p. 255.
35. Le poème est reproduit dans les *Cahiers Colette*, n° 16, 1994, p. 123-129. Il est suivi d'une étude d'Olivier Barbarant, « L'homme rouge et le fanal bleu » qui montre aussi ce qu'Aragon doit à Colette, par exemple ce qu'*Aurélien* doit à *La Fin de Chéri*.
36. Coll. Paul Beauvais. *L'Oncle Henri* a paru chez Gallimard à la fin de 1943. Mais l'envoi est daté du 12 février 1947. Les « Lettres d'une mère à son fils » ont paru dans la *Nouvelle Revue française*, 1er juin et 1er juillet 1942. Remarquons toutefois que les lettres sont précédées d'une préface signée Marcel Jouhandeau...
37. Coll. part.
38. Des quatre textes qui ont constitué un moment *Broderie ancienne* on n'a pas retrouvé de préoriginale.
39. Sur l'édition de *Belles saisons* par la Galerie Charpentier, voir *Arts*, 22 juin 1945. – Les dates de l'exposition Camoin demandent que soit modifiée la date donnée dans *LPF*, p. 141 ; la lettre est du 11 avril et non du 11 mai 1945.

40. Voir le préambule de Thierry Maulnier à son *Introduction à Colette* (La Palme [P. Berès], 1954). Voir aussi *LMM*, 466. Colette était la marraine d'un fils de Pierre Berès, Jacques, né en juin 1941. Pierre Berès était désigné dans le testament de Colette pour procéder à la vente des livres appartenant en propre à Maurice Goudeket, dans le cas où elle lui survivrait (voir p. 469). Goudeket survécut à sa femme (il mourra en 1977). C'est de son vivant qu'il fit procéder à la vente de ses livres, au Palais Galliera, les 11 et 13 mars 1961, P. Berès étant l'un des experts. Le catalogue était intitulé : *Bibliothèque M. G. Livres de collection.*
41. *Le Figaro littéraire*, 2 avril 1949, « Aux quatre vents ».
42. Souvenirs de R. Mallet, *Cahiers Colette*, n° 14, 1992, p. 64-65 et 68.
43. Note prise par Adrien Fauchier-Magnan lorsqu'il préparait son livre de souvenirs, publié en 1960, *C'était hier* (communication de M. et Mme Hervé Fauchier-Delavigne).
44. Voir *Le Figaro littéraire*, 5 mars 1949.
45. Les « Éphémérides » ont été reproduites dans les *Cahiers Colette*, n° 13, 1991, p. 7-79.
46. Sur Colette au Véfour, voir *Près de Colette*, p. 265-266, et R. Oliver, *Adieu fourneaux*, Robert Laffont, « Vécu », 1984, chapitre XIV, où l'on trouvera la recette du « Coulibiac de saumon Colette »
47. Truman Capote a rapporté cette visite dans *The Dogs Bark*, traduit en français chez Gallimard en 1970 ; voir aussi *Prières exaucées*, Grasset, 1988. Le chapitre de *Les chiens aboient*, « La Rose blanche », a été reproduit par Gérard Ingold dans *Colette collectionneuse*, Biarritz, Atlantica, 1997. Voir aussi Nancy Caldwell Sorel, « Colette and Truman Capote », *The Atlantic Monthly*, mai 1995, p. 89 (avec un dessin savoureux d'Edward Sorel) : l'auteur de l'article se demande comment les deux écrivains ont pu se comprendre : l'anglais de Colette était rudimentaire et Truman Capote ne connaissait pas notre langue. Certes, mais Goudeket connaissait bien l'anglais.
48. Prokosch a rapporté sa visite dans *Voices. A Memoir* (New York, Farrar, Straus, Giroux, 1983 ; *Les Voix dans la nuit*, Fayard, 1996).

16. APOTHÉOSES. 1950-1954

1. Témoignage recueilli par Sarah Baldassari, dans *Cahiers Colette*, n° 18, 1996, p. 130-133 (citation p. 132).
2. Pour *Gigi* voir : Claude Mauriac (*Le Figaro littéraire*, 15 octobre). – Pour *Chéri* : Jean Duché (*Le Figaro littéraire*, 29 octobre), Elsa Triolet (*Les Lettres françaises*, 3 novembre), Liliane Delysan (*Elle*, 31 octobre), Thierry Maulnier (*Le Figaro littéraire*, 5 novembre), Gisèle d'Assailly (*La Gazette des lettres*, 12 novembre ; le journal avait consacré quatre articles à *Chéri* et à Chéri le 29 octobre, dont un de René Fallet et un autre de Maurice Chevalier...), Albert Gilou (*Réalités*, janvier 1950), Jacques Carat (*Paru*, avril).
3. Nous remercions James Patty d'avoir recherché pour nous la date de la première représentation et le compte rendu du *New York Times*.
4. *Près de Colette*, 257. Maurice Goudeket place la scène à leur « deuxième séjour à Monte-Carlo, au printemps de 1951 » (p. 256)...
5. Voir sa communication dans les *Cahiers Colette*, n° 19 (actes du colloque de Saint-Sauveur-en-Puisaye, mai 1997), 1997, p. 217-228.

6. Article « Edwige Feuillère devient Julie de Carneilhan », *Le Figaro littéraire*, 26 novembre 1949.
7. Colette, *Mes vérités*, entretiens avec André Parinaud, Écriture, 1996. L'avant-propos du journaliste n'apporte rien à la connaissance de Colette ; au cours de ces 66 pages il se contente d'ajouter quelques erreurs personnelles à une liste déjà bien longue ; il n'aborde la question qui intéresse le lecteur (dans quelles circonstances furent décidés puis réalisés ces entretiens) qu'à la page... 65. Aucune précision non plus n'est donnée sur la date des entretiens transcrits, ni sur le découpage de ces entretiens, ni sur la publication de certains extraits dans des journaux de l'époque : *Arts*, *La Nef*...
8. Texte du *Voyage égoïste*, dont la première publication date, en effet, de 1924 (voir *Pl.* I, 1149).
9. *Les Nouvelles littéraires*, 3 mai 1945 (écho anonyme sur l'enthousiasme que l'élection avait déclenché à l'étranger) ; *Gavroche*, 12 juillet 1945 (phrase citée par André Clair).
10. Le qualificatif est de Richard Anacréon, selon Louise Weiss... (BN, N. a. fr. 17794, f° 12).
11. Cette lettre fut publiée partiellement par Gabriel Ollivier dans *Une dynastie millénaire*, t. II, *Le Début d'un règne* (Imprimerie nationale de Monaco, 1950) et intégralement dans l'*Hommage à Colette* publié par la Principauté en 1955.
12. Ce texte a d'abord été inséré dans *Le Figaro* du 20 janvier 1954, puis reproduit dans l'*Hommage à Colette*, en 1955 ; voir aussi *Pl.* II, 1275-1276.
13. C'est grâce à Gérard Oberlé que nous avons pu entrer en relation directe avec Mme Desnoues, qui nous a transmis en photocopie les lettres de Colette, ainsi que deux lettres de Natalie Barney, autre admiratrice de sa poésie. Après la mort de Colette, L. Desnoues publie chez Gallimard *La Fraîche* (1958), dans la collection « Jeune poésie NRF » ; l'un des poèmes, « La Violette », est dédié « À Madame Colette ». Lucienne Desnoues participa aux hommages déployés pour le centenaire de Colette par une causerie aux Midis de la Poésie, à Bruxelles, le 2 décembre 1973 (texte publié sous le titre « Colette aurait cent ans » dans le *Bulletin de l'Académie royale de langue et de littérature françaises*, t. LI, n° 3-4, p. 181-194, et reproduit dans *Pour le centenaire de Colette*, Bruxelles, Palais des Académies, 1973, p. 44-57). Natalie Barney témoigne de l'admiration que Colette avait pour l'œuvre de L. Desnoues (voir *Souvenirs indiscrets*, Flammarion, 1960, p. 195).
14. Dans sa préface à *Jardin délivré*, Charles Vildrac indique que ce grand-oncle forgeron est évoqué dans *Le Grand Meaulnes*.
15. *Le Figaro*, 23 janvier 1951, article de Jean Duché. Les Théophiliens étaient une troupe théâtrale composée d'étudiants et animée par Gustave Cohen.
16. Voir les articles, le 24 janvier, de G. Joly *(L'Aurore)*, Renée Saurel *(Combat)*, Jean-Jacques Gautier *(Le Figaro)*, puis Jean-François Reille (*Arts*, 26 janvier), Jacques Lemarchand (*Le Figaro littéraire*, 27 janvier) ; Mme Dussane se montre plus favorable (*Samedi soir*, 27 janvier-2 février).
17. Coll. Foulques de Jouvenel.
18. Lettre à Georges Wague, BN, N. a. fr. 18708, f° 181.
19. « Souvenirs de Raymond Corbin, sculpteur et médailleur », interview par Jacques Guinchard, *Le Jura français*, avril-juin 1990.
20. Coll. Gérard Oberlé ; le cachet postal porte la date du 14 mars 1951.

21. Notes inédites, BN, N. a. fr 18704, f° 156.
22. Voir la lettre 135 de *LAPB* (p. 243). La lettre date probablement de septembre ou d'octobre : une publicité est insérée dans la *Bibliographie de la France* du 19 octobre et le dépôt légal est daté du 3e trimestre.
23. *Près de Colette*, 254.
24. Lettre du 19 (janvier ?) 1952, BN, N. a. fr 18707, f° 219-220.
25. *Le Passé défini* (éd. Pierre Chanel), t. I, *1951-1952* (Gallimard, 1983), sous la date du 22 février 1952, p. 166 et 167.
26. Voir l'*Album Colette*, p. 14, 26, 35, 126, 280 (textes), 254-256 (projection privée, puis publique).
27. *Le Figaro*, 8 octobre 1952. Voir aussi : *Le Figaro* des 20 janvier 1951, 4-5, 7, 8, 10 octobre 1952 ; *Le Figaro littéraire*, 19 juillet 1952 ; *Arts-spectacles*, 3-9 juillet 1953 (article de Christian Millau)...
28. *Près de Colette*, 260.
29. Respectivement : lettres à sa nièce, Colette Wyler, 1er janvier 1951 ; à Franz Hellens, 17 novembre 1952 (Bibliothèque littéraire Jacques Doucet, Ms. 11.726) ; à Christian Dior, janvier 1953 (coll. part.) ; à Denise Mayer, femme du président du Conseil, 23 janvier 1953 (Bibl. litt. J. Doucet, Ms. 2777) ; à Pierre Labrouche, 5 mai 1953 (*Cahiers Colette*, n° 20, p. 26).
30. BN, N. a. fr. 18714, f° 120-121, lettre s. d. (vers 1946), et f° 112, lettre du 3 octobre 1952.
31. *Le Passé défini*, I, p. 279, sous la date du 16 juillet 1952.
32. Lettres à Maurice Saurel, août 1948 (coll. part.), à Germaine Beaumont, juillet-août 1949 (*LAPB*, 229), et à Pierre Moreno, octobre 1949 (coll. part.).
33. Maurice Goudeket le recueillera dans l'édition posthume de *Belles saisons* (1955).
34. *Pl.* III, 370.
35. Coll. part. – On peut voir une Colette « ronde dans son costume de bain » dans l'*Album Colette* (p. 194, n° 348).
36. *Le Figaro littéraire*, 31 janvier 1953.
37. *LMT*, 380 (la lettre donnée à la page 381 n'a pu être datée par l'« éditeur » – pour les autres dates, celles qui sont données pour sûres, nous avons eu l'occasion à plusieurs reprises de les mettre en doute). Pour Dunoyer de Segonzac et Henri Mondor, voir *LSP* ; les lettres adressées à Denise Bourdet et à Denise Mayer sont conservées à la Bibliothèque littéraire Jacques Doucet ; pour les Petites Fermières, voir *LPF* ; Germaine Beaumont, *LAPB* ; Georges Wague, *LV* ; Alice Bénard-Fleury, BN ; Pierre Labrouche, *Cahiers Colette*, n° 20 ; les Carco, *LSP* ; les autres lettres sont dans des collections particulières.
38. Sur l'évolution de l'écriture de Colette, et les déductions sur la datation des manuscrits qui peuvent en être déduites, voir Michelle Le Pavec, « L'Écriture de Colette. Son évolution, ses supports », *Cahiers Colette* n° 10, 1988, p. 87-100 (dans le même numéro, p. 43-86, Mme Le Pavec donne l'inventaire détaillé des manuscrits conservés à la Nationale).
39. Jean Cocteau, *Le Passé défini*, II, *1953*, Gallimard, 1985, p. 41-42, sous la date du 18 février.
40. Lettre de Natalie Barney à George Day (poétesse, secrétaire générale de la Société des gens de lettres) du 18 février 1953 (catalogue de la librairie du Bois, n° 21, décembre 1997, pièce 17).
41. *Le Figaro littéraire*, 25 avril 1953.

42. La date est précisée dans une lettre de M. Goudeket à P. Fresnay du 24 mars 1953 (coll. Alain-Clément Taverniers).
43. Selon l'*Almanach du disque 1954*, Pierre Horay, 1954, p. 4, dans la section « Les événements de l'année ». Le « Message enregistré de Madame Colette » et la « Réponse téléphonique de M. Auriol à Madame Colette » sont reproduits aux pages 7 et 8-9.
44. *Le Passé défini*, II, p. 310 ; de même pour la citation suivante.
45. *Flore et Pomone* (1943), *OCF* XIII, 156-157.
46. Voir *LMM*, 484-485 et n. 1.
47. *Le Passé défini*, III, *1954*, Gallimard, 1989, p. 49, sous la date du 11 février 1954.
48. L'expression est du *Figaro littéraire* du 27 février 1954.
49. *Le Passé défini*, III, p. 49-50 (11 février 1954).
50. *Le Passé défini*, III, p. 133 (16 mai 1954). Colette avait rendu compte de la pièce de Cocteau le 15 avril 1934 (voir *La Jumelle noire*, *OCF* X, 99-104).
51. Jean Hugo, *Le Regard de la mémoire*, Arles, Actes Sud, Hubert Nyssen éditeur, 1983, p. 454.
52. Jules Roy, *Les Années déchirement, Journal 1925-1965*, Albin Michel, 1998, p. 333-334.
53. *Le Passé défini*, III, p. 149 (23 juin 1954).
54. *Le Passé défini*, III, p. 158.
55. *Le Passé défini*, III, p. 202 (4 août 1954).
56. *Le Figaro* du 4 août précise : 20 h 35 (c'est aussi l'heure indiquée sur l'acte de décès) ; Goudeket dira « vers sept heures et demie du soir » (*Près de Colette*, 283).
57. *Souvenirs des années folles, recueillis par Marcel Duval*, 1988, p. 135 ; *Cahiers Colette*, n° 14, 1992, p. 87.
58. *Journal* de Jules Roy, p. 336, sous la date du 5 août.
59. Ce discours est reproduit dans l'*Hommage à Colette* rendu par le Conseil littéraire de la principauté de Monaco (Les Éditions de l'Imprimerie nationale de Monaco, 1955).
60. Voir *Les Nouvelles littéraires*, 12 août (« Esquisse pour un portrait de Colette ») ; *La Table ronde*, octobre (« La leçon de Colette ») ; *Le Goéland*, juillet-août-septembre (« Colette et la Bretagne »).
61. Voir aussi : *Combat*, 5, 7-8, 10, 12, 13, 18, 20 août ; *La Nouvelle N. R. F.*, 1er septembre (Dominique Aury) ; *Le Goéland*, juillet-août-septembre ; *Le Mercure de France*, 1er octobre (Georges Duhamel). – La citation finale : BN, N. a. fr. 18704, f° 226.

Les *Cahiers Colette* sont édités par la Société des amis de Colette (Mairie – 89520 Saint-Sauveur-en-Puisaye).

ANNEXE 2

GÉNÉALOGIES

1. LA FAMILLE PATERNELLE DE COLETTE

Les renseignements tirés des actes d'état civil de Puttelange-aux-Lacs et de Fénétrange ont été recueillis par Mlle Valérie Brunet, des Archives départementales de la Moselle, et par M. Pascal Faustini, généalogiste. Ceux de Toulon sont dus aux Archives municipales de cette ville.

1. Joseph Collette épouse Anne Betscher le 7 avril 1712, à Puttelange. Il semble qu'ils soient l'un et l'autre originaires de cette commune. – Le nom « Collet » (ou Collette, selon la prononciation germanique), dérivé de « Nicolas », nom du saint patron de la Lorraine, est attesté, nous dit Pascal Faustini, depuis le début du XVIe siècle dans la région de Lunéville.
2. Claude Collet (ou Collete ou Collette, selon les actes) épouse Angélique Stiber le 10 février 1733, à Puttelange, dont ils sont natifs. Ils sont les parents de Caspar et Pierre (jumeaux nés le 4 juillet 1733, à Puttelange ; leurs parrains sont maréchal[-ferrant] et tisserand ; *voir n° 3*), Catherine (née le 17 novembre 1734 à Puttelange), Marie (née le 19 avril 1736, probablement décédée avant la naissance la seconde Marie), Marie *(voir n° 4)*, Jean *(voir n° 5)*. Claude, qui est maître maçon, décède le 25 janvier 1751 à Fénétrange, à l'âge de 38 ans. Angélique est décédée entre le 10 janvier 1764 et le 30 avril 1776.
3. Pierre Collette (ou Colette) épouse Marie Anne Mayer le 10 janvier 1764, à Fénétrange. Ils auront trois enfants : Antoine (né le 30 décembre 1764, il épouse Christine Gouy le 4 octobre 1791), Jacques (né le 4 octobre 1768 ; *voir n° 6*), André (né le 30 novembre 1771).
4. Marie Collet, née le 21 avril 1738 à Puttelange, épouse Dominique Mayer le 27 juillet 1762, à Fénétrange. Dominique Mayer, qui n'est pas parent avec Marie Anne *(voir n° 3)*, signe de trois croix alors que, baptisé le 6 juin précédent, à l'âge d'« environ vingt [quatre *biffé*] cinq ans », il sait écrire son nom en hébreu ; il était originaire de Niederorschel, en Allemagne. Leur premier fils, Georges, naît le 1er août suivant. Un second fils, Jean, naîtra le 30 décembre 1763.
5. Jean Colette épouse Élisabeth Muller le 30 avril 1776 ; il est âgé de 28 ans. Témoin au mariage de son neveu Antoine *(voir n° 3)*, il est dit « maître maçon ».

1. LA FAMILLE PATERNELLE DE COLETTE

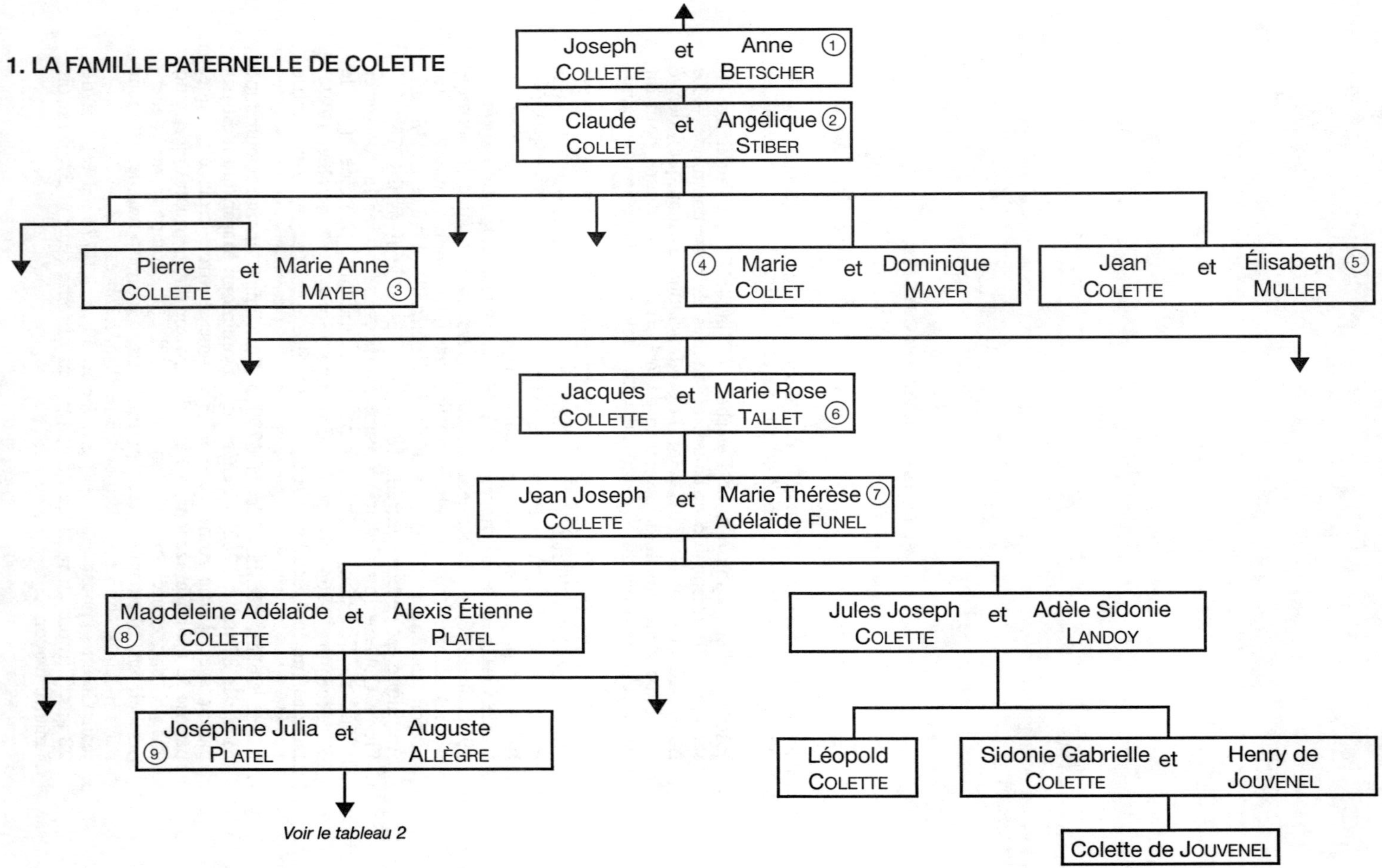

6. Jacques Collette (ou Collete) naît le 4 octobre 1768 à Fénétrange. Le 21 ventôse an VII, il déclare, à Toulon, la naissance de son fils Jean Joseph *(voir n° 7)*, né la veille de Marie Rose Tallet, « native de Berre, départ[t] des Bouches du Rhône, âgée de trente un ans ». Il se dit « natif de Guenetrange *, départ[t] de la Meurthe, âgé de trente un ans, canonnier dans la sixième demi brigade d'artillerie de la marine **. » Il meurt sur le *Red Bridge* le 4 mai 1807.
7. Jean Joseph Collete (Toulon, 7 ou 10 *** mars 1799-17 octobre 1870) épouse Marie-Thérèse Funel (Toulon, 23 nivôse an XI [15 janvier 1803]-26 mai 1877) le 23 mai 1821. Il commence sa carrière de marin le 2 octobre 1809 lorsqu'il est embarqué comme mousse sur la frégate *Adrienne*. Il est à Cayenne du 4 août 1839 au 2 décembre 1843.
8. Magdeleine Adélaïde Collette (Toulon, 5 avril 1822-27 novembre 1863) épouse Alexis Platel (Dunkerque, 7 août 1807-Toulon, 19 décembre 1868), à Cayenne, le 28 septembre 1840.
9. Joséphine Julia Platel (née le 6 décembre 1847 à Cayenne) épouse Auguste Allègre (né en 1843) le 5 juillet 1871.

---

* *Sic.*

** Archives de la Marine (château de Vincennes), dans un dossier déposé par Marie-Thérèse Funel veuve Colette pour obtenir la pension qui était versée jusque-là à son mari.

*** Le 7 d'après les états de service conservés aux archives de la Marine, le 10 d'après les équivalences entre le calendrier républicain et le nôtre.

2. COLETTE ET JEAN AICARD

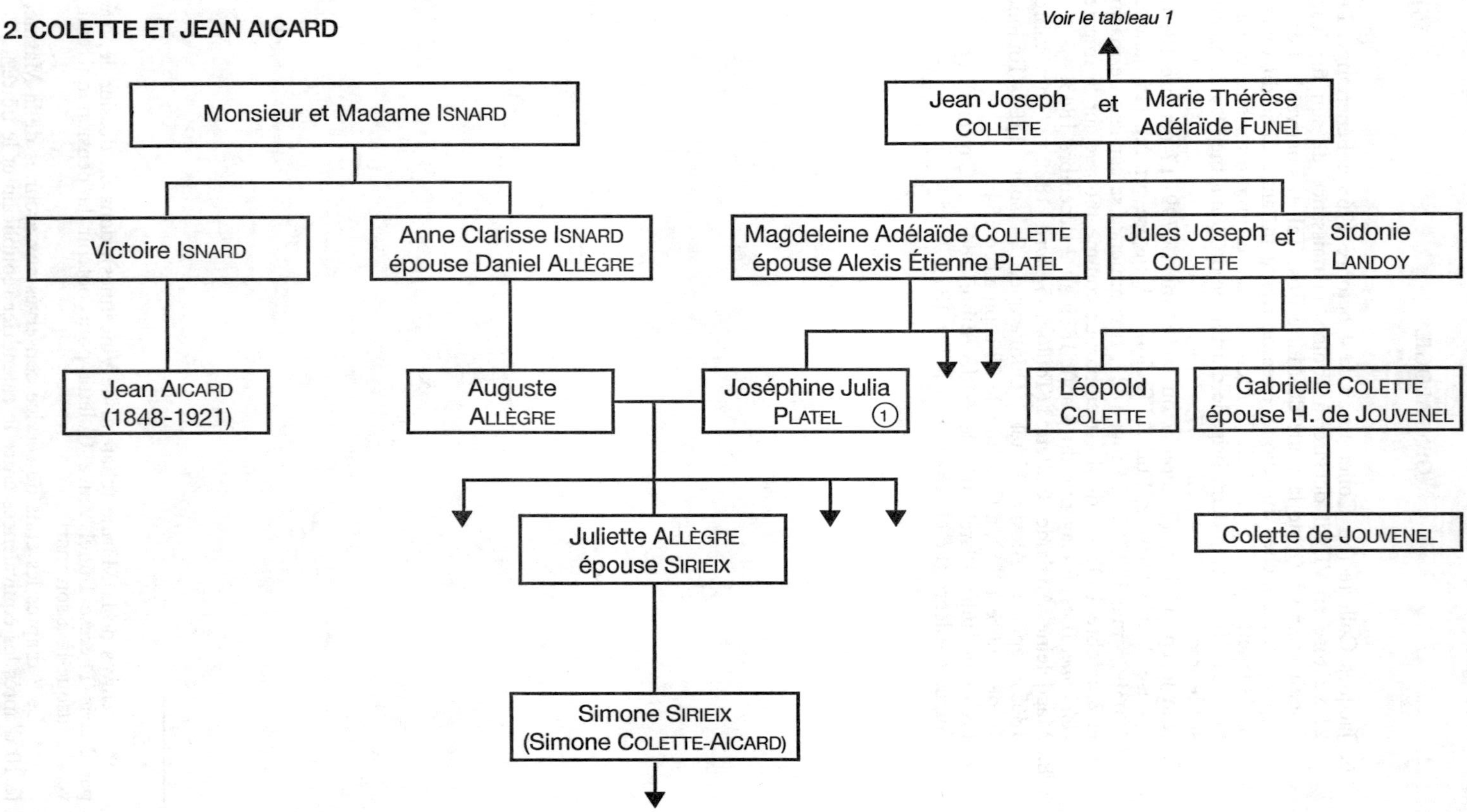

2. COLETTE ET JEAN AICARD

Renseignements procurés par Mme Simone Sirieix (en littérature : Simone Colette-Aicard).

1. Par commodité, Joséphine Julia est présentée sur le graphique comme si elle était l'aînée des enfants Platel ; c'est en fait la cadette.

3. LA FAMILLE LANDOY

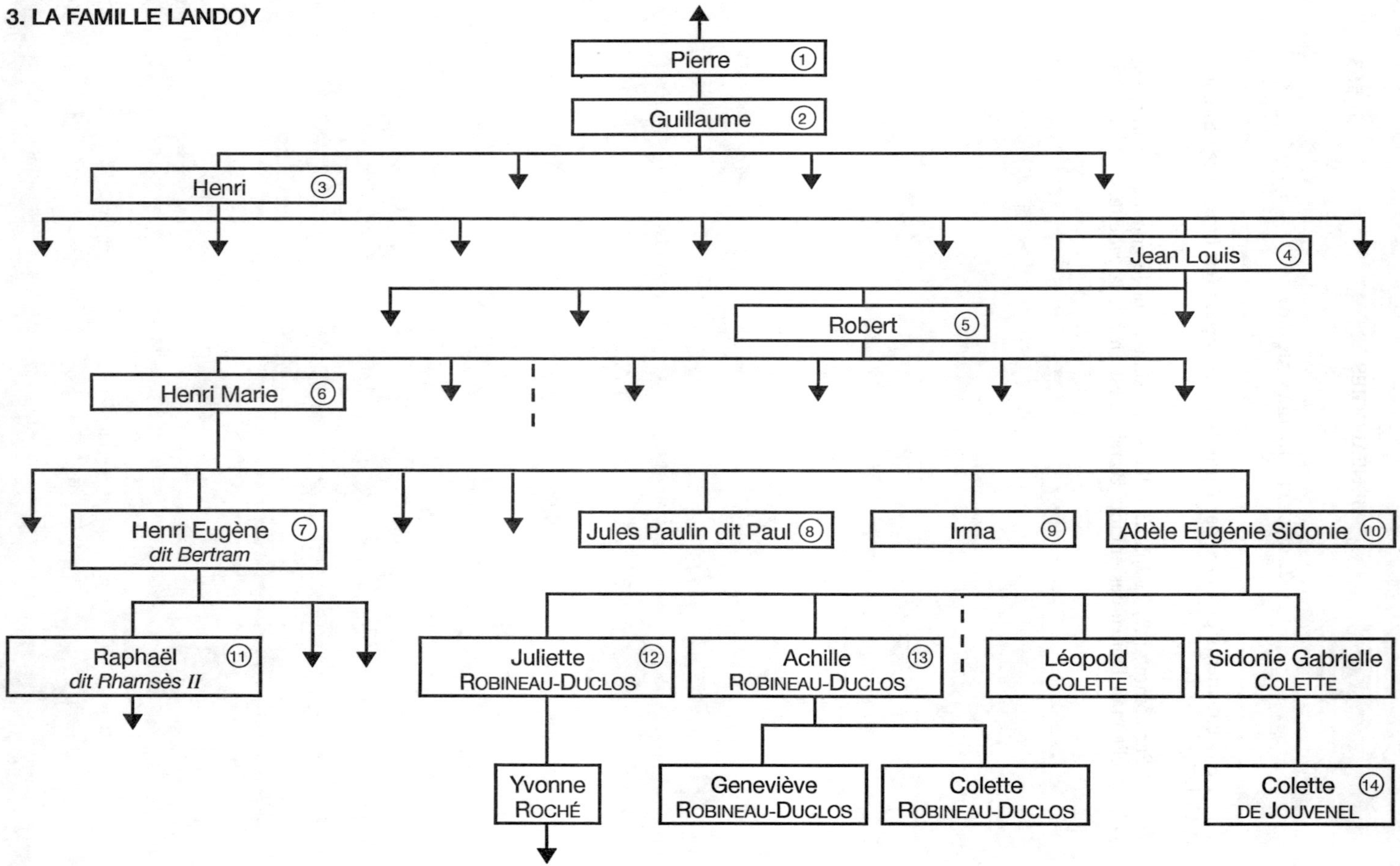

3. LA FAMILLE LANDOY

Renseignements procurés par Marguerite Boivin (en partie d'après les documents de Paul Pirnay).

1. Pierre Landois ou Landoy, laboureur et manouvrier, est né à La Neuville (Marne) vers 1640 ; il est décédé avant 1697 : lors du mariage de son fils Guillaume *(voir n° 2)*, sa femme, née Barbe Guyart, est dite veuve.
2. Guillaume Landois ou Landoy (La Neuville, 1664 - 21 avril 1724), laboureur, épouse Perrette Loiselet (1670-1728) en 1697. Ils ont quatre enfants, tous nés à La Neuville : Henri *(voir n° 3)*, Pierre, Jean Louis et Henry (vingt et un ans séparent la naissance des deux Henri-Henry).
3. Henri Landois ou Landoy (22 juillet 1702 - ?) se marie avec Antoinette Druet le 12 juillet 1728, mais celle-ci meurt le 29 août suivant. Il se remarie en 1729, avec Anne Prevoteau. Ils ont sept garçons qui seront tous laboureurs : Alexandre, né en 1729 ; Jean, né en 1731 ; Jean Baptiste, né en 1732 ; Pierre, né en 1734 ; Nicolas, né en 1735 ; Jean Louis, né en 1736 *(voir n° 4)* ; Robert, né en 1739.
4. Jean Louis Landois ou Landoy est né le 24 décembre 1736 à La Neuville. Il contracte trois mariages. Avec sa première épouse, Marie-Jeanne Gaumond (née à Sapineuil [Aisne], décédée le 1er janvier 1786), il a quatre enfants : le premier meurt quelques jours après sa naissance (1764), puis viennent Nicolas (né en 1766), Robert (né en 1768 ; *voir n° 5*), Jacques (né en 1770). Jean Louis meurt en son domicile, à Orainville (Aisne), le 24 avril 1820.
5. Robert Landoy (la graphie du patronyme se fixe) est né le 8 avril 1768. Il épouse successivement Anne Marie Mathis (Grandpré [Ardennes], 1769 - Charleville, 11 mars 1824), puis, le 29 septembre 1824, Marie Antoinette Migest (Charleville, 18 août 1796 - 22 août 1845). Sa première femme lui a donné deux enfants : Henri Marie (né en 1792 ; *voir n° 6*) et Marie Charlotte (27 août 1795 - 9 février 1796) ; la seconde, quatre. – Avec Robert, les Landoy quittent la campagne pour la ville. Les divers actes d'état civil le donnent perruquier (actes de 1795 à 1827), marchand de tabac (actes de 1824 à 1838) ou épicier (1827)…
6. Henri Marie, que l'écrivain appellera « le Gorille », est né à Charleville le 23 septembre 1792 (deux jours après Valmy). Il épouse, à Versailles, le 29 avril 1815, Sophie Chatenay (Versailles, 9 février 1792 - Paris, 2 octobre 1835). Ils ont sept enfants ; cinq sont nés à Charleville : Célestin (1815-1815), Henri Eugène (né en 1816 ; *voir n° 7*), Paul Émile (1818-1822), Jules Hippolyte (1821-1821), Jules Paulin (né en 1823 ; *voir n° 8*) ; Irma est née au Havre en 1834 *(voir n° 9)* ; Adèle Eugénie Sidonie est née à Paris en 1835 *(voir n° 10)*. Henri se remarie à Bruxelles le 25 janvier 1837 avec Thérèse Leroux (1798-1873) ; il meurt à Lyon le 17 janvier 1854.
7. Henri Eugène (Charleville, 1816 - Saint-Josse-ten-Noode [Belgique], 1890), journaliste réputé sous le pseudonyme « Bertram », épousa Cécile Van der Elst (1823-1852), puis, en 1852, Caroline Cuvelier (1824-1904), la « tante Caro » de l'écrivain. Avec cette dernière il eut trois enfants : Raphaël *(voir n° 11)*, Eugène Auguste (1857-1909 ; descendance), Jules Henri (1860-1917 ; descendance).
8. Jules Paulin (Charleville, 1823 - Ostende, 1891), dit Paul, fut journaliste

à Mons, puis directeur du Kursaal d'Ostende. En 1857 il épousa Clémentine Cerisier (1832-1891), mariage sans postérité.

9. Née au Havre en 1834, Irma épousa Auguste Philéas Cheval (1818-1885) en 1860 et mourut à Bruxelles en 1907 sans postérité.

10. Adèle Eugénie Sidonie (Paris, 12 août 1835 - Châtillon-Coligny, 25 septembre 1912) épousa à Schaerbeek (Belgique), le 15 janvier 1857, Jules Robineau-Duclos (Saint-Sauveur-en-Puisaye, 9 février 1814 - 30 janvier 1865), puis, le 20 décembre 1865, à Saint-Sauveur (mariage civil ; le mariage religieux eut lieu à Bruxelles le 23 décembre), Jules Joseph Colette (Toulon, 26 septembre 1829 - Châtillon-Coligny, 17 septembre 1905). De son premier mariage elle eut deux enfants : Juliette *(voir n° 12)* et Achille *(voir n° 13)*, et deux du second : Léopold (Saint-Sauveur-en-Puisaye, 22 octobre 1867 - Bléneau [Yonne], 7 mars 1940) et Sidonie Gabrielle, l'écrivain.

11. Raphaël (1856-1923), journaliste sous le pseudonyme « Rhamsès II », épousa Berthe Guillaume (1854-1935). Leur fille Jenny (1888-1971) fit une carrière théâtrale à Bruxelles.

12. Juliette Robineau-Duclos (Saint-Sauveur-en-Puisaye, 14 août 1860 - Charny, 9 septembre 1908) épousa le docteur Charles Roché (Charny, 2 août 1855-4 septembre 1914), le 15 avril 1884. Leur fille Yvonne (Saint-Sauveur-en-Puisaye, 10 mars 1885 - Auxerre, 24 novembre 1953) eut trois enfants et trois petits-enfants (seule descendance du sang de Sido).

13. Achille Robineau-Duclos (Saint-Sauveur-en-Puisaye, 27 janvier 1863 - Paris, 31 décembre 1913) épousa, le 2 mai 1898, Jeanne de La Fare (Saint-Laurs [Deux-Sèvres], 23 novembre 1877 - Gagny [Seine-et-Oise], 3 janvier 1964). Ils eurent deux filles : Geneviève (1899-1962), qui épousa le docteur William Viot, et Colette (1901-1986), épouse d'André Wyler (veuf d'un premier mariage, M. Wyler laisse une descendance).

14. Colette de Jouvenel, fille de l'écrivain et de Henry de Jouvenel : 3 juillet 1913-16 septembre 1981.

ANNEXE 3

COLETTE WILLY SUR SCÈNE
1906-1912

Cette liste a été établie d'après la Chronologie préparée par Jacques Frugier pour *Pl.* I. Elle a été complétée, mais elle reste partielle. Elle n'est donc donnée qu'à titre indicatif.

6, 9, 10, 13-25 février 1906 : Au théâtre des Mathurins, Colette fait ses débuts publics d'actrice ; elle joue le rôle d'un faune dans *Le Désir, la Chimère et l'Amour*, mimodrame de Francis de Croisset et Jean Nouguès. Le mimodrame est donné en complément du drame musical de Maurice Maeterlinck et J. Nouguès, *La Mort de Tintagiles* (1894), interprété par Georgette Leblanc, directrice du théâtre.

12-14 mars 1906 : *Le Désir, la Chimère et l'Amour* au Palais des Beaux-Arts de Monte-Carlo.

[Entre le 14 et le 30 mars 1906 ?] : Colette Willy joue à Bruxelles, au Cercle de l'Union artistique dans *Le Désir, la Chimère et l'Amour.*

30 mars - 16 avril 1906 : *Aux innocents les mains pleines*, fantaisie en un acte de Willy et Andrée Cocotte, est représentée au Théâtre-Royal (23, rue Royale) ; Marcel Boulestin fait partie de la distribution. – Le 7 avril, Willy joue le rôle du patron de l'hôtel.

1er octobre - 2 novembre 1906 : À l'Olympia, *La Romanichelle*, pantomime de Paul Franck. musique d'Édouard Mathé. Colette est la romanichelle ; Paul Franck, le peintre ; Yvonne de Lidgy, la chanteuse.

18 novembre 1906 : Colette Willy participe au gala donné au profit de l'Œuvre d'Alphonse XIII, salle Hoche (9, av. Hoche), en même temps que Liane de Pougy et Otero.

[22 ?] novembre 1906 : Colette et Missy interprètent *La Romanichelle* au Cercle de la mode et des arts.

27 novembre 1906 : Au Cercle des arts et des sports (4, rue Charras), Colette joue dans *La Romanichelle* ; Missy tient le rôle du peintre.

28-30 novembre 1906 : Au théâtre Marigny, pour le théâtre de l'Œuvre, représentations de *Pan*, de Charles Van Lerberghe, musique de Robert Haas. Colette joue Paniska.

Vers le 6 décembre 1906 : Colette Willy joue *Pan* à Bruxelles.

15 décembre 1906 : Colette Willy et Missy participent à une redoute, au Moulin-Rouge, organisée par le journal *Les Sports.*

3 janvier 1907 : Au Moulin-Rouge, première et tumultueuse représentation de *Rêve d'Égypte*, pantomime de Missy, musique d'Édouard Mathé, avec pour interprètes principaux Colette et « ? Yssim ? ». Le préfet de police

Lépine interdit à la marquise de Morny de paraître en scène. Le 4, Georges Wague reprend le rôle de Missy et *Rêve d'Égypte* devient *Songe d'Orient* sans que le scandale s'apaise. Le préfet de police interdit le spectacle.

13-16 mars 1907 : À Nice, *Rêve d'Égypte*, avec Colette Willy, Georges Wague et Christiane Mendelys, au théâtre des Capucines dirigé par Michel Mortier.

2 mai - 31 juillet 1907 : Colette joue dans *Marigny-Revue*.

1er-18 octobre 1907 : Au Tréteau-Royal, Colette remplace Maggie Gauthier dans *Le Crin*, comédie en un acte de Sacha Guitry.

1er-30 novembre 1907 : À l'Apollo, *La Chair* dont le scénario est dû à Georges Wague et Léon Lambert ; musique d'Albert Chantrier. Colette interprète Yulka ; Georges Wague : Hokartz, le contrebandier ; Marcel Vallée : Yorki, le sous-officier.

16-19 février 1908 : *La Chair*, au Palais des Beaux-Arts de Monte-Carlo ; puis à Nice *(jusqu'au 23)*.

Mi-carême (mars) 1908 : Colette participe à la soirée donnée pour la 125e du *Grand Soir*, de Leopold Kampf, adapté par R. d'Humières, au théâtre des Arts.

1er avril - 4 mai 1908 : Reprise de *La Chair* à l'Apollo, avec Colette Willy, Georges Wague et Christine Kerf. – La centième est fêtée le *7 avril*.

9 mai - 2 juin 1908 : Colette joue *Claudine à Paris* à Parisiana.

28-29 août 1908 : Au Casino du parc des Eaux-Vives de Genève, Colette joue, avec l'acteur Saint-Mars, dans *Son premier voyage*, comédie de Léon Xanrof et Gaston Guérin, créée au théâtre des Deux-Masques, le 5 novembre 1905.

29 septembre - 8 octobre 1908 : *La Chair*, aux Bouffes Variety Spectacle Hall de Bordeaux ; Colette joue avec Georges Wague et Christine Kerf.

[?] octobre 1908 : *La Chair* à Royan.

[?] octobre 1908 : *La Chair* à Vichy.

16-18 octobre 1908 : *La Chair*, à l'Alhambra de Rouen (4 représentations)

[10 ?]-29 novembre 1908 : À l'Alcazar de Bruxelles, série de quinze représentations de *Claudine à Paris*.

10-16 décembre 1908 : Colette joue *Claudine à Paris* à la Scala de Lyon.

9 janvier - 4 février 1909 : Au théâtre des Arts, Colette danse dans *La Tour du silence*, pièce en trois actes du Suédois G. Collijn.

22 janvier - 4 février 1909 : *En camarades*, pièce en deux actes de Colette Willy, au théâtre des Arts ; Colette joue le rôle de Fanchette. La répétition générale eut lieu le 22 janvier à 3 h ; la première, le soir.

5 février - 1er mars 1909 : *En camarades*, à la Comédie-Royale (25, rue Caumartin).

25 février 1909 : Soirée de bienfaisance au théâtre Marigny. Colette présente une « Danse égyptienne », musique d'Ingelbrecht.

14 avril - 16 mai 1909 : Tournée Baret avec *Claudine à Paris* : Nevers (mercredi 14 avril), Auxerre (15), Belfort (16), Nancy (17), Besançon (18), Dijon (19), Chalon-sur-Saône (20), Avignon (21), Marseille (22), Toulon (23), Nice (24), Salon-de-Provence (25), Nîmes (26), Montpellier (27), Toulouse (28), Pau (29), Bayonne (30), Bordeaux (1er-2 mai ; 3 représentations), Nantes (3), Lorient (4), Brest (5), Rennes (6), Caen (7), Cherbourg (8), Évreux (9), Rouen (10), Amiens (11), Douai (12), Lille (13), Liège (14), Valenciennes (15), Saint-Quentin (16).

4-7 juin 1909 : *La Chair*, à l'Eldorado-Casino de Marseille.
23 août 1909 : Colette Willy joue *Claudine* au Cercle d'Aix-les-Bains.
24 août 1909 : Colette Willy joue *Claudine* au Parc des Eaux-Vives, à Genève.
19-25 octobre 1909 : *La Chair*, au Kursaal de Lyon. Colette y rencontre Maurice Chevalier.
26 octobre 1909 : *La Chair* à l'Éden-Concert de Saint-Étienne.
19 novembre-9 décembre 1909 : À la Gaîté-Rochechouart, *C'te pucelle d'Adèle...*, comédie en un acte et deux tableaux de Sacha Guitry. Colette joue le rôle d'Adèle Glaviault.
10-21 décembre 1909 : *La Chair*, à la Gaîté-Rochechouart.

4-17 février 1910 : *La Chair*, aux Folies-Bergère de Bruxelles.
24 février - 2 mars 1910 : *La Chair*, au Casino-Kursaal de Grenoble.
4-7 mars 1910 : Cinq représentations de *La Chair* à l'Eldorado de Nice.
5 avril - 4 mai 1910 : Seconde tournée Baret, composée de trois pièces (*La Bigote*, de Jules Renard ; *La Cruche ou J'en ai plein le dos de Margot*, de G. Courteline et P. Wolff, avec Colette Willy et Jacques Marey ; *La Peur des coups*, de G. Courteline, avec Colette Willy et Mévisto) : Lille (5 avril), Amiens (6), Saint-Quentin (7), Reims (8), Nancy (9), Verdun (10), Belfort (11), Besançon (12), Saint-Étienne (13), Marseille (14), Nice (15), Cannes (16), Menton (17), Toulon (18), Nîmes (19), Montpellier (20), Toulouse (21, Capitole), Bayonne (22), Pau (23), Tarbes (24), Bordeaux (25), Nantes (26), Brest (27), Rennes (28), Évreux (29), Rouen (30), Dieppe (1er mai), Cambrai (2), Arras (3), Boulogne-sur-Mer (4).
Mi-juillet 1910 : *La Chair*, à Ostende.
21-29 septembre 1910 : *La Chair*, au Royal-Kursaal de Dijon.
[4 ?] - 6 octobre 1910 : *La Chair*, à l'Alcazar-Léon Doux de Marseille.
[?] octobre 1910 : *La Chair* à Biarritz.
9[- ?] octobre 1910 : *La Chair*, à la Gaîté-Montparnasse.
22 octobre 1910 : *Claudine à Paris*, à Nice.
6[- ?] décembre 1910 : *La Chair*, à la Gaîté-Montparnasse.
16-18 décembre 1910 : *La Chair*, au Casino-Kursaal de Lyon.
21 décembre 1910 - 4 janvier 1911 : Colette Willy joue à Nice *Claudine à Paris* (21-23 décembre) et *Xantho chez les courtisanes* (24 décembre-4 janvier), comédie (1910) en vers de Jacques Richepin, musique de Xavier Leroux.

13-[20 ?] janvier 1911 : 7 représentations de *La Chair*, à l'Étoile-Palace.
14-22 février 1911 : À Nice, Colette danse dans *Xantho chez les courtisanes*.
Mars 1911 : *Claudine à Paris* et *Xantho chez les courtisanes*, à Tunis (répétition générale de *Claudine à Paris* le 21).
14-27 avril 1911 : 16 représentations de *La Chair* à la Gaîté-Montparnasse.
Avril ou mai 1911 : *La Chair* à Marseille.
23-29 juin 1911 : *La Chair* à l'Apollo-Théâtre de Genève. Initialement prévu jusqu'au 25 juin, le spectacle est prolongé jusqu'au 29.
30 juin - 2 juillet 1911 : *La Chair*, au Kursaal de Lausanne (4 représentations).
28 août-18 septembre 1911 : À Ba-Ta-Clan (50, boulevard Voltaire), représentations de *Aux Bat. d'Af.*, mimodrame tiré par G. Wague d'un roman d'Aristide Bruant et Arthur Bernède, musique de Chantrier (28 août-11 septembre), et de *La Chair* (12-18 septembre).
[29-30] septembre 1911 : *La Chair*, aux Folies-Bergère du Havre.

28 octobre-5 novembre 1911 : Colette Willy et Paul Franck dans *La Romanichelle*, à Ba-Ta-Clan.

17-30 novembre 1911 : *La Chair*, à l'Étoile-Palace.

1er-14 décembre 1911 : *L'Oiseau de nuit*, mimodrame en un acte de J. Alène et G. Wague, musique de Chantrier, danses réglées par Cernusco, à la Gaîté-Rochechouart.

8 février 1912 : Au Cercle de l'Union artistique, Colette parle du café-concert, et exécute une « Danse assyrienne », puis une « Danse montmartroise », avec Christine Kerf.

15-28 février 1912 : reprise d'*En camarades* au théâtre Michel.

3 mars 1912 : Colette Willy et Paul Franck dans *La Romanichelle* à Monaco, au Casino-Palais du Soleil, à 2 h 1/2 ; au Casino municipal de Beausoleil, à 8 h 1/2.

6-7 mars 1912 : Colette Willy et Paul Franck dans *La Romanichelle* à Nice (Eldorado-Casino).

29 mars 1912 : Au cours d'un spectacle organisé par la Société des dessinateurs humoristes en matinée au théâtre Antoine, Colette Willy interprète un Dialogue de bêtes, avec Gémier (Toby-Chien), Suzanne Després (Kiki-la-Doucette), Colette est la petite chienne en visite.

4 avril-4 mai 1912 : À Ba-Ta-Clan, dans l'un des tableaux de la revue *Ça grise*, Colette joue *La Chatte amoureuse*, pantomime humoristique, musique de Roger Guttinguer, mise en scène de Georges Wague.

18 septembre-4 octobre 1912 : À Ba-Ta-Clan, représentations de *L'Oiseau de nuit*.

25-31 octobre 1912 : *L'Oiseau de nuit* à l'Apollo-Théâtre de Genève.

Décembre 1912 : 7 représentations de *L'Oiseau de nuit*, Marseille.

ANNEXE 4

LES ADRESSES PARISIENNES DE COLETTE

16 mai - 28 juin 1893 : 55, quai des Grands-Augustins.

28 juin 1893 - automne 1896 : 28, rue Jacob, au 3e étage du premier immeuble sur cour.

Automne 1896 - fin septembre 1902 : 93, rue de Courcelles, au 6e étage.

Fin septembre - novembre ou décembre 1902 : 15, rue Margueritte (hôtel Impériale Résidence).

Novembre ou décembre 1902 - automne (novembre ?) 1906 : 177 *bis*, rue de Courcelles ; tél. : 556-86.

Automne (novembre ?) 1906 - fin septembre 1908 : 44, rue de Villejust (auj. rue Paul-Valéry). Mais Colette est souvent chez Missy (2, rue Georges-Ville).

Fin septembre 1908 - août 1911 : 25, rue Torricelli (la portion de rue où habite Colette devient rue Saint-Senoch à partir de décembre 1909 ; le 25, rue Torricelli est aujourd'hui le 9, rue Saint-Senoch) ; tél. : 521-92.

25 août-octobre 1911 : 228, rue de Rivoli (hôtel Meurice).

Octobre 1911 - novembre 1916 : 57, rue Cortambert ; tél. : Auteuil 06-27.

Novembre 1916 - novembre 1926 : 69, boulevard Suchet ; tél. : Auteuil 06-27 (même numéro que rue Cortambert) ; mais après la séparation d'avec H. de Jouvenel, il devient Auteuil 41-38.

Novembre 1926 - décembre 1930 : 9, rue de Beaujolais, à l'entresol ; tél. : Louvre 68-56.

Décembre 1930 - début février 1935 : 74, avenue des Champs-Élysées (hôtel Claridge).

Début février 1935 - 5 janvier 1938 : 33, avenue des Champs-Élysées (immeuble Marignan), au 8e étage ; tél. Élysées 00-34.

5 janvier 1938 à sa mort (3 août 1954) : 9, rue Beaujolais, au 1er étage ; tél. : GUT. 61.36 ou 61.37 ou 61.38 *

* Ces trois numéros sont attestés sur des en-tête : 61-36, de [entre févr. et juin] 1938 au 17 octobre 1950 (5 en-tête) ; 61-37, les 25 mars 1942 et 16 septembre 1952 ; 61-38, le 19 mars 1942... Colette a-t-elle eu simultanément ces trois numéros ? – Sur des lettres à Renée Hamon (N. a. fr. 18711, f° 114 et 115, datées des 11 et 30 décembre 1942), le 7 de « 61-37 » imprimé est biffé et remplacé par un 6 manuscrit. – « 61-37 » sur une lettre de Maurice Goudeket à Jean Cocteau datée du 30 janvier 1950 : ce numéro était-il réservé à Maurice Goudeket ?

ANNEXE 5

INDEX

Sont indexés : 1) tous les noms des personnes citées dans les pages 9 à 502, texte et notes de bas de page (ils sont donnés en PETITES CAPITALES) ; 2) les titres des œuvres de Colette et des spectacles qu'elle a interprétés (en *italique* ou en « romain entre guillemets » ; 3) les lieux et les propriétés où Colette passe ou séjourne (en caractères romains).

REMERCIEMENTS

Nous remercions : M. Jean-Paul Avice ; le docteur et Mme Michel Benoist ; M. Bruno Blasselle, conservateur général à la Bibliothèque nationale ; M. Bernard Bouche, petit-fils d'Émilie Charmy ; Mlle Christiane Bouthet ; M. Michel Brix ; M. François Caradec ; M. Bernard Clavreuil ; Mlle Myriam Courteille, de la Bibliothèque nationale ; M. Vincent Ducourau, conservateur en chef du musée Bonnat, à Bayonne ; l'Amiral Marcel Duval ; M. et Mme Hervé Fauchier-Delavigne ; Michel et Marie-José Godfrin ; M. Jean-Paul Goujon ; Mme Geneviève Humblot-Meyer ; M. Lawrence Joseph ; M. Foulques de Jouvenel ; M. Francis Lacassin ; M. Jean-Bernard Lacroix, directeur des Archives et de la Documentation du conseil général des Alpes-Maritimes, et sa collaboratrice, Mlle Amadei ; M. Michel Le Moël, des Archives nationales ; Mme Michèle Le Pavec, conservateur à la Bibliothèque nationale ; M. Christophe Luraschi, de l'hôtel de la Cité, à Carcassonne ; M. et Mme Jean Mazel ; M. André Michel, de l'Académie nationale de Metz ; Princesse Laure Murat ; M. Gérard Oberlé ; M. René Piniès, de la maison Joë Bousquet, à Carcassonne ; Mme Anne-Marie Pizzorusso ; M. Michel Puche ; M. Graham Robb ; M. François Robichon ; Mme Liliane Romano ; Mme Florence Roth, de la Société des auteurs et compositeurs dramatiques ; M. Jean-Claude Saladin ; Mme Jacqueline Sanson, directeur des Imprimés et des Périodiques de la Bibliothèque nationale ; M. Raymond Seckel, conservateur en chef à la Bibliothèque nationale ; les Services historiques de l'Armée de terre et de la Marine nationale ; le personnel de la Société des gens de lettres ; Mme Siri, du département des Périodiques de la Bibliothèque nationale ; Mme Dominique Tiry. – D'autres personnes sont remerciées au moment où elles ont bien voulu éclairer un épisode de la vie de Colette.

Une mention toute particulière doit être réservée à Mme Élisabeth Charleux-Leroux, décédée à Auxerre le 19 septembre 1997. Amie de Marguerite Boivin, elle a été avec celle-ci notre guide dans la connaissance de la vie à Saint-Sauveur à la fin du siècle passé et aussi dans le dédale des règlements qui, à la même époque, organisaient l'enseignement primaire et primaire supérieur.

Jacques Frugier nous a lui aussi quittés, le 28 juillet 1996 ; ce livre que, jeune encore, il espérait voir paraître, doit beaucoup aux chronologies dont il a accompagné les tomes des *Œuvres* de Colette dans la « Bibliothèque de la Pléiade ».

Nous avons une pensée, également, à la mémoire de Léon Delanoë et de Paul D'Hollander.

Nos efforts ont été constamment soutenus par l'amitié de Pierrette et Thierry Bodin à qui nous sommes heureux d'exprimer notre reconnaissance.

A. Brunet remercie le Centre national des lettres qui lui a octroyé une subvention.

Ajoutons enfin que, sans la collaboration effective de Vincenette Pichois, nombre de pages de cette biographie n'auraient pu être écrites ou n'auraient pu prendre forme.

REMERCIEMENTS

CRÉDITS PHOTOGRAPHIQUES

- *Archives photographiques, Mission du patrimoine :* I : p. 6-bas ; II : p. 5 (photo René Jacques).
- *Bibliothèque Nationale de France :* I : p. 9-haut.
- *Jean-Loup Charmet :* I : p. 13-bas ; II : p. 2-gauche.
- *Illustration-Sygma :* I : p. 1-bas ; II : p. 2-droite, 15-haut.
- *Keystone :* II : p. 6, 7-haut, 15-bas.
- *Germaine Krull :* II : p. 8-gauche.
- *Lipnitzki :* II : p. 7-bas.
- *G. Manuel :* I : p. 4-bas droite.
- *Jean Mazel :* I : p. 12-bas.
- *Lee Miller Archives :* II : p. 10-haut.
- *Roger-Viollet :* I : p. 5, 9-bas, 14-gauche ; II : p. 12-haut, 14-bas.
- *Sirot-Angel :* I : p. 3-haut, 8-bas, 11 ; II : p. 1, 3.
- *Wide World Photos :* I : p. 15-haut droite.

- *Collections particulières, droits réservés :* I : 1-haut, 2, 3-bas, 6-haut, 7, 8-gauche et droite, 10-haut et bas, 12-gauche et droite, 13-haut, 14-droite et bas, 15-haut gauche, bas gauche et droite, 16 ; II : 4-haut et bas, 8-droite haut et bas, 9-haut et bas, 10-bas, 11, 12-bas, 13, 14-haut, 16.

TABLE

Achevé d'imprimer sur presse Cameron
dans les ateliers de ***Bussière Camedan Imprimeries***
à Saint-Amand-Montrond (Cher)
en novembre 1999

N° d'édition : 337. N° d'impression : 995081/4.
1er dépôt légal : décembre 1998.
Dépôt légal : novembre 1999.

Imprimé en France